GEOGUIDE

Thaïlande
Bangkok et le Sud

Céline Chabaud
Rodolphe Lasne
Lucas Thevenaut

Ont également collaboré à cet ouvrage
Ernelle Berliet, Vincent Vichit-Vadakan,
Julien Collet, Juliette Tissot

THAÏLANDE : BANGKOK ET LE SUD

GEOPANORAMA

GEOPRATiQUE

GEOREGiON

Dans le giron d'un bouddha doré...

THAÏLANDE : BANGKOK ET LE SUD

Ko Samui, temple chinois de Mae Nam (p.315).

Voyagez à la carte

GEOGuide a sélectionné pour vous des lieux de séjour, des sites à visiter, des adresses-plaisir et des activités multiples. Choisissez ce qui vous ressemble et goûtez pleinement votre voyage...

... au gré de vos envies

Patrimoine
Remontez le temps, des palais royaux et *wat* dorés de Bangkok aux grottes sanctuaires de Krabi et aux rutilants temples chinois de Phuket.
Tout une histoire ____ 522

Emplettes
Refaites-vous une garde-robe à Bangkok, rapportez un hammac de Ko Lanta ou des marionnettes de Nakhon Si Thammarat.
Shopping ____ 141

Sorties
Des *skybars* de Bangkok aux *Full-Moon Parties* de Ko Phan-Ngan, les occasions ne manqueront pas de...
Faire la fête ____ 204

À deux
Célébrez à votre façon les retrouvailles du vaillant Rama et de la belle Sita, héros du *Ramakien*.
En amoureux ____ 359

Gastronomie
Marchés de nuit et *food courts*, cours de cuisine, restaurants de spécialités et tables raffinées, faites comme les Thaïs, cultivez l'art de manger !
La Thaïlande des gourmets ____ 244

Avec des enfants
Baladez-vous à dos d'éléphant, faites de l'Acrobranche dans la jungle, observez des tortues de mer et des requins à pointe noire, visitez une maison renversée.
En famille ____ 186

Activités
Plages paradisiaques, fabuleux sites de plongée, reliefs karstiques à gravir ou à escalader, stages de *muay thai* ou de yoga : sportif ou contemplatif, vous n'aurez que l'embarras du choix.
Lâcher prise, se ressourcer ____ 114
Côté terre ____ 285
Côté mer ____ 341

... au fil de nos itinéraires

GEOPLUS En trois jours
Bangkok ____ 120
Phuket ____ 448

GEOPLUS En une semaine
Le Centre-Sud ____ 278

THAÏLANDE : BANGKOK ET LE SUD

Ko Samui, Hat Lamai (p.318).

GEOPANORAMA

COMPRENDRE LA THAÏLANDE

Géographie et paysages

Survol de la Thaïlande

D'une superficie comparable à celle de la France, la Thaïlande s'étire sur 1 700km du nord au sud, mais sa largeur, qui n'excède guère 800km dans le Nord, est réduite à 11km entre le golfe de Thaïlande et la frontière birmane, dans la province méridionale de Prachuap Khiri Khan. Les contours du territoire sont souvent comparés à ceux d'une hache ou d'une tête d'éléphant, animal emblématique du royaume. Les Thaïlandais le subdivisent en quatre grands ensembles géographiques et culturels. Prolongement oriental des Himalayas, le **Nord**, ou *Phak Neua*, a pour capitale Chiang Mai, fief de la culture lanna. Cette région montagneuse, jadis densément boisée, culmine au Doi Inthanon (2 565 m), le plus haut sommet du pays. Le **Nord-Est**, ou *Phak Isaan*, relativement aride, est occupé par les collines et petites plaines de basse altitude (moins de 200m) du plateau de Korat. Les traditions, la cuisine et la langue de cette région, la plus peuplée du pays, se confondent avec celles du Laos, son voisin, dont elle est séparée par le Mékong. Le **Centre**, ou *Phak Klang*, est constitué par une vaste dépression irriguée par le Chao Phraya, " fleuve Royal " sur les rives duquel prospère Bangkok, siège du pouvoir politique et économique. C'est le dialecte de cette riche plaine alluviale, grenier à riz du royaume, qui s'est imposé comme langue officielle. La zone côtière qui s'étire de la province de Chonburi à celle de Trang, à la frontière cambodgienne à l'est, et l'Ouest montagneux, qui s'étend jusqu'au Myanmar, complètent le vaste centre du pays. Enfin, le **Sud**, ou *Phak Tai*, forme le manche de la hache ou la trompe de l'éléphant. Partie septentrionale de la péninsule Malaise, il s'étire sur 900km du nord au sud, en une bande dont la largeur ne dépasse pas 200km et se réduit à 24km dans l'isthme de Kra, entre le golfe de Thaïlande (ou golfe de Siam) à l'est et la mer d'Andaman à l'ouest. La frontière avec la Malaisie est matérialisée par les monts San Sara Khiri (1 490m). Dans le nord-ouest de cette longue cordillère, les monts Tenasserim, Tanao Sri en thaï, marquent la frontière avec le Myanmar (Birmanie).

Carte d'identité

Situation géographique Pays de l'Asie du Sud-Est dont la partie sud, péninsulaire, est délimitée par la mer d'Andaman à l'ouest, le golfe de Thaïlande à l'est et la Malaisie au sud ; le royaume partage également une frontière avec le Myanmar (Birmanie) à l'ouest et au nord-ouest, le Laos au nord-est et le Cambodge à l'est.

Superficie 513 120km²

Régime politique monarchie constitutionnelle

Population 67 millions d'habitants

Densité 131 habitants/km² ; 6 450 habitants/km² à Bangkok

Âge médian 36,5 ans

Espérance de vie 74 ans (hommes : 70,7 ans ; femmes : 77,4 ans)

Langue officielle thaï

Drapeau tricolore (*trairong* en thaï) à cinq bandes horizontales : rouge (pour la nation), blanche (pour la foi), bleue (pour la monarchie, qui a droit à une bande de double largeur), blanche, rouge

La Thaïlande péninsulaire

Sa côte ouest est aussi accidentée que sa côte est, jalonnée de vastes plaines alluviales, est rectiligne. Certains des reliefs qui caractérisent le Sud sont désormais classés. Ainsi, le parc national de Khao Sam Roi Yot, créé en 1966 pour préserver les formations karstiques continentales et insulaires et les forêts de la "montagne aux 300 Pics", est le plus ancien parc maritime du pays. Point culminant de la Thaïlande péninsulaire, le massif granitique du Khao Luang (1 835m) est pour sa part protégé depuis 1974. Le golfe de Thaïlande abrite des centaines d'îles (*ko* ou *koh*), dont Samui (la plus vaste, 229km²), Pha Ngan (167km²) et Tao (21km²) sont les plus visitées. L'intérieur de ces îles, montagneux et couvert de forêt tropicale, est relativement peu développé. C'est sur la côte ouest de la péninsule, baignée par la mer d'Andaman, que se dressent les impressionnantes formations karstiques aux pitons acérés tant prisées des éditeurs de cartes postales. Phuket (543km²) est la plus célèbres des îles de la façade maritime, mais des centaines d'autres s'y égrènent, des côtes birmanes, au nord, jusqu'aux paysages luxuriants des îles du parc national marin de Tarutao à la frontière avec la Malaisie, au sud. La barrière de corail qui les protège a payé un lourd tribut à la pêche à l'explosif et au cyanure, à l'acidification et au réchauffement de la mer et à la surfréquentation touristique. Depuis plusieurs années, l'accès aux parcs nationaux de Surin et de Similan est interdit pendant cinq mois en basse saison. Cette initiative permettra-t-elle d'enrayer la dégradation des écosystèmes marins ?

MOYENNES SAISONNIÈRES

Tout au long de l'année, dans la capitale comme dans le Sud, les températures diurnes tournent autour de 28°C à 32°C, avec des poussées dépassant 35°C en été. L'hiver, les minimales peuvent descendre à 20°C, voire 15°C en altitude. La moyenne des précipitations annuelles est de 2 400mm dans le Sud et de 1 400mm à Bangkok. Le taux d'humidité y dépasse 70%, voire 80%, en toute saison.

Climat

Les saisons

La majeure partie de la Thaïlande bénéficie d'un tropical humide, sous influence de la mousson, et l'extrême Sud d'un climat équatorial. Les Thaïlandais du Centre et du Nord parlent de trois saisons : l'hiver, saison sèche et fraîche, qui court de novembre à février ; l'été, ou saison chaude, qui dure de mars à mai ; la saison des pluies, qui s'étend de juin à octobre. Dans les faits, à quelques exceptions près, ces régions connaissent des températures relativement élevées et un fort taux d'humidité tout au long de l'année. Dans le Sud, on ne distingue que deux saisons. Celle des pluies – parfois violentes mais généralement de courte durée – s'étend d'avril à octobre à l'ouest, côté mer d'Andaman, et de septembre à décembre à Samui et dans les îles du golfe de Thaïlande. Le reste de l'année, période où la moiteur et les pluies sont moins envahissantes, est appelé saison chaude en thaï. À Bangkok, en revanche, les saisons sont plus contrastées. L'hiver (de novembre à février), il n'est pas rare de croiser dans les rues de la capitale des jeunes portant une veste ou une écharpe… Si cette tenue peut surprendre par 25°C, ce moment de l'année est le seul où les *fashion addicts* de la capitale ont l'occasion de suivre la mode sans risquer un "coup de chaleur" ! Mais celle-ci s'adapte aussi au climat local : au début de la saison des pluies, les étals des marchés se couvrent de ballerines en plastique et de tongs pailletées pour permettre aux élégantes de marcher sous l'averse sans craindre pour leurs escarpins.

Inondations

La saison des pluies est parfois marquée par des inondations catastrophiques. Provoquées par une mousson d'une ampleur exceptionnelle, celles de 2011 ont affecté, plusieurs mois durant, 65 des 77 provinces thaïlandaises. Bien moins meurtrière que le tsunami de 2004, cette catastrophe naturelle fut en revanche la plus coûteuse que le pays ait connue. La Thaïlande, à l'époque premier pays exportateur mondial de riz, a vu sa récolte dévastée, et une grande partie de sa production industrielle, automobile et informatique notamment, détruite. L'extrême Sud a subi de nouvelles inondations dévastatrices fin 2014.

Flore et faune

Flore

La flore thaïlandaise est d'une grande richesse. On estime qu'elle possède un dixième des espèces répertoriées dans le monde. À titre d'exemple, on y recense plus de 1 500 variétés d'orchidées, fleur dont la Thaïlande est le premier exportateur mondial. Mais l'exploitation forestière, l'agriculture sur brûlis et l'urbanisation ont largement entamé ce patrimoine naturel. Les forêts ne couvrent plus que 25% du territoire, contre 70% dans les années 1940. Partout dans le Sud, où les précipitations sont abondantes et où la saison sèche est courte, règne la forêt tropicale sempervirente. La plupart des arbres de grande taille qui la caractérisent, tel le meranti (*Shorea curtisii*), ont cependant cédé la place aux plantations de cocotiers, de palmiers à huile et d'hévéas importés du Brésil. De même, la mangrove, qui prospère sur les côtes marécageuses et dans les deltas, a vu sa superficie réduite de plus de 50% dans la seconde moitié du XXe siècle. Cette forêt basse, qui prospère sur un sol vaseux soumis au cycle des marées et donc imprégné de sel, est dominée par le palétuvier, arbre particulièrement résistant dont les longues racines en partie aériennes protègent les côtes de l'érosion. Depuis les années 1990, les projets de reforestation se multiplient, mais il faut environ vingt-cinq ans pour qu'une mangrove atteigne sa maturité. La tourbière, autre écosystème d'une grande richesse, domine les paysages de l'extrême Sud. Le salak (*Salacca zalacca*), dont le fruit est très prisé, le palmier à tronc rouge (*Cyrtostachys renda*) et une espèce aux fleurs géantes appartenant à la famille des annonacées (*Goniothalamus giganteus*) la caractérisent.

Faune

Si l'éléphant d'Asie (*Elephas maximus*) est l'animal emblématique du royaume, seuls cinq mille de ces pachydermes y vivraient encore, pour la plupart en captivité, notamment dans des parcs spécialisés où ils ne sont pas toujours bien traités. Il en va de même pour les tigres (*Panthera tigris*), désormais cantonnés aux parcs et réserves. En ville ou dans la jungle, on croisera plus facilement des singes – surtout des macaques (comme à Khao Takiab, près de Hua Hin) –, des chiens errants, des geckos et des varans, lézards inoffensifs même s'ils atteignent fréquemment 2m de longueur. Dans le Sud, les sambars (*Cervus unicolor* ou *Rusa Aristotelis*) et les sangliers (*Sus scrofa jubatus*) paient un lourd tribut au braconnage. L'ours malais ou bruan (*Helarctos malayanus*), le plus petit des ursidés d'Asie, est en revanche protégé. L'avifaune thaïlandaise compte un millier d'espèces indigènes, dont de nombreux rapaces et alcédinidés (martins-chasseurs et martins-pêcheurs) et quelque 240 migrateurs. Dans les eaux qui bordent la Thaïlande vivent plus de 1 200 espèces de poissons et plus de 50 variétés de crabes. Parmi les espèces aquatiques les plus remarquables figurent l'inoffensif requin-baleine (*Rhincodon typus*), pourtant le plus grand poisson au monde (il atteint parfois 20m de longueur), et le périophtalme, poisson qui possède des branchies mais aussi une respiration cutanée, comme les grenouilles, et qui saute hors de l'eau de la mangrove, sur ses nageoires pectorales, pour grimper dans les branches des palétuviers. Dans les îles vont se reproduire tortues vertes (*Chelonia mydas*) et tortues imbriquées (*Eretmochelys imbricata*). Partout on rencontre des serpents, dont certains, à l'instar du python réticulé (*Malayopython reticulatus*) et du python birman (*Python bivittatus*), peuvent dépasser 4m de longueur. D'autres sont particulièrement venimeux, comme le cobra à monocle (*Naja naja kaouthia*), la vipère de Malaisie (*Calloselasma rhodostoma*) et la vipère verte (*Rhabdophis subminiatus*). Les insectes abondent : la Thaïlande abrite un millier d'espèces de papillons.

Histoire

Une histoire légendaire

En Thaïlande, peut-être plus qu'ailleurs, mythe et histoire se confondent. Les Thaïs considèrent comme l'un des pères fondateurs de la nation Ram Khamhaeng, troisième souverain de Sukhothai, royaume fondé en 1238 (1781 de l'ère bouddhique). C'est ce roi qui aurait imposé le bouddhisme theravada comme religion d'État, celle dont plus de 93% des Thaïlandais se réclament de nos jours. Lui aussi qui, avec ses scribes, aurait mis au point l'alphabet thaï, dérivé de l'alphabet khmer, lui-même issu du brahmi qu'utilise le pali, la langue des premiers textes bouddhiques. La stèle de Ram Khamhaeng, datée de 1292, est l'une des pièces maîtresses du Musée national de Bangkok. Considérée comme la première inscription en langue thaïe, elle apporte un précieux éclairage sur les contours d'un royaume alors à son apogée – il s'étendait de l'actuel Laos jusqu'aux sultanats malais de Kedah et de Malacca –, fournissant à une culture de tradition orale une preuve matérielle de sa gloire et

UN PAYS, DEUX CALENDRIERS

Depuis 1940, en Thaïlande, le calendrier grégorien s'est officiellement substitué au calendrier bouddhique. Mais ce dernier, qui démarre en l'an 543 avant notre ère, soit l'année du *parinivarna* ("extinction complète") du Bouddha, a toujours cours dans la vie quotidienne. Pour passer du premier au second, il faut donc ajouter 543 ans. Ainsi, 2016 correspond à 2559.

de sa grandeur. Or, des recherches récentes sont venues remettre en question l'authenticité de cette stèle, que Mongkut, le futur Rama IV, aurait découverte à Sukhothai en 1833. Il pourrait s'agir d'un faux reproduisant un document perdu dans le saccage d'Ayutthaya en 1767, ou encore d'une compilation établie dans les années 1840-1850. Une hypothèse vivement contestée par les autorités thaïlandaises, pour lesquelles elle relève du crime de lèse-majesté.

Le peuplement du Sud

Dans la province méridionale de Krabi, la grotte de Lang Rongrien a livré un outillage lithique vieux de 40 000 ans (paléolithique moyen), et celle de Moh Khiew un squelette de femme âgé de 28 000 ans. Une cinquantaine de sites paléolithiques ont ainsi été mis au jour dans la péninsule, et des objets façonnés par les chasseurs-cueilleurs qui les occupaient sont exposés dans les musées de Nakhon Si Thammarat, de Songkhla ou de Satun. Les premières traces d'agriculture remonteraient, selon certains auteurs et au plus tôt, au Xe ou au IXe millénaire, et la riziculture au IIIe millénaire avant notre ère. Les fouilles menées dans le port protohistorique de Khao Sam Kaeo, près de Chumphon, attestent un commerce florissant et des échanges avec toute l'Asie, de Taïwan au sous-continent indien, dès le milieu du Ier millénaire avant notre ère. Des recherches menées par le CNRS et l'université Silpakorn de Bangkok ont confirmé l'existence de ces échanges, ainsi que de la production sur place de pierres fines taillées et de perles façonnées dans le verre et la pierre, dont le commerce contribua à l'essor de l'économie locale. La découverte d'une pièce d'or romaine du IIe siècle témoignerait également de contacts anciens avec l'Occident, sans doute par l'entremise des comptoirs de commerce indiens.

Les empires indianisés

TAMBRALINGA ET SRIVIJAYA L'actuelle Thaïlande péninsulaire est généralement identifiée avec l'ancien royaume de Tambralinga, centré sur la région de Chaiya-Nakhon Si Thammarat. Les premières sources qui le mentionnent (et sont le plus souvent admises) sont chinoises et remontent au VIIe siècle de notre ère, puis au VIIIe et IXe siècle. L'inscription dite de Ligor – nom donné au XVIe siècle par les Portugais à la ville de Nakhon Si Thammarat –, datant de l'an 775, fait état de la dépendance de la Thaïlande péninsulaire et de Tambralinga au royaume de Srivijaya, confédération de cités-États hindo-bouddhistes contrôlant le commerce maritime entre l'océan Indien et la mer de Chine méridionale. Les contacts et les échanges entre le sous-continent indien et l'Asie du Sud-Est ont notamment permis l'expansion du bouddhisme et des religions brahmaniques dans la région vers le milieu du Ier millénaire de notre ère. En témoignent, par exemple, les nombreuses sculptures exhumées dans la région de Chaiya. La trace la plus ancienne liée au bouddhisme theravada en Thaïlande est une inscription du VIe-VIIIe siècle de notre ère exhumée dans le bassin du Chao Phraya, qui était occupé, à cette époque, par le royaume de Dvaravati. Aussi, si dès l'introduction du bouddhisme en Thaïlande, l'école theravada a été dominante, la présence d'autres courants, comme l'école mahayana, est également attestée.

LES ÉTATS MÔN ET L'EMPIRE KHMER Entre le ve et le VIIe siècle, les Môn s'implantent dans le nord et le centre de la Thaïlande (à Haripunchai et Dvaravati) et dans le sud de la Birmanie (à Ramaññadeśa), sur l'isthme de Kra. L'histoire de ces principautés de culture indianisée reste obscure, mais les vestiges qui nous sont parvenus attestent la présence du bouddhisme et de l'hindouisme. C'est le royaume de Dvaravati, qui s'épanouit au VIe-IXe siècle dans la plaine centrale et la baie de Bangkok, autour de Nakhon Pathom, d'U-Thong et de Lopburi, qui nous a livré le plus de vestiges. À partir du IXe siècle, les États môn de l'actuelle Thaïlande subissent l'expansion de l'empire khmer d'Angkor, qui gagne la vallée du Chao Phraya au XIe siècle, puis le nord de la péninsule Malaise jusqu'à Nakhon Si Thammarat au XIIe. Les Khmers laissent derrière eux une architecture spectaculaire, mais la religion qu'ils adoptent relève d'abord de l'hindouisme puis progressivement du bouddhisme mahayana.

LES SEIGNEURIES THAÏES Vers le IXe siècle, des riziculteurs thaïs (ou tai) originaires du Yunnan, en Chine méridionale, s'installent dans le nord de la Thaïlande, où ils constituent des seigneuries tantôt rivales, tantôt alliées face à leurs voisins khmers et môn, dont ils finissent par assimiler la culture indianisée, se convertissant eux aussi au bouddhisme.

Les premiers royaumes thaïs

SUKHOTHAI En 1238, deux seigneurs thaïs renversent le gouverneur khmer de Sukhothai, l'un d'eux se faisant sacrer roi sous le nom d'Intradit. Cet épisode est considéré comme l'acte fondateur de la nation thaïlandaise. Sukhothai est en effet le premier royaume thaï indépendant. Naîtra bientôt celui du Lanna ("Million de rizières"), centré sur Chiang Rai (1281) puis sur Chiang Mai (1296), qui préservera son indépendance et ses spécificités culturelles jusqu'au XVe siècle. Le royaume de Sukhothai va connaître son âge d'or sous Ram Khamhaeng, ou "Rama le Fort" (v. 1279-1298), en rayonnant sur un territoire plus vaste que celui de la Thaïlande actuelle – jusqu'à Vientiane et Luang Prabang au nord et Malacca au sud – et en développant ses échanges commerciaux et diplomatiques, avec la Chine notamment. Le roi se serait rendu à deux reprises à la cour impériale chinoise, et en serait revenu avec des artisans potiers, notamment. C'est ainsi que débuta la production des fameuses céramiques de Sawankhalok, qui allait prospérer jusqu'à la fin du XVIe siècle. Pour leur part, si elles versent un tribut à Sukhothai, les principautés du Sud n'en conservent pas moins une grande autonomie et, sous la contrainte ou par intérêt, s'allient tour à tour avec le roi thaï ou avec leurs puissants voisins méridionaux – tel le sultan de Kedah – avec lesquels elles ont en commun une langue, le jawi (ou yawi), et, pour certaines, une religion après la conversion à l'islam du prince de Patani, dès le XIIIe siècle.

DE SUKHOTHAI À AYUTTHAYA Sukhothai amorce son déclin au début du XIVe siècle, quand les principautés vassales de Luang Prabang (Laos) et de Suphanburi (centre de la Thaïlande) s'affranchissent de sa tutelle. Il est bientôt éclipsé par un autre royaume thaï, Ayutthaya, fondé par le prince U-Thong – Ramathibodi Ier de son nom de règne (1350-1369) – à quelque 300km au sud, au confluent du Chao Phraya, de la Pasak et de la Lopburi. En 1378, sans doute à la suite d'un repli stratégique devant les armées d'Ayutthaya, la capitale est transférée de Sukhothai à Phitsanulok. En 1448, le royaume de Sukhothai est annexé par celui d'Ayutthaya. De conquête en reconquête, au gré des conflits qui opposent les Siamois à leurs voisins birmans et khmers, les terres de Sukhothai changeront souvent de mains, mais ce n'est qu'à la fin du XVIe siècle qu'elles deviendront une simple province d'Ayutthaya. Les Birmans s'emparent d'Ayutthaya en 1569. L'épopée de Naret (1555-1605), jeune prince siamois retenu en otage à la cour de Pegu pour garantir l'obéissance du roi son père à ses geôliers, est gravée dans l'imaginaire collectif thaïlandais. Formé aux arts de la guerre, Naret est renvoyé à 16 ans chez lui. Nommé gouverneur de Phitsanulok, il parvient à repousser plusieurs attaques de ses anciens ravisseurs, avant de monter sur le trône siamois en 1590 sous le nom de Naresuan. Il remporte des batailles décisives sur les ennemis de toujours, les Birmans, les Khmers et leurs alliés du Lanna, à dos d'éléphant et à coups de sabre, à l'image du héros des superproductions cinématographiques vantant le glorieux passé du royaume, dont raffolent nombre de Thaïlandais.

AYUTTHAYA ET SES VASSAUX MÉRIDIONAUX La fortune et l'indépendance des principautés de Nakhon Si Thammarat et de Patani fluctuent au gré des victoires et des défaites de leur suzerain siamois. Patani est un important port de commerce entre le Moyen-Orient, la Perse et l'Inde d'une part, l'archipel indonésien, la Chine et le Japon d'autre part. Pour éviter les raids des pirates qui sévissent dans le détroit de Malacca, certains négociants préfèrent, en effet, voir leurs marchandises traverser l'isthme de Kra par voie terrestre et transbordent leur précieux fret à Patani. Les Chinois, présents dans la région depuis la dynastie Tang (618-907), s'y établissent au XIVe siècle, venant troquer des étoffes et de la porcelaine contre du poivre. Après la prise du sultanat de Malacca par les Portugais, en 1511, Patani voit affluer les négociants hollandais puis anglais, avant que ceux-ci lui préfèrent Batavia (Jakarta), Penang ou Singapour. De 1584 à 1651, sous l'égide de quatre sultanes successives, le petit royaume connaît son âge d'or, s'alliant tantôt à ses voisins malais contre son suzerain siamois, tantôt à Nakhon Si Thammarat, autre vassal d'Ayutthaya.

AYUTTHAYA ET LE MONDE La nécessité de financer d'incessantes guerres pousse les souverains siamois à développer les échanges commerciaux. C'est sous le règne de Narai (1656-1688) que la cour d'Ayutthaya s'ouvre le plus à l'Europe, sous l'influence de Constantin Phaulkon, aventurier grec arrivé à Ayutthaya au service de la Compagnie anglaise des Indes orientales et devenu rapidement un intime du roi. De nombreuses missions et ambassades sont alors échangées avec le pape, Louis XIV, le chah Soliman Ier d'Iran, l'empereur Kangxi des Qing... À cette époque, diplomatie est synonyme de commerce, et la charge des relations extérieures incombe au ministre du Trésor, ou *Krom Phra Khlang* (les deux fonctions ne seront dissociées qu'au XIXe s.). Une espèce de riz à grain long originaire des Indes a fait du royaume thaï un exportateur de premier rang. Le pays vend aussi du sel, du bois, des épices, de l'alcool, de la soie et des peaux, et les émissaires européens exprimeront leur émerveillement devant le travail d'orfèvrerie et de marqueterie des maîtres artisans locaux. Le commerce est florissant. Les récits fantasques du chevalier de Chaumont sur son ambassade à Ayutthaya, en 1685, annonçant la soumission du roi Narai à Louis XIV et sa prochaine conversion au christianisme, seront lus avec attention à Versailles, mais point suivis d'effet. La politique d'ouverture commerciale, militaire et culturelle d'Ayutthaya envers l'Occident prend fin subitement en 1688. Retenu en son palais de Lopburi par une grave maladie, le roi désigne sa fille Sudavadi pour lui succéder, et il nomme trois de ses plus proches conseillers régents : deux nobles thaïs, dont l'un est destiné à devenir prince consort selon le vœu de la princesse, et Phaulkon. Mais l'un des régents, Phetracha, fait exécuter Phaulkon et son rival siamois, malgré les protestations du roi à l'agonie. À la mort de Narai, Phetracha contraint Sudavadi à l'épouser. Devenu roi, il assiège les troupes françaises stationnées près de la future Bangkok, et exige leur départ. Cet acte scelle le début de près d'un siècle d'isolationnisme, durant lequel les contacts avec l'Europe, jadis féconds, seront réduits au strict minimum.

LE SUD APRÈS NARAI

En 1688, profitant des intrigues de palais qui affaiblissent le Siam, le Kelantan s'empare de Patani. S'ouvre alors une période d'incertitude pour la région, marquée par des interventions plus ou moins musclées de la part des Thaïs et des Malais. En 1767, la chute d'Ayutthaya affranchit provisoirement Patani de toute tuelle. Mais, en 1785, une armée siamoise conduite par le vice-roi vient réclamer sa soumission.

LE DÉCLIN Peu après l'accession au trône du roi Ekatat (Boromaraja V), en 1758, les Birmans attaquent Ayutthaya. Déjà très affaiblie, la puissance siamoise ne peut résister longtemps. En avril 1767, après un siège de plus d'un an, la capitale tombe. Elle est pillée et incendiée par ses vainqueurs, et trente mille de ses habitants sont déportés en Birmanie. Le général Taksin, ancien gouverneur de Tak, s'autoproclame roi quelques mois plus tard à Thonburi, poste de douane du delta du Chao Phraya, dont il fait sa capitale. Il y rassemble une armée, défait les Birmans et entreprend de reconstituer le royaume d'Ayutthaya. Au sud, ses armées iront jusqu'à Penang et Terangganu en Malaisie.

L'avènement de la dynastie Chakri

Renversé à son tour, Taksin doit céder la place à un autre général, Chakri, fondateur de l'actuelle dynastie régnante, qui le fait décapiter en 1782. Sous le titre de Rama Ier, Chakri déplace la capitale de Thonburi à Rattanakosin, sur la rive opposée du fleuve, un site plus facile à défendre et moins sujet aux inondations. Ainsi naît Bangkok, *Krung Thep* dans sa forme thaïe abrégée.

UNE VOLONTÉ DE MODERNISATION C'est sous les règnes de Mongkut (Rama IV, 1851-1868) et de son fils Chulalongkorn (Rama V, 1868-1910) que le Siam renoue le dialogue avec l'Occident, aux dépens de l'empire du Milieu, alors en pleine décadence. Le pays s'engage résolument sur la voie de la modernisation. L'esclavage est aboli, un cadastre raisonné voit le jour, le chemin de fer et l'électricité font leur apparition, l'armée est réorganisée et le pouvoir centralisé à Bangkok, tandis que les sujets les plus brillants sont envoyés dans les meilleures universités européennes. Le pays cherche à se forger une image forte à travers des représentations favorables de son histoire.

UNE INDÉPENDANCE CHÈREMENT NÉGOCIÉE En matière de politique étrangère, il faut multiplier les traités et les compromis avec l'Europe colonisatrice : les Britanniques, qui ont annexé en totalité la Birmanie en 1886, obtiennent des territoires dans la péninsule Malaise en 1909, tandis que les Français, qui ont conquis l'Annam en 1883, contraignent le Siam à rétrocéder certaines terres au Cambodge et à abandonner à leur profit sa souveraineté sur le Laos. Mais s'il est obligé de céder aux Occidentaux des parcelles de son territoire, contrairement à ses voisins, le royaume ne sera jamais colonisé, arguant que sa neutralité est un gage de sécurité dans la région. À sa mort, en 1910, Rama V laisse soixante-dix-sept enfants. Une progéniture pléthorique dont l'inconséquence sonnera le glas de la monarchie absolue une génération plus tard.

"Bangkok", "Siam", "Thaïlande", histoire de noms

Aucun de ces trois noms de lieu n'est employé dans la langue thaïe courante : ce sont des exonymes réservés aux échanges avec l'extérieur. Les Thaïlandais nomment leur capitale Krung Thep, ou plus formellement Krung Thep Mahanakhon. Mais le nom complet de cette ville, qui mêle pali et sanskrit, est en fait le plus long du monde, et même les Thaïlandais ont du mal à le retenir et à en saisir le sens : *Krung Thep Mahanakhon Amon Rattanakosin Mahinthara Ayutthaya Mahadilok Phop Noppharat Ratchathani Burirom Udomratchaniwet Mahasathan Amon Piman Awatan Sathit Sakkathattiya Witsanukam Prasit* – ce que l'on pourrait traduire par "Ville des anges, grande capitale immortelle où demeure le Bouddha d'Émeraude, ville invincible dédiée au dieu Indra, grande capitale du monde ornée de neuf pierres précieuses, remplie de joie, dotée de vastes palais royaux célestes où résident les anges réincarnés, bâtie sous les ordres d'Indra et réalisée par la magie de Vishvakarma".
On ne sait pourquoi les étrangers appellent la ville Bangkok ; l'hypothèse la plus courante est l'attribution par méprise du nom d'un village de pêcheurs, Beuang Mokok, à la nouvelle capitale. Le nom de Siam dérive, quant à lui, d'un vocable péjoratif désignant en sanskrit, en khmer, en chinois ou en shan "les bruns", "le peuple foncé". La plus ancienne mention connue de ce terme remonte au XIIe siècle, et il aurait été adopté par les Portugais au XVIe siècle. Son usage se trouva consacré sous le règne de Rama IV, qui signait "Mongkut Rex Siamensium" ses échanges avec l'étranger. Le néologisme *Thailand* fut, quant à lui, adopté en 1939. La junte ultranationaliste alors au pouvoir, désireuse de rassembler les Thaïs des États voisins sous sa domination, accola ainsi *thai*, synonyme d'"homme libre", et l'anglais *land*, "terre". Un choix qui se voulait stratégique face à la menace d'invasion japonaise. À la fin de la guerre, pour faire oublier le temps de la collaboration, le pays reprit officiellement le nom de Siam, mais celui-ci a été remplacé par Thailand (Thaïlande) en 1948. Sur place, toutefois, on continue d'appeler le royaume Muang Thai, ou Prathet Thai, "pays du Peuple thaï".

Le XXe siècle

LA FIN DE LA MONARCHIE ABSOLUE Monté sur le trône en 1925, Rama VII, cadet des trente-trois fils de Rama V, entend réformer la monarchie et rétablir les comptes publics après des années de folles dépenses d'une cour innombrable et largement inefficace. Une nécessité rendue plus impérieuse encore par le krach boursier de 1929 et ses conséquences. Parallèlement, un groupe d'intellectuels roturiers – en opposition aux élites aristocratiques qui ont accaparé le pouvoir – se constitue en 1927 autour de Pridi Phanomyong, secrétaire au Conseil d'État, premier Thaïlandais titulaire d'un doctorat (en droit) à la Sorbonne. En 1932, Pridi s'allie à une faction militaire dirigée par le lieutenant-colonel Khittasangkha, futur maréchal Phibulsongkhram ("seigneur de la guerre", titre reçu du roi en personne), ou Phibun. Le 24 juin, ces jeunes-turcs formés à l'occidentale orchestrent un coup d'État visant à instaurer une monarchie constitutionnelle. Préférant éviter un bain de sang, le roi accède à leur demande.

LA PRISE DE POUVOIR PAR L'ARMÉE Le roi semble ouvert aux réformes. Les revendications détaillées dans le manifeste du Khana Ratsadon, le Parti du peuple fondé par Pridi en 1927, sont à l'ordre du jour, et ce dernier est chargé de la rédaction de la première Constitution, avec l'accord bienveillant de Rama VII. Mais, très vite, avec le concours des anciennes élites princières, les militaires prennent le dessus, laissant peu de place aux aspirations démocratiques. Le plan radical de nationalisation des terres et de l'appareil de production proposé par Pridi lui vaut un exil temporaire en 1933. Le roi, en plein désaccord avec son gouvernement, finit par abdiquer en 1935. Rappelé aux affaires dès 1934, Pridi occupe au cours des années suivantes différents postes ministériels au sein d'un gouvernement de plus en plus nationaliste et militariste, dirigé par Phibun.

LA MONTÉE DE L'ULTRANATIONALISME Par décret, Rama VII est remplacé par Ananda Mahidol, un petit-fils de Rama V. Âgé de neuf ans au moment de sa désignation, Rama VIII vit en Suisse, où il demeurera jusqu'à la fin de la guerre, à l'exception d'un bref séjour dans son royaume en 1939, laissant les mains libres à un gouvernement autoritaire. Pour asseoir sa légitimité, celui-ci engage un programme de propagande d'inspiration fasciste. Le culte de la personnalité de Phibun et les représentations à la gloire du pays, puisées dans une histoire largement romancée, fleurissent. Des chants patriotiques sont entonnés plusieurs fois par jour, notamment à 8h et à 18h, à la radio, dans les écoles, les administrations, les marchés, les gares… La rhétorique antichinoise s'intensifie – un comble pour un pays dont près de 40% de la population a des ancêtres chinois. Un plat national à base de produits locaux est imposé, le *pad thai* (nouilles de riz sautées et parfumées au tamarin, au sucre de palme et à la sauce de poisson). En 1939, le Siam devient officiellement la Thaïlande, le "pays des Hommes libres". Ce nationalisme exacerbé ne sera pas sans conséquences dans le Sud, qui avait su préserver ses spécificités culturelles sous la monarchie absolue, mais les voit menacées sous le nouveau régime.

LA SECONDE GUERRE MONDIALE Tandis que les Allemands occupent Paris, Phibun déclare la guerre au gouvernement de Vichy pour récupérer les territoires indochinois que Rama V a dû céder à la France en 1907. C'est ainsi que lors de la paix négociée par l'entremise des Japonais, la Thaïlande reprend Siem Reap et les provinces de Battambang, de Preah Vihear et de Champasak. Après avoir maintenu une relative neutralité entre la Grande-Bretagne et le Japon, face à un ultimatum de ce dernier, le 7 décembre 1941, jour du bombardement de Pearl Harbor, la Thaïlande accepte une alliance de raison, garantissant un soutien logistique et militaire à l'empire du Soleil-Levant dans sa conquête de la région. Une partie des dirigeants, en désaccord avec la politique pronipponne de Phibun, s'envolent alors pour Washington, où ils forment un gouvernement en exil – ce qui leur permettra d'invalider l'accord avec le Japon à la fin de la guerre et d'éviter au Siam une occupation prolongée ainsi que le paiement de lourdes réparations. La résistance s'organise également dans le royaume sous l'égide de Pridi Phanomyong, titulaire du poste honorifique de régent du jeune roi, demeuré en Suisse. Lorsque ce dernier rentre d'Europe, en décembre 1945, Pridi démissionne de sa charge.

L'IMMÉDIATE APRÈS-GUERRE Tout en s'affichant au sein du Parti du peuple et du gouvernement, Pridi continue de mener une résistance clandestine aux dérives extrémistes, ce qui permet à ses alliés de se présenter et de remporter les élections de janvier 1946 face au nouveau Parti démocrate, de tendance monarchiste et conservatrice, le plus ancien parti encore en activité aujourd'hui. En mars, Pridi accède aux fonctions de Premier ministre. Le 9 juin 1946, le jeune Rama VIII est retrouvé mort dans sa chambre, une balle dans la tête. Accusé de régicide par l'opposition, Pridi doit s'exiler (il tentera, sans succès de reprendre le pouvoir entre 1949 et 1951, et mourra à Paris en 1983). Bhumibol Adulyadej (né en 1927), jeune frère du roi défunt, accède au trône sous le nom de Rama IX. En décembre 1946, avec le soutien des États-Unis, le Siam entre à l'ONU.

LES GOUVERNEMENTS AUTORITAIRES Phibun, pourtant condamné pour sa collaboration avec les Japonais, revient sur le devant de la scène. Il soutient dans un premier temps une série de gouvernements civils, avant de reprendre les rênes du pouvoir en 1948 et les garder jusqu'en 1957, année où il est renversé par le maréchal Sarit Thanarat, qui instaure une véritable dictature en faisant de son parti le seul et unique autorisé. Dans le contexte de la guerre froide, le retour du pays à un régime autoritaire n'émeut guère l'opinion internationale, qui voit dans la Thaïlande un allié contre le communisme. En pleine guerre du Vietnam, les États-Unis trouvent même en elle un soutien logistique non négligeable. Après une succession d'éphémères gouvernements civils, la parenthèse démocratique ouverte à l'automne de 1973 se referme le 6 octobre 1976, quand les forces armées prennent d'assaut le campus de l'université Thammasat, au cœur de Bangkok, faisant des dizaines de morts. Dans les années 1980, avec le gouvernement de Prem Tinsulanonda, s'ouvre une période de stabilité politique, marquée par une démocratisation progressive et une ouverture au dialogue avec le Sud musulman et soutenue par la croissance économique. À partir de 1993, cette dernière s'accélère. Un élan stoppé net par la crise de 1997, qui débute en Thaïlande avec la dévaluation du baht, avant de gagner toute l'Asie du Sud-Est. Celle-ci mettra des années avant de s'en remettre, mais le gouvernement du démocrate Chuan Leekpai, qui accède au pouvoir la même année, parviendra à restaurer la crédibilité financière du pays.

Les troubles dans l'extrême Sud

Le sultanat de Patani et le royaume thaï ont toujours entretenu des relations délicates. En échange d'un tribut, le monarque thaï a longtemps laissé à son vassal une grande autonomie, notamment en matière de justice, d'éducation, de religion et de langue. Mais le sultanat s'est retrouvé annexé de facto par le Siam sous le règne de Rama Ier et divisé en 7 provinces au XIXe siècle. En 1909, le traité anglo-siamois fixant les frontières entre la Malaisie et la Thaïlande en attribue trois à cette dernière : Pattani, Yala et Narathiwat. À la fin des années 1930, le gouvernement ultranationaliste de Phibun inaugure une politique d'assimilation : la loi islamique ne s'applique plus pour les musulmans des provinces du Sud en matière de mariage et de succession, les cadis qui assistaient les juges thaïs sont supprimés et la langue jawi (ou yawi) doit s'effacer à l'école au profit du siamois. Après guerre, Phibun restera sourd aux revendications de reconnaissance culturelle et d'autonomie, accusant leurs auteurs de trahison ou de crime de lèse-majesté. La politique d'assimilation forcée et la répression se durcissent dans les années 1960. Prônant désormais l'indépendance et la reconstitution de l'ancien sultanat de Patani, les rebelles ne tardent pas à prendre les armes. Dans les années 1980, Bangkok amorce un dialogue avec les leaders communautaires, et des projets de développement économique font baisser la tension d'un cran. Mais la guérilla repart de plus belle en 2001. Outre les représentants du pouvoir central, les insurgés prennent désormais la population bouddhiste pour cible. Thaksin Shinawatra mobilise alors les soldats, policiers et paramilitaires en masse. Le 28 avril 2004, une dizaine de postes de police des provinces de Pattani, de Yala et de Songkhla font l'objet d'attentats coordonnés. La riposte est immédiate. De nombreux militants tombent sous les balles et 32 insurgés présumés, qui s'étaient réfugiés dans la mosquée de Krue Se (Pattani), sont tués par la police, alors que le ministre de la Défense prônait un règlement pacifique du conflit. En octobre 2004, 1 300 manifestants sont arrêtés à Tak Bai et entassés dans des camions pour être interrogés ; 78 d'entre eux meurent asphyxiés lors du transfert. Les insurgés n'ont cessé, depuis, de se radicaliser sous l'influence de prêcheurs salafistes et ils appellent désormais au djihad. Au cours de pourparlers engagés entre le gouvernement et les groupes modérés, en 2013, ont été évoqués la création d'un ministère des Provinces du Sud et d'une zone semi-autonome, et la réintroduction de la charia, notamment en matière de droit de la famille ou de succession. Une partie de l'armée prône, pour sa part, une répression encore plus féroce pour éradiquer l'insurrection. De 2004 à 2015, la guérilla a fait plus de 6 300 morts et 10 000 blessés, musulmans ou bouddhistes. Aussi est-il est vivement déconseillé de se rendre dans les provinces de Pattani, de Narathiwat et de Yala.

La Thaïlande contemporaine

LES ANNÉES 2000 Les élections de 2001 sont remportées par le parti Thai Rak Thai ("Les Thaïs qui aiment les Thaïs") de Taksin Shinawatra, haut gradé de la police devenu un magnat des télécommunications, cf. Taksin Shinawatra, un homme politique controversé, ci-dessous. Cette même année est marquée par la reprise de la rébellion musulmane dans le Sud, et 2004 par le raz de marée qui déferle le 26 décembre sur les côtes thaïlandaises, faisant plus de 5 400 morts. Fort du soutien fervent des classes populaires, surtout celles des zones rurales du Nord-Est, Taksin est reconduit au terme des élections de 2005, que son parti remporte haut la main. Mais en septembre 2006, alors que le Premier ministre, accusé de corruption et de conflit d'intérêts, se trouve à New York, des généraux royalistes orchestrent un putsch. Le Parlement est dissous, la Constitution abrogée et un gouvernement militaire assure l'intérim. Les élections législatives de décembre 2007 sont remportées par le Parti du Pouvoir populaire (PPP), que dirige un proche de Taksin, au grand dam des généraux. Sous la pression des Chemises jaunes (le mouvement royaliste anti-Taksin), qui bloquent l'aéroport Suvarnabhumi de Bangkok en novembre-décembre 2008, la Cour constitutionnelle fait interdire le PPP et le Parlement élit Premier ministre Abhisit Vejjajiva, leader du principal parti d'opposition.

L'HÉRITAGE DE TAKSIN ET LE RETOUR DES MILITAIRES AU POUVOIR Au printemps de 2010, les Chemises rouges (partisans de Taksin) occupent les rues de Bangkok, demandant la démission du Premier ministre. Les affrontements entre manifestants et forces de l'ordre puis entre Chemises rouges et Chemises jaunes feront au moins quatre-vingt-onze morts. En juillet 2011, le Pheu Thai, parti de Yingluck Shinawatra, remporte la majorité absolue aux élections générales. La sœur cadette de Taksin devient ainsi la première femme

Taksin Shinawatra, un homme politique controversé

De 2001 à 2014, les partis formés autour de Taksin, tout d'abord le Thai Rak Thai, puis le Parti du Pouvoir populaire (PPP) et enfin le Pheu Thai ("Parti pro-thaï") ont remporté pratiquement toutes les élections face au Parti démocrate, mais les gouvernements successifs issus de ces scrutins ont tous été disqualifiés, dissous par les tribunaux ou par calcul politique de Taksin lui-même (2006), quand ils n'ont pas été renversés par les militaires. Depuis sa condamnation pour conflit d'intérêts, en 2008, Taksin vit en exil à l'étranger, et les enquêtes, accusations et condamnations pour corruption, abus de pouvoir, mauvaise gestion des fonds publics, manquement au devoir, évasion fiscale et même meurtre dans le cadre d'actions policières musclées pleuvent sur lui et ses proches. Champion des populations oubliées par l'administration centrale pour les uns, populiste dilapidant les deniers publics pour acheter des voix et asseoir son pouvoir selon les autres, aucun homme politique n'aura autant divisé les Thaïlandais que Taksin.

Premier ministre de Thaïlande. Le gouvernement engage alors un programme de subventions aux riziculteurs qui se révèle rapidement un gouffre financier. En novembre 2013, un projet de loi visant à amnistier Taksin d'une condamnation pour corruption suscite une nouvelle crise politique. Affaiblie par des élections anticipées invalidées et par des manifestations de rue qui font une vingtaine de morts, Yingluck est destituée par la Cour constitutionnelle en mai 2014 pour abus de pouvoir. Quelques jours plus tard, invoquant le risque de guerre civile, l'armée fait son retour dans l'arène politique, abrogeant par la même occasion la Constitution, et se dotant des pleins pouvoirs sous le nom de Conseil national pour la paix et l'ordre. Depuis, le général Prayuth Chan-o-cha, à l'origine de ce coup d'État, dirige un gouvernement chargé de rédiger une énième Constitution et de préparer les réformes en vue des prochaines élections, un temps prévues pour 2015 et désormais reportées à 2016, voire 2017.

INSTABILITÉ OU CONTINUITÉ ? Depuis 1932, le pays a connu vingt-cinq élections générales et dix-huit putschs, dont douze ont abouti. Pour les défenseurs d'un régime autoritaire et des mesures d'exception, les attentes démocratiques passent après la sécurité, la stabilité et l'unité nationales. Le choc entre défenseurs de l'ordre établi et partisans de plus de liberté provoque des tensions incessantes. Certes, la Thaïlande en a vu d'autres, mais on ne peut ignorer les sérieux défis auxquels le pays est confronté. On présente souvent les conflits politiques et sociaux actuels en termes binaires et réducteurs : riches contre pauvres, ruraux contre citadins, establishment contre réformateurs, vieille garde contre nouveaux riches, droite contre gauche, région contre région. Or la réalité est plus complexe : entre alliances progressistes-fascistes ou populistes-royalistes, passages en force en faveur de la démocratie, batailles fratricides, monarchie constitutionnelle conférant au roi une autorité morale immense, la situation peut paraître insaisissable. Mais les Thaïlandais envisagent les paradoxes du paysage politique avec une bonne dose de philosophie et de pragmatisme, selon le principe de vie qui est le leur. À court terme, la stabilité du pays semble assurée, le tourisme repart de plus belle, et la Terre des sourires n'a rien perdu de son sens de l'accueil.

Systèmes politique et administratif

Les institutions

Depuis l'instauration de la monarchie constitutionnelle, en 1932, on dénombre presque autant de révisions de la Constitution que de putschs. La composition et les responsabilités de l'Assemblée législative ont changé au gré des régimes en place : elle est constituée tour à tour d'une chambre ou de deux ; ses membres sont élus au suffrage universel ou nommés ; leur nombre, la durée de leur mandat et surtout l'étendue de leurs pouvoirs varient. L'appareil judiciaire a également subi des modifications au cours des décennies. À la Cour suprême, cour de pourvoi pour le pénal et le civil, est venue s'adjoindre en 1997 une Cour constitutionnelle qui, au gré des aléas politiques, s'est souvent prononcée sur des questions ayant des conséquences directes sur la gouvernance du pays.

Un État centralisé

Soixante-seize des soixante-dix-sept provinces et les quelque huit cents *amphoe* ou districts du pays sont administrés par des gouverneurs et des fonctionnaires nommés directement par le ministère de l'Intérieur, pratique qui remonte à l'époque de la monarchie absolue. Seuls les Bangkokiens élisent leur gouverneur au suffrage universel. Les premières élections de la capitale, en 1975, ont été rapidement invalidées par le Premier ministre, et Bangkok n'est administrée par un gouverneur élu que depuis 1985. Dans les municipalités de plus de 50 000 habitants, le maire et le conseil municipal sont également élus.

Le rôle du roi

Et si l'apparente instabilité du pays était plutôt une recherche constante d'équilibre et de paix ? La question mérite d'être posée, car la Thaïlande subit des crises politiques ou sociales à répétition mais en sort toujours indemne. À cela plusieurs explications, dont la plus palpable est sans doute la stature du roi Bhumibol, Rama IX, âme personnifiée du pays depuis 1946. Sept décennies après son accession au trône dans des circonstances tragiques, Rama IX est toujours vénéré par son peuple. Garant de la stabilité dans un paysage politique qui en a souvent manqué, il jouit d'un pouvoir moral discret mais incontestable, et du respect sans bornes de son peuple, dont il a su user pour désamorcer des situations explosives, en se tenant toujours au-dessus de la mêlée. Les Constitutions successives lui ont octroyé un rôle plus ou moins important, mais son autorité morale n'a fait que croître au fil des années. Malgré son âge avancé (il est né en 1927) et une santé chancelante, il reste le ciment du pays, dont il tempère les dérives et les extrémismes.

Économie

Une économie dynamique

"Dans les eaux, il y a du poisson ; dans les champs, il y a du riz." Par ce proverbe, les Thaïlandais expriment la fierté qu'ils tirent de la richesse de leur pays. De fait, en dépit de disparités régionales qui restent importantes, l'économie thaïlandaise se porte bien. Le pays est proche du plein-emploi, même si l'instauration en 2013 d'un salaire minimum a suscité les craintes et les protestations du patronat, surtout dans le domaine agricole. Le smic thaïlandais, qui se monte à 300 bahts par jour (mais qui devrait être indexé sur le coût de la vie, variable dans les régions, à partir de 2016), est le troisième d'Asie par le montant, derrière celui des richissimes États de Singapour et de Brunei. La part des Thaïlandais vivant au-dessous du seuil de pauvreté représente aujourd'hui moins de 10% de la population nationale, contre 65% en 1988. Le PIB de la Thaïlande était de 373,8 milliards de dollars en 2014, plaçant le pays au 32e rang mondial – et au 22e si l'on tient compte du pouvoir d'achat (le PIB à parité de pouvoir d'achat).

LA PRODUCTION INDUSTRIELLE La balance commerciale thaïlandaise est largement excédentaire. L'industrie représentait 42,5% du PIB en 2013 selon la Banque mondiale. Le pays est un important producteur et exportateur de matériel informatique, se classant au deuxième rang mondial des producteurs de disques durs derrière la Chine. En 2014, il occupait le 12e rang mondial dans l'industrie automobile. La production de véhicules s'effectue surtout pour le compte de constructeurs japonais et coréens, qui trouvent en Thaïlande une main-d'œuvre qualifiée bon marché. Les exportations de textile, d'électroménager et de téléphones mobiles contribuent également à l'excédent commercial du royaume.

L'AGRICULTURE ET LA PÊCHE La Thaïlande est un pays de tradition agricole, et plus de la moitié de ses terres arables (27% du territoire national) est dédiée à la riziculture. L'agriculture et l'agroalimentaire ne représentent que 12% du PIB, mais emploient près de 50% de la population active. Après avoir perdu sa place de premier exportateur mondial de riz à la suite de l'échec cuisant d'un programme discutable de subventions aux riziculteurs, la Thaïlande est redevenue numéro un en 2014 face à ses concurrents indien et vietnamien. Elle assure à elle seule 33% de la production mondiale de caoutchouc naturel, loin devant tous ses concurrents. C'est également le premier producteur au monde d'ananas, le quatrième producteur de sucre, et le troisième exportateur de poisson. Mais le pays a été vivement critiqué pour les pratiques douteuses de certains fournisseurs dans l'industrie de la pêche. Les journaux rapportent régulièrement des cas de trafic d'êtres humains, d'ouvriers retenus en esclavage à bord de bateaux qui ne rentrent jamais au port, parfois avec la complicité des autorités. Sous la pression nationale et internationale, le gouvernement a multiplié les contrôles en mer et dans les ports et redoublé d'efforts pour punir les responsables.

LE TOURISME Malgré sa position de première destination d'Asie du Sud-Est, le tourisme en Thaïlande ne représente que 6 à 9% du PIB, selon les estimations et les méthodes de calcul. Si les manifestations et le coup d'État du printemps 2014 ont fait un temps chuter le nombre d'arrivées, la reprise était sensible dès la fin de l'année. En 2014, année globalement en recul, le pays enregistrait tout de même 24,8 millions de visiteurs. L'aéroport international de Bangkok-Suvarnabhumi a dépassé sa capacité de charge, avec 45 millions de passagers par an, et ce malgré la réouverture du vieil aérodrome de Don Muang et la conversion de la base militaire d'U-Tapao en un aéroport commercial qui devrait être complètement opérationnel courant 2016. Certains aéroports régionaux, tel celui de Phuket, accueillent désormais des vols internationaux.

Perspectives

La Thaïlande devrait bénéficier de l'instauration progressive, à partir de décembre 2015, d'une Communauté économique de l'Association des nations du Sud-Est asiatique (ASEAN), créant un marché unique, autorisant la libre circulation des biens et un développement économique coordonné entre les États membres et facilitant les déplacements de leurs travailleurs qualifiés. Les troubles politiques de 2014 ont un temps freiné la croissance et les investissements, mais les chiffres repartent à la hausse et les prévisions sont optimistes. L'inflation reste faible. Les villes grossissent comme des champignons. D'ambitieux projets d'infrastructures, dont une ligne TGV vers la Chine, l'augmentation de la capacité aéroportuaire de Bangkok et l'extension de son réseau de transports en commun, devraient bientôt voir le jour. Dans le Sud, on parle à nouveau d'un canal qui traverserait l'isthme de Kra, offrant un raccourci aux porte-conteneurs en provenance de Chine. Ce projet avait déjà été évoqué au XVIIe siècle sous le règne de Narai, qui chargea l'ingénieur français Lamar de réaliser une étude de faisabilité restée sans suite. Les défis sont importants, mais l'histoire montre que la Thaïlande a toujours su faire face à l'adversité.

Société

Groupes ethniques

Dans un pays qui ne cesse de mettre l'accent sur l'homogénéité et l'intégration nationales, surtout depuis la fin de la monarchie absolue, parler d'ethnicité soulève d'épineuses questions identitaires. S'ajoutent à cette difficulté des frontières poreuses, des différences religieuses, une immigration plus ou moins licite en provenance des pays limitrophes... Établir des statistiques démographiques précises relève de l'impossible. Pas moins de 95% de la population se revendique comme thaïe, intégration oblige. Or on dénombre 5% à 7,5%, sinon plus, de citoyens d'origine malaise, principalement dans le Sud ; environ 14% d'ascendance chinoise ; auxquels s'ajoutent des Birmans, des Khmers, les minorités montagnardes du Nord, nombre de réfugiés et travailleurs d'autres pays asiatiques, sans compter les Occidentaux qui ont élu domicile en Thaïlande pour leurs vieux jours. Le calcul est vite fait : on dépasse allégrement les 100%, même en tenant compte des familles aux origines multiethniques.

LES THAÏS Les Thaïs (Tai), ou Thaïs siamois, seraient arrivés du sud de la Chine par vagues successives, au cours du Ier millénaire de notre ère, et plus massivement du Yunnan entre le XIe et le XIIIe siècle, sous la pression des Han.

LES SINO-THAÏS Environ 14% de la population se dit d'origine chinoise, mais le pourcentage réel est sans doute bien plus élevé. L'implantation de commerçants chinois (Han) dans le royaume remonte au moins au règne de Ram Khamhaeng, à la fin du XIIIe siècle, mais l'abolition de l'esclavage et de la corvée alimentèrent, à la fin du XIXe siècle, une émigration massive en provenance du Guangdong, du Fujian et de l'île de Hainan. Le sentiment antichinois contraignit ces immigrés à abandonner leurs noms d'origine pour des patronymes thaïs sous Rama VI, au début du XXe siècle. La pression s'accentua sous la dictature ultranationaliste, dans les années 1930-1950, nonobstant les origines chinoises de bon nombre de dirigeants : les cours en langue chinoise furent interdits dans les écoles, et des entreprises dirigées par des Chinois, notamment dans la riziculture et la production de tabac, nationalisées. Malgré cela, ou du fait même de ces pressions, cette communauté s'est très rapidement assimilée. Les premières générations ont abandonné le bouddhisme mahayana en faveur de sa version locale, le theravada, et, en dépit du pourcentage élevé de Thaïlandais d'origine chinoise, au recensement de l'an 2000, seuls 230 000 d'entre eux disaient parler le dialecte de leurs ancêtres. Aujourd'hui, la stigmatisation a largement disparu, des livres retracent l'histoire de la communauté sino-thaïe, et nombre de ses représentants occupent des positions en vue dans le monde des affaires et la politique, telle la famille Shinawatra.

LES THAÏS D'ORIGINE MALAISE Les provinces du Sud abritent d'importantes communautés de confession musulmane et de culture malaise. Dans la province de Satun, ancien district du sultanat de Kedah, l'assimilation de cette population est très ancienne. Elle est bien plus problématique dans les provinces de Pattani, de Yala et de Narathiwat – l'ancien sultanat de Patani, cf. Les troubles dans l'extrême Sud (p.21). La réintroduction dans les écoles du jawi (*yawi* en thaï), le dialecte malais parlé dans la région, a échoué à attirer les élèves musulmans dans les établissements publics.

AUTRES MINORITÉS Les habitants de l'Isaan, la région la plus peuplée de Thaïlande avec près d'un tiers de sa population, sont culturellement et ethniquement plus proches des Laotiens et parlent une langue que l'on comprend à Vientiane mais pas à Bangkok. Près de cette frontière et de celle du Myanmar vivent aussi des tribus montagnardes : Akha, Hmong ou Miao, Karen, Lahu, Lisu, et Mien ou Yao.

Langues

Le thaï appartient à la famille linguistique tai-kadai et s'apparente au shan, parlé dans le nord-est de la Birmanie, et au lao, langue nationale du Laos. La langue officielle du pays, celle des affaires, de l'instruction, des médias et de l'administration, est le thaï tel qu'il se parle et s'écrit dans la plaine centrale autour de Bangkok. C'est loin d'être la langue maternelle de tous les Thaïlandais, même si tous sont censés l'apprendre. L'*isaan*, proche du lao, est parlé par environ 21 millions de personnes dans le Nord-Est, et le *kham meuang*, dialecte du Nord, par environ 6 millions, tandis que 70 langues tribales, indigènes ou d'immigration le sont de façon restreinte ou marginale. Dans le Sud, , de Hua Hin à la frontière malaisienne, le *phak tai*, ou thaï méridional, et ses dérivés dominent avec environ 5 millions de locuteurs. Pour schématiser, on peut dire que les variantes parlées dans le nord de la péninsule sont plutôt influencées par le thaï standard ; tandis que celles que l'on entend dans le sud de la péninsule sont plus proches du yawi, dialecte de la famille malayo-polynésienne parlé par environ 1,5 million de personnes en Thaïlande et 1 million en Malaisie. Dans les provinces de l'extrême Sud, on observe une maîtrise bien moindre du thaï standard, hormis dans la province de Satun, où l'assimilation culturelle et linguistique est presque totale.

LE THAÏ, UNE LANGUE TONALE Le thaï est une langue à cinq tons (médian, bas, descendant, haut et ascendant), essentiellement monosyllabique. La maîtrise de ces tons représente la principale difficulté de son apprentissage pour les étrangers. En l'absence de déclinaisons, de conjugaisons et d'articles, sa structure grammaticale fait appel à des mots modificateurs pour indiquer le temps, le mode et le nombre. Le niveau du discours dépend de l'âge, du sexe et de la position sociale du locuteur. C'est ainsi qu'on emploie un vocabulaire particulier, le *rachasap*, pour parler de la famille royale ou s'adresser à l'un de ses membres. Le thaï ne s'écrit que depuis le XIIIe siècle. L'alphabet actuel comprend quarante-quatre consonnes, quatre marques tonales et trente-deux voyelles. Il s'écrit de gauche à droite et suit des règles phonétiques très strictes.

Une société fortement hiérarchisée

HONNEUR AUX AÎNÉS En Thaïlande, où les valeurs traditionnelles imprègnent encore tous les aspects de la vie quotidienne et sociale, le cercle familial joue un grand rôle et la famille se conçoit au sens large : au moins trois générations vivent souvent sous un même toit, notamment dans les zones rurales, et l'individu doit souvent s'effacer pour se soumettre aux règles du groupe, au sein duquel les anciens occupent une place essentielle. Dans une société par ailleurs très hiérarchisée, le respect que l'on doit aux aînés comme aux supérieurs est la règle, et l'autorité morale dont ils jouissent demeure forte.

LA PLACE DES FEMMES Pour le bouddhisme traditionnel, la naissance dans la *chat naa*, la "prochaine vie", en homme après une vie de femme rapproche de l'illumination. Cette inégalité "innée" est peut-être l'un des principaux obstacles à l'évolution des femmes dans la société thaïlandaise. Prenons un autre exemple : la femme saluera souvent un homme en pliant légèrement les genoux, pour placer sa tête à un niveau inférieur à celle de son interlocuteur – dans la vie quotidienne, il est rare de voir les hommes se courber autant. Autre indicateur de sa position dans la société, elle ne peut légalement avorter en Thaïlande que si sa santé est menacée. Les femmes comptent pour 47% de la population active du royaume, un record en Asie du Sud-Est, mais celles-ci sont surreprésentées dans les services et les métiers les moins rémunérés. À l'autre bout de l'échelle, seules cinq Thaïlandaises figurent sur la liste des cinquante personnalités les plus riches du pays établie par le magazine *Forbes*, et toutes les cinq doivent leur fortune à leur veuvage ou à un héritage familial. Mais les mœurs évoluent. Les étudiantes sont désormais plus nombreuses que leurs homologues masculins ; et même si elles restent minoritaires, on compte de plus en plus de femmes cadres et chefs d'entreprise. Les dernières réformes constitutionnelles prévoient même la possibilité qu'une femme puisse un jour accéder au trône.

LES *KATHOEY* Les *kathoey*, transsexuels, transgenres et travestis, jouissent d'une certaine visibilité en Thaïlande, où ils bénéficient d'un statut à part dans l'imaginaire collectif. Élégants, féminins, extravagants dans les cabarets ou à la télé, ces *ladyboys* travaillent aussi dans la restauration, la vente, la mode ou la beauté. Mais, sous couvert d'une relative tolérance en matière de sexualité (le bouddhisme n'édicte pas de règles strictes en ce domaine, hormis le devoir de chasteté pour les moines), la société les ignore ou les tient à distance, et leur image de créatures fantasmées les relègue souvent au monde des travailleurs du sexe. Certains voient dans l'indifférence qui leur est réservée le reflet d'un certain fatalisme bouddhique : leur état serait la conséquence de leur action dans une vie antérieure, le signe d'un mauvais karma... Les *katoey* entretiennent souvent des rapports difficiles avec leur famille et, à l'exception de quelques ONG, la défense de leurs droits ne rencontre aucun écho dans l'opinion publique. Ils ne bénéficient d'aucun statut juridique et sont dans l'impossibilité de changer de sexe à l'état civil.

GAYS ET LESBIENNES Selon une image largement véhiculée à l'étranger, l'homosexualité entre adultes bénéficierait d'une grande tolérance en Thaïlande. Dans les centres urbains et touristiques, nombreux sont les bars, boîtes et autres lieux de rencontre destinés aux homosexuels et, dans une moindre mesure aux lesbiennes, et les couples du même sexe, peuvent s'afficher sans problème dans la rue du moment qu'ils respectent les règles qui s'appliquent à tous : éviter les "démonstrations publiques d'affection" trop voyantes. Mais,

Quelques mots-clés

Sanuk Le *sanuk* serait ce que cherchent constamment à atteindre les Thaïlandais. Plutôt que "divertissement", terme par lequel on le traduit souvent, il signifie le "chemin de la joie de vivre". La quête du *sanuk* marque maints aspects de la culture thaïe, où priment le sens de la fête, le goût pour les jeux et le groupe, et la disponibilité et la prévenance envers autrui qui l'accompagnent. Le *sanuk* est un principe de vie, et une clé pour comprendre le pays.

Wai Le *wai* est le salut traditionnel thaï, qui se fait les mains jointes. Plus qu'un geste de la vie quotidienne, il traduit la place qu'occupent deux interlocuteurs dans une société très hiérarchisée. On doit saluer d'un *wai* aînés, enseignants, moines et supérieurs hiérarchiques, qui rendront ou pas ce salut selon les circonstances. Largement passé de mode dans les années 1960, le *wai* a fait son retour dans les usages au début du XXIe siècle, porté par la volonté toute politique de réaffirmer l'ordre et la hiérarchie sociale, mais il s'est ouvert à des variantes moins formelles : ainsi, le salut à une seule main, compatible avec l'usage du téléphone portable, se pratique entre amis... Des touristes plongent souvent malgré eux dans l'embarras le serveur ou l'employé d'hôtel auquel ils adressent un *wai*, l'inclinaison de la tête et du buste dépendant du statut de la personne à laquelle est destiné le salut. Si le client s'incline, le serveur devra en retour se baisser encore plus pour lui signifier son statut inférieur ; si le touriste se baisse trop, il ne sait plus, littéralement, où se mettre !

Maipenrai Vous entendrez à maintes reprises lors de votre séjour "*maipenrai*". Cette formule, que l'on peut traduire par "ce n'est pas grave", résume parfaitement le mélange de pragmatisme et d'insouciance, voire de fatalisme, inhérent à l'état d'esprit thaï, hérité du bouddhisme theravada. À quoi bon se compliquer la vie ? Face au conflit, les Thaïlandais préféreront souvent l'esquive et le sourire, une attitude qui a valu à leur nation la dénomination-cliché de "Terre des sourires".

Khwampenthai Ce concept que l'on pourrait traduire par "thaïcité", "spécificité thaïlandaise", forgé à des fins politiques, traduirait l'attachement profond des Thaïs à un ordre immuable incarné par le roi, le bouddhisme et la nation. *Maipenrai* et *khwampenthai* ont valu à la Thaïlande d'être qualifiée de "pays Teflon" : aucune catastrophe, qu'elle soit naturelle, politique ou financière, ne semble l'atteindre !

dans une culture où les valeurs traditionnelles restent fortes, leur acceptation sociale est loin d'être acquise. À la télévision ou au cinéma, les représentations demeurent très stéréotypées, à l'instar du jeu télévisé *ScanGay*, dans lequel un juge doit deviner l'orientation sexuelle du participant en trois minutes. Mais plusieurs coming out remarqués dans le monde du spectacle, comme ceux de la chanteuse Zee ou des chanteurs Pongsak "Aof" Rattanaphong et Ben Chalatit, devraient ouvrir la voie aux autres.

LA PROSTITUTION EN THAÏLANDE Même en l'absence de statistiques fiables, on peut affirmer que les travailleurs du sexe se comptent par centaines de milliers en Thaïlande. Si la plupart d'entre eux sont originaires du Nord et du Nord-Est, tous sont en quête d'un revenu hors de portée dans leur région d'origine. Et s'ils peuvent faire l'objet de pressions – la traite des êtres humains et le crime organisé sont des réalités en Thaïlande –, pour les hommes, femmes et transgenres qui se prostituent, il s'agit souvent d'un choix raisonné, motivé par des contraintes économiques. Dans la société thaïe, plutôt conservatrice, le sujet reste tabou. Mais si la Thaïlande est une destination reconnue du tourisme sexuel, la clientèle de ce commerce est majoritairement thaïe. Il se pratique dans les quartiers "chauds" des grandes villes comme dans des maisons de passe à la périphérie de toutes les localités de taille moyenne... et sur Internet. Sensibiliser à la prévention des maladies sexuellement transmissibles est un enjeu de taille pour les autorités sanitaires dans un pays durement touché par le VIH. Ces dernières années, sous la pression des ONG, l'ensemble de la société thaïe semble avoir pris conscience de l'exploitation et de la dégradation que subissent les travailleurs du sexe. La presse écrite, le cinéma et la télévision se sont emparés de ce thème. Ainsi, le documentaire scénarisé *Karaoke Girl* (2013) de la jeune cinéaste Visra Vichit-Vadakan, qui dresse le portrait d'une hôtesse de bar sans mièvrerie ni jugement, a été primé dans des festivals internationaux mais aussi en Thaïlande. Si la prostitution des adultes, bien qu'illégale, mobilise peu la police, la prostitution enfantine fait, elle, l'objet d'une politique de tolérance zéro. Et si elle n'a pas complètement disparu, les ONG constatent sa nette régression.

L'habitat

LE VILLAGE Les villages thaïs sont par tradition établis au bord d'un cours d'eau ou d'un canal, jadis les principales voies de communication dans les campagnes. Presque tous s'organisent autour d'un temple et possèdent une école et un marché. Les plus traditionnels ont conservé leurs maisons sur pilotis, souvent bâties en famille. Mais, modernité oblige, le béton et la tôle ondulée remplacent peu à peu les matériaux naturels.

LA MAISON THAÏE Modestes ou cossues, les maisons traditionnelles témoignent d'une même ingéniosité. Avec leurs murs inclinés vers l'intérieur, leurs toits pentus et leurs ouvertures ménagées sur tous les côtés, les constructions privilégient la circulation de l'air et font preuve d'une remarquable adaptation au climat tropical. Les plus anciennes se caractérisent par leur toit plongeant, parfois à plusieurs niveaux, leur surélévation et leur intérieur composé de plusieurs pièces, souvent d'une seule. Leur orientation leur permet de se protéger de la pluie et de profiter des vents dominants. Ces maisons se sont hissées sur des pilotis pour éviter les inondations et l'intrusion d'animaux indésirables, améliorant du même coup leur ventilation tout en ménageant un abri pour le bétail ou des activités comme le tissage. La demeure standard, conçue pour abriter au moins trois générations, ne contient pas ou peu de meubles et elle se transforme ainsi au rythme des visites, des prières, des repas et du repos, pris sur des nattes. Une galerie extérieure accueille la plupart des tâches domestiques, tandis que la cuisine se fait sous les pilotis ou dans une petite dépendance. Autre dépendance importante, le *sala* est une plateforme couverte, lieu de socialisation et d'échanges, mais aussi de repos. Les maisons de jadis étaient construites en bois de teck, en rotin tressé ou en bambou, selon les matériaux disponibles sur place, et coiffées de chaume ou de palme. Préfabriquées et assemblées à l'aide de chevilles en bois, elles étaient entièrement démontables, et quand une famille déménageait, elle emportait ses murs ! La maison moderne a opté pour une architecture occidentalisée et des fondations en dur, d'autant que le teck se fait rare et coûteux...

LA MAISON DU SUD MUSULMAN Les demeures du Sud musulman partagent certaines caractéristiques avec les habitations malaises. Leurs toits et leurs grandes fenêtres sont parfois sculptés de motifs végétaux complexes. À l'intérieur sont ménagés des espaces distincts pour les deux sexes, et l'entrée principale est souvent réservée aux hommes. Une jarre à eau est placée devant l'escalier principal pour permettre de se laver les pieds avant d'entrer. Traditionnellement, ces maisons étaient orientées vers La Mecque, mais cet usage a disparu avec le temps, les contraintes du terrain et du cadastre.

Médias

TÉLÉVISION Elle doit composer avec la censure et les pressions gouvernementales, et les meilleurs audimats sont réservés aux *lakhon*, les soap operas thaïlandais, qui monopolisent le prime time. La 3e et la 7e chaîne se disputent la position de leader dans ce domaine avec des séries qui mêlent drame familial, lutte des classes, histoires d'amour mélodramatiques, combats, numéros de comédie musicale et humour tarte à la crème. Les fantômes traversent tous les genres, de l'horreur à la comédie romantique, comme *Khun Pee Tee Rak* ("Le Fantôme qui aime"). Une exception souvent citée dans le paysage audiovisuel thaïlandais est *Hormones*, série diffusée sur une chaîne payante de la télévision numérique – réseau en pleine expansion –, qui a fait parler d'elle pour les questions sociales qu'elle soulevait (violence dans les écoles, avortement et homosexualité). Des jeux et versions locales des concours télévisuels occidentaux complètent cette programmation.

PRESSE ÉCRITE La presse écrite est dominée par les journaux à sensation comme le quotidien populiste *Thai Rath*, qui tire à un million d'exemplaires, et *Matichon*, le quotidien de référence, qui en écoule 600 000. Tout comme les autres médias, les journaux sont soumis à une surveillance étroite des pouvoirs publics.

INTERNET ET LES RÉSEAUX SOCIAUX Le téléphone mobile atteint un taux de pénétration de 150% auprès de la population thaïlandaise ; les trois quarts des appareils sont surtout utilisés pour naviguer sur Internet et les réseaux sociaux. Selon une enquête publiée en janvier 2015, les Thaïlandais passeraient en moyenne 5 heures et 27 minutes par jour sur Internet, ce qui les place au deuxième rang mondial derrière les Philippins. Dans un pays de 67 millions d'habitants, on estime le nombre d'utilisateurs de Facebook à 30 millions par mois en 2015, soit une croissance de 53% par rapport à l'année 2014. YouTube, Twitter et Instagram sont également très fréquentés. Line est de loin la messagerie la plus répandue, avec 36 millions d'utilisateurs. Si cet usage massif des réseaux sociaux est principalement récréatif, Internet se révéla un moyen de communication pour les manifestants, en 2014. Un défi pour les autorités, qui contrôlent étroitement la diffusion de l'information et interdisent régulièrement l'accès aux sites nationaux ou étrangers qui "agiraient contre l'intérêt national". L'ONG Internet Society classe la Thaïlande dans la catégorie "peu libre" en matière de liberté sur le Net.

Religions et pratiques spirituelles

Le bouddhisme

Plus de 90% des Thaïlandais se déclarent bouddhistes, disciples de Siddharta Gautama, le Bouddha historique, mort en Inde au ve siècle avant notre ère. Ses enseignements se sont d'abord transmis oralement, avant d'être transcrits phonétiquement par des scribes de l'île de Ceylan, l'actuel Sri Lanka, au Ier siècle avant notre ère, et réunis dans ce que l'on nomme aujourd'hui le canon pali, ou *Tripitaka*. Ce sont des moines cinghalais qui auraient introduit cette forme du bouddhisme, dite theravada, "la doctrine des Anciens", ou hinayana ("petit véhicule"), en Birmanie et dans le sud de la Thaïlande, où elle se développa avant de gagner le Laos et le Cambodge, tandis que le bouddhisme mahayana ("grand véhicule"), qui se fonde sur des écrits et des interprétations, apparaît

Les quatre nobles vérités

Après avoir atteint l'illumination, le Bouddha prononce à Sarnath son premier sermon, énonçant les quatre vérités fondamentales qui doivent permettre aux individus de s'affranchir définitivement de la souffrance (*dukkha*, *tukha* en thaï) :
- la vie (l'existence ou l'expérience) n'est faite que d'insatisfactions, de douleurs, de souffrances ;
- les désirs de l'être humain sont la cause de sa souffrance ;
- l'extinction du désir entraîne la cessation de la souffrance ;
- les voies qui permettent d'éliminer la souffrance et d'atteindre l'éveil, ou illumination, sont au nombre de huit (le Noble Sentier octuple) : la parole juste, l'action juste, les moyens d'existence justes (en évitant toute profession qui nuirait à d'autres êtres vivants), l'effort juste, l'attention juste (en maîtrisant son corps et son esprit), la concentration juste, la compréhension juste (des enseignements du Bouddha) et la pensée juste (renoncement, tolérance, bienveillance envers tous les êtres).

au début de notre ère dans le nord de l'Inde, d'où il gagne le Tibet, la Chine, le Japon et la Corée. La stèle de Ram Khamhaeng, datée de 1292, témoigne de l'adhésion au bouddhisme theravada du grand roi de l'ère Sukhothai, qui y puise sa légitimité et en fait la religion officielle du royaume.

LA GESTE DU BOUDDHA Le prince Siddharta Gautama naît au VIe ou au Ve siècle av. J.-C. à Lumbini, au Népal. Élevé dans la tradition hindouiste, le fils du roi des Çakya reçoit une éducation guerrière et, à seize ans, épouse une princesse qui lui donne un fils. Il mène une vie luxueuse jusqu'à ce que, à vingt-neuf ans, il croise un vieillard, un lépreux, un cortège funèbre et un ascète, prenant ainsi conscience de la misère de la condition humaine. Il décide alors de renoncer au monde pour chercher un sens à la destinée et quitte nuitamment le palais avec son fidèle cocher, Channa, abandonnant famille, pouvoir et richesse. Il devient le disciple d'ermites et mène une vie d'errance et d'ascèse. C'est à trente-six ans qu'il s'assit sous un pipal (*Ficus religiosa*), près de Bodh-Gaya, jurant de n'en plus bouger avant d'avoir atteint la Vérité. Mara, le démon tentateur, cherche par tous les moyens à le détourner de sa méditation, mais en vain. Prenant solennellement la terre à témoin des mérites qu'il avait acquis dans ses vies antérieures (*bhumisparsa*), Siddharta a soudain la vision de la totalité de l'univers. Il atteint la connaissance parfaite (bodhi), devenant ainsi le Bouddha, l'Éveillé. Il consacrera le restant de son existence à diffuser sa doctrine (*dharma*). Lors de son premier sermon, prononcé à Sarnath, près de Bénarès, il met en branle la roue de la Loi (*dharma chakra*), dévoilant par la justesse de ses paroles l'ordre du monde, jusqu'alors caché. Cette roue, qui évoque celle d'un chariot, représente l'ordre cosmique, la ronde des naissances et des renaissances, et c'est l'un des principaux emblèmes du bouddhisme. Selon la tradition, le Bouddha meurt à quatre-vingts ans. Il atteint le *parinirvana*, l'extinction totale, couché sur son flanc droit, un sourire aux lèvres.

PRINCIPES DU BOUDDHISME THERAVADA Le bouddhisme theravada est moins une religion qu'une philosophie et un ensemble de principes de vie. Le Bouddha lui-même n'est pas considéré comme un dieu, mais comme un modèle de perfection pour les hommes engagés sur le chemin de la Vérité. Les temples, tout comme les autels domestiques, sont seulement destinés à rappeler ses enseignements. Le bouddhisme theravada croit en la nature transitoire, éphémère, de toute chose. La vie ne serait qu'une suite de réincarnations (*samsara*), conditionnées par la somme des actes (karma), bons ou mauvais, commis par chaque être au cours de son existence précédente. Pour mettre fin au cycle des réincarnations, le Bouddha prône la pureté du corps et de l'esprit. Seul le détachement, le contrôle de l'esprit sur les sens par une stricte discipline, peuvent permet de s'affranchir de la souffrance inhérente à la vie et d'atteindre l'éveil spirituel, la compréhension parfaite (bodhi), pour briser le cycle karmique et accéder à un état caractérisé par l'absence de naissance, de changement, de disparition, le nirvana.

LE SANGHA Selon le bouddhisme theravada, l'être ne peut donc atteindre le nirvana que par ses propres efforts, en renonçant au monde pour adopter la vie ascétique des moines. Ceux-ci doivent en principe obéir aux 227 règles du sangha, la communauté monastique, édictées par le canon pali, tandis

GEOPLUS

Mudras bouddhiques

Répondant à des règles strictes fixées par les textes, l'iconographie bouddhique associe des attitudes et gestes, ou mudras, symboliques aux "moments" les plus importants de la vie de Sidharta Gautama. En voici les plus courants :

1. *Dhyana mudra* : en méditation **2.** *Bhumisparsa mudra* : prise de la terre à témoin **3.** *Dharmachakra mudra* : mise en branle de la roue de la Loi (assis ou debout) **4.** *Abhaya mudra* : absence de crainte, protection (assis ou debout) **5.** *Varada mudra* : don, offrande, charité (assis ou debout) **6.** *Vitarka mudra* : enseignement (assis ou debout) **7.** *Parinirvana mudra* : extinction complète, entrée dans le nirvana.

NOVICES À VIE Afin de ne pas le détourner de son vœu de chasteté, les femmes doivent évite tout contact avec un moine : ne pas lui adresser la parole, ni toucher sa sébile ni marcher sur sa natte. Selon la croyance bouddhique, le fait d'être une femme est le prix à payer pour une existence antérieure médiocre. Certaines ont toutefois décidé de mener une vie ascétique. Une loi de 1928 leur interdisant l'ordination complète, ces *mae chi* ne doivent obéir qu'à huit préceptes et on les reconnaît à leur robe blanche et à leur crâne rasé. Mais ces "novices à vie" sont moins respectées que les bonzes...

que la masse des fidèles n'est tenue qu'à cinq préceptes essentiels : il leur est interdit de tuer, de voler, de mentir, de commettre l'adultère et de consommer des boissons fermentées. Jadis, presque tous les hommes se retiraient, à un moment ou l'autre de leur vie, dans un monastère que ce soit pour quelques semaines ou plusieurs années. La pratique s'impose moins de nos jours. Les novices sont admis dès l'âge de huit ans, et ils peuvent prononcer leurs vœux à vingt ans. Ceux qui le font pourront, de toute façon, quitter le monastère à tout moment. Les moines doivent respecter trois préceptes fondamentaux : renoncer à toute possession, hormis trois robes, un rasoir, une aiguille à coudre, un récipient à eau, un éventail, une ceinture et un bol à aumône ; jurer de respecter toute forme de vie et de n'offenser personne ; demeurer chaste. Devant assurer leur subsistance en pratiquant la mendicité, ils partent, à l'aube, quêter leur nourriture de maison en maison. Passé midi, ils ne doivent plus rien consommer de solide. L'après-midi est, théoriquement, consacré à l'enseignement des novices ou à l'étude des textes sacrés et à la méditation. Ainsi les relations entre religieux et laïcs reposent-elles sur le don mutuel : les moines dispensent leur enseignement aux fidèles, qui en retour pourvoient à leur entretien matériel. Les temples ont d'ailleurs longtemps abrité les seules écoles de Thaïlande, alors réservées aux garçons. Au temps de Sukhothai, c'est le roi qui désignait le patriarche du clergé bouddhique. Aujourd'hui, le Conseil du *sangha* est nommé par le gouvernement, sous la responsabilité directe du bureau du Premier ministre, et il fait actuellement l'objet de réformes.

LES LAÏQUES Dans leur majorité, les bouddhistes thaïs sont enclins à s'assurer une vie prochaine, ou *chat naa*, plus heureuse, plutôt qu'à suivre les voies du détachement qui mènent directement au nirvana. Ils consacrent donc beaucoup d'énergie à *tham bun*, littéralement "gagner des mérites" par de bonnes actions et de bonnes pensées. Effectuer une retraite au monastère, nourrir les moines, faire des dons aux *wat* sont autant d'actions censées avoir un effet bénéfique sur leur *chat naa*. Plus on en fait, mieux c'est : "Faire du bien engendre le bien ; faire du mal engendre le mal", dit un aphorisme thaï. Maints petits gestes permettent d'acquérir des mérites : brûler des cierges au temple, recouvrir les statues du Bouddha de feuilles d'argent ou d'or, garnir les autels de guirlandes de fleurs ou de lotus en tige, se faire asperger d'eau bénite ou en verser en signe de respect lors de certaines fêtes. Pour illustrer les concepts de *samsara* et de karma, les Thaïs évoquent le va-et-vient des vagues de la mer ou, de façon moins poétique, celle de la boule de billard qui en heurte une autre, déterminant la trajectoire de cette dernière, et ainsi de suite. Cette philosophie de vie a parfois des conséquences inattendues, voire contradictoires avec les valeurs bouddhiques que sont la générosité, le partage et le respect de l'autre. Ainsi, un Thaïlandais a tendance à considérer que si quelqu'un naît pauvre, c'est qu'il le mérite – il n'a pas, dans une vie antérieure, accompli les gestes nécessaires à l'obtention d'un statut plus confortable dans celle-ci. Ce fatalisme induit parfois une certaine réticence à aider son prochain : si le malheur des uns ou la misère des autres relèvent d'un sort somme toute mérité, à quoi bon intervenir ? Eux-mêmes soucieux de ne pas interférer sur le cours des choses, les moines sont longtemps demeurés en dehors de la vie publique. Mais on a vu, ces dernières années, des robes couleur safran se mêler tantôt aux Chemises rouges, tantôt aux Chemises jaunes.

EMPRUNTS AU BRAHMANISME Le bouddhisme thaïlandais témoigne de nombreux emprunts au brahmanisme, précurseur de l'hindouisme, et à la mythologie de l'Inde ancienne. Dans les temples, sous les autels, des têtes à quatre visages de Brahma, dieu de la création, se mêlent souvent aux représentations du Bouddha. Dans l'appellation officielle de Bangkok, Indra, roi des dieux du panthéon védique, est cité comme la divinité tutélaire de la ville. Il fait partie, avec Brahma, des déités indiennes qui figurent dans la cosmologie du bouddhisme theravada, où ils sont subordonnés au Bouddha illuminé. Ganesha, le dieu à tête d'éléphant "qui supprime les obstacles", assurant le succès et la fortune matérielle, est devenu le symbole de la puissance du royaume thaï. Parmi les autres créatures mythiques empruntées à l'hindouisme figurent le *naga*, serpent des eaux et de la terre, et son ennemi, l'aigle géant Garuda – deux créatures liées à Vishnou, le dieu protecteur de l'hindouisme. Garuda et Erawan, l'éléphant blanc à trois têtes, monture du dieu Indra, sont devenus les symboles de l'autorité du monarque thaï, et ils sont souvent représentés sur les édifices publics comme dans les temples. L'iconographie bouddhique a également repris à son compte les gracieuses apsaras, nymphes célestes de l'hindouisme.

LE CULTE DES ESPRITS Le bouddhisme theravada laisse ses adeptes libres de leurs croyances, du moment qu'ils suivent les enseignements du Bouddha.

Fêtes bouddhiques

L'année commence officiellement le 1er janvier, mais les Thaïs célèbrent plus volontiers **Songkran**, le Nouvel An du calendrier bouddhique, vers la mi-avril. Cette "fête de l'eau" salue le retour de la saison des pluies. La tradition veut que l'on porte des offrandes au temple et que l'on y asperge les principales statues du Bouddha. On rend visite aux anciens pour leur demander leur bénédiction et l'on nettoie sa maison de fond en comble. Au dehors, on s'arrose copieusement dans une atmosphère de kermesse. Autre fête importante, **Loy Krathong** commémore la venue sur terre du Bouddha : on lance des petites bougies au fil de l'eau pour éclairer son chemin (et pour éloigner le malheur). Cette fête a lieu la nuit de pleine lune du douzième mois lunaire, généralement en novembre, quand les cours d'eau sont au plus haut.

Aussi, en Thaïlande comme ailleurs, s'est-il superposé à un vieux fonds animiste. Nombre de Thaïs vouent un culte aux esprits, ces êtres invisibles, appelés *phi*, qui vivent en eux et hantent l'espace. Devant la plupart des maisons et des immeubles s'élève une petite maison aux esprits, que l'on fait bénir par un moine une fois l'an. Il s'agit de se concilier les génies de la terre que l'on occupe en les logeant confortablement et en leur offrant quotidiennement du riz et de l'eau, de l'encens ou des fleurs. À défaut, on dépose à leur intention de menues offrandes devant la porte de l'appartement ou du magasin. Il n'est pas rare de voir, dans les campagnes mais aussi en ville, des troncs d'arbre ceints de rubans et, plus particulièrement dans le Sud, ce que l'on pourrait prendre pour des épouvantails dressés près des rizières : ce sont des hommages aux esprits des forêts ou des champs. Pour s'assurer la bienveillance de leurs proches disparus, les Thaïlandais commémorent les anniversaires de leur décès en invitant des moines chez eux ou en se rendant au *wat* pour leur distribuer des aumônes. Le folklore thaïlandais regorge d'esprits et de fantômes plus ou moins bien intentionnés. On les retrouve dans les romans contemporains, les feuilletons et au cinéma. Et le public, pour qui les manifestations de l'au-delà font partie du quotidien, en redemande !

AUTRES PRATIQUES SYNCRÉTIQUES Les amulettes à l'effigie du Bouddha ou de grands sages suscitent un véritable engouement. Nombreux sont ceux qui en portent autour du cou, en accrochent à leur rétroviseur ou en font collection. Sur les étals des temples ou dans la rue, les chalands scrutent chaque amulette pour en déterminer la provenance, la matière première, la qualité, les bienfaits qu'elle est censée assurer, ou encore l'artiste qui l'a façonnée. Les Thaïlandais font bénir par un moine leur voiture neuve et leur nouvelle maison avant d'y entrer pour la première fois. De même, s'ils manifestent leur respect à la maison des esprits de leur domicile ou de leur lieu de travail par un petit *wai*, il n'est pas rare de les voir exécuter ce salut traditionnel à mains jointes quand ils passent devant un temple hindou, voire une église chrétienne. Il se mêle dans ce respect de la religion d'autrui un brin de pragmatisme : pourquoi courir le risque de vexer le dieu d'un autre ? La nature même du bouddhisme à la thaïlandaise permet ces mélanges qui seraient impensables dans d'autres sociétés, aux principes plus exclusifs.

LES WAT On traduit généralement le mot *wat* par "temple" ou "monastère", mais, plus qu'un lieu de culte, ce complexe dédié au Bouddha et au rayonnement de son enseignement est un lieu de vie. Le *wat* se compose de plusieurs édifices, dont certains sont réservés au culte, d'autres à la vie des moines. Les premiers sont regroupés dans le ***putthawat*** : l'***ubosot*** (ou ***bot***), sanctuaire destiné aux cérémonies, aux ordinations des novices et à la prière, le ***wihan***, ou vihara, grande salle accueillant l'assemblée des moines, et un ou plusieurs ***sala***, pavillons ouverts affectés au repos des pèlerins et des visiteurs et à diverses cérémonies de bénédiction. Le *bot*, délimité par huit stèles ou pierres, est souvent coiffé de trois, quatre, voire cinq toits pointus superposés ; tandis que le *wihan* est en général ceint d'une galerie couverte aux murs tapissés de scènes de la vie du Bouddha. Les grands *wat* sont également dotés d'un ***prang***, tour en forme d'épi de maïs réservée à l'origine aux divinités de l'hindouisme. Élément important du complexe, le ***chedi***, ou stupa, reliquaire en forme de dôme surbaissé ou de cloche, symbolise les cinq éléments (la terre, l'eau, le feu, l'air et l'espace) ; il est surtout une représentation aniconique du Bouddha. Le ***ho trai***, la bibliothèque contenant les textes sacrés, est souvent construit au milieu d'une pièce d'eau ou sur une plateforme, afin de protéger les manuscrits des rongeurs. Le ***sangkhawat*** est la partie du temple réservée aux *kuti*, les quartiers des moines. De nombreux *wat* abritent également une école, dont certaines sont très réputées, un centre de soins, une salle de réunion municipale et un crématorium, reconnaissable de loin à sa cheminée effilée. Privilégiant les références aux styles du passé, l'architecture bouddhique se renouvelle peu, mais on peut noter quelques exceptions comme le Phra Maha Chedi Thaimongkhon, à Hat Yai, *wat* d'acier inauguré pour les soixante ans du règne de Rama IX, en 2006.

L'islam

Tout comme le bouddhisme, l'islam est arrivé en Thaïlande par le Sud, avec la conversion du royaume de Patani, allié au souverain de Sukhothai. Aux riches heures d'Ayutthaya, la Cour comptait des musulmans originaires de Perse ou d'Inde, à l'instar du cheikh Ahmad, ministre et conseiller du roi Prasat Thong (1629-1656). Dans le Sud, on estime à 30% la population musulmane, dont deux tiers d'origine malaise, et l'islam est la religion majoritaire des quatre provinces de l'extrême Sud, Pattani, Yala, Narathiwat et Satun. Dans l'ensemble de la Thaïlande, selon des sources ministérielles, les musulmans représenteraient 10 à 12% de la population. Ils constituent la plus importante minorité religieuse de la capitale, où l'on dénombre une centaine de mosquées. La plupart d'entre eux sont sunnites.

LES MOSQUÉES La Thaïlande compte plus de trois mille mosquées, concentrées dans les provinces du Sud, à majorité musulmane. Certaines s'inspirent du style thaï ou malais et arborent un toit plat ou à pignon et des galeries comparables au *wihan* d'un *wat*, d'autres, influencées par l'architecture ottomane, présentent un dôme central entouré de fins minarets, comme la Grande Mosquée de Hat Yai (Songkhla), la plus imposante du pays, commencée en 2002. Cet édifice moderne forme un contraste saisissant avec la Taloh Manoh Masjid de Narathiwat, ou "mosquée de 200 ou 300 Ans", une structure en bois consacrée en 1634. Cette dernière incorpore des éléments chinois, malais et thaïs, et possède un toit pointu et un unique minaret massif.

Autres religions

Les **chrétiens** sont également présents en Thaïlande depuis l'époque d'Ayutthaya, mais on estime à moins de 1% la part de la population se revendiquant comme chrétienne. Une des plus importantes communautés catholiques se réunit dans le centre de Bangkok à l'église Holy Redeemer, qui a la particularité d'être bâtie selon les codes architecturaux d'un *wat* – selon le vœu émis par le vicaire apostolique de Bangkok, le Français Louis Chorin, dans les années 1950. Les **hindous** seraient environ cent mille en Thaïlande, pour moitié arrivés depuis les années 2000.

Arts d'hier et d'aujourd'hui

Architecture et sculpture bouddhiques

L'INFLUENCE INDIENNE ET L'HÉRITAGE KHMER (VIIE-XIIIE S.) Dans les premiers siècles de notre ère, des marchands indiens pénètrent dans le golfe de Siam, où ils introduisent l'hindouisme et le bouddhisme. Les plus anciennes représentations du Bouddha, encore fortement imprégnées du style indien gupta, et de la roue de la Loi (*dharma chakra*), symbole de la doctrine bouddhique, sont dues au royaume môn de Dvarati, établi dans le nord de la péninsule et le bassin du Chao Phraya, et qui connut son apogée au VIIe siècle. Mais cette civilisation n'a laissé qu'une poignée de vestiges, dont des soubassements de sanctuaires et quelques stupas. À partir du VIIe siècle, les Khmers étendent leur domination sur une partie importante de l'actuelle Thaïlande et établissent une de leurs capitales à Lopburi. L'architecture sacrée thaïe leur doit notamment sa tour-sanctuaire en forme d'épis de maïs, ou *prang*, évoquant le mont Meru, résidence des dieux de l'hindouisme. Avec l'école de Lopburi (Xe-XIIIe siècle), le *prang* prendra encore une ampleur inédite, tandis que les bouddhas en grès, le plus souvent représentés assis en méditation (*dhyana mudra*), gagnent en expressivité. Au XIVe siècle, les Khmers s'inclinent devant les Thaïs, venus du nord.

PANORAMA

L'ÉCOLE DE SUKHOTHAI (XIIIE-XIVE S.) À la fin du XIIIe siècle, le bouddhisme theravada, originaire du Sri Lanka, s'impose dans la région après le départ des Khmers. L'école de Sukhothai, première véritable expression de l'art thaï, s'épanouit dans le centre de la Thaïlande actuelle autour des villes de Sukhothai, de Si Satchanalai et de Kamphaeng Phet. Le *chedi*, dérivé du stupa indien, se généralise. Il perd peu à peu sa forme de cloche, d'origine cinghalaise, pour adopter une silhouette plus effilée, couronnée d'un bouton de lotus. La statuaire substitue progressivement le bronze au grès, et frappe par son élégance. Les traits du Bouddha se précisent : ovale parfait du visage, long nez, sourcils arqués, paupières lourdes, chevelure en bouclettes surmontée d'une flamme... L'école de Sukhothai met en valeur l'être prédestiné, marqué dès sa naissance des signes distinctifs (*laksana*) du "Grand Homme", l'image du monarque universel (*cakravartin*). De cette période date aussi le premier bouddha marchant, tout en courbes et en grâce.

L'ÉCOLE D'AYUTTHAYA (XIVE-XVIIIE S.) L'école d'Ayutthaya, du nom de la capitale fondée vers 1350 par le prince U-Thong, prolonge le style Sukhothai tout en renchérissant le langage et en s'ouvrant à d'autres influences (toitures incurvées et tuiles d'inspiration chinoise...). Les temples se font plus imposants, les *prang* plus hauts, les décors stuqués se rehaussent de dorures et la statuaire se charge de symboles : il s'agit d'affirmer l'identité culturelle et la puissance du nouveau royaume. Les bouddhas se parent de bijoux, leur expression se fait hautaine. Le bronze reste le matériau de prédilection des sculpteurs, mais la pierre, dont le grès, ou le stuc tiennent une place importante, tandis que le bois, la terre cuite et les métaux semi-précieux font leur apparition. Les gestes et postures (mudras et asanas) des statues bouddhiques sont plus variés qu'au cours des périodes précédentes.

L'ÉCOLE DE RATTANAKOSIN (FIN XVIIIE-DÉBUT XXE S.) En 1782, Rama Ier fonde une nouvelle capitale, Bangkok, dont le style architectural reprend en partie l'héritage d'Ayutthaya et en accentue le penchant pour la surcharge décorative. Cette ère a reçu des historiens thaïlandais le nom de Rattanakosin, ou "Joyau d'Indra", reflet de son intense activité artistique. À partir du règne de Rama IV (1851-1868), les souverains manifestent un goût prononcé pour l'art chinois : les temples s'ornent de toitures recourbées en tuiles vernissées, tandis que les peintures murales, les laques et les pierres précieuses fleurissent à l'intérieur des édifices. Le Wat Phra Kaew, ou temple du Bouddha d'Émeraude, à Bangkok, est la plus parfaite illustration de ce style architectural (p.99). Parallèlement, l'influence occidentale s'affirme sous le règne de Rama V et, après l'architecture des palais, gagne bientôt celle des temples. En témoigne le Wat Benchamabophit, construit en 1900 à Bangkok, dont les colonnes en marbre de Carrare, les vitraux et l'*ubosot* évoquent la nef d'une cathédrale gothique (p.125).

L'architecture d'inspiration occidentale

En 1673, les Portugais élèvent sur la rive du Chao Phraya l'église de l'Immaculée-Conception , dont la structure actuelle, de style néogothique, remonte à 1834. Puis, quand Bangkok devient capitale royale, ils érigent l'église du Saint-Rosaire (1787, reconstruite en 1898). Tout au long du XIXe siècle et au début du XXe, la volonté de modernisation des souverains thaïs va se traduire par la construction de nombreux ministères et palais d'inspiration européenne. Ainsi s'élèvent un peu partout dans le pays des édifices inspirés du néoclassicisme, tel l'ancien siège de la Banque d'Indochine à Bangkok ; du Jugendstil et de l'Art nouveau, avec les palais de Phra Ram Ratchaniwet à Phetchaburi (p.230) et de Phra Ratchaniwet Mrigadayavan (p.247) à Cha Am ; du proto-Bauhaus à la gare de Bangkok Noi ; ou de l'esthétique mussolinienne au monument de la Démocratie, œuvre de Corrado Feroci (p.117). Pendant la Seconde Guerre mondiale, ce sculpteur italien prendra la nationalité thaïlandaise et, sous le nom de Silpa Bhirasi, aura par la suite une grande influence sur le développement des arts du pays. L'architecture méridionale témoigne elle aussi d'apports étrangers. L'enceinte de la ville de Nakhon Si Thammarat est l'œuvre de Vauban, architecte du Roi-Soleil mandaté par le roi Narai. Les charmantes échoppes mitoyennes à un étage, typiques du quartier chinois de Bangkok, de Phuket-ville ou de Hat Yai, sont représentatives d'un style appelé sino-portugais ou sino-britannique, d'après celui introduit par les marchands chinois à Malacca et à Penang en Malaisie, cf. L'architecture sino-coloniale (p.429). La gare en bois de Hua Hin (1926) mêle, quant à elle, les styles Tudor et thaï.

Musique traditionnelle

La musique thaïe s'est développée sous l'influence des musiques khmère et indienne. C'est au XIIIe siècle qu'elle évolue vers sa forme actuelle, avec une structure en sept tons qui évoque la gamme occidentale, tout en s'en démarquant par ses écarts égaux entre les tons. Elle est alors essentiellement destinée à l'accompagnement de drames dansés et du théâtre d'ombres.

L'ensemble le plus courant est le *piphat*, formation réunissant de cinq à vingt instruments à vent, à cordes et à percussions : notamment le *pinai*, proche du hautbois, le *ranat*, un xylophone aux lames en bois incurvées, le *khong wong*, ensemble de petits gongs assurant la ligne mélodique, et le *chakhay*, sorte de cithare à manche large. De nos jours, la musique traditionnelle est surtout jouée à l'occasion de cérémonies officielles et de spectacles touristiques. Elle accompagne également certaines compétitions sportives, comme les matchs de boxe thaïe. Dans le quartier de Ratchaprasong, en plein cœur de Bangkok, des concerts gratuits sont donnés plusieurs fois par jour devant l'autel d'Erawan (p.138).

Théâtre masqué et dansé

Jadis réservé à la cour royale, le *khon* est une forme de théâtre masqué et dansé hautement normative. Il met en scène des drames tirés du *Ramakien* (p.41). Traditionnellement interprété par des hommes, il donne à voir quatre personnages archétypaux – l'homme, la femme, le singe et le démon –, aux masques et à la gestuelle très codifiés, même si des artistes comme le danseur et chorégraphe Pichet Klunchun, qui se produit sur les grandes scènes internationales, tentent aujourd'hui d'en moderniser les figures. Le *khon* s'inspire d'une forme de danse plus ancienne, le *ram sat chatri*, originaire de la province de Phetchaburi, au sud-ouest de Bangkok, qui imite des mouvements d'oiseaux et d'animaux. Plus guère représenté, ce dernier s'est intégré à la culture populaire sous une forme simplifiée, le *lakhon*, ou plus satirique et burlesque, le *likay*, apanage des fêtes de village. Équivalent méridional du *likay*, le *manohra* raconte l'histoire d'amour tragique entre Kinnari Manohra, une créature mi-femme mi-oiseau, et un prince. Les spectacles et les statuettes d'argile qui y sont associés font partie des attractions de Ban Khlong Daen, ville établie à la confluence de trois canaux à la limite des provinces de Nakhon Si Thammarat et de Songkhla.

Le *Ramakien*

Version thaïe du *Ramayana* indien, le *Ramakien* est un récit en vers qui conte l'épopée du roi Phra Ram d'Ayutthaya, parti avec son frère Phra Lak à la recherche de son épouse Nang Sita, enlevée par le roi des Démons, Thotsakan. Le roi sera aidé dans sa quête par le dieu-singe Hanuman. Symbole de la victoire du Bien sur les forces du Mal, le *Ramakien*, irrigue toutes les formes artistiques nationales. Il a également donné son nom à nombre de ses souverains (Rama), et contribué à façonner un modèle de comportement social. Si tous les manuscrits du *Ramakien* ont été détruits lors de la mise à sac d'Ayutthaya par les Birmans, en 1767, ce récit éternel, ancré dans la culture orale, a été réécrit par le roi Rama Ier. Seules quelques scènes en sont aujourd'hui interprétées : la représentation de ses cent trente-huit tableaux durait plus d'un mois !

Arts plastiques

Pendant des siècles, la peinture thaïlandaise est restée l'apanage des temples et des palais et elle ne s'est exprimée que dans un cadre religieux. Si la peinture contemporaine subit encore l'influence de la religion, le carcan de la tradition n'a pas étouffé la création. Dans la seconde moitié du XXe siècle, une génération d'artistes a réussi à se libérer des conventions et de conditions de travail difficiles (absence de moyens, poids de la censure…) et s'est imposée, souvent au prix d'un départ à l'étranger. Les installations vidéo d'Araya Rasdjarmrearnsook attirent les foules au musée Guggenheim de New York ou à la Biennale de Venise (2012). Vasan Sitthiket, artiste multimédia engagé, accroche un peu partout dans le monde ses portraits étonnants. Pinaree Sanpitak est connue pour son travail sur le corps et ses sculptures de seins de femme en forme de stupa bouddhique. Rirkrit Tiravanija a suivi son père, diplomate, à travers le monde avant de devenir professeur de beaux-arts à l'université Columbia, à New York, où il crée ses installations interactives. Dans un pays qui revendique sa gourmandise, ce n'est pas un hasard si les plasticiens Rirkrit et Pinaree incorporent souvent des éléments culinaires à leurs réalisations. La relève de cette génération reconnue sur la scène internationale semble assurée. Il suffit de faire un tour dans les galeries d'art de Bangkok pour s'en persuader. Le Bangkok Arts and Culture Center, ou BACC, en plein cœur du quartier commercial de Bangkok, est une autre vitrine de l'art contemporain. Et les galeries indépendantes fleurissent dans la capitale, attirant un public de plus en plus friand de nouveautés.

Cinéma

Le cinéma n'échappe ni aux pressions ni à la censure. Ainsi, le film *Shakespeare Must Die* (2012), adaptation en thaï de *Macbeth*, a été interdit parce que jugé trop sensible dans une période d'incertitude politique, et toutes les versions d'*Anna et le roi* – dont la célébrissime comédie musicale *Le Roi et Moi*, avec Deborah Kerr et Yul Brynner (1956) –, ont été retoquées pour atteinte à l'image du roi. Les mêmes restrictions s'appliquent aux représentations des moines et de la religion. *Syndromes and a Century* (2006), du réalisateur Apichatpong Weerasethakul, qui a reçu la palme d'or à Cannes en 2010 pour *Oncle Boonmee*, a été interdit de projection en Thaïlande, car il montrait des moines en train de jouer de la guitare ou de faire voler un jouet télécommandé. La prostitution est également bannie des écrans. En 2013, le film indépendant *Karaoke Girl*, approche d'une situation délicate typiquement thaïe, n'échappa à la censure qu'en jouant sur les non-dits pour éviter des conflits directs avec les autorités. Par conséquent, l'industrie cinématographique locale se cantonne dans les genres qui font peu de remous : comédies loufoques, films d'horreur sanguinaires ou d'action et sagas historiques à la gloire du pays. Le mélange des genres est courant, comme dans *Pee Mak Phra Khanong (Mak, le fantôme de Phra Khanong)*, de Banjong Pisanthanakun, sorti en 2013, le plus gros succès de l'histoire de l'industrie cinématographique thaïlandaise : sur fond de guerre au XIXe siècle, un soldat rentre à la maison pour découvrir que le fantôme de sa femme, morte en couches, s'occupe de leur nouveau-né, provoquant terreur et quiproquos désopilants. Le cinéma indépendant thaïlandais fait le tour du monde, comme en témoigne *Mary is Happy, Mary is Happy* de Nawapol Thamrongrattanarit (2013), construit autour de quatre cent dix tweets d'une adolescente thaïe.

Architecture contemporaine

Le souci de l'esthétique n'a pas toujours été une priorité dans l'urbanisation rapide de Bangkok. En témoignent les tours anonymes du quartier des affaires de Sathon ou les hôtels de luxe et les centres commerciaux de Sukhumvit. Les tentatives d'architectes plus originaux, tel Sumet Jumsai, certes ludiques, ont parfois manqué leur cible : ainsi, l'immeuble Chang, "Éléphant" en langue thaïe, inauguré en 1997 dans le quartier de Chatuchak, fut un échec financier, aucun acheteur ne voulant occuper les pieds ou l'arrière de l'animal, parties anatomiques jugées peu nobles. Le Bangkok Arts and Culture Center (2008) du Bangkokien d'origine américaine Robert G. Boughey est un hommage appuyé au musée Guggenheim de New York. Mais les choses changent. Le grand ensemble MahaNakhon, récemment sorti de terre à Sathon, doit au jeune architecte allemand Ole Scheeren sa tour à la façade pixellisée, digne d'un jeu vidéo. Haute de 315m, elle a raflé à la Bayoke Tower II le titre de plus haute construction de la ville et du pays, mais la "Super Tower" du quartier Rama IX, qui doit être livrée en 2021, devrait atteindre 615m. Cette dernière a été conçue Architects 49 Ltd., un cabinet thaïlandais déjà primé pour des projets comme la salle de concert Prince Mahidol (2014) à Salaya, dans la banlieue ouest de Bangkok, qui détourne habilement les codes architecturaux thaïs. Mais la capitale ne détient pas le monopole des grands projets. Le Phuket Gateway, réalisé par IDIN Architects, qui abrite un centre d'information touristique et des services destinés à un public local, symbolise depuis 2013 l'entrée dans Phuket. Son toit évoque une maison traditionnelle, et ses colonnes sont censées rappeler les arcades des *shophouses* de la vieille ville. La construction des lignes ferroviaires à grande vitesse vers le Laos et la Malaisie suscite des projets de gares au design résolument contemporain, tandis que des agences locales comme Architectkidd et Supermachine Studio multiplient les réalisations audacieuses, qu'il s'agisse d'hôtels, de résidences ou d'espaces commerciaux, à travers le pays.

Artisanat du Sud

Les marionnettes sont l'un des souvenirs typiques à rapporter de Thaïlande méridionale, région où le théâtre d'ombres compte encore de nombreux adeptes. Désormais, les artisans façonnent également de petits objets sculptés en cuir, moins encombrants qu'une marionnette. Le *khruang thom*, ou niellage, est une spécialité de la région de Nakhon Si Thammarat (p.368). Cette technique qui consiste à incruster dans une surface métallique finement ciselée un alliage à base de sulfure d'argent et de borax, parfois enrichi de cuivre et de plomb, entre dans la décoration de bols, de boîtes, de vases, de plateaux et de bijoux. La vannerie fine à base de *krajude*, une herbe tropicale, est également très répandue : les artisans musulmans en font des tapis, des paniers, des boîtes, des sets de table et des housses de coussin. Le Sud est également réputé pour ses bateaux bariolés, les *kolae*, reproduits désormais en modèle réduit, pour ses kriss (poignards ornés) et ses délicates soieries, *lima* ou *chuan tani*, tissées main. Dans la région de Phuket et de Krabi se vendent des perles de culture de production locale. Par le biais de sa fondation, Support, la reine Sirikit apporte son soutien à l'artisanat de l'extrême Sud et lui offre de nombreux points de diffusion à travers tout le pays.

Sport

Les boxeurs, taekwondoïstes et haltérophiles thaïlandais se hissent régulièrement sur les podiums du monde entier, tandis que le spectaculaire *muay thai*, cf. ci-dessous, ne manque jamais de galvaniser les foules locales. Très populaire dans toute l'Asie du Sud-Est, et particulièrement dans le sud de la Thaïlande, le *sepak takraw* désigne toute une série de jeux utilisant une balle en rotin d'environ 12cm de diamètre que l'on doit empêcher de toucher le sol sans s'aider des mains. Les joutes de cerfs-volants, déjà prisées à l'époque de Sukhothai, sont devenues un sport royal au début du XXe siècle. Elles miment le combat des sexes : un grand cerf-volant "mâle", appelé *chula*, doit se saisir à l'aide d'un crochet d'un petit cerf-volant "femelle" en forme de diamant ; dit *pakpao*, et le ramener au sol, en territoire masculin. Ces dernières années, le golf est devenu le sport de prédilection de nombreux Thaïlandais, et la cinquantaine de parcours aménagés à travers le pays, dont plusieurs dans le Sud, en ont fait une destination privilégiée des joueurs étrangers pour la beauté de leurs paysages et leurs tarifs relativement faibles.

Gastronomie

L'art de se nourrir

"AS-TU MANGÉ ?" L'alimentation est une préoccupation constante des Thaïlandais, qui considèrent que leur bien-être et même leur bonheur en dépendent. Ils se restaurent à toute heure et en tout lieu, et pour eux, demander à quelqu'un s'il a mangé est aussi courant que de lui demander

La boxe thaïe

Le *muay thai* aurait été emprunté aux Khmers par les armées siamoises au XVe siècle. Plusieurs souverains d'Ayutthaya sont restés célèbres pour leur adresse à ce sport de combat, gracieux mais meurtrier. Hormis la tête, toutes les parties du corps peuvent être utilisées comme armes offensives. Jadis, on s'enveloppait les mains et les pieds de pièces de tissu contenant du verre pilé pour augmenter l'effet des coups. Aujourd'hui le port de gants de boxe est obligatoire. Cette discipline, aussi médiatisée qu'appréciée en Thaïlande, où elle s'est professionnalisée, fait de plus en plus d'adeptes en Occident.

s'il va bien. Les repas pris en commun occupent une place essentielle dans leur vie sociale, familiale, et même virtuelle : les bonnes adresses circulent sur les réseaux sociaux, photos à l'appui, et elles sont largement partagées et commentées sur les smartphones. Si, de temps à autre, des engouements plus ou moins durables pour les gaufres, les bières artisanales ou la gastronomie coréenne se font jour, les Thaïs restent fidèles à la cuisine qu'ils connaissent le mieux : la leur.

UNE CUISINE QUI S'EXPORTE Si l'art culinaire du royaume a fait le tour du monde, on n'en connait souvent à l'étranger que quelques plats. Une offre bien trop réduite pour rendre compte de la richesse et de la subtilité de cette gastronomie. À cela plusieurs raisons : beaucoup d'ingrédients locaux ne s'exportent pas ou peu, tels le poivre vert en grappe, les rhizomes de curcuma, les *kaffir* (combavas), maints légumes et herbes aromatiques. D'autres arrivent surgelés ou en conserve, perdant du coup une bonne partie de leur intérêt gustatif. Mais ce choix limité tient aussi au fait que le rayonnement de la gastronomie thaïlandaise n'a pas bénéficié d'une émigration massive, contrairement à d'autres traditions culinaires. Par conséquent, les cuisiniers étrangers, qui sont rarement d'origine thaïe, se contentent d'interpréter un répertoire connu et s'aventurent rarement hors des sentiers battus.

BEST OF Parmi les spécialités qui s'exportent le mieux figurent les nouilles sautées *pad thai*, plat national par excellence, puisqu'il mêle à parts égales les cinq saveurs fondamentales de la gastronomie et de la diététique thaïes : le sucre de palme pour le sucré ; la sauce de poisson *naam pla* pour le salé ; le piment pour le piquant ; la civette pour une pointe d'amertume ; du radis en saumure et du jus de citron vert pour l'acidité. Il en va de même pour les currys accompagnés de riz (ou de vermicelles de riz ou de pain, selon l'endroit). Citons aussi, pêle-mêle, la salade de papaye verte ; les soupes, dont le *tom yam gung*, un bouillon goûteux aux crevettes, et le *tom kha kai*, une soupe au lait de coco et au galanga (*kha* en thaï, une sorte de gingembre) ; ou encore les plats sautés au basilic thaï ou *phad kra pow*.

SAVOIR MANGER THAÏ À table, les Thaïlandais usent d'une fourchette de la main gauche et d'une cuillère de la main droite, la fourchette servant principalement à pousser des aliments dans la cuillère, qu'ils portent seule à la bouche. Cet usage remonte au début du XXe siècle et reflète la volonté affichée de Rama V de moderniser et d'occidentaliser le pays. Les Thaïlandais, qui mangeaient auparavant avec les doigts, ont adopté la fourchette et la cuillère mais pas le couteau, de mauvais augure à table. Ils découpent les aliments à la cuillère, d'un léger mouvement du poignet. Les baguettes sont réservées aux plats à base de nouilles et aux mets chinois, japonais ou coréens.

La cuisine de rue… et des centres commerciaux

PRATIQUE ET PAS CHER Les Thaïlandais des villes déjeunent ou dînent souvent hors de chez eux. La petitesse des cuisines d'appartement et leurs horaires de citadins affairés ne leur permettent pas de consacrer du temps à la confection des repas. De plus, la restauration de rue est bon marché et sert des plats à base de produits frais, souvent préparés à la minute. Regroupements de chariots le long du trottoir, restaurants en plein air réunis sous un chapiteau ou un hangar : les vendeurs qui ne disposent pas de leur propre échoppe se rassemblent. Mais, de nos jours, ce sont les *food courts* des centres commerciaux qui attirent les clients affamés. On y retrouve la cuisine de rue, mais préparée avec des normes d'hygiène plus strictes, l'air climatisé en plus. Les *food courts* fleurissent également près des bureaux, des écoles ou des hôpitaux, partout où il y a du monde à nourrir.

LES PLATS DE LA RESTAURATION RAPIDE Les bols de nouilles sont très courants : on choisit son type de nouilles, les garnitures – viande, raviolis ou boulettes –, avec ou sans soupe, une portion normale ou *phiset* (grande), et on complète le tout au stand par des condiments qui reprennent les saveurs incontournables de la cuisine thaïlandaise : sucre, sauce de poisson salé, vinaigre (souvent au piment), sauce pimentée et herbes et pousses de soja. Il est également possible de commander un *kap khao*, littéralement "avec du riz" : sur une assiette de riz, on se fait servir deux ou trois plats choisis sur un buffet. Partout ou presque, on trouvera un vendeur de *khao man gai*, du riz cuit dans du bouillon de poulet, servi avec de la viande bouillie et une sauce épicée ; un stand de *som tam*, avec son énorme mortier en terre cuite dans lequel la papaye verte est mélangée à d'autres ingrédients ; et des stands qui proposent des plats préparés à la commande, comme du *hoi tod* (omelette croustillante aux huîtres), du riz sauté et bien sûr du *pad thai*, les nouilles nationales. L'offre évolue au cours de la journée : le matin, on déguste un *jok*, porridge de riz plus ou moins épais, parfois agrémenté d'un œuf ou de viande. Au fil des heures, certains centres ferment, d'autres s'ouvrent, de nouveaux chariots apparaissent à l'heure où d'autres s'en vont.

La cuisine du Nord et du Centre

Il n'est plus rare de trouver du *khao soi*, riche bouillon au curry garni de nouilles croquantes typique du Nord, ou du riz gluant, aliment de base de l'Isaan (dont les habitants se désignent comme les "mangeurs de riz gluant"), sur des cartes de restaurants situés loin de sa région d'origine. Une migration massive à l'intérieur du pays a créé la nostalgie d'une cuisine "comme à la maison", à laquelle se mêle également une demande pour des plats d'ailleurs, conséquence de la croissance du tourisme interne et de la multiplication, à la télévision et sur Internet, d'émissions sur les voyages et la cuisine faisant découvrir aux Thaïlandais les régions lointaines de leur propre pays.

LE NORD La cuisine lanna fait la part belle aux produits de la forêt, comme les champignons et les fougères, et aux haricots fermentés, séchés ou en sauce. Le *naam prik ong*, sauce piquante au porc haché dans laquelle on trempe des crudités, ou le *naem*, saucisse fermentée que l'on retrouve grillée ou émiettée dans des salades, sont ses emblèmes.

LE NORD-EST La cuisine de l'Isaan fait un usage abondant d'herbes fraîches telles que la menthe, le basilic et d'autres feuilles amères, mais aussi de condiments forts comme le crabe ou le poisson fermentés, des œufs en saumure ou du piment frais et séché en grande quantité. Les principales spécialités régionales sont le *somtam*, salade de papaye verte, et le *laab*, mélange de viande et d'herbes cuites ou crues additionné de poudre de riz grillé, qui donne au plat un petit goût de noisette.

BANGKOK ET LE CENTRE Dans le Centre, les currys font la part belle aux aromates comme la citronnelle, les feuilles de combava, le galanga et les racines de coriandre. La cuisine royale issue des palais du XIXe siècle est parfois d'une grande complexité, à l'image du plat estival *khao chae*, du riz servi dans de l'eau de jasmin ou de rose glacée, ingurgité en alternance avec de petites bouchées d'une sélection de fritures délicates, de viandes et de poissons séchés, et de différentes sauces piquantes sucrées.

La cuisine du Sud

LES SPÉCIALITÉS La cuisine du Sud met les produits de la mer à l'honneur. Le poisson, les crevettes ou les calmars se consomment séchés ou salés ; le *kapi*, une pâte de crevettes séchées, âcre mais parfumée, donne de la profondeur à de nombreux plats. Praires, crabes, huîtres et crevettes sont pêchés dans les eaux locales. La cuisine du Sud est connue pour ses spécialités épicées, comme le *kaeng som*, ou *gaeng som*, littéralement "curry orangé", qui doit sa couleur au curcuma frais, très relevé et légèrement acide. Il est en général préparé avec le poisson pêché du jour, et mijoté avec des pousses de coco ou de bambou ou encore des morceaux d'omelette aux feuilles d'acacia. Son bouillon accompagne tous les repas. Le *gaeng tai pla* est un autre curry fort, à base d'une sauce aux entrailles de poisson fermentées mijotée avec d'autres poissons séchés. C'est une grande spécialité de Nakhon Si Thammarat. Dans le *khua kling*, la pâte aux épices est très concentrée, car la viande, le plus souvent du bœuf ou du porc, est cuite sans aucun apport de liquide.

LES INFLUENCES La cuisine méridionale rappelle que les ports du Sud furent longtemps des relais commerciaux entre les Indes et le Moyen-Orient d'un côté, la Chine de l'autre. Le *roti*, pain feuilleté indien, accompagne les currys, quand il n'est pas fourré à la banane et arrosé de lait concentré et servi en dessert. La cuisine chinoise a également laissé son empreinte. Les meilleures brioches farcies au porc, ou sucrées à la crème de feuille de pandanus, viennent de Hat Yai, où elles sont cuites à la vapeur ou frites, ce qui les rend croustillantes à l'extérieur et moelleuses à l'intérieur. De même origine, le *moo hong*, poitrine de porc braisée à la sauce de soja, au sucre de palme et au poivre, est la spécialité de Phuket. De nombreux plats servis au nord de la frontière avec la Malaisie remontent au temps où Phuket et Nakhon Si Thammarat dépendaient de sultanats malais. Partout dans le Sud, on sert le *nasi kerabu* – *khao yam* en thaï –, plat de riz teint en bleu avec de l'extrait de fleur de pois de senteur et garni de viande, de salade, de croûtons croustillants et de condiments ; ou le *laksa thai*, soupe épicée aux nouilles enrichie au lait de coco. Le plat le plus célèbre du Sud à l'étranger, le curry doux *massaman*, pourrait être d'origine persane, indienne ou malaise.

Massaman n'est pas un mot thaï, ce serait une déformation de "musulman" ou du malais *masam*, "acide". Tradition musulmane oblige, ce curry au lait de coco est généralement préparé avec du bœuf ou du poulet.

FRUITS ET LÉGUMES DU SUD Il suffit de jeter un regard sur les étals de marché pour constater la grande variété de fruits et de légumes de la région. Le *sataw*, fève emblématique de la péninsule, est utilisé dans les currys, les sautés et les sauces. Des légumes typiques du Sud comme le *phak grachet* (liseron d'eau) et le *cha om* (feuilles d'une variété d'acacia) ne sont pas inconnus à l'étranger ; à la différence du très recherché *phak miang*, qui se cuisine au wok avec des œufs et de l'ail. Bananes, oranges, mangues et ananas abondent sous ce climat tropical. Et les mets sucrés-salés sont très appréciés : coco, jaquier et ananas de production locale figurent aussi bien dans les currys que dans les desserts. Le roi des fruits est le durian, dont l'arôme ne laisse personne indifférent. Le sucre de canne est industriel, celui de palme (de cocotier) plus artisanal.

AUTRES PRODUITS LOCAUX La culture du riz est très importante dans l'extrême Sud. Les noix de cajou sont une spécialité de la région de Phuket, où elles sont consommées grillées, ou bien agrémentent les sautés. À Samut Songkhram, sur la route de Bangkok à Phetchaburi, les étals des marais salants proposent aux passants du *klua dok mai*, la fleur de sel locale.

Douceurs

On l'aura compris, les Thaïlandais sont gourmands, et leur appétence pour les douceurs se traduit par une multitude de desserts. Ils consomment près de 30 kilos de sucre par personne et par an, sensiblement la même quantité qu'en France. Notons que la notion thaïe de dessert peut dérouter un Occidental : la mangue fraîche au riz gluant est sans doute le plus connu. Les desserts sucrés, ou *kanom wan*, incorporent parfois des échalotes, du poisson séché, de la civette ou du maïs, comme les *kanom krok*, bouchées au lait de coco grillées dans des moules hémispéhriques. Le *sangkaya*, flan aux œufs et au lait de coco parfumé à la feuille de pandanus, est servi nature, sur du riz gluant présenté sur une feuille de bananier, cuit dans un potiron (*sangkaya fakthong*), ou sous forme de crème à étaler comme une confiture sur du pain de mie grillé. La Thaïlande doit certains de ses desserts les plus appréciés à Maria Guiomar de Pinha, épouse de Constantin Phaulkon, le conseiller du roi Narai d'Ayutthaya. Bien que faite comtesse par Louis XIV, cette catholique d'origines portugaise, japonaise et bengalie fut, après l'exécution de son mari et le siège de Bangkok, renvoyée par les Français à Ayutthaya, où elle finit ses jours comme esclave chargée des cuisines royales. Elle aurait fait découvrir à la cour les *fios de ovos* portugais, des filaments de jaune d'œuf cuit dans le sucre que les Thaïs ont rebaptisés *foithong* et qu'ils mangent seuls ou en garniture de nombreux desserts. Déclinaison locale des *trouxas de caldas*, le *thong yip* est une pâte à base d'œufs et de sucre façonnée en forme de fleur. Enfin, les gourmands ne manqueront pas de s'arrêter à Phetchaburi, capitale thaïlandaise des desserts, pour déguster le *moh gaeng*, un flan à base de cassave (farine de manioc), le *kalamae*, caramel à la noix de coco, et le *wun maprao*, gelée de coco enrobée d'une feuille de bananier.

Boissons

THÉ ET CAFÉ Les Thaïlandais sont de grands consommateurs de thé et de café, qu'ils boivent de préférence glacés, très sucrés et additionnés de lait concentré. Les boissons s'achètent facilement dans la rue ou, de plus en plus souvent, dans les cafés des grandes chaînes internationales ou locales.

INFUSIONS ET JUS DE FRUITS Des infusions et décoctions de plantes variées vous seront souvent proposées : citronnelle, chrysanthème, pandanus, gingembre, hibiscus, *bael* (agrume d'origine indienne que l'on peut déguster confit), tamarin. Les jus de fruits frais se vendent à tous les coins de rue : citron vert, orange, grenade, mais aussi pastèque, ananas, litchi ou goyave. Les jus se boivent purs, mélangés ou additionnés de glace pilée. Boire l'eau de coco à même la noix, cliché incontournable d'un certain tourisme tropical, reste néanmoins très désaltérant.

ALCOOL Ne vous étonnez pas de la proposition qui vous sera souvent faite d'ajouter des glaçons à votre bière : il suffit d'un verre de bière tiède par 35°C à l'ombre pour vous convaincre du bien-fondé de cette pratique. Les principales marques thaïlandaises sont Singha (prononcez "sing"), Chang et Leo. Whisky, rhum de riz ou de canne sont également produits localement, à consommer de préférence à la thaïlandaise, avec de l'eau gazeuse ou du cola et du citron vert. Dans les villages musulmans, l'alcool n'est ni vendu dans les magasins ni servi dans les restaurants.

Pêche au carrelet au lever du jour sur le lac Songkhla (p.378).

Offrandes.

GEOPRATIQUE

INFORMATIONS UTILES DE A À Z

ALLER EN THAÏLANDE EN AVION

lignes internationales

DE FRANCE, DE BELGIQUE ET DE SUISSE Paris (Air France, Thai Airways), Bruxelles (Thai Airways) et Zurich (Thai Airways et Swiss) bénéficient de liaisons aériennes directes avec l'aéroport Suvarnabhumi de **Bangkok** (p.91). Comptez 11h de vol, à partir de 701€ (735CHF) AR en basse saison et 1 050-1 250€ (735-1 310CHF) en haute saison. Au départ de Genève comme des provinces françaises ou belges, il faudra faire une escale à Amsterdam (KLM), Bahreïn (Golf Air), Doha (Qatar Airways), Dubai (Emirates), Francfort (Lufthansa et Thai Airways), Hong-Kong (Cathay Pacific), Kuala Lumpur (Malaysia Airlines) ou Zurich (Swiss). Notez également que Paris, Lyon et Nice sont reliés à l'aéroport de **Phuket** (p.424) via Dubai (Emirates, 16h de vol) et qu'il existe un vol Paris-Ko Samui via Kuala Lumpur (Malaysia Airlines, 16h30 de vol). À destination de Bangkok et hors escale, comptez 490-850€ (513-891CHF) AR selon la saison et de 13h à 15h de voyage.

DU CANADA Il n'existe pas de liaison directe Montréal-Bangkok. Il faut transiter par Amsterdam (KLM), Doha (Qatar Airways), Toronto et Hong Kong (Cathay Pacific) ou Toronto et Tokyo (Air Canada, Air Japan). Hors escale(s), comptez de 18h à 26h de trajet et 1500-2 200CAD le billet selon la saison.

COMPARATEURS DE VOLS
www.easyvoyage.com
www.illicotravel.com
www.kayak.com
www.liligo.com
www.promovols.com
www.skyscanner.fr

compagnies aériennes

Air France ***France*** *www.airfrance.com* ***France*** *Tél. 36 54* ***Belgique*** *Tél. 02 620 01 84* ***Suisse*** *Tél. 0848 747 100* ***Thaïlande*** *Tél. 00 1800 441 0771 ou 02 610 08 08*

Air Canada ***Canada*** *Tél. 1 888 247 2262 www.aircanada.com*

Cathay Pacific *www.cathaypacific.com* ***Canada*** *Tél. 1 800 268 6868* ***Thaïlande*** *Tél. 02 263 06 06*

Emirates *www.emirates.com* ***France*** *Tél. 01 57 32 49 99* ***Thaïlande*** *Tél. 02 787 33 87*

Golf Air *www.gulfair.com* ***France*** *Tél. 01 49 52 41 00* ***Thaïlande*** *Tél. 02 635 14 17*

KLM *www.klm.com* ***Belgique*** *Tél. 02 620 0220* ***Canada*** *Tél. 1 866 434 0321* ***Suisse*** *Tél. 848 874 444* ***Thaïlande*** *Tél. 02 610 08 00*

Lufthansa *www.lufthansa.com* ***France*** *Tél. 01 70 91 76 59* ***Belgique*** *Tél. 070 35 30 30* ***Suisse*** *Tél. 0848 110 122* ***Thaïlande*** *Tél. 02 654 68 00*

Malaysia Airlines *www.malaysiaairlines.com* ***Malaisie*** *Tél. 1 300 88 3000* ***International*** *Tél. 603 7843 3000*

Qatar Airways *www.qatarairways.com* ***France*** *Tél. 01 70 95 05 80* ***Benelux*** *Tél. 02 894 83 91* ***Suisse*** *Tél. 043 508 05 78* ***Canada*** *Tél. 1 888 706 9561* ***Thaïlande*** *Tél. 02 618 04 00*

Swiss *www.swiss.com* ***France*** *Tél. 08 92 23 25 01* ***Belgique*** *Tél. 078 15 53 19* ***Suisse*** *Tél. 0 848 700 700* ***Thaïlande*** *Tél. 02 654 68 00*

Thai Airways *www.thaiairways.com* ***France*** *Tél. 01 55 68 80 70* ***Belgique*** *Tél. 02 502 47 44* ***Suisse*** *Tél. 0215 65 00* ***Thaïlande*** *Tél. 02 356 11 11*

taxe aéroportuaire

Pour un vol international comme pour un vol domestique en Thaïlande, la taxe d'aéroport est comprise dans le prix du billet.

AMBASSADES ET CONSULATS

représentations thaïlandaises à l'étranger

FRANCE

Ambassade royale de Thaïlande *8, rue Greuze 75116* **Paris** *Tél. 01 56 26 50 50 Ouvert lun.-ven. 9h30-12h et 14h30-17h30*

Consulat royal de Thaïlande *Marseille 8, rue du Cargo-Rhin-Fidelity 13002 Tél. 04 91 21 61 05 ou 08 36 70 20 23 (1,35€/min) Ouvert lun.-mer. et ven. 8h30-11h30* **Lyon** *40, rue du Plat 69002 Tél. 04 78 37 16 58 Ouvert lun.-mar. et ven. 9h-11h*

BELGIQUE

Ambassade royale de Thaïlande *Chaussée de Waterloo 876, 1000* **Bruxelles** *Tél. 02 640 68 10 www.thaiembassy.be* **Service des visas** *lun.-ven. 9h30-12h*

Consulat royal de Thaïlande *Liège Rue Côte-d'Or 274, 4000 Tél. 42 54 48 60 ou 42 29 70 11 Ouvert lun.-ven. 10h-12h* **Anvers** *Frans Van Hombeeckplein 10, 2600 Tél. 04 95 22 99 00 Ouvert lun.-ven. 9h30-12h30 et 13h30-16h*

SUISSE

Ambassade royale de Thaïlande *Kirchstrasse 56, 3097 Liebefeld,* **Berne** *Tél. 031 970 30 30 www.thaiconsulate.ch Ouvert lun.-ven. 9h-12h et 14h-17h* **Service des visas** *lun.-ven. 9h-12h*

Consulat royal de Thaïlande *Genève 75 rue de Lyon, 1211 Tél. 022 311 07 23 Ouvert lun.-ven. 9h-11h30 (exclusivement sur rdv le mercredi)* **Bâle** *St. Alban-Graben 8, 4051 Tél. 061 206 45 65* **Zurich** *Talacker 50, 8001 Tél. 01 221 70 60 Ouvert lun.-ven. 9h30-11h30*

CANADA

Ambassade royale de Thaïlande *180 Island Park Drive K1Y 0A2* **Ottawa** *Tél. 613 722 4444 http://www.thaiembassy.ca/en Ouvert lun.-ven. 9h-12h et 13h-17h* **Service des visas** *lun.-ven. 9h30-11h30 et 13h30-15h*

Consulat royal de Thaïlande *Montréal 1100, bd René-Lévesque Ouest H3B 4N4 Tél. 514 878 4466 Ouvert mar. et jeu. 10h-12h30 www.thaiconsulatetoronto.com* **Toronto** *17 Isabella St, Unit 100 M4Y 1M7 Tél. 416 850 0110 Ouvert lun.-ven. 10h30-12h30 et 13h30-15h30 www.thaicongenvancouver.org* **Vancouver** *1040 Burrard Street V6Z 2R9 Tél. 604 687 1143 Ouvert lun.-ven. 9h-12h30 et 13h30-17h*

représentations étrangères en Thaïlande

Ambassade de France *35 Charoen Krung, Soi 36, Bangrak 10500* **Bangkok** *Tél. 02 657 51 00 www.ambafrance-th.org Ouvert lun.-ven. 8h30-12h*

Ambassade de Belgique *Sathon Square Building (16e étage), 98 Thanon Sathon Nua, Bangrak 10500* **Bangkok** *Tél. 02 108 18 00 http://diplomatie.belgium.be Ouvert lun.-jeu. 8h-12h et 13h-16h, ven. 8h-13h*

Ambassade de Suisse *35 Thanon Witthayu (Pathumwan) 10330* **Bangkok** *Tél. 02 674 69 00 www.eda.admin.ch Ouvert lun.-ven. 9h-11h30*

Ambassade du Canada *Place Abdulrahim (15e étage), 990 Thanon Rama IV, Bangrak 10500* **Bangkok** *Tél. 02 646 43 00 www.canadainternational.gc.ca Ouvert lun.-jeu. 7h30-12h15 et 13h-16h15, ven. 7h30-13h*

ARGENT

monnaie

La monnaie nationale est le baht (code ISO : THB, abrégé en B dans ce guide ; thaï : บาท), subdivisé en 100 *satang*, dont l'usage est progressivement tombé en désuétude.

PRATIQUE

De nos jours circulent des pièces de 25 et 50 *satang* (devenues assez rares) ainsi que de 1, 2, 5 et 10 bahts. Vous trouverez également des billets de 20, 50, 100, 500 et 1 000 bahts. Les coupures de 20 à 100B étant les plus courantes, il convient d'en avoir toujours sur soi pour pouvoir payer les transports en commun, les courses de taxi et les petits commerçants dont le fonds de caisse peine parfois à atteindre le millier de bahts.

change et devises

CHANGE À l'été 2015, 1€ = 40B env. ; 1CAD = 27B ; 1CHF = 36B. Les banques (lun.-ven. 8h-16h) pratiquent, en règle générale, des taux plus intéressants que les bureaux de change indépendants des grandes villes et des localités touristiques.

DEVISES Les règlements en devises étrangères demeurent assez peu fréquents en Thaïlande. Si vous souhaitez emporter des espèces, veillez à vous munir de billets récents et en bon état – de préférence de grosses coupures. Si vous devez franchir la frontière avec le Myanmar, le Laos ou le Cambodge, il vous faudra régler dans ces pays des frais de douane en dollars, devises que vous pourrez vous procurer à proximité du poste-frontière à un taux de change assez désavantageux.

cartes de crédit

RETRAIT Dans les aéroports et la plupart des villes, grands ou petites, les distributeurs automatiques de billets (ATM) restent le moyen le plus commode de se procurer des bahts. Vous aurez, en général, le choix entre le taux de change de votre propre banque ou celui de l'établissement qui gère le terminal. N'hésitez donc pas à les mettre en concurrence (si vous le pouvez) pour bénéficier du taux le plus avantageux. Gardez cependant à l'esprit que chaque opération est soumise à une taxe de 150 à 180B, à laquelle s'ajouteront, éventuellement, les frais pour "opération hors UE" prélevés par votre banque. Privilégiez donc les retraits importants.

PAIEMENT Dans la plupart des centres touristiques, les hôtels, restaurants de standing et agences de voyages acceptent généralement les règlements par carte bancaire, mais laissent les frais de fonctionnement du terminal de paiement électronique à la charge du client, pour des taux allant de 3 à 7%. En revanche, rares sont les établissements modestes (restaurants de rue, chambres d'hôtes, petits commerces...) ou reculés – notamment sur certaines îles peu fréquentées – équipés de ce type d'appareil. Prévoyez donc suffisamment d'espèces pour couvrir vos dépenses si vous vous écartez des sentiers battus.

EN CAS DE PERTE OU DE VOL Faites bloquer votre carte bancaire en appelant les numéros suivants. Si vous connaissez son numéro et sa date d'expiration ou si vous avez pris soin de conserver ces informations en lieu sûr, le blocage sera immédiat. Sinon, il vous faudra adresser une déclaration de perte ou de vol à votre ambassade ou à votre consulat, puis à votre banque.
American Express *Tél. 01 47 77 72 00*
Mastercard *Tél. 001 803 1 887 0623 (numéro vert international)*
Visa International *Tél. 001 803 1 933 6294 (numéro vert international)*

transfert d'argent

MoneyGram (relayé en France par la Caisse d'épargne) et surtout Western Union (relayé en France par La Poste) disposent de correspondants partout en Thaïlande : bureaux de poste, banques, grandes surfaces. Un moyen pratique pour se faire envoyer de l'argent en cas d'urgence, mais les commissions sont élevées.

ASSURANCES

Si votre assurance bancaire ou domestique et votre mutuelle santé ne vous permettent pas d'être dédommagé en cas d'annulation de votre voyage, de perte ou de vol de vos bagages, ni de bénéficier d'une assistance médicale (remboursement des frais médicaux engagés sur place et rapatriement sanitaire éventuel), vous devez souscrire un contrat d'assurance-assistance auprès d'une agence de voyages ou d'une compagnie spécialisée. Cette assurance est parfois comprise dans le prix du billet d'avion lorsqu'il est payé par carte bancaire. Prenez donc soin d'acquitter vos titres de transport avec celle-ci. Dans tous les cas, vérifiez bien que votre contrat d'assurance couvre les sports à risques comme le VTT, la randonnée ou la plongée. Pensez à vous faire préciser le montant des frais d'hospitalisation, de recherche et de rapatriement couverts par votre contrat, et conservez sur vous les coordonnées de votre assureur ainsi que les numéros de contrat. En France :

AVA (Assurances voyages et assistance) *Tél. 00 33(0)1 53 20 44 20 www.ava.fr*

Europ Assistance *Tél. 01 41 85 93 65 (lun.-sam. 8h30-19h) ou 00 33(0)1 41 85 85 85 (Call center assistance, 24h/24) www.europ-assistance.fr*

Mondial Assistance *Tél. 01 42 99 82 81 (lun.-ven. 9h-18h) ou 00 33(0)1 42 99 02 02 (Call center assistance, 24h/24) www.mondial-assistance.fr*

BUDGET

coût de la vie

La Thaïlande demeure une destination abordable. En règle générale, une bouteille d'eau revient à 15B, un café à 40B, un jus de fruits frais à 50B, une bière à 60-80B, tandis qu'un plat traditionnel (soupe de nouilles, plat de riz frit ou curry) coûte env. 50B sur un marché et 80-120B dans un restaurant populaire. Comptez 50-65B le paquet de cigarettes, 40B le kilo de linge en laverie, 38B le litre d'essence à la pompe et 40-50B la bouteille sur les îles. Côté activités, une entrée de musée revient à 100-200B (500B pour les plus onéreux), celle d'un parc national à 200-300B, et une place pour un match de boxe thaïe (*muay thai*) à 1 000-1 500B. Comptez 1500 à 2500B en moyenne pour une excursion (parc thématique, journée de plongée, trek avec un guide...). S'agissant des hébergements, les tarifs subissent, à la saison sèche (nov.-mars), une augmentation de 20 à 30% par rapport à ceux de la saison des pluies (avr.-oct.), et peuvent doubler autour des fêtes de fin d'année (*peak season*). Enfin,

GAMME DE PRIX	RESTAURATION	HÉBERGEMENT
Très petits prix	moins de 100B	moins de 500B
Petits prix	de 100 à 300B	de 500 à 1 000B
Prix moyens	de 300 à 500B	de 1 000 à 2 200B
Prix élevés	de 500 à 1 000B	de 2 200 à 4 000B
Prix très élevés	plus de 1 000B	plus de 4 000B

gardez à l'esprit qu'il existe des disparités assez marquées entre campagne, d'une part, et centres urbains, comme Bangkok, et zones balnéaires (Phuket, Samui, Ko Chang, Ko Samet), d'autre part.

budget journalier

Avec un budget journalier de 1 000-1 500B (27-40€) par personne, vous pourrez loger dans une pension ou un bungalow modeste, vous restaurer dans des établissements populaires, visiter un musée, prendre les transports publics et boire un verre après le dîner. Pour 1 500 à 2 300B (40-65€), il vous sera possible de conjuguer confort hôtelier, repas traditionnel ou occidental dans un cadre cosy, visite d'un site touristique, location d'un deux-roues et séance de massage thaï. À partir de 3 000B/j. (80€), vous pourrez séjourner dans un hôtel de charme ou dans un 4-étoiles, vous offrir une bonne table, effectuer plusieurs visites culturelles, prévoir une excursion et prendre un taxi ou un *songteo* (minibus bon marché). **Les prix indiqués dans ce guide** correspondent, pour la restauration, à un repas (entrée+plat ou plat+dessert) hors boisson et, pour l'hébergement, à une chambre double en haute saison.

DÉCALAGE HORAIRE

La Thaïlande vit à l'heure GMT + 7. Quand il est 0h à Bangkok, il est 18h (en hiver, 19h en été) à Paris, Bruxelles et Genève et midi (en hiver, 13h en été) à Montréal.

DOUANES

www.customs.go.th Site officiel des douanes thaïlandaises avec le détail des importations et exportations réglementées ou proscrites (en anglais).

à l'aller

MARCHANDISES La réglementation en matière d'importation de tabac en Thaïlande est très stricte : pas plus de 200 cigarettes – soit une cartouche – par personne à l'arrivée. Les contrevenants s'exposent à des amendes de plusieurs milliers d'euros.

ARGENT Les personnes en possession d'un montant en espèces égal ou supérieur à 20 000US$ doivent le déclarer à leur arrivée.

au retour

MARCHANDISES L'exportation d'images du Bouddha ou d'antiquités est soumise à l'obtention d'un permis spécial, cf. Que rapporter ? (p.65). L'importation de contrefaçons en France est strictement interdite et expose les contrevenants à la saisie des articles et à une lourde amende pour chacun d'entre eux.

ARGENT À la sortie du territoire thaïlandais, la possession de 50 000B ou plus doit faire l'objet d'une déclaration à la douane.

ÉLECTRICITÉ, POIDS ET MESURES

électricité

Comme en France, les appareils électriques fonctionnent en 220V et 50Hz, avec dans la plupart des cas des prises hybrides acceptant à la fois broches plates (américaines) et rondes (européennes). Dans le cas contraire, vous trouverez sans problème des adaptateurs dans n'importe quelle supérette si votre hôtel ne vous en fournit pas.

poids et mesures

La Thaïlande a adopté le système métrique mais emploie toujours, en parallèle, ses propres unités de mesure. Les plus courantes sont les unités de surface, avec le *tarang wa*, qui correspond à 4m², et le *rai*, à 16 ares (1ha = 6,25 *raï*). Sur les marchés et dans les bijouteries, les commerçants utilisent encore les unités de masse traditionnelles (1 *salueng* = 3,75g ; 1 *baht* = 15g ; 1 *tamlueng* = 60g ; 1 *chang/thang* = 1,2kg ; 1 *hap* = 60kg).

ENFANTS

En Thaïlande – et en Asie en général –, les enfants sont rois, et les vôtres susciteront un vif intérêt, surtout s'ils sont petits, et se verront chouchoutés partout.

à emporter

De l'écran total, un brumisateur, un antimoustique adapté (difficile à trouver dans les petites îles), un chapeau, des lunettes de soleil, un tee-shirt ou un Lycra et des brassards pour la baignade, des sandales en plastique pour marcher dans l'eau sans se couper sur les rochers ou les résidus de corail, un porte-bébé et éventuellement une poussette-canne.

sur place

La plupart des **établissements hôteliers** louent des chambres familiales, voire de grands bungalows. Les grands hôtels et les hôtels-clubs des stations balnéaires fournissent sur demande des lits parapluies et proposent des activités adaptées aux enfants. De plus, ils assurent souvent un service de garderie. Vous trouverez des chaises bébé dans maints **restaurants**. La nourriture thaïe est, certes, épicée, mais il n'est pas très compliqué de trouver des plats adaptés aux enfants. Optez pour du riz frit ou gluant, un *pad thai*, de la viande ou du poisson grillés, des rouleaux de printemps ou encore de petites brochettes. De nombreux restaurants servent aussi des pizzas, des pâtes et des hamburgers et, partout, vos petits gastronomes pourront conclure leur repas avec un *pancake* ou des douceurs locales. Les **supermarchés** Big C et Tesco Lotus, implantés dans les villes grandes et moyennes, disposent d'un rayon consacré aux produits d'hygiène et aux aliments pour enfants, tandis que les **supérettes** locales proposent du petit matériel de puériculture (biberons, couches...) et du lait pasteurisé. Les **pharmacies** Boots vendent des crèmes de fabrication locale pour apaiser les rougeurs et démangeaisons des piqûres de moustique. Si vous prévoyez de séjourner sur une petite île, pensez à faire provision de petits pots et de lait en poudre. Côté **transports**, les bus climatisés, minibus et taxis sont généralement équipés de ceintures de sécurité, contrairement aux *songteo* et aux *tuk-tuk*. Attention, il vous faudra prévoir un certain budget à Phuket, Ko Chang et Samui, où l'entrée des parcs d'attractions est onéreuse.

FEMMES SEULES

À Bangkok comme dans les centres touristiques, les Thaïlandais sont habitués à voir des étrangères voyageant en solo. Dans les zones plus reculées, les femmes seules suscitent l'étonnement puis, bien souvent, la bienveillance des habitants. Elles ne risquent rien à condition de faire preuve de bon sens et de prendre quelques précautions élémentaires (ne pas flâner sur la plage ou dans une ruelle à une heure tardive, séjourner dans un établissement fréquenté, voyager à côté de femmes ou de familles dans le bus ou le train). Même si les jeunes Thaïlandaises portent volontiers un short et un débardeur, réservez cette tenue à la plage et jouez la carte de la sobriété ailleurs. Les Thaïs sont plutôt timides et, à moins d'être pris de boisson, ils n'insisteront guère si vous déclinez leurs avances, à l'inverse des Occidentaux d'un certain âge qui draguent avec insistance sur les lieux touristiques et dans les stations balnéaires. Au besoin, appelez la sécurité ou la police touristique. Et joignez-vous à un groupe lors des *full-moon parties* du golfe de Thaïlande.

FÊTES ET JOURS FÉRIÉS

Fondée sur le calendrier grégorien - cf. Un pays, deux calendriers (p.13) -, l'année thaïlandaise compte 16 jours fériés, dont certains empruntés au bouddhisme, ainsi qu'un grand nombre de fêtes nationales, dont vous trouverez un florilège dans le tableau ci-dessous. En raison de la présence d'une importante communauté musulmane dans l'extrême sud du pays, les fêtes islamiques occasionnent une fermeture des administrations publiques dans les provinces de Narathiwat, Pattani, Yala et Satun.

calendrier des jours fériés et des fêtes

JOURS FÉRIÉS

1er janvier	**Jour de l'An**
Février	**Nouvel An chinois**
3e pleine lune	**Makha Bucha** Commémoration du 1er prêche public du Bouddha
6 avril	**Chakri Memorial Day** Célébration de la fondation de la dynastie Chakri, dont Rama IX est l'actuel représentant.
13-15 avril	**Songkran** Nouvel An thaïlandais, célébré à grand renfort de bombes à eau
5 mai	**Chattra Mongkhon** Anniversaire du couronnement de Rama IX en 1950
Mi-mai	**Phuetcha Mongkhon** Cérémonie royale des labours, date fixée chaque année par l'astrologue royal
6e pleine lune	**Visakha Bucha (ou Vesak)** Commémoration de la naissance, de l'Éveil et de l'entrée au nirvana du Bouddha historique
8e pleine lune	**Asahara Bucha** Célébration du 1er sermon du Bouddha à ses cinq disciples
8e lune décroissante	**Khao Phansa** Début du carême bouddhique, qui dure trois mois pour les moines
12 août	**Anniversaire de la reine Sirikit** née en 1932
23 octobre	**Chulalongkorn** Commémoration de la mort de Rama V en 1910
11e pleine lune	**Awk Phansa** Fin du carême bouddhique
5 décembre	**Anniversaire de Rama IX**, né en 1927
10 décembre	**Fête de la Constitution** promulguée en 1932
31 décembre	**Saint-Sylvestre**

FÊTES NATIONALES OFFICIELLES

2e sam. de janvier	**National Children's Day** Journée de l'enfance
14 janvier	**National Forest Conservation Day** Journée de la protection de la nature
16 janvier	**Teachers Day** Journée des enseignants, souvent chômée

18 janvier	**Royal Thai Armed Forces Day** Commémoration de la victoire du roi d'Ayutthaya, Naresuan, sur le souverain birman dans un combat à dos d'éléphant en 1593. Parades militaires
24 février	**National Artist Day** Journée des arts et de la littérature célébrant la naissance de Rama II (1767-1824), poète renommé et grand mécène
31 mars	**King Nangklao Memorial Day** Anniversaire de Rama III (1788-1851)
2 avril	**Thai Heritage Conservation Day** Journée du patrimoine et anniversaire de la princesse Siridhorn (1955), 2e fille de Rama IX
1er mai	**Fête du Travail** chômée dans le secteur privé
29 juillet	**National Thai Language Day** Journée de la langue thaïe
20 septembre	**National Youth Day** Journée de la jeunesse et anniversaire de Rama V (1868-1910)
21 octobre	**National Nurses Day** Anniversaire de la princesse Srinagarindra (1900-1995), mère de Rama IX
25 novembre	**Vajiravudh Day** Anniversaire de la mort de Rama VI (1910-1925)
28 décembre	**King Taksin Memorial Day** Anniversaire du couronnement, en 1768, du roi Taksin, grand réunificateur du royaume

PRATIQUE

AUTRES CÉLÉBRATIONS

14 février	**Saint-Valentin** Très populaire en Thaïlande, notamment pour les demandes en mariage
12e pleine lune	**Loy Krathong** Fête des "paniers flottants", originaire de Sukhothaï, offrande aux esprits de l'eau sous forme de petites barques (ou de lanternes volantes dans le nord du pays) éclairées de bougies et d'encens à la nuit tombée
25 décembre	**Noël**

FÊTES MUSULMANES

	2015	**2016**	**2017**
Mawlid (naissance du Prophète)	24 déc.	13 déc.	20 nov.
Lailat al Miraj (ascension du Prophète)	15 mai	4 mai	23 avr.
Début du ramadan	16 juin	6 juin	26 mai
Aïd-el-Fitr (fin du ramadan)	17 juil.	6 juil.	24 juin
Aïd-el-Kébir (fête du Sacrifice)	24 sept.	2 sept.	11 sept.
Raas Assana (Nouvel An)	14 oct.	1er oct.	20 sept.

HANDICAPÉS

Rues étroites, trottoirs inexistants ou semés d'embûches et absence de rampes d'accès pour les fauteuils roulants : malgré de lents progrès, l'accueil des personnes handicapées laisse encore beaucoup à désirer. À Bangkok, cependant, les trottoirs de certaines grandes artères présentent des pavages en briquettes pour guider les malvoyants. Quelques stations de Skytrain (métro aérien) et toutes celles du métro souterrain sont équipées d'ascenseurs. La visite de bon nombre de petites îles suppose souvent de prendre un bateau amarré à un ponton mal conçu... quand il ne faut pas gagner la plage en pataugeant dans l'eau. Et seuls les grands hôtels internationaux disposent d'installations aux normes. Pour une personne handicapée, voyager seule en Thaïlande relève du défi. Renseignez-vous auprès d'associations comme Handi Voyages (http://handivoyages.free.fr) et consultez le site www.accessiblethailand.com (en anglais).

HÉBERGEMENT

De la cabane bambou sur une plage de Ko Lanta à l'hôtel cinq étoiles de Bangkok, en passant par les *resorts* familiaux des cités balnéaires, le choix est vaste en matière d'hébergement. De manière générale, plus la destination est courue, comme Bangkok, Phuket ou Pattaya, plus les prix des chambres seront élevés. . De plus, les tarifs peuvent passer du simple au double entre la mousson (juil.-oct.) et la *peak season* (déc.-jan.), cf. saisons touristiques (p.65). En dehors de cette période, où les hébergements sont pleins à craquer, on peut demander une réduction (10-15%) pour des séjours de plus de trois nuitées. Si les sites de réservation, tels Agoda (www.agoda.com) ou Booking (www.booking.com), proposent régulièrement des prix cassés pour les hôtels haut de gamme, réserver par téléphone ou se présenter directement à la réception permet souvent d'obtenir de meilleurs tarifs que ceux affichés sur les sites Internet des établissements. Demandez toujours à visiter une ou plusieurs chambres avant d'arrêter votre choix, les photos en ligne, souvent flatteuses, étant parfois très éloignées de la réalité.

auberges de jeunesse

Pratiquement inexistant en Thaïlande avant l'arrivée des voyageurs occidentaux sans le sou, ce type d'hébergement s'est progressivement développé dans les grandes destinations touristiques à mesure que des hôtels de plus en plus onéreux venaient remplacer les bungalows bon marché. Comme leur nom l'indique, ces auberges attirent une clientèle de jeunes adultes souvent fêtards, ce qui explique leur concentration à proximité des hauts lieux de la vie nocturne.

guesthouses, hôtels et *resorts*

Il est parfois difficile de distinguer ces trois types d'établissements, et leurs appellations sont bien souvent interchangeables. Les **pensions** (ou *guesthouses*), qui constituent l'entrée de gamme de l'offre hôtelière, se composent généralement d'un espace de restaurant sur la rue et d'un nombre réduit de logements, pour un confort allant de la simple chambre avec ventilateur et sdb commune à la suite avec télévision et clim. Dans les centres anciens des grandes villes, la mode des petites *guesthouses* rénovées avec goût, prenant parfois le nom de "*boutique hotel*", a aujourd'hui le vent en poupe, pour des prix égalant ceux de l'hôtellerie traditionnelle mais avec un supplément d'âme. Dans la capitale comme en province, les **hôtels** à proprement parler présentent une immense diversité de confort et de taille. Modestes adresses fréquentées quasi exclusivement par des touristes thaïlandais, établissements indépendants de catégorie moyenne à la réputation parfois sulfureuse dans les quartiers chauds, ou encore chaînes internationales de luxe proposant un inépuisable panel de services (restaurant, salle de fitness, spa, piscine...), les possibilités sont presque infinies. Dans son acception occidentale, le "***resort***" désigne, quant à lui, les ensembles hôteliers intégrant de nombreuses installations de loisirs. Appliquée à juste titre à un grand nombre d'hébergements balnéaires thaïlandais, cette appellation s'étend aussi à la plupart des établissements ruraux – de la poignée de cahutes à l'arrière d'une pension à l'hôtel de bord de mer – indépendamment des services proposés ou de la qualité des installations.

homestays

Ces séjours en chambres d'hôtes sont la plupart du temps conçus comme une immersion dans le quotidien des Thaïlandais : outre le fait de loger chez l'habitant, le visiteur prend part à la vie de la famille qui l'accueille. Les *homestays* font partie intégrante des programmes de volontariat qui sont légion en Thaïlande, qu'il s'agisse de donner des cours d'anglais aux enfants d'une communauté rurale ou de participer à la préservation de la faune et de la flore. Cette forme de voyage relativement nouvelle relève du développement de l'écotourisme dans un pays en quête d'équilibre entre croissance économique et respect de l'environnement. À la suite du tsunami de 2004 sur la côte d'Andaman, l'afflux des dons étrangers et la nécessité de relancer l'activité locale ont favorisé les initiatives de ce genre, dont l'excellent opérateur touristique **Andaman Discoveries** (www.andamandiscoveries.com).

parcs nationaux

La centaine de parcs nationaux que compte le pays sont autant d'invitations à des séjours en pleine nature, et les gardes forestiers thaïlandais gèrent aujourd'hui un petit parc hôtelier spécifique à ces destinations, de la tente sommaire en bord de plage au bungalow plus cossu (rés. obligatoire).
http://www.dnp.go.th/parkreserve/reservation.asp Pour réserver votre couchage en ligne jusqu'à 60 jours avant.

HEURES D'OUVERTURE

Administrations et bureaux Lun.-ven. 8h30-16h30. Les bureaux de la Tourism Authority of Thailand (TAT) sont ouverts tlj. à ces horaires, les centres d'information municipaux de 9h à 17h (voire 18h). Les bureaux de l'immigration ouvrent du lun. au ven. de 8h à 12h et de 13h à 16h30 (horaires en continu pour celui de Bangkok).
Banques Lun.-ven. 8h30-16h
Bureaux de poste Lun.-ven. 8h30-16h30 et sam. 9h-12h. La poste principale de Bangkok est aussi ouverte le dimanche matin.
Commerces Les centres commerciaux ouvrent tlj. de 10h à 22h voire de 9h à 23h. Les supérettes sont ouvertes tlj. de 7h à 23h (et la plupart de celles de Bangkok 24h sur 24, 7 jours sur 7) et les petits commerces de détail, de 8h à 22h avec une pause entre 14h et 17h. On se peut se rendre sur les marchés tlj. de 6h à 15h et dans les *night markets*, en général de 16h à 22h. Les boutiques sont ouvertes tlj. 9h-18h (voire 19h) et les pharmacies de 8h à 20h.
Musées et sites Les musées sont généralement ouverts du mardi au dimanche de 9h à 16h. Les temples se visitent tlj., de l'aube au crépuscule, et les parcs nationaux, tlj. de 8h30 à 16h30 (jusqu'à 18h pour certains).

LANGUES

En dehors du thaï (p.27), l'anglais est la langue privilégiée pour communiquer avec les Thaïlandais, car rares sont ceux qui sont capables de tenir une discussion en français. La plupart des habitants des grandes villes et centres touristiques comme Bangkok, Phuket, Pattaya, ou encore Ko Samui, parlent plus ou moins bien la langue de Shakespeare – les jeunes étant les plus à l'aise. Mais une fois sorti des sentiers battus, vous aurez parfois du mal à communiquer si vous ne maîtrisez pas des rudiments de la langue nationale. La translittération de l'alphabet thaï en lettres latines n'étant pas unifiée, les toponymes font souvent l'objet de variations orthographiques d'un support à un autre.

applications

Les Thaïlandais apprécient particulièrement les efforts que font les étrangers pour parler leur langue. Il existe plusieurs applications gratuites ou payantes disponibles sur Android et iOS – dont LearnThai, Walen Thai et Thai Learner. La Tourism Authority of Thailand (TAT) a lancé en 2010 sa propre application, baptisée Speak Thai. Toutes fonctionnent *offline* (sans réseau mobile). À télécharger avant le départ.

MARCHANDAGE ET POURBOIRE

marchandage

En Thailande, le marchandage est de mise quand les prix ne sont pas clairement affichés : dans les *tuk-tuk*, les taxis sans compteur, les hôtels, sur les marchés et auprès des vendeurs ambulants, par exemple. En revanche, il est proscrit dans les grands magasins, les boutiques et restaurants haut de gamme. Quelques principes de base : par respect pour votre interlocuteur, ne marchandez que si vous comptez acheter et ne vous montrez ni agressif, ni méprisant. Le meilleur prix s'obtient dans la bonne humeur et avec le sourire ! Commencez par vous faire une idée de la valeur du service demandé ou du produit convoité et fixez-vous un prix plafond. Rappelez-vous également que le salaire moyen des Thaïlandais tourne autour de 10 000B par mois, soit environ 250€. Évitez donc de trop mégoter dans votre négociation.

pourboire

Bien que la plupart des établissements incluent dans leurs prix une majoration d'environ 10% pour le service, la pratique du pourboire, autrefois peu courante en Thaïlande, s'est développée dans les zones touristiques les plus fréquentées. Au moment de régler l'addition au restaurant ou votre course en taxi, il est d'usage d'arrondir la somme à la dizaine supérieure ou de laisser la monnaie. Si vous souhaitez signifier votre satisfaction, comptez 10 à 50B.

MÉDIAS

presse

The Nation (nationmultimedia.com) et le *Bangkok Post* (www.bangkokpost.com) sont les deux principaux quotidiens de langue anglaise. Le mensuel *BK Magazine* (bk.asia-city.com), distribué gratuitement dans les bars, les restaurants et les hôtels, fournit de bons renseignements sur les lieux de sortie, tandis que le mensuel francophone *Gavroche Magazine* (www.gavroche-thailande.com) se distingue par ses reportages sur le pays. Parmi la presse régionale figurent les quotidiens *Hua Hin Today* (www.huahintoday.com) et *Phuket Gazette* (www.phuketgazette.net), ainsi que l'hebdomadaire *Pattaya Mail* (pattayamail.com). Même s'ils s'adressent surtout aux expatriés francophones, les deux mensuels gratuits *Paris Phuket* et *Phuket francophone* (www.francomedia.com) n'en recèlent pas moins quantité d'informations utiles aux touristes.

radio

La radio AM ne diffuse que des programmes en thaï. Sur les ondes courtes, Radio Thailand propose 4 heures quotidiennes de programmes en anglais sur 97MHZ. On peut capter Radio France internationale sur la FM.

OFFICES DE TOURISME ET SITES INTERNET

offices de tourisme

À L'ÉTRANGER Faute de bureaux de la Tourism Authority of Thailand en Belgique, en Suisse et au Canada, les ressortissants de ces trois pays pourront s'adresser aux antennes française, allemande et américaine.

Office national de tourisme de Thaïlande *90, av. des Champs-Elysées 75008* ***Paris*** *Tél. 01 53 53 47 00 www.tourismethaifr.com Ouvert lun.-ven. 9h30-12h30 et 13h30-17h30*

TAT New York *Suite 2810, 61 Broadway* ***New York*** *Tél. (1212) 432 0433 tatny@tat.or.th*

TAT Francfort *Bethmannstr. 58* ***Francfort-sur-le-Main*** *Tél. (49) 69 138 1390 www.thailandtourismus.de*

SUR PLACE En règle générale, le personnel des offices de tourisme de la TAT vous fournira des informations générales en anglais mais n'en attendez pas des renseignements détaillés. Vous pourrez toutefois vous procurer dans ces bureaux des cartes et brochures variées (demandez-les si elles ne sont pas en présentation) ou joindre la *hot line* de la TAT (Tél. 1155). Dans les bureaux municipaux (*Municipal Offices* ou *Information Centers*) des îles et stations balnéaires les plus touristiques, le personnel se débrouille en anglais et fournit des brochures de plus ou moins bonne qualité. Dans les centres d'accueil des parcs nationaux, l'accueil et la qualité des informations varient considérablement d'une région à une autre. Enfin, ne vous laissez pas surprendre par la profusion d'enseignes autoproclamées *Tourist Information Center* ou *Tourist Office* : il s'agit en fait d'agences de voyages ou de sociétés de transport. Pour les adresses des offices de tourisme locaux, reportez-vous au mode d'emploi des villes présentées dans ce guide.

sites Internet

SUR LA THAÏLANDE

www.gavroche-thailande.com Site du mensuel francophone *Gavroche*.

www.lepetitjournal.com Un portail francophone qui, dans son onglet "Bangkok", consacre de bons articles à l'actualité culturelle et politique du pays.

www.sawadee.com Renseignements sur les destinations et informations pratiques sur les transports.

www.tatnews.org De bonnes informations, régulièrement mises à jour, sur les manifestations culturelles et les actualités du pays.

www.tourismthailand.org Le site officiel de l'office de tourisme présente en détail les localités des cinq grandes régions de Thaïlande.

SUR LES PARCS NATIONAUX

www.dnp.go.th Le portail officiel du département des parcs nationaux. Service de réservation en ligne pour les hébergements.

www.thainationalparks.com Une mine d'informations en anglais sur les parcs nationaux. Régulièrement mis à jour.

SUR LES GRANDES DESTINATIONS

www.bangkok.com Une mine d'informations sur la capitale de la Thaïlande.

http://explorekohchang.com Une excellente source d'informations sur tout l'archipel.

www.samui-thailande.com Un portail francophone qui recèle des informations pratiques sur Ko Samui.
www.franco-media.com Le portail du mensuel *Phuket francophone*.

QUAND PARTIR ?

climat

Caractérisée par d'abondantes averses entrecoupées de belles éclaircies et une accentuation des courants marins, la saison des pluies dure de mai à octobre côté mer d'Andaman, et de septembre à décembre dans le golfe de Thaïlande, avec de fortes précipitations en novembre. Le reste de l'année, la moiteur et les pluies sont moins envahissantes. On enregistre les températures les plus clémentes (25-30°C) entre les mois de novembre et mars, ce dernier étant suivi d'une période de canicule : le mercure grimpe alors, en moyenne, à 40°C.

saisons touristiques

Le calendrier touristique s'aligne logiquement sur le climatique, avec une haute saison (*high season*) s'étalant de novembre à fin avril. Cette période est entrecoupée d'une très haute saison, ou *peak season* (déc.-jan.), qui correspond à la fois à la plus forte fréquentation et aux prix les plus élevés. Selon la popularité des destinations et leur accès – rendu parfois impossible pour plusieurs îles en raison d'une mer démontée –, certains établissements (hôtels, restaurants, parcs nationaux...) ferment leurs portes pendant la mousson.

QUE RAPPORTER ?

Du marché populaire au centre commercial, les tentations et les "bonnes affaires" ne manquent pas et si vous ne faites pas preuve de vigilance, vous risquez d'acheter bien plus que vous ne pourrez raisonnablement remporter avec vous ! Même si l'artisanat thaïlandais est plus riche dans le nord du pays, l'offre à Bangkok est pléthorique et l'on trouve des producitons locales intéressantes sur la côte d'Andaman comme dans le golfe de Thaïlande.

antiquités et reproductions

Les véritables antiquités sont une denrée rare et le département des Beaux-Arts (Department of Fine Arts) du ministère de la Culture veille de très près à leur exportation. Souvenez-vous qu'il est interdit d'acquérir des représentations du Bouddha ou d'autres divinités, complètes ou fragmentaires, antérieures au XVIIIe siècle et qu'il faut un permis spécial pour pouvoir exporter une antiquité (joindre alors la Thailand Antique Art Business Division, tél : 02 224 1370). Pas besoin de permis d'exportation pour les imitations. Mais si la pièce semble authentique, déclarez-la directement auprès du département des Beaux-Arts pour éviter tout problème à la douane. Vous trouverez de belles reproductions en bronze, en bois ou en marbre chez les antiquaires du marché de Chatuchak à Bangkok, ainsi que des statuettes du Bouddha, de divinités chinoises ou d'animaux produites en série sur tous les marchés.

bijoux

Les orfèvres de Thanon Yaowarat, dans le quartier chinois de **Bangkok**, vendent des bijoux en or (20-24 carats), mais leur design répond rarement au goût des Occidentaux. N'achetez des pierres précieuses que dans les bijouteries agréées par la Thai Gem and

Jewellery Traders Association et la TAT. Elles arborent le logo Jewel Fest et vous délivreront un certificat d'authenticité accompagné d'une garantie de remboursement. Mais rien ne vous empêche d'aller faire du lèche-vitrines au Gem Market de **Chanthaburi**, plaque tournante de la transformation et du commerce des gemmes. Vous pourrez acquérir des perles de culture à **Phuket**, craquer pour une création en argent, de style contemporain ou ethnique, dans n'importe quelle galerie marchande et faire le plein de bijoux fantaisie sur les marchés.

cosmétiques

Vous encouragerez le commerce local en achetant l'huile de coco fabriquée par les petits artisans de **Ko Chang** et ses satellites, à **Phuket-ville** et **Ko Samui**. Vous trouverez également des cosmétiques naturels (savon au lait de coco, crème au jasmin, gommage au tamarin) dans les centres touristiques, ainsi que des marques bio à **Phuket** et **Bangkok**.

décoration et ustensiles de cuisine

Les vanniers thaïlandais confectionnent un grand nombre d'objets en bambou, en osier, en fibres de coco ou de palme. Les marchés des grands centres touristiques proposent surtout des souvenirs (sets de table et sous-verre en bambou, couverts et récipients en bois de manguier ou de cocotier), mais vous pourrez vous procurer cabas à provision, corbeilles, petits paniers à riz gluant et autres articles du quotidien sur les marchés des localités secondaires. À **Chanthaburi** se vendent des nattes, boîtes à mouchoirs et tapis en roseau réalisés dans les villages alentour. Les orfèvres de **Nakhon Si Thammarat** confectionnent, pour leur part, de magnifiques objets niellés (coffrets, plateaux, verres), tandis qu'à **Bangkok**, les artisans de Ban Bat réalisent des bols à aumônes à partir de plaques d'acier.

marionnettes

Le théâtre d'ombres (*nang talung*) reste un divertissement apprécié dans le Sud. Les marionnettes découpées dans une feuille de cuir, préalablement tanné puis coloré à l'aide de pigments végétaux, réalisées à **Nakhon Si Thammarat**, constitueront un cadeau apprécié des enfants.

textiles

Vous serez certain d'acquérir des soieries d'excellente qualité en vous rendant dans les boutiques Jim Thompson de **Bangkok**, **Hua Hin**, **Ko Samui, Pattaya** et **Phuket**. Méfiez-vous en revanche de la mention "*thai silk*" figurant sur les tissus et étoles de certains magasins et marchés touristiques : il s'agit bien souvent de textiles synthétiques ou mélangés. Les batiks en coton coloré, à motifs floraux ou géométriques, vendus sur les marchés locaux, sont très abordables. Produits en série, ils viennent cependant de Malaisie et non de Thaïlande ! À **Ko Klang** (province de Krabi) sont réalisés des batiks imprimés selon la technique ancestrale du *patae* (cire appliquée avec de larges tampons métalliques). Les cotonnades à motifs végétaux, animaliers ou anthropomorphes sont une spécialité de **Hua Hin**. On peut également en dénicher à **Ko Yo**, près de Songkhla. Sur tous les marchés, vous trouverez des vêtements décontractés (tee-shirts, pantalons, robes, shorts) à prix modiques. Attention, les tailles sont toutefois plus petites que chez nous, et la douane confisque systématiquement les contrefaçons. Les galeries marchandes des centres touristiques regorgent de vêtements de marques internationales et de créations thaïlandaises. Les tailleurs sont légion à Bangkok, Phuket, Ko Samui et Ko Chang, et nombre d'entre eux affirmeront pouvoir vous livrer sous 24h une robe, une chemise ou un costume sur mesure. Sachez qu'il faut compter plusieurs jours de travail et deux ou trois essayages chez un professionnel digne de ce nom.

souvenirs gourmands

Il y a mille occasions de remplir son panier gourmand en Thaïlande ! Sur les marchés locaux comme dans les épiceries (*gourmet market*) des centres commerciaux, vous pourrez vous procurer des pâtes de curry, épices et autres condiments. **Chumphon** est célèbre pour ses nids d'hirondelles, Trang pour ses gâteaux moelleux aromatisés au café, à l'orange, à la noix de coco, à la banane ou encore au durian. Les noix de cajou sont cultivées dans les provinces de **Ranong**, de **Phuket** et de **Songkhla**, tandis qu'à **Chanthaburi** vous pourrez faire le plein de poivre, de sucreries à base de fruits tropicaux et de spécialités au durian. À **Hua Hin**, vous aurez l'occasion d'acheter du vin (rouge ou blanc) produit dans la région, et à **Phuket** et **Ko Samui** un rhum distillé sur place.

RESTAURATION

Réputée comme l'une des meilleures au monde, la gastronomie thaïlandaise propose une variété infinie de recettes, déclinées selon les régions, cf. Gastronomie (p.44). Cuit à la vapeur ou utilisé pour la confection des nouilles, le riz constitue l'aliment de base de la population. Salades, soupes, currys au lait de coco et plats sautés au wok contenteront les carnivores comme les végétariens. La cuisine des régions les plus méridionales, particulièrement épicée, se distingue par ses délicieuses spécialités musulmanes et sino-thaïes, tandis qu'un séjour sur les côtes de la péninsule et dans les îles fera le bonheur des amateurs de poisson et de fruits de mer.

rythme

En principe, le petit déjeuner thaï, pris vers 6h30, se compose d'une soupe accompagnée d'une tasse de café, et le déjeuner (vers 11h30), d'une salade et d'un plat. Le dîner, pris vers 19h30 et en famille, est plus consistant : il comprend plusieurs plats servis ensemble et se termine par des fruits. En réalité, les Thaïlandais font jusqu'à cinq repas par jour, complétant les trois principaux par des en-cas consommés dans la rue, cf. La cuisine de rue... et des centres commerciaux (p.45).

une offre pléthorique

DANS LA RUE Partout et à toute heure, des marchands ambulants proposent de petites brochettes, des assiettes de riz garnies, des fruits frais mixés ou coupés en morceaux et des sucreries, à déguster sur le pouce. Sur les plages, les vendeurs découperont devant vous des noix de coco dont le jus constitue un excellent rafraîchissement. Également immanquables, les stands de nourriture des marchés et les petits restaurants improvisés sur le trottoir, avec leurs tables et leurs chaises en plastique, constituent des lieux de socialisation. Faute d'une carte en anglais, il suffit, le plus souvent, de désigner le mets de son choix. Un plat coûte en moyenne 50B et le repas revient rarement à plus de 100B, boisson comprise.

AU RESTAURANT De la cantine de quartier au restaurant raffiné, vous aurez maintes occasions de tester la gastronomie thaïe dans une salle ventilée ou climatisée. Les restaurants disposent d'un menu en anglais ou d'une carte en thaï, agrémentée de photos des plats. Tous proposent des mets hérités de la cuisine dite "royale", qui se caractérise par l'omniprésence du lait de coco comme dans la *tom yam goong* (soupe de crevettes relevée) ou le *kaeng khio waan* (curry vert au poulet ou au bœuf, basilic, coriandre et aubergines). Mais on peut également se délecter de spécialités vietnamiennes à Chanthaburi, japonaises à Si Racha, ou chinoises un peu partout, et plus particulièrement à Phuket, Songhkla et Trang. Enfin, vous pourrez commander des plats "internationaux" (hamburgers, pizzas, pâtes, steaks, etc.) dans la plupart des îles, voire une terrine de foie gras ou un pavé de bœuf argentin dans certains établissements chics. Les restaurants assurent en général un service continu de 11h à 22h ; certains ferment toutefois entre 16h et 18h. Hors boissons, comptez en moyenne 250B le repas dans une cantine et 600-800B dans un établissement proposant des mets "fusion" ou internationaux. Dans les restaurants haut de gamme, l'addition inclut 10% de service. Ailleurs, pensez à laisser un modeste pourboire en arrondissant la note à la dizaine de bahts supérieure.

SANTÉ

avant de partir

Contractez une assurance médicale assistance-rapatriement (p.56). Effectuez une visite de contrôle dentaire.

VACCINS Aucun vaccin n'est obligatoire. On vous demandera cependant un certificat de vaccination contre la fièvre jaune si vous avez séjourné dans un pays infecté par la maladie au cours des 6 jours précédant votre arrivée en Thaïlande. Vérifiez que vous êtes immunisé contre la diphtérie, le tétanos et la poliomyélite – et contre la rage si vous prévoyez d'effectuer une randonnée en milieu rural. Il est recommandé de se faire vacciner contre la fièvre typhoïde et l'hépatite A (ainsi que contre l'hépatite B et l'encéphalite japonaise en cas de séjour prolongé) et, si vous prévoyez de vous rendre dans le nord de la Thaïlande, à la frontière avec le Myanmar, le Laos ou le Cambodge, prenez un traitement préventif contre le paludisme – ce dernier ne sévit pas dans le Centre et le Sud. Certains vaccins requérant plusieurs injections espacées d'un mois, faites le point avec votre médecin assez longtemps avant le départ. La liste des centres de vaccination français est disponible sur le site www.astrium.com. À Paris, pour éviter une longue attente, vous pouvez prendre rendez-vous avec le service de vaccination du centre médical Saint-Michel.

Centre médical Saint-Michel *22, bd Saint-Michel (1er étage) 75006* ***Paris*** *Tél. 01 53 73 03 03 www.centre-medical-stmichel.com Ouvert lun.-ven. 8h30-20h, sam. 8h30-18h*

Centre de vaccinations internationales Air France *148, rue de l'Université 75007* ***Paris*** *Tél. 01 43 17 22 00 www.centredevaccination-airfrance-paris.com Sans rdv : lun.-ven. 8h45-18h, jeu. 8h45-20h, sam. 8h45-16h ; sur rdv : lun.-ven. 9h15-17h*

Centre médical de l'Institut Pasteur *209-211, rue de Vaugirard 75015* ***Paris*** *Tél. 01 45 68 81 98 ou 0 890 710 811 (0,15€/min) Sans rdv : lun.-mer. et ven. 9h-16h30, jeu. 10h-16h30, sam. 9h-11h30*

SITES INTERNET
www.sante.gouv.fr Rubrique Voyageurs.
www.diplomatie.gouv.fr Rubrique Conseils aux voyageurs.
www.astrium.com Site d'information destiné aux voyageurs : prévention, vaccins et traitements.
www.pasteur.fr Centre de vaccinations internationales et médecine des voyages, rubrique Recommandations sanitaires par pays.

précautions élémentaires sur place

CHALEUR ET SOLEIL Sous les tropiques, le rayonnement solaire est particulièrement intense, surtout en altitude. Si l'on veut éviter coups de soleil et insolation, il est indispensable d'utiliser une crème solaire à fort indice de protection (au moins 30), même et surtout sous un soleil voilé, et préférable de porter un chapeau à large bord ainsi que des lunettes de soleil. Gare à la déshydratation : il faut boire régulièrement, de l'eau de préférence et en quantité suffisante (au moins 2 l/j.), lorsque la température est élevée.

HYGIÈNE Lavez-vous les mains régulièrement et désinfectez la moindre plaie. Évitez de marcher pieds nus pour ne pas vous exposer à une parasitose. Ne vous lavez pas les dents à l'eau du robinet.

ALIMENTATION L'eau du robinet n'étant pas potable, les Thaïlandais la filtrent ou la font longuement bouillir (10min au moins) avant de l'utiliser. Pour plus de sûreté, ne buvez que des boissons encapsulées ou bouillies, le thé notamment pour ses vertus réhydratantes. Évitez les crudités et les fruits si vous n'êtes pas sûr de l'eau dans laquelle ils ont été lavés, ainsi que les viandes mal cuites et les laitages non pasteurisés. Le poisson ne pose généralement pas de problème, mais soyez circonspect avec les fruits de mer.

BESTIOLES Si vous envisagez une randonnée, il est indispensable de prévoir des chaussures fermées doublées de chaussettes montantes et un pantalon long. Le matin, ne sautez pas dans vos chaussures sans avoir vérifié qu'un hôte indésirable ne s'y est pas glissé. En cas de morsure de serpent (80 espèces venimeuses ont été répertoriées en Thaïlande), restez calme et minimisez vos mouvements. Ne sucez pas la morsure, n'incisez pas la chair. Faites tout de suite un garrot sans stopper complètement le flux sanguin et rendez-vous à l'hôpital.

maladies tropicales

Les maladies les plus dangereuses sont transmises par les moustiques. Il est impératif de se protéger de leurs piqûres en utilisant sticks, sprays et autres répulsifs "spécial tropiques" et en portant pantalons longs et chemises ou tee-shirts à manches longues, si possible imprégnés de répulsif par trempage avant le départ (celui-ci restera efficace pendant 2 mois et 6 lavages à 40°C).

PALUDISME Le risque de contracter le paludisme est infime, voire inexistant dans le centre et le sud de la Thaïlande. Cette maladie parasitaire, qui peut se révéler mortelle, se rencontre plus particulièrement dans les zones humides, notamment près des cours d'eau et des mares. Elle se signale par de fortes fièvres, une fatigue généralisée, des nausées et des vomissements, les premiers symptômes survenant de 6 à 14 jours après la piqûre. Il est indispensable de suivre un traitement antipaludéen préventif – généralement un comprimé par jour, en commençant le traitement une semaine avant le départ et en le poursuivant une semaine après le retour. Votre médecin saura vous conseiller sur le produit le mieux adapté. Les femmes enceintes et les jeunes enfants sont particulièrement vulnérables à cette parasitose.

DENGUE Cette maladie virale sévit dans les îles du sud de la Thaïlande. Elle se manifeste, après 2 à 7 jours d'incubation, par des symptômes de type grippal : forte fièvre, courbatures et maux de tête. La dengue peut présenter une forme hémorragique potentiellement mortelle, surtout chez les enfants et les femmes enceintes. Il n'existe actuellement aucun vaccin ou traitement préventif. En cas de symptômes suspects, abstenez-vous absolument de prendre de l'aspirine et consultez immédiatement un médecin. Le moustique porteur du virus sévit de jour, le plus souvent dans les zones urbaines, à la saison des pluies.

ENCÉPHALITE JAPONAISE Cette maladie inflammatoire grave, qui affecte le système nerveux, est transmise par un moustique qui sévit surtout en zone rurale, aux abords des rizières et autres plans d'eau stagnante, plus particulièrement à la saison des pluies. Il n'existe aucun traitement spécifique mais plusieurs vaccins. Les premiers symptômes apparaissent après 5 à 15 jours d'incubation : frissons, fièvre, maux de tête, malaises. Lorsqu'elle finit par plonger le malade dans le coma, l'encéphalite japonaise peut être mortelle ou laisser des séquelles neurologiques irréversibles. Cette maladie frappe rarement les voyageurs – d'autant qu'elle se manifeste rarement en zone urbaine, mais demandez conseil à votre médecin si vous envisagez une randonnée.

autres affections plus ou moins graves

TROUBLES DIGESTIFS Généralement bénins, ce sont les troubles auxquels vous serez le plus exposé durant votre séjour. Pour les tenir à distance, lavez-vous les mains régulièrement et respectez les consignes alimentaires énoncées plus haut. Avec l'aide de médicaments appropriés – un antidiarrhéique et un désinfectant intestinal –, les symptômes disparaissent rapidement. S'ils sont accompagnés de fièvre, consultez un médecin.

RAGE Des cas sont régulièrement signalés en Thaïlande : évitez d'entrer en contact avec les chiens, les singes et les animaux errants. En cas de morsure, lavez soigneusement la plaie à l'eau et au savon, appliquez un antiseptique à base d'iode et consultez immédiatement un médecin.

MALADIES SEXUELLEMENT TRANSMISSIBLES Le taux de prévalence du VIH étant particulièrement élevé en Thaïlande, il convient de prendre les précautions d'usage. Sur place, les préservatifs s'achètent dans les supérettes, les épiceries et les pharmacies.

INFECTIONS CUTANÉES Si vous comptez vous offrir un tatouage, un piercing ou une séance d'acupuncture lors de votre séjour, assurez-vous que les instruments utilisés ont bien été stérilisés. Sachez que tatouages et piercings font souvent mauvais ménage avec la chaleur, la pollution ambiante et l'eau de mer. Redoublez donc de vigilance et soignez scrupuleusement la zone concernée (solution antiseptique, pommade cicatrisante, compresses stériles et lavage de main indispensables). Comptez 3 à 4 semaines de cicatrisation à la suite desquelles il vous faudra protéger le tatouage à l'aide d'écran total durant environ un mois.

services de santé sur place

La Thaïlande offre sans conteste les meilleurs soins d'Asie du Sud-Est au point de prendre en charge des patients venus du Vietnam, du Cambodge, du Laos et du Myanmar, dont les installations sont bien moins performantes. Les soins étant bien meilleur marché qu'en Occident, le tourisme médical, en plein essor depuis le début des années 2000, frôle aujourd'hui les trois millions de patients étrangers par an. Dépassant largement les opérations très médiatisées de changement de sexe, les soins dentaires et de chirurgie esthétique sont particulièrement demandés, et plusieurs établissements de Phuket rivalisent aujourd'hui avec ceux de Bangkok dans ces domaines. En dehors des grands centre urbains, vous trouverez sans mal de nombreux hôpitaux provinciaux, mais ceux où l'on peut recevoir un accueil en anglais restent limités.

PRINCIPAUX ÉTABLISSEMENTS

Bangkok Nursing Home Hospital (BNH) (plan 4, C4) *9/1 Convent Rd, Silom (Bangrak)* ***Bangkok*** *Tél. 02 686 27 00 www.bnhhospital.com*

Samitivej Hospital Sukhumvit (plan 5, C3) *133 Sukhumvit 49, Klongtan Nua (Watthana)* ***Bangkok*** *Tél. 02 022 22 22 (call center) www.samitivejhospitals.com*

Bangkok Pattaya Hospital *301 Moo 6, Sukhumvit Rd, Km 143* ***Naklua*** *Tél. 038 259 999 ou 1719 (24h/24) www.bangkokpattayahospital.com*

Pattaya International Hospital *2255/4 Moo 9, soi Pattaya 4, Second Rd, Nongprue* ***Pattaya*** *Tél. 038 428 374 (urgences) www.pih-inter.com.*

Koh Chang Hospital (plan 9, A1) *Dan Mai (côte nord-est)* ***Ko Chang*** *Tél. 039 586 131 ou ou 1669 (Urgences)*

Bangkok Hospital Hua Hin (hors plan 13 par B2) *Phetkasem Rd (sud de la ville, entre les soi 94 et 106)* ***Hua Hin*** *Tél. 032 616 800 www.bangkokhospital.com/huahin*

Ko Samui Government Hospital (plan 16, A1) *61 Moo 1* ***Nathon*** *Tél. 077 913 200 ou 077 420 552 www.samuihospital.go.th*

Songklanagarind Hospital *Kanjanavanich Rd* ***Hat Yai*** *(à 28km au sud-ouest de Songkhla) Tél. 074 455 000*

Bangkok Hospital Phuket (hors plan 20 par C1) ***2/1 Hongyok Rd*** *Phuket* ***Tél. 1719 (urgences) ou 076 254 425 www.phukethospital.com***

Phuket International Hospital *44 Chalermprakiat Ror 9 Rd* ***Phuket*** *(à côté du centre commercial Big C) Tél. 076 210 935 (urgences) ou 076 361 888 www.phuketinternationalhospital.com*

Nakharin International Hospital *1 Soi Pisanpob* ***Pak Nam*** *Tél. 075 626 555 http://www.nakharin.co.th/nakharin/*

Wattanapat Hospital *Phetkasem Rd (2km au nord-est du centre-ville)* ***Trang*** *Tél. 091 849 9914 www.wattanapat.co.th*

Satun General Hospital *Hatthakum Suksa Rd* ***Phiman*** *Tél. 074 723 500*

SAVOIR-VIVRE

comportement

Au pays du sourire, il est impoli de s'énerver et de hausser le ton ; tâchez donc de garder votre calme en toute circonstance. Manquer de sang-froid au cours d'une discussion revient à faire perdre la face à votre interlocuteur et le provoquer physiquement peut vous mener à l'hôpital : rappelez-vous en effet que le *muay thai* est le sport national... Les Thaïlandais observant la plus grande déférence envers la monarchie, une critique à l'encontre du roi ou de la famille royale est considérée comme une insulte, voire comme un crime de lèse-majesté (et passible de prison). Observez le même respect envers les deux autres piliers de l'identité thaïe : le bouddhisme (et les représentations du Bouddha) et la nation – ne critiquez pas le pays et levez-vous quand retentit l'hymne national. Comme dans de nombreux pays d'Asie, les effusions de tendresse en public sont mal vues. La politesse veut également qu'on demande son consentement à une personne avant de la prendre en photo.

langage corporel

Selon le bouddhisme, la tête symbolise l'âme et la sagesse, tandis que les pieds sont considérés comme la partie la plus basse et la plus sale du corps. Aussi, ne touchez jamais la tête d'un Thaïlandais – pas même celle d'un enfant – et n'enjambez jamais une personne ni ses affaires personnelles. Quand il s'agit de s'assoir par terre, il convient de replier ses jambes sous ses fesses : pointer la plante des pieds vers votre interlocuteur, ou pis encore, vers une représentation du Bouddha, constitue une offense. À l'entrée d'une maison ou d'un temple, il convient de se déchausser. De manière générale, les Thaïlandais ne se saluent pas d'une poignée de main ni d'une accolade, mais effectuent le *wai* : paumes jointes à hauteur du buste ou du visage, doigts tendus, en esquissant une légère flexion du buste ou de la tête. La hauteur du geste et l'amplitude de la flexion dépend du statut de la personne à laquelle s'adresse le salut. Il n'est ainsi pas coutumier d'adresser ou de retourner un *wai* à un enfant ni au personnel d'un hôtel ou d'un commerce ; on les salue d'un simple hochement de tête. La tradition veut aussi que l'on se serve de la main droite pour donner et recevoir quelque chose (la main gauche étant réservée à la toilette intime), qu'on ne montre jamais quelqu'un du doigt mais d'un mouvement du menton ou du regard et que l'on hèle un véhicule en agitant la main, paume vers le sol.

tenue vestimentaire

Même si la jeunesse thaïe s'habille à la mode occidentale, réservez le port du short, du débardeur, des tenues moulantes et des décolletés aux stations balnéaires et à Bangkok. Notez que le monokini sur les plages est très mal vu, voire interdit. Dans les îles méridionales dont la majeure partie de la population est musulmane, veillez à vous vêtir convenablement.

lieux de culte

Il convient de se couvrir les épaules, les avant-bras et les jambes avant d'entrer dans un temple. Dans les sanctuaires hindous et musulmans, les hommes portent en plus un couvre-chef, tandis que les femmes dissimulent leurs cheveux sous un foulard. Observez le silence, ne passez pas devant un fidèle en prière et ne touchez pas les représentations du Bouddha et des divinités. L'ascèse des bonzes leur interdit tout contact physique avec les femmes. Ces dernières ne sont donc pas autorisées à pénétrer dans leur quartier résidentiel ni à leur donner un objet de la main à la main. Veillez aussi à ne jamais traverser une procession et n'enjambez pas les offrandes déposées sur le sol ou dans des escaliers.

gestes écologiques

En Thaïlande, il est parfois difficile de ne pas voir la pollution, terrestre et maritime. Sur les îles en particulier, veillez à ramasser vos détritus, faites attention à ne pas toucher ni piétiner les coraux en plongée ou en *snorkeling* et montrez-vous économe avec l'eau des douches. Nous vous conseillons également de ne nourrir ni les poissons ni les singes : à Ko Chang, par exemple, nombre de primates sont désormais "accros" aux boissons gazeuses...

ponctualité

L'art de "vivre lentement", si caractéristique de la Thaïlande, rend le temps élastique, et les rendez-vous ont rarement lieu à l'heure. Là encore, ne vous énervez pas et gardez le sourire !

fumer

Depuis 2008, il est interdit de fumer dans les lieux publics, les administrations, les restaurants, les bars et les boîtes de nuit. Dans les faits, les terrasses des établissements sont souvent dotées d'un espace fumeur, et les policiers patrouillent rarement les plages dans la journée. Notez toutefois que fumer ou jeter un mégot dans la rue est passible d'une amende de 2 000B, à régler immédiatement.

cadeaux

Si vous êtes reçu dans une famille thaïlandaise, sachez que les spécialités culinaires étrangères constituent toujours un cadeau apprécié. Il est aussi fréquent d'apporter des *malai*, ces colliers et couronnes de fleurs qui servent d'offrandes dans les temples.

toilettes

Les gares, les pensions modestes et les petites cantines sont le plus souvent pourvues de toilettes à la turque, contrairement aux centres commerciaux, hôtels et restaurants, dotés de WC modernes. Dans un cas comme dans l'autre, le papier ne se jette pas dans la cuvette, mais dans la poubelle placée à côté.

SÉCURITÉ

Avant votre départ, prenez soin de faire des copies de vos pièce d'identité, billet d'avion, prescriptions médicales, papiers d'assurance et autres informations importantes, que vous pourrez charger sur une clé USB, vous envoyer par mail, ou stocker gratuitement en ligne. En cas de perte ou de vol de vos papiers, joignez immédiatement l'agence diplomatique de votre pays (p.54). Pour les cartes bancaires, faites aussitôt opposition (p.55).

drogue

La loi thaïlandaise punit de façon particulièrement sévère la consommation, la détention et le trafic de drogue, les condamnations pouvant aller jusqu'à la peine de mort. Cela n'empêche cependant pas des destinations réputées pour leur vie nocturne (telles que Ko Phangan et Ko Phi Phi...) de proposer de manière assez décomplexée des substances allant du cannabis à la cocaïne, dont il arrive même qu'elles figurent au menu de certains bars et clubs. Refusez absolument toute sollicitation et notez que la police pratique des contrôles fréquents et minutieux.

précautions

HARCÈLEMENT, RABATTEURS
Dans la plupart des centres touristiques, le risque de harcèlement ne vient pas tant des Thaïlandais, en

général courtois, que de certains voyageurs étrangers que l'exotisme du pays a tendance à décomplexer à l'excès, cf. Femmes seules (p.58). Notez également que certains chauffeurs de *tuk-tuk* et de taxi servent parfois de rabatteurs à des hôteliers, restauranteurs et autres commerçants peu scrupuleux. Refusez poliment mais avec fermeté tout arrêt ou détour imposé et insistez pour vous rendre à la destination de votre choix.

VOL

Sans être pour autant fréquents, des vols sont régulièrement signalés dans les autocars, les minibus et à bord des ferrys. Veillez donc à garder vos effets de valeur (papiers, argent, téléphone, appareil photo, tablette, ordinateur...) à vos côtés en toutes circonstances. En cas de vol, rendez-vous au plus vite au poste de police le plus proche afin de remplir une déposition (traducteurs agréés sur demande), nécessaire pour faire valoir vos droits auprès de votre assureur. Si vous payez par carte bancaire, ne laissez pas le vendeur manipuler celle-ci hors de votre vue.

CORRUPTION

Plusieurs scandales de corruption au plus haut niveau de l'État ont secoué dernièrement la Thaïlande. Mais ce tapage médiatique dissimule des pratiques plus banales (notamment de la part des policiers), que rapportent régulièrement touristes et expatriés, notamment à l'occasion de contrôles routiers, de fouilles ou de tests d'urine à la recherche de drogue. Restez toujours calme et courtois, présentez vos papiers, demandez à régler votre éventuelle contravention au commissariat et insistez pour joindre l'agence diplomatique de votre pays en cas d'arrestation.

SPORTS ET LOISIRS

baignade

La réputation des plages de sable fin de Thaïlande méridionale n'est plus à faire. Si les courants sont plus forts sur la côte d'Andaman que dans le golfe de Thaïlande, la baignade peut se pratiquer partout sans risque à la saison sèche, mais elle est déconseillée pendant la mousson (nov.-jan. dans le golfe de Thaïlande, juin-oct. en mer d'Andaman) en raison d'une mer nettement plus agitée. En règle générale, des drapeaux sur les plages répondant à un code couleur qui renseigne sur les conditions de baignade

Vert RAS

Jaune baignade risquée

Rouge baignade interdite.

On observe, depuis le début des années 2010, une recrudescence d'accidents, parfois mortels, liés à la prolifération de méduses dans le golfe de Thaïlande, notamment aux environs de Ko Pha Ngan et dans la province de Rayong ; mais ceux-ci restent rares. Depuis le tsunami de 2004, des dispositifs d'alerte, des panneaux spécifiques indiquant les voies d'évacuation et des refuges spéciaux ont été installés pour prévenir de telles catastrophes.

PROTECTION DE L'ENVIRONNEMENT

Le souci de protéger l'environnement qui s'est fait jour au début du XXIe siècle a suscité de nombreuses campagnes de nettoyage de ces plages, menées par des associations, des ONG et des écoles de plongée, et à une meilleure gestion des déchets en amont, problème récurrent sur les îles les plus fréquentées par les touristes.

PRATIQUE

plongée et *snorkeling*

Voir aussi Plonger en Thaïlande (p.76). Étant aux premières loges lorsqu'il s'agit de constater l'état des fonds marins et l'abondance de leur faune, les écoles de plongée sont de plus en plus nombreuses à s'engager dans la protection du littoral et la réduction de leur impact environnemental. Lancé et coordonné par les Nations unies, le projet *Green Fins* (www.greenfins-thailand.org) cherche à fédérer les communautés locales, les opérateurs de plongée et les organes administratifs afin de préserver les coraux thaïlandais, et accorde un label aux clubs de plongée respectueux de sa charte de conduite écoresponsable. De même, la Professional Association of Diving Instructors (PADI) et sa fondation Project AWARE (www.projectaware.org) ont créé en 2012 la PADI Green Star qui récompense les écoles de plongée pour leur implication dans la préservation du patrimoine naturel sous-marin.

RECOMMANDATIONS Fragiles, les récifs coralliens sont aujourd'hui menacés, notamment par la surfréquentation et le réchauffement climatique. Il convient donc de les approcher avec précaution, pour ne pas les endommager avec vos palmes ou en les heurtant. Ne les touchez pas. Ne ramassez (ni n'achetez) ni corail ni coquillages, et n'allez pas déranger la faune sous-marine (tortues, requins-baleines, poissons récifaux...) en la caressant. Nous conseillons aux plongeurs de soigner tout problème médical pouvant empêcher ou gêner la pratique de ce sport (sinusite, infection, caries) avant de prendre l'avion et de vérifier que leur assurance voyage couvre les risques liés à la plongée.

surf et kitesurf

La Thaïlande compte plusieurs spots de surf encore peu connus du grand public du côté de la mer d'Andaman, concentrés autour de Phuket, Khao Lak, Ko Phra Thong et Ko Phayam. La période de mousson (mai-oct.) offre les meilleures conditions à la pratique de ce sport. Avec onze sites répartis à travers tout le pays, notamment à Ko Pha Ngan, Ko Samui, Hua Hin et Pranburi, la compagnie Kiteboarding Asia (www.kiteboardingasia.com) domine la scène thaïlandaise du kitesurf.

www.surfrapp.co Cette application collaborative (iOS uniquement), qui s'appuie sur une communauté d'amateurs de la glisse connectés, fournit de nombreux renseignements sur les meilleurs spots et leurs conditions météo en temps réel.

autres sports nautiques

KAYAK DE MER Les nombreuses îles karstiques et leurs grottes à ciel ouvert sont particulièrement propices à l'exploration à la rame, et de nombreux prestataires, dont l'excellent John Gray's Sea Canoe (p.419), proposent d'en découvrir les moindres recoins. Les chenaux des mangroves thaïlandaises forment de véritables labyrinthes grouillant de vie qu'il fait bon découvrir à la rame. Côté golfe, les satellites de Ko Chang (p.200) ou encore Ko Samet permettent également de très belles balades au fil de l'eau.

VOILE Les voyageurs qui souhaitent s'initier à la navigation pourront se mettre à la barre des Optimist de l'Ao Chalong Yacht Club (p.443) de Phuket, côté mer d'Andaman, ou s'adresser au Koh Phangan Youth Sailing (p.340), côté golfe de Thaïlande.

GEOPLUS

Plonger en Thaïlande

Les 2 500km de côtes thaïlandaises et leurs chapelets d'îles constituent un éden pour les plongeurs de tout niveau. Caractérisés par des eaux particulièrement claires, une vie fixée exubérante (coraux, gorgones, éponges, alcyonnaires, etc.), une abondance de "grosses bêtes" (requin-baleine, requin léopard, raie manta, loches, napoléon, pélagiques de toutes sortes) et de sujets pour la macrophotographie (crabe porcelaine, crevette arlequin, poisson pipe, etc.), les fonds thaïlandais promettent des sensations fortes à tous ceux qui veulent s'immerger ! La diversité et la qualité des sites, la profusion des structures d'encadrement et la généralisation de la pratique du *snorkeling* offrent une large palette de possibilités.

Trois zones subaquatiques

En Thaïlande, on distingue trois zones subaquatiques : la plus occidentale correspond aux rivages de la mer d'Andaman. C'est la plus riche, la plus sensationnelle, mais ses spots sont souvent réservés aux plongeurs aguerris, familiers du courant. La deuxième zone couvre l'ensemble des satellites de Ko Samui, dans le sud-ouest du golfe de Thaïlande. Les fonds sont splendides, et les plongées, qui descendent rarement au-delà de 35m, accessibles aux débutants. Le troisième secteur, qui couvre tout le nord du golfe de Thaïlande, de Prachuap Khiri Khan à la frontière avec le Cambodge, est le moins évident, mais ses confins recèlent quelques pépites.

Les saisons

Le climat tropical de la Thaïlande (25°-28°C pendant la mousson, 32°-35°C à la saison sèche) assurant à l'eau des températures stables (27°-29°C), la plongée peut se pratiquer toute l'année. Autour des îles, la visibilité varie généralement de 10m à plus de 35m de profondeur. La mousson, synonyme de turbidité des eaux et de météo capricieuse, ne survient pas au même moment dans le golfe de Thaïlande et sur la façade exposée à la mer d'Andaman. Attention, en décembre-janvier et en juillet-août, les sites les plus touristiques (Pattaya, Phuket, Koh Tao, notamment) sont littéralement pris d'assaut, et mieux vaut alors choisir une destination moins courue.

DANS LE GOLFE DE THAÏLANDE

La mousson, qui culmine de septembre à novembre, est caractérisée par de fortes pluies en fin d'après-midi, mais il peut pleuvoir toute la journée. Compte tenu de l'affluence en décembre-janvier comme en juillet-août, la saison idéale pour plonger mais aussi pour croiser des requins-baleines se limite au plus fort de la saison sèche, de mars à juin. Risques cycloniques en septembre et octobre.

EN MER D'ANDAMAN

La période des plus fortes pluies s'étend de juin à octobre et se traduit, là encore, par de violentes averses en fin de journée. La mer est alors souvent agitée et la visibilité réduite. La meilleure période pour profiter d'eaux vraiment claires s'étend de décembre à mars. Mais mieux vaut éviter la forte affluence de décembre-janvier et privilégier les mois de février à avril. Le mois de mars (visibilité maximale et météo clémente) réserve sans doute les meilleures conditions.

Les plus beaux sites

DANS LE GOLFE DE THAÏLANDE

La plongée dans le golfe de Thaïlande, c'est d'abord **Ko Tao** (p.356), mondialement reconnu comme l'endroit idéal pour entamer sa formation de plongeur (PADI *Open Water* ou CMAS niveau 1) : un site enchanteur, des immersions très accessibles, de nombreux clubs proposant des cursus à des tarifs compétitifs. Les îles accessibles à partir de Ko Samui, notamment celles qui forment le parc national d'Ang Thong, restent discrètes mais vont probablement s'affirmer prochainement. Si le reste du golfe est moins renommé, on trouve pourtant de beaux sites au large de Pattaya (p.177). Enfin les satellites de Ko Chang regorgent de sites magnifiques, d'épaves, de tombants, souvent à moins de 30m de fond (p.206).

EN MER D'ANDAMAN

La mer d'Andaman concentre l'essentiel des bijoux de la couronne. L'archipel des **Surin** (p.397) possède des fonds prodigieux. Leur enchevêtrement de formations granitiques, colonisées par une vie fixée exceptionnelle (coraux éventail, coraux mous), abrite une pyramide alimentaire bouillonnante. Richelieu Rock, sans doute le site le plus célèbre de Thaïlande, éblouira les plus blasés : raies mantas, requins-baleines se gavent de plancton au-dessus de coraux multicolores où s'activent des crevettes arlequins ou de magnifiques hippocampes... À six heures de mer, au nord-ouest de Phuket, les **îles Similan** (p.408) sont l'autre destination phare de la plongée en Thaïlande. Pour y accéder, il faut se joindre à une excursion à la journée ou à une croisière, envisageable à partir de Phuket notamment. Leur vingtaine de sites, dont Fantasea Reef, Elephant Head, Christmas Point, Ko Tachai et Ko Bon, combleront toutes les attentes. Les deux archipels, Similan et Surin, ne sont accessibles que de novembre à mai. Plus au sud, **Khao Lak**, où gît l'épave du *Boonsung*, ou, près de **Ko Lanta**, les sites de Hin Daeng et de Hin Muang (p.511), réputés mondialement pour la richesse de la faune et la profondeur de certaines immersions (au-delà de 50m), viendront compléter le carnet de plongée des esthètes. Les archipels de **Ko Rok** (p.511) et de **Ko Ha** (p.511) recèlent de nombreux sites réputés. **Ko Phi Phi** est aussi un haut lieu reconnu avec quelques "classiques" : l'épave du *King Cruiser*, Anemone Reef, Shark Point, Ko Bida Nai et Ko Bida Nok (p.500).

Les centres de plongée

Certains endroits, comme Phuket, regorgent de clubs de plongée. Tous ne se valent pas et mieux vaut s'entretenir avec les moniteurs, vérifier, même sommairement,

GEOPLUS

l'état du matériel et des embarcations et s'assurer que les palanquées ne ressemblent pas à de petits troupeaux ! L'affiliation à plusieurs fédérations (PADI, NAUI, CMAS, SSI) et l'existence de programmes de formation sont généralement des gages de sérieux. Adeptes du *snorkeling,* méfiez-vous de prix trop bas, des sorties en compagnie de plongeurs avec bouteilles, de programmes trop vagues, sans description précise des sites, et des centres n'employant pas de moniteurs formés à la randonnée palmée.

POUR UN ENCADREMENT FRANCOPHONE

Un certain nombre de centres de plongée s'affichent comme "français" ou proposent un encadrement "francophone". Un avantage pour les polyglottes hésitants.

Khao Lak Andaman Scuba (www.andamanscuba.com) et Khao Lak Explorer Dive Center (www.khaolakexplorer.com).

Ko Chang Ecodivers Koh Chang (www.ecodivers-kohchang.com).

Ko Lanta Palm Beach Divers (http://palmbeachdivers.com).

Ko Lipe Forra Dive (www.forradiving.com).

Ko Pha Ngan France Plongée (www.franceplongee.com) et Lotus Diving (www.lotusdiving.com).

Ko Samui Impian Divers & Garden Resort (http://impiandivers.com).

Ko Tao French Kiss Divers (www.frenchkissdivers.com).

Pattaya Adip Thaïlande (http://adip-thailande.com) et Thailand Diving Pattaya (www.thailand-diving.org).

Phuket Andaman Coral Divers (www.andamancoraldivers.com) ; Seafarer Divers (www.seafarer-divers.com), Neptune Scuba Diving (www.neptunescubadiving.com), Nudidive Thailand (www.nudidive.com), SSS Phuket Ltd (www.sssphuket.com), Scuba Diving Fun (www.scuba-diving-fun.com), Merlin Divers (www.phuket-diving-thailand.net) et Asiaqua (www.asiaqua.com).

Les croisières

Les croisières de plongée, de deux jours à deux semaines, permettent de découvrir les sites les plus sauvages et les mieux préservés, ceux où la faune est plus dense et moins farouche. Plus la croisière est longue, plus les sites visités sont prometteurs. Un site regroupe l'ensemble des offres de croisières (www.thailand.liveaboarddiving.net), et plusieurs entreprises ont pignon sur rue :

Bangkok Panunee Sea Master Co Ltd (www.panunee.com)

Kao Lak Le centre français Kaho Lak Explorer Dive Center (www.khaolakexplorer.com).

Ko Yao Yai Elixir Divers (www.elixirdivers.com)

Phuket Sunrise Divers (www.sunrise-divers.com), Queen Scuba (www.queenscuba.com), Worldwide Dive and Sail International (http://thailanddiveandsail.com) ainsi que deux centres français, Andaman Scuba (www.andamanscuba.com) et SeafarerDivers (www.seafarer-divers.com).

Ranong A One Diving (www.a-one-diving.com) et un centre français, The Smiling Seahorse (http://fr.thesmilingseahorse.com).

À Bang Saphan Yai, le centre nautique du Coral Hotel (p.298) propose, quant à lui, une multitude d'activités, de la plongée à la planche à voile.

PÊCHE À ceux qui veulent pêcher leur déjeuner ou partir au large ferrer le marlin et taquiner le barracuda, de nombreuses compagnies et équipages proposent des sorties en mer. Les prestataires de Ko Chang, Chumphon et Pranburi se sont ainsi spécialisés dans la pêche au calmar, tandis que ceux de Ko Samui, Tale Sap Songkhla, Ko Tao ou encore Ko Lanta offrent une grande variété d'activités, incluant la pêche à la crevette et au crabe.

croisières et excursions en mer

Les îles éparpillées au large des côtes thaïlandaises sont autant d'invitations à d'agréable balades en mer, pour une journée ou plus. En mer d'Andaman, les parcs maritimes des îles Surin (p.397), Similan (p.408) et Tarutao (p.537) ainsi que les parcs nationaux d'Ao Phang-nga (p.417) et de Khao Sok (p.407) offrent tous de sublimes panoramas à admirer du bastingage. À l'est, Ko Samet, Ko Pha Ngan et Ko Tao ainsi que les mangroves des parcs nationaux de Mu Ko Chumphon (p.304) et de Khao Sam Roi Yot (p.284) font partie des plus belles attractions naturelles du golfe de Thaïlande.

eaux-vives

À la saison sèche comme durant la mousson, les cours d'eau thaïlandais raviront les amateurs de rafting, qui pourront ainsi descendre le cours du fleuve Phetchaburi (p.233) ou affronter les torrents du Ton Pariwat Wildlife Sanctuary (p.415). Les passionnés de canyoning seront, quant à eux, comblés par les grottes de Ko Lanta (p.511) ou du parc national de Khao Sok (p.407).

randonnée pédestre

Dans la centaine de parcs nationaux que compte la Thaïlande, ont été aménagés des sentiers d'interprétation, de longueur et de difficulté diverses. Des parcours plus longs (obligatoirement accompagnés de gardes forestiers), de la randonnée à la journée au trek de deux ou trois jours, sont parfois envisageables sur réservation. Enfin, les environs d'Ao Nang et les îles de Ko Samui et de Ko Kut offrent de belles possibilités promenades aux marcheurs invétérés.

équitation

Quelques clubs équestres, notamment à Phuket et Khao Lak, offrent une sympathique alternative aux nombreuses randonnées à dos d'éléphant, certes plus exotiques, mais souvent moins respectueuses des animaux. Ces écoles proposent ainsi des initiations aux plus jeunes et des balades dans la jungle ou sur la plage.

vélo

En solo ou dans le cadre d'un périple organisé, la Thaïlande se découvre aisément à la force du mollet. Alors que le pays s'éveille doucement à l'écologie, le vélo offre un substitut au scooter plus respectueux de l'environnement, et de nombreux resorts en louent désormais. À Hua Hin, Phuket et Ao Nang, sur le continent, comme à Ko Mak, Ko Sichang ou encore Ko Pha Ngan, des prestataires organisent des randos vélo d'une journée à la découverte de la campagne thaïlandaise.

golf

Avec plus de 200 terrains dispersés à travers tout le pays, dont certains conçus par les plus grands architectes de parcours, la Thaïlande est aujourd'hui l'une des destinations favorites des voyageurs golfeurs. On trouve à proximité de Bangkok, à Pattaya, Hua Hin et Phuket des parcours offrant d'excellentes conditions de jeu, des services de caddies de haut vol et un rapport qualité-prix des plus intéressants.

varappe

Dotée de reliefs karstiques dentelés et de paysages à couper le souffle, la côte d'Andaman s'est taillé une réputation internationale en matière d'escalade depuis les années 1980. Alors que la pratique commence à poindre à Ko Tao, l'essentiel de l'activité se concentre sur trois sites de la mer d'Andaman – Ko Yao Noi, Ko Phi Phi et la presqu'île de Phra Nang dans la province de Krabi – où de nouvelles voies se créent chaque année sous la houlette de fondus de la varappe venus des quatre continents. Pour pallier la corrosion rapide du matériel, due aux conditions climatiques, a été lancé, en 2009, le projet Thaitanium (www.thaitaniumproject.com), un vaste programme d'équipement des voies d'escalade thaïlandaises avec des pitons en titane, plus fiables que ceux en Inox. Plusieurs écoles partenaires investissent ainsi dans cette initiative afin d'améliorer l'expérience de leur clientèle et sa sécurité.

Accrobranche

Les luxuriantes forêts thaïlandaises de Krabi, Phuket, Ko Chang et Ko Samui offrent un cadre idéal à ces parcours perchés à la cime des arbres, où des aventuriers de tout âge passent de pont de singe en tyrolienne, encordés à plusieurs mètres au-dessus du sol.

muay thai

Nombreux sont les boxeurs qui, retournant aux sources de leur arts, viennent en Thaïlande pour pratiquer le premier sport national du royaume. Plusieurs gymnases réputés, notamment à Bangkok, Phuket et Pattaya, accueillent des voyageurs du monde entier, pour un cours d'initiation ou un stage longue durée. Le noble art siamois s'admire également dans les nombreux *boxing stadiums* du pays, dont les plus prestigieux se trouvent évidemment dans la capitale.

yoga, méditation, massages

Enraciné dans la culture nationale, le massage thaïlandais se pratique autant sur les plateformes en bambou de bord de plage que dans les spas huppés des plus grands *resorts*. Les Thaïlandais perpétuent également cette culture du bien-être dans les quelques sources que compte le pays, situées notamment à Ranong, Krabi et Ko Samui. Enfin, le Royaume est en passe de devenir une destination phare pour la pratique du yoga et de la méditation, souvent dans des cadres naturels paradisiaques comme à Ko Lanta, Pattaya, Ko Pha Ngan ou Ko Yao Noi.

Wat Pho Traditional Massage School Réputée dans le monde entier, l'école de massage thaï du Wat Pho accueille des élèves de toutes nationalités, amateurs ou professionnels, dans un *soi* riverain du Chao Phraya. De la réflexologie plantaire aux soins prénatals, elle leur propose différentes formations en anglais (à partir de 7 500B les 5 j.). Programme détaillé

PRATIQUE

sur le site Internet. *392/25-28 soi Pen Phat 1, 392/33-34 thanon Mahathat Phra Nakhon Tél. 02 622 35 51 www.watpomassage.com*

cuisine thaïe

À travers tout le pays, de nombreuses écoles de cuisine dévoilent aujourd'hui aux voyageurs gourmands les secrets de la gastronomie nationale, réputée pour sa richesse, sa subtilité (et la puissance de ses épices...). En une journée ou une semaine, les apprentis chefs pourront ainsi s'initier aux infinies variations régionales de la pâte de curry, de la soupe au lait de coco ou encore de la salade de papaye.

TÉLÉPHONE

appels internationaux

VERS LA THAÏLANDE Composez le code d'accès international (00 en Europe, 001 en Amérique du Nord) + l'indicatif thaïlandais (66) + 0 + l'indicatif régional + le numéro du correspondant.

DE THAÏLANDE Composez le 00 + l'indicatif du pays (1 pour l'Amérique du Nord, 32 pour la Belgique, 33 pour la France, 41 pour la Suisse) + le numéro du correspondant sans l'éventuel 0 initial.

appels nationaux

INDICATIFS RÉGIONAUX En dehors de Bangkok et de ses environs, seuls à posséder un indicatif à deux chiffres, le (0)2, les autres provinces de Thaïlande se partagent plusieurs indicatifs à trois chiffres allant de (0)32 à (0)77. À ce titre, les numéros de téléphone fixe de Pattaya commencent tous par (0)38, ceux de Chanthaburi et Ko Chang par (0)39, ceux de Phetchaburi, Hua Hin Pranburi et Prachuap Khiri Khan par (0)32, ceux de Chumphon, Ranong, Ko Samui, Ko Pha Ngan et Ko Tao par (0)77, ceux de Krabi, Trang et Nakhon Si Thammarat par (0)75, ceux de Phuket et Phang-nga par (0)76, et ceux de Satun par (0)74.

D'OÙ APPELER ? On trouve très facilement des cabines téléphoniques dans tout le pays, mais seules celles de couleur jaune permettent de passer des appels internationaux. Les cartes téléphoniques s'achètent dans les aéroports, les centres commerciaux et les supérettes 7/11.

portable

Comme l'Europe, la Thaïlande a adopté le système GSM. Hormis quelques îles du golfe et de la mer d'Andaman, la couverture réseau est très bonne à travers tout le pays, et certaines villes comme Bangkok et Phuket bénéficient désormais de la 4G. Les trois opérateurs les plus importants – DTAC, AIS et TrueMove – proposent tous des cartes SIM prépayées (téléphones débloqués uniquement) pour un prix allant de 50B à 300B, infiniment plus intéressantes qu'une extension internationale de votre forfait compte tenu des frais de *roaming*. En Thaïlande, les numéros de portable commencent tous en (0)8x ou (0)9x.

appels et messages via Internet

La qualité du réseau Internet et la présence du wifi dans la plupart des hôtels permettent d'utiliser Whatsapp, Viber, FaceTime (iOS uniquement) pour passer des appels ou envoyer des messages gratuitement à l'étranger. En wifi uniquement, n'oubliez pas de désactiver les "Données à l'étranger" et les "Données cellulaires" de votre portable pour ne pas payer des frais exorbitants.

TRANSPORTS SUR PLACE

Gardez à l'esprit que la plupart des hôtels thaïlandais peuvent envoyer un véhicule vous chercher à l'aéroport, à la gare ou au port, parfois gratuitement.

en avion

Les deux aéroports de Bangkok, Don Muang et Suvarnabhumi, servent de plaques tournantes à la grande majorité des vols domestiques, assurés principalement par Thai Airways et Bangkok Airways, mais aussi par des compagnies low-cost, dont Air Asia, Nok Air et Thai Smile. Une multitude de vols quotidiens relient la capitale à Trat, Chumphon, Ranong, Nakhon Si Thammarat, Krabi, Trang, Surat Thani, Hat Yai et bientôt à Ko Pha Ngan (ouverture prévue en 2016). Les aéroports de Phuket et de Ko Samui – ainsi que celui de Chiang Mai, dans le nord du pays – tirent leur épingle du jeu en assurant également des vols interprovinciaux. Pour certaines lignes particulièrement fréquentées, comme Bangkok-Ko Samui, il faut impérativement réserver.

en train

Si les retards ne vous font pas peur, le train est, sans conteste, le moyen de transport le plus pittoresque en Thaïlande ! De Bangkok, les quatre lignes principales permettent de gagner Si Racha et Pattaya à l'est, Udon Thani au nord-est, Chiang Mai au nord, tandis que la ligne méridionale longe la côte du golfe jusqu'à Pattani et la frontière avec la Malaisie.

CLASSES Le réseau compte au total quatre types de trains différents – ordinaire, rapide, express, super-express – divisés en deux ou trois catégories de confort, de la dépaysante 3e classe, bondée et populaire, aux couchettes climatisées de 1re classe. Notez qu'il n'existe pas de cabine individuelle et que les voyageurs seuls devront partager la leur avec au moins une autre personne du même sexe. En plus du wagon-restaurant, de nombreux vendeurs ambulants parcourent les voitures de 3e classe à chaque arrêt.

RÉSERVATION ET DÉPART Les billets s'achètent en gare jusqu'à 60 jours avant le départ et il est fortement recommandé de réserver sa place dès que possible pour les trajets longue distance du week-end ou des jours de fête. Au moment d'embarquer, faites vous confirmer la voie de votre train par les contrôleurs postés sur les quais, les changements de dernière minute étant monnaie courante.

State Railway of Thailand Abrégé en SRT, l'opérateur officiel du réseau ferroviaire thaïlandais a lancé une application en anglais informant sur le trafic en temps réel (iOS et Android). *www.railway.co.th*

Eastern & Oriental Express Équivalent sud-asiatique du célèbre *Orient-Express* européen, cette compagnie de trains de luxe assure plusieurs voyages par mois de Bangkok à Chiang Mai et Singapour. À partir de 1 900€/pers. *Tél. 0 800 913 079 (rés.) www.belmond.com*

en bateau

LONG-TAIL BOATS Emblématiques de la Thaïlande, les traditionnels "bateaux longue-queue", barques effilées à la haute proue fréquemment colorée, sillonnent inlassablement les canaux de Bangkok et constituent souvent le seul moyen d'atteindre certaines îles au large de la côte du golfe et de la mer d'Andaman. Taxi collectif, mini-ferry ou embarcation privative, ces esquifs se déclinent en autant de tailles et de formules, pouvant accueillir de 6 à 30 personnes.

***SPEEDBOATS* ET FERRYS** Plus confortables, plus rapides et pouvant accueillir plus de passagers, ces deux types de bateau remplacent le *long-tail boat* sur les longs trajets, et ils naviguent en toute saison. Pour plus de souplesse dans vos voyages, n'achetez que des billets AS. Les îles les plus proches du continent peuvent également être desservies par des car-ferrys transportant voitures et minibus. Si vous effectuez la traversée à bord de ces derniers, vous devrez quitter le véhicule pour monter sur le pont et donc laisser vos bagages sans surveillance. Des vols étant régulièrement signalés, mieux vaut conserver avec vous appareils photo et autres objets de valeur.

en car

Bénéficiant d'un réseau particulièrement dense et performant, l'autocar est le moyen de transport le plus rapide et le moins coûteux en Thaïlande et il permet d'atteindre les quatre coins du royaume. Outre la compagnie gouvernementale, une pléthore de concurrents privés, souvent difficiles à distinguer les uns des autres, assure la desserte de tout le territoire avec une grande régularité.
Transport Company Également désignée sous l'abréviation KBS, la compagnie officielle de Thaïlande dispose d'une gare routière dans la plupart des villes du pays, qu'elle partage avec des compagnies privées agréées. *www.transport.go.th*

CLASSES Du bus local non climatisé s'arrêtant à la demande à l'autocar de nuit "VIP" et "Super VIP" tout confort (wifi et repas inclus), les options varient selon la distance à parcourir et s'adaptent à tous les budgets. Les véhicules assurant les moyens et longs trajets (express, 2e et 1re classe) sont dans l'ensemble bien entretenus, ventilés ou climatisés, et disposent de toilettes embarquées pour certains. Pour voyager plus confortablement, munissez-vous de bouchons d'oreilles et d'un vêtement chaud (voire d'une écharpe et d'un couvre-chef), la climatisation pouvant confiner au froid polaire, comparée à la température extérieure.

RÉSERVATION Elle n'est possible que pour les cars climatisés et il est préférable de s'y prendre relativement tôt pour les plus confortables en raison du peu de places à bord. Elle est cependant inutile, voire compliquée, pour les trajets courts et moyens, la fréquence des départs limitant souvent l'attente à 30-40min maximum à la gare routière. Sur certains grands axes, vous pourrez héler un car de passage, mais celui-ci ne s'arrêtera que s'il n'est pas déjà plein.

SÉCURITÉ Si vous comptez voyager en car ou en minibus, rendez-vous à la gare routière la plus proche pour acheter votre billet plutôt que de vous faire prendre en charge à votre hôtel – à moins de ne pouvoir faire autrement. En effet, seuls les transporteurs agréés disposent d'un guichet au terminal. Certaines compagnies privées de minivans opèrent en dehors du système établi, avec des résultats souvent peu probants tant au niveau du confort que de la sécurité de vos biens. Sachez également que les postes de contrôle installés en bord de route se font plus fréquents à mesure que l'on approche d'une frontière, mais le militaire qui examine les papiers des passagers laisse bien souvent les farang (touristes occidentaux) de côté lors de son inspection.

en voiture, à moto

Avant de prendre le volant, vérifiez l'étendue de votre couverture en cas d'accident auprès de votre assureur, cf. Assurances (p.56), et munissez-vous d'un **permis de conduire international**, obligatoire.

RÉSEAU ROUTIER Relativement bien entretenus, les grands axes routiers du royaume alternent les tronçons à deux et quatre voies (voire plus) et sont, en général, dotés de larges bas-côtés. Les routes provinciales affichent, quant à elles, une grande variété de revêtements, du bitume fraîchement posé à la terre battue à peine carrossable. En l'absence de véritables trottoirs et du fait d'une circulation dense, il vous faudra redoubler de prudence dans les agglomérations.

CODE DE LA ROUTE S'agissant des règles de base, les Thaïlandais roulent à gauche – les dépassements se font donc par la droite –, tandis que la vitesse est limitée à 60km/h en ville et 100km/h sur route. Cependant, un simple coup d'œil à la circulation vous permettra de constater que l'ensemble des conducteurs ignorent ces principes ! Dans bien des cas, les panneaux de limitation de vitesse et feux de circulation semblent là à titre purement décoratif, la priorité est systématiquement donnée aux plus gros véhicules, qui roulent à tombeau ouvert en dehors des villes, et les dépassements donnent souvent lieu à des situations inédites, voire angoissantes, pour le conducteur occidental non averti. Ainsi, le véhicule qui est entrain de vous dépasser peut lui-même être doublé par un troisième, tandis qu'une moto transportant trois ou quatre passagers circule à contresens sur la bande d'arrêt d'urgence, le tout sur une simple route à deux voies. Sang-froid, courtoisie et anticipation sont donc les maîtres mots dans ce chaos routier, qui place aujourd'hui la Thaïlande au 3e rang mondial des accidents de la route.

LOUER UNE VOITURE, UNE MOTO Praticable dans tout le pays, la conduite autonome, en voiture comme à moto, est à proscrire dans Bangkok et sa banlieue. En plus des grandes compagnies de location internationales, disposant toutes de comptoirs dans les aéroports, plusieurs compagnies locales proposent des véhicules à des tarifs plus attractifs. Comptez ainsi 800 à 2 000B/j. auprès d'un prestataire sérieux. Bien que particulièrement commode dans certaines régions, la conduite d'un deux-roues motorisé est à réserver aux conducteurs expérimentés dotés d'un permis moto international (permis A en France), requis en cas de contrôle. En effet, les loueurs affichent très rarement la cylindrée de leurs véhicules – en général de 125cm³ –, dont la puissance aura vite fait de surprendre les novices qui optent généralement pour des modèles automatiques. Ce manque d'expérience, l'apparente nonchalance des conducteurs locaux et la circulation chaotique, notamment à la périphérie des grandes agglomérations, expliquent les très nombreux accidents enregistrés chaque année. Le prix de la location à la journée, négociable à la baisse pour de plus longues durées, varie entre 200 et 350B en incluant le casque (si possible intégral), dont le port est obligatoire.

ESSENCE Modernes et bien équipées, les stations-service sont légion à travers tout le pays. La tradition du pompiste perdure, et il vous suffira souvent d'indiquer le montant que vous souhaitez payer pour que celui-ci s'occupe de remplir votre réservoir au *satang* près. Comptez de 37 à 40B/l. Dans certains zones moins développés ou plus isolées, dénuées de telles infrastructures, le carburant se vend donc en bouteille d'1l ou 75ml, présentées sur des stands en bord de route pour 40 ou 50B.

à vélo

Tout comme à moto ou au volant d'une voiture, circuler à vélo dans Bangkok est plutôt suicidaire, alors que sa pratique en province offre de belles occasions de balades et une alternative plus écologique aux véhicules motorisés. Certains resorts possèdent leur propre parc de cycles, et il est possible de louer un vélo à la journée (100-150B) auprès des prestataires répertoriés dans nos GEOrégions.

transports urbains

À Bangkok comme dans les stations balnéaires et les îles touristiques, les transports publics sont plutôt bien développés. Ailleurs, mieux vaut louer un deux-roues.

ORIENTATION Il n'est pas toujours facile de se repérer dans une ville thaïlandaise. La translittération des noms des rues et des lieux de visite n'est pas unifiée. Les panneaux sont généralement écrits en thaï et en caractères latins (anglais), mais si ce n'est pas le cas, pas d'inquiétude : les Thaïlandais, hospitaliers, vous renseigneront volontiers. Les rues sont appelées *thanon* (ou *road*) et les ruelles *soi*. Pour vous orienter, sachez que ces *soi* numérotés portent le nom de la rue sur laquelle ils débouchent. Ainsi, à Bangkok, ceux qui jalonnent Thanon Silom se nomment Soi Silom 10, Soi Silom 19. Les *soi* qui portent un nom différent de l'artère principale ne sont pas numérotés. Par exemple : Soi Laemket, 34 Jermjompol Rd signifie que ce *soi* croise Jermjompol Road au niveau du n°34. Dans les localités secondaires, il est plus aisé de se repérer, l'adresse se résumant le plus souvent au nom de la rue principale, du quartier ou de la plage. Parfois, la mention *moo* – désignant un lotissement – précède le nom de la rue sur laquelle il donne. La logique est la même que pour les *soi* numérotés.

TAXIS À Bangkok, les taxis sont climatisés et constituent un moyen de transport rapide et bon marché en dehors des heures de pointe. La prise en charge s'élève à 35B, il faut ensuite compter 5B/km au-delà des deux premiers. Au préalable, faites traduire votre destination en thaï et demandez au chauffeur de mettre son compteur en marche. Ailleurs, le plus souvent, il prétendra que son compteur ne fonctionne pas et vous annoncera un prix faramineux. Négociez ferme, insistez pour vérifier l'état du compteur ou passez votre chemin. Pour un court trajet, la course coûte au moins 150B à Pattaya, grimpe jusqu'à 500B à Ko Samui et peut atteindre 700B à Phuket.

TUK-TUK À Bangkok comme à Phuket, ces taxis à trois roues, reconnaissables à leur moteur pétaradant et à leur carrosserie bariolée, perdent peu à peu leur bonne réputation auprès des étrangers tant leurs tarifs sont abusifs. À Phuket, tâchez de les boycotter : les chauffeurs forment une véritable petite mafia. À Bangkok, empruntez ce moyen de transport rapide pour de courtes distances et négociez ferme ! À titre indicatif, la course revient à 50-70B dans un même quartier, à 150B dans le centre historique et à 300B de la vieille ville au centre moderne. Ailleurs, les chauffeurs sont moins "gourmands". Comptez 30-50B la course à Si Racha et 100B à Hua Hin.

SONGTEO Ces fourgonnettes bâchées, équipées de deux banquettes en vis-à-vis à l'arrière, constituent le moyen de transport collectif le plus usité en dehors de Bangkok. Certaines suivent des itinéraires précis, jalonnés de stations fixes, d'autres font office de taxis collectifs en prenant plusieurs passagers se rendant dans la même direction. Il suffit alors de les héler (en agitant la main, paume vers le bas) et, pour s'arrêter, d'activer la sonnette. Il arrive que les *songteo* affichent un prix fixe, mais il vous faudra souvent négocier le tarif de la course. À Pattaya comme à Phuket-ville, leur réseau est bien organisé et économique (comptez 10-20B à Pattaya, 15-40B à Phuket). Ailleurs, un trajet négocié revient à 30-100B. Notez que les tarifs varient considérablement d'une île à une autre et qu'ils grimpent après 22h (la négociation est alors requise). Si la course reste raisonnable à Ko Samui (env. 100B), elle est bien plus onéreuse à Ko Samet, Ko Chang et Ko Pha Ngan. Si le site que vous voulez visiter n'est pas desservi par les transports publics et que vous ne souhaitez pas louer un deux-roues, vous pouvez privatiser un *songteo* pour quelques heures ou à la journée. Là aussi, les tarifs varient d'une localité à une autre. Comptez 500B/j. dans une enclave peu touristique et jusqu'à 2 500B/j. à Ko Samet ou Ko Chang.

MOTOS-TAXIS Vous en trouverez presque partout. Reconnaissables à leur gilet orange, les chauffeurs sont généralement regroupés près d'un carrefour ou à l'entrée d'un *soi*. Comme ils ont l'art de se faufiler au milieu de la circulation, ce mode de transport peut se révéler dangereux et mieux vaut le réserver aux agglomérations de moindre importance ou aux courts trajets à Bangkok comme dans les grandes stations balnéaires. Négociez le prix de la course avant et demandez un casque. Comptez 10-20B pour une course de proximité, 30-60B pour une plus longue distance et 120-200B la demi-journée.

BUS URBAINS Nous vous les déconseillons. Ils sont lents, bondés et leurs itinéraires, changeants, ne sont écrits, le plus souvent, qu'en thaï.

AUTRES TRANSPORTS PUBLICS À BANGKOK Pour les autres modes de transports publics à Bangkok – métro et navettes fluviales –, reportez-vous au Mode d'emploi, cf. transports sur place (p.95).

URGENCES

Voir également Services de santé sur place (p.71).

numéros d'urgence

Numéro d'appel d'urgence *Tél. 911 ou 112 (mobile uniquement)*
Police locale *Tél. 191*
Police touristique *Tél. 1155*
Urgences médicales *Tél. 1669*

VALISE

vêtements et accessoires

Privilégiez les vêtements légers, en coton ou en synthétique à séchage rapide, et emportez au moins une paire de solides et confortables chaussures de marche et un coupe-vent imperméable si vous comptez randonner dans un parc national. Prévoyez des pantalons longs et chemises à manches longues pour les régions où sévissent les moustiques, et une polaire ou un pull pour les régions montagneuses. Les Thaïlandais sont pudiques : comme le maillot de bain, les tenues trop courtes, trop moulantes et trop décolletées risquent de choquer en dehors des stations balnéaires. Vous pourrez vous procurer sur place une paire de tongs, bien pratiques dans maintes circonstances. Ne partez pas sans vos lunettes de soleil, voire un couvre-chef. Un foulard long mais léger, de type chèche, vous rendra également bien des services. Enfin, sachez que dans pratiquement tous les hôtels, vous aurez la possibilité de faire laver votre linge pour une somme modique.

trousse à pharmacie

Outre vos traitements en cours assortis de la prescription médicale, une paire de lunettes de vue de rechange si vous en utilisez et l'antipaludéen prescrit, au besoin, par votre médecin, il est conseillé d'emporter un antidiarrhéique et un désinfectant intestinal, un antiseptique local, des pansements, de l'aspirine ou du paracétamol, un antibiotique à large spectre, voire un antihistaminique (contre les piqûres d'insecte) et un collyre. Des pastilles de Micropur vous permettront de traiter l'eau du robinet. Faites provision de crème solaire, d'après-soleil et d'antimoustique (stick, crème ou spray "spécial tropiques" pour le corps et les vêtements, et serpentins à faire brûler la nuit si la pièce où vous dormez est bien ventilée). Les diffuseurs de répulsif que l'on branche sur le secteur sont efficaces... à condition qu'il y ait de l'électricité. Vous pouvez aussi emporter des pastilles pour désinfecter l'eau et une pince à épiler. Des bouchons d'oreilles vous garantiront des nuits paisibles. Les pharmacies locales sont bien approvisionnées et vous trouverez sans problème tous les articles d'hygiène sur place.

divers

Pensez à votre permis de conduire international si vous comptez louer une voiture ou une moto, une lampe de poche (les pannes de courant ne sont pas à exclure et les rues ne sont pas toujours éclairées le soir), voire une lampe frontale pour pouvoir garder les deux mains libres, un sac imperméable pour votre matériel de photo. Un rouleau de papier toilette pourra se révéler utile en dehors des centres touristiques. Enfin, n'oubliez pas d'emporter une photocopie de tous vos papiers d'identité (et déposez-en une sauvegarde numérique dans votre boîte mail ou votre Dropbox).

VISA ET PASSEPORT

Pour les ressortissants français, belges, suisses et canadiens, aucun **visa** n'est exigé pour un séjour touristique de 30 jours maximum, dès lors que leur passeport est encore valable six mois après leur entrée sur le territoire thaïlandais. Pour un séjour excédant 30 jours, il leur faudra obtenir un visa, et il est désormais impossible et illégal de faire plusieurs allez-retours entre la Thaïlande et les pays limitrophes afin de prolonger un séjour dans le royaume sans visa. Le visa touristique s'obtient en 48h en moyenne auprès d'une ambassade ou d'un consulat de Thaïlande à l'étranger. Il est valable 3 mois après la date de dépôt, et il donne le droit à un séjour de 60 jours à partir de la date d'arrivée en Thaïlande. Sur place, il peut être prorogé de 30 jours auprès de la police de l'immigration moyennant 1 900B (env. 30€). Si votre visa a expiré, vous encourez

500B d'amende par jour de retard. En cas de dépassement trop important de sa validité, vous risquez l'expulsion, l'interdiction définitive de revenir en Thaïlande, voire la prison. Avant de partir, assurez-vous que votre **passeport** ne comporte ni anomalie particulière ni rature. La police de l'immigration thaïlandaise refuse systématiquement l'entrée sur le territoire national aux touristes dont les titres de voyage ne sont pas conformes. Pour en savoir plus, consultez www.mfa.go.th, le site du ministère des Affaires étrangères thaïlandais.

VOYAGISTES

spécialistes de l'Asie

Asia *www.asia.fr* **France** *1, rue Dante 75005 Paris Tél. 01 44 41 50 10*
La Maison de l'Indochine *www.maisondelindochine.com* **France** *76, rue Bonaparte 75006 Paris Tél. 01 40 51 95 15*
Lotus Voyages *www.lotusvoyages.ch* **Suisse** *Schaffhauserstrasse, 217/219 8057 Zurich Tél. 044 312 14 40*
Marco et Vasco *www.baliveo.com* **France** *36, rue de Brunel 75017 Paris Tél. 01 76 64 74 85*
Un monde Thaïlande *www.unmondethailande.com* **France** *24, rue Chauchat 75009 Paris Tél. 08 92 23 49 73*

séjours plongée

Aquarev *www.aquarev.fr* **France** *2, rue du Cygne 75001 Paris Tél. 01 48 87 55 78*
H2O Voyage *www.h2ovoyage.com* **France** *85, rue Louis-Pasteur 49800 Trélazé Tél. 02 41 24 69 00*
Océanes France *425 allée François-Aubrun 13100 Le Tholonet Tél. 04 42 52 82 40*
Ô d'Asie *9, Chaofa Road Chalong 83130* **Phuket** *Tél. 09 70 40 82 46 www.odasie.fr*
Voyages Aquanautes *www.aquanautes.com* **Canada** *368, rue Pineault Saint-Basile-le-Grand Tél. 450 461 0519 ou 800 461 2028*

randonnée, trekking

Allibert Trekking *www.allibert-trekking.com* **France** *37, bd Beaumarchais 75003 Paris Tél. 01 44 59 35 35 Agences à Nice, Toulouse, Chamonix et Chapareillan* **Belgique** *Tél. 02 318 32 02* **Suisse** *Tél. 022 849 85 51*
Atalante *www.atalante.fr* **France** *41, bd des Capucines 75004 Paris Tél. 01 55 42 81 00 Agence à Lyon* **Belgique** *Tél. 02 627 07 97*
Huwans-Clubaventure *www.clubaventure.fr* **France** *18, rue Séguier 75006 Tél. 04 96 15 10 20 (appel non surtaxé) ou 01 44 32 09 30 Agences à Lyon et Marseille*
La Balaguère **France** *Route du Val d'Azun BP3 Cedex 65403 Arrens-Marsous Tél. 05 62 97 46 46*
Nomade Aventure *www.nomade-aventure.com* **France** *40, rue de la Montagne Sainte-Geneviève Paris Tél. 0825 701 702 ou 0826 10 20 09 (0,15€/min) Agences à Lyon, Marseille et Toulouse*
Terres d'aventure *www.terdav.com* **France** *30, rue Saint-Augustin 75002 Paris Tél. 0 825 700 825 (0,15€/min)*

séjours culturels

Arts et Vie *artsetvie.com* **France** *251, rue de Vaugirard 75015 Paris Tél. 01 40 43 20 21 www.artsetvie.com Autres points de vente à Grenoble, Lyon, Marseille et Nice*
Evaneos *www.evaneos.com* **France** *42, rue de Rochechouart 75009 Tél. 01 84 17 73 35*
Intermèdes *www.intermedes.com* **France** *60, rue La Boétie 75008 Paris Tél. 01 45 61 90 90*

BANGKOK

★ BANGKOK

Mégalopole de 9 millions d'habitants et de plus de 1 500km^2, baignée par un fleuve qui a fait sa richesse pendant des siècles, Krung Thep, comme la nomment les Thaïlandais, ne laisser personne indifférent. Cette capitale tentaculaire, aussi bruyante qu'embouteillée, peut paraître de prime abord étouffante et insaisissable. Mais pour l'apprivoiser, sans doute faut-il oublier ses repères habituels et accepter de se laisser surprendre par sa diversité. Car des majestueux palais et temples royaux de Rattanakosin aux hautes tours et aux centres commerciaux de la ville moderne, des maisons sur pilotis du paisible Thonburi aux marchés populeux de Chinatown et aux *skybars* chics de Sukhumvit, les images se bousculent et les époques semblent se télescoper. Capitale politique, culturelle et économique de la Thaïlande, siège de l'autorité religieuse et de la monarchie, qui incarne l'unité de la nation, Bangkok est pourtant bien une... et unique ! Laissez-vous étourdir par l'énergie de cette "Cité des anges" fermement ancrée dans le XXIe siècle, et sans doute aurez-vous envie de prolonger votre séjour.

HISTOIRE DE BANGKOK Si la date de sa fondation demeure inconnue, on sait que cette localité du delta du Chao Praya est déjà un important poste de douanes du royaume d'Ayutthaya au début du XVe siècle. La cité est établie dans une grande boucle du fleuve, celle que dessinent aujourd'hui les *khlong* Bangkok Noi et Bangkok Yai. Vers le milieu du XVIe siècle, pour éviter aux navires ce long détour, on perce à travers les terres un canal, qui deviendra le lit actuel du Chao Praya. À mesure que se développe le commerce du royaume, l'importance stratégique du poste de douane s'accroît, et une garnison est cantonnée dans cette *Thonburi Si Mahasamut* (Cité des trésors de l'océan) au XVIIe siècle. En 1687, le roi Narai confie aux Français l'administration de la ville, dont le noyau fortifié est établi sur la rive occidentale du fleuve, et la construction d'une citadelle sur l'autre rive, où prospère déjà une communauté de riziculteurs et de commerçants chinois. Le mécontentement que suscite l'emprise grandissante des Occidentaux sur les affaires du royaume se solde en 1688, à la mort de Narai, par l'expulsion du Siam des troupes de Louis XIV. Après la mise à sac de la capitale, Ayutthaya, par les Birmans, en 1767, le gouverneur de la province de Tak s'autoproclame roi et installe son palais à proximité du Wat Chaeng (Wat Arun), sur la rive occidentale du Chao Phraya, à Thonburi. En 1782, le roi Taksin est renversé par le général Chao Phraya Chakri, bientôt couronné sous le nom de Rama Ier. Trouvant la rive orientale du fleuve plus facile à défendre en cas d'attaque birmane, Rama Ier décide d'y transférer la capitale. Il fait aménager une île artificielle dûment fortifiée, qu'il baptise *Krung rattanakosin in ayotthaya*. C'est au roi Mongkut (Rama IV, 1851-1868) que l'on doit le toponyme fort long que les Thaïs ont pris l'habitude d'abréger en Krung Thep, la "Cité des anges", tandis que les Occidentaux continuent à appeler la capitale Bangkok, comme ils l'ont toujours fait.

LA VENISE DE L'ORIENT Au début du XIXe siècle, Bangkok voit affluer les commerçants chinois, regroupés autour du Wat Sampheng et de l'actuelle Thanon Yaowarat, au sud de Rattanakosin, mais aussi des missionnaires diplomates et négociants occidentaux, qui s'installent en aval de la ville chinoise. Le fleuve et le vaste réseau de canaux qui constituent les principaux axes de communication de la capitale émerveillent les Européens avec leurs marchés et maisons flottantes et leurs rangées de boutiques sur pilotis, bien adaptés à une terre régulièrement inondée par les crues de mousson. Aussi Bangkok reçoit-elle le surnom de Venise de l'Orient. La ville, qui compte 300 000 habitants dans les années 1850, prospère et se modernise. Le percement de rues – dont la première, Charoen Krung, relie l'enclave *farang* (occidentale) à Rattanakosin – et le développement des transports terrestres favorisent le lotissement des vergers et des rizières. Au début du XXe siècle, Rama V s'efforce de créer au nord de Rattanakosin une ville ordonnée à l'européenne avec ses édifices néoclassiques et ses larges artères rectilignes, bordées d'arbres et de parcs. Mais, dès 1901, il faut limiter le nombre des pousse-pousse dans les rues encombrées de la vieille ville. L'année suivante, les automobiles font leur apparition, tandis que l'électricité alimente bientôt le réseau des tramways. Bangkok subit l'occupation japonaise et les bombardements alliés pendant la Seconde Guerre mondiale, puis profite de la guerre froide et de l'aide à la reconstruction américaine dans les années 1950. Ainsi débute un boom immobilier qui semble ne devoir jamais s'interrompre, transformant la Venise de l'Orient en une métropole tentaculaire, doublée d'un important centre manufacturier et boursier à partir des années 1980. Mais la médaille a son revers, comme le montrent les inondations catastrophiques de 2011. Comme Venise, Bangkok est aujourd'hui sérieusement menacée par la montée des eaux liée au réchauffement climatique… d'autant que, bâtie sur des marécages, elle s'enfonce chaque jour un peu plus. L'affaissement des sols, accéléré par un pompage excessif de la nappe phréatique, est désormais estimé à 30cm par an. Si les gratte-ciel disposent de fondations solides, les bâtiments anciens sont bien plus vulnérables. Aussi est-il question de construire une série d'énormes digues le long du golfe de Thaïlande pour renforcer les défenses naturelles de la capitale. Mais à quel prix ?

MODE D'EMPLOI

accès en avion

AÉROPORTS

Suvarnabhumi International Airport (hors plan 2 par D3) Situé à 25km à l'est de Bangkok, cet aéroport accueille les vols internationaux et la plupart des vols domestiques. Les arrivées se font au niveau 2, où se trouve un bureau de la Tourism Authority of Thailand (TAT) ouvert 24h/24, les départs au niveau 4. ***Bang Phili*** *Tél. 02 132 18 88 www.suvarnabhumiairport.com*

Don Muang International Airport (hors plan 2 par C1) Situé à 50km au nord-ouest du précédent, il accueille des vols réguliers en provenance de pays asiatiques ainsi que des vols domestiques affrétés par des compagnies *low-cost*. ***Don Muang*** *Tél. 02 535 1111 http://donmueangairportthai.com*

INFORMATIONS UTILES

Visa À votre entrée sur le territoire thaïlandais, vous bénéficierez gratuitement d'un visa touristique de 30 jours si vous voyagez en avion et de 15 jours si vous arrivez par voie terrestre. Sur place, vous pourrez proroger votre visa auprès du bureau d'immigration de Bangkok de 30 jours max. (1900B). Mais si votre séjour excède 30 jours, il est sans doute plus simple de vous procurer, avant votre départ, un visa touristique de 60 jours (payant) à l'ambassade ou au consulat de Thaïlande, cf. Visa et passeport (p.87). Vous devez, dans tous les cas, présenter un billet de retour et un passeport valable au moins 6 mois après la date de votre arrivée en Thaïlande. Si votre visa a expiré, vous encourez une amende de 500B/j. (plafonnée à 20 jours) lorsque vous voudrez quitter le pays.

Retrait d'argent Vous pouvez retirer des bahts à l'un des distributeurs de billets (ATM) des deux aéroports, mais mieux vaut changer vos devises en ville.

Taxes aéroportuaires Elles sont comprises dans le prix du billet d'avion.

Consigne à bagages Dans les deux aéroports, la consigne est située au niveau 2. Ouverte 24h/24, elle revient à 100B/j. le bagage à Suvarnabhumi et à 75B/j. à Don Muang.

LIAISONS ENTRE LES AÉROPORTS

Une navette gratuite relie Suvarnabhumi à Don Muang (1 départ/h à la porte 3 du niveau 2, de 5h à 0h). Du Public Transportation Center voisin de Suvarnabhumi, vous pouvez emprunter les bus n°554 et n°555 (1 départ toutes les 20min, de 5h à 23h, puis 1/h de 23h à 2h, AS 34B). La course en taxi vous reviendra à env. 350B. Comptez 45min à 1h30 de trajet en fonction des embouteillages.

LIAISONS AÉROPORT SUVARNABHUMI-PROVINCE

Public Transportation Center Cette gare routière, que des navettes relient gratuitement aux terminaux 1, 2 et 4 de Suvarnabhumi, accueille des cars et minibus à destination de la côte nord-est du golfe de Thaïlande (Si Racha, Rayong, Pattaya et Trat). *À 3km de l'aéroport Suvarnabhumi Tél.* 02 132 91 00

liaisons aéroport Suvarnabhumi-Bangkok

EN TAXI

Des taxis vert et jaune de la compagnie publique stationnent 24h/24 au niveau 1 (portes 4 et 7) de l'aéroport Suvarnabhumi. Au comptoir, on vous remettra un ticket avec votre destination (exigez qu'elle soit inscrite en thaï ; conserver précieusement ce document en cas de litige) et le numéro de licence de votre chauffeur. Refusez le tarif forfaitaire si on vous le propose et demandez au chauffeur de mettre son compteur (*meter*) en marche. Selon la distance, comptez 200-350B la course, majorée d'une taxe d'aéroport (50B) et des frais de péage (25-60B) de l'*expressway*, qui vous fera vraiment gagner du temps aux heures de pointe.

EN TRAIN

Suvarnabhumi Airport City Rail Link (ARL) Ce réseau ferré aérien (niveau B1 de l'aéroport) permet de gagner rapidement le centre de Bangkok. Les trains de la **City Line** marquent six arrêts avant d'atteindre la station Phaya Thai, leur terminus, en 30min (départ toutes les 15min, AS 15-45B – correspondance avec le métro aérien BTS à Phaya Thai). Deux **Express Lines** assurent une liaison directe entre l'aéroport et le centre-ville. La ligne jaune dessert les stations Makkasan et Phaya Thai (20min, AS

150B), tandis que la ligne rouge s'arrête à Makkasan (City Air Terminal - correspondance avec le métro souterrain MRT - station Phetchaburi). Si, au retour, vous empruntez l'un des vols affrétés par Thai Airways International, vous pouvez procéder à l'enregistrement de vos bagages (au moins 3h avant le décollage) au comptoir de cette compagnie à la station Makkasan (tlj. 8h-21h). *Tél. 02 308 56 00 ou 1690 www.srtet.co.th Ouvert tlj. 6h-0h*

EN BUS ET MINIBUS

Public Transportation Center Plusieurs compagnies de bus relient cette gare routière à différents sites du centre-ville. Si ce moyen de transport est bon marché (AS 25-40B), les trajets sont longs et les places assises rares ! Les minibus sont un peu plus confortables. Le n°551 se rend directement à Victory Monument (départ toutes les 20min de 5h à 22h, AS 40B), tandis que le n°552 mène à la station On Nut du métro aérien (BTS), pratique si vous logez dans la ville moderne (départ toutes les 20min de 5h à 22h, AS 20B). *À 3km de l'aéroport Suvarnabhumi Tél. 02 132 91 00*

liaisons aéroport de Don Muang-Bangkok

EN TAXI

Les taxis de la compagnie publique stationnent devant le hall des arrivées. Comme à Suvarnabhumi, demandez au chauffeur de mettre le compteur en marche, comptez 150-220B la course, à majorer de la taxe d'aéroport (50B) et du coût des péages. Selon la circulation et votre destination, le trajet prendra de 30min à 1h30.

EN TRAIN

Don Muang Railway Station De 3h15 à 22h15, 35 trains la relient tlj. à la gare centrale de Bangkok, Hua Lamphong, et au métro. Évitez la 3e classe, bondée aux heures de pointe. AS 5-21B, 45min-1h de trajet (en sens inverse, service de 4h20 à 22h25). *À 500m de l'aéroport Tél. 1690 www.railway.co.th*

EN BUS

Les bus privés climatisés stationnent devant le hall des arrivées de Don Muang, tandis que les bus publics marquent l'arrêt sur la nationale, devant l'aéroport. Le bus climatisé A1 (départ toutes les 20min, de 8h30 à 23h30, AS 30B) se rend à Mo Chit (gare routière et station du métro aérien), tandis que le bus public n°29 dessert Victory Monument (gare routière) et la gare centrale (1/h de 9h à 23h, AS 30B).

accès terrestres

EN TRAIN

Hua Lamphong Railway Station (plan 4, B2) La gare centrale de Bangkok occupe un bel édifice néo-Renaissance (1916). De là partent les trains à destination de Pattaya, de Hua

BANGKOK

Tableau kilométrique

	Bangkok	Pattaya	Phetchaburi	Phuket	Songkhla	Surat Thani
Pattaya	150					
Phetchaburi	130	294				
Phuket	844	970	726			
Songkhla	968	1094	849	461		
Surat Thani	643	769	524	239	325	
Trat	320	241	470	1149	1271	953

Hin et du sud du pays - cf. en train (p.82) pour le détail des lignes et reportez-vous au mode d'emploi des villes présentées dans ce guide. Brochures des horaires, achat des billets jusqu'à 60 jours avant le départ, annulation et échange (une seule fois) moyennant des frais. Consigne à bagages disponible tlj. de 4h à 23h (60-80B), douches (20B), service de restauration, distributeurs de billets, café Internet et bureau de change. Hualampong est desservie par le MRT (métro). *Thanon Rama IV (Pathumwan) Tél. 1690 www.railway.co.th*

EN CAR ET EN MINIBUS

Plus connue sous le nom de Bok Kor Sor (BKS), l'entreprise publique Transport Company Ltd et plusieurs sociétés privées d'autocars se partagent les liaisons entre la capitale et la province. Pour économiser la commission, parfois prohibitive, que perçoivent les agences de voyages, mieux vaut acheter votre billet à la gare routière. Bangkok abrite trois terminaux de la BKS. Certains cars privés les utilisent, mais la plupart d'entre eux partent de Thanon Khao San (Khao San Road). Nombre de compagnies de minibus ont pour terminus le rond-point de Victory Monument, desservi par le BTS (métro aérien). Reportez-vous au mode d'emploi des villes présentées dans ce guide pour connaître votre lieu de départ.

Northern Bus Terminal (Mo Chit) (plan 2, C1) De cette gare routière, installée à l'ouest du parc Chatuchak, partent les cars à destination de Si Racha, Pattaya, Rayong, Chathaburi et Trat, notamment. Pour vous y rendre, prenez un taxi ou un tuk-tuk (50B) à la station de BTS (métro aérien) Mo Chit ou à la station de MRT (métro souterrain) Chatuchak Park. *Thanon Kamphaeng Phet 2 (Chatuchak) Tél. 02 936 28 52*

Eastern Bus Terminal (Ekkamai) (plan 5, C4) Située à deux pas de la station de BTS du même nom, elle accueille les cars et minibus pour Si Racha, Pattaya, le port de Ban Phe (Ko Samet), Chanthaburi, Trat et Ko Chang. *Soi Sukhumvit 40-42 (Klong Toey) Tél. 02 391 25 04 ou 02 391 80 97*

Southern Bus Terminal (Sai Thai Mai) (hors plan 2 par A1) On prendra un taxi pour gagner ce terminal moderne, installé à la périphérie ouest de Bangkok. Parmi les destinations desservies : Phetchaburi, Hua Hin, Chumphon mais aussi Krabi, Phuket et Trang. *Thanon Boromaratchachonnani (Taling Chan) Tél. 02 894 61 22*

orientation

La capitale de la Thaïlande couvre près de 1 570km², découpés en 50 districts. Toutefois, sa partie la plus intéressante se concentre aux abords du Chao Phraya. La cité a pour cœur historique et touristique **Ko Rattanakosin** (district de Phra Nakhon, plan 3), cité royale aménagée au XVIIIe siècle à l'est du fleuve, et son aînée, **Thonburi** (plan 3), sur la rive opposée, que domine le Wat Arun. Au nord de Ko Rattanakosin et des hôtels bon marché de **Khao San** s'étend le quartier aéré de **Dusit** (plan 2), résidence actuelle de la famille royale, et au sud-est, la vénérable **Chinatown** (plan 4). Tout au sud de la vieille ville, **Bangrak** (plan 4) réunit l'ancienne enclave européenne ("Old Farang", côté fleuve) et le principal quartier d'affaires de la capitale (autour de Thanon Silom et de Thanon Sathon). La Bangkok moderne (plan 5) s'étire à l'est de la vieille ville et de Thanon Rama VI. Au nord de Bangrak, autour de **Siam Square**, les quartiers de **Pathumwan** et de **Pratunam** abritent la plus grosse concentration de boutiques et de centres commerciaux de la capitale. Autre axe majeur du shopping et des services, **Sukhumvit** oblique vers le sud-est dans le prolongement du grand axe ouest-est de Pathumwan. Il n'est pas toujours aisé de se repérer à Bangkok. La plupart des panneaux de rue sont libellés en thaï et en caractères latins, mais la translittération des noms des rues et des édifice n'est pas unifiée d'un support à l'autre. Pour éviter de tourner en rond pendant des heures, sachez que les ruelles numérotées (*soi*, paires d'un côté, impaires de l'autre) portent le nom des grandes artères perpendiculaires. Par exemple : “29 Soi Sukhumvit 11” = n°29 du *soi* 11, qui donne sur Thanon Sukhumvit.

transports sur place

Immense, bruyante et polluée, Bangkok ne se prête guère à de longs trajets à pied. Le site **www.transitbangkok.com** vous permettra de trouver le moyen de transport terrestre ou fluvial le plus approprié.

EN MÉTRO

Métro souterrain (MRT) (plan 1) Moderne et rapide, l'unique ligne de métro souterraine – Mass Rapid Transit – relie le marché du week-end de Chatuchak à la gare centrale de Hua Lamphong en passant par les quartiers modernes de Sukhumvit et de Silom toutes les 5-10min. Correspondance pour l'aéroport Suvarnabhumi à la station Makkasan. Les jetons (*tokens*), qui servent de titres de transport se sont pas utilisables dans le Skytrain BTS. Trajet simple 16-42B, One Day Pass 120B, Three Days Pass 230B, 30 Days Pass 1 400B. *Tél. 02 624 52 00 www.bangkokmetro.co.th Ouvert tlj. 6h-0h*

Métro aérien (BTS) (plan 1) Climatisé et imbattable en rapidité, le Bangkok Transit System, ou *skytrain*, couvre les quartiers modernes et le sud de Thonburi, à raison d'une rame toutes les 5-10min. Ses deux lignes se rencontrent à Siam Station et croisent le métro souterrain. La Sukhumvit Line dessert Victory Monument et Phaya Thai, terminus du Suvarnabhumi Airport City Rail Link (p.92). Les distributeurs automatiques de tickets n'acceptant que les pièces, vous pourrez faire de la monnaie aux guichets d'information. Ticket 15-42B, *One Day Pass* 130B, 30 *Days Pass* de 405B les 15 trajets à 1 100B les 50 trajets. *Tél. 02 617 60 00 (hotline) ou 02 617 73 41 (Tourist Information Center) www.bts.co.th Ouvert tlj. 5h30-0h30*

EN BUS

Près 15 000 bus, municipaux ou de compagnies privées, sillonnent Bangkok, en suivant quelque 500 lignes. Les itinéraires sont complexes et changeants, les trajets très lents, et les indications en anglais plus que rares. Mieux vaut prendre un taxi pour se rendre à Dusit, Banglamphu, Chinatown et dans d'autres quartiers qui ne sont pas desservis par le métro. Bus ordinaire 9-11B, bus climatisé 14-27B. L'ensemble du réseau relève de la Bangkok Mass Transit Authority. *Tél. 02 246 03 39 www.bmta.co.th Ouvert tlj. 5h-23h*

Bus Rapid Transit (BRT) Cette ligne d'autobus dite “à haut niveau de service” suit un parcours en site propre pour relier Sathon à Thonburi via Bang Ko Laem toutes les 10-15min. Ses bus vert et jaune sont climatisés. Ticket 12-24B. *Les bus circulent tlj. de 6h à 0h, avec un passage toutes les 5-10min*

EN *TUK-TUK*

Impossible de manquer ces pittoresques taxis colorés à trois roues, qui doivent leur nom au bruit que produit leur moteur à deux temps. Privilégiez le *tuk-tuk* pour les courtes distances, munissez-vous d'un plan ou ayez votre destination précisée par écrit en thaï, et négociez ferme, faute de quoi vous paierez plus cher qu'en taxi ! Méfiez-vous des chauffeurs qui proposent une course à 10B ou qui soutiennent mordicus qu'un site culturel est fermé : ils prévoient de vous entraîner dans des boutiques où ils perçoivent des commissions. Comptez 50-70B la petite course de quartier, 150B dans le centre historique et env. 300B de Ko Rattanakosin à Sukhumvit.

EN TAXI

Un moyen de transport confortable (climatisé) et plus abordable que le *tuk-tuk* pour se rendre d'un bout à l'autre de la ville... en dehors des heures de pointe ! Les taxis officiels, qu'il suffit de héler, n'ont pas de couleur particulière à Bangkok, mais on les reconnaît au panonceau lumineux portant la mention "Taxi Meter" fixé sur leur toit. Assurez-vous que le compteur est en service et que le chauffeur l'a remis à zéro. Si votre destination se trouve hors des zones touristiques, montrez-lui l'adresse inscrite en thaï sur un bout de papier. Comptez 35B la prise en charge et 5B/km au-delà des deux premiers. Si vous devez emprunter une autoroute, le péage sera à votre charge. Prévoyez de la monnaie et n'hésitez pas à laisser un pourboire (env. 10B).

À MOTO-TAXI

Les chauffeurs, reconnaissables à leur gilet orange, n'ont pas peur de griller les feux rouges ni de se faufiler entre deux voitures... Exigez un casque ! Petite course 10-20B.

EN BATEAU SUR LE CHAO PHRAYA

Se déplacer en bateau d'un site historique à l'autre permet de profiter de splendides points de vue sur la ville. Des navettes sillonnent le fleuve sur 21km, desservant la partie ouest de Bangkok (Thewet, Ko Rattanakosin, Chinatown, Sathon) et le quartier de Thonburi, sur l'autre rive. Des bacs assurent le transit d'une rive à l'autre (tlj., 7h-22h env., toutes les 5-10min, AS 3-5B). Leurs embarcadères jouxtent ceux du Chao Phraya Express Boat.

Chao Phraya Express Boat (plan 1) Les quatre **lignes express** de cette compagnie disposent d'une trentaine d'embarcadères numérotés (*tha*) de part et d'autre du fleuve. Les bateaux sont en principe en service de 6h à 19h. La couleur de leur pavillon détermine leur itinéraire. Les omnibus dépourvus de drapeau ne circulent que du lun. au ven., à une fréquence restreinte. Des navettes au pavillon orange (AS 15B) partent toutes les 15min de Nonthaburi au nord et de Wat Rajsingkorn, au sud, pour desservir les sites touristiques en passant par Central Pier, en amont de Saphan Taksin (BTS). Celles qui arborent un drapeau vert ou jaune s'arrêtent également près des principaux monuments de la capitale, mais uniquement en semaine et à certaines heures (AS 13-29B selon la distance). Achetez votre ticket à bord et conservez-le durant le trajet. Le **Chao Phraya Tourist Boat**, plus confortable, dessert 8 embarcadères proches des principaux sites touristiques toutes les 30min, de 9h à 16h tlj. Le billet (150B, pour un nombre illimité de trajets dans la journée) s'achète aux guichets des deux terminus de la ligne, Tha Phra Athit et Central Pier, et dans les stations de *skytrain* (BTS) Saphan Taksin et Siam. *Tél. 02 445 88 88 www.chaophrayaexpressboat.com*

EN BATEAU SUR LES CANAUX

Des *long-tail boats* sillonnent les canaux de Mahanak et de Saen Sab, qui traversent Bangkok d'ouest en est sur 18km. Reliant le centre historique aux quartiers modernes, ces grandes barques motorisées permettent de se rendre rapidement de la montagne d'Or à la maison de Jim Thompson et

à proximité des centres commerciaux des quartiers de Siam et de Sukhumvit. Un plan du parcours est affiché aux différents embarcadères, souvent voisins des ponts. Ces *khlong-taxis* circulent lun.-ven. 5h30-20h30, sam.-dim. et j. fér. 5h30-19h, toutes les 20min env. Le ticket (AS 10-20B) s'achète à bord.
Khlong Saen Saep Express Boat (plan 3, D2) *Tél. 02 375 23 69 http://khlongsaensaep.com*

informations pratiques

Bureau de l'Immigration (plan 4, C4) Le service de prolongation des visas touristiques. *The Government Complex Commemorating His Majesty, B Building, Floor 2 (South Zone) Thanon Chaengwattana (Soi 7) (Laksi) Tél. 02 141 9889 www.immigration.go.th Ouvert lun.-ven. 8h30-12h et 13h-16h30*
Poste principale de Bangkok (plan 4, A3) Elle propose un service de colis et dispose d'un service Western Union. *40-42 Thanon Charoen Krung (Bangrak) Tél. 1545 BTS : Sathon Ouvert lun.-ven. 8h-20h, w.-e. 8h-13h*

SANTÉ

Ces deux hôpitaux privés, qui dispensent des soins de qualité, disposent d'un service d'urgences 24h/24. Personnel anglophone.
Bangkok Nursing Home Hospital (BNH) (plan 4, C4) *9/1 Convent Rd, Silom (Bangrak) Tél. 02 686 27 00 www.bnhhospital.com*
Samitivej Hospital Sukhumvit (plan 5, C3) *133 Sukhumvit 49, Klongtan Nua (Watthana) Tél. 02 022 22 22 (call center) www.samitivejhospitals.com*
Urgences médicales *Tél. 1669*

SÉCURITÉ

Police locale *Tél. 191*
Police touristique *Tél. 1155*

informations touristiques

OFFICES DE TOURISME

Bangkok Information Center (plan 3, B1) Son personnel vous renseignera en anglais sur les sites touristiques de Bangkok. Plans de la ville et brochures diverses. Bon site Internet. *17/1 Thanon Phra Athit Au pied du pont Phra Pin Klao (Phra Nakhon) Tél. 02 225 76 12 Ouvert lun.-ven. 8h-19h, w.-e. 9h-17h*
Tourism Authority of Thailand (TAT) (plan 5, B2) Le personnel est anglophone mais n'en attendez pas des renseignements très détaillés. Cartes et brochures. Nombreux kiosques en ville, ouverts – en principe – tlj. de 9h à 17h. *1600 Thanon Phetchaburi, Watthana Tél. 1672 www.tourismthailand.org Ouvert tlj. 8h30-16h30*

informations culturelles

Alliance française (plan 5, A4) Installée depuis 2013 dans un bâtiment moderne, elle organise chaque mois des manifestations culturelles, et dispose de services de traduction et d'interprétariat, d'une petite librairie et d'un café. *179 Thanon Withayu (Pathumwan) De la station MRT Lumpini – sortie n°3 –, tourner à droite avant l'ambassade du Japon Tél. 02 670 42 00 http://afthailande.org Ouvert lun. 8h-19h, mar.-ven. 8h-19h30, sam. 7h30-19h30, dim. 8h30-16h30*

MÉDIAS

Bangkok Post Le principal hebdomadaire anglophone local. Rubrique *Lifesyle* et supplément culturel le week-end. *www.bangkokpost.com*
Bangkok 101 Un mensuel en anglais qui recense les derniers restaurants et lieux de sortie à la mode. *www.bangkok101.com*
BK Magazine Un autre *city magazine* mensuel qui renseigne sur les boutiques, restaurants, bars et autres

lieux de sortie en vogue. *http://bk.asia-city.com*

Gavroche Magazine Un mensuel francophone à consulter pour ses articles culturels et ses reportages sur le pays. *www.gavroche-thailande.com*

SITES INTERNET

www.bangkok.com Une mine d'informations, régulièrement mise à jour, sur les curiosités et lieux de sorties de la capitale.

www.captainbangkok.com Sur ce site créé par une Française, vous trouverez, notamment, des dossiers thématiques sur les lieux de visite et les escapades autour de Bangkok.

représentations diplomatiques

Ambassade de Belgique (plan 4, C4) *Sathon Square Building (16e étage), 98 Thanon Sathon Nua, Bangrak Tél. 02 108 18 00 http://diplomatie.belgium.be Ouvert lun.-jeu. 8h-12h et 13h-16h, ven. 8h-13h*

Ambassade du Canada (plan 5, A4) *Place Abdulrahim (15e étage), 990 Thanon Rama IV, Bangrak Tél. 02 646 43 00 www.canadainternational.gc.ca Ouvert lun.-jeu. 7h30-12h15 et 13h-16h15, ven. 7h30-13h*

Ambassade de France (plan 4, B4) *35 Charoen Krung, Soi 36, Bangrak Tél. 02 657 51 00 www.ambafrance-th.org Ouvert lun.-ven. 8h30-12h*

Ambassade de Suisse (plan 5, A2) *35 Thanon Witthayu (Pathumwan) Tél. 02 674 69 00 www.eda.admin.ch Ouvert lun.-ven. 9h-11h30*

fêtes et manifestations

Nouvel An Compte à rebours, feux d'artifice et DJ sur Central World Plaza. Festivités dans les rues de la vieille ville et à Sanam Luang. *Sanam Luang 31 déc.-1er jan.*

Nouvel An chinois Parades costumées, défilés de dragons, feux d'artifice et stands de nourriture envahissent les rues de Chinatown. Les magasins sont fermés et la circulation routière, interdite. *Chinatown 3 j., fin jan.-début fév.*

Chakri Day Commémorations du couronnement de Rama Ier, fondateur de la cité de Bangkok et de la dynastie Chakri. Cérémonies au Grand Palais. *6 avr. (férié)*

Songkran Le Nouvel An bouddhique donne lieu à de gigantesques batailles d'eau dans les rues du centre historique et du quartier de Sukhumvit ainsi qu'à des processions dans les temples. *13-15 avr.*

Royal Ploughing Ceremony Day Le roi (ou le prince héritier) inaugure officiellement la saison du labour des rizières. Cérémonie au Wat Phra Kaew et discours à Sanam Luang. *Début mai, à une date déterminée par les astrologues de la Cour*

Vegetarian Festival Une fête bouddhique célébrée avec un faste particulier à Chinatown. Stands de nourriture végétarienne dans les rues, spectacles d'opéra chinois dans le Soi 20 Charoen Krung, processions dans les temples. *9 j., en sept. ou oct.*

Bangkok International Film Une centaine de longs et de courts-métrages thaïs et étrangers sont présentés dans les cinémas de Bangkok. *www.worldfilmbkk.com 10 j., en nov.*

Bangkok Marathon Départ et arrivée face au Grand Palais. *www.bkkmarathon.com En nov.*

Loi Krathong De minuscules bateaux confectionnés avec des feuilles de bananier, ornés de fleurs, de bougies et de bâtons d'encens sont déposés sur les cours et plans d'eau de Bangkok pour honorer Mae Kongkhla, la déesse de l'Eau et éloigner le malheur. *Pleine lune du 12e mois lunaire (généralement en nov.)*

DÉCOUVRIR
Ko Rattanakosin

☆ **Les essentiels** Le domaine royal, le Wat Pho, le Wat Ratchabophit, le Wat Suthat, Bangkok National Museum **Découvrir autrement** Offrez-vous un massage au Wat Pho, déambulez parmi les étals odorants du marché aux fleurs de Pak Khlong, dînez au bord du Chao Phraya

À la fin du XVIIIe siècle, Rama Ier fit creuser un canal sur la rive orientale du Chao Phraya, entre deux méandres du fleuve, pour installer sur cette île artificielle la résidence royale et sa chapelle abritant un bouddha précieux. Protégée par une muraille de 7km, scandée de 14 fortins, Ko Rattanakosin, “l'île de la Demeure du Bouddha d'émeraude”, allait demeurer le siège du pouvoir jusqu'en 1946 et se couvrir de monuments au fil du temps. De nos jours, l'île n'en est plus vraiment une, certains tronçons des khlong Bang Lamphu et Ong Ang ayant été comblés. Elle forme le district central de Phra Nakhon avec ses majestueux palais et temples royaux, ses administrations, ses prestigieuses universités et ses marchés animés. Dans le nord s'étend la petite enclave bohème et cosmopolite de Banglamphu, et dans le sud-est le quartier indien de Pahurat.

☆ Le domaine royal

Ceint de murs crénelés, le domaine royal s'étend sur quelque 218ha. Véritable ville dans la ville, dont seule une petite partie se visite, il demeura la résidence officielle des rois de Siam de 1782 aux années 1920. À l'origine, son plan était calqué sur celui du palais d'Ayutthaya, avec trois cours, le fleuve à l'ouest, une grande artère à l'est, un terrain de parade au nord et la résidence du vice-roi au sud. Mais les successeurs de Rama Ier ont, peu à peu, remanié cet ensemble. Agrandi sous le règne de Rama II, le Grand Palais fut découpé en quatre parties : cour extérieure regroupant les principales administrations au nord ; temple du Bouddha d'émeraude, ou chapelle royale, dans l'angle nord-est ; cour centrale, la plus imposante avec la résidence royale et le siège du gouvernement ; cour intérieure dévolue au gynécée au sud. De l'entrée principale, vous gagnerez d'abord le Wat Phra Kaew, après avoir fait un crochet par le musée des Regalia, des Monnaies et des Décorations – un avant-goût de la débauche de couleurs et de matériaux précieux qui vous attend ! *Thanon Na Phra Lan (Phra Nakhon) Tél. 02 224 32 73 Bus 32, 44, 47, 53, 91 Débarcadère n°9 (Tha Chang) Ouvert tlj. 8h30-15h30 Tarif 500B Prévoyez au moins 2h de visite Tenue correcte exigée (épaules et jambes couvertes)*

Wat Phra Kaew (plan 3, B3) La toute première construction du Grand Palais et le temple le plus sacré de Thaïlande. Édifié en 1782-1784, sur le modèle de la chapelle royale d'Ayutthaya, pour accueillir le fameux *Bouddha d'émeraude*, le Wat Phra Kaew a été restauré tous les cinquante ans depuis, notamment en 1982 à l'occasion du bicentenaire de la ville. Témoignant de la diversité des techniques et motifs décoratifs traditionnels thaïs, les murs des bâtiments sont tapissés de mosaïques de verre incrustées de céramique multicolore, leur terrasse finement sculptée, leurs portes et fenêtres parées d'incrustations de nacre ou de peinture dorée sur laque noire, leurs toits à plusieurs pans couverts de tuiles vernissées et ponctués d'acrotères en fleur de lotus. La statuaire emprunte son bestiaire fantastique au panthéon hindou : serpent *naga* symbole de fertilité avant de devenir le protecteur du Bouddha ; Tantima à crête de coq, bec de perroquet et corps humain armé d'un bâton ; *hamsa* ou *hong* mi-aigle, mi-cygne que chevauche le dieu Brahma ; Garuda, monture mi-homme, mi-oiseau du dieu Vishnou ; taureau Nandi, associé à Shiva ; sans oublier l'éléphant Erawan, sur lequel se déplace le dieu Indra. La galerie qui entoure le temple est ornée de magnifiques fresques illustrant le *Ramakien*. Empruntés eux aussi à la célèbre épopée d'origine indienne, deux des douze géants de stuc émaillé qui gardent les accès du temple vous attendent à son entrée ouest. Thanon Sanam Chai (Phra Nakhon)

***Bot* du Bouddha d'émeraude** Salué par un ermite (*rishi*) en bronze protecteur de la médecine traditionnelle, vous contournerez la chapelle royale, flanquée de petits pavillons, pour gagner son entrée. Le bâtiment, tout de mosaïque et d'or revêtu, repose sur une plateforme de marbre dont la frise représente 112 Garuda tenant dans chaque main la queue d'un *naga*. Douze lions de bronze, ou *singha*, gardent les escaliers menant à ses trois portes, celle du milieu étant réservée au souverain. À l'intérieur, dominant de nombreux bouddhas en bronze doré dédiés à différents représentants de la dynastie Chakri, le petit *Bouddha d'émeraude*, ou *Phra Ratana Pimpa*, trône à 11m du sol, au sommet d'un imposant autel évoquant le chariot céleste d'une divinité hindoue. Trois fois par an, au cours d'une cérémonie

Le *Bouddha d'émeraude*

Haute de 66cm et large de 48cm, cette statue du Bouddha en méditation est taillée dans un bloc de néphrite vert émeraude – d'où son nom. Selon une chronique, elle fut découverte à Chiang Rai en 1434, dans un *chedi* frappé par la foudre. Elle acquit une valeur particulière quand le stuc doré qui la recouvrait commença à s'effriter, révélant le précieux jade translucide dont elle était constituée. Bientôt investie de pouvoirs surnaturels, la statue devint un palladium, objet sacré protégeant la ville ou la dynastie qui le détenait. C'est ainsi que le *Bouddha d'émeraude* fut transporté à Chiang Mai en 1468 avant de gagner le Laos : Luang Prabang en 1551, puis Vientiane en 1564. En 1778, le futur Rama Ier, alors général du roi Taksin, rapporta la statue à Thonburi, où elle fut installée au Wat Arun (p.132). Elle trône dans l'*ubosot* du Wat Phra Kaew depuis 1784.

présidée par le roi, la statue sacrée entre toutes change de robe : or émaillé de bleu pour la saison des pluies, or et diamants pour la saison chaude, or pur pour la saison fraîche. Avant de quitter le *bot*, prenez le temps d'admirer sa voûte "céleste", ses fresques illustrant les jataka et ses écrans de style siamois ou chinois.

Terrasse découverte À côté du *bot*, une vaste terrasse de marbre porte trois constructions alignées est-ouest, qui datent du règne de Rama IV. Le **Prasat Phra Tep Bidom**, où le roi comptait entreposer le *Bouddha d'émeraude*, se révéla trop petit pour accueillir certaines cérémonies, et Rama VI le convertit en panthéon royal. Ce pavillon cruciforme, qui renferme les statues grandeur nature des rois Chakri, n'est ouvert que le 6 avril, jour de la fête de la Dynastie, et le 5 mai, pour celle du Couronnement. Derrière s'élèvent une bibliothèque au sol revêtu d'argent (**Phra Mondop**, fermé au public), et un imposant stupa-reliquaire doré, le **Phra Si Rathana**. Les **huit *prang*** de style khmer qui marquent la limite est du Wat Phra Kaew et symbolisent différents aspects du bouddhisme doivent leur revêtement de céramique à Rama III.

Fresques du *Ramakien* Le cloître qui fait tout le tour du Wat Phra Kaew est agrémenté de 176 scènes empruntées au *Ramakien*, adaptation du *Ramayana* composée par Rama Ier avec le concours de poètes de la cour d'Ayutthaya. On y voit le héros de l'épopée, Phra Ram (Rama), roi d'Ayutthaya, combattre le démon Tosakanth (Ravana), roi du Longka, qui a enlevé son épouse Sida (Sita). Incarnation de Phra Narai (Vishnou), Phra Ram reçoit le concours de Hanuman, roi des singes qui, selon certains textes, représente Shiva. Les scènes se lisent dans le sens des aiguilles d'une montre, à partir de l'entrée principale (nord) du Wat Phra Kaew. Exécutées dans les années 1830, elles ont reçu quelques innovations en 1932 : perspective d'inspiration occidentale, ombres portées, paysages naturalistes...

Phra Borom Maha Ratcha Wang / Grand Palace (plan 3, B3) Certains bâtiments du Grand Palais offrent un contraste saisissant avec ceux du Wat Phra Kaew. Les premiers édifices de style occidental apparurent sous Rama IV, et Rama V fit ériger une nouvelle salle du trône néoclassique, l'actuel Phra Thinang Chakri Maha Prasat (1882), construction la plus imposante du Grand Palais. De ce vaste ensemble, seuls sont ouverts au public le pavillon Amarind Winichai, salle d'audience du Phra Maha Montien, et le Phra Thinang Dusit Maha Prasat, ancienne salle du trône de Rama Ier.

Cour centrale La sortie sud-ouest du Wat Phra Kaew vous fera déboucher sur la cour d'honneur du Grand Palais. Sur votre gauche, à travers des grilles, vous apercevrez le Phra Thinang Boromphiman, la "résidence céleste", de style néo-Renaissance française, construite de 1897 à 1903 à l'intention des princes héritiers, et où Rama VIII fut retrouvé mort en 1946. L'État y loge de nos jours les invités officiels du roi et les hauts dignitaires bouddhistes. Derrière, au milieu des jardins Siwalai, s'élève le Phra Bouddha Rathana Sathan, chapelle construite en 1853 pour accueillir une effigie du Bouddha rapportée du Laos par Rama II.

Phra Maha Monthien C'est dans cette "Grande Résidence" de style traditionnel, ceinte d'un muret en stuc, que vécurent les quatre premiers souverains de la dynastie Chakri. Elle accueille encore d'importantes cérémonies d'État. Seul se visite le **Phra Thinang Amarin Winitchai**, sa principale salle d'audience. Au fond se dresse un *busabok*, monumental trône en teck doré en forme de barque, de la fin du XVIIIe siècle. Le monarque siège de nos jours sur le trône moins imposant qui le précède, le jour de son anniversaire ou pour certaines remises de décorations. Cette salle communique avec le Phra Thinang Phaisan Taksin, pavillon où le roi reçoit les insignes de sa fonction lors de son investiture. Sa salle du trône abrite une effigie de la figure tutélaire de la Thaïlande, Phra Sayam Devadhiraj, et l'une de ses chapelles les cendres des trois premiers rois de la dynastie. Derrière ce bâtiment s'étendent le Phra Thinang Chakraphat Phiman et sa chambre à coucher, où chaque nouveau souverain se doit de passer une nuit.

Chakri Maha Prasat Rama V emménagea en 1873 avec les siens dans une nouvelle résidence, à laquelle il décida bientôt d'adjoindre une salle du trône. Cet imposant édifice en marbre rose, conçu par le Britannique John Clunich et baptisé Phra Thinang Chakri Maha Prasat, fut inauguré en 1882, pour le centenaire de Bangkok. Sa façade néoclassique est coiffée de toits de style thaï, le régent ayant demandé que le dôme central qui figurait sur les plans fût remplacé par des structures traditionnelles. Rama V occupa ce vaste palais jusqu'au début du XXe siècle, lui préférant ensuite celui de Dusit (p.124), où il mourut en 1910. Laissées à l'abandon par ses successeurs, certaines structures de la partie résidentielle ont été reconstruites par Rama IX. C'est ainsi que le **Phra Thinang Boromraj Sadit Mahoran**, inauguré en 2006, pour les 60 ans de règne du monarque, renferme une salle du trône et une salle de banquet néoclassique, qui peut accueillir 1 000 convives. Comme les pièces d'apparat du Chakri Maha Prasat, encore utilisées de nos jours, les appartements de Rama V ont été minutieusement restaurés – mais ils ne se visitent pas – et un musée des Armes occupe désormais une galerie du rdc. À gauche de ce palais, une porte que seul le roi pouvait franchir donne accès à l'ancien palais Intérieur, ou gynécée, qui abrita jusqu'à 3 000 femmes – dont une nombreuse domesticité – et enfants (ne se visite pas).

Dusit Maha Prasat Ses bâtiments les plus importants remontent au règne de Rama Ier, et sa salle du trône (1789) est l'un des fleurons de l'architecture Rattanakosin. Cet édifice cruciforme, posé sur une terrasse de marbre, présente un toit à quatre étages, couvert de tuiles vernissées rouges et vertes et ponctué d'un *chedi* doré. Il devait, à l'origine, accueillir des cérémonies du couronnement et de grandes réceptions mais, la dépouille mortelle de Rama Ier y ayant été exposée, il fut dès 1809 réservé à cet usage funéraire. La partie résidentielle du complexe ne se visite pas. Ne manquez pas d'aller admirer le **Phra Thinang Aporn Phimok Prasat**. Cet élégant pavillon surélevé, adossé à l'aile orientale du Dusit Maha Prasat, fut bâti pour permettre à Rama IV de se changer lors de certaines cérémonies.

The Queen Sirikit Museum of Textiles Avant de quitter le Grand Palais – si la file d'attente n'est pas trop longue –, faites un détour par ce musée installé depuis 2012 près de l'entrée, dans d'anciens locaux administratifs. Destiné à promouvoir les arts textiles traditionnels, il expose de somptueuses tenues d'apparat de la reine Sirikit, réalisées pour certaines par des associations villageoises avec le soutien de la fondation Support, pour d'autres par des couturiers de renom.

Plan 1 Bangkok : transports en commun

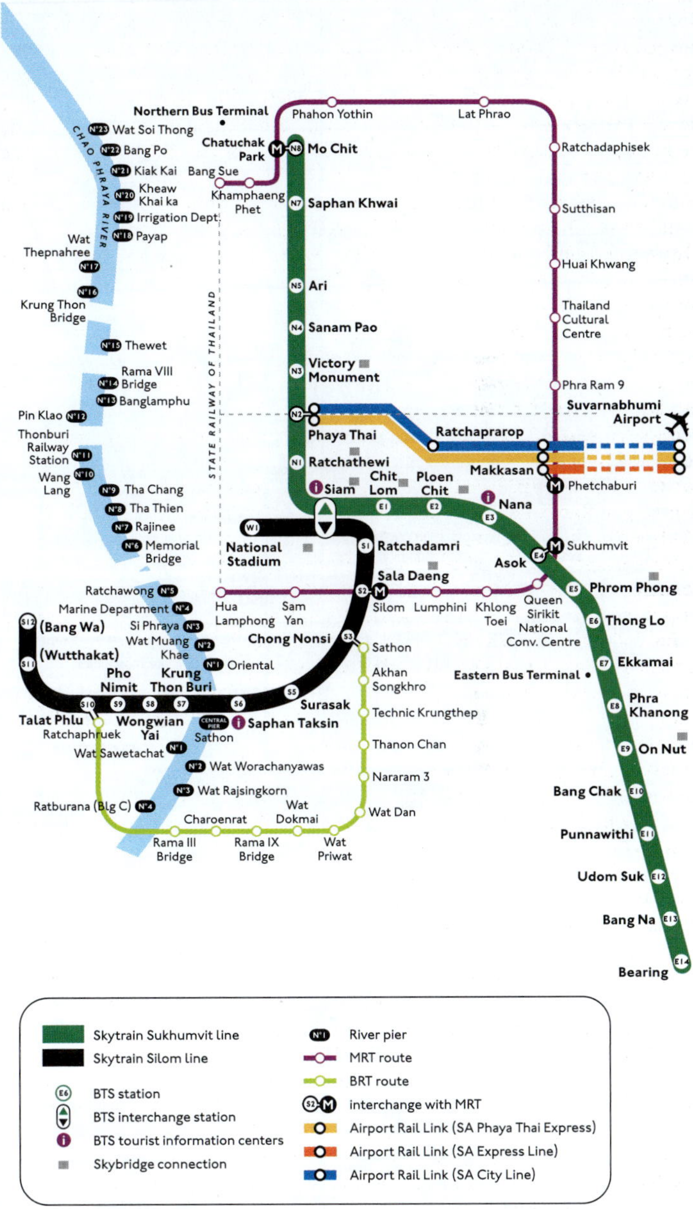

Plan 2 Bangkok : agglomération

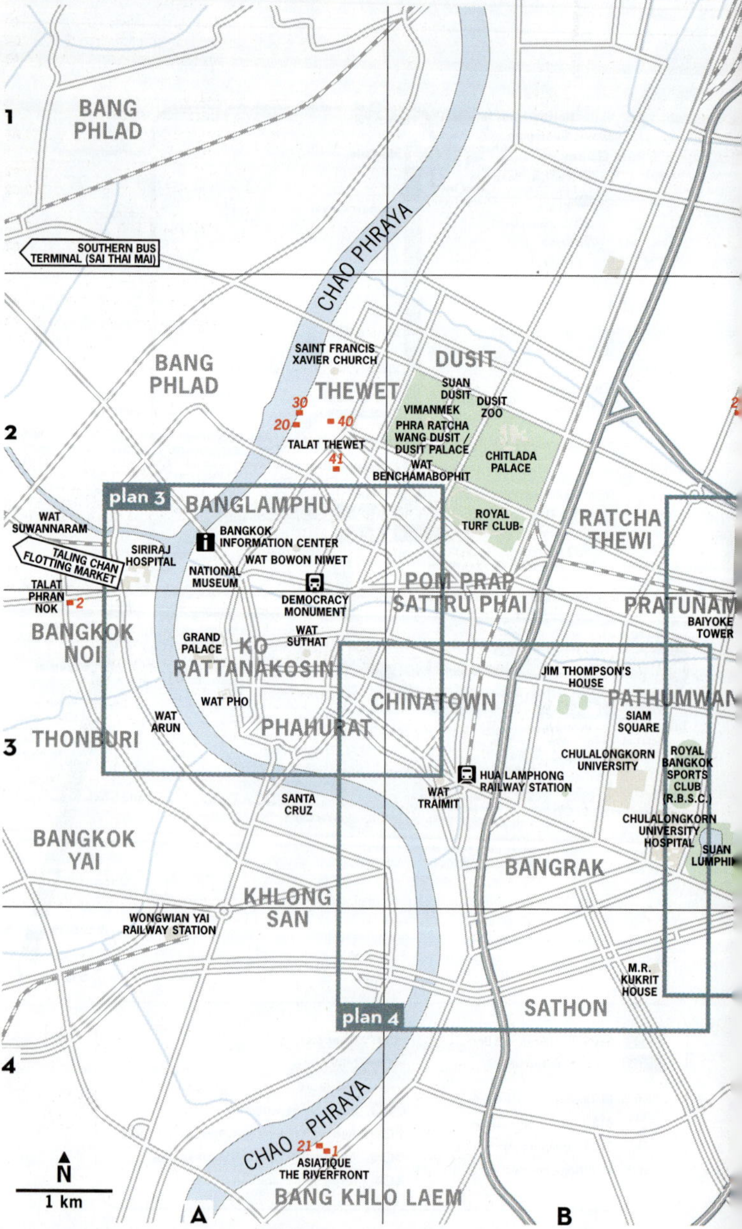

BANGKOK

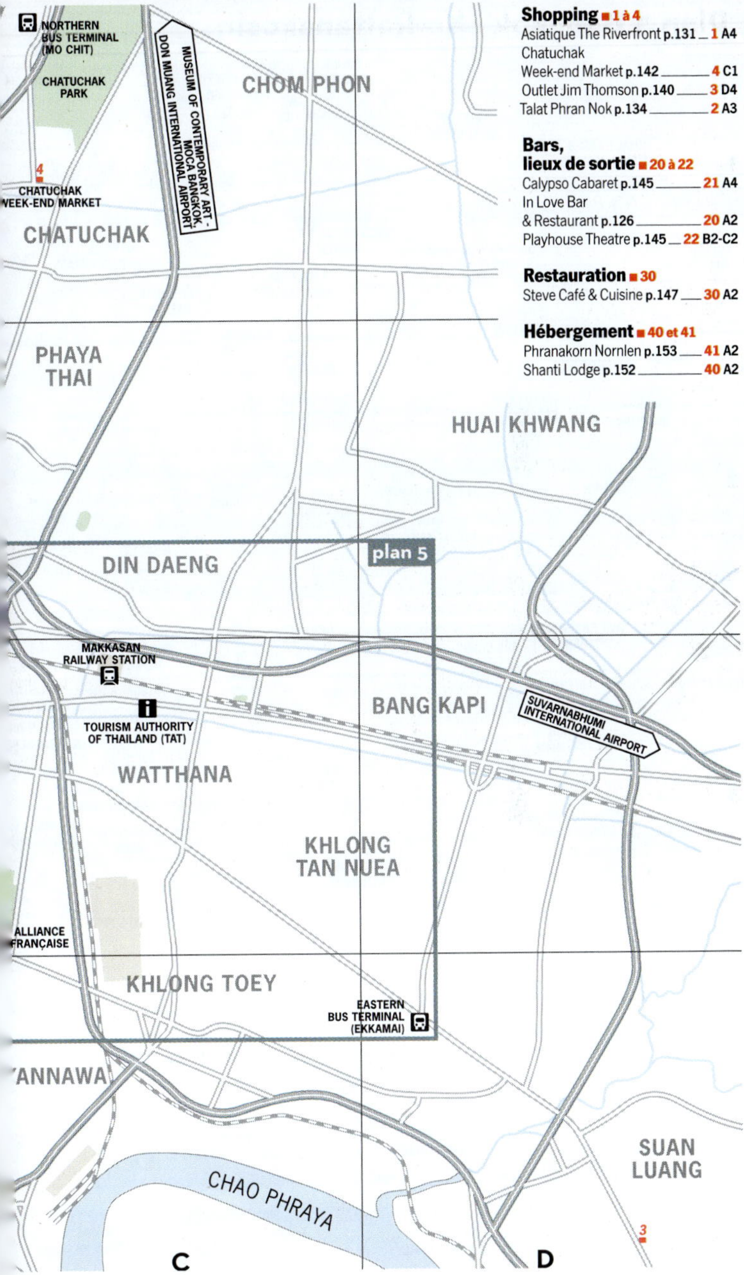

Shopping ■ 1 à 4
Asiatique The Riverfront p.131 — 1 A4
Chatuchak Week-end Market p.142 — 4 C1
Outlet Jim Thomson p.140 — 3 D4
Talat Phran Nok p.134 — 2 A3

Bars, lieux de sortie ■ 20 à 22
Calypso Cabaret p.145 — 21 A4
In Love Bar & Restaurant p.126 — 20 A2
Playhouse Theatre p.145 — 22 B2-C2

Restauration ■ 30
Steve Café & Cuisine p.147 — 30 A2

Hébergement ■ 40 et 41
Phranakorn Nornlen p.153 — 41 A2
Shanti Lodge p.152 — 40 A2

Plan 3 Bangkok : Ko Rattanakosin

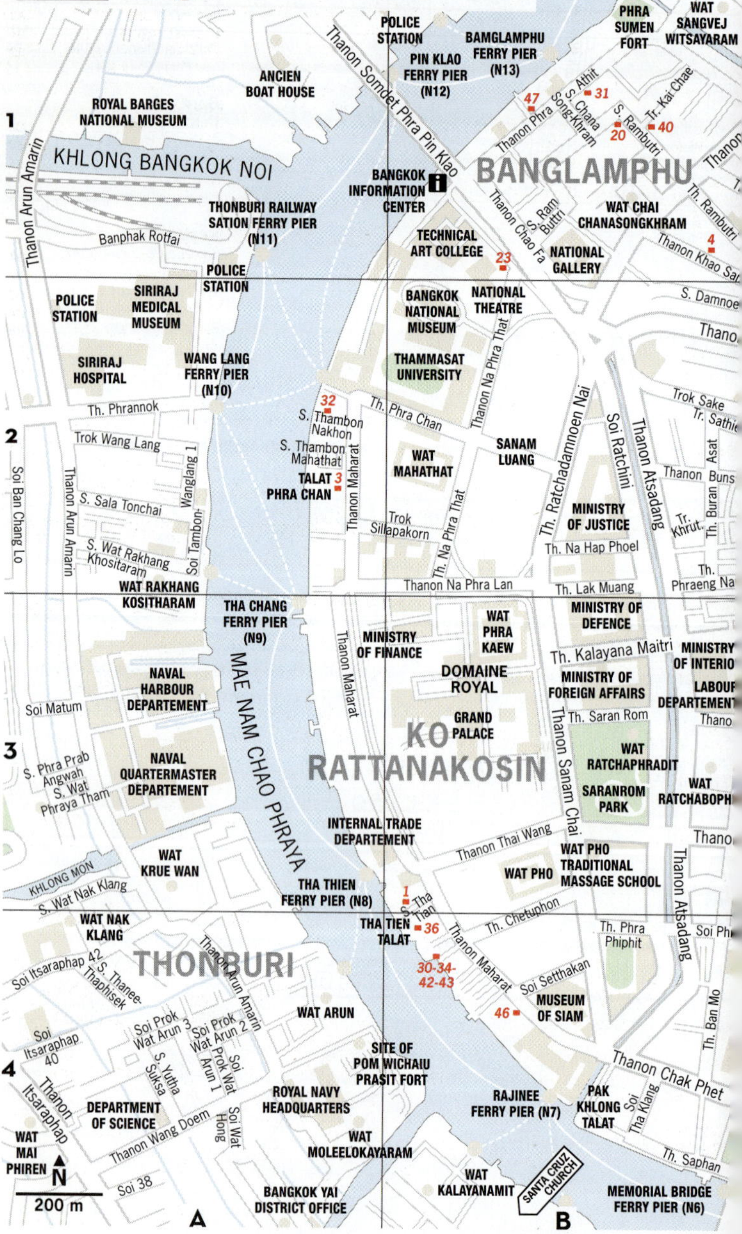

Shopping ■ 1 à 4

- Talat Phahurat **p.116** — **2** C4
- Talat Phra Chan **p.123** — **3** A2
- Tha Tien Talat **p.115** — **1** B4
- Thanon Khao San **p.123** — **4** B1-B2

Bars, lieux de sortie ■ 20 à 24

- Brown Sugar **p.143** — **21** C2
- Madame Musur **p.123** — **20** B1
- National Theatre **p.145** — **23** B1
- Rolling Bar **p.143** — **22** C1
- Sala Chalermkrung **p.145** — **24** C3

Restauration ■ 30 à 36

- Inn A Day **p.115** — **30** B4
- Meng Restaurant **p.146** — **32** A2
- Nai Soei **p.146** — **31** B1
- Sala Rattanakosin **p.149** — **36** B4
- The Deck by the River **p.147** — **34** B4
- Thip Samal **p.146** — **33** C3
- Yim Yim **p.147** — **35** D4

Hébergement ■ 40 à 47

- Chakrabongse Villas **p.155** — **46** B4
- Inn A Day **p.154** — **43** B4
- Lamphu House **p.152** — **40** B1
- Lamphu Tree House **p.152** — **41** C1
- Old Bangkok Inn **p.154** — **44** C2
- Riva Surya **p.155** — **47** B1
- Sala Arun **p.153** — **42** B4
- Shanghai Mansion **p.154** — **45** D4

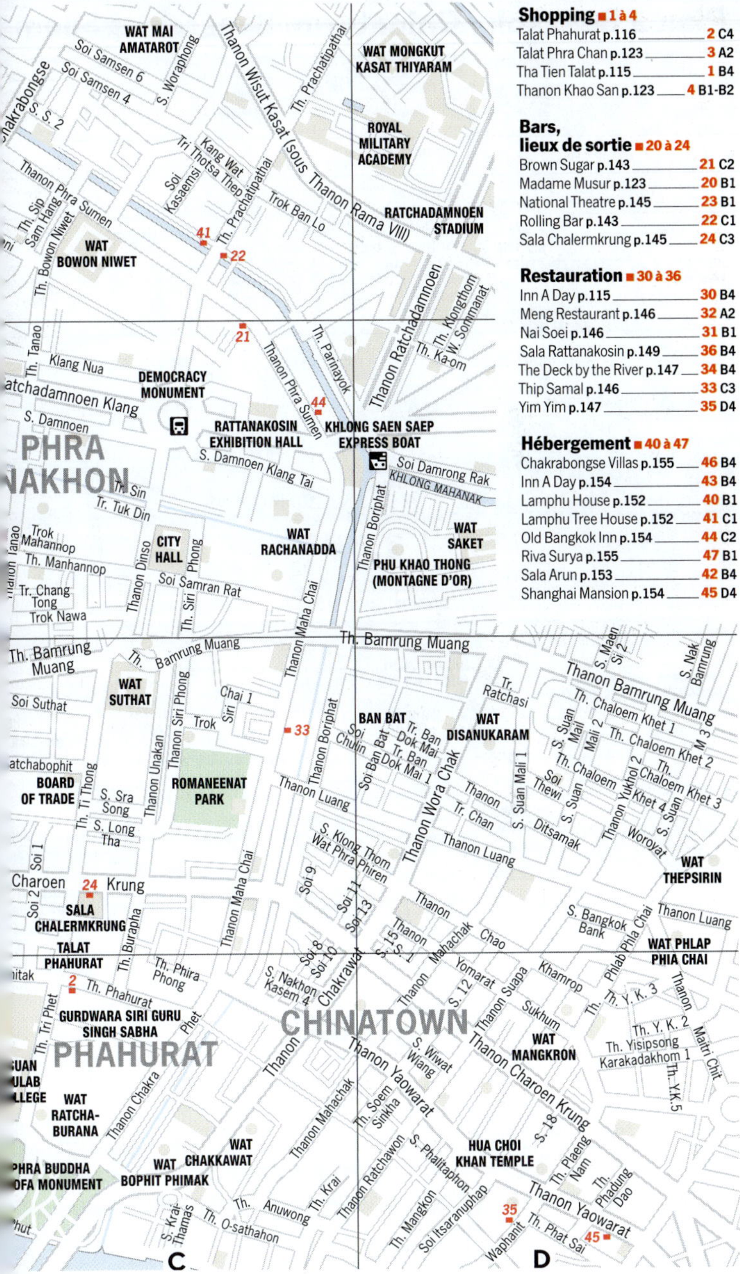

Plan 4 Bangkok : Chinatown, Bangrak et Silom

BANGKOK

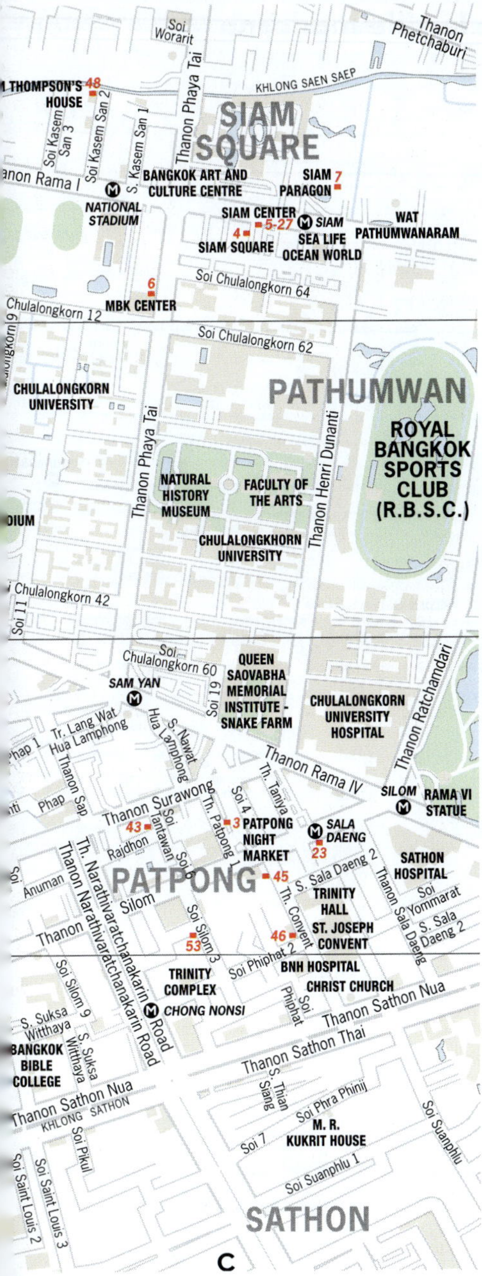

Shopping ■ 1 à 7

MBK Center **p.139** — **6 C1**
Patpong Night Market **p.131** — **3 C3**
Siam Center **p.139** — **5 C1**
Siam Paragon **p.139** — **7 C1**
Siam Square **p.139** — **4 C1**
Silom Village **p.130** — **2 B3**
Soi Wanit 1 **p.128** — **1 A2**

Bars, lieux de sortie ■ 20 à 30

Be My Guest **p.135** — **26 A3**
Candide Books & Café **p.135** — **25 A3**
Double Dogs Tearoom **p.129** — **21 A2**
Eiah-Sae Café **p.129** — **20 A2**
Maggie Choo **p.144** — **30 B4**
Mandarin Oriental **p.131** — **24 A4**
Mr Jones & Orphanage **p.140** — **27 C1**
Neilson Hays Library & Café **p.131** — **22 B3**
Peony House **p.131** — **23 C3**
Samsara **p.143** — **28 A2**
Viva & Aviv the River **p.143** — **29 A3**

Restauration ■ 40 à 48

Café de Laos **p.149** — **44 B4**
Chiringuito **p.147** — **41 A2**
Eat Me **p.150** — **46 C3**
Indian Hut **p.148** — **42 B3**
Indigo Bar & Restaurant **p.149** — **45 C3**
Mango Tree **p.148** — **43 C3**
The Canton House **p.146** — **40 A2**
The Never Ending Summer **p.150** — **47 A3**
Thompson Restaurant and Wine Bar **p.150** — **48 C1**

Hébergement ■ 50 à 54

Baan Silom soi 3 **p.153** — **53 C3**
Loftel 22 Hostel **p.151** — **50 B3**
Loy La Long Hotel **p.154** — **54 A2**
River View Guesthouse **p.152** — **52 A2**
Silom Art Hotel **p.152** — **51 C3**

Plan 5 Bangkok : la ville moderne

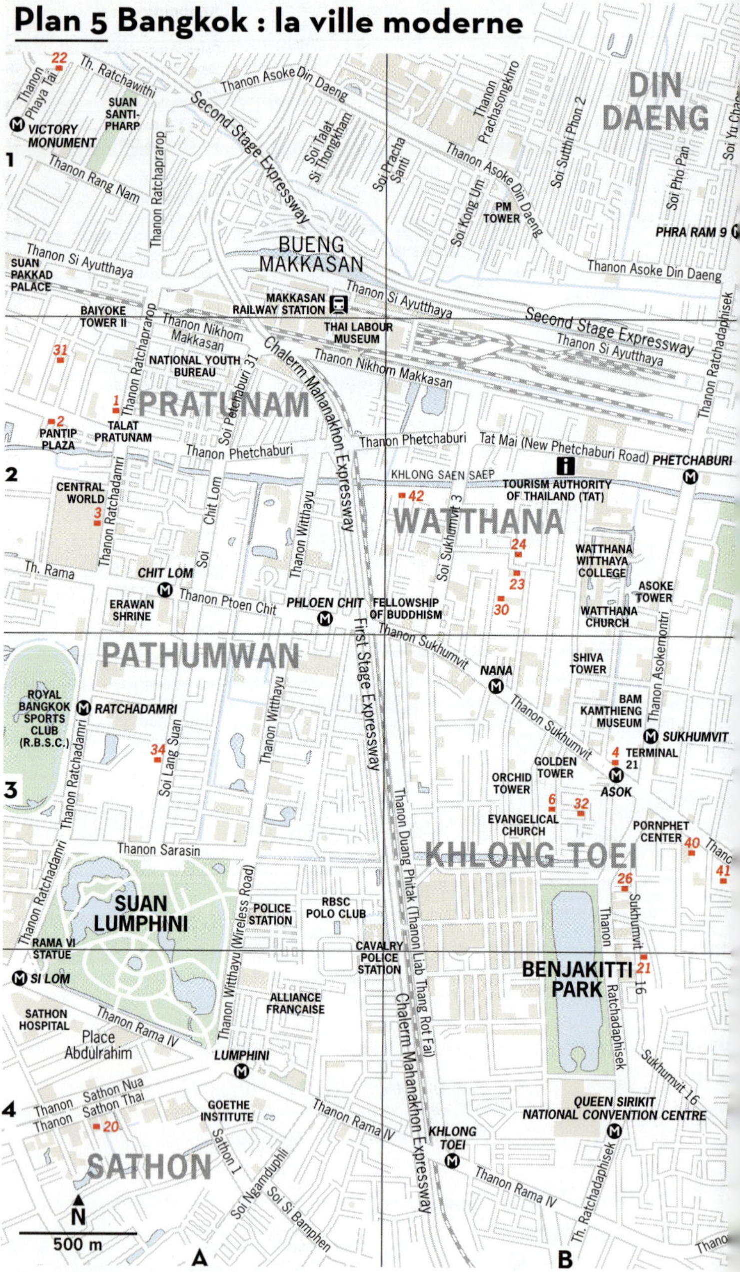

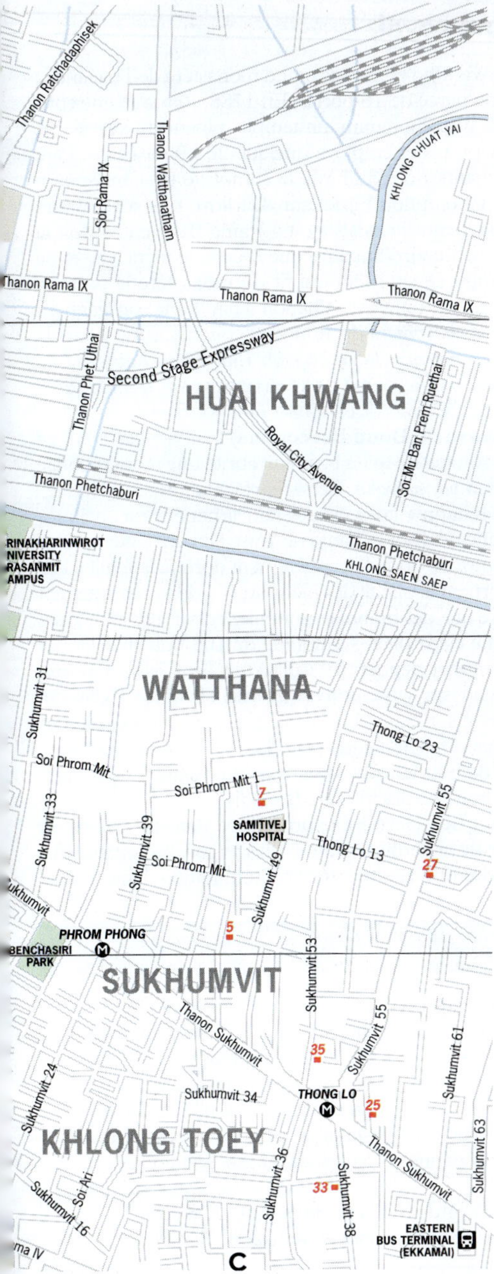

Shopping 1 à 7

Cabbages & Condoms **p.141** — **6** B3
Central World **p.139** — **3** A2
Near Equal **p.140** — **5** C3
Pantip Plaza **p.139** — **2** A2
Sop Moei Arts **p.141** — **7** C3
Talat Pratunam **p.136** — **1** A2
Terminal 21 **p.139** — **4** B3

Bars, lieux de sortie 20 à 27

Above Eleven **p.144** — **24** B2
Iron Fairies **p.145** — **27** C3
Kuppa **p.141** — **21** B4
Long Table **p.144** — **26** B3
Moon Bar **p.132** — **20** A4
Octave Rooftop Lounge & Bar **p.144** — **25** C4
Saxophone **p.144** — **22** A1
The Nest **p.144** — **23** B2

Restauration 30 à 35

Bo.lan **p.151** — **35** C4
Cabbages & Condoms **p.149** — **32** B3
Face **p.150** — **33** C4
Gaggan **p.150** — **34** A3
Once upon a Time... **p.149** — **31** A2
Suk 11 Restaurant **p.147** — **30** B2

Hébergement 40 à 42

Ariyasom Villa **p.155** — **42** B2
Baan Sukhumvit 18 **p.153** — **40** B3
Baan Sukhumvit 20 **p.153** — **41** B3

Au sud du domaine royal

☆ **Wat Pho (plan 3, B3)** Le Wat Pho est le plus grand monastère de Thaïlande : 8ha, ceints d'un mur en stuc percé de 16 portes. En 1788, Rama Ier entreprit de restaurer et d'agrandir le Wat Phodaram, un temple mineur du XVIe siècle. Le chantier dura plus de sept ans et employa quelque 20 000 artisans. Paré de 689 statues sauvées des ruines d'Ayutthaya, le complexe fut consacré en 1801 sous le nom de Wat Chetuphon Vimolmangklararm. Les successeurs de Rama Ier ne cessèrent de l'embellir, mais c'est à Rama III que l'on doit la plupart des bâtiments visibles aujourd'hui ainsi que l'école de médecine et de massages traditionnels, inaugurée en 1830, qui fit du monastère le premier centre d'instruction publique du pays. De Thanon Thai Wang, on gagnera d'abord le Phra Bouddha Saiyas (*vihara* du Bouddha couché), situé à l'angle nord-ouest du monastère. *Entrée principale Thanon Thai Wang Autre entrée Thanon Chetuphon (Phra Nakhon) Tél. 02 226 03 35 ou 02 225 95 95 Débarcadère n°8 (Tha Tien) www.watpho.com Ouvert tlj. 8h-18h30 Tarif 200B*

Phra Buddha Saiyas (*vihara* du Bouddha couché) Consacré en 1832, ce sanctuaire reconnaissable à son toit de tuiles bleu nuit abrite une monumentale statue du Bouddha couché en *parinirvana*. Cette représentation de l'"Éveillé" sur le point de mourir et d'échapper au cycle des réincarnations est attribuée à un fils de Rama III. Longue de 46m et haute de 15m, l'œuvre a été moulée dans le plâtre sur une armature de brique et entièrement dorée à la feuille. Les incrustations de nacre qui ornent la plante des pieds du Bouddha représentent les 108 signes de bon augure que des brahmanes auraient discernés cinq jours après sa naissance. La statue est d'ailleurs entourée de 108 bols métalliques dans lesquels les fidèles viennent déposer 108 piécettes censées leur porter chance. Arrêtez-vous un instant sur les peintures qui ornent l'édifice. Celles qui soulignent la poutre maîtresse sont consacrées à la cosmologie bouddhique ; celles qui surlignent les portes et fenêtres sont tirées du *Mahavamsa*, chronique relatant l'histoire des rois et du bouddhisme sri-lankais, tandis que sur les murs sont mis en scène les plus éminents disciples du Bouddha.

Phra Mondop (bibliothèque) Derrière le précédent, dans un enclos, se dresse un majestueux arbre de la bodhi, ou figuier des pagodes – rejeton, dit-on, du pipal sous lequel le Bouddha aurait atteint l'illumination. Juste au sud

Gardiens de pierre

Dans l'enceinte du Wat Pho, comme dans maints autres temples de la capitale, sont disséminées des statues de granit de facture chinoise représentant le plus souvent des guerriers, des moines, de gentes dames ou des mandarins en costume d'opéra chinois... mais aussi des commerçants vêtus à l'occidentale. Produites en série pour servir de lest aux jonques de haute mer, ces *lan than*, comme on les appelle, séduisirent les Thaïs par leur expressivité. Sorties des cales des navires, elle purent ainsi entamer une seconde carrière bien plus prestigieuse. En témoignent les nobles guerriers qui montent la garde devant les 16 portails monumentaux du Wat Pho.

UNE UNIVERSITÉ POPULAIRE
Vingt-quatre monticules disséminés dans l'enceinte du Wat Po présentent des spécimens géologiques et botaniques mentionnés dans les textes bouddhiques. Dans les taillis, des *rishi* (ermites) figurent des postures de yoga favorisant la méditation et soulageant les tensions. Sur les murs des pavillons en pierre, on a recensé 1 431 inscriptions et peintures murales des années 1830, traitant de médecine, de phytothérapie, d'astronomie, d'histoire et de l'art de la guerre. Cette collection épigraphique est inscrite depuis 2011 sur la liste "Mémoire du monde" de l'Unesco.

s'élève l'élégante bibliothèque du monastère. Cet édifice quadrangulaire au toit de tuiles vernissées en forme de couronne ne se visite pas. Ses trois petites dépendances abritent des collections de porcelaines et de manuscrits.

Phra Maha Chedi Si Rajakarn (*chedi* royaux) À l'est de la bibliothèque, dans une cour gardée par deux géants de granit, s'élèvent quatre imposants *chedi*, décorés de mosaïque de style chinois et dédiés aux premiers monarques Chakri : vert pour Rama Ier, blanc pour Rama II, jaune pour Rama III et bleu foncé pour Rama IV. Le cloître abrite une collection de bouddhas rapportés d'Ayutthaya par Rama Ier et un petit centre d'interprétation qui fournit d'excellentes explications illustrées en anglais sur l'histoire et l'architecture du Wat Po.

Phra Ubosot Protégé par une grande enceinte ponctuée de 4 pavillons axiaux, le bâtiment principal du monastère en impose par sa richesse décorative. Les délicates incrustations de nacre de ses portes laquées illustrent des épisodes du *Ramakien*. Elles s'ouvrent sur une vaste salle dallée de marbre, dont la charpente rouge et or reposant sur deux rangées de 8 piliers. Du haut de l'autel principal, le Phra Bouddha Deva Patimakorn domine huit de ses disciples. Le piédestal sur lequel est assis ce bouddha en bronze doré renferme des reliques de Rama Ier. Certaines des fresques bien conservées qui parent la salle représentent différents niveaux du mont Meru, pivot de la cosmologie indienne. D'autres illustrent les hauts faits des disciples du Bouddha. En ressortant, ne manquez pas d'admirer les 152 bas-reliefs en marbre, tirés du *Ramakien*, qui font le tour du *bot* : les scènes se lisent dans le sens des aiguilles d'une montre à partir du mur est. Dans la double **galerie du cloître** vous attendent près de 400 bouddhas dorés admirablement restaurés, produits par les écoles de Sukhothai, d'Ayutthaya et de Lopburi. Les quatre *viharn* directionnels complètent cet inventaire exhaustif de la statuaire bouddhique thaïe. Terminez votre visite du Wat Pho par un massage dans l'un des deux pavillons situés à l'est du *bot*, cf. Se faire masser (p.115).

☺ **Museum of Siam (plan 3, B4)** Bâti dans les 1920 pour abriter le ministère du Commerce, cet édifice néoclassique accueille désormais un musée consacré à l'histoire et à la culture du peuple thaï. Les dix-sept salles thématiques, agrémentées d'animations interactives bourrées d'humour, évoquent tour à tour le peuplement de la Terre de l'Or (*Suvarnabhumi*), le bouddhisme, la fondation du royaume et ses capitales successives, la vie d'un village traditionnel, les échanges du Siam avec le reste du monde et l'évolution du royaume depuis les années 1960. La scénographie, aussi pédagogique que ludique, ravira les enfants, avec son restaurant, son bar des années 1960 et son épicerie reconstitués. Également des expositions temporaires, un agréable café et une belle boutique de souvenirs. *4 Thanon Sanam Chai (Phra Nakhon) Tél. 02 225 27 77 www.museumsiam.org Ouvert mar.-dim. 10h-18h Tarif 300B, étudiants 50B, plus de 60 ans et moins de 15 ans gratuit, 16h-18h gratuit pour tous*

Wat Ratchaphradit (plan 3, B3) Cet élégant petit temple a été consacré sous Rama IV. La chapelle principale un édifice en marbre gris, aux ouvertures particulièrement ouvragées, abrite une réplique du Phra Bouddha Sihing, dont on peut admirer l'original dans la chapelle Buddhaisawan du Bangkok National Museum (p.118). On s'attardera surtout sur les fresques, commanditées par Rama V et illustrant les cérémonies qui rythmaient jadis l'année – on reconnaîtra sans mal les festivités de Songkran et de Loy Kratong. Le bâtiment est flanqué de *prang* de style khmer, dont l'un abrite une bibliothèque et l'autre une statue de Rama IV. Prolongez cette parenthèse bucolique à **Saranrom Park** (ouv. tlj. 4h30-21h), jardin de l'ancien palais éponyme, qui abrite le ministère des Affaires étrangères. Aménagé en 1866, il fut agrémenté de fontaines italianisantes par Rama V. *Angle Thanon Rachini et Thanon Saran Rom (Phra Nakhon) Ouvert tlj. 8h-18h (bot 9h-9h30 et 17h-18h) Entrée libre*

Lâcher prise, se ressourcer

Massages traditionnels

Wat Pho Traditional Massage School (Bangkok) ____ 115
Sichang Healing House (Ko Sichang) ____ 168
Nong Massage (Ko Mak) ____ 211
Wat Pho (Ko Pha Ngan) ____ 337

Spas, thermes

Face (Bangkok) ____ 141
Oasis Spa (Pattaya) ____ 176
Six Senses Spa (Ko Samui) ____ 318
Tamarind Springs (Ko Samui) ____ 318
Porn Rang Hot Springs (Ranong) ____ 388
Siam Hot Spa (Ranong) ____ 389
De Flora Spa (Phuket) ____ 451

Cours de yoga

Yoga Pattaya (Pattaya) ____ 175
Samahita Retreat (Ko Samui) ____ 331
Orion Healing Centre (Ko Pha Ngan) ____ 342
Golden Buddha Beach Resort (Ko Phra Thong) ____ 399
Island Yoga (Ko Yao Noi) ____ 420
Oasis Yoga (Ko Lanta) ____ 509

Hôtels isolés

Ao Nuan Bungalows (Ko Samet) ____ 189
Bann Makok (Ko Kut) ____ 223
Away Boutique Resort (Khao Sam Roi Yot) ____ 288
Sunshine Paradise Resort (Bang Saphan Yai) ____ 299
The Jungle Club (Ko Samui) ____ 330
The Sanctuary (Ko Pha Ngan) ____ 338
Golden Buddha Beach Resort (Ko Phra Thong) ____ 401
Baan Mai Cottage (Phuket) ____ 464
Islanda Eco Village Resort (Krabi) ____ 481
Railei Beach Club (Ao Nang) ____ 494
Coco Cottage (Ko Ngai) ____ 529
Sivalai Beach Resort (Ko Muk) ____ 530
Ko Tarutao Bungalows & Camping Sites ____ 546

● Flâner sur un marché

Tha Tien Talat (plan 3, B3-B4 n°1) Juste à l'ouest du Wat Po, ce vaste marché couvert se cache au cœur d'un bâtiment à arcades de la fin du XIXe siècle. Seul un discret panneau en caractères thaïs signale l'entrée de cette halle aussi vaste que haute, aux allures de capharnaüm : sacs entiers de poisson et de crevettes séchés, cartons remplis de racines diverses, étals d'épices et de friandises fluorescentes, grands paniers en osier débordant de légumes et de fruits exotiques... souvent inconnus du chaland occidental. En ressortant, faites une pause dans l'un des cafés installés sous les arcades, dans d'anciennes *shophouses* de style sino-portugais. *Soi Tha Tian (Phra Nakhon) Ouvert tlj. 6h-18h*

☺ **Pak Khlong Talat (plan 3, B4)** C'est entre 3 et 4h du matin que le principal marché aux fleurs de la capitale bat son plein. Mais dès la tombée de la nuit, grossistes et détaillants assaillent les trottoirs de Thanon Chak Phet pour y dresser des étals débordant de roses, de jasmin, d'orchidées, de boutons de lotus et d'œillets d'Inde. En attendant le chaland, des commerçantes assises sur des tabourets bas confectionnent de délicats *malai*, ces compositions florales portées en offrande dans les temples, offertes lors de fiançailles ou accrochées dans les voitures pour conjurer le mauvais sort. *Thanon Chak Phet (Phra Nakhon) Ouvert tlj. 24h/24*

● Où faire une pause déjeuner ?

Inn A Day (plan 3, B4 n°30) Si le décor industriel de cet agréable café climatisé évoque New York, sa carte est résolument thaïe : calmars frits épicés, salade de papaye verte, poulet aux noix de cajou et curry aux légumes. Terminez le repas sur la terrasse fleurie avec un smoothie mangue-ananas ou un expresso. Comptez 250-350B le repas hors boisson. Pas de CB. *Soi Tha Ruea Daeng, 57-61 Thanon Maharat (Phra Nakhon) Tél. 022 210 577 Débarcadère n°8 (Tha Tien) http://www.innaday.com/ Ouvert tlj. 8h-21h*

● Se faire masser

☺ **Wat Pho Traditional Massage School (plan 3, B3)** L'aile occidentale du Wat Pho abrite la meilleure école de médecine traditionnelle du pays – ses deux pavillons de consultation font face au *bot*. Pour un massage traditionnel (260B les 30min, 420B/h) comme pour une séance de réflexologie plantaire (280B les 30min, 420B/h), vous devrez payer votre soin et attendre 15-30min qu'un élève vous prenne en charge. N'hésitez pas à lui signaler des points de tension particulière. Les masseurs sont plus relax l'après-midi, quand l'affluence diminue. *Wat Pho, Thanon Sanam Chai (Phra Nakhon) Tél. 02 221 29 74* ou *02 225 47 71 www.watpomassage.com Ouvert tlj. 8h-18h*

Phahurat

Portant le prénom de l'une des filles de Rama V, mais dénommé *Little India* par les habitants de la capitale, ce minuscule quartier de Ko Rattanakosin jouxte Chinatown (plan 3, C4). Occupé dans la seconde moitié du XVIIIe siècle par des immigrants vietnamiens, il accueillit à la fin du XIXe une communauté sikh, grossie par la suite par des Indiens de confession hindoue et musulmane. S'y côtoient un temple sikh et une mosquée, des stands de *lassi* et des échoppes de thé à la menthe, effluves d'encens et appels à la prière du muezzin.

☺ **Gurdwara Siri Guru Singh Sabha (plan 3, C4)** Ce temple sikh fondé en 1933 et bombardé pendant la Seconde Guerre mondiale a été restauré puis agrandi vers 1980. Perdu dans un dédale de venelles, ce sanctuaire blanc coiffé d'un dôme doré s'élève sur six étages, occupant un terrain de 1 440m^2. Comme tous les temples sikhs, il met une cantine gratuite (*langar*) à la disposition de ses visiteurs (vers 9h, 1er étage), conformément au vœu de Gourou Nanak (1469-1539), le fondateur de cette religion. Installée au 3e étage, la vaste salle de culte, sobrement décorée, est également accessible aux profanes. Ne manquez pas le début de la lecture du *Granth Sahib*, livre sacré du sikhisme sur fond de tablas (tlj. à 16h30) ou joignez-vous à la cérémonie de fermeture des cantiques (tlj. à 18h30). La communauté sikh étant très accueillante, vous pourrez y glaner, si vous le souhaitez, des informations sur cette religion monothéiste qui réfute le système des castes. *Talat Phahurat, 571 Thanon Chakphet (entrée Thanon Phahurat ou Thanon Chakkra Phet), Wang Burapha Phirom (Phra Nakhon) Ouvert tlj. 8h-16h Entrée libre Tenue correcte et couvre-chef impératifs*

● Où se constituer une tenue façon Bollywood ?

☺ **Talat Phahurat (plan 3, C3-C4 n°2)** Les effluves de patchouli et les airs de musique *filmi* vous guideront vers ce ravissant mais labyrinthique marché indien. Ses échoppes bigarrées regorgent de bracelets en verre multicolores et de saris rehaussés de fils d'argent. On y déniche aussi des statuettes de divinités indiennes, de la soie au mètre, des épices et, bien sûr, les DVD des derniers blockbusters de Bollywood ! L'occasion de grignoter un samosa aux légumes accompagné d'une tasse de *chai* et des *mithai*, ces pâtisseries à base de lait condensé, recouvertes d'une feuille d'aluminium alimentaire. *Thanon Phahurat (Phra Nakhon) Ouvert tlj. 9h-17h*

À l'est du domaine royal

☆ **Wat Ratchabophit (plan 3, B3)** Boudé des visiteurs étrangers, ce paisible “temple Construit par le roi” (en 1869) pour son usage personnel témoigne du goût de Rama V pour l'architecture occidentale. Sa structure principale est un *chedi* doré haut de 43m, ceint d'un inhabituel cloître circulaire, interrompu par un *bot* et trois *vihara* aux points cardinaux. L'ensemble est entièrement revêtu de céramiques chinoises au délicat décor polychrome. Si la façade du *bot* est typiquement thaïe, son intérieur (ne se visite pas) est de style néogothique. Le cimetière qui s'étend à l'ouest du temple réunit les mausolées des épouses et des descendants de Rama V – un ensemble tout aussi éclectique avec ses édifices de style cinghalais, khmer ou néogothique. *Thanon Ratchabophit (Phra Nakhon) Ouvert tlj. 8h-17h Entrée libre*

☆ **Wat Suthat (plan 3, C3)** Particulièrement bien entretenu, ce temple figure parmi les plus beaux du pays et les plus vastes de la capitale (40ha). À l'époque de sa construction (1807-1847), il marquait le centre de la capitale, et son nom fait allusion à Suthat Sana Nakhon, cité mythique du mont Meru, pivot de l'Univers selon la cosmologie indienne et demeure du dieu Indra – le protecteur de Bangkok. L'immense *viharn* du Wat Suthat, dont la porte principale aurait été ciselée par Rama II, abrite le **Phra Putta Sakyamuni**, un bouddha en bronze haut de 8m, chef-d'œuvre de la statuaire de Sukhothai (XIVe s.). De splendides fresques illustrant les vies antérieures du Bouddha parent ses murs et ses colonnes. Le *bot*, lui aussi monumental, abrite un autre bouddha en bronze, mais c'est surtout le portail de son enceinte qui retiendra votre attention : il est gardé par d'expressives statues de marins et de soldats occidentaux en provenance de Chine – créatures assez terrifiantes, pensait-on, pour tenir les mauvais esprits en respect. À l'extérieur du Wat Suthat, sur la place Sao Ching Cha, subsiste l'imposant portique en teck rouge (XVIIIe s.) d'une **balançoire géante** jadis utilisée par les brahmanes locaux lors d'une importante cérémonie annuelle en l'honneur de Shiva. *Thanon Bamrung Muang (Phra Nakhon) Tél. 02 221 40 26 Ouvert tlj. 8h30-21h (chapelle 9h-16h) Tarif 40B*

Rattanakosin Exhibition Hall (plan 3, C2) Ne perdez pas votre temps à visiter ce musée consacré à l'histoire de l'île de Rattanakosin, à son architecture, ses traditions, son artisanat... Ses immenses salles paraissent vides et ses écrans tactiles sont pour la plupart éteints. *100 Thanon Ratchadamnoen Klang (Phra Nakhon) Tél. 02 621 00 44 www.nitasrattanakosin.com Ouvert mar.-dim. 11h-19h (en principe) Tarif 100B*

Wat Rachanadda (plan 3, C2) Ce temple construit en 1846 par Rama III pour une de ses nièces vaut surtout la visite pour son ***loha prasat***, structure pyramidale inspirée d'un antique "palais de métal" indien. La flèche du *chedi* sommital et les spires des petits pavillons qui soulignent les deux étages inférieurs symbolisent les 37 conditions requises d'un bouddhiste pour qu'il atteigne l'Éveil. Un escalier central dessert chaque niveau et son dédale de cellules de méditation. Afin de mener à bien le projet de Rama III, une restauration d'envergure, lancée en 1996, a entrepris de substituer un alliage métallique au stuc qui couvre les toitures. *Angle Thanon Maha Chai et Soi Damnoen Klang Tai (Phra Nakhon) Ouvert tlj. 8h-17h Tarif 20B*

Democracy Monument (plan 3, C2) Cerné par une circulation trépidante, cet étrange monument à quatre "ailes" (bas-reliefs de l'Italien Corrado Feroci, 1939) commémore le coup d'État du 24 juin 1932 qui instaura la monarchie constitutionnelle. *Angle Thanon Ratchadamnoen Klang et Thanon Dinso (Phra Nakhon)*

Au nord du domaine royal

Sanam Luang / Champ Royal (plan 3, B2) Ce "champ Royal" fut aménagé au nord du palais royal pour accueillir les rites de crémation des membres de la famille régnante. En avril-mai s'y déroule, selon un antique rituel brahmanique, la cérémonie des Labours, destinée à assurer de bonnes récoltes aux riziculteurs thaïs. L'esplanade accueille aussi les festivités marquant l'anniversaire du roi et le Nouvel An. Les cerf-volistes s'y donnent rendez-vous en novembre-décembre et en mars-avril, et la piste aménagée à sa périphérie, sous les tamariniers, attire cyclistes et adeptes de la course à pied. L'élégant pavillon aux portes dorées qui s'élève au sud-est de Sanam Luang (par-delà Thanon Ratchadamnoen Nai) renferme deux **Lak Muang**, piliers dorés en forme de lingam (phallus symbolisant le dieu Shiva), dédiés aux divinités protectrices de la cité et marquant le point 0 de toutes les mesures de distance locales. Le plus haut des deux (4,75m – dont 2m sous terre) fut érigé par Rama Ier en 1782 et le second par Rama IV afin de protéger la cité de nouveaux dangers – les puissances coloniales européennes. Le monument reçoit la visite de nombreux fidèles venus demander aux génies tutélaires de Krung Thep d'exaucer les vœux les plus divers. *Entre Thanon Rachadamoen Nai et Thanon Na Phra That (Phra Nakhon)*

Wat Mahathat / Temple de la Grande Relique (plan 3, B2) Siège de la Maha Nikaya – la principale secte bouddhique de Thaïlande –, ce monastère royal fondé en 1783 et relevé en 1803 après un incendie, doit son nom au grand *chedi* doré qu'abrite son *mondop*. Outre une école de méditation *vipassana* ouverte aux étrangers (cours gratuits en anglais tlj. 7h-10h, 13h-16h et 18h-20h), le Wat Mahathat abrite l'une des plus prestigieuses universités du pays, spécialisée dans les sciences humaines, publique depuis 1997. Les enfants peuvent y suivre, le dimanche, des cours de théologie, d'anglais, de musique et de théâtre classiques thaïs. À proximité se tient un grand marché aux amulettes. *Entrée Thanon Maharat ou Thanon Na Phra Tha (Phra Nakhon) Tél. 02 222 60 11 (rens. pour les cours) Ouvert tlj. 8h-17h Entrée libre*

BANGKOK

☆ **Bangkok National Museum (plan 3, B2)** Établi depuis 1887 dans l'ancien palais de Devant (Wang Na), construit en 1782 à l'intention du vice-roi, le Musée national offre la plus parfaite des introductions à l'histoire et aux arts siamois. Peu mise en valeur, la collection n'en est pas moins d'une richesse remarquable. Ainsi dresse-t-elle un inventaire exhaustif des styles de la statuaire bouddhique. Ne manquez pas la chapelle Buddhaisawan (1787) et ses précieuses fresques, ni la **galerie n°1** (Siwamokkaphiman Hall, l'ancienne salle d'audience du palais), consacrée à l'histoire nationale. Elle expose, notamment, la stèle du roi Ram Khamhaeng (mort en 1317), considérée comme le premier "document" rédigé en caractères thaïs, cf. Histoire (p.13). La **galerie n°7** expose de splendides attelages royaux, de la fin du XVIIIe au début du XXe siècle, dont le "grand char de la Victoire" (24t). Hélas, la trentaine d'autres salles poussiéreuses ne sont pas toujours ouvertes. De plus, si leur affectation ne change pas, les œuvres qu'elles présentent sont susceptibles d'être renouvelées et les explications, parcimonieuses, sont fournies dans un anglais approximatif. Mieux vaut donc réserver sur le site Internet une des visites guidée gratuites et en français (env. 2h30) qu'organise l'Association des volontaires du musée. *Thanon Na Phra That (Phra Nakhon) Compter 10min de marche depuis l'embarcadère Tél. 02 224 14 04 Embarcadère n°9 (Tha Chang) http://www.museumvolunteersbkk.net Ouvert mer.-dim. 9h-16h* ***Visites guidées*** *Mer.-jeu. 9h30 Tarif 200B*

Chapelle Buddhaisawan Lieu de culte personnel du vice-roi, cette chapelle fut érigée en 1787 pour accueillir un beau bouddha en méditation (*Phra Buddha Sihing*) retrouvé à Chiang Mai au XVe siècle et datant probablement de la période de Sukhothai, au XIIIe siècle, même si la légende lui attribue une origine sri-lankaise. Trônant sur un chariot céleste au centre de la chapelle, cette statue en bronze doré constitue la représentation la plus vénérée de Thaïlande après le *Bouddha d'émeraude*. L'intérieur de l'édifice est paré de magnifiques fresques murales datant du XVIIIe siècle. Parfaitement conservées,

les quatre frises supérieures sont consacrées aux *deva* (dieux) et aux *asura* (démons) hérités de la mythologie hindouiste, tandis que le bas-relief retrace la vie de Siddharta Gautama, futur Bouddha, en six sections chronologiques de 28 panneaux. Prenez aussi le temps d'admirer la "voûte céleste" et les bibliothèques laquées de noir et d'or qui illustrent des scènes du *Ramakien.*
Tamnak Daeng Ce "pavillon Rouge" voisin de la chapelle fut la résidence d'une sœur aînée de Rama Ier avant d'être transporté de Thonburi au Grand Palais de Bangkok, puis sur son site actuel dans la seconde moitié du XIXe siècle. Il renferme des meubles précieux du XVIIIe siècle, hélas entreposés sans grand égard pour leur âge et leur noblesse. **Maha Surasinghanat Building** L'aile sud du musée, aménagée en 1967, est consacrée à l'art thaï avant le XIIIe siècle : outillage néolithique, bronzes et poteries de Ban Chiang (un site du Nord-Est occupé de 3600 à 250 av. notre ère), une belle collection de têtes d'inspiration indienne, aux traits épais et aux cheveux bouclés, de la période de Dvaravati (VIe-VIIIe s.), un imposant mais débonnaire *Ganesh assis* en provenance de Java-Est et un sensuel *Boddhisatva Avalokiteshvara* en grès (VIIIe s.) traduisant l'influence du bouddhisme mahayana, alors répandu dans l'empire sumatranais de Sri Vijaya, sur la Thaïlande méridionale. Autre trésor de cette section, un *Vishnou* de style khmer haut de 2m illustre l'influence de l'hindouisme sur les populations de la région à la fin du Ier millénaire. Les canons stylistiques de l'art d'Angkor allaient se perpétuer jusqu'au XIIIe siècle en Thaïlande avec les bouddhas assis au sourire énigmatique de Lopburi (XIe-XIIIe s.).
Phraphat Phiphitthaphan Building L'autre aile moderne, au nord du palais, illustre l'évolution de l'art national du XIIIe au XXe siècle. Deux salles présentent l'art du Lanna, royaume du Nord qui connut son apogée au XVe siècle. Les autres dévoilent les trésors des royaumes de la vallée du Chao Phraya. La période de Sukhothai (XIIIe-XIVe s.), considérée comme l'âge d'or de l'art classique thaï, a surtout légué des bronzes, dont un fameux *Bouddha marchant* aux gracieuses formes stylisées et dont la coiffure est ponctuée d'une flamme caractéristique. À l'époque d'Ayutthaya (XIVe-XVIIIe s.), les visages, empreints d'une grande douceur, s'allongent, mais les formes se figent et les sculptures se parent de riches ornements et costumes. La surcharge décorative s'accentue à l'époque Rattanakosin (depuis 1782), caractérisée par ses statues debout, sans grand caractère.
Phra Wiman Les salles du palais proprement dit et les pavillons périphériques dressent un panorama exhaustif de l'artisanat d'art traditionnel : orfèvrerie, travail de l'ivoire, céramique, sculpture sur pierre, marqueterie de nacre, étoffes précieuses, instruments de musique, marionnettes et masques de théâtre, mais aussi armes, insignes et attelages royaux.

National Gallery (plan 3, B1) Pimpant édifice jaune clair, d'architecture européenne (1902), l'ancienne Monnaie royale prête son cadre à la galerie d'Art nationale. Le rdc, consacré à la sculpture et à la peinture thaïes d'inspiration occidentale (depuis 1856), comprend des toiles expressionnistes abstraites de Rama IX en personne et des reproductions de chefs-d'œuvre italiens. L'étage présente des peintures thaïes traditionnelles, dont la plupart illustrent des scènes de la vie du Bouddha. *4 Thanon Chao Fa, Banglamphu (Phra Nakhon) Tél. 02 281 22 24 Ouvert mer.-dim. 9h-16h Tarif 30B*

GEOPLUS

Bangkok en 3 jours

De la quiétude des temples bouddhiques et des palais royaux de Rattanakosin aux centres commerciaux et aux *skybars* futuristes de la ville moderne, des canaux verdoyants de Thonburi aux marchés grouillants de Chinatown, découvrez le formidable concentré de couleurs, d'ambiances et d'énergie de la Cité des anges.

Jour 1

En bateau, à pied et en *tuk-tuk*, consacrez cette première journée au centre historique.

MATIN

8h Wat Arun (p.132) De l'embarcadère n°8 (Tha Thien), gagnez le temple de l'Aube. Grimpez sur les terrasses de son majestueux *prang* polychrome, monument emblématique de la capitale siamoise, pour profiter de la vue sur Ko Rattanakosin.

9h15 Domaine royal (p.99). Retraversez le fleuve pour découvrir la fastueuse résidence des premiers monarques Chakri et le trésor de sa chapelle aux toits multicolores : le fameux *Bouddha d'émeraude*, statue la plus révérée du pays.

11h45 Wat Mahathat (p.118) Oubliez la foule du Grand Palais dans ce paisible monastère établi au nord du domaine royal, siège de la plus grande université bouddhique de la capitale.

> **CONSEILS** Prévoyez une tenue couvrant épaules et cuisses pour visiter les palais et les temples. Rappelez-vous que les Thaïs dînent tôt… sous peine de trouver la cuisine du restaurant fermée !

12h15 Talat Phra Chan (p.123) Mêlez-vous aux moines et aux fidèles pour dénicher talismans et statuettes du Bouddha sur ce marché aux amulettes.

Déjeuner Profitez de la terrasse du **Meng Restaurant** (p.146) pour croquer un poulet aux noix de cajou au bord du Chao Phraya **OU** rendez-vous de Tha Chang (embarcadère n°9) à Tha Thien (n°8) en bateau pour déguster un curry vert dans le décor cosy d'**Inn A Day** (p.115).

APRÈS-MIDI

14h Café à Tha Tien Talat (p.115). Prenez un café dans une des anciennes *shophouses* (maisons entrepôts) sino-portugaises derrière lesquelles se cache un vaste et bruissant marché couvert, à deux pas de Tha Tien (embarcadère n°8).

14h30 Wat Pho (p.112) Le plus grand monastère de Thaïlande, son monumental bouddha couché, ses *chedi* royaux et son labyrinthe de cours. Le cloître du bâtiment principal abrite un véritable musée de la statuaire bouddhique.

16h Wat Pho Traditional Massage School (p.115) Octroyez-vous un moment de détente dans la meilleure école de médecine tradionnelle du pays.

17h30 Embarquez à Tha Thien sur un *long-tail boat* pour une promenade rafraîchissante sur les canaux de Bangkok Mon et de Bangkok Yai, à Thonburi.

SOIRÉE

18h30 Au retour de la balade, apéritif sur la terrasse de **The Deck by the River** (p.147), face au Wat Arun illuminé.
Dîner Prolongez la soirée à The Deck by the River avec des raviolis au foie gras et truffes et un millefeuille aux framboises **OU** prenez un *tuk-tuk* pour aller savourer le meilleur *pad thai* de la capitale au **Thip Samal** (p.146).
21h30 **Pak Khlong Talat** (p.115) Découvrez le plus grand marché aux fleurs de la capitale, à deux pas de Tha Thien.
OU offrez-vous un concert de jazz au **Brown Sugar** (p.143).

Jour 2

Poursuivez, le matin, l'exploration de la cité royale. L'après-midi, flânez dans le quartier chinois et passez la soirée à Bangrak, l'ancien quartier des légations étrangères.

MATIN

9h30 **Dusit Palace** (p.124) Découvrez la fascination de Rama V pour l'architecture occidentale dans le cadre verdoyant de Dusit. Le palais Vimanmek serait le plus vaste édifice en teck du monde.
11h Rendez-vous en *tuk-tuk* au **Bangkok National Museum** (p.118), l'ancien palais du Vice-Roi, dont les collections composent un panorama inégalé de l'histoire et des arts thaïs.
13h30 De l'embarcadère n°9 (Tha Chang), gagnez en bateau Tha Ratchawong (n°5), le débarcadère de Chinatown.

> **LE WEEK-END** Si vous passez le week-end à Bangkok, consacrez une demi-journée au **Chatuchak Week-end Market** (p.142), l'un des plus grands marchés du monde.

Déjeuner Avalez une soupe de nouilles au canard grillé dans une cantine de Thanon Charoen Krung – cf. Se restaurer dans la rue : une institution ! (p.148) – **OU** poussez jusqu'à **The Canton House** pour un assortiment de *dim sum* (p.146).

APRÈS-MIDI

15h **Wat Traimit** (p.128) Un temple sino-thaï révéré pour son bouddha en or massif haut de 3m. Ne manquez pas son petit musée consacré à l'histoire de la communauté chinoise de Bangkok.
16h **Eiah-Sae Café** (p.129) Pause-café dans une institution du quartier chinois.
16h30 **Wat Mangkon Kamalawat** (p.128) L'un de sanctuaires les plus fréquentés de Chinatown : dragons ondulants sur les toits, guirlandes de lampions rouges et âcres fumées d'encens.
17h Lèche-vitrines sur l'artère principale de Chinatown, **Thanon Yaowarat** (p.127). Dénichez épices, thé et fruits secs dans les stands du **Soi Itsaranuphap** (p.128).

SOIRÉE

18h30 Remettez-vous de l'animation de Chinatown en prenant l'apéritif au bord de l'eau. Descendez du bateau à Si Phraya (n°3) si vous optez pour le cadre rustique chic du **Viva & Aviv the River** (p.143)

GEOPLUS

OU à Tha Oriental (n°1) si vous préférez la terrasse romantique du palace **Mandarin Oriental** (p.131).
Dîner Taxi pour Thanon Silom. Régalez-vous de spécialités du Nord-Est au **Café de Laos** (p.149)
OU d'un bœuf *wagyu* dans le cadre chic du **Eat Me** (p.150).
21h15 Hélez un taxi pour aller applaudir le spectacle de cabaret du **Playhouse Theatre** (p.145)
OU allez prendre un verre en musique sur la terrasse panoramique du **Moon Bar** (p.132) **OU** dans le décor rétro du **Maggie Choo** (p.144).

Jour 3

Découvrez des sites moins fréquentés de la vieille ville avant de partir à la conquête de la Bangkok moderne.

MATIN
9h **Wat Suthat** (p.116) L'un des plus majestueux temples de Bangkok. Son immense chapelle principale abrite un colossal bouddha en bronze.
9h45 **Montagne d'Or** (p.126) Du haut de ses 318 marches, cette éminence offre un beau point de vue sur la vieille ville. Détour par le **Wat Saket**, en contrebas, pour sa gracieuse bibliothèque sur pilotis.
11h Rendez visite aux artisans de **Ban Bat** (p.127). Dans les ateliers, suivez les différentes étapes de la fabrication d'un bol à aumônes.
12h Pour gagner la ville moderne, prenez un bateau-taxi sur le canal Saen Saep à l'embarcadère de Panfa Leelard (derrière la montagne d'Or) et débarquez à Baan Krua Nua, à deux pas de la maison de Jim Thompson.
12h30 **Jim Thompson's House** (p.137) Six maisons traditionnelles en teck et une belle collection d'art asiatique dans un écrin de verdure.
Déjeuner Testez le curry jaune de crabe aux légumes croquants du **Thompson Restaurant and Wine Bar** (p.150)
OU gagnez à pied le *food court* du **MBK Center** (p.139) pour un plateau de sushis.

APRÈS-MIDI
15h30 Marathon shopping dans les centres commerciaux de la ville moderne – cf. Les temples du shopping (p.139) – et pause gourmande chez **Mr Jones & Orphanage** (p.140).
OU exposition d'art contemporain au **Bangkok Art and Culture Centre** (p.137) suivie d'une parenthèse bucolique au **Suan Lumphini** (p.138).

SOIRÉE
18h30 Apéritif au **Face** (p.150). Un cadre raffiné de vieilles maisons traditionnelles pour un cocktail loin de l'agitation urbaine.
Dîner Offrez-vous un menu gastronomique au **Bo.lan** (p.151) ou au **Gaggan** (p.150).
22h Un dernier verre sous les étoiles, dans le décor futuriste d'**Above Eleven** (p.144),
OU dans le bric-à-brac poétique et la pénombre d'**Iron Fairies** (p.145).

Phra Sumen Fort (plan 3, B1) Restauré en 1981, ce petit fort octogonal à deux étages est l'un des 14 ouvrages défensifs qui scandaient jadis les murailles de la cité édifiée par Rama Ier. Ses jardins sont bien agréables... *Thanon Phra Athit, Banglamphu (Phra Nakhon) Débarcadère n°13 (Phra Athit)*

Wat Bowon Niwet (plan 3, C1) C'est dans ce temple que le prince Mongkut se retira de 1836 à 1851, année où le décès de Rama III, son demi-frère, le porta au pouvoir. Il y fonda la Dhamma yuttika Nikaya, secte plus rigoriste que la Maha Nikaya, et dont les moines sont vêtus de brun et non de jaune safran. Depuis, tout prétendant au trône se doit d'effectuer une retraite dans ce petit monastère, devenu la résidence du patriarche suprême du clergé thaïlandais et siège d'une prestigieuse université bouddhique, publique depuis 1997. À visiter pour son haut *chedi* doré et son *bot* sombre, dont les fresques ont été réalisées par le moine Khrua In Khong au milieu du XIXe siècle, et pour son grand bouddha assis en bronze, haut de 4m, qui aurait été fondu en 1357. *Angle Thanon Phra Sumen et Thanon Bowon Niwet, Banglamphu (Phra Nakhon) Ouvert tlj. 8h-17h (horaires aléatoires) Entrée libre*

● Où acheter un grigri, des souvenirs ?

☺ **Talat Phra Chan / Marché aux amulettes (plan 3, A2 n°3)** Moines et fidèles aiment à se procurer de petits talismans censés tenir en respect les esprits malins. Très populaire, ce marché aux amulettes déploie ses étals de statuettes et de plaques votives à l'effigie du Bouddha ou d'un moine vénéré sur un vaste périmètre, aux abords du fleuve. Sur Thanon Phra Chan comme sur Thanon Mahathat, les prix sont souvent fixes (amulette 10-120B, statuette 30-300B). En revanche, dans les ruelles couvertes au sud du débarcadère de Tha Phra Chan, vous pourrez marchander une statuette en Plexiglas et un lot d'amulettes et observer, à l'arrière des échoppes, la réalisation de statues destinées aux temples de la ville. *Entre Thanon Phra Chan et Thanon Maharat En face du Wat Mahathat (Phra Nakhon) Débarcadère n°9 (Tha Chang) Ouvert tlj. 8h-18h*

Thanon Khao San / Khao San Road (plan 3, B1-B2 n°4) Apprécié des jeunes Occidentaux pour ses hôtels à prix modique, "Khao San" se mue le soir en un bourdonnant marché aux innombrables stands de confection, de bijoux fantaisie et d'artisanat, où des "coiffeurs" passés maîtres dans l'art des dreadlocks côtoient des vendeuses de *pad thai* ou d'insectes grillés... Vous y trouverez de quoi vous constituer une garde-robe estivale et remplir vos valises de souvenirs, mais sachez que les commerçants sont durs en affaires et parfois insistants. Négociez ferme ou repliez-vous sur le **Soi Rambutri**, ruelle parallèle, à l'offre similaire mais à l'atmosphère plus débonnaire. *Banglamphu (Phra Nakhon) Débarcadère n°13 (Phra Athit) Ouvert tlj. 9h-1h*

● Où boire un verre, manger sur le pouce ?

Madame Musur (plan 3, B1 n°20) Avec sa terrasse garnie de pots de fleurs, ses matelas en batik fleuri et ses lampions multicolores, cette paillote du quartier de Banglamphu est l'endroit idéal où reprendre des forces. Outre des boissons chaudes, des smoothies et des bières (50-120B), elle propose de bons petits déjeuners, des sandwichs et des plats thaïs plutôt réussis (100-150B). Pas de CB. *41 Soi Rambutri, Banglamphu (Phra Nakhon) Tél. 02 281 42 38 Débarcadère n°13 (Phra Athit)*

La vieille ville

☆ **Les essentiels** Le palais de Vimanmek à Dusit, le Wat Traimit, le Wat Yannawa **Découvrir autrement** Flânez sur les marchés de Chinatown et déjeunez de *dim sum* sur Thanon Yaowarat, profitez de la quiétude de la M.R Kukrit House, sirotez un cocktail sous le ciel étoilé, au Moon Bar

Dusit et Thewet

Premier monarque siamois à se rendre en Occident, Rama V en revint avec l'intention de moderniser Bangkok et de se faire construire, à l'instar des souverains européens, une résidence dotée de vastes jardins à la périphérie de la capitale. C'est ainsi que, à la fin du XIXe siècle, naquit au nord de Rattanakosin le quartier aéré de **Dusit** (plan 2, A2-B2), avec ses palais noyés dans la verdure et sa majestueuse avenue du Progrès-Royal (Ratchadamnoen), propice aux promenades en calèche et à vélo – un "sport" alors en vogue. Ce quartier, qui a conservé son caractère Belle Époque, est aussi celui de certains ministères et de l'Assemblée nationale. Au sud de ce dernier, **Thewet** (plan 2, A2-B2) constitue une petite enclave paisible tournée vers le fleuve. Dans ses ruelles populaires, les enfants jouent au ballon sous le regard attentif de leurs aînés, et les familles se retrouvent pour dîner dans une cantine de rue dès la tombée de la nuit.

Suan Dusit / Dusit Palace (plan 2, B2) Ce "jardin Céleste" agrémenté de canaux, de pelouses impeccablement tondues et de parterres fleuris, regroupe une vingtaine d'édifices, dont la villa Chitlada, résidence actuelle du souverain. C'est le confinement insalubre du Grand Palais qui poussa, dit-on, Rama V à lancer ce nouveau chantier à son retour d'Europe, où il avait pu constater l'application des théories hygiénistes à l'urbanisme. Tout en supervisant le développement des jardins de Suan Dusit, le monarque s'y fit d'abord construire un petit palais de plaisance, avant d'emménager pour de bon dans celui de Vimanmek en 1901, puis dans la villa Amphorn Satharn en 1906. L'année suivante fut posée la première pierre de la salle du trône Ananda Samakhom, achevée en 1915. L'aménagement de la villa Chitlada et de ses jardins, sous le règne de Rama VI, porta à 77ha la superficie du domaine. Dans les années 1930, celle-ci fut ramenée à 65ha avec la création du zoo de Dusit, notamment. *Entrée principale Thanon Ratchawithi (Dusit) Tél. 02 628 63 00 www.vimanmek.com Ouvert mar.-dim. 9h30-16h (dernière entrée à 15h15) Tarif 100B, réduit 50B (votre billet vous sera demandé à l'entrée de chacun des édifices ouverts à la visite) Consigne obligatoire (20-30B) Tenue correcte exigée*
☆ **Vimanmek** Principale attraction de Dusit, ce somptueux palais se veut la plus vaste structure en teck blond du monde, assemblée sans un clou. Il devait servir de résidence d'été à Rama V à Ko Si Chang, mais le contentieux franco-siamois à propos du Cambodge rendant le golfe de Thaïlande peu sûr, le palais fut démonté et transporté à Bangkok, et le roi y résida de 1901 à 1906. Laissé à l'abandon après sa mort, le Phra Thinang Vimanmek a été restauré en 1982, à l'occasion du bicentenaire de la ville, et agrémenté de mobilier d'époque, de trophées de chasse, de souvenirs de famille, de porcelaines chinoises et autres objets d'art du monde entier, sans compter quelques curiosités, dont le premier bain-douche de Thaïlande. Le palais est

aussi la première résidence siamoise à avoir bénéficié de l'électricité. Trente et une de ses quelque 80 pièces sont visibles.

Abhisek Dusit Cette élégante salle d'audience et de réception d'inspiration mauresque (1904) a été restaurée en 1993 pour accueillir le musée de la fondation Support, créée par la reine Sirikit. Une belle vitrine pour l'artisanat traditionnel.

Ananta Samakhom Construit de 1907 à 1915, sous la direction d'architectes et d'ingénieurs italiens, pour abriter la salle du Trône, cet édifice monumental témoigne de l'attrait du monarque pour l'Occident. L'intérieur peut surprendre par ses proportions de cathédrale, ses chapiteaux à volutes et sa profusion de dorures... Ses immenses fresques, dues à Galileo Chini et à Carlo Riguli, relatent l'histoire du royaume. Le bâtiment abrita les sessions du Parlement de 1932 à 1974 et il en accueille encore la séance inaugurale. La place qu'il domine est ornée d'une grande statue équestre de Rama V (1908), un bronze fondu à Paris.

Royal Elephant National Museum Les écuries destinées aux éléphants de Rama VI et de Rama VII ont été transformées en un petit musée dédié à l'éléphant blanc. La loi thaïlandaise fait de ces pachydermes albinos, auxquels on prêtait jadis des pouvoirs magiques, la propriété exclusive des rois et un symbole de leur souveraineté. Dans le premier pavillon trônent les défenses de défunts éléphants blancs qu'entourent une dizaine de vitrines exposant manuels de capture, photos anciennes de cérémonies mettant en scène des éléphants royaux, statuettes des plus célèbres de ces pachydermes, mais aussi celles du dieu Ganesha, fils de Shiva et de Parvati, et de l'éléphant Erawan, monture du dieu Indra. Le second pavillon (fermé pour rénovation, date de réouverture inconnue) accueille une reproduction grandeur nature d'un éléphant royal caparaçonné. *Dusit Palace Park, Thanon Ratchawithi Tél. 02 282 33 36 Ouvert mar.-dim. 9h-16h Tarif 5B*

HALTE CHAMPÊTRE

Ce petit marché aux fleurs caché derrière l'embarcadère de Thewet (n°15), au bord du khlong Krung Kasem, réunit une vingtaine de coquettes échoppes remplies de roses, de jasmin, de pâquerettes et d'orchidées. **Talat Thewet (plan 2, A2)** *Thanon Krung Kasem (Thewet) Ouvert tlj. 8h-20h*

☺ **Wat Benchamabophit (plan 2, B2)** L'extension des jardins de Dusit ayant nécessité la destruction de deux temples, le prince Naris, demi-frère de Rama V, et l'Italien Ercole Manfredi supervisèrent la construction de ce "temple de marbre" de 1899 à 1911. Ce complexe, qui marie les influences asiatiques et occidentales, doit son surnom au marbre de Carrare importé pour la construction de son bâtiment principal. Gardé par deux lions (*singha*) en marbre de style khmer, ce *bot* de plan cruciforme est éclairé par des vitraux d'inspiration européenne qui illustrent des scènes de la mythologie thaïe. Il renferme un imposant *Bouddha prenant la terre à témoin*, reproduction à l'identique du *Pha Bouddha Chinarat* de Phitsanulok (XIVe s.), l'un des plus révérés de Thaïlande. Le socle de ce bronze doré de 2,5t contient les cendres de Rama V. Derrière le *bot*, dans les galeries du cloître, vous attendent 53 autres bouddhas remarquables, des copies ou des originaux illustrant la diversité des styles en vigueur dans toute l'Asie. Faites également un détour par les quatre pavillons de style traditionnel dont les fresques célèbrent le règne de Rama V avant d'aller profiter du ravissant jardin que traverse un paisible *khlong*. *Angle Thanon Rama V et Thanon Si Ayutthaya (Dusit) Ouvert tlj. 8h30-18h Tarif 20B*

● Où boire un verre en terrasse ?

In Love Bar & Restaurant (plan 2, A2 n°20) Dans la journée, on profite du ponton couvert et de la vue sur le pont Rama-VIII pour se désaltérer d'un jus de fruit frais (60-80B). En soirée, on grimpera plutôt sur la terrasse aérée, qu'anime un orchestre, pour s'accorder une bière ou un mojito (60-200B). Plats de fruits de mer savoureux au menu (160-350B), service adorable et ambiance bon enfant. Pas de CB. *2/1 Thanon Krung Kasem, Thewet Tél. 02 281 29 00 Débarcadère n°15 (Thewet) Ouvert tlj. 10h-1h*

● Se promener en famille

Dusit Zoo (plan 2, B2) Il occupe depuis 1938 un domaine de 19ha, pris sur celui de Dusit et cédé à la municipalité à la demande de la junte. On peut y observer les représentants de plus de 300 espèces de mammifères (dont des koalas et des ours bruns), 800 oiseaux et quelque 170 reptiles plutôt bien traités. Les enclos reproduisent le plus fidèlement possible l'habitat naturel des pensionnaires et des panneaux ludiques (en anglais) renseignent sur leur provenance et leur alimentation. Outre le face-à-face avec les girafes ou les gibbons, les enfants apprécieront le show des pingouins et des otaries. On peut faire le tour du parc à bord d'un petit train, du pédalo sur le lac, mais aussi louer une poussette et déjeuner à la cafétéria (40-60B le plat), face aux flamants roses. *Thanon Rama V Entrée Thanon Ratchawithi ou Thanon Uthong Nai (Dusit) Tél. 02 281 20 00 Ouvert tlj. 8h-18h Tarif 150B, réduit 70B*

Pom Prap Sattru Phai

Ce quartier plutôt résidentiel (plan 3, D1-D2), percé de grandes avenues plantées, est bien plus paisible que Ko Rattanakosin. Sur ses immeubles bas et ses villas de style colonial converties en hôtels de charme veillent la montagne d'Or et le Wat Saket, l'un des plus anciens temples de la capitale.

Phu Khao Thong / montagne d'Or (plan 3, D2) Longtemps le point culminant de Bangkok (80m), cette colline artificielle dispense de belles vues de la vieille ville. Elle résulte de l'effondrement d'un stupa gigantesque construit sous Rama III sur un sol trop meuble pour en supporter le poids. L'impressionnant tas de briques, laissé à l'abandon, finit par être colonisé par la végétation. La construction du stupa qui la domine, lancée sous Rama IV, prit fin au début du règne de son successeur. Cet élégant *chedi* doré renferme une relique du Bouddha offerte à Rama V par lord Curzon, vice-roi des Indes, en 1897. Il fait l'objet d'un pèlerinage lors de la pleine lune de novembre. Pour profiter pleinement du panorama, gravissez les 318 marches de la montagne d'Or en début de matinée, à la fraîche ! *Entrée Thanon Chakkraphatdiphong ou Thanon Boriphat Temple ouvert tlj. 7h-18h Tarif 20B*

Wat Saket (plan 3, D2) Ce grand temple établi au pied de la montagne d'Or depuis la fin du XVIIIe siècle possède un beau bouddha debout, le *Phra Attarot*, rapporté de Sukhothai par Rama Ier. Parmi les bâtiments monastiques se cache une gracieuse bibliothèque sur pilotis de la fin du XVIIe siècle, transportée d'Ayutthaya. Les motifs sculptés et dorés de ses volets et portes illustrent des scènes de la vie quotidienne – certains représentent des marchands persans et des ambassadeurs de Louis XIV. *Thanon Chakkraphatdiphong Ouvert tlj. 7h-18h Tarif 20B*

● Assister à un match de boxe thaïe

Ratchadamnoen Stadium (plan 3, D1) Depuis que le mythique Lumphini Stadium a déménagé en banlieue, au sud de l'aéroport Suvarnabhumi, le plus vieux stade de *muay thai* de la capitale a vu sa fréquentation grimper en flèche et les places s'arrachent (1 000-2 000B). Dans une ambiance survoltée, les amateurs viennent y encourager les boxeurs notices ou chevronnés sur lesquels ils ont parié. Comme les habitués, prévoyez en-cas et bières, car le spectacle dure quatre heures, à raison de sept ou huit combats. *Thanon Ratchadamnoen Nok (Pom Prap Sattru Phai) Tél. 02 281 42 05 http://rajadamnern.com Matchs lun., mer., jeu. et dim. à 18h30*

● Admirer des artisans à l'œuvre

Ban Bat (plan 3, D3) Ce toponyme désigne la dernière des trois communautés d'artisans de la capitale spécialisées dans la confection des *bat*, ces bols dans lesquels les bonzes recueillent le matin les offrandes des fidèles. Il faut de 3 à 6 jours aux marteleurs, polisseurs et laqueurs pour réaliser une seule de ces véritables œuvres d'art à partir de plaques d'acier. Selon sa qualité, le bol à aumône se vendra de 400 à 2 500B. Les artisans parlent mal l'anglais, mais expliquent volontiers leur travail aux visiteurs. Allez-y plutôt le matin ou en début d'après-midi. *Soi Ban Bat À l'est de Thanon Boriphat (Pom Prap Sattru Phai) Ouvert tlj. 8h-17h env. Entrée libre mais don bienvenu (tronc à l'entrée du soi)*

Chinatown

Pour laisser place au Grand Palais de Rama Ier dans les années 1780, la petite communauté de négociants chinois qui occupait le site de Rattanakosin fut déplacée en aval de la cité royale. Si la plupart de ses vieilles maisons entrepôts en bois, ou *shophouses*, ont fait place à des gratte-ciel, Chinatown (plan 4, A1-A2) n'a renoncé ni à ses particularismes culturels ni à son intense activité commerçante – le tracé de ses artères évoque, dit-on, le corps sinueux d'un dragon, un bon présage pour les affaires !

Thanon Yaowarat (plan 4, A1-A2) La rue principale de Chinatown traverse le quartier sur 1,5km. Elle fut construite de 1881 à 1900 sur ordre de Rama V ; son nom *Yaowarat* qui signifie "le Jeune Roi" fait d'ailleurs référence au souverain, monté sur le trône à l'âge de 15 ans. Dénommée la rue de l'Or en raison de ses orfèvres, cette artère trépidante et très embouteillée en journée est bordée d'épiceries fines, de pharmacies traditionnelles, d'échoppes d'offrandes, de magasins de vêtements en tout genre et de bons restaurants. En soirée, sa forêt d'enseignes lumineuses et ses cantines de rue lui confèrent des airs de Hong Kong miniature. *(Samphan Thawong)*

Wat Mangkon Kamalawat / Wat Leng Noei Yi (plan 4, A1) L'un des principaux temples de Chinatown (1872) se cache au fond d'une cour voisine de Thanon Charoen Krung. Comme sa triple affectation – il conjugue les cultes mahayana (la forme du bouddhisme la plus répandue en Chine), taoïste et confucianiste –, sa décoration est typiquement chinoise : dragons ondulants sur ses toits et autour de ses colonnes, statues des quatre gardiens des points cardinaux, bouddhas rieurs et grassouillets, guirlandes de lampions rouges, bannières ornées de citations en caractères dorés... *432 Thanon Charoen Krung Angle Th. Mangkon (Samphan Thawong) Débarcadère n°5 (Tha Ratchawong) Ouvert tlj. 8h-16h Entrée libre*

Wat Khanika Phon (plan 4, A1) Financé par une ancienne tenancière de lupanar, qui entendait ainsi racheter ses fautes, ce gracieux temple bouddhique est sorti de terre en 1833. Son nom indique la provenance des fonds qui ont permis son édification. *Angle Soi Itsaranuphap et Thanon Phlab Phla Cha (Samphan Thawong) Ouvert tlj. 9h-17h*

☆ **Wat Traimit (plan 4, A2)** Ce temple recèle un bouddha assis en or massif, vieux d'au moins trois siècles et haut de 3m (5,5t), qui passe pour le plus grand du monde. Cette statue de style Sukhothai, que l'on croyait en stuc doré, fut extraite d'un temple promis à la démolition dans les années 1930 et laissée dans un semi-abandon jusqu'à ce que des intempéries révèlent sa vraie nature en 1957. Sa renommée lui vaut de figurer au programme des tours organisés, aussi le *wat* grouille-t-il de touristes posant pour la photo... On y trouve même des bureaux de change ! Le Wat Traimit abrite un petit musée consacré à Chinatown. *Angle Thanon Charoen Krung et Thanon Traimit (Talat Noi) Ouvert tlj. 8h-17h Temple ouvert tlj. 8h-17h (musée fermé lun.) Tarif 40B (musée 100B)*

● Où faire provision de souvenirs kitsch ?

Soi Wanit 1 / Sampeng Lane (plan 4, A2 n°1) Cette longue venelle, qui court en parallèle à Thanon Yaowarat, du Wat Sampeng à l'est au quartier indien de Pahurat à l'ouest, était jadis bien malfamée. Mais ses tripots, fumeries d'opium et autres lupanars ont fait place à des grossistes en tout genre, qui écoulent une partie de leur stock bon marché au détail : articles ménagers, vêtements et accessoires (bijoux fantaisie, baskets...), mais aussi de nombreuses boutiques de tissus dans sa partie ouest. *Soi Wanit 1 (Samphan Thawong) Ouvert tlj. 9h-18h*

● Où acheter des épices ?

☺ **Soi Itsaranuphap (plan 4, A2)** Sans doute la ruelle la plus pittoresque de Chinatown avec ses épiceries traditionnelles... et l'endroit tout indiqué où dénicher des épices et du thé en vrac de bonne qualité, à prix fixe. Au nord de cette venelle vous attend **Talat Mai**, un insolite marché aux offrandes : téléphones portables en carton, passeports et monnaie factices – des accessoires indispensables aux défunts pour leur voyage vers l'au-delà. *Soi Itsaranuphap, entre Thanon Charoen Krung et Thanon Yaowarat (Samphan Thawong) Ouvert tlj. 9h-18h*

Talat Kao (plan 4, A2) Un discret portique chinois annonce ce "vieux marché" couvert caché derrière de hauts immeubles. Outre des poissonneries et des étals de fruits et de légumes, vous y trouverez des sachets de fruits secs, des bouteilles de *nam prik* (condiments) et des bocaux de pâte de crevettes et de châtaignes d'eau. *Soi Itsaranuphap, juste au sud de Thanon Yaowarat (Samphan Thawong) Ouvert tous les matins*

● Où s'accorder une pause ?

☺ **Eiah-Sae Café (plan 4, A2 n°20)** Cette institution n'a guère changé depuis son ouverture, en 1927, si l'on en juge à sa salle violette tapissée de portraits de rois. On y croque des toasts grillés généreusement nappés de chocolat ou de confiture (25-30B), accompagnés d'un café thaï au lait concentré ou d'un thé au jasmin (20-35B). La gentillesse du personnel invite à prolonger ce voyage dans le temps ! *101-103 Thanon Yaowarat (Samphan Thawong) Tél. 081 868 98 91 Ouvert tlj. 4h-20h*

Double Dogs Tearoom (plan 4, A2 n°21) Un élégant et paisible salon de thé paré de bois blond, où le *sencha* japonais et le *dao hong pao* ("soleil de ma vie") sont servis dans de délicates tasses et coupelles en terre cuite et accompagnés de pâtisseries maison excellentes (cake à l'orange, biscuits aux haricots noirs, beignet de banane). Comptez 150-210B la théière individuelle et 260B la formule thé + 2 pâtisseries. Accueil prévenant et belle sélection de thés en vrac au comptoir (450-1 000B les 50g). Pas de CB. *406 Thanon Yaowarat (Samphan Thawong) Tél. 086 329 30 75 Ouvert mar.-dim. 13h-21h*

Bangrak et Sathon

C'est à Bangrak (plan 4, B3-B4), au sud de Chinatown, que se regroupèrent au XIXe siècle les légations et sociétés de négoce européennes et américaines. On vit ainsi fleurir aux abords de Charoeng Krung (Oriental Avenue), la première artère de la capitale, les églises et autres constructions de style occidental reconnaissables à leurs frontons, leurs colonnades, leurs vérandas et leurs persiennes. Réduit à une poignée de bâtiments sis au bord du Chao Phraya, le patrimoine architectural d'"Old Farang", le quartier des Étrangers, est en passe de disparaître au profit des gratte-ciel. À l'est de la voie express qui traverse Bangrak, **Thanon Silom** (Silom Road) et **Thanon Sathon** (Sathon Road) témoignent d'une activité frénétique. Ce pôle des affaires et de la finance se double en effet d'un secteur commerçant et hôtelier. Le soir, à l'heure où Thanon Sathon s'endort, le tronçon oriental de Silom accueille les noctambules : certains s'attablent dans des restaurants et des bars huppés, tandis que d'autres vont s'encanailler à **Patpong**, quartier chaud dont l'armée tempère désormais l'effervescence.

Assumption Cathedral (plan 4, B4) Trônant sur une placette ombragée aux allures coloniales, cette imposante cathédrale en brique rouge néo-Renaissance, à la belle voûte étoilée et aux vitraux importés de France, a été consacrée en 1919. Tout autour s'étendent la Mission catholique, son couvent et son collège. *Soi 40, 23 Thanon Charoen Krung - Oriental Avenue (Bangrak) Ouvert tlj. 8h30-16h30 (messe en anglais le dim. à 10h)*

Wat Suan Phlu (plan 4, B4) À l'ombre de deux grands hôtels modernes, ce vieux temple (fin XVIIIe-début XIXe s.) vivement coloré abrite en son enceinte un ravissant *bot* aux toits ponctués d'apsaras et de *naga*, une école, un autel chinois dédié au bodhisattva de la Compassion Guanyin, et de pimpantes résidences monastiques en bois que l'on prendrait pour des chalets. *Soi Charoen Krung 42 (Bangrak) Ouvert tlj. 8h-18h Entrée libre*

Wat Khaek / Sri Maha Mariammam Temple (plan 4, B4) Construit en 1879 par la communauté tamoule de Bangkok, ce temple de style dravidien se reconnaît de loin à son *gopuram*, portail de plan rectangulaire dont le haut toit pyramidal présente un surabondant décor polychrome. Il est dédié à Uma Devi, ou Mariamman, parèdre de Shiva et déesse de la Fertilité et de la Guérison, et à d'autres divinités du panthéon hindou, tels ses deux fils, Subramaniam et Ganesha. Les boutiques installées devant l'entrée du temple vendent les bananes, noix de coco fraîches et guirlandes de jasmin destinées aux offrandes. *Angle Thanon Pan et Thanon Silom (Bangrak) Ouvert tlj. 6h-20h Entrée libre Tenue correcte recommandée Photos interdites à l'intérieur*

☆ **Wat Yannawa (plan 4, A4)** Ce temple, qui remonterait à l'époque d'Ayutthaya, prit son étonnante forme actuelle au début du XIXe siècle, quand le Siam entretenait de fructueuses relations commerciales avec l'empire du Milieu... Rama III lui donna l'allure d'une jonque pour rendre hommage aux bateaux à voile auxquels le pays devait alors sa prospérité. Deux stupas se hissent en lieu et place des mâts. À la proue de ce "vaisseau" long de 43m, une paire d'yeux géants est censée éloigner les mauvais esprits. *1648 Thanon Charoen Krung, au sud du Soi 52 (Sathon) Ouvert tlj. 8h-18h Entrée libre*

☺ **M. R. Kukrit House (plan 4, C4)** Sertie dans un jardin luxuriant, l'ancienne demeure du Premier ministre et homme de lettres M. R. Kukrit Pramoj (1911-1995) paraît quelque peu anachronique parmi les résidences sécurisées de la ruelle. Elle occupe, en effet, cinq vénérables maisonnettes en teck rapportées de la Plaine centrale et reliées par une galerie couverte. Un vaste pavillon de réception se dresse un peu à l'écart. La demeure a conservé son élégant mobilier, et son jardin luxuriant est un havre de paix. *19 Soi Prapinit Accès par Narathiwas Soi 7 ou Soi Suan Phlu (Sathon) Tél. 02 286 81 85 www.kukritshousefund.com Ouvert tlj. 10h-16h Tarif 50B*

SHOPPING À SILOM
Bien restaurées, la vingtaine de demeures en bois édifiée sous le règne de Rama V abritent aujourd'hui des boutiques d'artisanat et de souvenirs ainsi que plusieurs restaurants. **Silom Village (plan 4, B3 n°2)** *286/1 Thanon Silom (Bangrak) Tél. 02 235 87 60 www.silomvillage.co.th Ouvert tlj. 10h30-23h30*

Patpong (plan 4, C3) Le quartier "chaud" le plus célèbre de Bangkok se résume à deux *soi* parallèles, entre Thanon Silom et Thanon Surawong, auxquels on peut ajouter Silom Soi 4 (Soi Jaruwan), rendez-vous de la communauté homosexuelle, et le Soi Thaniya, plus particulièrement destiné à une clientèle fortunée, majoritairement japonaise. Il doit son nom aux Patpongpanit, famille sino-thaïe qui acheta les terrains en 1946 pour les lotir et les louer. Dans les années 1960, pendant la guerre du Vietnam, les GI en permission à Bangkok commencèrent à fréquenter les quelques bars et boîtes de Patpong et, dès le milieu des années 1970, le quartier s'était taillé une réputation internationale dans le circuit du tourisme sexuel avec ses bars à *Go-Go girls*, ses *sex shows* et ses salons de massage. Cette industrie du sexe, qui repose largement sur l'exploitation de très jeunes gens en provenance des régions déshéritées de Thaïlande et des pays voisins, a fini par susciter des campagnes de lutte contre l'esclavage sexuel des mineurs. La "zone de plaisirs" de Patpong fait aujourd'hui l'objet de contrôles policiers fréquents, et, grâce à sa clientèle plutôt familiale, le petit marché de nuit qui s'y est installé à la fin des années 1980 en estompe l'image sordide... mais pas la réalité.

● Pour un shopping nocturne

Patpong Night Market (plan 4, C3 n°3) Le quartier chaud de Bangkok s'est assagi depuis le retour au pouvoir des militaires. Sur son petit marché de nuit, les souvenirs coquins ont cédé du terrain aux articles plus conventionnels (sets de table, étoles en soie, statuettes...) et l'on peut s'y procurer des vêtements stylés et des baskets à bon prix. Marchandage de rigueur ! *Soi Patpong 1 et 2 (Bangrak) BTS : Sala Daeng Ouvert tlj. 17h-1h*

Asiatique The Riverfront (plan 2, A4 n°1) Depuis 2012, les entrepôts réhabilités de l'East Asiatic Company, société d'import-export danoise fondée en 1897, accueillent plus de 1 500 boutiques et 40 enseignes de restauration. Si les Bangkokiens apprécient ses allées aérées et sa promenade le long du fleuve, bordée de restaurants et de bars à vins, ce centre commercial qui tient du parc d'attractions à l'américaine n'a pas le charme des vieux marchés de nuit. *2194 Thanon Charoen Krung (Bang Ko Laem) Navette gratuite à partir de Central Pier - Tha Sathon Tél. 02 108 44 88 www.asiatiquethailand.com Ouvert tlj. 17h-0h*

● Où déguster *a nice cup of tea* ?

Neilson Hays Library & Café (plan 4, B3 n°22) Profitez du jardin de cette élégante bibliothèque de style colonial, inaugurée en 1922, et des expositions de peinture de son café lumineux... Commandez une *apple pie* ou le *Sunday Lunch* et patientez en feuilletant un ouvrage puisé dans ce riche fonds anglophone, qui fait évidemment la part belle à l'Asie du Sud-Est. Comptez 180B le goûter et 300B le brunch. Pas de CB. *195 Thanon Surawong (Bangrak) Tél. 02 233 17 31 BTS : Sala Daeng www.neilsonhayslibrary.com Café ouvert tlj. 9h-18h Bibliothèque ouverte mar.-dim. 9h30-17h*

Peony House (plan 4, C3 n°23) Un salon de thé *so British* avec ses fauteuils tapissés de liberty, ses étagères garnies de théières, sa carte fournie de thés du monde (105-130B la théière) et ses délicieuses pâtisseries (85-150B). Deux salles climatisées et un patio fleuri où savourer un *Lucky Evil Tea* (thé vert à la menthe, citron et fraise) et des *scones* à la marmelade. Également des sandwichs club, des salades (120-150B) et un comptoir de vente de thé (à partir de 350B les 50g). *132/3 Soi Saladang 1 (Bangrak) Tél. 02 235 53 69 BTS : Sala Daeng ou MRT : Silom www.peony-house.com Ouvert lun.-ven. 8h-19h, w.-e. 9h-19h*

● Où prendre un drink ?

☺ **Mandarin Oriental (plan 4, A4 n°24)** Peut-on imaginer cadre plus romantique qu'un palace de légende pour un apéritif en amoureux ? Le *Sailor's Home* ("Abri du marin") qu'aurait fréquenté dans les années 1880 un certain capitaine Józef-Konrad Korzeniowski – l'écrivain Joseph Conrad – est devenu, au fil du temps, l'un des hôtels plus chics du monde, et son livre d'or aligne les autographes célèbres. Décors somptueux, terrasse sur le fleuve, personnel aux petits soins : on frôle la perfection. Allez jeter un coup d'œil au salon de thé de l'aile historique (Authors' Wing) avant de vous installer sur la terrasse fleurie de la Verandah ou au Bambou Bar (concert de jazz tlj. à 21h). Cocktails à partir de 350B. Tenue correcte de rigueur. *Soi 40, 48 Charoen Krung – Oriental Avenue (Bangrak) Tél. 02 659 90 00 Débarcadère n°1 (Tha Oriental) www.mandarinoriental.com The Verandah : tlj. 6h30-0h30 The Bamboo Bar : dim.-jeu. 17h-1h, ven.-sam. 17h-2h*

☺ **Moon Bar (plan 5, A4 n°20)** Ce *skybar* perché au 61e étage d'une tour bénéficie d'un panorama époustouflant sur la ville. Une vue à 360 degrés, des *beautiful people*, une bonne *playlist* et un mobilier design... voilà sans doute ce qui justifie le prix des cocktails (à partir de 520B). Tenue soignée recommandée. *Banyan Tree Hotel 21/100 Thanon Sathon Tai (Sathon) Tél. 02 679 12 00 BTS : Chong Nonsi www.banyantree.com Ouvert tlj. 17h-1h*

BANGKOK

Thonburi

☆ **Les essentiels** Le Wat Arun **Découvrir autrement** Explorez les *khlong* en *long-tail boat*, mangez sur le pouce au Talat Phran Nok, admirez le colossal bouddha du Wat Kalayanamit, dînez au Never Ending Summer

Important poste de douane du royaume d'Ayutthaya, puis capitale du roi Taksin (1767-1782), Thonburi (plan 3) demeura le siège d'une province indépendante jusqu'en 1971, et elle s'est développée à un rythme plus lent que sa rivale orientale. C'est ainsi que les districts riverains du Chao Phraya (Bangkok Noi, Bangkok Yai, Thonburi et Khlong San, notamment) ont conservé leur réseau de *khlong* bordés de vielles maisons sur pilotis, alors qu'à l'est du fleuve les canaux ont pour la plupart disparu au profit de routes et de constructions. L'ancienne municipalité de Thonburi abrite le majestueux Wat Arun et plusieurs autres monuments sacrés. Mais plus que par son architecture et son pittoresque, c'est par son atmosphère tranquille de proche banlieue résidentielle qu'elle séduit.

☆ **Wat Arun / Temple de l'Aube (plan 3, A4)** Ce temple dont le majestueux *prang* principal domine de 82m la rive droite du Chao Phraya est l'un des monuments emblématiques de Bangkok. Quand il choisit Thonburi pour capitale, Taksin fit restaurer son Wat Makok (temple des Oliviers sauvage) pour le transformer en chapelle royale. Le monument reçut le nom de Wat Chaeng, ou temple de l'Aube, évoquant ainsi la naissance d'une nouvelle dynastie. Le Bouddha d'Émeraude, rapporté de Vientiane en 1778, y fut exposé avant d'être transféré au Wat Phra Kaew en 1785 (p.99). Le temple continua toutefois à susciter l'intérêt des rois Chakri et il leur doit son nom actuel, dérivé de celui d'Aruna, dieu de l'Aurore de la mythologie védique. C'est Rama II qui eut l'idée d'offrir au Wat Arun le plus haut stupa de la ville, un *prang* de style khmer dont son successeur allait parachever l'édification. Le *wat* doit aussi à Rama III son élégant revêtement multicolore constitué

"BATEAUX LONGUE-QUEUE"

Le *hang yao*, ou "bateau longue-queue", est le moyen de transport le plus fréquemment utilisé sur les *khlong* de Bangkok. Répandu dans toute l'Asie du Sud-Est, ce type d'embarcation serait une invention thaïlandaise : un bateau long, bas et étroit, propulsé à grande vitesse par un moteur de tracteur ou de voiture installé à la poupe, sur un axe, et doté d'un long arbre de transmission (*tail*) terminé par une hélice, que l'on peut relever pour naviguer en eaux peu profondes. La maniabilité de cette "queue", la puissance du moteur et la légèreté de l'embarcation lui permettent d'effectuer des demi-tours presque sur place.

de carreaux de céramique à motif floral et de tessons de porcelaine. Entouré de chapelles et de quatre petits *prang* directionnels, le ***prang* principal** représenterait le mont Meru, pivot de l'Univers des cosmologies hindoue et bouddhique. La symbolique du monument a donné lieu à des interprétations variées. Quoi qu'il en soit, le socle du stupa est constitué de trois terrasses superposées, desservies par de vertigineux escaliers axiaux. Ce premier niveau, le seul accessible, offre un fabuleux panorama sur Bangkok et permet d'apprécier la richesse des motifs décoratifs. Les quatre porches aménagés au sommet du deuxième niveau abritent des statues du dieu Indra monté sur Erawan, l'éléphant tricéphale. *Thanon Arun Amarin (Bangkok Yai) Accès direct en ferry de l'embarcadère n°8 - Tha Tien Ouvert tlj. 8h-17h30 Tarif 50B En rénovation jusqu'en 2016*

Au nord du Wat Arun

Royal Barges National Museum (plan 3, A1) Si les splendides barges royales exposées dans cette vaste cale sèche, sur la rive nord du khlong Bangkok Noi, sont celle de la dynastie Chakri, il en existait déjà du temps d'Ayutthaya. Ces barges effilées, dorées et laquées, restaurées depuis les années 1950, ont pour figures de proue des créatures mythologiques ou des personnages du *Ramakien*. La plus impressionnante des huit est la *Suphannahong* (1911), longue de 45m et mue par 50 rameurs, à la proue en forme de *hamsa* (monture mi-aigle, mi-cygne du dieu Brahma). Ces splendides embarcations voguent encore en procession dans les grandes occasions. *Soi Wat Dusitaram (Bangkok Noi) À 10min de marche du débarcadère n°12 - Phra Pin Klao - en tournant tout de suite à gauche après le Wat Dusitaram et en suivant les panneaux Tél. 02 424 00 04 Ouvert tlj. 9h-17h (sf. j. fér.) Tarif 100B*

Wat Suwannaram (plan 2, A2) Posé sur la rive sud du khlong Bangkok Noi, ce temple aux proportions harmonieuses fut édifié à la fin du XVIIIe siècle et restauré dans les années 1830. Son *bot* recèle d'admirables fresques attribuées à deux peintres éminents de cette époque, Luang Wichit Chetsada et Luang Seni Borirak. À l'entrée, une immense composition représente la victoire du Bouddha sur Mara. Les murs latéraux illustrent les dix derniers jataka (récits et contes des vies antérieures du Bouddha), tandis que le mur sud, derrière la statue principale, donne à voir les trois mondes de la cosmogonie bouddhique. Remarquez l'absence de perspective – une technique importée plus tard par les Européens. *Soi Charan Sanit Wong 32 (Bangkok Noi) À 10min de tuk-tuk du débarcadère n°11 - Thonburi Railway Ouvert tlj. 5h-21h (chapelle : 8h-9h et 16h-18h) Entrée libre*

Wat Rakhang Kositharam (plan 3, A2-A3) Ce petit temple royal qui remonte à la période d'Ayutthaya doit son nom à une cloche (*rakhang*) découverte à l'occasion d'une de ses restaurations, à la fin du XVIIIe siècle, et transportée par Rama II au temple du Bouddha d'émeraude. Le *bot*, relevé dans la première moitié du XIXe siècle, recèle un beau bouddha doré en méditation et des fresques illustrant les dix dernières vies antérieures du Bouddha (*Maha Nipata Jataka*), dues à l'éminent moine artiste Thong Charuvichitre. Mais le trésor le plus précieux du Wat Rakhang est sa bibliothèque (*ho trai*) de la fin du XVIIIe siècle, avec ses manuscrits conservés dans de beaux meubles laqués et ses fresques représentant des épisodes du *Ramakien*. Le portrait du fondateur de la dynastie Chakri qui orne la plus grande de ses trois salles rappelle qu'il s'agit du pavillon occupé par le futur Rama Ier lors de ses études bouddhiques. *Thanon Arun Amarin 18, Siri Rat (Bangkok Noi) Ferry direct de l'embarcadère n°9 - Tha Chang Ouvert tlj. 8h-17h Entrée libre*

● Où faire un shopping gourmand ?

Talat Phran Nok (plan 2, A3 n°2) Ce marché couvert est une véritable caverne d'Ali Baba avec ses étals de tee-shirts, de jeans et de sandales à prix fixes, mais modiques (30-200B), et ses stands de plats préparés : rouleaux de printemps, *pad thai*, barquette de durian (30-60B)... *Angle Thanon Itsaraphap et Thanon Phran Nok (Bangkok Noi) Débarcadère n°10 (Tha Wang Lang) Ouvert tlj. 7h-19h*

● Se balader sur les *khlong*

Très touristique, la promenade sur les *khlong* labyrinthiques de Thonburi et des districts voisins vous fera néanmoins

Marchés flottants

Quand ils n'ont pas purement et simplement disparu au profit des commerces terrestres, les marchés flottants qui faisaient jadis l'émerveillement des voyageurs occidentaux sont pris d'assaut par les touristes, tel celui d'**Amphawa**, ou sont devenus de vulgaires attrape-gogos dénués de toute authenticité, à l'instar de celui de **Damoen Saduak**. Un petit marché de producteurs se tient tous les week-ends au bord du Khlong Chak Phra, dans le district de **Taling Chan** (à l'ouest de Bangkok Noi), et quelques barques amarrées sur l'eau se transforment pour l'occasion en restaurants flottants de fruits de mer.
Si, là encore, les touristes sont de plus en plus nombreux, on y mange très bien pour trois fois rien, en payant chaque plat au moment où il est servi. De Taling Chan, on peut aussi embarquer pour une minicroisière sur les *khlong* (env. 100B/pers.). La plus matinale (départ 9h45), et sans doute la plus intéressante, permet de visiter deux vrais marchés flottants, ceux du **Khlong Latmayom** et du **Wat Saphan**.
Taling Chan Flotting Market (hors plan 2 par A2) *Entre le pont de chemin de fer et le District Office (Taling Chan) À 12km au nord-ouest du centre-ville Bus n°79 (climatisé) ou 20min de taxi de la station de BTS Wongwian Yai Ouvert sam.-dim. 9h-18h*

découvrir un autre visage de Bangkok : vieilles maisons sur pilotis, temples à demi enfouis sous la verdure et charmantes villas coloniales. Les *long-tail boats* attendent les touristes aux embarcadères de Tha Phra Athit, Tha Chang, Tha Thien et Tha Oriental, sur la rive gauche du fleuve. Ils empruntent les khlong Bangkok Noi, Bangkok Mon et Bangkok Yai, en faisant halte au musée national des Barges royales, et dans une pépinière d'orchidées pour la croisière la plus longue. Pour 6 pers., comptez 1 200B/h et 2 000B les 2h. Mais vous pouvez tout aussi bien établir votre propre itinéraire, vous rendre à un embarcadère secondaire et négociez le prix (pour 10 pers.) de l'excursion avec un batelier.

Au sud du Wat Arun

Wat Kalayanamit (plan 3, B4) Ce temple, qui porte le nom de son riche donateur, fut consacré en 1825, à une époque où les échanges commerciaux et culturels entre le Siam et l'empire du Milieu étaient particulièrement fructueux. En témoignent la statuaire et l'architecture sinisantes du *bot* et de certains édifices secondaires du *wat*. Ainsi, les statues et certains éléments décoratifs en pierre de la cour intérieure ont servi de lest à des jonques qui revenaient à vide de Chine. L'imposant *viharn*, de style purement thaï, renferme un colossal bouddha assis en grès doré à la feuille, haut de 15m et large de 11, particulièrement révéré par la communauté chinoise de Bangkok. La tour voisine abrite l'une des plus grosses cloches en bronze de Thaïlande. Autre signe de sa prospérité (et de celle de la communauté sino-thaïe), le Wat Kalayanamit possède l'une des bibliothèques sacrées les plus riches de la capitale. *371 Soi Wat Kanlaya, Thanon Tetsaban Sai 1 (Thonburi) Ferry direct de l'embarcadère n°7 (Tha Rajinee) Ouvert tlj. 6h-18h Entrée libre*

Santa Cruz Church (plan 2, A3) L'église en bois bâtie en 1767-1770 par les Portugais près du palais de Thonburi fut relevée en dur en 1835, à l'instigation de Mgr Pallegroix et avec le concours de la communauté chinoise. Mais le décor sinisant de *Kuti Jeen* – l'"église Chinoise", dénomination qui désigne encore le quartier – n'est plus qu'un souvenir. L'édifice néo-Renaissance actuel (1916), signalé de loin par son clocher à dôme et nanti d'un agréable jardin, a été conçu par les Italiens Annibale Rigotti et Mario Tamagno. Tout autour subsistent quelques maisons en bois du "vieux" Thonburi et une agréable promenade sur pilotis longe le Chao Phraya jusqu'au Memorial Bridge. *Soi Kudi Jeen (Thonburi) Ferry direct de l'embarcadère n°7 (Tha Rajinee) Ouvert sam.-dim. 7h-12h*

● Où goûter, boire un verre en terrasse ?

☺ **Candide Books & Café (plan 4, A3 n°25)** Faites comme les étudiants de la capitale : commandez un moka frappé ou un smoothie mangue-fraise (125B) accompagné d'une gaufre ou d'un gâteau au chocolat (85-180B) et profitez du wifi gratuit de ce paisible café-librairie aux allures de loft. Des concerts sont parfois organisés dans la cour et des expos d'art contemporains dans le bâtiment attenant. Magazines à disposition et rayon anglophone dans l'espace librairie. Pas de CB. *41/4 Thanon Charoen Nakhon (Khlong San) Tél. 02 861 09 67 Ferry du débarcadère n°3 (Si Phraya) www.candidebooks.com Ouvert tlj. 9h-20h*

Be My Guest (plan 4, A3 n°26) Tables en bois blanc, guirlandes multicolores, pop thaïe en fond sonore et Bang Rak illuminé en face : voilà une sympathique terrasse de quartier où prendre l'apéritif au bord de l'eau dans une ambiance décontractée. Sodas 40-50B, bières 60-90B. Concerts certains soirs. Pas de CB. *217 Thanon Charoen Nakhon (Khlong San) Tél. 02 437 26 53 ou 081 645 24 04 Ferry du débarcadère n°3 (Si Phraya) Ouvert tlj. 16h-0h*

La ville moderne

☆ **Les essentiels** Suan Pakkad Palace, Jim Thompson's House **Découvrir autrement** Craquez pour des vêtements de créateurs à Siam Square, déjeunez dans le jardin bucolique de Once upon a Time, dînez dans l'une des vénérables maisons en teck du Face

La ville moderne ne cesse d'étendre ses tentacules à l'est des quartiers historiques depuis les années 1970. Près du "centre", elle semble bâtie sur deux niveaux : celui de la rue, populeux et embouteillé, et celui des gratte-ciels étincelants, du futuriste métro aérien et des passerelles qui relient entre eux les centre commerciaux climatisés. Certains citadins évoquent avec nostalgie le temps où ces zones surpeuplées n'étaient que de paisibles rizières.

Ratchathewi et Pratunam

La Baiyoke II Tower domine l'un des quartiers les plus colorés et les plus populeux de Bangkok. Pratunam est connu pour ses marchés de rue, ses magasins d'usine et ses vendeurs ambulants de gadgets en tout genre. Ratchathewi est plus résidentiel.

Baiyoke Tower II (plan 5, A1-A2) Cette tour inaugurée en 1997 est longtemps demeurée le plus haut édifice de Thaïlande (309m, 343,5m si on ajoute son antenne) avant d'être dépassée de quelques mètres par la tour du Maha Nakon, à Sathon. Un ascenseur vitré mène au bar du 83e étage et à la terrasse tournante de l'étage supérieur, d'où s'offre une époustouflante vue à 360 degrés sur la ville. Sachez qu'à partir de 18h, l'entrée est gratuite ! En attendant, vous pourrez faire quelques emplettes au marché de Pratunam (p.136), au pied de l'édifice. *222/186 Thanon Ratchaprarop (Ratchathewi) Tél. 02 656 30 00 BTS : Phaya Thai Observatoire : tlj. 10h-22h30 Bar : tlj. 18h-2h Tarif 400B (avec une boisson au bar) Entrée libre après 18h*

GARDE-ROBE ESTIVALE
Sur ce marché méconnu des touristes, des grossistes viennent vendre au détail vestes en jean, robes en coton, tee-shirts et vêtements pour enfants. Pas d'essayage ni de marchandage, mais les prix sont modiques (100-300B la pièce) et les vendeurs, charmants. À visiter absolument ! ☺ **Talat Pratunam (plan 5, A2 n°1)** *Angle Thanon Phetchaburi et Thanon Ratchaprarop (Pratunam) BTS : Ratchathewi Ouvert tlj. 9h-18h*

☆ **Suan Pakkad Palace (plan 5, A1)** Cernée par les immeubles modernes, l'ancienne résidence du prince et de la princesse Chumbhot, arrière-petite fille de Rama V, doit son nom de "jardin aux Choux" aux potagers qui occupaient le site avant 1952. Elle réunit dans un jardin tropical de toute beauté huit pavillons sur pilotis du XIXe siècle, reliés par des passerelles et bourrés d'antiquités : bouddhas anciens en provenance de toute l'Asie du Sud-Est et instruments de musique traditionnelle dans le pavillon 1, collection de céramiques chinoises *bencharong* et argenterie niellée dans le pavillon 3 ; masques de théâtre *khon*, marionnettes et petit théâtre d'automates dans le pavillon 6. Un peu à l'écart, le centre d'Art de la Fondation Chumbhot-Pantip expose des poteries, armes et bijoux provenant du site de Ban Chiang (3600 av. J.-C.-250 apr. J.-C.). Au fond du jardin se cache le pavillon de Laque, délicate bibliothèque du XVIIe siècle provenant d'un monastère proche d'Ayutthaya, dont les peintures sur laque noir et or illustrent les jataka et des scènes du *Ramakien*. *352 Thanon Sri Ayutthaya (Ratchathewi) Tél. 02 245 49 34 BTS : Phaya Thai www.suanpakkad.com Ouvert tlj. 9h-16h Tarif 100B*

Pathumwan

Le Khlong Saen Saep, un canal creusé au XIXe siècle, sépare Pratunam de **Pathumwan**, vaste quartier qui abrite la plus prestigieuse université du pays, Chulalongkhorn, fondée en 1917, le bucolique parc Lumphini, mais aussi les temples du shopping regroupés autour de **Siam Square** (plan 4, C1).

☆ **Jim Thompson's House (plan 4, C1)** L'aura romanesque de l'Américain Jim Thompson (1906-1967) a fait de sa maison d'esthète un véritable lieu de pèlerinage touristique. Arrivé en Thaïlande en 1945, en qualité d'officier des services de renseignements militaires (OSS), cet architecte de formation quitta l'armée un an plus tard pour s'établir à Bangkok, avec la volonté de renouveler l'artisanat traditionnel de la soie, alors moribond. Devenu le "Roi de la soie thaïe", Thompson disparut sans laisser de traces lors de vacances en Malaisie, peu après son soixante et unième anniversaire. Nichée dans la verdure, au bord du Khlong Saen Saep, et constituée de six maisons traditionnelles en teck, assemblées en 1959, sa demeure recèle une magnifique collection d'art asiatique : meubles anciens, céramiques Bencharong, bouddhas birmans et khmers, porcelaines Ming... Le clou de la visite, conduite par des guides passionnés et pleins d'humour, est la reconstitution d'un atelier de tissage du XIXe siècle. Du musée dépendent une galerie d'art et d'artisanat du monde entier, une boutique et un agréable restaurant, cf. Thompson Restaurant and Wine Bar (p.150). *6 Soi Kasem San 2, Thanon Rama I Tél. 02 216 73 68 BTS : National Stadium www.jimthompsonhouse.com Ouvert tlj. 9h-18h Tarif 100B, réduit 50B Visite guidée obligatoire (env. 40min, en français)*

Bangkok Art and Culture Centre (plan 4, C1) Vitrine de l'art contemporain, le BACC accueille des expositions temporaires et des installations d'artistes thaïs et étrangers, des concerts, des projections, des performances... Également une librairie spécialisée et un café. *939 Thanon Rama I Tél. 02 214 66 30 BTS : National Stadium www.bacc.or.th Ouvert mar.-dim. 10h-21h Entrée libre*

Sea Life Ocean World (plan 4, C1) Crabes-araignées géants, méduses fluorescentes, hippocampes et poissons-clowns tout droits sortis d'un dessin animé... avec plus de 6 000 espèces marines représentées, les 18 sections thématiques de cet immense aquarium logé au sous-sol de centre commercial Siam Parangon raviront les enfants. Moyennant supplément, plongée dans la fosse aux requins, cinéma en 4D ou sortie en barque pour approcher poissons-lunes et étoiles de mer. *Siam Paragon (niveau B1-B2, sous-sol) 991 Thanon Rama I Tél. 02 687 20 00 BTS : Siam www.sealifebangkok.com Ouvert tlj. 10h-21h (dernière entrée à 20h) Tarif 990B, 3-11 ans 790B*

FOOD COURT, MODE D'EMPLOI

Tous les centres commerciaux de Bangkok disposent d'une aire de restauration, ou *food court*, fonctionnelle et bon marché (50-100B le plat). On échange ses bahts contre des tickets ou une carte magnétique au comptoir général (on y récupérera la monnaie en sortant), on compose son menu en piochant dans la carte en anglais des différents stands de restauration thaïe et/ou étrangère et l'on s'installe où l'on veut.

☺ **Thao Maha Brahma / Erawan Shrine (plan 5, A2)** Un peu incongru entre le métro aérien et les gratte-ciel, à un carrefour aussi bruyant que pollué, ce petit oratoire dédié à Brahma et à son éléphant Erawan n'en est pas moins l'un des plus populaires de Bangkok. Il fut érigé en 1956 pour calmer les esprits que la construction de l'hôtel Erawan aurait chassés de leur demeure et qui se seraient vengés en provoquant la mort de plusieurs ouvriers et d'autres calamités. Les accidents cessèrent sitôt le sanctuaire consacré, et celui-ci ne tarda pas à attirer, de jour comme de nuit, une foule fervente désireuse de s'assurer la bonne fortune par ses prières et ses offrandes. Dans les années 1960, une vieille dame promit qu'elle danserait nue devant l'oratoire si elle gagnait à la loterie... et elle gagna. Depuis, certains de ceux qui voient leurs vœux exaucés offrent à la divinité des vidéos coquines. D'autres se contentent de payer des musiciens et danseuses traditionnelles. *Angle Thanon Ratchadamri et Thanon Ploen Chit Ouvert tlj. 6h-23h*

Queen Saovabha Memorial Institute - Snake Farm (plan 4, C3) Fondée par l'Institut Pasteur en 1922 et désormais gérée par la Croix-Rouge thaïlandaise, cette ferme aux serpents produit un sérum antivenin expédié dans le monde entier. Mais tous ses pensionnaires (35 espèces en tout) ne sont pas venimeux. Une présentation de 30min, avec démonstration de l'extraction du venin, fournit aux visiteurs d'intéressantes explications (en anglais) sur l'anatomie des reptiles, leurs conditions de vie et sur les premiers gestes à adopter en cas de morsure. On peut également manipuler des boas et assister au repas des serpents. *1871 Thanon Rama IV (angle th. Henri Dunant) Tél. 02 252 01 61 MRT : Sam Yan www.saovabha.com Ouvert lun.-ven. 8h30-16h, w.-e. et j. fér. 9h30-13h Tarif 200B, réduit 50B* ***Démonstrations*** *lun.-ven. à 11h* ***Manipulations*** *lun.-ven. à 14h30 ; sam.-dim. et j. fér. à 11h*

Suan Lumphini (plan 5, A3) Le plus vieux parc public de la capitale (1925) étend ses pelouses et ses lacs sur 58ha, bien indifférent à la frénésie immobilière des quartiers qui l'entourent ! Les Bangkokiens profitent de la fraîcheur matutinale pour s'y adonner au tai-chi, au yoga, aux arts martiaux, au jogging, au badminton, au *takraw* et même au tango ! Au programme le week-end :

Les temples du shopping

Les mordu(e)s du shopping ne sauront plus où donner de la tête tant Bangkok regorge de magasins et de centres commerciaux (liste disponible sur www.bangkok.com).

Pantip Plaza (plan 5, A2 n°2) Ses cinq étages de boutiques d'informatique, de matériel photo et de gadgets électroniques devraient combler les fanas de high-tech ! Prenez le temps de comparer les prix et méfiez-vous des logiciels piratés et autres articles de contrefaçon, qui risquent d'être confisqués par les douaniers à votre retour et de vous valoir une amende. *604/3 Thanon Phetchaburi (Pratunam) Tél. 02 250 15 55 BTS : Ratchathewi www.pantipplaza.com Ouvert tlj. 10h-21h*

Siam Square (plan 4, C1 n°4) L'une des rares enclaves de shopping en plein air de la capitale. Des friperies chics et boutiques de créateurs (vêtements, accessoires, décoration) disputent ses allées à des cafés, glaciers et restaurants de chaîne. *Soi Siam Square 1-11 (Phatumwan) BTS : National Stadium ou Siam Station Boutiques ouvertes tlj. 10h-22h*

Siam Center (plan 4, C1 n°5) À visiter pour son 3e étage consacré aux jeunes créateurs thaïs et pour ses cafés. *989 Thanon Rama I (Phatumwan) Tél. 02 658 10 00 BTS : National Stadium ou Siam Station www.siamcenter.co.th Ouvert tlj. 10h-22h*

MBK Center (plan 4, C1 n°6) Ce centre commercial populaire réunit sur 89 000 m² plus de 2 500 boutiques – de *sportswear* et autres vêtements pour adolescents essentiellement – et des stands de souvenirs thaïs. Bonnes affaires en perspective aux 4e et 5e étages, affectés à l'informatique, à la téléphonie et à la photographie. *Angle Thanon Phaya Thai et Thanon Rama I (Phatumwan) Tél. 02 620 90 00 BTS : National Stadium ou Siam Station www.mbk-center.co.th Ouvert tlj. 10h-22h*

Siam Paragon (plan 4, C1 n°7) Outre 350 enseignes de luxe et de prêt-à-porter ainsi que de nombreux cafés et restaurants, on y trouve les librairies Asia Book et Kinokuniya Books, une alléchante épicerie fine (Gourmet Market), un cinéma Multiplex, une salle IMAX, un grand aquarium et un parc d'attractions, KidZania. *991 Thanon Rama I (Phatumwan) Tél. 02 690 10 00 BTS : Siam Station www.siamparagon.co.th Ouvert tlj. 10h-22h*

Central World (plan 5, A2 n°3) Le plus vaste centre commercial de Bangkok (550 000m²) : 2 grands magasins (Zen et Isetan), plus de 500 boutiques, 100 cafés et restaurants, une patinoire, un multiplex et une médiathèque ultramoderne. *Thanon Ratchadamri (Phatumwan) Tél. 02 640 70 00 BTS : Siam Station ou Chit Lom www.centralworld.co.th Ouvert tlj. 10h-22h*

Terminal 21 (plan 5, B3 n°4) Rome, Paris, Tokyo, Londres, Istanbul, San Francisco et Hollywood. Chaque étage est consacré à la mode d'une de ces villes. On craque forcément dans l'une des 600 boutiques cosmopolites ! *288 Soi Sukhumvit 19 (Watthana) Tél. 02 108 08 88 BTS : Asok ; MRT : Sukhumvit www.terminal21.co.th Ouvert tlj. 10h-22h*

pique-nique et pédalo… Un véritable havre de paix, idéal pour échapper à la pollution et au tumulte de la ville. *Entre Thanon Rama IV, Ratchadamri, Sarasin et Witthayu MRT : Silom ou Lumphini Ouvert tlj. 4h30-21h Entrée libre*

● Où goûter en famille ?

☺ **Mr Jones & Orphanage (plan 4, C1 n°27)** Circuit de train miniature au plafond, ours en peluche accrochés ici et là, cabanes et jouets à disposition… Cette pâtisserie ravira les enfants. Ils s'y régaleront d'un gâteau au Kit-Kat, d'un *Oreo cupcake* ou d'un milk-shake *First Day of School* (beurre de cacahuètes, lait au chocolat et glace vanille). Portions généreuses et carte encyclopédique ! Comptez 90-220B la pâtisserie et 50-150B la boisson. Pas de CB. *Siam Center (3e étage) Thanon Rama 1 (Pathumwan) Tél. 02 658 11 63 BTS : National Stadium ou Siam Station Ouvert tlj. 10h-21h*

Sukhumvit

Prolongeant vers le sud-est un des axes majeurs du centre-ville moderne – celui que tracent Thanon Rama I et Thanon Phloen Chit –, **Thanon Sukhumvit** traverse des quartiers résidentiels appréciés des expatriés. Sur le premier tronçon de cette avenue interminablement longue et souvent embouteillée se succèdent galeries marchandes flambant neuves, auberges et bars (à filles pour ceux de Nana Entertainement Plaza). Dans les ruelles adjacentes se cachent des boutiques branchées et des lieux de divertissement assez chics.

Ban Kamthieng Museum (plan 5, B3) Construite en 1848 dans la province de Chiang Mai, cette maison en teck illustre les traditions du Lan Na, ancien royaume du nord du pays (XIIIe-XIXe s.). Muséographie vivante, à base de vidéos : dans la cuisine, Mae Champa dispense des conseils pour réussir le curry de grenouilles ! *Siam Society 131 Soi Sukhumvit 21 (Watthana) Tél. 02 661 64 70 BTS : Sukhumvit (sortie 1) www.siam-society.org Ouvert mar.-sam. 9h-17h Tarif 100B*

● Où s'offrir des bijoux de créateur, une étole en soie ?

Near Equal (plan 5, C3 n°5) Tandis qu'un petit restaurant thaï est installé à l'étage (comptez 300B le repas sans boisson), une boutique de souvenirs occupe le rez-de-chaussée de cette ravissante demeure en bois blanc et gris, entourée d'un jardin tropical : baguettes et couverts en bois (25-70B), pochettes en coton (90B), huiles de massage (150B), écharpes tissées à la main (450-60B), ainsi que les bijoux fantaisie d'une créatrice thaïlandaise (à partir de 180B). Pas de CB. *22/2 Soi Sukhumvit 47 (Watthana) Tél. 02 258 15 64 BTS : Phrom Phong Ouvert tlj. 10h-21h Café-restaurant : ouvert lun.-ven. 12h-15h30 et 17h-22h30 ; sam.-dim. 12h-22h30*

Outlet Jim Thomson (plan 2, D4 n°3) Dans ce stock de la célèbre enseigne de soieries, les collections passées de vêtements, d'accessoires et de tissus d'ameublement sont proposées avec 30 à 70% de réduction. Faites une pause au café-restaurant du dernier étage, et n'oubliez pas votre passeport pour récupérer la TVA après votre passage en caisse ! *153 Soi Sukhumvit 93 (Phakanong) Tél. 02 332 65 30 BTS : Bang Chak www.jimthompson.com Ouvert tlj. 9h-18h*

Où acheter de l'artisanat pour une bonne cause ?

☺ **Cabbages & Condoms (plan 5, B3 n°6)** La boutique de cette fondation (p.149) propose une belle sélection d'objets et de textiles réalisés par des villageois thaïlandais. Porte-monnaie et pochettes en coton bigarré (70-300B), pantalons traditionnels (650-800B), *sarong* en coton imprimé ou en soie brodée (650-1 200B) ainsi que de belles étoles en soie, tissées par les femmes de Nong Ta Khai, dans le nord du pays (1 500-3 700B). *10 Soi Sukhumvit 12 (Khlong Toey) Tél. 02 229 46 10 BTS : Asok ; MRT : Sukhumvit www.pda.or.th/restaurant/ Ouvert tlj. 11h-22h*

Sop Moei Arts (plan 5, C3 n°7) Cette ONG diffuse la production artisanale de villages karen de la province septentrionale de Mae Hong en respectant les normes du commerce équitable. De l'étole en soie au sac brodé en passant par les objets de décoration (housses de coussin, sets de table, porte-serviette...), chaque produit reflète le minutieux savoir-faire de cette ethnie montagnarde. Une qualité qui justifie les prix (de 450 à 3 000B). *8 Room, 104 Soi Sukhumvit 49 (Watthana) Tél. 02 714 72 69 BTS : Phrom Phong ou Thong Lo http://sopmoeiarts.com Ouvert mar.-sam. 9h30-17h*

Pour une pause sucrée

Kuppa (plan 5, B4 n°21) La factorerie, qui torréfie des cafés du Pérou, de Colombie ou du nord de la Thaïlande, se double d'un élégant café où l'on peut commander un expresso, un capuccino (120-150B) ou un *tropical fruit shake* (135B). À accompagner d'une tarte au citron meringué, d'un *carrot cake* ou d'un brownie à la chantilly (150-210B). Bons petits déj. (150-295B), salades, quiches et pâtes (195-295B). *39 Soi Sukhumvit 16 (Khlong Toey) Tél. 02 663 04 50 BTS : Asok ; MRT : Sukhumvit http://kuppa.co.th Ouvert tlj. 10h-23h Fermé le dernier lun. du mois*

S'offrir un soin relaxant

Asia Herb Association (plan 5, B3) Que ce soit pour le massage corporel à l'huile de tamarin (1h, 900B/h), la séance de réflexologie plantaire aux compresses d'herbes tièdes (1h30,

Shopping

Mode et accessoires

Textiles traditionnels

Artisanat et souvenirs

1 100B) ou le modelage à quatre mains de la tête et des épaules (600B), ce spa n'utilise que des produits bio confectionnés en Thaïlande. On en ressort parfaitement détendu ! *20/1 Soi Sukhumvit 31 (Watthana) Tél. 02 261 22 01 BTS : Phrom Phong www.asiaherbassociation.com Ouvert tlj. 9h-2h*

☺ **Face (plan 5, C4)** Offrez-vous une luxueuse parenthèse hors du temps dans cette élégante maison en teck. Aux soins classiques comme le massage des épaules à l'huile de menthe ou le gommage corporel à la crème de café (900-2 100B) s'ajoutent des soins de 1h30 à 3h (2 100-3 500B), dont la *Rejuvenation Cure* et un traitement "oxygénant" du visage, bien nécessaire dans cette mégalopole polluée ! Rés. indispensable. *29 Soi Sukhumvit 38 (Khlong Toey) Tél. 02 713 60 48 (rés.) BTS : Thong Lo www.facebars.com Ouvert tlj. 10h-20h*

Chatuchak

En 1982, en vue des célébrations du bicentenaire de Bangkok, la municipalité décida de déplacer le marché aux puces de Sanam Luang à la périphérie nord-est de la capitale, près de la gare routière de Mo Chit et du parc Chatuchak. Ce marché du week-end n'a cessé de prendre de l'ampleur depuis, attirant des centaines de milliers d'acheteurs toutes les semaines et valant au quartier résidentiel de Chatuchak (plan 2, C1) d'accueillir des ateliers d'artistes et quelques *boutique hotels*. Une visite à coupler, pour les plus curieux, avec celle du Museum of Contemporary Art – un lieu aux antipodes du marché aux puces, car aussi peu fréquenté que parfaitement climatisé.

Chatuchak Week-end Market (plan 2, C1 n°4) Avec plus de 15 000 stands et échoppes répartis en 27 sections thématiques, ce marché est l'un des plus grands du monde (11ha). Produits alimentaires, antiquités et artisanat, vêtements et accessoires, cosmétiques, objets pour la maison, plantes et mobilier de jardin... des articles les plus kitsch aux plus tendance, on y trouve un peu de tout et à tous les prix, y compris des animaux de compagnie ! Mieux vaut vous y rendre en début de matinée pour éviter la chaleur et la foule. Munissez-vous d'un plan, négociez avec le sourire et méfiez-vous des pick-pockets ! Une grande cantine en pleine air (40-60B le plat thaï) et quelques restaurants climatisés plus onéreux vous permettront de reprendre des forces. À moins que vous ne préfériez aller pique-niquer dans le **parc Chatuchak** voisin. Outre un guichet d'information à l'entrée la plus proche de la section 27 (à hauteur de Thanon Khamphaenphet 3), où vous pourrez vous procurer un plan de ce labyrinthe bourdonnant, le marché dispose de services bien utiles : toilettes, bureaux de change, distributeurs de billets (les vendeurs ne prennent pas les CB), bureau de poste et infirmerie. *Thanon Kamphaengphet 2 (ou Thanon Phahonyothin) Tél. 02 272 48 13 BTS : Mo Chit MRT : Chatuchak Park www.chatuchak.org Ouvert sam.-dim. 8h-18h*

Museum of Contemporary Art – MOCA Bangkok (hors plan 2 par C1) Créé en 2012, ce musée aussi vaste (5 étages) que moderne présente la collection privée d'un magnat de la téléphonie mobile, Boonchai Bencharongkul, passionné de peinture et de sculpture contemporaines. Hormis les quelques œuvres européennes, japonaises, chinoises et vietnamiennes exposées au dernier étage, la création thaïe en occupe la majeure partie. L'occasion de découvrir le travail d'artistes de premier plan comme Thawan Duchanee (1939-2014), les préoccupations de plasticiens moins célèbres, mais engagés... ainsi que les partis pris d'un collectionneur parfois bien inspiré, mais qui n'a pas peur du kitsch ! *499/50 Thanon Vibhavadi Rangsit Tél. 02 953 10 05 BTS : Mo Chit (sortie 1) + 10min de taxi www.mocabangkok.com Ouvert mar.-dim. 10h-18h Tarif 180B, réduit 80B*

CARNET D'ADRESSES

Lieux de sortie

Bars

L'heure limite de fermeture des bars et des boîtes est désormais fixée à 2h. Ceux de la ville moderne changent souvent de propriétaire, et un établissement branché peut vite perdre de son lustre, voire basculer du côté obscur de la *night*. Le **Soi Sukhumvit 11** est l'une des artères festives de la capitale, avec ses restaurants et ses bars de rue ou perchés au sommet des gratte-ciel et animés par des DJ.

Brown Sugar (plan 3, C2 n°21) Le rendez-vous incontournable des amateurs de jazz. La salle de concert, dont un portrait de Louis Armstrong tapisse un mur entier, se cache derrière le café (ouv. mar.-dim. 11h-22h), au bout d'un couloir décoré de pochettes de vinyles et de portraits de musiciens. Attablez-vous face à la scène ou dans le jardin pour écouter le groupe du soir interpréter des standards. Belle carte de bières et de cocktails (180-280B) et menu international (200-390B le plat). Pas de CB. ***Ko Rattanakosin*** *469 Thanon Phra Sumen (Phra Nakhon) Tél. 02 282 03 96 ou 089 499 1378 www.brownsugarbangkok.com Ouvert mar.-jeu. et dim. 17h-1h, ven.-sam. 17h-2h*

☺ **Rolling Bar (plan 3, C1 n°22)** Murs en brique agrémentés de photos d'Elvis et de Marilyn, vieux réfrigérateur américain et plaques émaillées campent le décor rétro de cet accueillant bar de quartier. Comme les habitués, profitez des tables installées au bord du canal de Banglamphu pour siroter une bière (70-135B) ou un mojito (150B) à la tombée de la nuit ou allez truster un fauteuil club avant que le groupe de rock local monte sur scène (concert jeu.-sam. à 21h30). Plats thaïs servis à toute heure (95-120B). Pas de CB. ***Vieille ville*** *Wanchat Bridge, Thanon Prachatipathai, Banglamphu (Thewet) Tél. 081 804 6798 Ouvert tlj. 6h-0h*

Samsara (plan 4, A2 n°28) Cette vieille maison pleine de charme, posée au bord du Chao Phraya, invite à un apéritif dînatoire au calme après une balade dans le trépidant Chinatown. Dans un décor bohème chic mêlant antiquités et toiles contemporaines, on grignote des plats thaïs aux influences nipponnes (hachis de thon cru épicé, mijoté de tofu frit aux crevettes) et l'on savoure une bière belge ou un verre de vin français tout en profitant du panorama sur le fleuve. Boissons à partir de 120B, plats 140-350B. Pas de CB. ***Vieille ville*** *1612 Thanon Songwat (Samphan Thawong) Tél. 02 639 68 53 MRT : Hua Lamphong Ouvert mar.-dim. 16h-0h*

Viva & Aviv the River (plan 4, A3 n°29) En terrasse face au fleuve ou dans la salle meublée de caisses et de fauteuils clubs tendus de peaux de vache, accompagnez votre bière

(90-120B la bouteille, 170B la pinte) ou votre mojito (200B) de rouleaux de printemps ou d'une assiette de calmars frits (95-120B). DJ tous les soirs. ***Vieille ville*** *Unit 118, 23 Trok Rongnamkhaeng, Thanon Yota (Samphan Thawong) Tél. 02 639 63 05 MRT : Hua Lamphong ou Débarcadère n°3 (Si Phraya) www.vivaaviv.com Ouvert tlj. 11h-0h*

☺ **Maggie Choo (plan 4, B4 n°30)** C'est au designer australien Ashley Sutton, cf. Iron Fairies (p.145), que ce bar chic doit son décor onirique de fumerie d'opium emprunté au Shanghai sulfureux des années 1920, avec ses canapés de velours moirés sur lesquels on déguste une bière japonaise (170B), un whisky (240-350B) ou un verre de vin chilien (300B). Concerts de jazz et DJ le week-end. Et bar à soupes (90-149B) pour les petits creux. ***Vieille ville*** *Novotel Bangkok Fenix Silom (sous-sol), 320 Thanon Silom (Bangrak) Tél. 091 772 2144 BTS : Surasak Ouvert tlj. 19h30-2h*

Saxophone (plan 5, A1 n°22) Au dire des mélomanes, l'un des meilleurs bars-concerts de la ville : jazz du lun. au mer., blues mâtiné de reggae ou de musique latina du jeu. au sam. et sets variés le dim. Deux ou trois groupes s'y produisent chaque soir. Comptez 140B la bière et 200B le cocktail. ***Ville moderne*** *3/8 Thanon Phaya Thai (Ratchathewi) Tél. 02 246 54 72 BTS : Victory Monument www.saxophonepub.com Ouvert tlj. 18h-2h (concerts à partir de 19h30)*

☺ **The Nest (plan 5, B2 n°23)** On apprécie ce *rooftop bar* pour son ambiance détendue, son élégant design noir et blanc égayé de coussins fluo et pour son coin *chill-out* où l'on peut faire durer un cocktail les pieds dans le sable. Tapas (150-250B la portion), boissons variées (80-200B) et DJ internationaux mer.-lun. à partir de 21h. Le mardi, concert rock ou soul. ***Ville moderne*** *Fenix Hotel (8e étage), 33/33 Soi Sukhumvit 11 (Watthana) Tél. 02 305 40 00 www.thenestbangkok.com Ouvert tlj. 18h-2h*

☺ **Above Eleven (plan 5, B2 n°24)** Un *skybar* panoramique conçu comme un jardin futuriste avec son mobilier en teck contemporain, ses murs tapissés de gazon synthétique et ses grands arbres parasols en Plexiglas. Si vous n'avez pas le vertige, installez-vous près du parapet en verre pour feuilleter la carte pléthorique des cocktails (180-490B). ***Ville moderne*** *Fraser Suites Sukhumvit Hotel (33e étage), 38/8 Soi Sukhumvit 11 (Watthana) Tél. 083 542 1111 www.aboveeleven.com Ouvert tlj. 18h-2h*

Octave Rooftop Lounge & Bar (plan 5, C4 n°25) Les 5 terrasses design de ce *skybar* se superposent au bord du vide, du 45e au 49e étage. Sous un éclairage tamisé, on savoure son cocktail (à partir de 320B) et le panorama sublime, tout en tâchant de reconnaître les tubes samplés par le DJ. Tenue soignée de rigueur. ***Ville moderne*** *Bangkok Marriott Hotel Sukhumvit, 2 Soi Sukhumvit 57 (Watthana) Tél. 02 79 70 400 BTS : Thong Lo www.marriott.fr Ouvert tlj. 17h-2h*

Long Table (plan 5, B3 n°26) Ce *skybar* chic doit son nom à sa table, longue de 25m, à laquelle expatriés et Thaïs se retrouvent autour d'un Martini, d'un verre de vin australien ou d'un whisky irlandais. Cocktails à partir de 280B, bons plats thaïs à partir de 300B. Tenue correcte exigée. ***Ville moderne*** *Column Tower (25e étage), 48 Soi Sukhumvit 16 (Khlong Toey) Tél. 02 302 25 57-*

BANGKOK

9 BTS : Asok ; MRT : Sukhumvit www.longtablebangkok.com Ouvert tlj. 17h-2h

Iron Fairies (plan 5, C3 n°27) Derrière les portes en bois d'un vieux magasin de curiosités, basculez dans l'univers décalé du designer australien Ashley Sutton... Et découvrez un bar-restaurant entièrement éclairé à la bougie, qu'animent des concerts de jazz. Comme les habitués, prévoyez une lampe de poche pour pouvoir détailler la carte des hamburgers (250-300B). Bières et cocktails - dont un à l'absinthe 120-180B. ***Ville moderne*** *394 Soi Sukhumvit 55 - Soi Thong Lo (Watthana) Tél. 099 918 1600 www.theironfairies.com Ouvert tlj. 18h-2h*

Théâtres

National Theatre (plan 3, B1 n°23) Un bel endroit où découvrir le *khon*, théâtre classique qui met en scène, selon une trame très codifiée, des épisodes du *Ramakien*, dansés et mimés par des artistes masqués. Représentations les premiers sam. et dim. du mois à 13h30 et 17h et le dernier ven. du mois aux mêmes heures. Programme détaillé sur place. Billet 60-100B. ***Ko Rattanakosin*** *Thanon Na Phra That (Phra Nakhon) Tél. 02 224 13 42 Billetterie ouverte lun.-ven. 9h-16h et 1h avant les représentations*

Sala Chalermkrung (plan 3, C3 n°24) Ce théâtre royal de style Art déco (1933) accueille, lui aussi des troupes de *khon* à des horaires variables, l'après-midi le plus souvent. Programme des représentations (sous-titrées en anglais) sur le site Internet. De 700 à 1500B le billet selon le spectacle. ***Ko Rattanakosin*** *Angle Thanon Tri Phet et Thanon Charoen Krung (Phra Nakhon) Tél. 02 224 44 99 www.salachalermkrung.com*

Cabarets

Calypso Cabaret (plan 2, A4 n°21) Des danses traditionnelles thaïes aux tubes du moment en passant par les hits d'Elvis Presley, rien ne manque au programme de ce cabaret de travestis impeccablement fardés et costumés ! Le show (1200B) est un tantinet kitsch, mais l'ambiance sympathique. Réservation obligatoire. ***Vieille ville*** *Centre commercial Asiatique The Riverfront (entrée n°3) 2194 Thanon Charoen Krung (Bang Ko Laem) Tél. 02 688 14 15 www.calypsocabaret.com Spectacles tlj. à 20h15 et 21h45*

Playhouse Theatre (plan 2, B2-C2 n°22) Transsexuels et demoiselles y reprennent en playback une myriade de standards internationaux. Les savants jeux de lumière, les tenues chatoyantes et les chorégraphies parfaitement interprétées vous feront passer une bonne soirée (1 200B). ***Ville moderne*** *Asia Hotel, 296 Thanon Phaya Thai (Ratchathewi) Tél. 02 215 05 71 (rés.) www.playhousethailand.com Spectacles tlj. à 20h15 et 21h45*

Boîtes de nuit

La plupart des boîtes de nuit de Bangkok sont regroupées sur **Royal City Avenue** (plan 5, C2), communément appelée RCA, dans la ville moderne (métro Phra Ram 9). Mais la mode est versatile, et les établissements changent souvent de nom. Mieux vaut feuilleter les *city magazines* pour repérer les lieux tendance.

Restauration

De la cantine de rue au restaurant gastronomique, Bangkok peut se targuer de mettre en valeur un patrimoine culinaire aussi savoureux que parfumé. Les gourmets apprécieront aussi les cuisines chinoise et indienne tandis que les voyageurs nostalgiques des plats européens, trouveront sans mal l'occasion de se sustenter dans cette capitale cosmopolite.

très petits prix

Nai Soei (plan 3, B1 n°31) On choisit parmi les cinq soupes (60-75B) inscrites au menu de ce petit établissement carrelé de bordeaux, aux tables en aluminium. On remplit son bol d'un bouillon parfumé à la coriandre agrémenté de morceaux de bœuf grillé ou bouilli, de vermicelle et de quelques gouttes de sauce pimentée, et l'on se régale tout discutant avec les charmants propriétaires. Comptez 90-100B le repas avec une boisson. Pas de CB. ***Ko Rattanakosin*** *100/2-3 Thanon Phra Athit, Banglamphu (Phra Nakhon) Tél. 086 982 9042 Débarcadère n°13 (Phra Athit) Ouvert tlj. 7h-18h (fermé 2e et dernier mer. du mois)*

☺ **Meng Restaurant (plan 3, A2 n°32)** Un restaurant de poche rose et turquoise, au bord du Chao Phraya, pour une pause déjeuner au sortir du marché aux amulettes. Profitez du wifi gratuit en attendant votre riz frit aux fruits de mer, votre *pad thai* aux légumes croquants ou votre poulet aux noix de cajou (plat 50-60B). Les portions sont copieuses, le personnel est adorable et le repas revient à moins de 100B avec une boisson ! Pas de CB. ***Ko Rattanakosin*** *Soi Thambon Nakhon (Phra Nakhon) Tél. 081 481 1110 Débarcadère n°9 (Tha Chang) Ouvert tlj. 9h-17h*

The Canton House (plan 4, A2 n°40) Le cadre de cette cantine est, certes, impersonnel, mais son grand choix de *dim sum* lui assure une clientèle d'habitués. Composez votre assiette (25B la portion de 3 pièces) et partagez raviolis aux crevettes épicées, bouchées au poulet parfumé à la coriandre, croissants frits au crabe et brioches au porc laqué. Accompagnez le tout d'un thé aux chrysanthèmes et terminez avec des boulettes de riz gluant et sésame au sirop de gingembre. Comptez 100-150B le repas avec une boisson. Pas de CB. ***Vieille ville*** *530 Thanon Yaowarat (Samphan Thawong) Tél. 02 221 33 36 ou 081 401 5369 MRT : Hua Lamphong ou débarcadère n°5 (Ratchawong) Ouvert tlj. 11h-22h*

petits prix

☺ **Thip Samal (plan 3, C3 n°33)** Vous reconnaîtrez ce restaurant à son enseigne rouge et à la file d'attente qui s'allonge sur le trottoir : on y déguste, depuis 1966, le meilleur *pad thai* de Bangkok – végétarien, au crabe, aux crevettes, aux œufs... En attendant de pouvoir vous installer en terrasse ou dans la salle climatisée aux airs de chalet suisse, observez les cuisiniers s'affairer autour de gigantesques woks. Service efficace et portions généreuses. Comptez 50-250B le plat. Pas de CB. ***Vieille ville***

GAMME DE PRIX	RESTAURATION	HÉBERGEMENT
Très petits prix	moins de 100B	moins de 500B
Petits prix	de 100 à 300B	de 500 à 1 000B
Prix moyens	de 300 à 500B	de 1 000 à 2 200B
Prix élevés	de 500 à 1 000B	de 2 200 à 4 000B
Prix très élevés	plus de 1 000B	plus de 4 000B

313 Thanon Maha Chai (Pom Prap Sattru Phai) Tél. 02 221 62 80 Ouvert tlj. 17h-2h (fermé deux lun./mois)

Suk 11 Restaurant (plan 5, B2 n°30) Ces trois maisonnettes d'aspect campagnard égarées au cœur de Sukhumvit proposent une délicieuse cuisine thaïe. Attablez-vous dans la ruelle ou sur la véranda et piochez dans le menu une spécialité de l'Isan : bouchées de poulet en feuilles de bananier ou salade de bœuf grillé en entrée, à faire suivre d'une saucisse de porc fermenté et son riz gluant ou d'un poisson au tamarin cuit à l'étouffée. Précisez que vous voulez votre curry "*not spicy*" pour éviter d'avoir le palais en feu ! Le repas arrosé d'une bière revient à 250-300B. Pas de CB. Seul bémol : le personnel n'est guère souriant. ***Ville moderne*** *1/33 Soi Sukhumvit 11 (Watthana) Tél. 02 253 59 27-8 BTS : Nana www.suk11.com Ouvert tlj. 7h-15h et 16h-0h*

prix moyens

The Deck by the River (plan 3, B4 n°34) Prisée des expatriés et des Thaïlandais branchés, la coquette terrasse du "Deck" jouit d'une vue imprenable sur le Wat Arun. On y déguste des classiques thaïs, chinois et internationaux de qualité : rouleaux de printemps aux crevettes (190B), risotto aux champignons (280B) ou porc grillé à la citronnelle (200B), sans oublier de délicieuses pâtisseries (tiramisu ou millefeuille aux fraises, 220B). Également des salades, sandwichs et *bruschette* (160-220B) et, pour l'apéritif, des vins du monde et des cocktails bien dosés (175-300B). Service attentif. ***Ko Rattanakosin*** *36-38 Soi Pratoo Nok Yoong, Thanon Mahathat (Phra Nakhon) Tél. 02 221 91 58 Débarcadère n°8 (Tha Tien) www.arunresidence.com Ouvert lun.-jeu. 8h-22h, ven.-dim. 8h-23h*

Steve Café & Cuisine (plan 2, A2 n°30) Installé au bord de l'eau, ce restaurant en bois blanc est l'endroit idéal où se sustenter après une visite du quartier. Prenez place sur l'une des banquettes douillettes de la véranda et préférez les plats thaïs aux mets européens sans caractère de la carte. Les amateurs de poisson opteront pour un *green curry fish cake* (180B) ou, s'ils aiment les plats relevés, pour un curry rouge de crevettes (220B). Les carnivores apprécieront le bœuf au basilic et le poulet aux feuilles de pandanus (180B). Belle carte de bières et vin thaï au verre (60-180B). Pas de CB. ***Vieille ville*** *Dans l'enceinte du Wat Thevarakunchong, Soi Sri Ayutthaya 21 (Thewet) Tél. 02 281 09 15 Débarcadère n°15 (Thewet) http://stevecafeandcuisine.com Ouvert lun.-ven. 11h30-14h30 et 16h30-23h, sam.-dim. 11h30-23h*

Yim Yim (plan 3, D4 n°35) Une institution de Chinatown, que certaines familles chinoises fréquentent depuis quatre générations ! Oubliez les néons au plafond, le fouillis et la déco un peu kitsch et asseyez-vous à l'une des tables rondes pour vous concentrer sur le menu et ses spécialités *teochew*... Si vous avez du mal à vous y retrouver, sachez que les pinces de crabe vapeur au gingembre et le cochon de lait rôti sont un régal. Les plus aventureux tenteront l'omelette aux huîtres et le poisson cru à la sauce aux arachides. Comptez 350-600B le repas. Réservation conseillée. ***Vieille ville*** *89 Soi Yaowaphanit (1er étage), Thanon Yaowarat (Sampan Thawong) Tél. 02 224 22 03 MRT : Hua Lamphong (sortie Yaowarat) Ouvert tlj. 11h-14h et 17h-22h*

Chiringuito (plan 4, A2 n°41) Une envie soudaine de tapas en plein Chinatown ? Qu'à cela ne tienne !

Une petite bodega remplie de bouteilles d'huile se cache derrière la façade de cette ancienne demeure chinoise. Accoudez-vous au comptoir avec les habitués, faites votre sélection sur l'ardoise et commandez tortilla au poivron, *patatas bravas*, toasts de jambon ibérique et pizza au chorizo. Accompagné d'une sangria, le repas revient à 250-350B. Pas de CB. ***Vieille ville*** *221 Soi Nana, Thanon Charoen Krung (Samphan Thawong) Tél. 086 340 4791 MRT : Hua Lamphong Ouvert jeu.-sam. 18h-0h*

Indian Hut (plan 4, B3 n°42) Le logo évoque celui d'une célèbre chaîne de pizzerias ? La salle climatisée manque de cachet ? Oubliez le cadre et appréciez cette savoureuse cuisine du nord de l'Inde servie avec le sourire. Commandez un assortiment de *chaat* (en-cas de rue), un agneau *peshawari* au cumin et à la cardamome ou testez les *malai kofta*, ces exquises boulettes de légumes mitonnées dans une sauce généreuse à mélanger avec un riz safrané. Arrosé d'un *chai tea* ou d'un *butter milk*, le repas revient à 350-400B. ***Vieille ville*** *418 Thanon Surawong (Bangrak) Tél. 02 236 56 72-3 Débarcadère n°1 (Tha Oriental) www.indianhut-bangkok.com Ouvert tlj. 11h-23h*

Mango Tree (plan 4, C3 n°43) Sur cette demeure centenaire bien restaurée, cachée au fond d'une petite galerie commerciale, veille un gigantesque manguier. L'arbre trône sur une terrasse où il fait bon déjeuner sous un parasol ou dîner sous des lumières tamisées. La carte propose de savoureux classiques thaïs : curry rouge de canard (370B), bœuf sauté, sauce aux huîtres (280B) et calmars mijotés au basilic (350B). En dessert, ne manquez pas le cheese-cake aux mangues du jardin. Belle carte d'apéritifs et de digestifs (190-220B).

Se restaurer dans la rue : une institution !

Tous les jours, sauf le lundi (jour où l'on nettoie les trottoirs !), de 8h à 22h env., on peut acheter à tous les coins de rue une soupe ou un riz frit pour une poignée de bahts et l'emporter ou le consommer sur place. À **Chinatown** (plan 4, A1-A2), sur Charoen Krung, Yaowarat ou dans un *soi* adjacent, vous pourrez déguster des nouilles sautées au canard laqué (env. 60B), des calmars à l'ail, des raviolis frits *(khun pu)* au poulet, au taro ou aux haricots noirs (10B pièce) et des soupes aux boulettes de poisson (env. 30B). Les commerçants ne parlant pas l'anglais et, faute d'un menu en lettres latines, il vous faudra désigner le plat qui vous fait envie et vous laisser surprendre ! On trouve encore des cantines de rue dans la ville moderne, même si la mode y est aux *food trucks* à hamburgers ou à pizzas. Les stands envahissent le bitume du **soi Sukhumvit 38** (plan 5, C4) avec leurs tables de fortune de 17h à 0h. Au menu, brochettes, poulet aux noix de cajou, riz gluant à la mangue et des douceurs comme le *khanom beuang*, une petite crêpe croustillante garnie de noix de coco et de filaments de jaune d'œuf, ou le *khanom krok*, une minuscule crêpe de riz, qui associe noix de coco et oignons verts. Comptez 100B le repas avec une boisson.

Bon accueil. ***Vieille ville*** *37 Soi Tantawan, Thanon Surawong (Bangrak) Tél. 02 236 28 20 BTS : Sala Daeng www.coca.com/mangotree/profile.php Ouvert tlj. 11h30-23h*

☺ **Café de Laos (plan 4, B4 n°44)** On sert une excellente cuisine de l'Isan et du Laos dans la salle climatisée comme sur la terrasse verdoyante de cette maison de style colonial. Boulettes de porc et de légumes, hachis de poulet à la citronnelle, poisson mariné au gingembre ou crevettes grillées à la mangue fraîche... Les mets sont délicatement parfumés, leur présentation aussi soignée que le service et l'on revient sans hésitation ! Entrée 90-250B, plats 180-350B, desserts 65-150B. Pas de CB. ***Vieille ville*** *16 Soi Silom 19 (Bangkrak) Tél. 02 635 23 38 BTS : Surasak www.cafedelaos.com Ouvert tlj. 11h-14h et 17h-22h*

☺ **Once upon a Time... (plan 5, A2 n°31)** Deux maisons en bois presque centenaires, des antiquités patinées et un jardin tropical qu'égaie le chant des oiseaux... Voici un décor tout droit sorti d'un conte de fées. Même s'il figure dans nombre de guides de voyage, ce restaurant du quartier de Pratunam ne s'est pas départi de son service attentif ni de sa sélection de currys parfaitement mitonnés. Bon expresso. Comptez 350B le repas. Pas de CB. Rés. recommandée le soir. ***Ville moderne*** *32 Soi Petchaburi 17 (Pathumwan) Tél. 02 252 86 29 BTS : Ratchathewi Ouvert tlj. 11h-0h*

Cabbages & Condoms (plan 5, B3 n°32) Panneaux pédagogiques rigolos sur le *safe sex* et mannequins aux tenues réalisés avec des préservatifs colorés : voilà le restaurant d'une fondation destinée au planning familial et à la prévention du VIH dans les villages thaïlandais. Dans les salles ventilées ou le jardin luxuriant, on se régale de *chaw muang* (raviolis vapeur au poulet, 120B) et de crevettes sautées aux herbes (400B). Personnel agréable, boutique d'artisanat attenante, et une fontaine où jeter quelques pièces pour la construction d'une école. ***Ville moderne*** *10 Soi Sukhumvit 12 (Khlong Toey) Tél. 02 229 46 10 BTS : Asok ; MRT : Sukhumvit www.pda.or.th/restaurant Ouvert tlj. 11h-23h*

prix élevés

Sala Rattanakosin (plan 3, B4 n°36) L'adresse est assez touristique, mais il faut reconnaître que la terrasse *design* comme la salle offrent une vue splendide sur le Wat Arun. Le chef britannique Tony Wrigley propose un menu raffiné : salade de homard, curry d'agneau rôti façon *massaman*, confit de canard sauce aux truffes et parmesan. En dessert, *panna cotta* à la mangue et tiramisu à se pâmer. Comptez 1 000B le repas. Mais vous pouvez aussi vous contenter d'un apéritif chic face au temple illuminé (280-400B le verre de vin ou le cocktail). Rés. recommandée - la cuisine ferme à 21h. ***Ko Rattanakosin*** *39 Soi Tha Tien, 39 Thanon Maharat (Phra Nakhon) Tél. 026 22 13 88 Débarcadère n°8 (Tha Tien) www.salarattanakosin.com Ouvert tlj. 11h-16h30, 17h30-22h*

Indigo Bar & Restaurant (plan 4, C3 n°45) Rien ne manque à cette ambassade de la cuisine française, ni le cadre bistrot (affiches anciennes, étagères garnies de bouteilles et tables nappées de blanc), ni les plats emblématiques : terrine de foie gras maison, Saint-Jacques poêlées et leur purée de céleri, confit de canard et pommes de terres sarladaises, profiteroles au chocolat... Comptez 850-1 100B le repas arrosé d'un verre de muscadet ou de bordeaux. Service attentif. ***Vieille***

ville *6 Thanon Convent (Bangrak) Tél. 02 235 32 68 BTS : Sala Daeng ; MRT : Silom Ouvert tlj. 11h30-23h*

Eat Me (plan 4, C3 n°46) Le cadre marie béton brut, touches végétales et toiles d'artistes contemporains, et la carte propose une cuisine fusion délicieuse... mais dispendieuse ! Attablez-vous dans le patio ou à l'étage pour savourer le bœuf *wagyu* au gorgonzola et confit d'oignons (1 250B), le jambon ibérique et sa compote de pommes au cidre (800B), le risotto aux truffes (690B) ou le cabillaud en crème de coco accompagné de pleurotes. En dessert, crème brûlée à la citronnelle et pavlova aux fruits tropicaux (290-320B). Vins du monde et bar à cocktails. Personnel accueillant. ***Vieille ville*** *1/6 Soi Pipat 2, Thanon Convent (Bangrak) Tél. 02 631 23 25 ou 02 238 09 31 (res.) BTS et MRT : Sala Daeng www.eatmerestaurant.com Ouvert tlj. 15h-1h*

The Never Ending Summer (plan 4, A3 n°47) Un loft de style new-yorkais qu'il vaut mieux fréquenter le soir, sous peine de se sentir un peu seul dans sa vaste salle en bois et béton ciré. Les propriétaires thaïs ont inscrit au menu les recettes de leur enfance revisitées. Laissez-vous tenter par une *gaeng laeng* (soupe épicée aux légumes et crevettes, 300B), un curry *panang* au poulet et aux œufs durs (350B) ou l'une des omelettes traditionnelles dont on recommande la version croustillante au crabe (400B). On apprécie la cuisine vitrée, le service attentionné, la belle sélection de cocktails (env. 300B) et les mets savamment relevés, mais on regrette que l'addition soit, elle, un peu trop épicée. ***Thonburi*** *Jam Factory Complex Soi 1, 41/5 Thanon Charoen Nakhon (Khlong San) Accès en ferry du débarcadère n°3 (Tha Si Phraya) Tél. 02 861 09 53 Ouvert tlj. 11h-23h*

☺ **Thompson Restaurant and Wine Bar (plan 4, C1 n°48)** Profitez de la terrasse fleurie du restaurant attaché à la maison de Jim Thompson (p.137) – la salle au décor chargé est nettement moins agréable. En entrée, optez pour les rondelles de saucisse fumée (220B), et pour un curry jaune de crabe aux légumes croquants (280B) en plat de résistance. Sinon, partagez un poulet mariné aux aromates, accompagné d'un riz gluant et d'une salade de papaye (460B). Profitez de la belle cave (80 références) pour arroser votre repas d'un verre de vin français ou italien (200-300B). Service soigné. ***Ville moderne*** *6 Soi Kasem San 2, Thanon Rama I (Pathumwan) Tél. 02 612 36 01 BTS : National Stadium Ouvert tlj. 9h-17h et 19h-23h*

☺ **Face (plan 5, C4 n°33)** Ces maisons traditionnelles en teck reliées par des verandas et des volées de marches abritent trois restaurants en un : indien, thaï et japonais. Le décor est reposant, le personnel aux petits soins et la cuisine savoureuse. Offrez-vous un *mango martini* ou une bière nipponne au bar avant d'aller vous délecter d'un curry jaune aux crevettes (520B), d'un agneau *vindaloo* (600B) ou d'un assortiment de sushis (450-1 300B). Un bonheur pour les yeux comme pour les papilles et des prix justifiés. Rés. recommandée. ***Ville moderne*** *29 Soi Sukhumvit 38 (Khlong Toey) Tél. 02 713 60 48 www.facebars.com Ouvert tlj. 11h30-23h (bar : tlj. 18h30-1h)*

prix très élevés

Gaggan (plan 5, A3 n°34) Cette ravissante maison coloniale abrite le restaurant gastronomique de Gaggan Anand, disciple du Catalan Ferran Adria, maître de la gastronomie moléculaire. On y déguste une cuisine créative, qui incorpore aux classiques indiens des ingrédients haut de gamme d'origine européenne comme le foie gras et la truffe. Le poulet *tikka* et le curry d'agneau prennent des formes futuristes, la glace à la mangue parfumée à la cardamome se nomme à juste titre "Divine" et, en dégustant les cinq compositions du "I Love Chocolate", on se verrait bien commis de cuisine pour pouvoir percer les mystères de ces succulentes préparations. Menus dégustation (7 ou 10 plats) à 2 500 et 4 000B. Réservation impérative. ***Ville moderne*** *68/1 Soi Lang Suan, Thanon Ploenchit (Pathumwan) Tél. 02 652 1700 BTS : Chitlom www.eatatgaggan.com Ouvert tlj. 18h-23h*

☺ **Bo.lan (plan 5, C4 n°35)** Une table chic et bio tenue par un duo australo-thaï. Ne travaillant que des produits de saison fournis par des pêcheurs et des agriculteurs de la région, Bo et Dylan mitonnent des recettes inventives, comme le museau de porc grillé aux ramboutans, le curry vert aux boulettes de bœuf et mangoustans ou le pudding de riz gluant noir aux longanes. Quelques plats à la carte (420-680B), mais surtout un menu déjeuner (980B) et trois autres le soir (2 280-2 680B). Chacun compte cinq ou six plats, que l'on prend le temps de déguster dans le décor zen d'une demeure en teck blond. Service attentif. Réservation impérative. ***Ville moderne*** *24 soi Sukhumvit 53, Watthana Tél. 02 260 29 61 BTS : Thong Lo www.bolan.co.th Ouvert jeu.-dim. 12h-14h30, mar.-dim. 18h-22h30*

Hébergement

Si la capitale dispose d'un vaste parc hôtelier, en constante expansion, les pensions bon marché y sont assez rares - et celles de Khao San Road (Thanon Khao San) bien souvent sales et bruyantes. Les sites de réservation Agoda et AsiaWeb proposent des réductions conséquences (20-60%) sur le prix des chambres d'établissements modernes, sans grand cachet mais souvent dotés d'une piscine. Les prix indiqués sont minorés d'au moins 30% en basse saison. Quelle que soit la période, réservez dès que possible.

très petits prix

Loftel 22 Hostel (plan 4, B3 n°50) Inaugurée en 2014, cette auberge de jeunesse centrale et moderne dispose de 20 chambres, du dortoir mixte à la quadruple, réparties sur quatre étages. Bien qu'exiguës et sans fenêtres, elles sont décorées avec goût (bois et béton ciré), confortables (clim., sèche-cheveux, wifi) et aussi bien tenues que les sanitaires collectifs avec eau chaude. Comptez. 350B/pers. en dortoir de 4 lits, 400-900B la double et 1 300B la familiale. Draps et serviette inclus. Balcon sur le toit et charmant café au rdc pour le petit déj. (85B). Consignes à bagages. Personnel prévenant. Pas de CB. ***Vieille ville*** *952 soi Charoen Krung 22, Talat Noi Tél. 02 117 93 22 Débarcadère n°4 (Marine Department) ou MRT : Hua Lamphong www.loftel22bangkok.com*

GAMME DE PRIX	RESTAURATION	HÉBERGEMENT
Très petits prix	moins de 100B	moins de 500B
Petits prix	de 100 à 300B	de 500 à 1 000B
Prix moyens	de 300 à 500B	de 1 000 à 2 200B
Prix élevés	de 500 à 1 000B	de 2 200 à 4 000B
Prix très élevés	plus de 1 000B	plus de 4 000B

Silom Art Hotel (plan 4, C3 n°51) Cette auberge de jeunesse propre et climatisée, aux murs acidulés et au décor vintage, dispose d'une centaine de lits. Au choix, des dortoirs pour dames, avec fenêtre (4-10 lits, 450B/pers.), des dortoirs mixtes, plus spartiates (3-5 lits, 400B/pers.), des chambres doubles (1 500B) et des quadruples (2 200B). Draps compris. Serviette en sus (30B). Les sanitaires collectifs sont coquets et bien tenus. Terrasse sur le toit, laverie, salon TV, café pour le petit déj. (en sus), postes Internet à disposition et wifi gratuit. ***Vieille ville*** *198/19-22 soi Silom 14, Bangrak Tél. 02 635 80 70 BTS : Chong Nonsi http://silomarthostel.com*

petits prix

Lamphu House (plan 3, B1 n°40) Dans une ruelle paisible, face à une cour plantée, 60 chambres assez quelconques, mais calmes et propres, et à deux pas de la trépidante Khao San Road. Les *superior rooms* (800B) sont lumineuses et disposent d'un balcon, les *standard rooms* avec sdb (ventilateur ou clim., 560-670B) sont fonctionnelles, mais évitez celles avec sdb partagée (440B), vraiment minuscules. Également des triples (900B) et des quadruples (1 050B). Wifi à la réception, agréable café dans la cour et consigne à bagages. Accueil aimable. ***Phra Nakhon*** *75 soi Rambutri, Banglamphu Tél. 02 629 58 61 Débarcadère n°13 (Phra Athit) www.lamphuhouse.com*

Shanti Lodge (plan 2, A2 n°40) Les 40 chambres, décorées de teck et de bambou tressé, ne sont pas très grandes, mais fonctionnelles et d'un bon rapport qualité-prix pour Bangkok. Les plus bruyantes, au-dessus de la réception, sont aussi les plus simples et les moins chères : 500-600B la double (avec sdb partagée, ventilateur ou clim.). Les *superior* (750-860B avec sdb) et les familiales (1 000-1 400B) sont plus spacieuses. Une minisuite romantique avec terrasse fleurie est installée sur le toit (1 990B avec clim. et petit dej). Petits déj. copieux (en suppl.) et bonne cuisine thaïe au restaurant (85-135B). Wifi. Accueil aimable. ***Vieille ville*** *37 Thanon Sri Ayutthaya (Thewet) Tél. 02 281 24 97 Débarcadère n°15 (Thewet) www.shantilodge.com*

River View Guesthouse (plan 4, A2 n°52) Ambiance familiale et bon accueil pour cet hôtel calme et bien tenu du quartier de Talat Noi. Si les dortoirs de 4 lits (350B/pers.) et les *City Delight* (650-950B la double avec ventilateur et sdb) manquent de luminosité, les *Urban Chic* (1 200-1 800B avec clim.) sont coquettes, les chambres familiales (1 200B avec ventilateur), spacieuses et les *superior* très confortables (réfrigérateur, TV, et balcon pour certaines). Agréable bar-restaurant sur le toit pour le petit déj. (en supp.) ou l'apéritif, avec vue splendide sur le Chao Phraya. ***Vieille ville*** *768 Soi Phanurangsi (Samphan Thawong) Tél. 02 234 54 29 MRT : Hua Lamphong (sortie 1) www.riverviewbkk.com*

prix moyens

Lamphu Tree House (plan 3, C1 n°41) Un hôtel de charme au bord du canal de Banglamphu. Ses 50 chambres de style traditionnel sont spacieuses, bien équipées (clim., ventilateur, minibar, TV, wifi, sdb fonctionnelle) et impeccablement tenues par un personnel agréable. Préférez le bâtiment principal à l'annexe logée au fond d'un *soi* parallèle et optez pour une *standard* avec fenêtres ou une *deluxe*, calme et lumineuse, mais évitez les *superior*, dont le balcon ne justifie pas le tarif. Jolie piscine. Double 1 650-2 500B, suite 3 500-4 500B, petit déj. buffet compris. Rés. conseillée. ***Vieille ville*** *155 Wanchat Bridge, Thanon Prachatipathai, Banglamphu (Thewet) Tél. 02 282 09 91/2 Débarcadère n°13 (Phra Athit) www.lamphutreehotel.com*

☺ **Phranakorn Nornlen (plan 2, A2 n°41)** Meubles récup', murs pastel, papier peint vintage et batiks fleuris décorent les 30 chambres confortables (clim., wifi, lecteur CD, bouilloire) à la coquette sdb. Le délicieux petit déjeuner bio se prend dans un vaste patio verdoyant qui abrite un *sala* garni de jouets en bois et des vitrines exposant objets de la Bangkok d'antan. Activités pour petits et grands, boutique avec produits " maison ", consigne à bagages et laverie à disposition. L'accueil irréprochable et le délicieux restaurant juché sur le toit, avec vue sur le bouddha doré du Wat Intharavihan, parfont les atouts de ce petit bijou bohème chic. Comptez 1 800B la *single*, 2 200-2 400B la double, 3 200-3 600B la familiale, petit déj. compris. ***Vieille ville*** *46 Soi Thewet 1 (Thewet) Tél. 02 628 81 88 Débarcadère n°15 (Thewet) www.phranakorn-nornlen.com*

Baan Silom soi 3 (plan 4, C3 n°53) Ce petit hôtel bien tenu loue 16 chambres de belle taille, réparties sur six étages. Leur décor minimaliste (murs blancs, mobilier quelconque) mériterait d'être réchauffé, mais elles sont calmes, confortables (clim., TV, réfrigérateur, coffre-fort,wifi) et dotées d'une sdb moderne avec eau chaude. Comptez 1 480B la *superior* et 1 580B la *deluxe*. Pas de petit déj. ***Vieille ville*** *6/11 Soi Silom 3 (Bangrak) Tél. 02 235 43 00 BTS : Chong Nonsi www.baansilomsoi3.com*

Baan Sukhumvit 18 (plan 5, B3 n°40) Une jolie surprise que ces 11 chambres distribuées sur quatre étages, dont le décor mêle boiseries et textiles soyeux. Elles sont confortables (TV, lecteur DVD, minibar, clim., wifi), d'une taille correcte et bien agencées (sdb avec douche à l'italienne). Le petit déj. (inclus) se prend dans la pimpante salle au mobilier en rotin du rdc, et l'apéritif sur le toit-terrrasse fleuri. Comptez 1 870B la *superior* et 1 980B la *deluxe*. Personnel serviable. ***Ville moderne*** *3/13-14 Soi Sukhumvit 18 (Khlong Toey) Tél. 02 204 03 01 BTS : Asok ; MRT : Sukhumvit http://www.baansukhumvit.com*

BANGKOK

☺ **Baan Sukhumvit 20 (plan 5, B3 n°41)** Niché au fond du *soi*, cet hôtel jumeau du précédent offre le même confort mais davantage de calme, de luminosité et un cadre encore plus douillet. Les parties communes comme les 12 chambres sont décorées dans un style traditionnel sobre, égayé de touches artisanales bien dosées. Demandez une chambre en hauteur pour profiter d'une luminosité optimale et éviter le vis-à-vis. Pas de *rooftop bar*, mais une mignonne salle à manger vert amande au rez-de-chaussée, pour le petit déj. (inclus), l'apéritif et les discussions avec un personnel attentionné. Double à 1 650B. ***Ville moderne*** *392/38-39 Soi Sukhumvit 20 (Khlong Toey) Tél. 02 258 56 22 BTS : Asok ; MRT : Sukhumvit www.baansukhumvit.com*

prix élevés

Sala Arun (plan 3, B4 n°42) À l'Arun Residence, on préfère sa petite sœur pour l'atmosphère cosy de ses 7 chambres parquetées de teck blond et décorées dans un style traditionnel sobre. Toutes sont spacieuses, lumineuses et bénéficient d'un confort sans faille : clim., sdb moderne, minibar, coffre-fort, wifi, TV, lecteur MP3. Les *standard* donnent sur le Wat Po, les *deluxe* sur le Wat Arun, illuminé le soir, et la suite offre un panorama splendide sur les deux monuments. Double 3 500-4 200B, suite 6 500B, petit déj. inclus. ***Ko Rattanakosin*** *47-49 Soi Phen Pi Marn (Phra Nakhon) Tél. 02 622 29 32 Débarcadère n°8 (Tha Tien) www.salaarun.com*

☺ **Inn A Day (plan 3, B4 n°43)** À deux pas du Wat Pho et du Chao Phraya, cette usine sucrière reconvertie en hôtel de charme séduira les adeptes du style industriel. Parées de béton ciré bleuté et de bois patiné coloré, décorées de malles en cuir et d'objets vintage, les 11 chambres ont chacune leur caractère et leur sdb vitrée. Bien équipées, elles disposent d'un balcon et certaines donnent sur le Wat Arun. L'ensemble est impeccablement tenu par une famille d'une grande gentillesse. Double 3 200-4 200B, suite 7 500-9 000B avec le petit déj. Bonne cuisine thaïe au café du rdc, cf. Où faire une pause déjeuner ? (p.115). ***Ko Rattanakosin*** *Soi Tha Ruea Daeng, 57-61 Thanon Maharat (Phra Nakhon) Tél. 02 221 05 77 Débarcadère n°8 (Tha Tien) www.innaday.com*

☺ **Old Bangkok Inn (plan 3, C2 n°44)** Cette auberge de charme, parée de tons chatoyants et de bois exotiques, loue 10 chambres. Si chacune a son caractère, toutes sont meublées avec goût et bénéficient d'un confort sans faille : clim., TV, lecteur DVD, minibar, coffre-fort, wifi, ordinateur et coquette sdb. La Lemongrass dispose d'un patio verdoyant et la Rose Suite d'une sdb extérieure. Le personnel est adorable et le petit déj (compris) délicieux. Double 3 190- 3 990B, suite (3-4 pers.) 5 590-6 590B. Rés. conseillée. ***Ko Rattanakosin*** *609 Thanon Phra Sumen (Phra Nakhon) Tél. 02 629 17 87 www.oldbangkokinn.com*

Shanghai Mansion (plan 3, D4 n°45) Comme son nom l'indique, cet établissement évoque le Shanghai des années 1930 ! Si le hall monumental est kitsch, les 78 chambres colorées et bien équipées sont plutôt élégantes avec leurs textiles précieux, meubles en bois sculpté et porcelaines chinoises. Personnel attentionné. Restaurant et bar. Seuls bémols : l'insonorisation n'est pas au top, les fenêtres des chambres donnent sur l'atrium, et le petit déj. buffet n'est pas compris (350B). Double 3 500-4 000B, suite 4 500B. Réductions sur le site Internet. ***Vieille ville*** *479-481 Thanon Yaowarat (Samphan Thawong) Tél. 02 221 21 21 Débarcadère n°5 (Ratchawong) www.shanghaimansion.com*

☺ **Loy La Long Hotel (plan 4, A2 n°54)** Cette vaste maison sur pilotis posée au bord du Chao Phraya, dans l'enceinte du Wat Pathumkongka, abrite 7 chambres douillettes (clim., ravissante sdb, wifi, moustiquaire, minibar, TV, lecteur de DVD), agrémentées de meubles anciens et de textiles traditionnels. Les sofas bigarrés des salons en teck verni et

GAMME DE PRIX	RESTAURATION	HÉBERGEMENT
Très petits prix	moins de 100B	moins de 500B
Petits prix	de 100 à 300B	de 500 à 1 000B
Prix moyens	de 300 à 500B	de 1 000 à 2 200B
Prix élevés	de 500 à 1 000B	de 2 200 à 4 000B
Prix très élevés	plus de 1 000B	plus de 4 000B

les hamacs des vérandas fleuries invitent à paresser au bord de l'eau. Restaurant et bar réservés aux pensionnaires. Chambre *single* 2 400B, double 3 200-3 500B, familiale (3-5 pers.) 4 500-5 500B, petit déj. inclus. ***Vieille ville*** *1620/2 Thanon Songwat (Samphan Thawong) Tél. 02 639 13 90 ou 089 133 1131 Débarcadères n°5 (Ratchawong) ou n°4 (Marine Department) www.loylalong.com*

prix très élevés

Chakrabongse Villas (plan 3, B4 n°46) Construite en 1908 pour le prince Chula Chakrabongse, petit-fils de Rama V, cette résidence a été transformée en un *resort* luxueux par sa fille Narisa. Les 7 chambres et suites décorées avec goût (tons chatoyants, soieries, antiquités) occupent d'élégantes villas en teck disséminées dans un jardin tropical riverain du Chao Phraya. Au confort sans faille (clim., sdb, TV, minibar, coffre-fort) et à la tranquillité absolue s'ajoutent une piscine de belle taille et un restaurant thaï. Dommage que l'accueil soit si hautain. Double 5 000B, suites et bungalows 8 000-15 000B, petit déj. inclus. Réservation impérative. ***Ko Rattanakosin*** *396 Thanon Maharat (Phra Nakhon) Tél. 02 222 12 90 Débarcadère n°8 (Tha Tien) ou n°7 (Rajinee) www.chakrabongse.com*

Riva Surya (plan 3, B1 n°47) Installé au nord du centre historique, cet hôtel dispose de 68 chambres de style contemporain bien équipées (clim., lit *king size*, sdb impeccable, minibar, coffre-fort, wifi) et d'une jolie piscine au bord du Chao Phraya. Les chambres sur rue bénéficient d'une véranda avec double vitrage, mais on préfère celles qui donnent sur le fleuve, pour leur luminosité et leur balcon. Vaste terrasse au mobilier en rotin, coquet café pour une pause sucrée et personnel attentif. Double 6 100-7 816B, suite 8 496B, petit déj. inclus. Promotions fréquentes sur le site Internet. ***Ko Rattanakosin*** *23 Thanon Phra Athit, Bamglamphu (Phra Nakhon) Tél. 02 633 50 00 Débarcadère n°13 (Phra Athit) www.snhcollection.com/rivasurya*

☺ **Ariyasom Villa (plan 5, B2 n°42)** Caché avec son jardin luxuriant au cœur de la ville moderne, cette résidence bourgeoise des années 1940, amplement restaurée dans les années 2000, conjugue confort contemporain et décor vintage : parquets en teck recyclé, antiquités et mobilier de style 1940-50. Parfois un peu chargées, les 24 chambres n'en sont pas moins calmes, très confortables et bien tenues, et le petit déj. végétarien (inclus) est délicieux. Une piscine de belle taille, un spa et un restaurant complètent les atouts de cet hôtel atypique. Réservez dès que possible ! Doubles 5 940B-9 345B, suites 12 532B. ***Ville moderne*** *65 Soi Sukhumvit 1 (Watthana) Tél. 02 254 88 80-3 BTS : Phloen Chit www.ariyasom.com*

Bangkok, géant "soutenant" l'un des *chedi* dorés du Wat Phra Kaew (p.99).

Bangkok, *tuk-tuk.*

LA CÔTE NORD-EST DU GOLFE DE THAÏLANDE

V

Plan 6 La côte nord-est du golfe de Thaïlande

LA CÔTE NORD-EST DU GOLFE DE THAÏLANDE

SI RACHA ET KO SICHANG

Malgré la proximité du plus grand port de Thaïlande, Laem Chabang, Si Racha n'a pas tout sacrifié à la modernité. Sur son front de mer, les immeubles semblent protéger de leur ombre des maisons sur pilotis d'un autre âge, tandis qu'au large se croisent cargos, ferrys et barques de pêche traditionnelles. Cette paisible petite cité de la baie de Bangkok, réputée pour ses fruits de mer, abrite nombre de restaurants de spécialités nipponnes, particularité qu'elle doit aux usines de construction automobile japonaises implantées à sa périphérie. Si Racha est aussi le port d'embarquement pour Ko Sichang, une île verdoyante et ancienne villégiature royale, où l'on pourra passer la journée, voire une nuit paisible.

MODE D'EMPLOI

accès à Si Racha

Si Racha se trouve à 108km au sud-est de Bangkok et à 30km au nord de Pattaya.

EN CAR

Les cars s'arrêtent sur Sukhumvit Road (Hwy 3), à côté du grand magasin Robinson quand ils arrivent de Bangkok et du Nord, à hauteur du magasin d'informatique Tuc Com pour ceux qui viennent du Sud et de l'Est. De Bangkok (gares routières est et nord) : un car climatisé toutes les 30 min, de 5h à 21h (AS 94-97B, 2h de trajet). En sens inverse, 1 car/h de 5h à 20h.

EN MINIBUS

Des minibus à destination de Si Racha partent des gares routières Est (Ekkamai) et Nord (Mo Chit) de Bangkok ainsi que de Victory Monument (de 6h à 20h, durée : 1h45, AS 100-120B). Un minibus relie également l'aéroport Suvarnabhumi à Si Racha (1/h de 5h à 21h ; de 5h à 20h en sens inverse). Comptez 1h30 de trajet et 110B l'AS. Ils s'arrêtent, comme les cars, sur Sukhumvit Road.

EN TRAIN

Gare SRT de Si Racha Junction Un train/j. de la gare de Hualamphong (ligne Bangkok-Pattaya). Départ à 6h55, env. 3h de trajet, AS 64-123B. Dans le sens inverse, départ à 14h52. Comptez 60B la course en *songteo* de la gare de Si Racha au centre-ville. *Soi 6, Nong Khor Surasak (3km à l'est du centre-ville) Tél. 1690 www.railway.co.th*

liaisons Si Racha-Ko Si Chang

Navaprateep Ferry Boat Un ferry/h de 7h à 20h, retour du dernier bateau à 19h (45min de traversée, billetterie à l'embarcadère, AS 50B). Le week-end, il faut se présenter 15min avant le départ. Les bateaux partent à l'heure. *Jetée de Ko Loi*

orientation

Le centre-ville de **Si Racha** s'étire sur 3km, sur le rivage oriental de la baie de Bangkok. Jerjompol Road, qui longe la mer et dessert le parc municipal (Health Park) et le marché, en constitue l'artère principale. Sukhumvit Road, la voie express ponctuée par les repères visuels du grand magasin Robinson et des distributeurs bancaires, matérialise la limite orientale de la Si Racha fréquentée. C'est à **Ko Loi**, au nord-ouest de Jerjompol Road, que l'on embarque pour **Ko Sichang**. Cette île ancrée à une dizaine de kilomètres au large n'excède pas 10km², et son unique localité, Tha Bon, s'est développée autour du port installé sur sa côte est. Adsang Road traverse toute l'île, du temple chinois au nord, à la résidence de Rama V, sur la côte sud-est. Des voies secondaires bosselées et des sentiers balisés permettent d'explorer le cœur de l'île et sa côte ouest.

se déplacer

Même si Ko Sichang et Si Racha s'explorent aisément à pied, certains trajets se font plus facilement sur deux, trois ou quatre roues. La course à moto-taxi, en *tuk-tuk* ou en *songteo* revient à 30-50B en ville. **À Ko Sichang**, vous pourrez également louer un vélo (100B/j.) ou un scooter (80B/h, 250B/j.). Préférez les agences du village à celle de l'embarcadère. Comptez 200B la demi-journée à moto-taxi et env. 500B le *songteo* à la journée. Mettez-vous bien d'accord sur l'itinéraire et les haltes avant de partir et ne réglez qu'à la fin du périple.

informations touristiques

Il n'y a pas d'office de tourisme à Si Racha, et le personnel de la mairie ne parle pas l'anglais. Mais les commerçants se montrent généralement très serviables.

Office de tourisme de Ko Sichang Le personnel ne parle pas bien l'anglais et on n'y trouve guère que le plan de l'île... quand il n'y a pas de rupture de stock ! *Embarcadère principal Tél. 038 216 290 Ouvert tlj. 9h-17h*

www.ko-sichang.com Une bonne source d'informations créée par Pan et David (p.169). Pour tout renseignement complémentaire, n'hésitez pas à leur rendre visite, d'autant que David parle un excellent français.

informations pratiques

Le bureau de poste de Si Racha (à l'angle de Jerjompol Rd et de soi Jerjompol 1) dispose d'un service Western Union mais pas celui de Ko Sichang.

ARGENT

À Si Racha, vous trouverez plusieurs banques et distributeurs de billets (ATM) sur Jerjompol et Sukhumvit Road. À Ko Sichang, l'agence de la Kasikornbank change les devises et

Tableau kilométrique

	Bangkok	Si Racha	Pattaya	Rayong	Ban Phe	Chanthaburi
Si Racha	108					
Pattaya	150	30				
Rayong	182	72	61			
Ban Phe	203	93	82	21		
Chanthaburi	250	182	171	111	94	
Trat	320	252	241	180	163	69

dispose d'un distributeur. Attention, les paiements par carte bancaire ne sont pas acceptés dans l'île.

Krungsri Bank Service de change. *1/18 Thetsaban 1* ***Si Racha*** *Tél. 038 324 272/6 www.krungsri.com Ouvert lun.-ven. 8h30-15h30 Grand magasin Robinson 90/1 Sukhumvit Rd* ***Si Racha*** *Tél. 038 322 067 Ouvert tlj. 11h-20h*

Kasikornbank *99/12 Asdang Rd Tha Bon* ***Ko Sichang*** *Tél. 038 216 131 www.kasikornbank.com Ouvert lun.-ven. 8h30-15h30*

SANTÉ

Samitivej Sriracha Hospital Le meilleur des trois hôpitaux de la ville. *8 soi Laemket, Jerjompol Rd* ***Si Racha*** *Tél. 038 320 300 www.samitivejhospitals.com*

Ko Sichang Hospital Service d'urgences (24h/24, 7j./7). *59 Moo 1 Asdang Rd Tha Bon* ***Ko Sichang*** *Tél. 038 216 266*

DÉCOUVRIR

☆**Les essentiels** La presqu'île de Ko Loi à Si Racha, le San Chao Phaw Khao Yai etle palais d'été de Chuthathut à Ko Sichang **Découvrir autrement** Régalez-vous de fruits de mer au Mum Aroi, offrez-vous un massage aux huiles à Sichang Healing House

Si Racha

Il n'y a pas de musée ni de plage où parfaire son bronzage à Si Racha. Aussi les touristes ont-ils tendance à bouder cette bourgade côtière de la province de Thonburi. C'est, en revanche, l'endroit tout indiqué pour découvrir l'"art de vivre tranquillement" typique des petites villes thaïlandaises. Adoptez le pas nonchalant de ses habitants pour mieux profiter de son joli front de mer et faites comme nous, boycottez le zoo : les tigres n'y sont pas très bien traités.

☆**Presqu'île de Ko Loi** L'îlot ancré au nord du front de mer est désormais relié au continent par une longue jetée asphaltée. Au XIXe siècle, c'est par son temple que transitaient les moines invités par Rama V à séjourner au palais d'été de Chuthathut, à Ko Sichang (p.165). Visitez la presqu'île de préférence en fin d'après-midi, quand la luminosité s'adoucit et que l'animation grandit. À l'instar des familles locales, dirigez-vous vers les deux bassins du centre de protection des tortues marines pour nourrir ses pensionnaires, parfois centenaires. Grimpez ensuite la cinquantaine de marches du **Wat Ko Loi** (ouv. tlj. 6h-18h), le temple sino-thaï édifié par Rama V pour protéger la ville. Ce site vaut surtout pour son magnifique point de vue sur Ko Sichang et le golfe de Thaïlande. Le pavillon hexagonal dressé en contrebas, sur l'esplanade, est dédié à Guanyin, bodhisattva de la Compassion également révéré des taoïstes. Après avoir admiré le coucher du soleil, allez vous régaler de fruits de mer dans l'une de ses petites cantines (p.166) en regardant la côte illuminée. *Au nord-ouest de la ville*

Health Park Ce havre de verdure n'a pas usurpé son nom. On vient entretenir sa forme sur son parcours de jogging, sculpter sa silhouette sur ses appareils de musculation ou tester un cours d'aérobic en fin de journée. Mais on peut tout aussi bien s'étendre sur le gazon pour bouquiner à l'ombre d'un grand arbre, aller siroter un verre au petit café (wifi gratuit) ou s'installer sur un banc pour profiter de la vue sur l'océan. À la nuit tombée, un karaoké y rassemble toutes les générations dans une ambiance détendue. *Jermjompol Rd Ouvert tlj. 4h-22h*

Marché Le long de ses allées se côtoient paniers en bambou et piles de *wok* en aluminium, sachets de piments rouges en vrac et barquettes de friandises fluorescentes. Les commerçantes, assises derrière leurs stands, attendent le chaland en dressant des pyramides de fruits ou en ficelant des bottes de citronnelle. Des effluves iodés annoncent les produits de la mer, soigneusement alignés par espèces et par tailles : crevettes, langoustes, vivaneaux, saumons et poissons-perroquets. Les estomacs sensibles éviteront l'allée réservée à la viande. Au dehors, à toute heure de la journée, on peut acheter une soupe de nouilles (env. 30B) et l'avaler sur une table ou assis sur les marches, à l'entrée du marché. *Angle sud-ouest de Surasak 3 Rd et de Surasak Sanguan Rd Ouvert tlj. 5h-18h*

● Où faire une pause sucrée ?

☺ **Common Room** Murs de briques, luminaires en Inox et cageots de bois disposés ici et là... Voilà un café branché au look new-yorkais. Les pâtisseries (95-250B) de la vitrine réfrigérée vous font de l'œil ? Succombez au brownie servi avec de la chantilly et une boule de glace vanille ou à la gaufre nappée de caramel et d'amandes effilées. Pour accompagner votre péché gourmand, des jus de fruits bio, des smoothies, des thés chauds ou glacés, un café frappé ou un expresso (55-120B). Également des petits déjeuners (65-155B) et des salades (109-130B). Wifi gratuit. *73-75 Jermjompol Rd Tél. 089 777 6419 Ouvert mar.-dim. 9h-21h*

● Où boire un verre au coucher du soleil ?

Rublom Café Cette terrasse frangée de palmiers est le lieu tout indiqué où siroter une bière (80B) face à la mer. Mobilier en bois blanc, lumignons accrochés dans les arbres et tubes internationaux en fond sonore : l'ambiance est décontractée et le service avenant. *Soi Laemket, 34 Jermjompol Rd Tél. 038 770 717 Ouvert tlj. 16h-22h*

Ko Sichang

Le chef-lieu de l'archipel de Ko Sichang a longtemps été l'une des portes maritimes du royaume siamois : c'est là que les passagers et les marchandises à destination d'Ayutthaya et de Bangkok étaient transbordés des vaisseaux à grand tirant d'eau sur des barges à même de remonter le cours du Chao Phraya. Mais si des navires marchands viennent encore s'ancrer dans ses eaux, les porte-conteneurs lui préfèrent désormais le port de Laem Chabang. Avec un littoral trop accidenté pour être bétonné et un intérieur verdoyant tout aussi préservé, Ko Sichang a les atouts d'un petit paradis, à condition de préférer la tranquillité à la fête, la nature sauvage aux bars branchés. Si la proximité de la capitale et ses excellents restaurants de fruits de mer lui valent d'être très fréquentée le week-end, Ko Sichang reste néanmoins préservée des excès du tourisme.

Tha Bon Nichée au creux de collines dominant le port, l'unique bourgade de l'île reste un paisible village de pêcheurs épargné par le béton et la circulation : maisons basses coiffées de tuiles, une seule rue digne de ce nom et un entrelacs de ruelles pentues regroupant commerces et services. Flânez dans ses venelles verdoyantes, observez les pêcheurs débarquer leur prise du jour sur le port et appréciez la gentillesse des insulaires car, à Ko Sichang, le sourire prime sur la sollicitation.

☆ **San Chao Phaw Khao Yai** La massive silhouette rouge de ce temple chinois se dresse à flanc de colline, au nord-ouest du village, au sommet d'une abrupte volée de marches. La galerie principale, scandée de colonnes finement sculptées et de bouddhas de différents styles, offre une vue splendide sur l'île et l'océan. Visitez les grottes-sanctuaires, dont les pèlerins ont tapissé les parois de leurs vœux. Parmi les divinités qu'on y révère, vous reconnaîtrez Sun Wukong, le roi des Singes (portant cape et béret), malicieux héros littéraire doté de pouvoirs magiques qui aurait accompagné, au VIIe siècle, le moine chinois parti recueillir en Inde les canons du bouddhisme. De la galerie, un autre escalier fort raide (500 marches à-pic !) grimpe jusqu'à Buddha's Footprint, la reproduction de l'empreinte de pied du Bouddha apportée sur l'île en 1892, à la demande de Rama V. Ce site sacré, relié par une route à l'entrée principale du temple, offre un panorama spectaculaire sur l'archipel et sur Si Racha, au loin. Le temple accueille de nombreux pèlerins, notamment lors du Nouvel An chinois. *Dans le nord de l'île Ouvert tlj. 6h-18h Entrée libre Tenue correcte recommandée*

☺ **Wat Tham Yai Prik** Signalé de loin par un grand bouddha doré, ce monastère consacré officiellement en l'an 2000 s'est développé sur la crête centrale de l'île, autour d'un réseau de grottes. Celle où le fondateur, Prasit Thavaro (1923-2007), se retira en 1970, à la suite d'une vision, porte le nom de Tham Yai Prik : la gouvernante de Rama V, Prik, lui serait apparue pour lui en révéler l'emplacement et l'inviter à y effectuer une retraite. La communauté monastique (une quarantaine de personnes venues des quatre coins de Thaïlande) vit très simplement et pratiquement en autarcie. Ainsi, ce sont ses membres qui ont édifié et décoré les différents bâtiments, dont une jolie pagode ornée de scènes de la vie du Bouddha. Au détour de votre visite, vous croiserez certainement une nonne affairée dans le potager ou un moine prêt à engager une discussion sur le bouddhisme. Malgré son relatif isolement, le Wat Tham Yai Prik est un centre de méditation ouvert à tous. L'hébergement est spartiate, mais nul besoin de maîtriser le thaï ni même l'anglais pour y passer quelques jours ! *Moo 2, Tambon Tha Thewawong (au cœur de l'île) Tél. 038 216 104 watthamyaiprig@hotmail.com Ouvert tlj. 4h-17h Entrée libre (donation bienvenue) Plan et brochure en anglais*

Hat Tham Phang Nichée au pied d'une colline, la principale plage de sable de l'île étire sur 1km son ruban blanc bordé de transats et de parasols. L'ambiance de cette "plage de la Grotte-Effondrée" est familiale, et les adeptes de la bronzette trouveront un petit coin de tranquillité près des rochers. Ses eaux bleues, peu profondes, se prêtent à baignade et l'on peut y louer du matériel de *snorkeling* ou un kayak pour découvrir la côte sud (150B/j., gilet de sauvetage 50B)... ou passer la journée à lézarder, déjeuner d'un plat de crevettes grillées

(200B) et admirer le coucher du soleil tout en prenant l'apéritif. *Sur la côte sud-ouest, en contrebas de Chaolem Phrakiat Rd*

☆ **Chuthathut Royal Residence** Une jolie promenade côtière dessert les vestiges du palais d'été de Rama V, sur la côte sud-est de l'île. Sichang étant réputé pour son climat vivifiant, le roi y envoya en convalescence plusieurs de ses enfants avant de s'y faire bâtir une résidence d'été à partir de 1889. Mais un contentieux avec la France à propos du Laos rendant le golfe de Thaïlande peu sûr (les Français occupèrent même brièvement Ko Sichang en 1893), le domaine royal fut abandonné et sa salle du trône, un splendide pavillon octogonal en teck doré, démontée au début du xxe siècle pour être transportée à Bangkok, où elle prit le nom de Vimanmek (p.124). La résidence de Chuthathut a été restaurée dans les années 1990 par l'Université Chulalongkorn. Ses bâtiments, qui mêlent les style siamois et victorien, sont disséminés dans un parc paysager agrémenté de bassins et de terrasses. Sur l'ensemble veille, du haut de sa colline, le **Wat Asadang Khanimit**, un temple circulaire coiffé d'un *chedi* de style cinghalais et pourvu d'étonnantes fenêtres gothiques. Les pavillons **Ruan Abhirom**, **Ruan Phongsri** et **Ruan Vadhana** furent construits en 1889, avant même le palais d'été, comme pavillons de convalescence pour la famille royale. Bien réhabilités, ils abritent des maquettes du site, des portraits de la famille royale et des documents illustrant les aménagements (routes, écoles, plantations…) dont Rama V dota Ko Sichang. Plusieurs photographies et gravures d'époque laissent imaginer les fastes du palais d'été au temps de sa splendeur. **Ruan Mai Rim Talay**, une charmante maison de bois à la façade vert émeraude (1892), accueille des expositions temporaires, et sa terrasse arrière, un agréable petit café. **Asdang Bridge**, le long ponton où venaient s'amarrer les barges royales, fut édifié sur la cassette personnelle du roi, pour célébrer la guérison d'un de ses fils, le prince Asdang. L'aquarium attenant au domaine (Cholatassathan Museum), n'a pas grand intérêt. *À l'extrémité sud-est d'Asdang Rd (à 1km du débarcadère) Tél. 038 216 412 Ouvert mar.-dim. 9h-17h Entrée libre Tenue correcte recommandée*

● Où boire un verre face à la mer ?

Ruay Bar Un beau panorama sur l'île de Karm, de la terrasse aux couleurs de l'arc-en-ciel imitant le ponton d'un bateau. À la nuit tombée, les guirlandes lumineuses prêtent au lieu un air de guinguette et les insulaires s'y retrouvent pour écouter un concert ou chauffer leur voix lors d'un karaoké. Ambiance bon enfant et service charmant. Soda 15B, bière 80B. *Sur la côte orientale, le long d'une piste parallèle à Asdang Rd Tél. 087 688 4396 Ouvert tlj. 17h-22h*

● S'offrir un soin relaxant

☺ **Sichang Healing House** D'abord infirmière à Bangkok, Khun Oppawan s'est formée au massage thérapeutique et à la réflexologie plantaire dans les centres renommés de la capitale, avant d'ouvrir ce spa dans son île natale, en 2002. Sa méthode, tout en douceur, conjugue techniques thaïes traditionnelles et acupression japonaise. Comptez 300B l'heure de réflexologie plantaire ou le massage aux compresses chaudes, 600B le modelage aux huiles. Elle vous indiquera comment rééquilibrer votre métabolisme et votre épiderme. *169 Moo 3, Devawongse Rd Tél. 081 572 7840 Ouvert jeu.-mar. 9h-16h Rés. conseillée*

● Se promener à pied ou à vélo L'un des charmes de Ko Sichang tient à la variété de ses paysages : un littoral sauvage, aux abruptes falaises calcaires, et un intérieur vallonné, agrémenté de grasses prairies et de vergers. La petitesse de l'île, ses routes bien entretenues et ses quelques sentiers balisés sont propices à la marche comme au vélo – à condition de savoir négocier les raidillons ! Prévoyez de bonnes chaussures, un chapeau et une grande bouteille d'eau. Si vous louez un deux-roues, vérifiez l'état des pneus et des freins et, pour un scooter, demandez un casque.

● Pêcher, admirer les fonds marins

Ko Khaang Kao Cette "île Chauve-Souris" ancrée au sud de Sichang est le meilleur spot de *snorkeling* de l'archipel. Vous pourrez louer un kayak à Hat Tham Phang ou demander à un pêcheur de Tha Bon qu'il vous emmène plonger sur le récif, à 100m de la côte nord, ou sur sa côte sud-ouest (comptez 1 000-1 200B/pers., prévoyez pique-nique, masque, palmes et tuba – à louer sur la plage de Hat Tham Phang ou à acheter à Tha Bon). La plage, propre et plutôt déserte, séduira les adeptes du farniente. *Départ de Tha Lang Pier. Rens. au Pan & David Restaurant* (p.169).

CARNET D'ADRESSES

Restauration, hébergement

Si Racha

très petits prix

Sriwatana Hotel Cet hôtel sur pilotis loue 30 chambres impeccables, mais spartiates : mobilier minimaliste, ventilateur et sdb de poche (eau froide et toilettes à la turque). Double à 200B et 280B (avec balcon sur l'océan), quadruple à 380B. Pas de petit déj. Pas de CB. *Soi Sriwatana, Jermjompol Rd Si Racha Tél. 038 311 037*

petits prix

You² Land Restaurant Ce restaurant sur l'eau, au service prévenant, propose une cuisine japonaise d'un bon rapport qualité-prix. Si les tables basses sur estrade de la salle ne vous tentent guère, installez-vous sur la terrasse et profitez de la vue sur la presqu'île. Au menu, *gyoza* (raviolis), sashimi, maki, brochettes et *tonkatsu* (bœuf ou porc pané et frit, salade de choux émincé et riz), à arroser d'une bière Asahi. Env. 250B le repas. *8 soi Laemket, Jermjompol Rd* ***Si Racha*** *Tél. 038 771 721 Ouvert lun.-ven. 17h-23h, w.-e. 11h-23h*

Stands de fruits de mer de Ko Loi On choisit parmi les photos de plats et les mets alignés sur les comptoirs, puis on va s'installer sur une natte, à une table basse, éclairée le soir par des guirlandes lumineuses. Et tandis que la brochette de calmar ou le poisson entier grille sur un brasier de fortune, on sirote un verre accompagné de beignets de crabes face à la baie. *Après la jetée, sur la droite* ***Si Racha*** *Ouvert tlj. 10h-22h*

Samchai Resort Les couloirs labyrinthiques de cette grande maison des années 1960 ne vous inspirent guère ? Dépassez cette première impression, car voilà une bonne pension ! Ses

50 chambres carrelées, avec sdb, sont fonctionnelles et propres. Les moins chères (350-380B avec ventilateur, 500-650B avec clim.), à l'avant, sont plutôt sommaires. Pour 700-800B, on gagne en superficie et en luminosité. Les n°s 445 et 446 disposent d'un balcon au bord de l'eau (900B). Et au bout de la jetée vous attend une terrasse verdoyante. Accueil charmant. Petit déj. à 75B. Pas de CB. *3 soi Poolpipat (soi 10) Jermjompol Rd* ***Si Racha*** *Tél. 038 311 800 ou 081 963 1855 dmu manachit55@gmail.com*

prix moyens

☺ **Mum Aroi** Ce "Coin des Délices" mérite bien son nom ! Le poisson et les crustacés, prélevés dans ses viviers, sont divinement préparés. Les trois terrasses étagées au bord de l'eau conjuguent mobilier en teck et vue dégagée sur Ko Loi. Le service est attentif, la carte pléthorique et l'assiette généreuse. Comme les habitués, partagez plusieurs plats. En entrée, palourdes grillées, soupe de crustacés ou salade épicée de crabe et papaye. À faire suivre d'une langouste à l'ail ou d'un poisson-perroquet au citron vert. Également des calmars, langoustines et tourteaux. Entrées 150-250B, plats 180-450B. *16/4 Soi Laemket, Jermjompol Rd Sur la gauche, après Samitivej Hospital* ***Si Racha*** *Tél. 038 771 555 ou 081 110 4567 Ouvert tlj. 10h30-0h Rés. le w.-e.*

☺ **Asami Sriracha** Posté face au Health Park depuis les années 1990, ce restaurant japonais à la devanture orangée et à la coquette salle climatisée est une institution. Derrière le comptoir, Som Chaï prépare sushis et makis, tandis que son épouse, Amchali, assure le service - elle s'efforcera de vous décrire les plats, la carte étant rédigée en thaï et en japonais. Y figurent des beignets (tempura) de légumes et de crevettes, des soupes de nouilles (*ramen, soba)* et un pot-au-feu japonais *(oden)*. Plusieurs menus, dont un à 220B les 7 petits plats. Comptez 300-350B le repas. *19/6-7 Jermjompol Rd* ***Si Racha*** *Tél. 038 321 460 Ouvert lun.-ven. 11h-14h et 17h-0h, w.-e. et j. fér. 11h-0h*

Seaview Sriracha Hotel Vingt-quatre chambres spacieuses et d'un bon rap-

Dîner sur un marché de nuit

Deux marchés où l'on dîne sur le pouce, de 17h à 21h, pour moins de 100B, boisson comprise.
Sukhumvit Food Market Il dresse ses éventaires et ses tables face au grand magasin Robinson. On y savoure un riz frit aux fruits de mer, un *pad thai* au poulet ou une copieuse soupe de nouilles aux légumes. *Sukhumvit Rd Ouvert mer.-lun. 17h-21h*
Clock Tower Night Market Ce marché du week-end permet de conjuguer dînette et shopping. Sur l'esplanade plantée de la mairie, des stands de matériel électronique, de tee-shirts et de bijoux fantaisie côtoient des vendeurs de plats à emporter (salade de papaye épicée, poulet au *saté*, poisson grillé et l'incontournable *sticky rice with mango*). Faites comme les habitués : choisissez votre plat, déambulez parmi les étals et, entre deux bouchées, marchandez une babiole. *Au sud de Surasak 3 Rd, devant la mairie Ouvert ven.-dim. 17h-21h30*

port qualité-prix sur l'artère animée du centre-ville. Malgré une décoration un peu défraîchie, propreté, clarté et confort (clim., eau chaude, minibar, TV et wifi gratuit) sont au rendez-vous. Préférez les catégories *Superior* et *Modern Seaview*, à l'arrière et en hauteur, avec balcon et vue sur la mer, et évitez les chambres *standard*, qui donnent sur la rue. Double 990-1 400B, suite 1 900B, petit déj. compris. *50-54 Jermjompol Rd* ***Si Racha*** *Tél. 038 319 000 seaview_hotel@hotmail.com*

Ko Sichang

Ko Sichang abrite quantité de cantines populaires où vous pourrez goûter des spécialités locales comme les calmars au curry, ou commander un plat de nouilles pour trois fois rien.

très petits prix

Sichang Healing House Trois chambres exiguës et sommairement meublées, mais bien tenues, dans un cadre fleuri, en retrait de la rue principale. Chacune dispose d'un ventilateur et d'une sdb avec eau chaude. Khun Oppawan met sa cuisine à la disposition de ses pensionnaires, et elle les invite volontiers à partager le repas qu'elle vient de mitonner. Comptez 300B la double et 500B la chambre familiale. Spa attenant, cf. S'offrir un soin relaxant (p.165). *169 Moo 3, Devawongse Rd* ***Ko Sichang*** *Tél. 081 572 7840*

petits prix

Lek Ta Wang Les insulaires s'y régalent, sans façon, de coques et autres fruits de mer en sauce. À la carte figurent également un généreux bar grillé et une délicieuse *tom yam kung* (soupe aigre-douce aux crevettes, à la citronnelle et au lait de coco). Env. 200B le repas complet. *Asdang Rd (à 50m du palais d'été)* ***Ko Sichang*** *Tél. 038 486 210 Ouvert tlj. 7h30-19h30*

Sawasdee Sichang Resort Un havre de paix en pleine nature, entre mer et montagne. Oubliez l'allure de ranch du bâtiment principal, ses 12 chambres aux couleurs acidulées sont spacieuses et confortables (clim., TV, minibar, sdb). Les n°s 11 et 12 offrent une vue splendide sur la mer. Et dans le jardin, outre des *sala* propices à la sieste, s'élèvent 4 bungalows douillets à la sdb immaculée. Restaurant. Wifi dans les espaces communs. Comptez 750B la chambre double, 1 000B le bungalow. Petit déj. 60-100B. *137/5 Moo 2, Asdang Rd (bifurquer à droite après Charlie's Bungalows L'hôtel est à 300m)* ***Ko Sichang*** *Tél. 087 480 7879 http://sawasdeesichangisland.com*

prix moyens

Charlie's Bungalows Quatorze bungalows modernes, aux façades pastel, donnant sur un plaisant jardin. Tous sont confortables, sobres, impeccables, et ceux du fond particulièrement tranquilles. Accueil serviable. Comptez 1 000-1 200B pour 2. Pas de petit déj. Réservation impérative le week-end et pendant les vacances scolaires. *39/2 Moo 2, Asdang Rd* ***Ko Sichang*** *Tél. 085 191 3863 www.kohsichang.net*

JoDee's House Les charmants Jeff et Dee ont aménagé deux chambres d'hôtes avec sdb dans une dépendance de leur demeure. Donnant sur un patio fleuri, celles-ci sont spacieuses, lumineuses et bien équipées (clim., TV, réfrigérateur, grille-pain...). Double à 1 200B, 500B/pers. suppl. Pas de petit déj. Réservation impérative sur Internet. *133/1 Moo 3, Asdang Rd* ***Ko Sichang*** *Tél. 092 639 0227 www.jodeehouse.com*

prix élevés

☺ **Pan & David Restaurant** Ce restaurant affiche un menu international bien fourni. Les pâtes sont confectionnées par David, les légumes cultivés par Pan et le poisson pêché du jour. Optez pour un *New England clam chowder* (velouté de palourdes, pommes de terre, bacon et oignons), des *fettuccine* aux olives noires ou un poulet (bio) grillé aux herbes. Et craquez pour le cheese-cake et sa confiture de fraises maison. Comptez 550-600B le repas avec un verre de vin. *167 Moo 3, Asdang Rd* **Ko Sichang** *Tél. 038 216 629 Ouvert lun.-ven. 10h30-22h30, w.-e. 8h30-22h30 Dernier service à 21h30*

PATTAYA

Le village de pêcheurs devenu, lors de la guerre du Vietnam, une station de détente pour les GI de la base aérienne d'U-Tapao s'est mué en une ville de 107 000 habitants, en proie aux embouteillages et au bruit. Si nombre de retraités occidentaux y ont posé leurs valises, cette station balnéaire de réputation mondiale accueille des flots de touristes chinois, moyen-orientaux et russes. Elle offre, il est vrai, un grand choix d'activités sportives et quelques attractions culturelles, mais surtout une concentration unique de bars à strip-tease et de salons de massage. Surnommée de longue date "Sin City" ("ville du péché") par certains, "Patpong-sur-Mer" par d'autres, Pattaya ne laisse aucun voyageur indifférent !

MODE D'EMPLOI

accès

Pattaya se situe à 30km au sud de Si Racha et à 150km au sud-est de Bangkok

EN AVION

U-Tapao Airport Ce petit aéroport est installé à 33km au sud de Pattaya. Du centre-ville, comptez 45min à 1h30 de trajet, selon la circulation, env. 250B/pers. en minibus et 800B en taxi, si le chauffeur accepte de mettre son compteur en marche. *Sukhumvit Rd, km 189 Tél. 038 245 593/5 www.utapao.com*

Bangkok Airways La compagnie Bangkok Airways relie tlj. Pattaya à Ko Samui (1h10 de vol, à partir de 3 940B l'aller) et à Phuket (1h40 de vol, à partir de 2 700B). Pour Bangkok, cf. En car. *Fairtex Arcade Room A5, 212/5 Moo 5, North Pattaya Rd* **Naklua** *Tél. 038 412 382 www.bangkokair.com Ouvert lun.-sam. et j. fér. 8h-17h30* **Comptoir à l'aéroport** *Naklua Tél. 038 245 599 Ouvert tlj. 8h30-17h30*

EN TRAIN

Gare SRT de Pattaya De la gare de Hualamphong à Bangkok, un train/j. pour la gare centrale de Pattaya (Pattaya Main Station). Départ à 6h55, env. 3h40 de trajet, AS 31-140B. Dans le sens inverse, départ à 14h21. Si vous séjournez dans le quartier de Jomtien (au sud du centre-ville), descendez à la station suivante, Pattaya Tai Station. La course en *songteo* revient à 30-40B selon la distance. *Soi Phon Prapha Nimit, Sukhumvit Rd Au nord-est de la ville Tél. 038 429 285 www.railway.co.th*

EN CAR

North Pattaya Bus Station Elle accueille des cars climatisés en provenance des trois gares routières de **Bangkok**. Du terminal Nord (Mo Chit), départ toutes les 30min de 4h30 à 22h et de 4h30 à 21h en sens inverse (2h30 de trajet, AS 119-128B). De la gare routière Est (Ekkamai), 1 car toutes les 30min de 5h à 23h, de 4h30 à 23h en sens inverse (2h de route, 119B). Du terminal Sud (Sai Tai), 8 cars/j., de 5h30 à 19h30 et de 6h à 18h30 en sens inverse (2h30, 119B). De nombreux cars qui relient Bangkok à Pattaya s'arrêtent à **Si Racha** (AS 40B, de 6h30 à 21h dans les deux sens, 50min de trajet). *North Pattaya Rd Entre Third Rd et Sukhumvit Rd (en face de Gems Gallery) Tél. 038 429 877 www.pattayabus.com Horaires et itinéraires en anglais sur le serveur vocal*

South Pattaya Bus Station Elle accueille des cars en provenance de l'aéroport Suvarnabhumi de Bangkok : 1/h de 7h à 22h, départs de 7h à 21h (2h de route, 130B). *389 Thapphraya Rd (à l'est de Jomtien Beach Road, en face du Pan Pan Restaurant) Tél. 086 324 2389 www.airportpattayabus.com*

EN MINIBUS

À Bangkok, les minibus à destination de Pattaya partent de Khao San Road et du Victory Monument. Un départ/h de 6h à 20h dans les deux sens (100B). **De Si Racha**, 1 minibus/h de 7h à 21h dans les deux sens (40B). La station des minibus se trouve à l'angle de Sukhumvit Road et de Central Pattaya Road, également appelée Pattaya Klang Road.

orientation

La station balnéaire s'étend sur 22km² face à trois baies. Cette agglomération qui ne cesse de s'étendre compte trois quartiers distincts : **Naklua** au nord, le sulfureux **centre-ville** face à la baie principale (3km) et **Jomtien** au sud. La voie express, Sukhumvit Road, matérialise leur limite ouest.

se déplacer

Près de 800 ***songteo*** de couleur bleu marine (ici appelés *baht buses*) sillonnent la ville de jour comme de nuit. Le tarif d'une course "intra-quartier" est fixé à 10B, et à 20B de Naklua à Jomtien (avec changement au rond-point du Dauphin, au nord du centre-ville). Vous pouvez louer un *songteo* pour explorer les environs de Pattaya, mais négociez ferme et sachez que l'aller simple vous coûtera au moins 100B. La **moto-taxi** permet de gagner du temps dans les embouteillages (compter 30-40B en centre-ville et à partir de 60B pour les environs de Pattaya). Compte tenu de la circulation, nous vous déconseillons de louer une voiture ou de prendre un taxi – les chauffeurs refusent de mettre leur compteur en marche et réclament des prix exorbitants (150B min.). Si vous louez un **deux-roues** – l'offre est pléthorique ! Comptez 300B/j. –, vérifiez bien son état avant de signer le contrat, exigez un casque et soyez extrêmement prudent : les accidents sont légion sur les grands axes.

informations touristiques

Prenez garde aux nombreux "Tourist Centers" ayant partout pignon sur rue. Ce sont de simples agences de voyages privées. Vous pourrez, toutefois, y faire le plein de brochures et de plans. La rubrique "Life & leisure" du bimestriel *Pattaya Today* répertorie les nouveaux restaurants, bars et autres lieux de sorties et propose un agenda culturel. Également à consulter, le quotidien *Pattaya Daily News* et l'hebdomadaire *Pattaya Mail*. Ces périodiques sont disponibles en version électronique. Trois sites Internet bien conçus :

http://allpattaya.com
www.pattaya.net
www.1stoppattaya.com

TAT Pattaya N'y perdez pas votre temps ! Son personnel est quelque peu indolent et les brochures et plans de la ville sont ceux qui trônent sur les présentoirs des agences de voyages. *609 Pratamnak Rd Au nord du parc Rama IX Tél. 038 427 667 www.tourismthailand.org Ouvert tlj. 8h30-16h30*

informations pratiques

Vous trouverez partout des distributeurs et des banques qui changent les devises. Le bureau de poste principal se trouve dans le soi 13/2, perpendiculaire à Pattaya Beach Rd. Il assure un service Western Union.

SANTÉ

Bangkok Pattaya Hospital Personnel anglophone. Service d'urgences 24h/24. *301 Moo 6, Sukhumvit Rd, Km 143 Tél. 038 259 999 ou 1719 (24h/24) www.bangkokpattayahospital.com*

Pattaya International Hospital Plus central que le précédent. *2255/4 Moo 9, soi Pattaya 4, Second Rd, Nongprue Tél. 038 428 374 (urgences) www.pih-inter.com.*

SÉCURITÉ

Sans tomber dans la paranoïa, il convient d'être vigilant à Pattaya. Les escroqueries sont fréquentes (fissure dans la coque d'un scooter des mers dont on vous tiendra pour responsable, rétroviseur endommagé d'un véhicule de location ou supplément d'une excursion qu'on vous demandera de payer séance tenante), les pickpockets sévissent à pied ou à scooter dès la fin de l'après-midi et les rixes entre tenanciers de *go-go bar* et touristes trop alcoolisés sont quotidiennes. Laissez vos bijoux, carte bancaire et passeport à l'hôtel et évitez les ruelles du centre-ville passé minuit.

Police touristique *609/1 Moo 10, Prathamnak Rd Tél. 038 429 371 ou 1155 (urgences)*

Urgences À composer en cas de vol, d'altercation ou d'accident en ville. *Tél. 191*

fêtes et manifestations

Pattaya Music Festival Pendant trois jours, la fête bat son plein sur Pattaya Beach Road où des artistes locaux et des musiciens venus de toute l'Asie se produisent sur des podiums. Reggae, hip-hop, folk, musique électronique ou rock : des concerts gratuits pour tous les goûts. *http://pattayamusicfest.com En mars*

Pattaya Festival Ce festival accompagne les célébrations du Nouvel An bouddhique (Songkran) : compétitions de sports nautiques et concours de châteaux de sable sur la plage principale, défilés de chars fleuris et manifestions artistiques sur la promenade côtière, feux d'artifice et élection de Miss Pattaya. *Mi-avril, pendant 3 j.*

Marathon International Quatre parcours de difficulté décroissante, du marathon au "micromarathon" (5km), entre le centre-ville, le quartier de Jomtien et Sukhumvit Road. ***Pattaya*** *www.pattaya-marathon.net Le 3e ou 4e dim. de juillet*

DÉCOUVRIR

☆ **Les essentiels** Sanctuary of Truth, Viharn Sian **Découvrir autrement** S'offrir un massage à l'Oasis spa, admirer la baie de Pattaya depuis un *sky* bar, faire une balade sur un pachyderme au Pattaya Elephant Village

Pattaya

☆ **Sanctuary of Truth** Financée par un riche homme d'affaires du nom de Lek Viriyaphant, la construction de ce sanctuaire de la Vérité a débuté en 1981 et devrait s'achever en 2025. L'architecture et la décoration profuse de ce temple tout en bois puisent dans les traditions hindo-bouddhiques. Il s'agit d'illustrer à travers ce "geste" artistique le cycle de la vie, les relations entre la Terre et le cosmos, l'homme et l'Univers, tels que les envisagent la philosophie et les religions asiatiques, tout en perpétuant l'artisanat traditionnel. Autant dire qu'à Pattaya la portée spirituelle du projet et le raffinement de ce temple sont les bienvenus ! Du haut d'une crête, au détour de passerelles qui serpentent dans une végétation luxuriante, on découvre une imposante structure de style syncrétique, qui se détache sur le bleu de la mer et du ciel. Sur le chantier même, où le port du casque est recommandé, on pourrait passer des heures à détailler les sculptures des colonnes, des escaliers, des plafonds – et les explications données en anglais et thaï – ou à observer les artisans-sculpteurs à l'œuvre. Des spectacles gratuits de danses traditionnelles sont donnés tlj. à 11h30 et 15h30 devant le temple. Son petit musée, en revanche, n'a pas grand intérêt car la plupart de ses panneaux sont en thaï. Quant aux balades en calèche ou à dos d'éléphant dans la propriété, fuyez-les, ce sont des attrape-touristes ! *206/2 Moo 5, soi Naklua 12* ***Naklua*** *www.sanctuaryoftruth.com Ouvert tlj. 8h-17h Tarif 500B, réduit 250B*

LES PLAGES
Même si elles ont été dépolluées, les plages de Pattaya ne font pas rêver. **Hat Pattaya**, longue de 3km, est prise d'assaut par les groupes organisés, tandis que **Hat Jomtien**, en proie au vacarme des scooters des mers, aligne sur 6km des chaises longues et parasols. **Hat Naklua** est un peu moins fréquentée et légèrement plus propre. Dans les trois baies, les taches d'huile et les sacs en plastique flottant à la surface de l'eau n'invitent guère à la baignade. Mieux vaut embarquer pour **Ko Larn** (p.177). Même si les fonds marins de cette petite île sont désespérément vides, son sable est plus blanc, son eau plus propre… et ses loueurs de matériel nautique sont moins cupides.

Underwater World Cet aquarium de taille relativement modeste vous invite à traverser un tunnel en fibre de verre long de 105m pour observer la faune sous-marine du golfe de Thaïlande (poissons-anges, rascasses volantes, balistes, carangues, tortues-luths et tortues vertes, raies mantas, squales, etc.) ainsi que quelques poissons d'Amazonie. Vous pourrez assister, à heure fixe, au nourrissage de ces créatures chatoyantes et, moyennant un supplément, plonger dans la fosse aux requins. *22-22 Moo 11, Sukhumvit Rd* **Nongprue** *Tél. 038 756 879 www.underwaterworldpattaya.com Ouvert tlj. 9h-18h Dernière admission 17h30 Tarif 500B, enfants de moins de 1,30m 300B*

● Où divertir les tout-petits ?

Teddy Bear Museum Conçu par des designers coréens, ce musée de 2 500m² met en scène plusieurs centaines d'ours et autres animaux en peluche dans douze décors différents (la préhistoire, le monde sous-marin, l'Afrique, la Chine...) complétés par des animations en 3D. Si certaines salles sont un brin kitsch, on s'attendrit à voir les bambins escalader une "montagne", chevaucher un dinosaure ou s'endormir au pied d'un *chedi* tout en serrant un nounours. *436/49 Moo 9, soi 1, Beach Rd Tél. 038 411 285 http://teddybearmuseumpattaya.com Ouvert tlj. 9h-22h (fermeture de la billetterie à 20h30) Tarif 500B, enfants 300B*

● Où faire quelques emplettes ?

Il faut bien l'avouer, les nombreux marchés de la ville manquent un peu d'authenticité. On y trouve les sempiternels souvenirs prétendument locaux (statuettes en résine, sets de table en bambou tressé, étoles en soie et coton, etc.), les mêmes vêtements qu'à Bangkok, mais plus chers, et nombre de petits objets aux formes suggestives évocateurs de *Sin City*. Rappelons qu'à votre retour de Thaïlande, vous

Les temples du shopping

Pattaya recèle de nombreuses galeries marchandes, dont www.pattaya.net vous fournira la liste complète.

Central Festival La plus vaste de Pattaya, cette galerie marchande abrite près de 370 boutiques : créateurs thaïlandais et grands marques internationales, plusieurs librairies, un cinéma multiplex, une piste de bowling et des espaces de restauration. *333/99 Moo 9, Pattaya Beach Rd, Tél. 033 003 999 www.centralfestival.co.th Ouvert tlj. 10h-23h*

Mike Shopping Mall Plus calme et moins "aseptisé", ce centre commercial réunit des boutiques et stands d'artisanat thaï, de vêtements bon marché, quelques magasins de marques internationales de *sportswear*, un petit supermarché, un excellent et économique *food court* (comptez 60B le *pad thai*) et une grande piscine publique pas toujours très propre. *262 Moo 10, Pattaya Second Rd (entre les soi 11 et 12) Tél. 38 412 000 www.mikethailand.com Ouvert tlj. 10h-23h*

Outlet Mall Plus de 200 enseignes locales et étrangères bradent ici leurs invendus (40-70% de réduction). *666 Moo 12, Sukhumvit Rd Tél. 038 427 764/6 www.outletmallthailand.com Ouvert tlj. 10h-22h*

Mimosa Les agoraphobes préféreront sans doute effectuer leurs emplettes dans les boutiques de ce "village", dont l'architecture s'inspirerait de celle de Colmar. *28/19-20, Moo 2 Na Jomtien Rd (au sud-est de Sukhumvit Rd) Tél. 038 237 318/9 www.mimosa-pattaya.com Ouvert tlj. 10h-22h*

encourez une lourde amende si les douaniers français découvrent dans vos bagages des articles de contrefaçon, cf. Douanes (p.57).

Pattaya Market On apprécie cette vingtaine de stands bâchés pour leur atmosphère paisible et la gentillesse des vendeurs. Les prix sont fixes et plutôt modiques : comptez 60B pour une statuette en bois, 100B pour une étole en soie mélangée et 150B le petit sac tissé. *Second Road (au sud du rond-point du Dauphin) Ouvert tlj. 15h-22h*

Pattaya Night Bazaar Cette grande halle abrite 300 stands aux vendeurs affables, mais durs en affaires ! Compte tenu de la variété des marchandises proposées, c'est sans doute le lieu tout indiqué pour effectuer des achats de dernière minute... ou s'équiper d'une valise à roulettes. *Second Rd. (entre les soi 8 et 9) Ouvert tlj. 11h-23h*

Jomtien Market Ce marché en plein air permet de concilier emplettes et dînette. Les commerçants sont plutôt agréables et l'on déambule parmi les stands de tee-shirts et d'artisanat tout en grignotant une brochette de poulet, une part de pizza ou une gaufre à la chantilly. Comptez 80B le repas. *Jomtien Beach Rd (à côté du soi 10) Ouvert tlj. 16h-0h*

● Pique-niquer dans un parc

Lan Pho Park Ce petit parc municipal qui donne sur la mer fait le bonheur des citadins, qui vont lire sur ses bancs, profiter de son parcours de santé ou de son aire de jeux et pique-niquer en famille sur ses pelouses. Comme eux, vous pourrez aller au marché voisin (ouv. tlj. 6h-19h) acheter une portion de poisson grillé au citron vert (50-60B) ou de crevettes à la sauce pimentée (35B). *Nakhlua Rd (au nord-ouest du quartier de Nakhlua) Ouvert tlj. 4h-22h*

● Où grignoter, faire une pause sucrée ?

☺ **Khanom Café** Ce café qui porte bien son nom (*khanom* signifie dessert) amuse avec son décor de récup'. Dans la petite salle tout en bois et béton ciré, meublée de palettes et de bobines de chantier, installez-vous confortablement pour savourer un café thaï chaud ou froid, parfaitement dosé en lait concentré (30-35B), un *steamed bread* (pain perdu) nappé de miel, de chocolat ou de caramel (65B) ou un *khanom khai* (petite madeleine, 35B). *35/ Moo 4, Nakhlua Rd Tél. 083 777 1415 Ouvert jeu.-mar. 10h-20h*

La Baguette Cette boulangerie-salon de thé propose de "vrais" pains au chocolat, macarons à la framboise et différentes pâtisseries françaises (100-250B). À la terrasse, assez bruyante, préférez la coquette salle aux buffets en bois cérusé et chaises tapissées, pour déguster une crêpe "Normandie" (pommes, raisins, cannelle et glace chocolat) ou un Opéra accompagné d'un expresso (100B), voire d'un thé aux fleurs d'hibiscus et citronnelle (110B). On peut aussi déjeuner d'une salade niçoise (325B) ou d'un sandwich-baguette (280-340B) et repartir avec du pain, du vin et un pot de confiture. *164/1 Moo 5, Nakhlua Rd Tél. 038 421 707 www.labaguettepattaya.com Ouvert tlj. 8h-0h*

● Où boire un verre ?

☺ **Siam@Siam** La déco Street Art du rez-de-chaussée de l'hôtel annonce celle de ce *roof bar* prisé des expatriés et des branchés locaux : fresques tribales sur les murs, fauteuils aux couleurs flashy, gazon synthétique au sol... Le prix des consommations est plutôt élevé (100B le soda, 150B la bière et

350B le cocktail), et le personnel un peu nonchalant, mais il est bien agréable d'admirer, du 24e étage, la vue panoramique sur la baie de Pattaya tout en sirotant son verre – dans la petite piscine à débordement si l'on a emporté son maillot de bain ! *390 Moo 9, Second Rd Tél. 038 930 600 www.siamatpattaya.com Ouvert tlj. 7h-0h*

Bali-Hai by the Sea Avec ses tables nappées de blanc, ses lumières tamisées et le doux murmure de sa fontaine, cette vaste terrasse sous les palmiers est l'endroit idéal pour un apéritif romantique chic face à la baie de Pattaya et ses navires illuminés. Belle carte de bières, de cocktails avec ou sans alcool et de vins chiliens et thaïlandais (160-330B). Les consommations ne sont, certes, pas données, mais ce cadre aussi paisible que raffiné, à deux pas de Walking Street, est vraiment inespéré ! *559 Beach Rd (au sud de Walking Street) Tél. 038 428 678 www.siambayshorepattaya.com Ouvert tlj. 18h-22h30*

● Applaudir un spectacle de travestis

Tiffany's Show Célèbre dans toute la Thaïlande, ce cabaret de travestis attire les foules depuis son ouverture, en 1974. Vêtus de satin, de paillettes et dansant avec grâce sur des talons vertigineux, ses *ladyboys* ressemblent à s'y méprendre aux plus jolis top-modèles de la planète. Le show, en play-back, est un tantinet kitsch, mais les effets de lumières, les costumes et les chorégraphies vous feront passer une agréable soirée (800-1 200B). Réservation impérative. *464 Moo 9, Second Rd Tél. 038 421 700/5 www.tiffany-show.co.th* ***Spectacle*** *tlj. à 18h, 19h30 et 21h ; j. fér., spectacles suppl. à 16h30 et 22h30* ***Billetterie*** *tlj. 11-23h*

● Suivre un stage de *muay thai*

Fairtex Sports Club Une école de boxe thaïe réputée, que fréquentent des célébrités. Outre ses quatre rings et un bel espace consacré à la lutte et à la frappe sur sac, ce vaste complexe sportif impeccablement tenu abrite des appareils de remise en forme, une piscine de 25m ainsi que plusieurs courts de tennis, de badminton et terrains de basket en plein air. Les deux entraînements quotidiens de *muay thai* s'adressent aux débutants comme aux initiés. Comptez 800B les 2h, 1 200B le cours particulier et 6 000B les 10 cours collectifs. La formule "stage et hébergement" combine deux entraînements par jour, l'accès libre à tous les équipements et la nuitée dans l'une des 99 chambres coquettes du Fairtex (2 660-4 160B pour 1 pers. et 4 300-5 800B pour deux avec petit déj.). *179/185-212 Moo 5, North Pattaya Rd* ***Naklua*** *Tél. 038 253 888 www.fairtexpattaya.com*

● Méditer, respirer

Yoga Pattaya Dans ce centre aux vastes salles claires, vous pourrez suivre un cours de yoga classique ou de style *ashtanga vinyasa, sri sri* ou *stretching* (400B/h, 600B les 90min) ou vous essayer à la méditation. Également des séances adaptées aux plus jeunes (300B/h) et des cours gratuits d'initiation à toutes ces techniques holistes le mardi et le jeudi à 8h sur la plage de Jomtien – au niveau du soi Dongta. *315/327 Thepprasit Rd, soi 12 Tél. 087 365 8293 http://yogapattaya.com*

● Cuisiner thaï

Happy Home Thai Cooking School Une petite école de cuisine authentique où l'on concocte des plats traditionnels, en petit groupe (2-9 participants,

1 250B/pers. les 3h de cours), en anglais et dans la bonne humeur ! On sélectionne ensemble 4 recettes parmi les 30 soupes, plats et desserts traditionnels proposés par Sheri, et la chef livre ensuite les secrets de la découpe des légumes et du subtil dosage de la pâte de curry. La dégustation se fait tout au long du cours et l'on repart le ventre plein et un livre de recettes en poche. Seul bémol, il faut débourser 50B supplémentaires si l'on veut accompagner Sheri au marché pour mieux se familiariser avec certains ingrédients typiquement thaïlandais. *211/13 Moo 9, soi 12 Central Pattaya Rd Tél. 084 417 5258 www.happyhome-thaicookingschool.com Deux cours/j., 9h-12h et 13h-16h Réservation recommandée*

● **Se relaxer** Les prix affichés par les nombreux salons de massage et instituts de beauté du centre-ville – sur Second Road, en particulier – sont, certes, engageants (autour de 250-300B/h), mais les soins connaissent souvent un *happy ending* (comprenez des prestations sexuelles) dans l'arrière-boutique !
Woodlands Resort Hormis des massages thaïs traditionnels (600B/h) et des séances de réflexologie plantaire (450B/h), le joli spa du Woodlands Resort (p.180) propose un soin ayurvédique ultrarelaxant à l'huile chaude de sésame (*shirodhara* 1 800B/h) et différentes cures de beauté, dont un soin du visage aux plantes et herbes aromatiques et une exfoliation corporelle à la lavande bio (800-1 200B). *164/1 Moo 5, Naklua Rd À l'angle du soi 22 Tél. 038 421 707 www.woodland-resort.com Ouvert tlj. 10h-22h (dernier rdv à 20h30)*
☺ **Oasis Spa** Son jardinet luxuriant et son bel intérieur de style traditionnel invitent à une luxueuse parenthèse de détente. On apprécie les cosmétiques bio, fabriqués à Chiang Mai, et la qualité des prestations (1 200-2 500B/h), tels que le massage crânien ayurvédique, le gommage corporel au miel, sésame et yaourt ou le soin du visage à l'Aloe Vera et à la lavande. Également des soins de 2 à 5h (1 900-7 500B), dont le *Coconut Nourishing* et le *Magical Four Hands* (massage à l'huile tiède, à quatre mains). *322 Moo 12, Thappraya Rd (dans l'enceinte de la résidence Chateau Dale) Tél. 038 364 070 www.oasisspa.net Ouvert tlj. 10h-22h Rés. 24h à l'avance*

Les environs de Pattaya

☆ **Viharn Sien – Anek Kuson Sala** Ce temple coloré aux airs de palais Ming inauguré en 1987 possède l'une des plus riches collections d'art chinois de Thaïlande. Sur le parvis de cette "maison des Dieux" vous accueillent deux lions de pierre hauts de 3,50m, des statues de divinités et de saints du taoïsme et du bouddhisme mahayana et de créatures de la mythologie et du zodiaque chinois. Le rez-de-chaussée du musée expose des poteries Shang et des céramiques de différentes époques, des bronzes, des instruments de musique, des rouleaux peints, une Guanyin en jade et autres legs de l'empire du Milieu. Au 1er étage, vous découvrirez 18 maîtres Shaolin en posture de combat, ainsi que des représentants de petits métiers traditionnels chinois. Une vaste section rend hommage à la culture siamoise et à sa production artistique : portraits de souverains, architecture, arts de la scène et arts décoratifs. Le 2e étage expose des bouddhas sculptés et peints de différents styles. Les fleurons de la collection sont sans conteste le trône impérial en or, le char et les soldats en terre cuite provenant du tombeau de Qin Shi Huangdi, à Xi'an. *À 15km au sud de Pattaya et 4km à l'est de Sukhumvit Rd (en bifurquant à gauche au km 160) Ouvert tlj. 8h-17h Tarif : 50B*

● Aller à la plage

Ko Larn À 45min de bateau du Bali Hai Pier de Pattaya, cet îlot montagneux de 5,6km² possède six belles plages aux eaux cristallines. Une destination idéale pour les amateurs de bronzette et de baignade, très fréquentée le week-end mais relativement tranquille en semaine. La pêche à l'explosif et le réchauffement climatique ayant eu raison de sa barrière récifale, inutile de plonger ou d'embarquer sur un bateau à fond de verre en pensant pouvoir admirer sa faune sous-marine. *À 7,5km (4 milles) au large de Pattaya http://kohlarn.com*

● Plonger, explorer la faune sous-marine

Certains des îlots éparpillés au large de Pattaya possèdent de splendides fonds marins, propices au *snorkeling* comme à la plongée avec bouteilles, plus particulièrement de décembre à mars. La faune, abondante, comprend des tortues imbriquées, des poissons-globes, des raies pastenagues, des requins nourrices et des requins-bambou ainsi qu'une myriade de poissons récifaux. Voici les principaux spots :

Ko Sak Il suffit d'un masque et de palmes pour pouvoir admirer, sur les côtes nord-est et nord-ouest de cet îlot en fer à cheval (Horseshoe Island), les poissons-flûtes et les araignées de mer qui évoluent au milieu de magnifiques coraux. Les plongeurs expérimentés pourront explorer une épave coulée par 30m de fond près de la côte nord de Ko Sak ou se laisser dériver sur les cubes en béton arrimés à 10m sous l'eau, sur sa côte est. Profondeur 2-15m. *Juste au nord de Ko Lan*

Ko Krok Un îlot réputé pour les coraux mous et les jardins d'anémones de sa côte ouest, parfois soumis à des courants puissants. Il suffit aux plongeurs débutants de descendre à 12m, au sud de Ko Krok, pour pouvoir observer une faune chatoyante. Profondeur 2-14m. *Entre Ko Lan et Pattaya (45min de bateau)*

Ko Man Wichai Deux spots : à la pointe sud de l'îlot, entre 5 et 11m de fond, un tombant tapissé de coraux durs et mous et fréquenté par les poissons-anges, poissons-papillons et poissons armés et, au sud-est, des cheminées (*Fingers*), au milieu desquelles évoluent tortues imbriquées et fusiliers au dos jaune et bleu. Profondeur 5-20m. *Juste au sud de Ko Phai (15min de bateau de Ko Krok)*

Ko Rin Ces quatre îlots, célèbres pour leurs pitons granitiques et leurs courants modérés, sont accessibles aux débutants. Profondeur 6-16m. *Au sud de Ko Man Wichai (1h de bateau de Pattaya)*

Jomtien Dive Center Ce centre de plongée agréé PADI, aux instructeurs anglophones, propose des sorties *snorkeling* à la journée à Ko Larn, Ko Krok et Ko Sak ou sur les sites de Ko Rin, plus éloignés (9h-16h, 1 000B/j., déj., boissons et équipement compris). Comptez 2 800B (équipement fourni) pour 2 plongées sur épave et coraux, 3 200B la plongée de nuit et 5 000B les sorties pour plongeurs confirmés. L'initiation revient à 3 900B, la formation *Open Water* à 12 000B. *75/179 Moo 12, Jomtien Beach Rd* ***Pattaya*** *Tél. 038 231 497 ou 086 084 0651 www.jomtiendivecenter.com*

● Où s'amuser en famille ?

Mini Siam Inauguré en 1986, ce musée des pays en miniature se veut l'un des plus grands dans le genre. Il réunit dans un jardin verdoyant un "Mini Siam" et une "Mini Europe" avec leurs sites sacrés et monuments historiques reproduits au 1/25 avec un grand souci du détail. C'est ainsi que la chapelle royale du Wat Phra Kaeo miniature recèle, comme l'original, un bouddha d'émeraude. On s'étonnera tout de même de découvrir, dans la "section européenne", les temples khmers d'Angkor Vat et l'Opéra de Sydney... On déplorera surtout le laisser-aller (peintures écaillées, panonceaux peu lisibles) et les éclairages nocturnes parcimonieux. *387 Moo 6, Sukhumvit Rd Tél. 038 727 333 www.minisiam.com Ouvert tlj. 7h-22h Tarif 300B*

☺ **Pattaya Elephant Village** Depuis 1973, Khun Phairat offre une seconde chance à des pachydermes malades ou menacés de mort par la destruction de leur habitat forestier. On peut nourrir ses protégés (100B la ration de bananes) et partir en balade sur leur dos. Le trek d'une demi-journée est d'un meilleur rapport qualité-prix que la promenade de 1h, et tous deux comprennent la visite d'un atelier textile. Réservation impérative, la visite de ce "village" figurant au programme de nombreux voyages organisés. *8/120, Moo 7 Nongprue Tél. 038 249 818 ou 081 811 4249 www.elephant-village-pattaya.com Ouvert tlj. 8h-18h Promenade d'une heure tlj. à 9h, 10h30, 12h30 et 16h (1 200B/adulte, 1 000B pour les enfants dont la taille n'excède pas 1m ; 2 pers. min.), treck de 3h30 tlj. à 10h30 et 16h (2 000B, réduit 1 600B ; 2 pers. min.)*

CARNET D'ADRESSES

Restauration, hébergement

Pattaya ne brille pas par sa gastronomie. La plupart de ses restaurants proposent des menus plus ou moins identiques, conçus à l'intention d'une clientèle très cosmopolite. Les établissements que nous avons sélectionnés réservent néanmoins quelques bonnes surprises. Si la ville dispose d'un vaste parc hôtelier, ses *resorts* avec piscine(s) affichent des prix particulièrement prohibitifs, les établissements de catégorie moyenne sont généralement sans âme et d'un confort très relatif, quant aux *guesthouses* et autres pensions bon marché, ce sont souvent des hôtels de passe.

petits prix

☺ **Lan Pho Restaurant** Cet accueillant petit restaurant aux murs orangés sert une savoureuse et copieuse cuisine traditionnelle à des prix modiques. Installez-vous à une table en bois aux couleurs acidulées, dans la salle bien aérée, ou profitez de la petite terrasse fleurie pour observer l'animation du marché Lan Pho. Au menu : les classiques *pad thai* (riz frit) mais aussi de bons produits de la mer. Les calmars farcis aux légumes et le poisson grillé accompagné d'une salade de papaye sont délicieux. Comme les habitués, vous pourrez siroter votre expresso (40B) tout en regardant les actualités sur le grand écran plat. Comptez 60 à 180B le plat. Pas de CB. *38 Moo 4, Nakhlua Rd* ***Naklua*** *Tél. 038 221 391 Ouvert tlj. 8h-20h*

Kiss Food and Drink En retrait d'une artère bruyante, cette vaste salle meublée simplement de tables en Formica et de chaises en plastique, accueille à toute heure des familles comme des fêtards tentés par un poulet aux noix de cajou, un curry vert aux crevettes ou des lasagnes à la bolognaise. L'ambiance est bon enfant et les portions sont généreuses. Le repas, arrosé d'une bière ou d'un verre de vin, coûtera moins de 250B. *Moo 10, Second Rd (à l'entrée du Shopping Central Arcade)* ***Pattaya*** *Tél. 038 424 894/5 Ouvert tlj. 24h/24*

prix moyens

☺ **Abu Sarah Restaurant** On est bien reçu chez Mohamed l'Égyptien. On s'attable dans une coquette salle aux tons crème et safran et l'on salive à la lecture du menu. Si l'assiette de viandes grillées (agneau, bœuf, poulet) et le couscous royal sont les spécialités de la maison, nous vous recommandons aussi l'assortiment de samoussas à la viande et au fromage et le kebab de bœuf, parfaitement assaisonné. Le personnel est adorable, le thé à la menthe offert, et s'il y a un match de foot à la télévision, on vous conviera à aller le suivre en compagnie des musulmans du quartier sur les canapés du coin salon ! Comptez 300-500B le repas. Pas d'alcool. Pas de CB. *363/29 soi 16, Walking Street* ***Pattaya*** *Tél. 038 422 263 Ouvert tlj. 24h/24*

Fraser's La décoration de l'établissement témoigne de la passion du patron australien pour les sports d'équipe : des maillots dédicacés et des photos de sportifs tapissent les murs, une dizaine d'écrans plats permettent de suivre les matchs du moment, tandis que la clientèle parie sur les scores autour d'une bisque de homard ou d'un *Aussie burger* au bœuf saignant. Si la carte, encyclopédique, fait la part belle au bœuf et à l'agneau (175-310B), la salade *Caesar* et l'onctueuse soupe *tom yam* végétarienne (155-175B) sont tout aussi convaincantes. Préférez la salle, aérée, pour un repas et les fauteuils en rotin de la terrasse pour un *Strawberry Fields* (banane, fraise, jus de pomme et miel) ou un verre de vin australien. Accueil parfait. Pas de CB. *306/89 Moo 12, Thappraya Rd (à l'ouest de la résidence Chateau Dale) Jomtien* ***Pattaya*** *Tél. 038 251 560 www.fraserspattaya.com Ouvert tlj. 8h30-0h*

The Red Balcony Inn Reconnaissable à sa façade blanc et rouge, cet établissement sérieux conviendra à ceux que ne rebute pas l'agitation du centre-ville. Réparties sur trois étages, ses 18 chambres sont spacieuses et plutôt confortables (lit *king size*, clim., écran plat, réfrigérateur, bouilloire), et disposent de sdb fonctionnelles, même si la plomberie – comme la décoration – est un peu vieillotte. Celles qui donnent sur la promenade sont agréables... mais bruyantes ! Comptez 1200B-1500B la double avec wifi mais sans petit déj. Personnel charmant. Clientèle triée sur le volet. Pas de CB. *325/11 Moo 10, Beach Rd (entrée par le soi 13/4)* ***Pattaya*** *Tél. 038 424 059 http://theredbalconypattaya.com*

BB House Une aubaine pour les budgets moyens. Cinquante-quatre chambres aux couleurs acidulées d'un bon rapport qualité-prix, confortables (TV, clim., wifi) et impeccablement tenues. Si les *standard* sont un peu exiguës et les villas très proches les unes des autres, les *terrace deluxe* et les *sea view* conjuguent luminosité et balcon fleuri. Petite piscine cachée derrière le bâtiment principal. Pas de petit déj. Pas de CB. Personnel d'humeur changeante. Double 780-1 600B. *Jomtien Beach Rd, Dong Tan Beach* ***Pattaya*** *Tél. 038 231 713 www.bestbedhouse.com*

prix élevés

Nang Nual Une adresse incontournable si l'on veut déguster des produits de la mer de première fraîcheur. Demandez une table sur la vaste terrasse bleu et blanc qui donne sur la mer, commandez des beignets de crevettes ou une soupe de fruits de mer pimentée en entrée, partagez ensuite un homard grillé (1 500B le kg) ou le poisson du jour cuit à l'étouffée (450-1 000B les 500g) et terminez par une coupelle de haricots noirs à la crème de coco (40B), un dessert populaire rarement proposé ailleurs. Comptez 450-600B le repas copieux, hors boisson. *214 Moo 10 Walking Street* ***Pattaya*** *Tél. 038 428 708 Ouvert tlj. 11h-0h*

☺ **Woodlands Resort** Un *resort* de qualité, tenu par des Français à la main verte, qui concilie confort et démarche écoresponsable (il recycle une partie de son eau et de ses déchets). Les quelque 90 chambres spacieuses et élégantes sont disséminées dans un vaste jardin tropical où vagabondent des écureuils et des papillons multicolores et où miroitent deux belles piscines. Le petit déjeuner-buffet est un délice, le personnel est aux petits soins et le lieu dispose d'un agréable spa, cf. Se relaxer (p.176). Doubles 2 700-5 500B, petit déj. et wifi inclus. *164/1 Moo 5, Naklua Rd À l'angle du soi 22* ***Naklua*** *Tél. 038 421 707 www.woodland-resort.com*

prix très élevés

Rabbit Resort Campées dans un vaste jardin paysager, les 49 chambres en bungalow présentent un confort optimal (minibar, clim. et ventilateur, coffre-fort, wifi, belle sdb avec douche à l'italienne, balcon ou terrasse) et une décoration individualisée mêlant mobilier en teck, soieries et objets artisanaux. Deux piscines. Accès direct à la plage par le café-restaurant. Accueil professionnel. Double 4 100-9 400B, petit déj. inclus. Réductions fréquentes sur le site Internet. *318/84 Moo 12, soi Dongta, Jomtien Beach Rd* ***Pattaya*** *Tél. 038 251 730/32 www.rabbitresort.com*

KO SAMET

La "bien-aimée" du poète romantique Sunthorn Phu (1786-1855) demeure l'une des villégiatures préférées des habitants de Bangkok. Ancrée au large de Rayong, Samet possède plusieurs atouts qui expliquent sa popularité croissante : un cœur boisé et relativement sauvage, quatorze charmantes plages de sable fin léchées par une eau turquoise et une mousson relativement clémente. On embarque à Ban Phe (à trois heures de route de la capitale) pour gagner ce petit bout de terre de 13km², et c'est en semaine que l'on profite pleinement de son cadre idyllique ; le week-end et les jours fériés, la surfréquentation altère quelque peu son charme.

UN ÉQUILIBRE ÉCOLOGIQUE MENACÉ Depuis 1981, Ko Samet forme, avec ses sept satellites et la presqu'île de Khao Laem Ya, le parc national de Khao Laem Ya-Mu Ko Samet. Ce statut protecteur ne suffit pas à contenir l'impact de la fréquentation touristique sur l'environnement insulaire. Si les constructions se fondent plutôt bien dans la végétation, un certain nombre d'entre elles sont illégales, et de nouveaux chantiers grignotent peu à peu les collines boisées de la côte orientale. Certes, les plages sont régulièrement nettoyées, mais la forêt est, elle, jonchée de déchets, tandis que la pêche à la dynamite continue à détruire les récifs coralliens de l'archipel, décimant ou faisant fuir sa faune sous-marine. En juillet 2013, 50 000 litres de pétrole brut s'échappèrent d'un oléoduc de la compagnie PTT Global Chemical à 20km au large de Rayong, souillant les eaux cristallines de Ko Samet. La marée noire toucha particulièrement la plage d'Ao Prao, sur la côte nord-ouest de l'île, dont le nettoyage, à grand renfort de produits chimiques, prit plusieurs semaines. Les écosystèmes marins peinent encore à se relever de ce sombre épisode….

MODE D'EMPLOI

accès à Ban Phe

Le port de Ban Phe est situé à 21km à l'est de Rayong, 82km au sud-est de Pattaya et 203km de Bangkok.

EN CAR

Des cars climatisés relient la gare routière Est (Ekkamai) de **Bangkok** à Ban Phe (1/h de 5h à 19h ; en sens inverse, 1 car toutes les 2h de 5h à 18h ; 4h de trajet ; tarif AS 170B). D'autres cars relient les terminaux Nord (Mo Chit) et Est de Bangkok et l'aéroport Suvarnabhumi à la gare de **Rayong**, à 21km à l'ouest de Ban Phe (1 car toutes les 40min de 5h à 19h30, de 4h40 à 20h en sens inverse ; 3h30 de route ; AS 160B). Comptez 45min de trajet en *songteo* de Rayong à Ban Phe (départ toutes les 20min, AS 25B). Le parking situé au nord de Nuan Tip Pier fait office de gare routière.

EN MINIBUS

Des minibus à destination de l'embarcadère central de Ban Phe (face au 7-Eleven) partent de Kao San Road, du Victory Monument ainsi que des gares routières Est et Nord de **Bangkok** (7 ou 8 départs/j. de 8h à 17h, de 8h à 17h30 en sens inverse ; env. 3h de trajet ; tarif AS 200B). Un minibus relie également l'aéroport Suvarnabhumi au port (4/j. de 5h à 17h, 3/j. en sens inverse ; 2h30 de trajet ; 550B). À **Pattaya**, les agences de minibus vont chercher les voyageurs à leur hôtel (2 cars/j., 220B ; 1/h de 8h à 17h en sens inverse, 200B ; 1h de trajet).

liaisons Ban Phe-Ko Samet

Port de Ban Phe (hors plan 7 par A1)
Plusieurs sociétés de **ferrys** se partagent les différents embarcadères de Ban Phe. Comptez 45min de traversée jusqu'à Na Dan, le port principal de Ko Samet (1 ferry/h de 8h à 18h dans les deux sens, AS 50B). Liaisons directes avec la plage d'Ao Wong Deuan, sur la côte est (4 fois/j. ; 3/j. en sens inverse, 1h de traversée, AS 70B), et avec celle d'Ao Prao, sur la côte nord-ouest (3 fois/j., transfert compris dans le prix de la chambre). Les **vedettes rapides** qui desservent l'île plusieurs fois par jour ne partent que lorsqu'elles ont fait le plein de passagers. Les horaires sont donc aléatoires, mais comptez 30min de traversée et 200-300B pour vous faire déposer sur la plage de votre choix.
***Ban Phe** Tél. 038 896 155/6 (embarcadère principal)*

orientation

Ancrée à 6km au large de Ban Phe, Ko Samet s'étire sur 7km de longueur et 3km dans sa plus grande largeur. Na Dan, le bourg "historique", est installé sur la côte nord-est, à 1km au nord de la principale station balnéaire, Hat Sai Kaew. Une route relie ces deux localités à la pointe septentrionale de l'île ; une autre traverse l'île d'est en ouest, de Hat Sai Kaew à Ao Prao. Une troisième longe de plus ou moins près la côte est d'Ao Phai à Karang Bay, à la pointe sud de l'île. Ces trois axes plus ou moins bien goudronnés ne sont pas éclairés la nuit. Les voies secondaires, de simples pistes, s'apparentent à des parcours de cross abrupts et semés d'ornières. Le sentier accidenté qui longe la côte orientale sur 6km, de Hat Sai Kaew à Ao Wai, permet de passer facilement d'une plage à l'autre – à condition d'être solidement chaussé et de disposer d'une lampe de poche le soir.

se déplacer

SUR DEUX ROUES

Vous trouverez aisément des vélos (150B/j.) et des scooters (300B/j.) à louer à Ko Samet. Soyez vigilant car les accidents sont fréquents sur les mauvaises routes de l'île.

EN SONGTEO

Ces pick-up verts sont le moyen de transport insulaire le plus sûr. Les tarifs, fixes dans la journée, sont majorés de 15% et plus après 22h. De la station de *songteo* voisine de l'embarcadère, comptez de 100 à 650B la course selon la destination, quel que soit le nombre de passagers (10 pers. max.). De la station d'Ao Wong Deuan, le trajet revient un peu plus cher : 250-600B. Comptez 2 000B la demi-journée pour faire le tour de l'île.

informations touristiques

Il n'y a pas d'office de tourisme à Ko Samet et le dénommé "Tourism Information Center" de Na Dan est en réalité une agence de voyages. Les insulaires renseignent volontiers les voyageurs, et avec le sourire.

Bureau des parcs nationaux (plan 7, B1) Le droit d'entrée au parc (200B, réduit 100B, ticket à conserver sur soi en cas de contrôle) s'acquitte dans un bungalow proche de Hat Sai Kaew. On vous remettra en échange un plan sommaire de l'île. N'escomptez pas obtenir de renseignements du personnel, ni à la maison des gardes forestiers voisine, souvent fermée, ni à l'antenne d'Ao Wong Deuan (où l'on peut aussi acheter son permis de visite). *Au croisement des routes de Na Dan et d'Ao Phrao* ***Hat Sai Kaew*** *(2km au sud du débarcadère) Ouvert, en principe, de l'aube au crépuscule*

www.kohsamed.net Une source d'informations utile et régulièrement mise à jour.

informations pratiques

Il n'y a pas de banque à Ko Samet et les rares établissements susceptibles de changer les devises perçoivent une commission élevée. Vous trouverez, en revanche, des distributeurs de billets à proximité du débarcadère, dans la rue principale de Hat Sai Kaew, près de la plage d'Ao Wong Deuan et au Samed Villa Resort d'Ao Wai. Seuls les hôtels-restaurants de luxe acceptent les CB. La plupart des commerces et infrastructures sont regroupés à Na Dan et sur la route reliant le débarcadère à Hat Sai Kaew. C'est dans la grand-rue de cette dernière station que vous trouverez l'unique pharmacie de l'île.

Naga Bungalows (plan 7, B1) Ce petit complexe hôtelier abrite le seul bureau de poste de Ko Samet. Vente de timbres et de cartes postales, mais pas de service Western Union. *36 Moo 4* ***Ao Hin Khok*** *Tél. 038 644 168 Ouvert lun.-sam. 9h-16h30*

Poste de police (plan 7, B1) Une autre antenne à Ao Wong Deuan. *Sur la grand-route entre Na Dan et Hat Sai Kaew Tél. 038 644 111 ou 1155 (police touristique) Ouvert 24h/24*

Health Center (plan 7, B1) Pour les bobos sans gravité. *Sur la grand-route entre Na Dan et Hat Sai Kaew, près du commissariat Tél. 038 644 123 Ouvert tlj. 8h30-12h et 13h-16h30*

International Clinic (plan 7, B1) Une clinique bien équipée, au personnel anglophone. Urgences gérées sur appel téléphonique 24h/24. *1/5 Moo 4 Près du débarcadère* ***Na Dan*** *Tél. 038 644 414 ou 086 094 0566 (urgences) Ouvert tlj. 8h-20h*

fêtes et manifestations

Ko Samet Full Moon Party Les soirs de pleine lune, barbecue géant et *dance floor* au bord de l'eau, à Hat Sai Kaew. Même si l'affluence n'égale pas celle de Hat Rin à Ko Phangan, la fête dure jusqu'au petit matin. *Hat Sai Kaew*

DÉCOUVRIR

☆ **Les essentiels** Ao Phutsa et Ao Nuan **Découvrir autrement** Bronzez en toute tranquillité à Ao Nuan et d'Ao Thian, offrez-vous un massage face à la mer, dînez d'un poisson grillé à Ao Phai

Ko Samet

C'est avant tout pour profiter de ses plages que l'on séjourne à Samet. L'île ne recèle, en effet, aucun musée ni temple digne d'intérêt. **Na Dan** (plan 7, B1), le chef-lieu, n'a pas de charme particulier, mais il fait bon y partager un café avec les insulaires. Les infrastructures touristiques se concentrent sur la côte nord-est. De même, la découverte de la nature se fait essentiellement dans la forêt sèche qui domine le littoral oriental et sur son sentier côtier. Le cœur luxuriant de l'île et sa côte ouest, aux falaises escarpées, demeurent inaccessibles. C'est sans doute là que s'est réfugiée la faune sauvage de Ko Samet – mais peut-être aurez-vous la chance d'apercevoir un écureuil ou un calao bicorne au cours de vos promenades dans les parties habitées de l'île.

Hat Sai Kaew (plan 7, B1) Boutiques, restaurants, bars festifs du matin au soir et vagues propices à la planche à voile, au kayak, au scooter des mers, à la bouée-banane… : la principale station balnéaire de l'île ne manque de rien ! Prisé des groupes et de la jeunesse thaïlandaise, ce ruban de sable fin, frangé de cocotiers et de cajeputiers, s'étire sur 1km dans le nord-est de l'île. En dépit de sa fréquentation, la plage et l'eau sont plutôt propres. Ceux qui recherchent l'animation seront comblés, les amateurs de calme et de *snorkeling* passeront, eux, leur chemin.

Ao Hin Khok (plan 7, B1) Un promontoire rocheux sur lequel trônent les statues du prince et de la sirène, héros de l'épopée de Sunthorn Phu – cf. Sunthorn Phu, le poète du peuple (p.187) – domine l'extrémité nord de cette longue baie

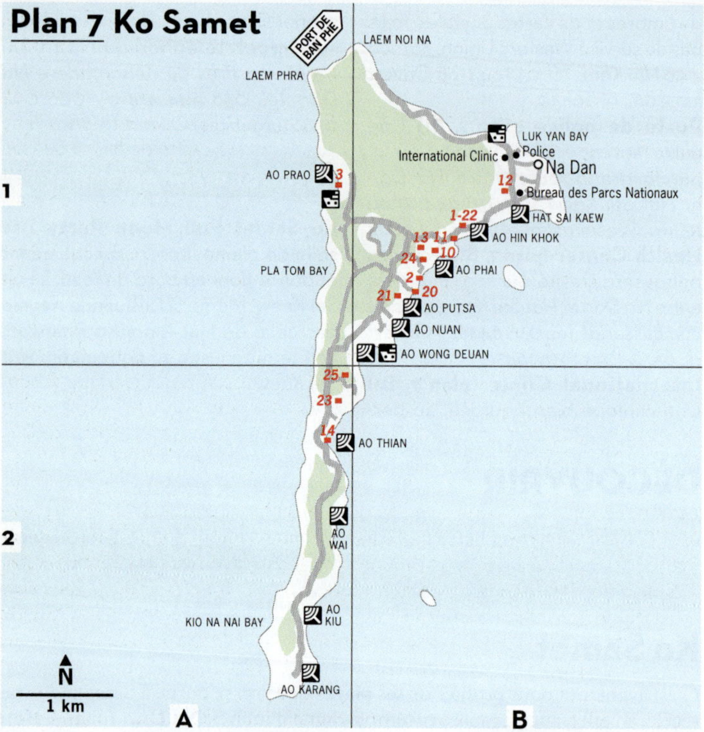

Bars, lieux de sortie ■ 1 à 3

Buzz Restaurant & Bar p.186	3 A1
Naga Bar p.186	1 B1
Trio Cocktail Bar p.186	2 B1

Restauration ■ 10 à 14

Apache Restaurant p.188	14 A2
Jep's Restaurant p.188	11 B1
Red Ginger p.188	12 B1
Sea Breeze p.188	13 B1
Silversand p.188	10 B1

Hébergement ■ 20 à 25

Ao Nuan Bungalows p.189	21 B1
Ban Khiang Talay p.189	23 A2
Samed Villas p.190	24 B1
Tok Little Hut p.189	22 B1
Tubtim Resort p.189	20 B1
Vong Duern Villa p.190	25 B2

de sable fin et blanc. Épargnée par les transats, elle attire ceux qui souhaitent profiter de ses vagues modérées ou lézarder entre ses rochers. Les jeunes Thaïlandais et les bobos étrangers viennent, en soirée, profiter de ses restaurants et bars décontractés, dissimulés dans la végétation en bordure de plage.

Ao Phai (plan 7, B1) Parasols et chaises longues multicolores s'alignent sur cette plage familiale adossée à des collines boisées et séparée de sa voisine par un cap rocheux. Les jeunes enfants peuvent barboter sans danger dans ses eaux claires et calmes et les jeunes branchés s'essayer au *snorkeling*. Ao Phai dispose d'agréables restaurants et d'une supérette.

☆ **Ao Phutsa et Ao Nuan (plan 7, B1)** Deux plages paradisiaques, cernées par une végétation luxuriante. D'Ao Phutsa et ses quelques hébergements tranquilles, une courte marche à travers la forêt vous mènera à Ao Nuan, une crique au sable ivoire, dont seules quelques marchandes de noix de coco viennent troubler la tranquillité. *Accessible par le sentier côtier au sud d'Ao Phai*

Ao Wong Deuan (plan 7, B2) D'Ao Nuan, il faut traverser Ao Chao, une plage jonchée de détritus, pour rejoindre la deuxième station balnéaire de l'île, particulièrement appréciée des touristes russes et chinois. Ao Wong Deuan est certes dotée de nombreux services (supérettes, laveries, distributeurs…), mais le débarcadère aménagé au milieu de la baie, le vacarme des vedettes et les transats en plastique alignés sur la plage gâchent un peu le paysage. Sa partie méridionale est la plus propre et la plus calme. *Grimper sur le promontoire au sud d'Ao Nuan et traverser la forêt*

☺ **Ao Thian (plan 7, A2)** Cette baie encore relativement sauvage contraste avec la précédente ! Dominé par une colline boisée, à laquelle s'accrochent de modestes bungalows, et bordé de quelques restaurants, ce ravissant ruban de sable blanc semé de gros rochers est baigné par une eau transparente, elles, propice à la baignade comme au *snorkeling*.

Ao Wai et les plages du Sud-Est (plan 7, A2) Un chapelet de criques paradisiaques s'égrène au sud d'Ao Thian. Le sentier vagabonde dans la forêt avant de déboucher sur Ao Wai, plage minuscule cernée par des éboulis et par la jungle. Un peu plus loin vous attendent le sable fin d'Ao Kiu et les galets d'Ao Karang. Toutes ces plages propices au farniente comme à la balade subaquatique se méritent ! Le sentier côtier et la route qui les desservent sont accidentés, et la course en *songteo* revient à 500-650B.

Ao Prao (plan 7, A1) L'unique plage de la côte ouest est nichée au pied d'un raidillon asphalté, dans un splendide écrin boisé. Victime de la marée noire de 2013, cette petite baie frangée de cocotiers a, depuis, retrouvé sa superbe et la qualité de son eau est étroitement surveillée. Si elle convient à la détente comme à la baignade, on regrettera toutefois les faux airs d'enclave privée que lui prêtent ses trois *resorts* luxueux. Passez plutôt la journée sur une autre plage et rendez-vous à Ao Prao pour admirer le coucher du soleil.

● Où faire quelques achats ? Il n'y a pas d'artisanat traditionnel sur l'île ni de marché où dénicher de jolis batiks. Les boutiques de l'allée couverte aménagée au nord de Hat Sai Kaew proposent équipement de *snorkeling*, maillots de bain et vêtements de piètre qualité. Achetez plutôt votre paréo à un vendeur de plage : le choix est plus vaste et le prix, modique (env. 100B).

● Où déguster une crêpe, un smoothie aux fruits de saison ?

Silversand (plan 7, B1 n°10) À ce petit comptoir en aluminium bardé de pots et de pyramides de fruits, on commande une crêpe, un jus de fruits ou un milk-shake à emporter (50-70B). Les garnitures sont classiques (confiture, sirop d'érable, chocolat, citron), mais la composition des boissons se révèle plus originale : lait de vache ou de soja, yaourt, fruits et légumes de saison, cacao, caramel…. Essayez l'*Apple Delight* (pomme, melon, yaourt, miel et lait de soja). ***Ao Phai** Tél. 038 644 300 Ouvert tlj. 8h30-22h À droite du restaurant*

● Où savourer un cocktail face à la mer ?

Naga Bar (plan 7, B1 n°1) Le "quartier général" des fêtards. Sur fond de reggae et de musique électro, on sirote une bière (80B) ou une piña colada (150B) sur un matelas bigarré de la terrasse, puis on dispute une partie de billard sous le préau aux murs couverts de graffitis. Le whisky coule à flots, mais le personnel veille à limiter les excès et l'ambiance reste bon enfant. Concerts fréquents. Wifi gratuit. *Au nord d'**Ao Hin Khok** Tél. 038 644 035 Ouvert tlj. 14h-1h*

☺ **Trio Cocktail Bar (plan 7, B1 n°2)** Ce petit bar ne paie pas de mine, mais ses propriétaires - ceux du Pudsa Bungalow - sont charmants et il propose plus de 50 cocktails (150B), à déguster sur un transat tout en appréciant la musique. Le restaurant attenant propose de bons plats thaïlandais à petits prix (80-120B). ***Ao Phutsa** Tél. 038 644 030 (Pudsa Bungalow) Ouvert tlj. 11h-0h*

Buzz Restaurant & Bar (plan 7, A1 n°3) La terrasse *lounge* de cette villa aux lignes épurées est tout indiquée pour un apéritif chic (et un peu cher) au coucher du soleil. Belle carte de vins du monde, de cocktails et de bières (130-225B). Tenue correcte appréciée. ***Ao Prao** Tél. 038 644 104/7 Ouvert tlj. 11h-22h30*

● S'offrir un massage sur la plage Envie d'un soin relaxant avec le bruit des vagues en fond sonore ? Sur toutes les plages de Samet, de petits groupes de masseuses installent, dès le matin, leurs plateformes en bois garnies de matelas

En famille

Attractions

Plages adaptées

à l'ombre d'un cocotier ou sous une paillote. Les prix varient peu d'une plage à l'autre. Comptez 350B/h la réflexologie plantaire ou le massage traditionnel, et 400B le massage à l'huile de coco. N'hésitez pas à signaler un point fragile ou à tempérer l'énergie de votre masseuse si les étirements sont trop douloureux.

● **Pratiquer un sport nautique** Les clubs nautiques de Hat Sai Kaew (plan 7, B1) proposent tous le même matériel, à des prix similaires : planche à voile, kitesurf, scooter des mers ou catamaran à partir de 700B/h. Le kayak de mer (300B/h) conviendra bien à la découverte du littoral oriental, mais on évitera de s'aventurer sur les eaux agitées de la côte ouest.

Au large de Ko Samet

Khao Laem Ya-Mu Ko Samet National Park Avec ses sept îles sœurs, la presqu'île de Khao Laem Ya et la plage de Mae Ramphueng sur le continent, Ko Samet forme le parc national maritime de Khao Laem Ya-Mu Ko Samet (131km^2). Avis aux plongeurs : la faune aquatique et les récifs coralliens du parc sont pauvres en comparaison de ceux de Ko Chang. Une excursion d'une journée sera donc amplement suffisante si l'on veut pratiquer le *snorkeling* près des côtes de **Ko Talu** et de **Ko Chan**, se promener sur les sentiers boisés de **Ko Kudi**, bronzer sur le sable blanc de Ko Man Nai et visiter son centre de protection des tortues de mer (un lagon consacré à la reproduction de l'espèce, un site de nidification, un couvoir et un petit musée). *79, Moo 1, Ban Kon Ao, Hat Mae Ramphueng-Phe Rd* **Phe** *Tél. 038 653 034 www.dnp.go.th*

● **Faire une minicroisière, une partie de pêche nocturne** Les agences de Samet proposent toutes les mêmes excursions autour de l'île. La journée à Ko Man Nai, Ko Kudi et Ko Talu revient à 1 600B/pers. (déj. et matériel de *snorkeling* compris), la croisière dans le parc maritime à 1 200B et la pêche nocturne aux calmars au large de Samet à env. 600B (dégustation et boissons à bord incluses). Mieux vaut leur demander de vous organiser une excursion privée (à partir de 1 700B/pers.) en constituant vous-même votre petit groupe (6-10 pers.). Prévoyez votre pique-nique et définissez bien l'itinéraire avec le skipper.

Sunthorn Phu, le poète du peuple

Ce natif de la province de Rayong (1786-1855), l'un des plus grands poètes et dramaturges de Thaïlande, s'isola à Ko Samet pour écrire certaines de ses œuvres. En faveur auprès de Rama II, en disgrâce sous Rama III, il connut enfin la gloire sous Rama IV. Son *Phra Aphai Mani* est devenu un classique de la littérature siamoise. On peut voir à Ko Samet deux statues du prince flûtiste et de la sirène, les deux héros de cette épopée romantique de 30 000 vers. À l'initiative de l'Unesco, Sunthorn Phu est célébré le 26 juin, jour de sa naissance, dans les écoles thaïlandaises.

CARNET D'ADRESSES

Restauration

Les menus des restaurants se ressemblent tous (barbecue et plats internationaux) et l'addition grimpe rapidement pour une qualité assez médiocre. Néanmoins, les produits de la mer sont toujours frais et quelques établissements réservent de belles surprises.

petits prix

Silversand (plan 7, B1 n°10) Des tables basses disposées sur des nattes colorées à même le sable, un éclairage aux chandelles et de la musique douce en fond sonore : voici un cadre propice à un dîner romantique. Aux classiques grillades de poisson (env. 350B) et de viande (200-350B), préférez les soupes et currys (90-120B), bien préparés. Nous vous recommandons le *mussaman curry* : outre les légumes habituels, des pommes de terre et des cacahuètes entrent dans la composition de ce plat de tradition musulmane, riche en lait de coco. Délicieux et épicé juste ce qu'il faut. ***Ao Phai** Tél. 038 644 300 Ouvert tlj. 7h30-22h*

Jep's Restaurant (plan 7, B1 n°11) Vous repérerez cet établissement de plage aux dizaines d'étoiles en tissu accrochées aux branches de son gros arbre. La carte se distingue par ses plats indiens et ses pâtisseries. Le *biryani* d'agneau (220B) est très réussi, tout comme le *butter chicken*, servi avec *dhal* et *chapati* (260B). En dessert, choisissez un *lassi* à la mangue (100B) ou succombez au *chocolate fudge cake* (100B). Service lent mais charmant. ***Ao Hin Khok** Tél. 038 644 112 Ouvert tlj. 7h-23h*

prix moyens

Red Ginger (plan 7, B1 n°12) C'est dans une ravissante salle rouge et mauve, avec lumière tamisée et jazz en fond sonore, que Roger, un Canadien d'Ottawa, et son épouse thaïlandaise vous reçoivent. Chacun a sa cuisine et y mitonne ses spécialités. Commencez par un gaspacho, poursuivez avec des travers de porc caramélisés ou un poulet à la mangue et gardez une place pour le délicieux *Nana's brownie* que Roger élabore selon la recette de sa grand-mère. Comptez 350-500B le repas, hors boissons. Le couple loue aussi trois petites chambres colorées avec sdb à l'arrière du restaurant (450B avec ventilateur, 700B avec clim.). *Moo 4, Main Rd **Na Dan** Tél. 084 383 4917 Ouvert tlj. 11h-23h*

Sea Breeze (plan 7, B1 n°13) Sa terrasse en teck ombragée par une ribambelle de parasols convient bien à un déjeuner rapide : salade, sandwich ou plat de riz frit (env. 100B avec boisson). À la nuit tombée, préférez les estrades en bois, matelas colorés et guirlandes lumineuses de son restaurant de plage pour savourer des calmars en sauce pimentée, un bar entier cuit à l'étouffée ou un assortiment de viandes grillées. Également une belle carte de bières (70B) et de cocktails (120-200B). Le lieu est prisé, son personnel peu affable, mais la cuisine est bonne et le décor, charmant. Comptez 300-500B le repas hors boisson. ***Ao Phai** Tél. 038 644 124 Ouvert tlj. 7h-23h*

Apache Restaurant (plan 7, A2 n°14) Le nom du lieu, tout comme son décor (crânes de vaches, gravures d'Apaches et capteurs de rêves ojibwé), illustre la passion du propriétaire pour les Amérindiens. Ici pas de tipi, mais des huttes en bambou dressées face à la mer et un rudimentaire ponton sur lequel sont installées de mignonnes tables basses turquoise ombragées par une toiture de chaume. Hormis quelques plats de riz, la carte fait la part belle aux produits de la mer. Beignets de calmars (150B), filet de barracuda cuit à l'étouffée (200B) et poisson-perroquet grillé aux herbes (250B). Les portions sont généreuses, le personnel est attentionné et le cadre aussi paisible qu'idyllique. ***Ao Thian*** *Tél. 081 452 9472 Ouvert tlj. 7h-22h*

Hébergement

L'offre est pléthorique, mais le rapport qualité-prix à peine satisfaisant, dans les pensions de Na Dan comme dans les *resorts* chics des côtes sud et ouest. Réservation impérative pour la haute saison et, pour la basse saison, prix inférieurs de 20 à 30% à ceux que nous indiquons.

petits prix

Tubtim Resort (plan 7, B1 n°20) Une centaine de bungalows en maçonnerie et bois verni sagement alignés dans un joli jardin au sud de la plage. Tous sont impeccables et dotés d'une sdb carrelée. Les plus basiques (800B avec ventilateur, 1 000B avec clim., sans petit déj. ni eau chaude) sont disséminés dans la partie haute du complexe, près de la route. À mesure que l'on s'approche de la plage, on gagne en élégance et en confort (eau chaude, TV, minibar) et les prix grimpent (1 900-3 500B, petit déj. buffet compris). Si votre budget le permet, choisissez une chambre design au bord de l'eau. *3/15 Moo 4* ***Ao Phutsa*** *Tél. 038 644 025/029 www.tubtimresort.com*

Ao Nuan Bungalows (plan 7, B1 n°21) Une atmosphère de bout du monde règne sur l'unique hôtel d'Ao Nuan. Ses 10 bungalows, traditionnels (bois et chaume) ou plus modernes (pierre et tuiles) sont postés au bord de la crique ou étagés sur la colline boisée. Lambrissé du sol au plafond, chacun dispose d'un balcon sur la mer. Installé dans le jardinet ombragé, le restaurant (ouv. tlj. 8h-21h) propose des petits déjeuners et de délicieux plats thaïlandais. Selon l'emplacement, comptez 800-1200B pour 2 pers. avec sdb partagée et ventilateur, 1 500-3 000B avec sdb privée et clim. Accueil prévenant. ***Ao Nuan*** *Pas de tél. Se présenter à la réception (derrière le restaurant)*

prix moyens

Tok Little Hut (plan 7, B1 n°22) 47 pavillons modernes accrochés à un versant escarpé et verdoyant, en retrait de la rue principale. Les chambres carrelées, aux tonalités beige et chocolat, sont spacieuses et confortables (TV, minibar, clim., eau chaude). Celles qui sont perchées au sommet de l'escalier – plutôt raide – bénéficient d'une vue splendide sur la mer, tandis que les plus accessibles pâtissent de la proximité de plusieurs bars et restaurants (au menu, petits déjeuners, plats traditionnels et bonnes pizzas 220-460B). Comptez 1 500B la double, 1 800B la triple et 2 800B la chambre familiale. *16/1 Moo 4* ***Ao Hin Khok*** *Tél. 038 644 073 www.tok-littlehut.com*

Ban Khiang Talay (plan 7, A2 n°23) Vous ne pourrez pas manquer ces coquets bungalows bleus ordonnés à flanc de colline, face à la mer. Rénovés en 2014, ils sont lumineux, décorés sobrement mais avec goût et disposent d'une sdb avec eau chaude. Comptez 1 000B la *single* avec ventilateur, 1 600-2 000B la double avec clim. et 2 600-5 000B la chambre pour 4-10 pers. familiale avec clim. Petit déj. compris. Agréable solarium et accueil charmant de Mr Wee, le propriétaire. *Ao Thian Tél. 091 239 0751 www.sametbankhiangtalay.com*

prix élevés

Samed Villas (plan 7, B1 n°24) Ce *resort* de standing déploie 60 bungalows récents entre plage, jardin et forêt. Agrémentés de boiseries, ils conjuguent beaux volumes, décor traditionnel coloré et grand confort (écran plat, ventilateur, climatisation, minibar et balcon en teck). L'ensemble est bien tenu et le personnel charmant. Préférez les chambres cachées dans la verdure (Garden View) aux Sea View du promontoire : la proximité du sentier côtier compromet les grasses matinées. Restaurant, bar et spa. En haute saison, double à 1 700-2 900B, petit déj. inclus ; suite familiale à 3 300-3 900B. Surcoût de 300-400B/j. le week-end et pendant les vacances scol. *Au sud d'**Ao Phai** Tél. 038 644 094 www.samedvilla.com*

Vong Duern Villa (plan 7, B2 n°25) Les 60 maisonnettes en bois blanc bénéficient d'un paisible cadre champêtre. Toutes sont climatisées, dotées d'une coquette sdb (eau chaude) et agréables. Optez pour une chambre *standard* ou *deluxe* (1 500-2 500B avec petit déj.) au décor contemporain, certes un peu froid, mais plus lumineux que celles de style traditionnel, au mobilier parfois défraîchi. Les catégories supérieures affichent un tarif excessif (3 000-4 000B), alors que les spacieuses *Family Rooms* (6 pers.) sont une bonne affaire : 3 000B. *Au sud d'**Ao Wong Deuan** Tél. 038 644 260 http://vongduern-villa.com*

★ CHANTHABURI

Cernée de montagnes boisées et de plaines vouées à la culture des fruits tropicaux et des épices, la capitale de la province de Chanthaburi est souvent boudée par les voyageurs pressés d'embarquer pour Ko Chang. Pourtant, la "Cité de la lune" brille autant par l'éclat de ses pierres précieuses – un négoce qui remonte au XVe siècle – que par le charme de ses vieilles maisons sur pilotis au bord du Chanthaburi. Flânez dans ses ruelles d'un autre temps, découvrez ses vanneries et ses spécialités culinaires avant de vous offrir une excursion dans les alentours. Chanthaburi, Muang Chan de son nom local, vous surprendra et peut-être peinerez-vous, comme nous, à la quitter.

CHANTHABURI LA COSMOPOLITE Occupée depuis des millénaires, la région de Chanthaburi aurait été colonisée vers le XIIIe siècle par les Chong, une communauté de chasseurs-cueilleurs môn-khmers bientôt sédentarisée et convertie à l'agriculture. En 1657, la future Cité de la lune est fondée sur la rive droite (ouest) du Chanthaburi sous le nom de Ban Lum. À la chute d'Ayutthaya, en avril 1767, le général Taksin s'y replie pour préparer la reconquête du Siam en recrutant une armée de 5 000 soldats thaïs et chinois

– il est lui-même d'ascendance chinoise. Il installe son camp militaire à Khai Noen Wong et des chantiers navals à quelques kilomètres au sud de l'actuelle Chanthaburi. L'année suivante, avec son armada, il va ainsi remonter les côtes, puis le Chao Phraya pour chasser les Birmans des plaines centrales et réunifier le royaume siamois autour de sa nouvelle capitale, Thonburi. En 1834, Rama III déplace l'administration régionale et la garnison de Ban Lum à Khao Noen Wong, afin de prévenir toute offensive vietnamienne. Mais Ban Lum retrouve sa prééminence sous le règne de Rama V. Les Français occupent la région à partir de 1893 et la rendent aux Siamois en 1905, en échange de leurs possessions cambodgiennes. De nos jours, outre des Thaïs, des Chinois et des Khmers, la Cité de la Lune abrite une importante communauté vietnamienne, arrivée en trois vagues successives – d'abord au début du XIXe siècle, pour fuir les persécutions anticatholiques, puis dans les années 1920-1940, pour échapper à la colonisation française, et enfin après la prise du pouvoir par les communistes vietnamiens, en 1975. Une autre minorité locale est celle des Shan, ou Gula, originaires de Birmanie. C'est à eux que la province doit l'essor, à partir des années 1850, de ses mines de pierres précieuses. Si les dernières concessions ont fermé récemment, le chef-lieu demeure la plaque tournante thaïlandaise du commerce des gemmes. La production de fruits tropicaux (notamment de durians) et de poivre contribue également pour une bonne part aux revenus de la province.

MODE D'EMPLOI

accès

Chanthaburi se trouve à 250km au sud-est de Bangkok et à 69km à l'ouest de Trat.

EN CAR

Gare routière de Chanthaburi (plan 8, A1) Des gares routières est et nord **de Bangkok**, les cars à destination de Trat et de Ko Chang s'arrêtent à Chanthaburi. Un car climatisé toutes les 30min de 4h à 0h (4h de trajet, 157-263B). En sens inverse, un car/h de 6h à 23h. **De Rayong**, un car toutes les 40min, de 4h40 à 20h (2h30 de route, 120B) ; en sens inverse, un car/h, de 4h30 à 17h30. **De Trat**, comptez un car/h de 8h à 18h et 1 heure de trajet (70B) ; en sens inverse un car toutes les 40min de 4h40 à 20h. Plusieurs départs/j. également pour Aranya Prathet (4-5h de trajet, 160B), point de passage pour le Cambodge, au nord-est. *Angle de Leab Noen Rd et de Saritdidet Rd (à l'ouest du centre-ville)*

EN MINIBUS

De Bangkok, les minibus partent du Victory Monument et de la gare routière nord (Mo Chit) : 1/h, de 4h à 20h, env. 3h30 de trajet, 200B AS (mêmes horaires et fréquence en sens inverse). Du port **de Ban Phe**, un minibus/h de 6h à 19h (2h30 de trajet, 200B). En sens inverse, transitez par Rayong, puis gagnez Ban Phe en *songteo*. Les compagnies de minibus stationnent à côté de Nam Phu Market, dans le centre-ville.

orientation

Chanthaburi s'étend sur la rive occidentale du Chanthaburi. La partie intéressante du centre-ville n'occupe que les quelques rues et venelles comprises entre Saritdidet Road au nord, Thetsaban 2 Road à l'ouest, Si Chan Road – où officient les bijoutiers – au sud et Sukhapiban Road (le quartier vietnamien), qui longe le fleuve sur 1km. Le parc municipal, King Taksin Park, s'étend au sud-ouest du secteur touristique.

se déplacer

Le centre-ville se parcourt facilement à pied. Pour vous rendre de la gare routière au quartier vietnamien ou à Si Chan Rd, comptez 25B la course à moto-taxi et 40B en *songteo*. Pour une excursion dans les environs, empruntez l'un des *songteo* stationnés aux abords de Nam Phu Market. Ils demandent le même prix quel que soit le nombre de passagers (de 50 à 200B la course selon la distance, 10 pers. max). Vous trouverez des scooters à louer près de ce même marché (300B/j.).

informations touristiques

Provincial Center of Tourism and Sport (plan 8, A1) Comme dans maintes villes peu touristiques, le personnel parle mal l'anglais, et les brochures disponibles sont en thaï. *Entrée située sur le côté est du stade municipal Tél. 039 313 260 Ouvert lun.-ven. 8h30-16h30*

informations pratiques

Vous trouverez plusieurs banques dans le centre-ville – sur Benchamarachutit Road, Amphawa Road et Khwang Road, notamment – ainsi que des distributeurs de billets (ATM) autour du marché. Le bureau de poste central est établi sur Benchamarachutit Road (en face de l'hôtel Kasemsarn) et assure un service Western Union.

Chanthaburi Provincial Police Station (hors plan 8, par A1) Les agents ne parlant pas l'anglais, mieux vaut téléphoner à la police touristique. *13 Raksakchamun Rd, Moo 3 Tél. 039 311 115 ou 1155 (police touristique)*

Bangkok Hospital Chanthaburi (plan 8, A1) Le meilleur des trois hôpitaux de la ville. Service d'urgences. *25/14 Tha Luang Rd Tél. 39 319 888*

fêtes et manifestations

Fruit Festival Défilés de chars entièrement décorés de fruits, sculptures sur fruits, prix du meilleur durian de l'année, stands de dégustation, visites des vergers environnants et élection d'une reine de beauté... Pendant dix jours, toutes sortes d'animations célèbrent la récolte des fruits de la province au stade municipal et à King Taksin Park. ***Chanthaburi** Fin mai-début juin*

DÉCOUVRIR

☆ **Les essentiels** Chanthaboon Waterfront et Gem Market à Chanthaburi, le National Maritime Museum de Khai Noen Wong **Découvrir autrement** Dégustez un *banh mi* au bord du Chanthaburi, lézardez sur la plage de Ban Pak Nam, goûtez au *moo chamuang* du Chanthorn Restaurant

Chanthaburi

Le quartier vietnamien de Chanthaburi, appelé plus communément Chanthaboon, constitue un lieu de promenade agréable et plutôt paisible. À défaut

Plan 8 Chanthaburi

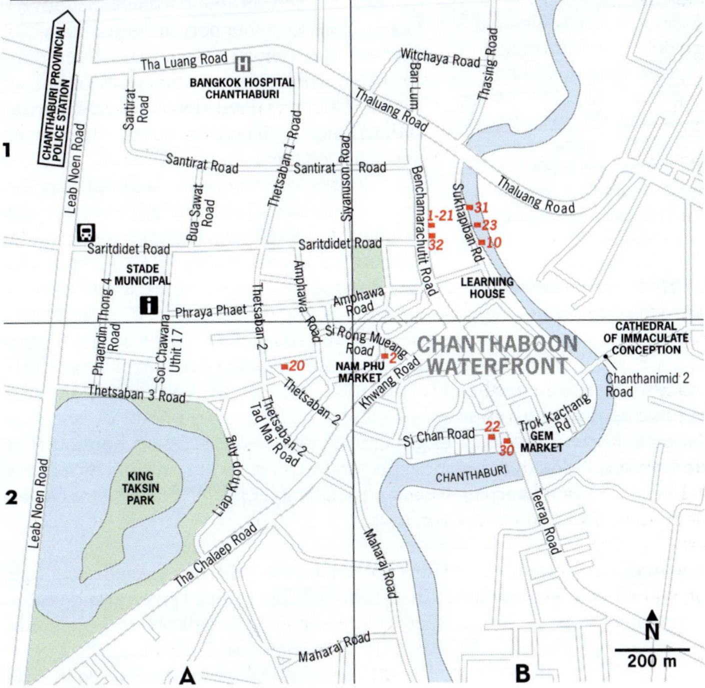

Shopping 1 et 2
- Chanthorn Restaurant p.195 ____ 1 B1
- Nam Phu Market p.195 ____ 2 B2

Salon de thé 10
- Sweet@Moon p.195 ____ 10 B1

Restauration 20 à 23
- Chanthorn Restaurant p.198 ____ 21 B1
- Muslim Halal Food p.199 ____ 22 B2
- Sui Market p.198 ____ 20 A2
- Tamajun Restaurant p.199 ____ 23 B1

Hébergement 30 à 32
- Kasemsarn Hotel p.199 ____ 32 B1
- Luang Rajamaitri Historic Inn. p.199 ____ 31 B1
- River Guest House p.198 ____ 30 B2

d'être très attrayantes, les rues du centre-ville, à l'ouest du cœur historique, sont pleines d'atmosphère. La ville nouvelle, qui s'étend à l'ouest et au sud du parc municipal, n'a en revanche aucun intérêt.

☆☺ **Chanthaboon Waterfront - Sukhapiban Road (plan 8, B1-B2)** Avec ses belles maisons mitoyennes aux toits de tuiles et aux façades sculptées et souvent peintes, cette rue pittoresque de la vieille ville, sur la rive occidentale du Chantaburi, invite à une paisible parenthèse hors du temps. Du XVIIe au XXe siècle, une communauté d'agriculteurs thaïs, de négociants chinois et de réfugiés vietnamiens se constitua sur ces terres fertilisées par le fleuve, en construisant des habitations sur pilotis qui répondaient à ses besoins. Établies sur des parcelles longues mais étroites, à l'instar des "compartiments" (*shop-houses*) chinois, elles superposent des pièces à vivre aux locaux commerciaux

LE LAPIN DE LA LUNE
Selon une vieille légende chinoise, les formes que l'on discerne quand on regarde la lune sont celles d'un lapin de jade occupé à distiller un élixir de longue vie pour les Immortels. C'est ce lapin lunaire qui figure sur les armoiries provinciales de Chanthaburi... et qui trône au sommet des lampadaires de la Cité de la lune.

ou artisanaux du rez-de-chaussée, que prolongent une cour et une cuisine à ciel ouvert. Les maisons thaïes en bois (n°59 par exemple) côtoient des demeures vietnamiennes d'influence française, en maçonnerie et bois, souvent agrémentées d'arcades au rez-de-chaussée et d'un balcon à l'étage (n^os^90 et 253). Remarquez, aux n^os^129 et 255, les impostes ajourées des fenêtres, qui favorisent la ventilation des pièces. Souhaitant préserver ce patrimoine, les habitants ont fondé une association qui, avec le concours d'une école d'architecture et le soutien des autorités provinciales, a entrepris de restaurer plusieurs bâtiments, dont la maison Baan Luang Rajamaitri, convertie en un hôtel de charme, cf. Luang Rajamaitri Historic Inn. (p.199). Visitez **Learning House** (n°69), qui retrace l'histoire du quartier à l'aide de maquettes et de croquis de ses maisons et de photos de ses petits métiers. Flânez ensuite en grignotant un “en-cas”, visitez les boutiques de souvenirs qui s'ouvrent les unes après les autres et sirotez un verre en terrasse au bord de l'eau. **Learning House** *69 Sukhapiban Rd Tél. 081 945 5761 Ouvert w.-e. 9h-16h30 Visite en sem. sur rdv*

Cathedral of Immaculate Conception (plan 8, B2) Une passerelle piétonne, au sud du fleuve, conduit de Chanthaboon Waterfront à la plus grande église catholique du pays. Trônant fièrement sur son esplanade, cet imposant édifice néogothique coiffé de deux tours a été élevé par les Français de 1893 à 1905, en lieu et place d'une chapelle élevée au début du XVIIIe siècle par des réfugiés vietnamiens. Les Thaïlandais gratifièrent la cathédrale d'une horloge en 1909 et de trois cloches (dont une de 650kg) en 1926. Ne manquez pas d'aller admirer, dans le chœur, le cadeau des joailliers catholiques de la ville : une statue de la Vierge sertie de 20 000 carats de pierres précieuses. *Chanthanimit 2 Rd (rive orientale du fleuve) Ouvert tlj. 8h30-16h et 18h-20h Messe dim. à 8h30 et tlj. à 6h et 19h*

☆ **Gem Market (plan 8, B2)** Depuis le XVe siècle, Chanthaburi est l'une des plaques tournantes de la transformation et du commerce des gemmes du Sud-Est asiatique. La mine de Khao Phloi Waen, célèbre pour son saphir jaune, ou topaze orientale, a fermé récemment, mais d'autres mines de saphir de la province sont encore exploitées. La ville, qui se consacre de longue date à la taille et au polissage des pierres précieuses, accueille des négociants du monde entier. En semaine, vous verrez dans les boutiques de Si Chan Road les bijoutiers trier de petits amas de pierres précieuses et estimer la qualité des saphirs et des rubis, stars du marché, de production locale ou importées du Myanmar, du Sri Lanka, d'Afrique orientale et de Madagascar. Les stands de courtiers en pierres précieuses qui envahissent Si Chan Road et Trok Kachang le week-end sont destinés avant tout aux professionnels, mais le profane peut observer le déroulement singulier des transactions. L'acheteur s'assoit à la table d'une officine et explique ce qu'il recherche à l'un des employés. Ce dernier l'écrit en thaï sur une feuille de papier qu'il scotche à la table. Les courtiers ne tardent pas à venir présenter à l'acheteur différentes pierreries susceptibles de répondre à ses attentes. Si celui-ci se montre intéressé, la négociation s'effectuera en silence, par calculette et employé interposés. Un hochement de tête scellera l'accord des deux parties. *Si Chan et Trok Kachang Rd Ouvert ven.-dim. 10h-18h*

King Taksin Park (plan 8, A2) Comme les habitants de Chanthaburi, vous pourrez lézarder sur les pelouses ombragées de ce parc de 20ha, ou effectuer votre footing dans ses allées fleuries. Sur la presqu'île de son grand plan d'eau trône une colossale statue équestre du roi Taksin (1767-1782), grand défenseur de la patrie, chargeant sabre au clair, entouré de quatre officiers. L'autre mémorial consacré à Taksin le Grand, sur Tha Luang Road (au nord du centre-ville), a peu d'intérêt. *Entrée sur Thetsaban 3 Rd Ouvert tlj. 6h-20h*

● Où acheter de la vannerie ou des biscuits au durian ?

Chanthorn Restaurant (plan 8, B1 n°1) La boutique de ce restaurant est l'endroit idéal où faire le plein de souvenirs. On y trouve pléthore de spécialités sucrées et salées (à partir de 40B), dont une excellente confiture de durian, des biscuits aux mangoustans, des *salak* - ou "fruits à peau de serpent" - au sirop mais aussi du poivre blanc ou noir et des conserves de *moo chamuang*, l'un des plats emblématiques de la ville. Également de belles vanneries de roseau à tous les prix : sets de table, boîtes (à partir de 80B), sacs à main et nattes colorées (400-1 000B). *102/5-8 Benchamarachutit Rd Ouvert tlj. 9h-21h*

Nam Phu Market (plan 8, B2 n°2) Les étals de ce grand marché couvert sont plus attrayants les uns que les autres. Outre de savoureux fruits frais, on y trouve des bonbons aux mangoustans (35B), des chips et biscuits au durian (50-100B), des longanes confits (30B) et d'autres produits "phares" de Chanthaburi, comme les fameuses *san chan noodles* (40B le sachet) et la piquante pâte de crevettes séchées qui relève agréablement - à petite dose - riz et légumes (*san wa*, 30-50B). Également de belles nattes et paniers en roseau (à partir de 300B) ainsi que des sarongs en coton imprimé ou brodé (à partir de 120B). *Si Rong Mueang Rd (derrière la place de la Fontaine) Ouvert tlj. 5h-17h*

● ☺ Où déguster un sandwich vietnamien ? Sur **Sukhapiban Road** (plan 8, B1-B2), dans le quartier du Chanthaboon Waterfront, on peut acheter pour trois fois rien de délicieux en-cas à emporter ou grignoter sur une table de fortune. Notre préférence va au *banh mi* vietnamien, un pain à la farine de blé et de riz, inspiré de la baguette française, garni de hachis de porc aux herbes, de chair de crabe, de coriandre et de carottes râpées. Mais on peut aussi commander une soupe *kuai tieo mu lieng*, le fameux *pho* vietnamien (bouillon léger, vermicelle, boulettes et morceaux de porc, herbes fraîches), une *pork thick soup* chinoise (bouillon, tofu, porc, œuf dur et légumes)... ou une sucrerie comme le *khanom thien*, un gâteau rond cuit à la vapeur, mêlant farine de tapioca et cacahuètes.

● Où savourer un expresso avec vue ?

Sweet@Moon (plan 8, B1 n°10) Les étudiants viennent se régaler de pâtisseries occidentales (cheese-cake, tiramisu, tarte aux pommes, 65B) dans la jolie petite salle vert anis de ce salon de thé ou sur son agréable terrasse fleurie, au bord du fleuve. Comme la jeunesse locale, profiter du wifi gratuit tout en buvant un bon expresso italien (30B), un cappuccino frappé (35B), un jus d'ananas frais ou un smoothie aux fruits de saison (30-50B). *153 Sukhapiban Rd Tél. 085 088 8919 Ouvert tlj. 10h-21h*

Les environs de Chanthaburi

Au nord

Khao Khitchakut National Park Le mont Phra Ba (1 085m) veille sur ce petit parc naturel et ses 54km² de forêt tropicale humide. Ce domaine protégé vaut surtout la visite juste après la saison des pluies, pour le spectacle qu'offre alors le débit de ses trois chutes… La plus impressionnante, Nam Tok Krathing, s'épanche en treize paliers, au milieu d'une végétation luxuriante. Au sommet du mont Phra Ba, d'énormes rochers veillent sur le Phlung Bouddha's Footprint. En février ou mars, selon les années – entre le Nouvel An chinois et Makha Puja, fête commémorant un sermon important du Bouddha à ses disciples –, ce site sacré fait l'objet d'un grand pèlerinage. Les fidèles viennent alors couvrir de feuilles d'or la reproduction de l'empreinte du pied de Siddhartha Gautama. Les buffets organisés pour l'occasion permettent de goûter aux spécialités culinaires de la région tout en profitant du point de vue sur la nature environnante. Si vous vous rendez au parc en *songteo* (env. 60B/pers. à partir du marché de Chanthaburi), prenez soin de négocier le retour avec le chauffeur. *À 28km au nord-est de Chanthaburi sur la route 3249 Entrée du parc à 1km Ouvert tlj. 6h-18h*

Wat Khao Sukim Ce grand sanctuaire bouddhique fondé en 1966 en pleine nature doit sa fréquentation (internationale) à Luang Ajahn Somchai, maître révéré qui y dispensa longtemps son enseignement. Le temple est juché sur le mont Sukim, tout en haut d'un long escalier gardé par deux *naga* colorés – et relayé par un funiculaire (gratuit). Récompense de l'ascension : le splendide panorama sur les montagnes et les plaines fertiles de Chanthaburi qu'offre la terrasse sommitale, mais aussi un musée insolite, à mi-chemin entre le magasin d'antiquités et le musée Grévin. Vingt statues de cire grandeur nature des bonzes les plus vénérés du pays y côtoient des dons hétéroclites : porcelaines chinoises, mobilier en ébène incrusté de nacre, paniers de pêche en bambou ainsi que quelques phonographes et animaux empaillés ! On peut passer la nuit sur place et y faire une retraite méditative. *Á 30km au nord-ouest de Chanthaburi (par Sukhumvit Rd puis la route 3322) Tél. 081 456 8384 (centre de méditation) Ouvert tlj. 8h-18h Entrée libre Tenue correcte recommandée*

● Visiter une exploitation fruitière

Suan Sadetyat Cette plantation de fruits tropicaux (durians, mangoustans et ramboutans, principalement) s'efforce de limiter son empreinte écologique en recourant, de préférence, aux engrais naturels. En période de récolte, ses propriétaires organisent une visite guidée (env. 40min) des vergers. Explications en anglais et dégustation à la clé. *183/13 Moo 12* ***Tha Mai*** *(à proximité du Wat Khao Sukim) Tél. 087 111 1338 Ouvert mai-début juil. : tlj. 8h-18h Tarif 100B*

Au sud

Wat Thong Thua L'un des pavillons de ce temple abrite une petite collection lapidaire qui intéressera les férus d'architecture khmère… et eux seuls : des fragments de piliers, de linteaux et autres grès sculptés provenant d'un sanctuaire khmer, dont les plus anciens remonteraient au VIIe siècle. Ils proviennent du site archéologique voisin de Muang Phaniat, une cité qui aurait prospéré jusqu'au XIIIe siècle. Ses vestiges se résument à un mur de latérite délimitant un rectangle de 16m sur 26. *À 4km au sud-est de Chanthaburi, à l'ouest de Sukhumvit Rd*

Khai Noen Wong Sous le règne de Rama III (1824-1851), alors que le Siam et le Vietnam se disputaient le Cambodge, Chanthaburi se retrouva sur la ligne de front. Le roi fit édifier plusieurs forteresses dans la région, dont celle de Khai Noen Wong en 1834, sur les hauteurs mêmes où Taksin avait installé son camp militaire en 1767. La citadelle, qui couvre 43ha, a conservé son entrée principale, une tour de guet et une partie de son enceinte en brique et latérite gardée par une trentaine de canons moussus. Elle abrite un temple, le Wat Yothanimit, son école, un sanctuaire dédié au roi Taksin et les ruines d'un magasin de munitions. La forteresse vaut surtout la visite pour son ☆ **National Maritime Museum**, qui retrace l'histoire de la navigation et du commerce maritime en Thaïlande. On peut y admirer des reproductions de barges royales et de jonques, dont celle, grandeur nature, du *Bangkachai II*, un navire du XVIe ou XVIIe siècle coulé au large de la province, ainsi que des objets retrouvés sur des épaves – essentiellement de la vaisselle et quelques bijoux en or. Une salle est consacrée à l'archéologie sous-marine et à ses méthodes de conservation, une autre à l'histoire de la province et à ses plus anciens habitants connus, les Chong, la dernière à la geste de Taksin le Grand. *À 5km au sud de Chanthaburi Emprunter la route 3146 au sud-ouest du King Taksin Park (Khai Noen Wong se trouve sur la droite)* **National Maritime Museum** *Tél. 039 391 431/2 Ouvert mer.-dim. 9h-16h Tarif 30B*

Ban Pak Nam Posté à l'embouchure du Chanthaburi, au pied de collines boisées, le paisible village de Ban Pak Nam résiste à l'assaut du béton. Des barques colorées dansent dans le port sous bonne garde du **Khao Laem Sing**, un promontoire haut de 172m qui, tel un lion accroupi, semble regarder la mer, à quelques encablures des cahutes sur pilotis des pêcheurs de crevettes. Sous les cocotiers du front de mer, des restaurants et stands de fortune accommodent le petit crustacé rosé au curry, grillé, en soupe, aux nouilles… Accordez-vous une pause digestive sur la plage ombragée de pins ou allez découvrir les vestiges laissés par les Français, qui contrôlèrent l'embouchure du Chanthaburi de 1893 à 1904. Ils enfermaient les résistants thaïlandais dans la petite prison en latérite de **Khuk Khi Kai** (ne se visite pas). Pour humilier leurs prisonniers, les geôliers avaient aménagé un poulailler au-dessus de l'unique cellule, exposant ainsi les malheureux aux déjections de la volaille… Près du port, le bâtiment rouge de **Tuk Daeng**, édifié en lieu et place d'un fortin du temps de Rama III, abritait le haut commandement français. Il sert aujourd'hui de bibliothèque scolaire. *À 30km au sud de Chanthaburi en suivant Sukhumvit Rd (Highway 3) en direction de Trat, puis bifurquer à droite au km 347 et continuer tout droit sur 16km www.laemsing.com*

Namtok Phliu National Park Ce parc national de 134km^2 protège le massif forestier du Khao Sa Bap, qui culmine au Wa Krok, à 924m. Les ours et les tigres qui y ont été répertoriés se cachent au fond de la jungle, mais vous avez toutes les chances d'y apercevoir quelques écureuils et reinettes ou d'entendre un pivert tambouriner du bec sur un tronc d'arbre. Un réseau de passerelles et d'escaliers serpente dans la forêt sur 1km, menant du centre des visiteurs à un belvédère et à trois cascades. La plus imposante, **Nam Tok Phliu**, s'épanche dans une vaste piscine naturelle, où l'on peut barboter au milieu des carpes. À proximité, un petit *chedi* moussu (1876) commémore la visite de Rama V et de sa première épouse, tandis que la pyramide de granit du **Pra Nang Ruar Lom Stupa** (1881) contient une partie des cendres de la reine, décédée par noyade dans le Chao Phraya. La deuxième cascade, **Khlong Nalai**, vaut pour sa flore généreuse, et la troisième, **Nam Makok**, pour la trempette dans une eau aussi fraîche que cristalline. Faites de préférence cette excursion en semaine. Restaurants et possibilités d'hébergement sur place. *À 14km au sud-est de Chanthaburi en suivant Sukhumvit Rd (Hwy 3) en direction de Trat pour tourner à gauche au km 347 L'entrée du parc est à 2,5km. Comptez 30min de trajet et 50-60B/pers. en songteo Tél. 039 434 528 www.dnp.go.th Ouvert tlj. 8h30-16h30 Tarif 200B*

CARNET D'ADRESSES

Restauration, hébergement

très petits prix

☺ **Sui Market (plan 8, A2 n°20)** En fin de journée, ce petit marché de nuit, à l'ouest du Nam Phu Market, attire les foules. Sur les comptoirs des stands, marmites fumantes et plateaux en Inox proposent un choix encyclopédique de mets thaïlandais, vietnamiens et chinois : *dim sum*, rouleaux de printemps frais, soupes et riz frits variés, *pad thai* au crabe, mais aussi museau de porc bouilli et insectes grillés aux herbes de la province ! Comptez 30-50B le plat et moins de 100B le repas avec boisson. *À l'angle de Thetsaban 2 Rd et de Soi Suwan 1* ***Chanthaburi*** *Ouvert tlj. 16h-0h*

River Guest House (plan 8, B2 n°30) L'adresse la plus économique de la ville. Parmi les 30 chambres vraiment basiques (literie fatiguée, plomberie usée, peinture écaillée...), préférez celles des étages élevés, avec salle d'eau et balcon (390-490B la double avec clim. et eau chaude). Également des doubles à 290B (clim., eau froide) et d'autres sans fenêtre à 190B (ventilateur). Le ronron de la climatisation couvrant toute nuisance sonore, votre sommeil ne sera pas perturbé par la circulation ! Personnel prévenant, jolie terrasse au bord de l'eau. Wifi gratuit. Petit déj. 30-50B. Pas de CB. *3/5-8 Si Chan Rd* ***Chanthaburi*** *Tél. 039 328 211*

petits prix

Chanthorn Restaurant (plan 8, B1 n°21) Une institution locale depuis 1962. D'un côté, une épicerie bien garnie de produits régionaux (p.195), de l'autre, une salle vert et blanc décorée de photos témoignant que Rama IX est venu déguster le *moo chamuang* maison – un ragoût de porc mijoté dans une sauce sucrée légèrement épicée. Nous vous recommandons aussi les nouilles sautées au crabe (*pad sen chan bu*) et le curry de poulet au durian, étrange mais délicieux. En dessert, commandez comme les habitués des *salak* servis dans un sirop glacé. Le repas, arrosé d'une bière, revient à 260-300B. *102/5-8 Benchamarachutit Rd* ***Chanthaburi*** *Tél. 039 302 350 ou 039 312 339 Ouvert tlj. 9h-21h*

☺ **Muslim Halal Food (plan 8, B2 n°22)** Cette cantine propose une authentique cuisine indo-pakistanaise à prix modiques. *Biryani* d'agneau ou de poisson, *massala* de poulet, curry végétarien et *dhal* sont alignés dans les marmites du comptoir, et l'on vous sert, à la louche, une assiette généreuse. Accompagnez votre plat d'un croustillant *parantha* tout juste sorti du four et commandez un lassi à la rose pour atténuer le feu des épices. Comptez 120-200B le repas avec boisson. Pas de CB. *Si Chan Rd, soi 4* ***Chanthaburi*** *Tél. 081 353 5174 Ouvert mer.-jeu. et dim. 9h30-18h, ven.-sam. 9h30-21h*

prix moyens

Tamajun Restaurant (plan 8, B1 n°23) De bons mets thaïlandais à savourer dans un décor "bohème chic" très réussi, derrière une vénérable façade en bois de Chanthaboon Waterfront. On apprécie la salle climatisée au mobilier rétro à midi, et la terrasse éclairée à la bougie et rafraîchie par la brise du fleuve, le soir. Délicieux poulet à la cardamome et poisson grillé au tamarin (125-175B). Également de bons currys verts et soupes de coco (125-145B). Les portions étant petites, n'hésitez pas à en commander plusieurs. De fréquents concerts acoustiques invitent à prolonger la soirée en sirotant une bière (65B) ou un cocktail (150-170B). Service attentif. *248 Sukhapiban Rd* ***Chanthaburi*** *Tél. 039 311 977 ou 098 698 6111 Ouvert tlj. 8h-16h et 17h-0h*

☺ **Luang Rajamaitri Historic Inn. (plan 8, B1 n°31)** Cette splendide demeure en teck blond a appartenu à Luang Rajamaitri (1876-1956), magnat et bienfaiteur auquel la province doit l'introduction de la culture du caoutchouc. Magistralement restaurée, elle abrite 12 chambres confortables (minibar, wifi, TV, clim. et ventilateur), tout en boiseries et tons clairs, avec un authentique baquet de douche dans la sdb. Les voyageurs romantiques opteront pour l'une des deux chambres avec lit à baldaquin et balcon sur le fleuve, tandis que les lits superposés des *rubber rooms* conviendront aux enfants. Le petit déjeuner se prend sur la terrasse au bord de l'eau, le personnel est charmant... Double 1 100-2 650B, petit déj. et wifi compris. *252 Sukhapiban Rd* ***Chanthaburi*** *Tél. 039 322 037 www.baanluangrajamaitri.com*

Kasemsarn Hotel (plan 8, B1 n°32) Tonalités crème et chocolat, lampes design, mobilier en teck... Cet hôtel central de deux étages allie confort et décoration raffinée dans ses espaces communs comme dans ses 60 chambres : minibar, TV, clim., wifi, double vitrage, douche à l'italienne ou baignoire. Les *standard B* et *deluxe*, lumineuses et nanties d'un balcon, offrent le meilleur rapport qualité-prix. Café sympathique, personnel attentionné et copieux petit déj. (en suppl. pour les *standard*, 150B). Double de 900 à 1 500B, suite à 3 000B. Majoration de 30% de mi-déc. à mi-jan. et réservation conseillée le week-end. *98/1 Benchamarachuthit Rd* ***Chanthaburi*** *Tél. 039 311 100 ou 039 312 340 www.hotelkasemsarn.com*

KO CHANG ET SES SATELLITES

Postée à 8km au large de Trat, aux portes du Cambodge, "l'île Éléphant" (429km²) est la plus grande île du pays, derrière Phuket. Une jungle par endroits impénétrable occupe son intérieur montagneux, tandis que la mangrove frange sa côte orientale. Aussi la majeure partie de l'île est-elle encore largement sauvage. En revanche, la côte occidentale, agrémentée de belles plages de sable fin, n'a pu résister à l'urbanisation, et elle frôle aujourd'hui la surfréquentation touristique. Ko Chang veille sur 52 îlots voisins, avec lesquels elle forme depuis 1982 un parc maritime de 650km². En quelques heures de bateau, on accède à Ko Wai, Ko Mak et Ko Kut : trois petits paradis insulaires où le tourisme n'a pas supplanté la culture des cocotiers et des hévéas.

MODE D'EMPLOI

accès

Trat est situé à env. 30km au nord-est de Laem Ngop, où l'on trouve les trois embarcadères (Thammachat Pier, Centrepoint Pier et Laem Ngop) pour Ko Chang, Ko Wai et Ko Mak.

EN AVION

Aéroport de Trat Des minibus peuvent venir vous chercher à ce petit aéroport pour vous conduire au port de Laem Ngop, à 17km au sud-est, et vous déposer à votre hôtel à Ko Chang (AS 500B, bateau compris). Tél. 039 525 767-8

Bangkok Airways La compagnie relie Bangkok à Trat 3 fois/j. (1h de vol, à partir de 2 550B AS). *Tél. 039 551 654 ou 039 551 655 ou 1771 (Centrale de rés.) http://bangkokair.com*

EN CAR

De Bangkok Des cars relient tlj. la gare routière est (Ekkamai) de la capitale à Laem Ngop (départ à 7h45 et 9h45, 6h de trajet, AS 263B ; en sens inverse, départ à 14h) et à la gare de Trat (15 cars/j. dans les deux sens, 6-7h de trajet, 265B). Du terminal nord (Mo Chit) de Bangkok, 7 car/j. pour Trat (270B).

De Trat à Laem Ngop, comptez 45min en *songteo* (départ toutes les 30min, 60B/pers. ou 250B pour 6 pers. max).

EN MINIBUS

De Bangkok Les compagnies proposent un forfait car + ferry jusqu'au port de Dao Khao, sur la côte nord de Ko Chang. Du Victory Monument, un minibus/h de 4h30 à 16h30 (AS 430B, 5h de route). De Khao San Road, 1 départ à 8h ; en sens inverse départ à 10h30 (7h30 de trajet, 450B). D'autres minibus font la navette entre l'aéroport Suvarnabhumi et Dao Khao (4/j. dans les deux sens, 6h de trajet, AS 600B, AR 900B). D'autres encore relient directement les hôtels de Bangkok à ceux de Ko Chang (AS 850-1 000B, départ tlj. à 9h).

De Pattaya, **Ban Phe** et **Rayong**, 3 départs/j. (650-750B, ferry inclus).

EN BATEAU

Les bateaux à destination de Ko Chang, Ko Wai et Ko Mak partent généralement de Laem Ngop.

De Laem Ngop à Ko Chang

Koh Chang Ferry Cette compagnie relie en 30min Thammachat Pier à Ao Sapparot, sur la côte nord de Ko Chang. Départ toutes les 45min de 6h30 à 19h (AS 80B, voiture 120B, scooter 40B). *Tél. 039 555 188*

Centrepoint Ferry Cette compagnie assure la liaison entre Centrepoint Pier et le débarcadère du même nom à Ko Chang (à quelques kilomètres à l'est d'Ao Sapparot) en 50min. Un départ/h de 6h à 19h, de 6h à 19h30 en sens inverse (piéton 80B, voiture 100B, scooter 30B). *Tél. 039 538 196*

De Laem Ngop à Ko Wai Une vedette rapide quitte tlj. Laem Ngop Pier à 16h (30min de traversée, 450B ; départ à 13h40 de Ko Wai). Également une liaison en ferry les lun., mer. et ven. (départ à 14h de Laem Ngop, à 9h de Ko Wai, 2h30 de traversée, 300B). Service réduit de mai à octobre.

De Laem Ngop à Ko Mak Tlj., de 10h30 à 16h, 5 navettes rapides relient en 50min Laem Ngop Pier aux débarcadères d'Ao Suan Yai, sur la côte nord-ouest de Ko Mak, et d'Ao Kao, sur la côte sud-ouest (450B, départs de 8h à 13h30 en sens inverse). Un ferry appareille pour le port d'Ao Nid, sur la côte sud-est, les mar. et sam. à 11h (300B, 3h de trajet ; retour les lun. et ven. à 8h). Une navette rapide de la compagnie Boonsiri Ferry dessert l'île 2 fois/j. (départs à 10h45 et 14h, retour à 12h40, 2-3h de traversée, 400B).

De Laem Sok à Ko Kut Le port de Laem Sok se trouve à 22km au sud-est de Trat. Les compagnies disposent d'un guichet à la gare routière de Trat. Le prix du billet comprend le transport de Trat à l'embarcadère.

Boonsiri Ferry Un départ à 10h45 (1h de traversée) et un autre à 14h (1h30 de traversée via Ko Mak). Arrivée à Nam Luk Pier, sur la côte sud-ouest de Ko Kut. En sens inverse, départs à 9h et 12h (1h30 de trajet). AS 500B, 4-10 ans 250B, moins de 3 ans gratuit. *Tél. 085 921 0111 www.boonsiriferry.com*

Koh Kut Express Un départ/j. à 12h30 (1h15 de traversée, AS 350B) pour Ao Salad, sur la côte nord-est. En sens inverse, départ à 10h. *Tél. 090 506 0020 www.kokutexpress.in.th*

Koh Kood Princess Mêmes prestations et tarifs que Ko Kut Express. *Tél. 082 878 9900 www.kohkood princess.com*

Siri White Speedboats La navette part à 10h de Laem Sok et vous dépose au ponton de votre hôtel (durée 1h30-2h, AS 600B). En sens inverse, le départ est fixé à 12h (pour que tout le monde soit bien à l'heure). *Tél. 090 506 0020*

orientation

Ko Chang s'étend sur 30km de longueur et 14km de largeur. Les infrastructures touristiques se concentrent le long des plages de la côte ouest et près du village de Bang Bao, sur la côte sud. Une route asphaltée fait pratiquement le tour de l'île ; seule la côte sud/sud-est, entre Ao Bang Bao et Ban Salak Phet, n'est pas desservie.

se déplacer

LIAISONS INTER-ÎLES

De novembre à avril, des bateaux de ligne relient Ko Chang à ses satellites.

Bang Bao Boat De Ko Chang, des **ferrys** appareillent à 9h pour Ko Wai (1h, 300B), Ko Mak (2h, 400B), Ko Kut (5h, 700B). Comptez 200B la traversée Ko Wai-Ko Mak, 400B de Ko Mak à

Ko Kut et 700B de Ko Wai à Ko Kut. Départ à 12h de Ko Mak pour Ko Wai et Ko Chang. Des **vedettes rapides** relient deux fois/j. Ko Chang à Ko Wai (départ à 9h30 et 12h, 30min de traversée, 400B), Ko Mak (1h, 600B), Ko Kut (1h30, 900B). Comptez 400B de Ko Wai à Ko Mak (30min), 400B de Ko Mak à Ko Kut (1h) et 700B de Ko Wai à Ko Kut (1h30). Départ à 9h de Ko Kut pour Ko Mak (1h). *Au port de Bang Bao (au sud-ouest de l'île) Tél. 087 054 4300 www.kohchangbangbaoboat.com*

Nor Nou Kaibae Hut Speedboats Une vedette rapide quitte Ko Chang à 9h pour Ko Wai (30min, 400B), Ko Mak (1h, 550B) et Ko Kut (1h50, 900B). En sens inverse, départ à 11h de Ko Kut pour Ko Mak (50min), Ko Wai (1h20) et Ko Chang (2h). Pour les liaisons entre les satellites de Ko Chang, mêmes tarifs et durée que la compagnie précédente. *Du port de Kai Bae (sur la côte ouest de Ko Chang) Tél. 081 982 9870*

EN SONGTEO

À **Ko Chang**, des *songteo* relient les ports aux stations balnéaires de la côte ouest (100B/pers. pour Hat Sai Khao, 150B pour Khlong Prao et 250B pour Lonely Beach). En journée, ces fourgonnettes bâchées desservent toutes les plages. Il suffit de les héler et de bien s'assurer de leur destination, généralement inscrite sur le pare-brise. Selon la distance, comptez 80-200B. Après 22h, la course de Bang Bao à Hat Sai Khao revient en moyenne à 450B. Un aller pour la côte est coûte 600B de jour et plus de 1 000B après 22h. Vous pouvez tenter de négocier un *songteo* à la journée (2 500B min.). À **Ko Mak** et **Ko Kut**, les *songteo* n'assurent que le transfert entre les hôtels et les ports.

À DEUX-ROUES

À **Ko Chang**, vous pourrez facilement louer un scooter (250-300B/j.). La route principale est un ruban étroit et sinueux réservé aux conducteurs aguerris (casque obligatoire, sous peine d'une amende de 500B). Elle est particulièrement accidentée sur la côte ouest, entre Khlong Son et Hat Sai Khao, et très sinueuse entre Lonely Beach et Bang Bao. Prudence également sur le tronçon nord-est et sur la portion qui dessert Long Beach, dans le sud-est de l'île : après l'embranchement de Salak Khok, la chaussée s'est effondrée sur 500m, ne laissant qu'un étroit passage aux deux-roues – elle devrait être réparée un jour, mais quand ? Les routes de l'île ne sont pas éclairées la nuit, et fréquemment traversées par des chiens et des singes. Le scooter (250/j.) facilitera vos déplacements à **Ko Kut**, île montagneuse qui ne dispose pas de transports publics. Sur la plate **Ko Mak**, vous pourrez louer un vélo (100B/j.) ou un scooter (150B/j.)

À PIED

À **Ko Chang** comme à **Ko Kut**, la route principale, particulièrement escarpée, ne se prête gère à la marche, contrairement aux routes secondaires. La petite **Ko Mak** se découvre aisément à pied, tandis qu'à **Ko Wai** vous n'aurez pas le choix : il n'y a qu'un sentier pédestre sur la côte nord.

informations pratiques

Dans tous les villages des côtes ouest et sud de **Ko Chang**, vous trouverez des distributeurs de billets et au moins une banque assurant un service de change. Le bureau de poste principal de l'île, au sud de Hat Kai Mook, propose un service Western Union. Aucune banque ni distributeur en revanche à **Ko Wai**, **Ko Mak** et **Ko Kut**.

SANTÉ

L'archipel de Ko Chang est une zone à faible risque de paludisme. Gare aux méduses, si vous vous baignez à

Ko Mak. Vous pourrez faire soigner les bobos superficiels dans les cliniques de **Ko Mak** (Tél. 089 093 4629) et de **Ko Kut** (Tél. 039 525 747). **Ko Wai** ne dispose d'aucun centre de soins.

Koh Chang Hospital Un hôpital réputé, au personnel anglophone. *Dan Mai (côte nord-est)* ***Ko Chang*** *Tél. 039 586 131 ou ou 1669 (Urgences)*

SÉCURITÉ

À **Ko Chang** et **Ko Kut**, les contrôles antidrogues sont fréquents.

Police touristique de Ko Chang *Au nord du village de Khlong Prao Tél. 039 557 382 ou 1155 (Urgences)*

Police ***Ko Kut*** *Dans le village de Laem Hin Dam (sur la côte ouest) Tél. 039 525 745 ou 1155 (Urgences)* ***Ko Mak*** *Au centre de l'île Tél. 087 133 8895 ou 1155 (Urgences)*

informations touristiques

En dépit de son importante fréquentation, Ko Chang ne compte pas d'office de tourisme.

Koh Mak Info Point (plan 10, A1) Un minuscule bureau dans l'enceinte du Koh Mak Resort. Renseignements en anglais, billetterie pour les bateaux, cartes postales et plan de l'île. *Ao Suan Yai (derrière le débarcadère)* ***Ko Mak*** *Tél. 085 665 3794 Ouvert oct.-mars : tlj. 9h-20h*

Ko Kut Tourism Information Center (plan 10, B3) Un personnel charmant, qui renseigne en anglais sur les excursions pédestres et palmées. Horaires des bateaux affichés à l'entrée, cartes de l'île et postes Internet (30B les 30min, 50B/h). *Rue principale de Khlong Chao (au nord du pont)* ***Ko Kut*** *Tél. 086 834 5401 Ouvert tlj. 9h-18h*

http://explorekohchang.com Une excellente source d'informations sur tout l'archipel.

Koh Change Guide Un magazine gratuit, complet et disponible partout sur l'île. *www.koh-chang-guide.com*

http://iamkohchang.com Un site Internet complet sur Ko Chang.

www.kohmak.com Une bonne source d'informations sur Ko Mak.

DÉCOUVRIR

☆ **Les essentiels** Khlong Plu Waterfall, les fonds marins du parc national, Ko Kut **Découvrir autrement** Lézardez sur le sable de Hat Khlong Prao, sirotez un verre au Bouddha View, savourez un *mussaman curry* au Hawana Restaurant de Ko Mak, offrez-vous une nuit dans la nature à Ko Wai

Ko Chang

La côte ouest

La façade occidentale de Ko Chang s'est considérablement urbanisée depuis le début du IIIe millénaire, le Premier ministre d'alors, Taksin Shinawatra, ayant décidé d'en faire un pôle "écotouristique" et le tsunami de 2004 ayant épargné cette île encore largement méconnue. Tout au long du littoral, les établissements hôteliers forment désormais des "villages" sans grand charme mais où, du magasin de *sportswear* au salon de tatouage en passant par les agences de voyages, nul commerce ni service ne manque à l'appel.

Hat Sai Khao / White Sand Beach (plan 9, A1) Prise d'assaut par les groupes de touristes (russes essentiellement) et les fêtards thaïlandais, la plus longue plage de l'île – et la plus aménagée – étire son ruban de sable fin sur 3km. La partie septentrionale de North White Sand Beach est un peu plus tranquille, avec ses bungalows bon marché accrochés à la colline verdoyante, et propice à la baignade à condition de se méfier des courants. White Sand Beach South est presque entièrement submergée à marée haute. On appréciera, en soirée, l'ambiance de ses restaurants et de ses bars, mais mieux vaut séjourner ailleurs si l'on aspire au calme.

Hat Kai Mook / Pearl Beach (plan 9, A1) Cette petite plage de galets est léchée par des eaux calmes et transparentes et son récif propice au *snorkeling*.

☺ **Hat Khlong Prao (plan 9, A1)** Cette verdoyante baie dans laquelle se jettent deux rivières possède l'une des plus jolies plages de l'île et l'une des plus paisibles. Les commerces sont regroupés dans sa partie nord, tandis que la partie sud accueille des *resorts* un peu plus chics. Au coucher du soleil, il fait bon siroter un verre sur la plage avant d'aller dîner sur un ponton, au bord d'un des deux *khlong* (cours d'eau). *Au sud du village de Chai Chet*

☺ **Hat Kai Bae (plan 9, A2)** Une petite station balnéaire familiale, encore relativement épargnée par le béton, mais dont la plage est partiellement recouverte à marée haute. Le village abrite quelques bons petits restaurants traditionnels... et sa Walking Street la plus visible concentration de bars à filles de l'île.

Hat Tha Nam / Lonely Beach (plan 9, A2) Cette baie particulièrement propice à la baignade, mais qui n'a plus rien de sauvage, est le rendez-vous des jeunes routards avec ses pensions bon marché, ses bars à bières et à burgers, ses stands de tatouage et ses écoles de plongée. Le village, cerné d'une végétation luxuriante, reste néanmoins accueillant, et l'extrémité sud de la baie paisible.

Faire la fête

Bars

Clubs, *parties*

● Où boire un verre ?

Sabay Bar (plan 9, A1 n°10) Totems, masques africains et fresques tribales... Dans ce décor de dessin animé, on sirote une bière (100-180B) ou un *coconut*

Plan 9 Ko Chang

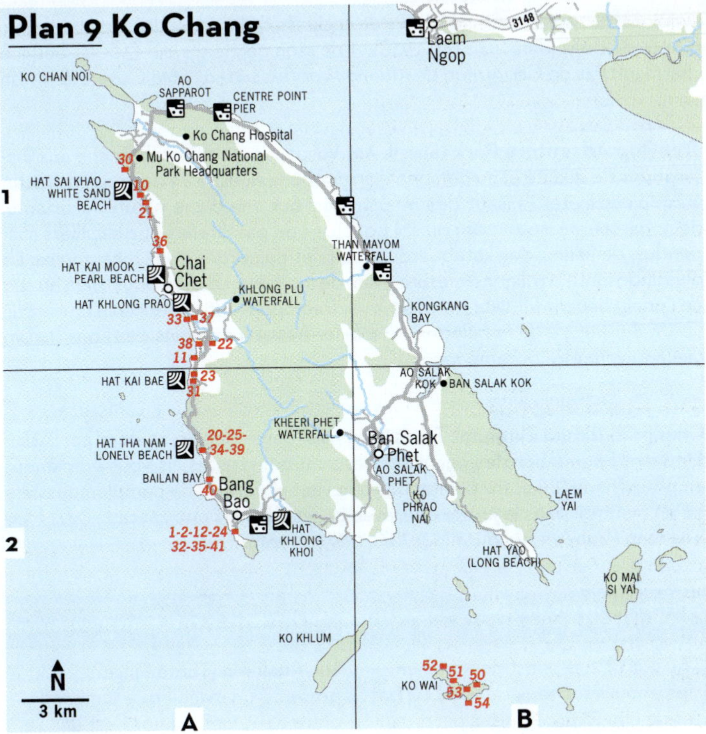

Shopping ■ 1 et 2
Échoppes de la jetée **p.208** — **1 A2**
Peace Moon **p.208** — **2 A2**

Bars, lieux de sortie ■ 10 à 12
Mandalay Bar **p.205** — **11 A1**
Sabay Bar **p.204** — **10 A1**
The Bouddha View **p.208** — **12 A2**

Restauration ■ 20 à 25
Chowlay Sea Food Restaurant **p.218** — **24 A2**
Kai Mun – Boogie Chicken **p.216** — **21 A1**
Kati Culinary **p.216** — **22 A1**
PK 208 **p.217** — **23 A2**
The Kitchen **p.215** — **20 A2**
Warapura Resort **p.218** — **25 A2**

Hébergement ■ 30 à 54
Baan Rim Nam **p.218** — **37 A1**
Bang Bao Cliff Cottage **p.216** — **35 A2**
Bang Bao Paradise **p.216** — **32 A2**
Blue Lagoon Bungalows **p.218** — **38 A1**
Blues Guest House **p.215** — **31 A2**
Good Feeling Bungalows **p.219** — **51 B2**
Grandma Hut **p.218** — **50 B2**
Independent Bo **p.215** — **30 A1**
Keereeta Resort **p.218** — **36 A1**
Ko Wai Pakarang Resort **p.219** — **53 B2**
Ko Wai Paradise **p.219** — **52 B2**
Koh Chang Sea Hut **p.218** — **41 A2**
Koh Wai Beach Resort **p.219** — **54 B2**
Little Eden **p.216** — **34 A2**
Lucky Gecko Garden **p.218** — **40 A2**
Paradise Cottages **p.217** — **39 A2**
Tiger Huts **p.216** — **33 A1**

shake Malibu (200B) sur un transat en bambou face à la mer tout en écoutant les derniers tubes électro mixés par des DJ de Bangkok. Des groupes philippins se produisent chaque soir (sauf lun.) sur la scène couverte. Ambiance décontractée et service rapide. Pas de CB. *Au nord de* ***Hat Sai Khao*** *Tél. 039 551 098 Ouvert tlj. 18h-2h*

Mandalay Bar (plan 9, A1 n°11) On choisit entre les tables en bambou et les transats en teck pour siroter une *banana colada* (rhum, crème de banane, jus de citron et de coco) et grignoter des rouleaux de printemps aux crevettes sous des lampions multicolores. Carte fournie de cocktails, de bières et de jus de fruits frais (50-160B). Bons plats thaïs (80-130B) et poisson pêché du jour (300B). Service charmant. Pas de CB. *Au sud de **Khlong Prao** Tél. 081 585 8818 Ouvert tlj. 9h-0h*

S'accrocher aux branches

Tree Top Adventure Park (plan 9, A2) Voilà un parc d'accrobranche aux installations de qualité et au personnel anglophone qualifié... à découvrir le matin si l'on veut éviter l'assaut des moustiques. Sur 2ha d'une nature luxuriante, deux parcours jusqu'à 20m du sol ponctués de passerelles et d'escaliers suspendus, de lianes, de skateboards volants et de cordes pour funambules. La plus imposante tyrolienne mesure 150m de longueur ! ***Bailan Bay** (1,5km au sud de Lonely Beach) Tél. 084 310 7600 www.treetopadventurepark.com Ouvert tlj. 9h-17h Fermeture de la billetterie à 16h Tarif 950B Les moins de 12 ans (1,40m min.) doivent être accompagnés*

À dos d'éléphant

Chang Chutiman Elephant Tours (plan 9, A1) Dans ce camp, soutenu par l'Asian Elephant Foundation, les pachydermes sont bien traités. Ils vous emmènent en promenade (1h) entre plantations d'hévéas et vergers de pamplemoussiers ou en minitrek dans la jungle (2h), avec baignade dans une cascade. *74/1 Moo 4 **Khlong Prao** (au sud du village) Tél. 089 939 6676*

Les meilleurs spots de plongée de Mu Ko Chang

Au sud et sud-ouest de Ko Chang, les éboulis rocheux de **Hin Luk Bat** et de **Hin Rap**, colonisés par les cornes-de-cerf et les éponges barriques et fréquentés par des balistes titans, raies pastenagues, tortues et quelques requins-baleines, attendent les plongeurs de tout niveau entre 11 et 25m de fond. À 16m, on peut admirer le jardin d'anémones de mer de **Hin Tai Nam** (Blueberry Hill) et les spectaculaires grottes de **Hin Rua Tek** (Banana Rock). Les sites de **Ko Rang** (p.214) sont les mieux préservés de l'archipel. Au nord-ouest, le spot de **Hin Gadeng** est fréquenté par les plongeurs de tout niveau jusqu'à 30m de profondeur pour ses spectaculaires cheminées. Mais il suffit de descendre à 10m pour pouvoir admirer ses récifs. **Hin Ruak Ma** (Three Fingers Rock) présente un magnifique tombant entre 10 et 16m. Au nord-est de l'île principale, les débutants pourront explorer les spots de **Ko Yak**, **Ko Laun** et **Ko Tong Lang** (7-12m). Les côtes de **Ko Wai** sont propices au *snorkeling* (p.211), et celles de **Ko Kut** à un baptême de plongée (p.213). ☺ L'**épave du HTMS Chang 712**, un ancien bateau-péniche de l'armée américaine, repose par 30m de fond, à 5km au sud de Ko Chang. Les plongeurs expérimentés peuvent explorer la cabine de commandement, les tourelles de tir et le pont couvert de coraux durs de ce navire long de 100m, la plus imposante épave du pays. L'**épave du T11**, longue de 30m, qui repose par 12-15m de fond sur le site de Hin Rap, est accessible aux débutants.

● **Sous l'eau** Les fonds marins de Ko Chang sont propices à la plongée avec bouteilles. La visibilité y est optimale d'octobre à avril, cf. Les meilleurs spots de plongée de Mu Ko Chang (p.206). De nombreux clubs, tels que Scandinavian Chang Diving Center (http://changdiving.com), implanté à Khlong Prao et à Kaie Bae, et BB Divers (http://bbdivers-koh-chang.com), à Lonely Beach et Bang Bao, organisent des formations PADI et des sorties à la journée.

☺ **Eco Divers (plan 9, A1)** Ce club de plongée agréé PADI est tenu par un sympathique Français. Comptez 3 200B le baptême, 4 300B la certification *Scuba Diver* avec 2 plongées, 14 700B la certification *Open Water* et de 5 300 à 11 400B les formations spécialisées pour plongeurs expérimentés. Les plongées encadrées coûtent 2 800-7 000B (2 à 6 plongées). Les tarifs incluent la prise en charge à l'hôtel, l'équipement, un repas thaï – préparé par Nena du PK 208 (p.217) – et les boissons. *À 50m au sud du temple, dans la rue principale* ***Khlong Prao*** *Tél. 039 557 296 www.ecodivers-kohchang.com*

● Lâcher prise

☺ **Sima Massage (plan 9, A1)** Une petite salle aux cloisons de bambou, un accueil souriant et des soins de qualité : réflexologie plantaire (250B/h), modelage à l'huile de coco ou de sésame (350B/h) ou massage du dos, des épaules et de la tête aux compresses tièdes (450B pour 1h30). Rés. conseillée. Pas de CB. *Rue principale* ***Khlong Prao*** *Tél. 081 489 5171 Ouvert tlj. 8h-22h*

● Affûter couteaux et papilles

Blue Lagoon Cooking School (plan 9, A1) Rendez-vous dans le jardin d'un écolodge, cf. Blue Lagoon Bungalows (p.218), pour confectionner en petit groupe (2-8 pers.) un menu thaï de 5 ou 6 plats sous la houlette de Yaa. On se familiarise avec les racines et herbes aromatiques du potager bio avant de se mettre aux fourneaux et de déguster le repas sur une table de ferme donnant sur le fleuve. Comptez 1 500B/pers. Rés. impérative. *30/5 (300m du centre, au bout d'une piste perpendiculaire à la rue principale)* ***Khlong Prao*** *Tél. 039 557 243 http://www.kohchang-bungalows-bluelagoon.com/ecole-cuisine Ouvert tlj. 11h-16h Fermé en sept.*

TOUCHÉ-COULÉ
À l'aube du 17 janvier 1941, en représailles à l'offensive terrestre lancée par l'armée siamoise au Cambodge et au Laos, une escadre française attaqua par surprise la base navale de Ko Chang. En moins de deux heures, elle mit hors de combat trois torpilleurs et plusieurs autres navires de guerre siamois, avant de rentrer à Saigon en ne déplorant que des dommages mineurs. Les Thaïs n'en célèbrent pas moins chaque année cette défaite comme une victoire contre l'envahisseur étranger.

La côte sud

Ban Bang Bao (plan 9, A2) Ce vieux village a succombé à la modernité : ses maisons de pêcheurs ont fait place à une jetée bordée de boutiques de souvenirs, d'écoles de plongée, de restaurants de fruits de mer et de pensions. Mais une fois que les plongeurs ont pris le large, Bang Bao retrouve toute sa quiétude. On converse facilement avec ses habitants, et les *homestays* juchés sur ses pontons ou dans les collines voisines constituent d'agréables retraites.

Hat Khlong Khoi (plan 9, A2) Pour rejoindre ce croissant sablonneux, à l'est de Bang Bao, il faudra disposer d'un scooter ou d'un kayak. Cette plage ombragée est certes bordée de quelques bars et restaurants, mais son atmosphère est paisible et son eau transparente. Dommage qu'elle soit pratiquement submergée à marée haute.

● Où effectuer quelques emplettes ? Les statuettes en bois, articles de maroquinerie et de prêt-à-porter vendus sur la côte ouest proviennent du continent et coûtent plus cher qu'à Bangkok. Un petit artisanat local a survécu à Ban Bang Bao.
Échoppes de la jetée (plan 9, A2 n°1) À Bang Bao, les productions de Ko Chang sont proposées à des prix plus modiques que dans le reste de l'île. L'huile de coco, utilisée aussi bien en cuisine que comme cosmétique, revient à 80-180B les 250ml selon sa qualité. Comptez 40B le pot de pâte de crevettes ou de curry vert, 60B la confiture de durian et 65B le sachet de fruits secs. Vous pourrez regrouper vos achats dans un panier en bambou (150-300B selon la taille). *Ban Bang Bao Ouvert tlj. 8h-22h*
Peace Moon (plan 9, A2 n°2) Dook le Thaïlandais et Ritsuko la Japonaise transforment peaux de vache, de serpent et de crocodile en de ravissants accessoires. Le cuir est coloré aux pigments végétaux et les finitions sont soignées. À partir de 600B le portefeuille, 800-2 000B le sac, et 1 400-1 700B les sandales. *Sur la jetée Ban Bang Bao Tél. 085 06 87 139 Ouvert tlj. 10h-22h*

● Où boire un verre ?
☺ **The Bouddha View (plan 9, A2 n°12)** Atmosphère romantique et service soigné pour cette maison sur pilotis qui offre une vue à 180 degrés sur le littoral sud. On s'installe sur une chaise longue en bambou verni ou à une table basse pour siroter un café (70B), un *Cinderella* (grenadine, jus de citron vert, gingembre râpé, 100B) ou un verre de vin chilien (130B). Au restaurant, bons plats traditionnels (150-180B) et un gargantuesque plateau de fruits de mer (1 350B pour 2). *Sur la jetée Ban Bang Bao Tél. 039 558 157 www.thebuddhaview.com Ouvert tlj. 8h-22h*

● Pêcher en mer Vous rêvez d'aller taquiner le barracuda sur un bateau de pêche traditionnel ? Rendez-vous sur la jetée de Bang Bao, où plusieurs agences proposent des parties de pêche au gros (9h-16h) ou au calmar (18h-21h). Comptez 1 300-1 500B, matériel, repas et transport compris.

La côte est

La quiétude du littoral oriental contraste radicalement avec l'effervescence de la côte ouest. Le béton n'a grignoté ni ses collines boisées ni ses plages de sable rouge, et les *sound systems* ne viennent nullement troubler le chant des oiseaux. Revers de ce tableau enchanteur, cette côte est mal desservie. Il faut disposer d'un deux-roues si l'on veut pouvoir sortir de sa robinsonnade. Plutôt que d'y séjourner, mieux vaut peut-être consacrer lui une journée d'excursion.

Ao Salak Kok (plan 9, B2) C'est autour de cette baie que s'étend la plus vaste mangrove de l'île : une centaine d'hectares de forêt inondée peuplée d'oiseaux, de reptiles, de poissons de crustacés. Un observatoire s'élève au bout de la digue qui part du village (face au temple) et s'avance sur 1,5km au milieu des palétuviers. *Sur la côte sud-est*

Ban Salak Phet (plan 9, B2) La plus ancienne communauté de pêcheurs de l'île a conservé tout son caractère avec ses maisons de bois délavées par les embruns et ses pêcheurs occupés à ramender leurs filets ou à comparer leurs prises du jour. Offrez-vous un plat de poisson ou de fruits de mer dans l'une de ses cantines et, comme les habitués, allez ensuite siroter un café sur le port, au sud du hameau, pour admirer le panorama sur la baie. *Tout au bout de la route qui longe la côte est (pas d'accès par l'ouest)*

L'intérieur

Mu Ko Chang National Park La forêt tropicale, en grande partie protégée, constitue assurément le plus bel atout de Ko Chang. Elle tapisse jusqu'à ses plus hauts sommets, le mont Salak Phet (744m), dans le sud de l'île, le Chom Prasat 1 (661m) et le Chom Prasat 2 (626m), dans le Nord. Sa faune comprend une trentaine de mammifères – sangliers, macaques, tamanoirs, civettes, mangoustes, chauves-souris... –, une soixantaine d'oiseaux résidents tels que le souimanga multicolore et presque autant de geckos, varans, serpents et batraciens, dont une grenouille endémique, *Rana kohchangæ*. Les six chutes qui trouent cette jungle sont desservies par des sentiers, mais, en l'absence de cartes détaillées et d'un balisage régulier, il est indispensable de vous assurer les services d'un guide si vous voulez explorer le parc. **Bureaux du parc (plan 9, A1)** *23/7, Moo 3 (au nord-est de Hat Sai Khao) Tél. 039 510 927 ou 039 510 928 www.dnp.go.th Ouvert tlj. 8h-17h (les différentes billetteries du parc ferment à 16h30) Tarif 200B, réduit 100B Parkings à scooters et à vélos 10-20B*

☆ **Khlong Plu Waterfall (plan 9, A1)** De la billetterie du parc, un chemin bien tracé serpente sur 600m dans le sous-bois jusqu'aux plus hautes chutes de l'île, qui s'épanchent en trois cascades sur un dénivelé de 20m. La plus basse et la plus impressionnante se déverse de 10m de hauteur, au milieu d'imposants éboulis, dans une vaste piscine naturelle – sa profondeur comme la force du courant dissuadent la baignade des jeunes enfants. De là, un sentier escarpé et glissant (prévoyez de solides chaussures et une bouteille d'eau) grimpe en 1h jusqu'au sommet des chutes, d'où le regard porte jusqu'à la mer. Mieux vaut visiter ce site en début de matinée, avant l'arrivée des groupes. *Sur la façade est de l'île, à 1,5km à l'est de Khlong Prao*

Than Mayom Waterfall (plan 9, B1) De la billetterie du parc, une courte marche (400m) le long de plantations de durians mène à cette chute qui s'épanche en trois cascades. La plus basse se déverse dans deux vasques, dont la plus grande est propice à la baignade. Le chemin bien balisé qui grimpe à travers la jungle permet de rejoindre en 30min la chute intermédiaire au magnifique cadre luxuriant. La cascade supérieure, King Rama Waterfall, doit son nom aux initiales royales gravées dans la pierre par Rama VI et Rama VII – ce qui lui vaut d'être assez fréquentée le week-end. *Sur la côte est (à 11km au sud de Dan Khao Pier)*

Kheeri Phet Waterfall (plan 9, A2) D'un débit inférieur à la précédente, cette chute s'épanche en deux à sept cascades selon la saison. Le bassin d'eau fraîche de la plus basse est tout aussi agréable et moins fréquenté que ceux des deux célèbres chutes de l'île. Un sentier difficile, partiellement reconquis par la végétation et particulièrement glissant à la saison des pluies, permet d'accéder aux cascades supérieures. À vos risques et périls ! *Sur la façade orientale de l'île, à 2km à l'ouest de Ban Salak Phet (indiquée)*

● Randonner dans la jungle

Mr. Tan - Evolution Tour Ce guide anglophone propose aux familles comme aux randonneurs chevronnés des excursions d'une demi-journée à une journée dans le nord de l'île, dans la vallée de Khlong Son et ses environs. Selon sa durée et sa difficulté, la randonnée peut comprendre un trek dans la jungle, une ascension, une baignade dans une cascade et la visite d'un camp d'éléphants. La balade familiale de 3h revient à 700B/pers., la randonnée de 5-6h à 1 000-1 700B, la journée de 8h à 1 100B, avec prise en charge à l'hôtel, déjeuner, boissons et accès aux sites payant compris. Moitié prix pour les 11-18 ans. *Tél. 039 557 078 http://evolutiontour.com*

Kongoi Jungle Trekking Rath, guide anglophone et plein d'humour, organise des treks aussi sportifs qu'instructifs (observation de la faune, identification de la flore) dans la jungle méridionale de l'île. La randonnée de 7h avec baignade dans une cascade revient à 850B, et à celle de 8h avec l'ascension du Salak Phet à 1 250B. Il propose également des raids de 3 jours avec bivouac (2 500-3 000B selon l'itinéraire). Ces prix comprennent le transfert, les repas, les boissons et l'accès aux sites payants du parc. *Tél. 089 763 0832 kohchang_trekking@yahoo.com*

☺ Les autres îles du parc national

Plutôt que de faire des sauts de puce d'une île à l'autre dans le cadre (ultra-touristique) d'une croisière de quelques heures (600B-1 400B, pour 2-5 îles) à partir de Bang Bao, mieux vaut séjourner sur l'un des satellites de Ko Chang si vous voulez apprécier les paysages et l'atmosphère paisible de ces "cailloux" pleins de caractère, une fois les excursionnistes repartis. Précisons que les habitants de Ko Wai, de Ko Mak et Ko Kut veillent à préserver leurs îles : collecte des déchets sur les plages et ailleurs, circulation automobile et urbanisation limitées, panneaux demandant aux visiteurs de ne pas ramasser les coraux...

Ko Wai

Cet îlot montagneux (plan 9, B2), d'env. 3km sur 2km, est pratiquement désert. Seuls quelques hôtels et résidences secondaires noyées dans la verdure sont disséminés ses côtes nord et sud, le long d'un sentier côtier plus ou moins bien tracé entre promontoires rocheux et forêt primaire. Les premiers ne disposent de l'électricité que le soir. Tous ferment leurs portes de mai à début octobre, période où l'île est sujette aux inondations. Ko Wai séduira ceux qui rêvent d'une authentique robinsonnade loin de la civilisation, et qui ne redoutent pas de croiser quelques serpents aux abords du sentier… *À 6km au sud de Ko Chang*

● Bronzer, se baigner, admirer la faune sous-marine Les plages paradisiaques de Ko Wai sont propices au farniente comme au *snorkeling*. Celle de la côte nord-ouest se prête particulièrement à la baignade des jeunes enfants. À l'est de cette plage se succèdent plusieurs criques sur lesquelles il fait bon poser sa serviette avant d'aller observer avec un masque et un tuba les poissons-clowns et les coraux bleus à seulement quelques mètres du rivage. Pour accéder à l'unique plage de sable fin de la côte sud, il faut traverser la forêt (1h de marche) ou s'y faire déposer par un pêcheur (comptez 300B aller).

● Découvrir le littoral en kayak En pagayant bien, vous pourrez faire le tour de l'île en moins de 2 heures - le courant est particulièrement faible le long de la côte nord. Votre hôtel disposera certainement du matériel nécessaire. Comptez 50B la location du gilet de sauvetage, 150B/h et 600B/j. celle du kayak.

Ko Mak

La troisième île de l'archipel (16km²) abrite de nombreuses cocoteraies – sa principale source de revenu depuis le début du xxe siècle, avec la culture de l'hévéa, ou arbre à caoutchouc, et la pêche. Comptant près de 400 habitants (1 000 avec ceux des îlots voisins), ce bout de terre paisible (plan 10, A1) appartient à 95% à cinq familles qui veillent à limiter l'impact touristique sur Dame Nature. La plupart des structures hôtelières sont regroupées à **Ao Suan Yai** (au nord-ouest) et **Ao Khao** (au sud-ouest). Dotée de quelques commerces, Ko Mak rime avec confort et tranquillité et plaira aux adeptes du *snorkeling*. La plupart de ses structures d'accueil ferment de mai à septembre.
À 18km au sud de Ko Chang

● Se balader à vélo Sa petite taille, ses routes plates, bien entretenues et peu fréquentées font de Ko Mak un endroit agréable où pédaler sans trop d'efforts (100B/j.). Rendez-vous au sud d'**Ao Suan Yai** (côte nord-ouest) pour profiter d'un superbe point de vue sur l'archipel, gagnez ensuite les plantations de cocotiers et d'hévéas et les belles demeures de l'intérieur de l'île. Après une halte dans un café en bord de la route, dirigez-vous vers la côte sud-est pour profiter de l'atmosphère paisible d'**Ao Nid** et assister au retour de pêche. Ne manquez pas de visiter, à l'entrée du village, le temple sino-bouddhique (ouv. tlj. 6h-18h) pour son point de vue sur la côte est et l'excellent accueil de ses moines. Prévoyez un chapeau, une grande bouteille d'eau et une lampe de poche ; la nuit tombe vite et les routes ne sont pas éclairées.

● Se relaxer
Nong Massage (plan 10, A1) Les insulaires viennent dénouer leurs tensions musculaires dans cette modeste maison de bois installée en bord de route. On s'allonge sur l'un des quinze matelas de la salle ventilée et on laisse faire les mains expertes de Nong qui, tout en expliquant sa méthode, alternent massages doux et pressions bien dosées. Comptez 300B/h le massage thaï ou la réflexologie plantaire, 400B/h le massage "tête et épaules" et 700B celui à l'huile tiède de coco. *Sudhidanakui Rd En face de l'hôpital (à l'ouest du village d'Ao Nid) Tél. 084 895 2891 ou 088 245 6989 nongmassage@hotmail.com Ouvert tlj. 9h-18h Rés. 24h à l'avance*

Plan 10 Ko Kut et Ko Mak

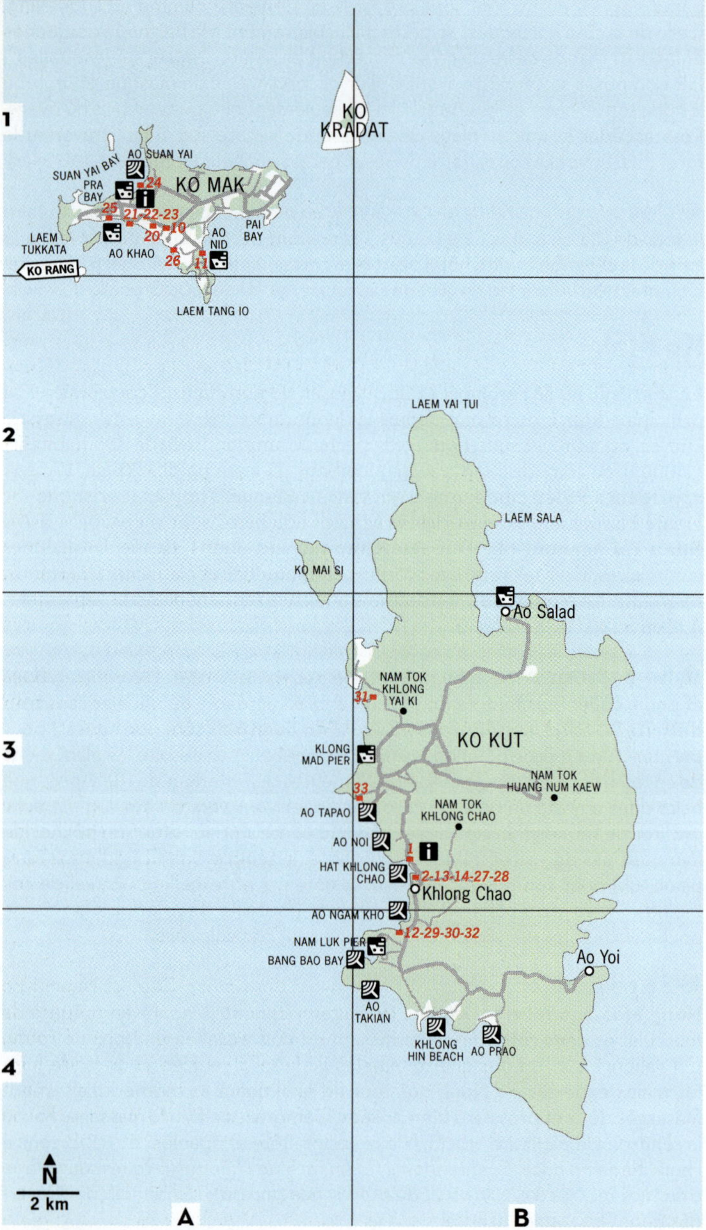

● Prendre un cours de cuisine thaï

☺ **Smile Koh Mak Cooking School (plan 10, A1)** C'est sur la terrasse en teck d'une élégante demeure qu'on s'initie à l'art culinaire thaïlandais. Leng, ancienne chef d'un restaurant de la capitale, a reçu les honneurs du *New York Times* ! La demi-journée de cours (en anglais, ponctué de quelques mots de français) comprend la présentation des ingrédients, la confection de quatre plats (salade, soupe, curry et dessert) et leur dégustation sur la table du jardin. *Au sud de Sudhidanakui Rd* ***Ao Nid*** *Tél. 081 901 9972 www.smilekohmak.com Cours à 10h-14h et 15-19h (4 pers. max) sur rés. Tarif 1 200B, moins de 12 ans 600B, prise en charge à l'hôtel comprise Possibilité de préparer un repas végétarien ou un plat particulier*

★ Ko Kut (Koh Kood)

Proche de la frontière cambodgienne, la quatrième île de Thaïlande (162km²) a plus d'un atout. Aussi montagneuse que verdoyante, nantie de belles plages et de fonds poissonneux, elle ne connaît ni la circulation automobile ni la surfréquentation touristique ; ses bars sont discrets et ses hébergements se fondent dans la nature. La plupart des 2 000 insulaires sont regroupés à Ao Salad, sur la côte nord-est, dans différentes localités de la côte ouest, ou dans le pittoresque village de pêcheurs d'Ao Yoi, sur la côte sud-est. Seul bémol, si conduire un scooter sur des routes escarpées vous effraie, vous devrez limiter vos déplacements.

● Où boire un verre avec vue ?

Sunset Bar (plan 10, B3 n°1) Une terrasse sur pilotis, au bord du Khlong Chao, où siroter une bière (60-80B) ou un mojito (160B) tout en admirant le coucher du soleil sur la mer. N'hésitez pas à revenir après le dîner quand le bar accueille la jeunesse locale et que Pookie, la gérante, passe les tubes rock et folk du moment. Pas de CB. *Hat Khlong Chao Au nord du pont, sur la route principale du village Tél. 098 805 5575 www.sunsetbarkohkood.com Ouvert oct.-mai : tlj. 16h-0h*

☺ **Good View Coffee (plan 10, B3 n°2)** Dressée sur un promontoire boisé, cette *sala* en bambou offre une vue superbe sur Khlong Chao et Ngam Kho Bay. Derrière son petit comptoir rouge garni de fruits frais, Kwan prépare de délicieux jus de *kaeo mangkon* (fruit du dragon), d'onctueux smoothies *Healthy skin* (yaourt, pomme, banane, ananas, fraise et miel) et cappuccinos frappés. Comptez 45-80B la boisson, 45B le *pancake* nappé de caramel ou de chocolat. Pas de CB. *Au sud de Hat Khlong Chao Empruntez le chemin indiqué par une pancarte Tél. 087 549 4141 Ouvert oct.-mai : tlj. 8h-20h*

● S'initier à la plongée Sur la dizaine de spots de Ko Kut (4-16m), les plongeurs débutants pourront admirer coraux (gorgones, éponges barriques,

anémones phosphorescentes, cornes-de-cerf à pointe bleue), poissons récifaux, raies, requins à pointe blanche ou noire et quelques tortues vertes. Celui d'Ao Salad, sur la côte nord-est, se distingue par ses grandes étoiles de mer rouges. Meilleure période : février-mi-mai.
Ko Kood Divers (plan 10, B3) Tenu par des Néerlandais, ce club qui emploie des instructeurs francophones, allie pédagogie, sérieux et bonne humeur. L'initiation revient à 2 500B avec une plongée et à 4 000B avec 3 plongées. La certification PADI en *Open Water* à 14 500B avec 4 plongées. Comptez 2 500B le baptême PADI pour les moins de 8 ans et 13 500-14 500B pour les 10-14 ans (3 plongées à 12m max.). Les tarifs incluent l'équipement, le repas thaï et le transfert. *Hat Khlong Chao (à la sortie du village) Tél. 085 698 4122 www.plongeekohkood.com Ouvert mi-juil.-mi-mai*

● Bronzer, se baigner, s'adonner au *snorkeling*

Comme celui de Ko Wai et de Ko Mak, le littoral de Ko Kut est encore préservé. Sur la côte ouest, les bambins pourront se baigner en toute sécurité à **Ao Tapao** et les nageurs plus aguerris profiter des vagues d'**Ao Noi** (à 10min de marche, au sud). Sur la côte ouest également, près du village de Khlong Chao, ☆**Hat Khlong Chao** étire son croissant de sable immaculé sur 800m. Son rideau de cocotiers et ses eaux tranquilles et poissonneuses en font assurément la plus belle plage de l'île. Séparée de la précédente par des collines boisées, **Ngam Kho Bay** a souffert de l'érosion marine et mieux vaut porter des sandales en plastique pour ne pas se blesser sur ses fonds rocailleux. Sur la côte sud-ouest se succèdent ☆**Bang Bao Bay**, une magnifique anse mieux adaptée à la baignade et au *snorkeling*, et les romantiques **Ao Takian** et **Ao Prao**. Les eaux d'**Ao Jak** sont agitées et **Khlong Hin Beach** est un peu trop fréquentée par les groupes.

● Randonner dans la jungle de Ko Kut

Du village de Khlong Chao, il faut compter 1h de marche (env. 4km) à travers les plantations puis la forêt pour gagner la plus imposante chute de l'île, **Nam Tok Khlong Chao**. On peut barboter dans sa vaste piscine naturelle parmi de minuscules poissons - de préférence en fin de matinée, avant l'arrivée des groupes. Le site, à 2,5km de l'embouchure du Khlong Chao, est aussi accessible en kayak (env. 200B/j.). Un sentier bien balisé dessert **Nam Tok Khlong Yai Ki**, dans le nord-ouest de l'île (à 1km de marche de la grand-route et 200m de l'estuaire du Khlong Yai Kee). Vous pourrez profiter en toute quiétude de son bassin naturel, car elle est moins spectaculaire et donc moins fréquentée que la précédente. Dans le sud-est de l'île, au sommet du raidillon glissant qui prolonge la route asphaltée, vous attend **Nam Tok Huang Num Kaew**. Cette cascade particulièrement spectaculaire en octobre-novembre vaut surtout pour son cadre luxuriant, qu'animent calaos bicornes, martins-chasseurs à collier, reinettes et geckos. Munissez-vous d'un bâton pour éloigner les serpents et les macaques chapardeurs. Le sentier est gardé par deux banians vieux de plus de 200 ans : **Makka Tree** et **Big Chai Tree** (ou Makayuk), à 10min de marche vers le nord (bifurcation de gauche).

Ko Rang

Cet îlot et ses 11 satellites inhabités (hors plan 10 par A1) possèdent les sites de plongée les plus réputés du parc national de Mu Ko Chang (p.206).

Ko Rang dispose d'un restaurant et d'un camping peu fréquenté (rés. au 025 620 760). La plus belle plage de l'île se niche à sa pointe sud-est. De Ko Chang, la croisière standard à la journée inclut une approche éclair – et donc décevante – de cet archipel. Mieux vaut négocier une excursion privée (1 500B/pers. min., départ de Bang Bao). *À 18km au sud de Ko Chang et 5km à l'ouest de Ko Mak Droit d'accès 200B, enfants 100B*

CARNET D'ADRESSES

Restauration, hébergement

Ko Chang

On trouve des hébergements à tous les prix et pour tous les goûts sur la côte ouest, mais leur rapport qualité-prix est parfois décevant. Ceux de la côte sud sont plus calmes, mais souvent excentrés, et les rares hôtels de la côte est encore plus mal desservis. Les bonnes tables sont rares, la plupart des restaurants affichant un menu international sans saveur.

très petits prix

Dans les modestes cantines donnant sur la grand-route de Ko Chang, on se régale de *pad thai*, de soupes de nouilles et de riz frit pour une poignée de bahts. Choisissez votre plat sur les photos ou demandez conseil aux habitués. Comptez 100B max. le repas, boisson comprise.

☺ **The Kitchen (plan 9, A2 n°20)** Cette paillote toute simple (chaises en plastique, toiles cirées) propose une délicieuse cuisine familiale : *tom yam* aux crevettes, curry vert au poulet et *pad thai* au porc. En dessert, optez pour le yaourt aux fruits de saison et la coupelle de haricots noirs au lait de coco. Comptez 120B pour un repas arrosé d'une bière. Service prévenant et diligent. Pas de CB. *Au nord de la rue principale **Hat Tha Nam** Tél. 085 278 3985 Ouvert tlj. 8h-0h*

Independent Bo (plan 9, A1 n°30) À flanc de colline, dans la verdure, 20 bungalows décorés de trompe-l'œil multicolores, sommaires (lit, ventilateur, moustiquaire), mais propres. Les moins chers, sur les hauteurs, sont à la merci des singes. Ceux de catégorie intermédiaire donnant sur la jungle, mieux vaut en louer un avec balcon et vue sur la mer. Pour 2 pers., comptez 350B avec sdb partagée (eau froide), 400-500B avec eau froide et 600-800B eau chaude. Pas de petit déj., il faut louer pour 3 nuitées min. Les enfants, les réservations et les CB ne sont pas acceptés. Accueil expéditif des propriétaires, mais personnel serviable. *Au nord de **Hat Sai Khao** Tél. 085 283 5581*

Blues Guest House (plan 9, A2 n°31) Dans la rue principale, 10 chambres sans prétention, donnant pour certaines sur une arrière-cour fleurie. Décorées en bleu et blanc, elles sont un peu sombres mais calmes, confortables, impeccables et disposent d'une sdb (eau chaude). Le personnel est charmant. Double à 550B avec ventilateur et 750B avec clim. Wifi. Pas de petit déj. ni de CB. Un bon rapport qualité-prix pour Ko Chang. *Au nord du village de **Kai Bae** Tél. 039 619 215 ou 085 134 7999 blues-gh@hotmail.com*

☺ **Bang Bao Paradise (plan 9, A2 n°32)** Les 4 maisonnettes en bois vert n'abritent qu'un lit douillet et un ventilateur, mais sont aussi bien tenues que les sdb communes avec eau chaude. Pour plus de confort, on choisira l'une des deux chambres avec clim. et sdb du bâtiment principal, dont la vaste terrasse arrière domine tout le littoral sud. Accueil irréprochable de Dan, le propriétaire. Comptez 500B le bungalow et 750B la double climatisée. Pas de petit déj. Pas de CB. *Sur la jetée **Bang Bao** Tél. 088 838 0040*

petits prix

Kai Mun – Boogie Chicken (plan 9, A1 n°21) Ce restaurant doit son surnom à sa spécialité : le poulet mariné aux épices et rôti à la broche. Préférez la salle bien ventilée à la bruyante terrasse sur rue et, comme les habitués, partagez une salade de papaye épicée, un poulet entier accompagné de pommes de terre ou le généreux "menu barbecue" (poulet, salade et riz gluant). Comptez 250-300B le repas avec boisson. Pas de CB. *Rue principale **Hat Sai Khao** Tél. 086 816 2872 Ouvert tlj. 10h-22h*

Tiger Huts (plan 9, A1 n°33) Les petits budgets qui veulent absolument séjourner à Khlong Prao pourront louer une de ces huttes en bois ou en dur, alignées sur deux rangées face à la plage. Les moins chères sont toutefois vraiment défraîchies (300B avec sdb partagée). Vérifiez la propreté de votre bungalow avec sdb (600B avec eau froide) avant d'y poser vos bagages. Personnel d'humeur changeante, mais le restaurant sert d'excellents plats thaïs (80-100B). Wifi dans les parties communes. Pas de CB. *À 1km au nord de **Khlong Prao**, au bout d'une piste perpendiculaire à la route principale Mieux vaut disposer d'un scooter Tél. 084 109 9660*

☺ **Little Eden (plan 9, A2 n°34)** Campé dans une végétation luxuriante, le bien nommé "petit paradis" propose 3 cottages climatisés (avec TV et réfrigérateur, 1 100B) et 12 bungalows ventilés (650B) dont l'un pour 4 pers. (1 100B), reliés par des passerelles en teck. Les chambres sont spacieuses, confortables (bonne literie, coffre-fort, moustiquaire, wifi, eau chaude dans la sdb semi-découverte) et impeccablement tenues par David, le sympathique propriétaire britannique. Restaurant et bar. *4/47 Moo 1, Soi 3 (rue principale) **Hat Tha Nam** Tél. 084 867 7459 www.littleedenkohchang.com*

☺ **Bang Bao Cliff Cottage (plan 9, A2 n°35)** Expérimentez le *"glamping"* (camping glamour) dans l'une de ces tentes de style mongol posées sur une estrade, au sommet d'une colline boisée ! Bien équipées (bonne literie, étagères, électricité, ventilateur, wifi) et décorées avec goût, elles offrent des vues exceptionnelles sur la mer. Les sdb (avec eau chaude) sont communes, mais propres. Également des chambres en dur, avec clim., sdb et terrasse, mais sans charme, au niveau de la plage. Restaurant agréable et accueil prévenant. Tente à 600B (oct.-mi-mai, rés. conseillée), double à 900B, sans petit déj. Pas de CB. *108 Moo 1 **Bang Bao** (1km à l'ouest du village) Tél. 085 904 6706*

prix moyens

Keereeta Resort (plan 9, A1 n°36) À mi-chemin entre Hat Sai Khao et Khlong Prao, ce *resort* blanc niché dans la végétation conviendra aux voyageurs motorisés jaloux de leur tranquillité. Au rez-de-chaussée,

12 chambres spacieuses au décor chinois, balinais ou marocain donnant sur une piscine de belle taille ; à l'étage, six autres aux boiseries et tons clairs, avec panorama sur la mer et les montagnes. Spa, restaurant et café. Accueil prévenant. Double 1 800-2 200B avec clim. et petit déj. (supp. de 700B du 15 déc. au 15 jan.). Rés. recommandée. Annexe de 5 chambres à Khlong Prao. *13/14 Moo 4 (rue principale)* ***Hat Kai Mook*** *Tél. 039 551 304/5 www.keereetaresort.com*

Kati Culinary (plan 9, A1 n°22) Oubliez la déco disco (banquettes argentées et bar en Plexiglas noir) pour mieux apprécier la cuisine familiale. À la carte, bien fournie, figurent une salade de bœuf pimentée et un *panang* (curry rouge aux cacahuètes très épicé) particulièrement réussis. Et la coupe de glaces coco et caramel est un régal. Comptez 250-400B le repas hors boisson. Pas de CB. *Rue principale* ***Khlong Prao*** *Tél. 081 903 0408 http://kati-culinary.com Ouvert lun.-sam. 11h-15h et 18h-22h, dim. 18h-22h*

☺ **Blue Lagoon Bungalows (plan 9, A1 n°38)** Tenus par une sympathique équipe franco-thaïe à la main verte, 21 hébergements "rustiques chics" dispersés dans un vaste jardin voisin de la plage font la part belle aux matériaux écologiques. Aux bungalows décorés de batiks et de fresques (avec réfrigérateur, moustiquaire, clim. ou ventilateur, eau chaude dans la sdb) s'ajoutent deux gîtes (2-6 pers.) avec cuisine équipée et grande pièce à vivre près de la mare aux canards et de l'aire de jeux. Un bon restaurant thaï et son potager bio ; nombreuses activités pour petits et grands. Comptez 700-2 000B pour 2-4 pers. et 80-120B le petit déj. Pas de CB. *30/5 (300m du centre, au bout d'une piste perpendiculaire à la rue principale)* ***Khlong Prao*** *Tél. 039 557 243 www.kohchang-bungalows-bluelagoon.com*

Baan Rim Nam (plan 9, A1 n°37) Ian et son épouse thaïlandaise ont aménagé cinq chambres (clim. et coquette sdb avec eau chaude) dans d'anciennes maisons de pêcheurs sur pilotis, au bord de la rivière. Si les *budget rooms* sont un peu sombres, les *original rooms* et suites familiales sont spacieuses et lumineuses. On apprécie la terrasse et ses hamacs, le prêt de kayaks pour gagner la plage (à 300m) et l'accueil. Double 1 000-1 300B, chambre familiale (3-4 pers.) 1 700B, petit déj. env. 100B. Rés. obligatoire. Pas de CB. *À l'ouest de la grand-route, au nord de* ***Khlong Prao*** *Tél. 087 005 8575 http://iamkohchang.com Fermé en sept.*

☺ **PK 208 (plan 9, A2 n°23)** Le sympathique Lionel vous reçoit en français dans sa *sala* aux tables nappées de vichy. Son épouse thaïlandaise, Nena, concocte avec brio poulet à l'ananas et aux noix de cajou, gambas en sauce de tamarin et gratin de noix de Saint-Jacques aux épinards. Les produits sont frais et les mets parfumés... Comptez 250-400B le repas. Le couple loue 5 jolies chambres dans sa maison (700-1000B avec clim. et sdb). Une bonne adresse "deux en un". *Au nord de la rue principale* ***Hat Kai Bae*** *Tél. 085 750 0138 informationpk208@gmail.com Ouvert tlj. 8h30-22h*

Paradise Cottages (plan 9, A2 n°39) Répartis le long d'allées verdoyantes, les 26 bungalows au toit de chaume et aux murs en béton coloré disposent d'une sdb avec eau chaude. Dans le jardin, les *sala* avec hamacs, les poufs noirs posés sur le sable et la terrasse en teck invitent au farniente. La petite plage rocailleuse ne se prête pas à la baignade, mais Lonely Beach n'est qu'à 10min de marche. Un endroit paisible, à proximité du spot le plus festif de l'île. La double revient à 1 000B avec ventilateur et à 1 200B avec clim., le petit déj. à env. 100B. Pas de CB. Accueil professionnel. *104/1 Moo 1 (au sud-ouest de la rue principale)* ***Hat Tha Nam*** *Tél. 081 773 9337*

Chowlay Sea Food Restaurant (plan 9, A2 n°24) Des viviers remplis de crustacés signalent la vaste terrasse ventilée donnant sur la mer. Les insulaires aiment à y partager des beignets de crabe ou des crevettes cuisinées à l'ail, un barracuda à la citronnelle ou un homard grillé. Portions copieuses et service charmant. Comptez 400-550B avec boisson. *Sur la jetée* ***Bang Bao*** *Tél. 081 917 9084 Ouvert tlj. 9h-22h*

prix élevés

Warapura Resort (plan 9, A2 n°25) La terrasse ombragée face à la mer vaut tant pour son décor pastel que pour ses plats thaïs (les plats occidentaux sont, eux, assez banals). On déjeunera sur une table basse d'un curry jaune au poulet ou d'une soupe *tom yam* aux fruits de mer. Au coucher du soleil, on optera pour un apéritif dînatoire (la cuisine ferme à 20h !) avec rouleaux de printemps aux crevettes, beignets de crabe, tempura aux légumes et sorbet citron, accompagnés d'une bière ou d'un mojito. Plats 165-345B, cocktails 180-200B. Pas de CB. *4/3, Moo 1 (partie sud de la plage)* ***Hat Tha Nam*** *Tél. 083 987 4777 Ouvert tlj. 7h-20h*

Lucky Gecko Garden (plan 9, A2 n°40) Dans une ruelle paisible, à 50m de la plage, 6 bungalows en teck et maçonnerie blanche disséminés dans un agréable jardin. Les chambres sont spacieuses, coquettes (textiles soyeux et objets artisanaux en bois) et confortables (TV, réfrigérateur, clim., wifi et eau chaude dans la grande sdb carrelée). Accueil en français de Wolfgang et excellent petit déj. préparé par Doï, son épouse. Comptez 2 300B pour deux avec petit déj. *105/9, Moo 1 (dans une ruelle perpendiculaire à la rue principale)* ***Bailan Bay*** *Tél. 098 512 9971 www.luckygeckogarden.com*

Koh Chang Sea Hut (plan 9, A2 n°41) Ce *resort* de charme occupe un ponton avec vue sur les montagnes boisées. Ses 14 chambres avec terrasse se partagent 7 bungalows octogonaux coiffés de tuiles. Si les sdb avec eau chaude manquent de caractère, les chambres sont parées de bois du sol au plafond et décorées de soie acidulée, et l'on peut admirer le coucher du soleil de son lit (douillet). Double 2 800B, avec clim., wifi et petit déj. Prêt de kayaks et transport gratuit en *long-tail* jusqu'à la plage. *53, Moo 1 (à l'ouest de la jetée)* ***Bang Bao*** *Tél. 098 345 5953 www.kohchang-seahut.com*

À Ko Wai

Dans les structures d'accueil modestes, l'électricité ne fonctionne que de 18h à 23h. Prévoyez donc une lampe de poche... et une lotion anti-moustique.

très petits prix

☺ **Grandma Hut (plan 9, B2 n°50)** Une vraie robinsonnade entre jungle luxuriante et crique paradisiaque. Les 8 bungalows traditionnels sont sommairement meublés (lit à même le sol, ventilateur, moustiquaire) et disposent, pour certains, d'une sdb de poche carrelée – les sanitaires collectifs sont impeccables. De 500 à

700B le bungalow avec sdb (eau froide) et 250B sans. Le restaurant, juché sur la colline, propose petits déj., classiques thaïs (70-130B) et de l'excellent poisson grillé (400B le kg). Accueil en français du convivial Mr Chitchai. Électricité de 18h à 21h. Pas de CB. *À la pointe nord-est de* **Ko Wai** *Tél. 081 841 3011*

☺ **Good Feeling Bungalows (plan 9, B2 n°51)** Douze bungalows sommaires (murs en béton, mobilier minimaliste, ventilateur, moustiquaire, eau froide), mais impeccables et d'un bon rapport qualité-prix. Les moins chers (250-350B), étagés à flanc de colline, offrent une belle vue sur Ko Chang... et quelques insectes en prime. Mieux vaut louer l'un des 7 bungalows en dur, plus spacieux et un peu plus chaleureux (400-500B), au bord de la jolie crique. Le restaurant de plage propose des petits déj. copieux (60-100B), un excellent curry vert aux crevettes et un généreux *pad thai* au poulet (120-180B). Pas de CB. Rés. conseillée. *Sur la côte nord-ouest* **Ko Wai** *Tél. 081 850 3410*

Ko Wai Paradise (plan 9, B2 n°52) Voisin du précédent, le pionnier de l'île a installé ses 30 bungalows spartiates (lit, ventilateur, moustiquaire, sanitaires communs) sur la plage principale, et l'on s'y endort bercé par le ressac. Selon l'emplacement, comptez 300-500B pour 2 pers. La paillote du restaurant étant prise d'assaut le midi par les excursionnistes, profitez-en plutôt le matin (80B le copieux *honey pancake*) ou le soir (140B le hachis de poulet parfaitement épicé). Wifi gratuit. Accueil réservé mais aimable. Pas de CB. *Sur la côte nord-ouest* **Ko Wai** *Tél. 081 268 6157*

prix moyens

Ko Wai Pakarang Resort (plan 9, B2 n°53) Dans un jardin verdoyant face à la plage, 27 chambres ventilées, carrelées, claires et propres (1 500-2 500B avec sdb et eau chaude, 600-1 800B sans). Si toutes sont confortables (moustiquaire aux fenêtres, bonne literie) préférez celles des bungalows, plus lumineuses et mieux entretenues que les *connecting rooms* des bâtiments en dur. Comme le personnel, le lieu manque un peu de convivialité, mais l'électricité fonctionne en continu. Restaurant correct, supérette pratique, prêt de kayaks, wifi à la réception. *Sur la côte nord-est* **Ko Wai** *Tél. 084 113 8946 www.kohwaipakarang.com*

prix élevés

Koh Wai Beach Resort (plan 9, B2 n°54) L'unique établissement de la côte sud n'est accessible que par la mer. Installées entre jungle et plage, ses 32 chambres sont lumineuses et bien équipées (TV, minibar, clim., moustiquaire aux fenêtres et eau chaude). Préférez les *Hillside Bungalows*, nichés dans la verdure, aux *Beach Front Villas*, un tantinet vieillottes. *Beach House* familiale (jusqu'à 7 pers.) 5 400-5 900B, double 2 100-

GAMME DE PRIX	RESTAURATION	HÉBERGEMENT
Très petits prix	moins de 100B	moins de 500B
Petits prix	de 100 à 300B	de 500 à 1 000B
Prix moyens	de 300 à 500B	de 1 000 à 2 200B
Prix élevés	de 500 à 1 000B	de 2 200 à 4 000B
Prix très élevés	plus de 1 000B	plus de 4 000B

3 400B, petit déj. (léger) compris. Wifi à la réception et électricité 24h/24. Prêt de kayaks et activités diverses. Personnel aux petits soins. *Moo 2 (sur la côte sud-est)* ***Ko Wai*** *Tél. 081 306 4053 www.kohwaibeachresort.com*

À Ko Mak

Le tarif des chambres comprend généralement la prise en charge au débarcadère. Dans le cas contraire, la course en *songteo* coûte 100B min., quel que soit le nombre de passagers. Contrairement à Ko Wai, l'île bénéficie de l'électricité 24h/24.

très petits prix

Island Hut (plan 10, A1 n°20) Dispersés dans un beau jardin tropical, les 25 bungalows en bois brut, sommairement meublés (lit, armoire, ventilateur et moustiquaire) mais bien entretenus, conviendront parfaitement aux petits budgets : 200B avec sanitaires partagés, 350-550B avec sdb privative. En revanche, les chambres avec clim. ne valent pas leur prix : 900-1 500B la double, selon l'emplacement. Tâchez de dormir à bonne distance du restaurant. Wifi à la réception. Pas de CB. *À l'est d'****Ao Khao*** *Tél. 087 139 5537 Fermé mai-oct.*

petits prix

☺ **Hawana Restaurant (plan 10, A1 n°10)** Sur cette coquette terrasse en bois blanc agrémentée de coussins fleuris et de loupiotes acidulées, on savoure une succulente cuisine thaïe et internationale avec les Rolling Stones en fond sonore. La charmante Ao mitonne les plats à la commande : soyez un peu patient et vous vous régalerez d'une soupe *tom kha kai* bien épicée, d'un onctueux *mussaman curry* ou d'un généreux hamburger au bœuf ou au tofu. La carte du petit déj. est tout aussi appétissante. Comptez 150-220B le repas avec boisson. Pas de CB. *Wang Siri Rd Au nord d'****Ao Khao*** *Tél. 087 035 9989 Ouvert tlj. 8h-22h*

Sweet Cake (plan 10, A1 n°11) Faites donc une pause déjeuner sur cette modeste mais conviviale terrasse couverte face au port. Moo, la propriétaire, vous préparera un délicieux *Koh Mak Burger* (pain maison, poulet, ananas, fromage, 150B), un *fish'n' chips* (150B) qui n'a rien à envier à la recette anglaise et d'irrésistibles pâtisseries - tiramisu, cheese cake banane et chocolat, gâteau à l'ananas (80B la part). Également des sandwichs (80-180B) et des smoothies (50-70B). Pas de CB. *Rue principale* ***Ao Nid*** *Tél. 089 512 5500 Ouvert tlj. 8h-18h Fermé mai-oct.*

☺ **Koh Mak Cottage (plan 10, A1 n°21)** En retrait de la plage, 18 bungalows individuels en bardeaux de bois blanc, au toit de tôle vert amande, bien tenus mais simples : lit à moustiquaire, ventilateur, sdb en béton brut avec eau froide et WC. Toutefois, l'essentiel est là : la véranda, la vue sur la mer, des hamacs où se laisser bercer par le chant des oiseaux et un bon accueil. Laverie et wifi à la réception. Comptez 500B la double sans petit déj. Pas de CB. *À l'est de l'embarcadère* ***Ao Khao*** *Tél. 081 910 2723 www.kohmakcottage.com Fermé mai-sept.*

prix moyens

Baan Ko Mak (plan 10, A1 n°22) Dix-huits bungalows "futuristes" aux baies vitrées teintées, dans un vaste jardin bien entretenu face à la plage. Les chambres sont spacieuses, colorées et confortables (clim., bonne literie, eau chaude) et leur sdb associe béton brut, carreaux de mosaïque, galets blancs et plantes vertes. Les *Beach 1* sont louées 2 090B pour 2 pers. et 3 990B pour 4, les autres (la vue sur la mer en moins) 1 690-1 890B la double et 3 490B la familiale. Le restaurant fera l'affaire pour le petit déj. ou une pause-café, mais ses plats thaïs manquent de saveur. Personnel charmant. Location de kayaks (100B/h, 400B/j.). *À l'est du débarcadère* ***Ao Khao*** *Tél. 089 895 7592 www.baan-koh-mak.com*

Monkey Island (plan 10, A1 n°23) Quarante-six bungalows classiques réunis dans une cocoteraie donnant sur Ao Khao. Certaines des *Baboon Huts*, avec ou sans sdb (350-600B avec ventilateur), pâtissent de la proximité des sanitaires ou du bar-restaurant, bruyant en soirée. Plus calmes, les spacieuses *Chimpanzee Huts* (1 300-1 500B avec clim.) bénéficient d'un décor bigarré, d'une belle terrasse et d'une sdb aux tons acidulés. Idéales pour les familles, les *Gorilla Huts* (2 000-4 000B avec deux grands lits, clim. et sdb avec eau chaude, véranda) donnent sur la mer. Restaurant (120-180B le plat), bar *lounge* (150-200B le cocktail, wifi gratuit). Personnel peu affable. *À l'est d'****Ao Khao*** *Tél. 089 501 6030 www.monkeyisland kohmak.com*

prix élevés

☺ **Seavana Beach Resort (plan 10, A1 n°24)** Cet établissement inauguré en 2013 se distingue par son élégance et son service. Mêlant maçonnerie *terra cotta*, teck et bambou, les 22 chambres réparties dans des villas à un étage, sont spacieuses et hyperconfortables (clim., minibar, écran plat, wifi, literie douillette, eau chaude). Toutes bénéficient d'un décor raffiné mixant artisanat thaï, lampes design et toiles contemporaines. Petite piscine pour les enfants et agréable *sala* où déguster un copieux *pad thai* ou une glace coco maison. Selon la catégorie, double 2 700-4 900B avec le petit déj. *1/23 Moo 2 (à l'ouest du débarcadère)* ***Ao Suan Yai*** *Tél. 090 864 5646 www.seavanakohmak.com Fermé en août ou sept.*

Makathanee Resort (plan 10, A1 n°25) On recommande ce *resort* pour ses *Beach Bungalows* modernes, disséminés sur une pelouse verdoyante face à la mer, et pour ses *Sea Pool View Rooms*. Les sdb mériteraient un rafraîchissement, mais les chambres sont lumineuses et tout confort : literie moelleuse, minibar, TV, clim., wifi, bouilloire (3 000B avec le petit déj.). Les *City View* (1 500B) sont un tantinet sombres et bruyantes, les *deluxe* et les suites sans caractère et les chambres familiales (6 700-7 300B) trop chères. Bar et restaurant. Service professionnel. *Au sud du débarcadère* ***Ao Khao*** *Tél. 087 802 7575 www.maka thaneekohmak.com*

Lazy Day Resort (plan 10, A1 n°26) Les logements destinés aux employés saisonniers de la cocoteraie ont fait place à 12 spacieux bungalows en dur, coiffés de tuiles et posés sur un gazon aux allures de *green* britannique. Le confort est là (clim., wifi, réfrigérateur, coffre-fort, bouilloire, belle sdb, véranda), et l'accueil convivial, dans un anglais parfait. Double de 2 500 à 2 700B avec un copieux petit déj. *À l'extrémité est d'****Ao Khao*** *Tél. 081 882 4002 www.kohmakla zyday.com Fermé début mai-fin sept.*

À Ko Kut

Quel que soit son standing, votre hôtel enverra quelqu'un vous chercher au port d'Ao Salad, sur la côte nord-est, si une vedette rapide ne vous a pas déposé à son ponton. Séjournez plutôt à Ao Tapao ou dans le village de Khlong Chao, si vous ne comptez pas louer de deux-roues.

très petits prix

☺ **Chaiyo Restaurant (plan 10, B4 n°12)** Quatre tables nappées de toile cirée, une cuisine de fortune et un petit jardin planté d'herbes aromatiques : voici le meilleur endroit de l'île où déguster une soupe. Tandis que Lek démêle les nouilles de riz dans une bassine et que son épouse mitonne un bouillon parfumé, on discute avec les habitués. Comptez 40B le bol de nouilles (aux légumes ou fruits de mer), 50B la *tom yam* épicée et 120B la soupe de coco. Les portions sont aussi généreuses que l'accueil. Pas de CB. *Au sud de* ***Ngam Kho Bay*** *Tél. 091 243 2617 Ouvert tlj. 9h-21h*

petits prix

☺ **The Fisherman Hut (plan 10, B3 n°13)** *"Eat fish, drink wine, slow life, slow food"* : telle est la devise de ce cabanon convivial, décoré de photos de requins et de barracudas. On discute avec Tom, le charmant propriétaire thaï, en sirotant un verre de vin rouge ou blanc (90B), avant de déguster un excellent poisson-perroquet au curry jaune ou un bar grillé au citron vert (250B) sur fond de jazz. De bons classiques thaïs, des hamburgers et un *T-bone* généreux (80B-170B). Pas de CB. *Rue principale (au nord du pont)* ***Hat Khlong Chao*** *Tél. 081 008 6633 Ouvert tlj. 8h-22h*

Mark House Bungalow (plan 10, B3 n°27) Dans un jardin calme et fleuri, au bord de la rivière, 14 bungalows en dur, au cadre sobre (murs habillés de pierre ou de bois) avec lit posé sur une estrade en teck et sdb carrelée avec eau chaude. Le tout est impeccablement tenu par un personnel réservé mais aimable. Wifi. Supérette. Seul bémol : le petit déj. frugal et sans saveur... Comptez 800B la double avec ventilateur, 1200B avec clim., petit déj. inclus. Pas de CB. Rés. recommandée. *Au sud du pont* ***Khlong Chao*** *Tél. 086 133 0402*

Cosy House (plan 10, B3 n°28) Rénovés fin 2014, les 16 bungalows en bambou et chaume ou en dur, répartis dans un beau parc en bordure de la rivière, conviendront aux voyageurs prêts à partager une sdb (250B avec ventilateur) comme à ceux qui préfèrent leur intimité (600-700B avec ventilateur, 1 200B avec clim.). Les chambres manquent un peu de caractère et sont sommairement meublées (lit, moustiquaire), mais propres. Accueil prévenant de Mr Noi et restaurant (30-60B l'assiette de viande ou de poisson grillé). Wifi. Pas de CB. Petit déj. 80-100B. ***Khlong Chao*** *(au sud-est du village, sur la route qui mène aux chutes) Tél. 089 094 3650 kingklongnoy@hotmail.com*

Koh Kood Ngamkho Guest House (plan 10, B4 n°29) Dressés dans un jardin planté de cocotiers, les 13 bungalows traditionnels d'"Uncle Joe" donnent tous sur la mer. Décorées de bambou du sol au plafond, les chambres sont petites mais confortables et les sdb, privées ou communes, immaculées. On apprécie l'accueil prévenant, le coquet restaurant et le cours de cuisine thaïe, gratuit pour les pensionnaires. Comptez 500B pour 2 pers. avec sdb partagée et ventilateur, 750B avec sdb privée (eau froide) et ventilateur et 2 000B avec clim., petit déj. et eau chaude.

Wifi. Pas de CB. *Au sud d'**Ao Ngam Kho*** *Tél. 081 825 7076 www.kohkood-ngamkho.com*

prix moyens

Peter Pan Resort (plan 10, B3 n°14) Ce pavillon de plage meublé de teck et de coussins colorés sied à un déjeuner chic comme à un dîner romantique. À la carte, quelques viandes grillées et surtout de bons plats thaïs. En entrée, salade de papaye et de calmars ou crevettes épicées aux herbes, à faire suivre d'un curry rouge de poisson (très épicé !) ou d'un poulet au basilic et, en dessert, une glace à la mangue à déguster sur un transat. Comptez 350-400B le repas hors boisson. Service efficace. Pas de CB. *Au sud de **Hat Khlong Chao*** *Tél. 081 826 1188 Ouvert tlj. 9h-0h*

Dusita Resort (plan 10, B4 n°30) Sobres, spacieuses et confortables (TV, minibar, coffre-fort, wifi et eau chaude dans la sdb découverte), les 16 charmantes huttes aux toits verts s'alignent sur une pelouse ponctuée de cocotiers. On se laisse bercer par le ressac, dans un hamac ou un transat coloré du jardin. Accueil professionnel. Double 1790-2 190B avec ventilateur, triple à 2 790B et chambre familiale à 3 690B (ajoutez 500B pour la clim.). Petit déj. 180B. Rés. impérative sur le site Internet. *45 Moo 2 (partie sud) **Ao Ngam Kho*** *Tél. Pas de tél. www.dusitakohkood.net*

prix élevés

☺ **Bann Makok (plan 10, B3 n°31)** Cet écolodge niché dans la mangrove a opté pour le bois de récup', les panneaux solaires et la climatisation limitée (19h-7h). Ses 8 bungalows sur pilotis aux murs teintés à la chaux, aux meubles vintage et aux textiles bigarrés disposent d'une coquette sdb avec eau chaude et d'une véranda ou d'un balcon. On se régale de bons plats thaïs au bar-restaurant et on se rend en kayak à Khlong Yai Kee Beach (à 10min). Double 3 200B-3 800B avec ventilateur ou clim. et petit déj. ; 500B suppl. pendant les vacances scol. et j. fér. *10, Moo 4 **Khlong Yai Kee** (300m de la plage) Tél. 081 643 94 88 www.bannmakok.com*

Horizon Resort (plan 10, B4 n°32) Postés sur une colline boisée, les 20 bungalows en bois et maçonnerie conjuguent calme absolu et confort. Les chambres blanches disposent d'une literie douillette, de jolis meubles en teck et d'une sdb semi-découverte. Les n°s 5 à 7 jouissent d'un panorama exceptionnel sur Ko Kut. Massages et soins dans un *sala* en bambou face à la mer, cours de yoga. Wifi dans les espaces communs. Double 2 200-2 800B, avec clim. et petit déj.-buffet. *55 Moo 2 (partie sud) **Ao Ngam Kho*** *Tél. 088 457 1551 http://horizonresortkohkood.com*

prix très élevés

Shanta Koh Kud (plan 10, B3 n°33) Une vingtaine de luxueuses villas (1-2 chambres, terrasse) sous les cocotiers, face à deux plage de sable blanc. Décor ethnique chic et confort absolu : literie douillette, coffre-fort, ventilateur et clim., lecteurs MP3. On craque pour les sdb découvertes et l'on apprécie l'effort écologique (électricité limitée, consommation d'eau contrôlée). Salon de massage, bibliothèque, restaurant et bars. Wifi à la réception. Comptez 6 500-11 500B pour 2 pers., avec petit déj., 21 500B pour 4 pers. *20/3 Moo 2 (partie nord) **Ao Tapao*** *Tél. 081 566 0607 http://shantaakohkood.com*

Bangkok, marché flottant (p.134).

Phuket, baie de Kata (p.446).

LA CÔTE NORD-OUEST DU GOLFE DE THAÏLANDE

V

Plan 11 La côte nord-ouest du golfe de Thaïlande

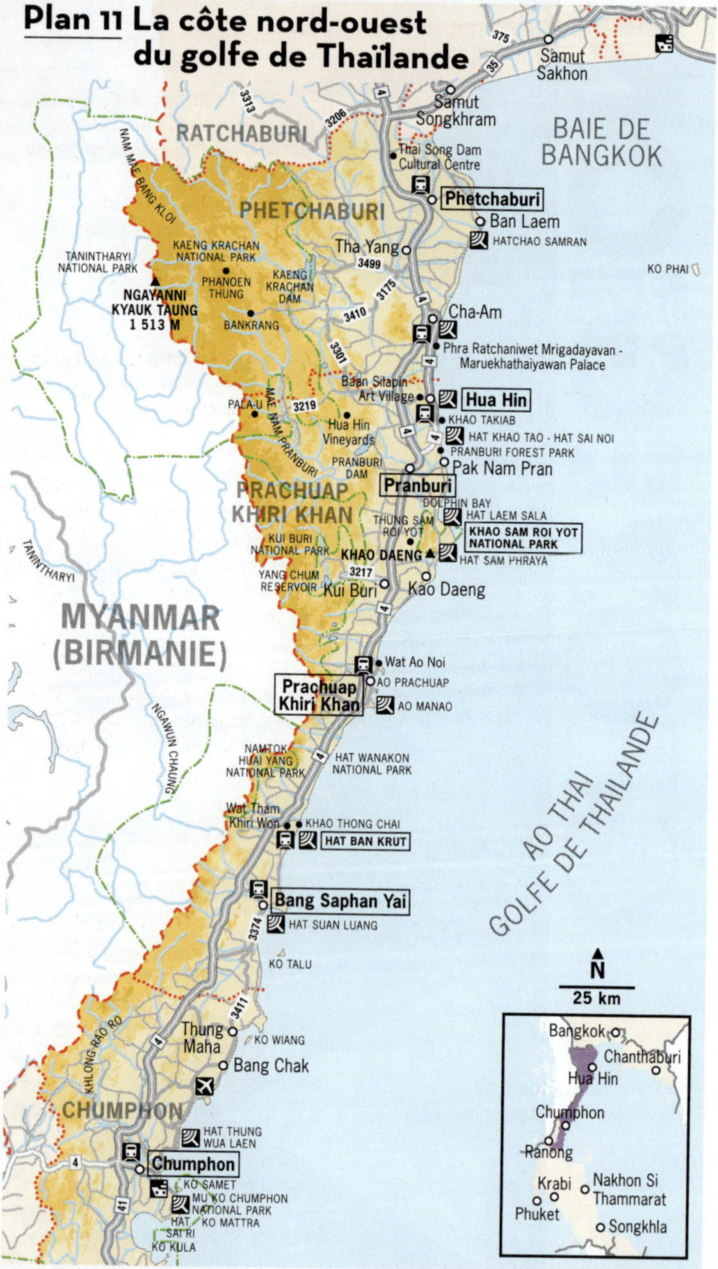

☺ PHETCHABURI

Probablement fondée par les Môn, la "Cité des diamants" est l'une des villes les plus anciennes du pays. Important foyer commerçant du royaume de Dvaravati vers le VIIIe siècle, la ville passa sous domination khmère au XIIe siècle, puis sous la férule de Sukhotai au début du XIIIe et demeura ensuite un grand centre artisanal et un important centre d'échanges entre Ayutthaya et Miek (Mergui), sur la mer d'Andaman. Une trentaine de temples témoignent de cette longue et florissante histoire. Outre ce beau patrimoine, cette agréable cité de 26 000 habitants, au marché animé, est réputée pour ses desserts. Ces spécialités gourmandes contribuent à faire de "Phetburi" un havre de douceur pour qui entend sortir des sentiers battus.

LA PROVINCE DE PHETCHABURI La proximité de Bangkok vaut à cette province du Centre d'être l'une des vilégiatures préférées des habitants de la capitale. Une tradition héritée des rois Rama IV et Rama V, qui s'y firent construire des palais de plaisance. Le week-end, les Bangkokiens vont en nombre se prélasser sur les longues plages de Cha-am et de Hat Chao Samran, ou se dégourdir les jambes sur les sentiers du Kaeng Krachan National Park, qui couvre à lui seul près de la moitié de la province. Mais la richesse locale est avant tout agricole. C'est dans les monts Tenasserim, à la frontière birmane, que prennent leur source les cours d'eau qui irriguent cette plaine de 6 225km^2, ses rizières, vergers et plantations de palmiers de Palmyre, dont provient le sucre qui entre pour une bonne part dans les spécialités culinaires locales.

MODE D'EMPLOI

accès

EN VOITURE

Phetchaburi est à 130km au sud-ouest de Bangkok (routes 35 et 4, env. 2h) et 50km au nord de Hua Hin.

EN CAR

Pour Phetchaburi De Bangkok comptez 2 heures de trajet. Les cars (9 départs entre 9h et 22h, aller simple 115-170B) et certains minibus (toutes les heures entre 7h et 18h, 120B) partent de la gare routière Sud (Sai Tai Taling Chan). Du centre-ville ou de l'aéroport, mieux vaut prendre un des minibus qui partent du Victory Monument (BTS sortie 2, à l'arrière du Century Plaza, départ toutes les 45min entre 5h et 18h, 120B). À Phetchaburi, les véhicules à destination du Sud marquent l'arrêt le long de la route 4 au niveau de l'hôpital Petcharat, ceux qui ne vont pas plus loin déposent leurs passagers sur Rot Fai Road, juste au nord du marché de nuit. De Phetchaburi, liaisons fréquentes avec **Cha-am** (40min, 60B) et **Hua Hin** (1h30, 80B). Les cars se prennent sur Matayawong Road (au nord du

marché), les minibus sur la route 4, au niveau de l'hôpital Petcharat.
Pour Cha-Am De Bangkok, les cars partent de la gare routière sud (1/h de 7h à 18h, 2h30-3h de trajet, 160B AS) et les minibus de Victory Monument (toutes les 30min de 7h à 18h30, 2h30, 160B). Les minibus vous déposent au soi Bus Station (près de la plage), et les bus au croisement de Phetkasem Road (route 4) et de Narathip Road (route vers la plage), d'où partent aussi des minibus pour Hua Hin (fréquents, 30min de trajet, 40B).

EN TRAIN
Gare SRT de Phetchaburi (plan 12, A1) De Bangkok (gare de Hualamphong), 12 trains/j. de 8h à 23h (3-4h de trajet, 100B- 400B l'aller simple). Ces trains continuent vers Hua Hin (1h, AS 44-340B). *Roi Fat Rd (env. 1km au nord du centre-ville)* ***Phetchaburi*** *Tél. 1690 www.railway.co.th http://trainthailande.com*
Gare SRT de Cha-am Accueille de 2 à 5/j. en provenance de Bangkok (4-5h de trajet, 90-470B AS) et de Phetchaburi (40min, 18-34B). *Narathip Rd (2km à l'ouest de la plage) Tél. 1690 www.thairailways.com*

orientation

La ville, traversée du nord au sud par le fleuve Phetchaburi, est dominée à l'ouest par la colline de Khao Wang. Les hauts *prang* blancs du Wat Mahathat Worawihan permettent de repérer facilement le centre-ville.

se déplacer

La plupart des attractions touristiques sont accessibles à pied. En ville, à l'instar des taxis, les *songteo* ne suivent pas d'itinéraires précis (de 50B à 100B la course, 500B la demi-journée). Un trajet à moto-taxi coûte 40B dans le centre. Tous les hôtels louent des vélos (100B/j.) et des scooters (200-300B/j.).

informations pratiques

Petcharat Hospital (plan 12, A2) *99/9 Moo 6, Banmor Rd* ***Phetchaburi*** *Tél. 032 417 070*
Police touristique *Ruamjit Rd Sur la plage, à hauteur de Narathip Rd* ***Cha-am*** *Tél. 032 515 995 ou 1155*

informations touristiques

À Phetchaburi, vous glanerez de bons conseils en séjournant à la 2N Guesthouse (p.237) et en vous attablant au Rabieng Rimnum (p.236). Vous pouvez également consulter : **www.thailane.com/villes/phetchaburi.php** (un site intéressant sur Phetchaburi) et **http://fr.onlychaam.com** (un site francophone complet et régulièrement mis à jour sur Cha-am).

Tableau kilométrique

	Bangkok	Phetcha-buri	Hua Hin	Pranburi	Prachuap Khiri Khan	Ban Krut
Phetchaburi	130					
Hua Hin	200	50				
Pranburi	220	70	25			
Prachuap Khiri Khan	290	135	95	70		
Ban Krut	355	200	155	135	65	
Chumphon	470	310	270	245	180	135

Tourism Thailand L'unique bureau TAT des environs. *500/51 Phetkasem Rd* ***Cha-am*** *Tél. 032 471 005 www.tourismthailand.org Ouvert tlj. 8h30-16h30*

fêtes et manifestations

Foire du Phra Nakhon Khiri Des milliers de lanternes et autant de feux d'artifice illuminent la colline du Khao Wang durant ces 10 jours de festivités. Parades costumées, spectacles de danses traditionnelles et démonstrations du savoir-faire culinaire local rendent hommage au prestigieux passé et au patrimoine culturel de Phetchaburi. *Sur la colline du Khao Wang* ***Phetchaburi*** *Entre janvier et avril, selon les années*

Thai Song Dam Festival Les Lao Song (p.233), de lointaine origine laotienne, font revivre leurs traditions lors de cette journée de cérémonies et de concerts folkloriques. Une occasion unique d'admirer leurs costumes et de goûter leur cuisine. ***Khao Yoi*** *(25km au nord-ouest de Phetchaburi par la route 4) Le 18 avril*

DÉCOUVRIR

☆**Les essentiels** Phra Nakhon Khiri Historical Park, le Wat Mahathat Worawihan, le Wat Yai Suwannaram et Tham Khao Luang, à Phetchaburi
Découvrir autrement Flânez à l'aube sur le marché de "Phetburi", descendez le Phetchaburi en raft, allez observer les oiseaux à Laem Phak Bia

Phetchaburi

☆**Phra Nakhon Khiri Historical Park - Khao Wang (plan 12, A1)** Haut de 95m, le Khao Wang, ou "colline au Palais", domine toute la ville. C'est sur cette éminence que Rama IV décida de se faire construire une résidence d'été dotée d'un observatoire astronomique. Ce **Phra Nakhon Khiri**, achevé en 1860, mêle les styles siamois, chinois et néoclassique occidental. Transformé en musée, il expose des meubles et objets du quotidien ayant appartenu à la famille royale. L'observatoire offre une vue inégalable sur Phetchaburi et ses environs. Plusieurs sanctuaires sont disséminés sur la colline, dont le **Wat Maha Samanaram**, qui recèle de jolies fresques dues au moine artiste Khrua In Khong, intime du roi, et le **Phra That Chom Phet**, un imposant *chedi* haut de 40m. Si vous choisissez de gravir le Khao Wang en funiculaire, redescendez plutôt vers la ville en suivant les sentiers ombragés par d'imposants frangipaniers (rapportés d'Indonésie par le roi), dont les fleurs embaument l'atmosphère de janvier à avril. En toute saison, prenez garde aux singes chapardeurs ! *À l'ouest du centre-ville Accès : par un escalier qui grimpe de Ratwithi Rd jusqu'à l'entrée prin-*

BOIRE UN VERRE AU CALME

Caché dans un petit *soi*, à deux pas du Wat Mahathat mais à l'écart de la circulation, ce paisible café-restaurant sert des expressos, thés, jus, smoothies, bières et cocktails. L'endroit idéal où écrire ses cartes postales, se connecter à Internet (wifi gratuit) et, pourquoi pas ? grignoter des rondelles d'oignons frites (35B) ou des lamelles de porc séché (80B).
Cucina (plan 12, B1 n°10) *Suwanmunee Rd Tél. 093 831 2210 Ouvert tlj. 9h-21h*

cipale, côté est ; sinon, en funiculaire côté ouest (8h30-16h30, guichet fermé à 15h30, 50B AR, 30B AS) Tél. 032 425 600 Ouvert tlj. 8h30-16h30 Tarif 150B

☆ **Wat Mahathat Worawihan (plan 12, B1)** Avec ses 5 majestueux *prang* blancs qui dépassent tous les toits de ville, le plus imposant des temples de Phetchaburi est un bon point de repère du centre-ville. Il remonterait au XIVe siècle, comme le suggère son style d'inspiration khmer. Le *prang* central (55m) protège une relique du Bouddha. Remarquez la finesse des statues et des bas-reliefs en stuc qui ornent les édifices. Le Viharn Luang (grande salle de prière) est décoré de splendides peintures murales bien restaurées. En ressortant du temple, allez flâner dans le quartier où résident les moines, juste au sud de l'enceinte, et parmi les vénérables échoppes d'articles religieux de la rue Suwanmunee, à l'est de l'entrée principale. *Damnoen Kasem Rd (au centre-ville) Ouvert tlj. 6h-21h Entrée libre*

Phra Ram Ratchaniwet – Ban Puen Palace (plan 12, B2) Rama V, qui se cherchait une résidence pour la saison des pluies, confia les plans de ce palais Art nouveau à l'Allemand Karl Döhring (1879-1941). Le chantier, lancé en 1910, peu avant la mort du roi, s'acheva en 1916. L'élégant édifice, qui hébergea des hôtes de marque de Rama VI, puis différentes écoles, est aujourd'hui presque vide. On le visite pour admirer son architecture et ses intérieurs, restaurés en 1987, en attendant que le musée national de Phetchaburi s'y installe. *Ratchadamnoen Rd (sur une base militaire, à 1km au sud du centre-ville) Tél. 032 428 506 Ouvert lun.-ven. 8h30-16h30, sam.-dim. 8h30-16h Tarif 50B*

Wat Kamphaeng Laeng (plan 12, B1) Ce temple hindou construit par les Khmers au XIIe siècle et transformé par la suite en un sanctuaire bouddhique est l'édifice le plus ancien de la ville. Ses ruines se cachent au cœur d'un monastère plus moderne. De ses 5 *prang* en latérite, la tour principale, de style Lopburi, est la mieux conservée. Subsistent aussi de belles décorations en stuc, et une partie du mur d'enceinte en latérite. *Angle de Pho Karong Rd et de Phra Song Rd Ouvert tlj. 6h-18h30 Entrée libre*

☆ **Wat Yai Suwannaram (plan 12, B1)** Ce temple du XVIIe siècle, restauré à la fin du XIXe, est l'un des plus réputés de la ville. En pénétrant dans l'enceinte, vous verrez d'abord un magnifique *sala kanprian* tout en teck, aux portes et au trône délicatement sculptés, rapportée du palais d'Ayutthaya après la mise à sac de la capitale par les Birmans. Vous longerez ensuite le grand bassin (en rénovation lors de notre visite), au centre duquel s'élève une bibliothèque, avant d'aller admirer le *bot*. Original car dépourvu de fenêtres, le sanctuaire principal du temple recèle des peintures murales du XVIIIe siècle représentant des gardiens (*dvarapala*) et divinités (*deva*). Elles sont fanées, mais comptent parmi les plus anciennes de Thaïlande. *Phong Suriya Rd (à 1km à l'est de l'hôtel de ville) Ouvert tlj. 8h-18h Entrée libre*

☆ ☺ **Tham Khao Luang (hors plan 12 par A1)** Ce sanctuaire rupestre est assurément l'attraction la plus spectaculaire de Phetchaburi. Ses 5 salles ornées de stalactites et de stalagmites renferment quelque 170 statues du Bouddha (la plus vénérée, haute de 4m, est un don de Rama V) et plusieurs *chedi*, que des rais de lumière zénithale rendent particulièrement photogéniques. Encore une fois, prenez garde aux singes. Les petites routes qui y mènent sont fort agréables à vélo… excepté le raidillon final ! En chemin, arrêtez-vous au **Wat Boontawee** (repérable à son portail doré, juste au bas de la côte). Ce complexe religieux aussi vaste que coloré abriterait l'entrée secrète de Muang Laplae, une cité légendaire où ne résident que des femmes. *Khao Luang (à 4km au nord-ouest de la ville) Ouvert tlj. 9h-16h Entrée libre*

Tham Khao Bandai-it (plan 12, A2) Cette colline haute de 120m porte un temple rupestre de l'époque d'Ayutthaya. Aménagées en sanctuaires bouddhiques ou en cellules de méditation, les grottes ont été depuis colonisées par les chauves-souris et les singes… dont il convient de se méfier ! *3171 Bandai-it Rd (à 2km à l'ouest de Khao Wang) Ouvert tlj. 9h-16h*

● Où remplir un panier pique-nique ? Phetchaburi n'étant pas une ville très touristique, les boutiques de souvenirs y sont rares. Vous trouverez néanmoins au pied du funiculaire du Khao Wang des échoppes proposant artisanat et cartes postales. En revanche, les gourmands auront de nombreuses occasions de succomber à la tentation, cf. ci-dessous, La palme au sucre !
Central Market (plan 12, B1 n°1) On mesure aisément l'importance de l'agriculture dans l'économie provinciale en visitant le grand marché de Phetchaburi, particulièrement animé avant 9h. Outre les produits frais habituels, on y trouve un appétissant choix de fruits (notamment des ananas, bananes, cantaloups et jamboses – ou "pommes roses", appelées ici *chomphu phet*) et les spécialités

La palme au sucre !

Le sucre de palme, produit en quantité dans la région, est l'ingrédient miracle des douceurs qui font la réputation de Phetchaburi. La spécialité phare de la ville est le ***khanom mor gaeng***, un calorique flan aux œufs de cane (ou de poule), lait de coco et taro, citrouille ou haricots mungos, adapté d'une recette portugaise. Plus rafraîchissant, le ***khao chae*** est du riz cuit à la vapeur puis plongé dans de l'eau glacée, parfumée au jasmin. Ce classique estival, jadis réservé à la table royale, est servi avec différents accompagnements (boulettes, lanières de bœuf cuites dans du sucre de palme, poisson frit, pâte de crevettes, radis blanc et œufs…) ou avec des fruits frais. Essayez aussi les friandises porte-bonheur, à base de jaune d'œuf, de sucre, de farine de riz et d'eau parfumée au jasmin, comme le ***thong yip*** (en forme de pétales de fleur), le ***thong yot*** (boulettes) et le ***foi thong*** (en lamelles). Le ***kalamae*** est un délicieux (et très collant) caramel au lait de coco. À Phetchaburi, vous aurez plus d'occasions de goûter à ces spécialités que vous ne pourrez en avaler. C'est sans doute sur les stands de Phetkasem Road, juste au nord du Khao Wang, que le choix de ces desserts à emporter est le plus vaste.

Plan 12 Phetchaburi

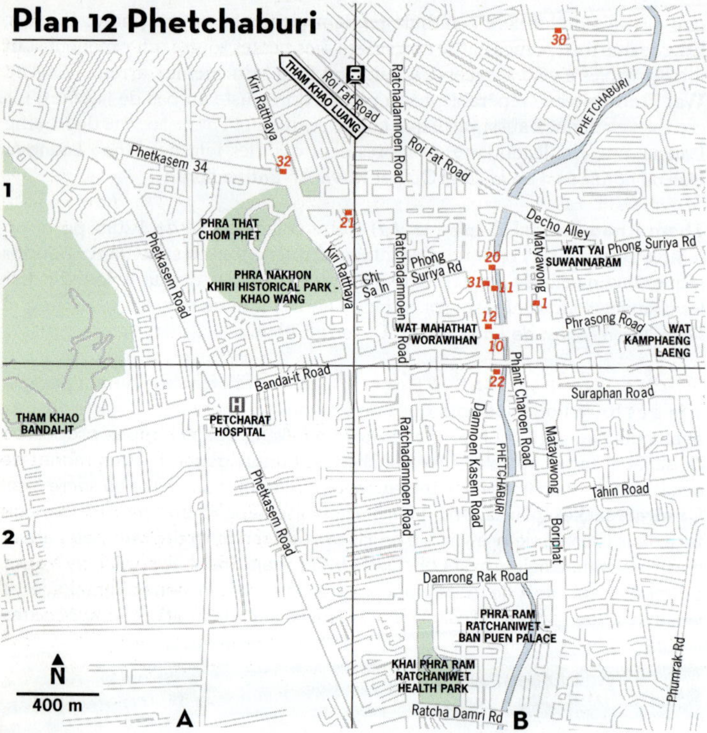

Shopping 1
Central Market p.231 — 1 B1

Cafés, salons de thé 10 à 12
133 p.232 — 12 B1
Cucina p.229 — 10 B1
Pagoda Caffe p.232 — 11 B1

Restauration 20 à 22
JM Cuisine p.236 — 21 A1
Mondee p.237 — 22 B2
Rabieng Rimnum p.236 — 20 B1

Hébergement 30 à 32
2N Guesthouse p.237 — 30 B1
Swiss Palazzo Hotel & Restaurant p.237 — 32 A1
White Monkey Guest House p.237 — 31 B1

sucrées qui font la renommée de la ville, mais assez peu de stands de nourriture. *Juste à l'est du fleuve, entre Phrasong Rd et Phong Suriya Rd Ouvert tlj. 3h-15h*

● Où boire un café avec la jeunesse locale ?

Pagoda Caffe (plan 12, B1 n°11) Son style résolument moderne (murs en brique et béton, grands fauteuils confortables) séduit les étudiants et les jeunes branchés du coin. L'occasion de lier conversation autour d'un café ou d'un thé, servi chaud ou frappé, et accompagné d'une pâtisserie occidentale. *95 Khlong Krachaeng Rd Tél. 086 366 1617 Ouvert mar.-dim. 9h-20h*

● Où déguster les spécialités sucrées de Phetchaburi ?

133 (plan 12, B1 n°12) Un adorable salon de thé installé juste en face du Wat Mahathat. La charmante propriétaire vous présentera sa sélection de mets sucrés, cf. La palme au sucre ! (p.231), dont le rafraîchissant *khao chae* (25B). Bien d'autres délices à déguster sur place ou à emporter, tel le poulet au curry vert (30B). *133 Damnoen Kasem Rd (à l'angle de Suwanmunee Rd) Tél. 089 926 9476 Ouvert tlj. 8h-18h*

● Descendre le Phetchaburi

Rabieng Rimnum Tour (plan 12, B1 n°20) Le Phetchaburi prend sa source dans le parc national de Kaeng Krachan et se jette, 210km plus à l'est, dans le golfe de Thaïlande. L'agence de l'hôtel-restaurant Rabieng Rimnun (p.236) organise des descentes de ce fleuve en raft ou en kayak. Le parcours, qui traverse forêts et villages, est jalonné de tumultueux rapides et s'achève à Phetchaburi. Le forfait (1 000B/pers. les 2h ou 1 700B les 5h) comprend le transfert jusqu'à l'embarcadère et un repas. Réservez au moins une journée avant. *1 Chi Sa In Rd* ***Phetchaburi*** *Tél. 032 425 707 ou 089 919 7446 rabieng@gmail.com*

● Observer les oiseaux

☺ **Laem Phak Bia** Le centre de retraitement écologique des eaux usées de Phetchaburi créé à l'initiative du roi Bhumipol forme une étendue d'eau douce de 1km² à proximité du littoral, de ses marais salants, vasières et restes de mangrove... Des passerelles et des affûts ont été aménagés à l'intention des ornithologues (amateurs) sur ce territoire fréquenté par de nombreux migrateurs en provenance d'Asie septentrionale. Quantité d'oiseaux du rivage, dont le pluvier de Péron, nichent sur la longue bande de sable qui s'avance dans la mer, non loin de là. Le site Internet www.thaibirding.com est une mine d'informations (en anglais) sur ce site particulièrement propice à l'observation des oiseaux d'eau, surtout d'octobre à avril. ***Ban Laem*** *Env. 6km au nord de Hat Chao Samran Ouvert tlj. 9h-18h*

Les environs de Phetchaburi

Thai Song Dam Cultural Centre Ce centre culturel est un passage nécessaire pour comprendre la culture des Lao Song (aussi appelés Thai Song Dam). Ce peuple d'origine lao était jadis établi dans la région de Luang Prabang (Laos) et au Tonkin (Nord-Ouest du Vietnam). Les premiers Lao Song arrivés en Thaïlande au milieu du XIXe siècle étaient des prisonniers de guerre déportés. Une petite exposition permet d'en savoir plus sur les traditions qui régissent encore le mode de vie de leurs descendants. Profitez-en pour demander la route des villages lao song des alentours, comme Ban Nong Pong et Ban Thap Khang. *Moo 5* ***Khao Yoi*** *(25km au nord-ouest de Phetchaburi par la route 4) Tél. 032 561200 www.khaoyoi-thaisongdam.com Ouvert tlj. 8h30-16h30*

Hat Chao Samran Très longue et propice à la baignade, la plage la plus proche de Phetchaburi est très fréquentée le week-end, mais calme en semaine. Cette petite station balnéaire dispose de toutes les commodités et peut se révéler un lieu de séjour alternatif à Phetchaburi. *À 15km au sud-est de Phetchaburi par la route 3177 (AR en songteo env. 400B)*

Cha-am Cette station balnéaire bien moins chic et moins développée – mais meilleur marché – que Hua Hin, sa célèbre voisine, accueille surtout des

GEOPLUS

Kaeng Krachan National Park

Véritable poumon vert, le plus grand parc national de Thaïlande (2 915km²) protège un territoire montagneux couvert à 96% de forêt tropicale humide. Une destination réservée aux passionnés de nature.

Le Kaeng Krachan National Park est installé dans les monts Tenasserim, qui culminent au Ngayanni Kyauk Taung (1 513m), à la frontière birmane. Son secteur nord-est, qui englobe une partie du grand lac de retenue du barrage de Kaeng Krachan (45km²), en est le moins accidenté. C'est là que se retrouvent, surtout le week-end, la plupart des visiteurs. Car en dépit de son intérêt et de la proximité de plusieurs centres touristiques, ce gigantesque espace vert est relativement peu fréquenté, pour le plus grand bonheur des randonneurs et des naturalistes professionnels ou amateurs. On peut, en principe, y observer une cinquantaine de mammifères – éléphants, gibbons, langurs, tapirs, ours, pangolins... et plus rarement des tigres et des léopards –, mais c'est surtout pour son avifaune – 460 oiseaux répertoriés, dont le calao bicorne et le rare témia temnure – et ses 300 variétés de papillons, que le parc est réputé. L'altitude et sa fraîcheur humide favorisent la croissance d'une abondante végétation, dont de grands arbres à feuilles persistantes comme le *Dipterocarpus alatus*, une espèce ailleurs menacée par la déforestation.

Quatre secteurs à explorer

Lac et barrage de Kaeng Krachan C'est là qu'est installé le centre des visiteurs, point de départ de mini-croisières autour des îles du lac (600B/bateau, max. 10 pers., durée 1h) et de descentes du Phetchaburi en raft (1 200B/bateau, max. 10 pers., durée 2h). Vous croiserez sur ces rives avant l'entrée du parc, nombre d'établissements hôteliers. La faune par contre, est plus discrète.

Ban Krang Ce secteur montagneux est particulièrement propice à l'observation des oiseaux et des papillons. Plusieurs sentiers (jusqu'à 7km de long) sillonnant la forêt, desservant des chutes et des grottes. Mais nul besoin de s'éloigner du camping pour apercevoir des éléphants.

Phanoen Thung Le secteur le plus reculé et donc le plus sauvage du parc. À 950m d'altitude, il ménage des points de vue grandioses sur les cimes embrumées des monts Tenasserim. Des sentiers qui traversent la savane grimpent jusqu'au sommet du Khao Phanoem Thung (1 207m, 16km AR, 1j. de balade) et vers les chutes de Thor Thip (5km AR, difficile).

Pala-U Ces impressionnantes chutes (16 cascades !) situées dans le sud du parc sont plus facilement accessibles à partir de Hua Hin, cf. Se déplacer, ci-dessous. Elles attirent les adeptes du pique-nique le week-end.

Le Kaeng Krachan pratique

Droit d'entrée 300B, réduit 150B.
Meilleure saison De nov. à fév. (temps frais et sec).
Informations Tél. 032 459 293 www.thainationalparks.com/kaeng-krachan-national-park Ouvert nov.-juil. : tlj. 8h30-16h30 (Centre des visiteurs). Les chutes de Pala-U sont accessibles toute l'année.
Accès Situé à 79km au nord-ouest de Hua Hin et 53km au sud-ouest de Phetchaburi, le centre des visiteurs bénéficie de liaisons en minibus avec la capitale (de 8h à 16h, départ toutes les heures du Victory Monument, 3h de trajet, 250B) et avec Phetchaburi (7 départs de Rot Fai Rd entre 7h30 et 16h30, 1h30 de trajet, 120B ; retour aux heures carillonnées de 7h à 16h). Pour vous rendre du parc à Cha-am ou Hua Hin, montez à bord d'un minibus à destination de Phetchaburi et arrêtez-vous à Tha Yang (80B, 45min de trajet) pour prendre un des bus fréquents roulant vers le Sud (40B-80B suppl.).
Se déplacer à l'intérieur du parc n'est pas aisé. Seules 2 routes le traversent. La 3219 dessert les chutes de Pala-U (65km à l'ouest de Hua Hin) dans le sud du parc ; l'autre relie le centre des visiteurs aux sites de Ban Krang (32km, 1h) et de Phanoen Thung (15km plus loin, accessible seulement en 4x4, comptez 1h de plus), dans le nord du parc. Ce dernier tronçon est ouvert alternativement à la montée (5h30-7h30 et 13h-15h) et à la descente (9h-10h et 16h-17h) mais interdit aux piétons pour des raisons de sécurité. Faute de disposer d'un véhicule motorisé (péage 30B), on devra donc monter à bord d'une des navettes du parc (tarif AR pour un véhicule d'une capacité max. de 10 pers. : 1 200B pour Ban Krang, 1 600B pour Phanoen Thung)... ou tenter le stop.
Consignes de sécurité Ne vous écartez pas des sentiers balisés et respectez les consignes de sécurité que vous communiqueront les gardiens. Certains itinéraires de randonnée nécessitent la présence d'un guide.
Visites guidées Adressez-vous aux gardiens du parc (500B-1 000B/j.) ou à une agence comme Rabieng Rimnum Tour (p.233), qui organise des randonnées de découverte à partir de Phetchaburi (à partir de 2 000B/pers. pour un groupe de 4).
Restauration Chacun des 4 secteurs du parc est doté d'un restaurant simple mais bon marché.
Hébergement Une dizaine de bungalows bien tenus sont installés à proximité du centre des visiteurs (4-10 pers., réfrigérateur, sdb commune, 1 200B-3 000B). Des terrains de camping ont été aménagés à côté du centre des visiteurs (le moins intéressant), à Ban Krang et à Phanoen Thung (30B/pers. ; location de tentes 120B pour deux, sac de couchage 30B, matelas 20B). Réservation recommandée pour le w.-e. et les vacances scol.
http://www.dnp.go.th/parkreserve/reservation.asp Pour réserver votre couchage en ligne jusqu'à 60 jours avant.

Thaïlandais. Le week-end, les chaises longues alignées sur son interminable plage sont prises d'assaut par les Bangkokiens et l'animation est à son comble sur le sable comme sur l'eau, que sillonnent de bruyants scooters des mers. En semaine, la fièvre retombe et l'on croise surtout à Cha-Am des retraités occidentaux en séjour prolongé. L'ambiance est celle d'un gros village, et les activités s'y limitent peu ou prou aux sports nautiques, aux balades à vélo sur le front de mer (nombreux loueurs en ville, 100B/j.), à la visite du pittoresque port de pêche, situé à 1km au nord du centre et, le soir venu, à la dégustation de fruits de mer, confortablement installé dans une des chaises longues susmentionnées. Le mercredi soir, jour de nettoyage de la plage, tout le monde se retrouve sur le grand marché de nuit, près de la gare, à 2km de là. *À 35km au sud de Phetchaburi et 25km au nord de Hua Hin.*

CARNET D'ADRESSES

Restauration, hébergement

Pour vous restaurer rapidement et à bon prix à Phetchaburi, vous avez le choix entre le marché de nuit - une grande halle couverte et un peu lugubre, à l'angle de Ratchvithi Rd et de Damnoen Kasem Rd - et le *food court* de Bandai-it Rd (devant le Tesco Lotus), plus agréable et ouvert toute la journée. Le lundi soir, un marché de nuit installe au pied du Khao Wang (côté est) ses stands de nourriture et de vêtements.

petits prix

Rabieng Rimnum (plan 12, B1 n°20) Ce restaurant, qui a ses habitués, occupe une vieille bâtisse en bois donnant sur le fleuve : gare aux moustiques le soir. À la carte, interminable, figurent des spécialités maison, telles que le curry de crevettes au sucre de palme (80B) ou la salade épicée aux fleurs de bananier (80B). Atmosphère plaisante et accueil en anglais du propriétaire, qui connaît la région comme sa poche et y organise des treks et autres visites à thème (p.233). En revanche, nous vous déconseillons de louer une des chambres attenantes. *1 Chi Sa In Rd* ***Phetchaburi*** *Tél. 032 425 707 ou 089 919 7446 Ouvert tlj. 8h-0h*

JM Cuisine (plan 12, A1 n°21) Une petite cantine dont les tables débordent sur la rue et dont les cuisiniers préparent d'excellents riz frits et soupes et quelques spécialités maison, dont de délicieuses nouilles sautées agrémentées de lanières d'omelette, de crabe et d'une sauce au sucre de palme (100B). On peut aussi y commander les fameux desserts de Phetchaburi, à savourer sur place ou à emporter. Service sympathique en anglais. Succursale (tlj. 6h-17h) au pied du funiculaire du Khao Wang. *85 Ratwithi Rd* ***Phetchaburi*** *Tél. 089 910 0099 Ouvert tlj. 7h-20h*

Et aussi...

Marché
Central Market ____ 231

Cafés, salons de thé
Cucina ____ 229
Pagoda Caffe ____ 232
133 ____ 232

Mondee (plan 12, B2 n°22) Avec sa grande terrasse couverte, voici un endroit agréable où profiter du fleuve. Une carte fournie – nous vous recommandons les salades épicées (90-120B), les currys verts (120B) et le poisson (120-300B) – et deux ambiances : tranquille en journée, plus animée de 19h à 23h, quand des musiciens y jouent des standards thaïs et anglo-saxons. Service courtois et professionnel. *7 soi 3, Damnoen Kasem Rd (juste à l'ouest du pont – enseigne en thaï)* ***Phetchaburi*** *Tél. 032 402 050 ou 081 697 1768 Ouvert tlj. 10h-0h Fermé un dim. par mois*

☺ **2N Guesthouse (plan 12, B1 n°30)** Une pension tenue par deux sœurs, anciennes guides touristiques qui font volontiers profiter leurs hôtes de leur connaissance de la région. Les 6 chambres, simples mais vastes et impeccables, donnent sur un jardin où il fait bon déjeuner le matin. Le relatif éloignement du centre-ville (1km) oblige à se déplacer en taxi ou à deux roues (vélo gratuit, scooter 300B/j.), un inconvénient largement compensé par le formidable accueil et l'excellent rapport qualité-prix. Double 580B avec le petit déj. *98/3 Moo 2 Bankum* ***Phetchaburi*** *Tél. 081 817 1134 http://2nguesthouse.blogspot.com*

White Monkey Guest House (plan 12, B1 n°31) Une bonne adresse, à deux pas du centre, mais dans une rue très calme. Les 12 chambres, sobres et modernes, avec ventilateur ou clim. (recommandée !) et sdb en option, sont louées de 650B à 1 000B la double. Le copieux petit déj. (compris) se savoure sur la terrasse donnant sur la rue. L'accueil, sympathique, se fait dans un anglais parfois hésitant. Location de vélos (100B/j.) et de scooters (250B/j.). *78/7 Khlong Krachaeng Rd* ***Phetchaburi*** *Tél. 092 840 1633 ou 089 203 4741 whitemonkey.guesthouse@gmail.com*

prix élevés

Swiss Palazzo Hotel & Restaurant (plan 12, A1 n°32) Les 4 chambres de ce *boutique hotel* design mais chaleureux, bénéficient toutes d'un balcon et d'un confort optimal (cafetière Nespresso, choix de l'oreiller). Au menu du restaurant figurent quelques spécialités helvétiques – le chef est suisse –, mais surtout d'excellentes pâtes fraîches (135-235B). Les glaces maison (59B) sont bienvenues après la visite du Phra Nakhon Khiri Historical Park, juste en face. Double 2 500B, petit déj. inclus. *34/7 Thumbol Tongchai* ***Phetchaburi*** *Tél. 032 400 250 www.swiss-palazzo.com Restaurant Ouvert mar.-dim. 10h-21h*

Dans les environs

Rappelons que vous pouvez séjourner dans le parc national de Kaeng Krachan (p.234).

très petits prix

Cha-am Night Market La réputation du grand marché de nuit de Cha-am est telle que les touristes n'hésitent pas à faire le déplacement de Hua Hin. La variété de la nourriture est impressionnante (fruits de mer, spécialités de l'Isan et aussi des mets occidentaux), mais les autres stands (vêtements, animaux de compagnie, ustensiles divers) valent également le coup d'œil. *En face de la gare, à 2km du centre-ville* ***Cha-am*** *Ouvert mer. 17h-21h*

petits prix

Stands de fruits de mer de Cha-am Déguster une crabe bleu – la spécialité locale – sur une chaise longue, face au large, est un must à Cha-am. Vous n'aurez que l'embarras du choix entre tous les étals et petits restaurants du front de mer. Les cartes étant rarement traduites en anglais, mieux vaut aller choisir son poisson, ses crustacés ou ses coquillages dans les bassines (les prix sont généralement affichés au kilo). De 100B à 400B/pers. *Thanon Ruamjit* **Cha-am** *Au sud du poste de police Ouvert tlj. 11h-21h*

☺ **The Garden by Rangyen** Si vous cherchez une table ombragée et au calme, n'hésitez pas plus longtemps. Elles sont une quinzaine, dressées dans un jardin verdoyant, à deux pas de la plage mais loin du vrombissement des scooters des mers. Au menu, un bon choix de spécialités thaïes, dont la salade de papaye (60B) et les crevettes sauce tamarin (120B), préparées avec soin. L'accueil charmant et les prix raisonnables font du Garden un incontournable de Cha-am. *259/40 Ruamjit Rd* **Cha-am** *Tél. 032 471 267 ou 088 883 9524 Ouvert nov.-avr. : jeu.-mar. 10h-22h*

Cha-am Villa Beach Hotel Les 6 bâtiments, bien entretenus, s'élèvent sur un ou deux étages en plein centre de la station balnéaire, mais les 105 chambres sont suffisamment éloignées de la rue pour assurer des nuits sereines. Sans charme particulier mais fonctionnelles, elles conviennent bien aux séjours prolongés (réfrigérateur, terrasse). La double revient à 800B. Pour ce prix, la petite piscine est un avantage appréciable. *241/2 Ruamjit Rd* **Cha-am** *Tél. 032 471 595 ou 080 652 9918 www.chaamvillahotel.com*

prix moyens

Didine Tant au petit déjeuner qu'au dîner, l'ambiance conviviale et le cadre plaisant de ce restaurant invitent à prendre son temps. Les deux chefs, un Français et un Thaïlandais, se relaient en cuisine pour concocter des spécialités européennes plus souvent qu'asiatiques. Les plats de viande (paupiettes, chateaubriand, steak sauce béarnaise) sont réussis, mais notre préférence va aux pizzas (à la pâte fine), servies jusqu'à minuit – pratique dans ce *soi* qui compte de nombreux bars. Bonne carte des vins. Petit déj. de 90 à 150B, dîner de 200 à 400B. *Soi Bus Station, 234/11 Ruamjit Rd* **Cha-am** *Tél. 080 262 9230 ou 087 189 3864 www.didine.me Ouvert mar.-dim. 9h-12h et 17h-21h30*

Lucky Seafood 2 À Cha-am, il ne faut pas manquer d'aller faire un tour au port de pêche, où des dizaines de bateaux multicolores débarquent quotidiennement leur cargaison de poisson et de crabes bleus. Et l'on ne saurait imaginer meilleur endroit pour assister au spectacle que cette grande terrasse sur l'eau, avec dans son assiette du poisson et des fruits de mer d'une fraîcheur irréprochable. De 200 à 400B le repas. *Au niveau de la jetée du port de* **Cha-am** *Tél. 032 471 962 ou 081 880 7405 Ouvert tlj. 9h-21h*

☺ **Cha Inn @ Cha-am** Une situation de choix, face à la plage, et l'un des meilleurs rapports qualité-prix de la station. Le bâtiment, moderne et très aéré, abrite 17 grandes chambres au style contemporain épuré. Celles qui donnent sur la mer sont un peu plus chères, mais nettement plus agréables. Il fait bon lire dans le salon ou s'attarder sur la terrasse du bar-restaurant Sea-Rocco en profitant de la brise marine. Double 1 000-1 500B (1 200-1 700B le w.-e.), petit déj. inclus. *274/34 Ruamjit Rd* **Cha-am** *Tél. 032 471 879 ou 087 003 1883 www.chainn-chaam.com*

prix élevés

Fisherman's Resort Installé sur la plage la plus proche de Phetchaburi mais hors de la zone la plus fréquentée, ce complexe soigné propose des chambres de style contemporain (2 300-2 500B avec le petit déj., sans surcoût pour celles qui bénéficient d'une belle vue sur mer) et de villas de style "ethnique chic", au décor de bois précieux et de meubles en rotin (2 900-3 700B). En bonus, une piscine, de grands jardins, un spa et un agréable restaurant. Réservation conseillée surtout en fin de semaine. *170 Moo 1* ***Haad Chao Samran*** *À 17km au sud-est de Phetchaburi (route 3177) Tél. 032 441 370 www.thefishermansresort.com*

prix très élevés

Veranda Resort and Spa Un complexe de luxe et de charme, au splendide isolement et au design savamment étudié. Les 60 chambres (de 44 à 66m^2) et 2 suites "familiales" (110m^2) ainsi que les 16 villas avec piscine privative occupent un magnifique jardin feng shui en bord de plage. Ajoutez une immense piscine à débordement, une brasserie, un restaurant *arty*, un spa et différents services 5 étoiles (cours de yoga, salle de fitness, jardin d'enfants, etc.). Double à partir de 4 000B, petit déj. inclus. *737/12 Mung Talay Rd* ***Cha-am*** *(4km au sud de la station) Tél. 032 709 000 www.verandaresortandspa.com*

HUA HIN

Simple village de pêcheurs élevé au début du XXe siècle au rang de villégiature royale, la doyenne des stations balnéaires thaïlandaises a perdu de sa grâce au profit du béton. Fort heureusement, elle a su préserver son art de vivre : une simplicité conviviale relevée d'une touche aristocratique. C'est ainsi que cette bourgade dotée d'une plage surdimensionnée attire la haute société thaïe (les "Hi-So") comme les retraités occidentaux et les jeunes kitesurfeurs. Les immeubles n'ont pas fini d'y pousser !

LOIN DES SOUCIS L'histoire de la station balnéaire remonte à 1911, quand le prince Chakrabongse, un frère de Rama VI, séduit par ce village de pêcheurs, s'y fit construire un bungalow. Dans les années 1920, l'ouverture de la voie ferrée mettant Bangkok à quatre heures de Hua Hin, puis celle du Railway Hotel donnèrent l'impulsion nécessaire au développement de la bourgade. Mais c'est l'édification des palais de plaisance royaux, le Phra Ratchaniwet Mrigadayavan de Rama VI (1923) puis le Phra Ratchawang Klai Kangwon de Rama VII (1926), qui lança Hua Hin. Le nom du second, le "palais Loin des soucis", ne fut certainement pas à la hauteur des attentes du souverain, car alors qu'il y séjournait, en 1932, un coup d'État mit fin à la monarchie absolue. La famille royale vient encore se ressourcer dans cette résidence en teck de style hispanique. Et Hua Hin, qui accueille tous les plus grands noms de l'hôtellerie de luxe, a pris pour devise "Loin des soucis".

MODE D'EMPLOI

accès

L'aéroport de Hua Hin (www.huahinairport.com) n'accueille pour l'instant aucun vol régulier.

EN VOITURE

À 200km au sud-ouest de Bangkok (routes 35 et 4, env. 2h45) et 50km au sud-est de Phetchaburi (route 4). À 95km au nord de Prachuap Khiri Khan (route 4, 1h30).

EN CAR, EN MINIBUS

De Bangkok Toutes les heures, de 3h à 21h, des cars quittent Sai Tai Mai, la gare routière sud de la capitale, et s'arrêtent sur Sra Song Road juste au sud du marché de nuit de Hua Hin (3h de trajet, tarif AS 175B). Les minibus partent de Sai Tai Mai (fréquents entre 6h et 20h, 180B) et du Victory Monument (BTS sortie 2, à l'arrière du Century Plaza, 1 départ/h entre 8h et 20h, 180B) et déposent leurs passagers sur Phetkasem Road, à l'angle de Chomsin Road, ou sur Sra Song Road, juste au sud du marché de nuit, selon les compagnies. Cars et minibus desservent Phetchaburi (1h30, 80B) et Cha-am (40min, 40B).
Pour Pranburi Les bus ordinaires (toutes les 20min entre 7h et 17h, 1h de trajet, AS 20B) partent de Sra Song Road juste au sud du marché de nuit.
Pour Prachuap Khiri Khan Les cars (toutes les 40min entre 6h et 18h, 1h30 de trajet, AS 100B) partent de la gare routière, installée au sud de la ville (Phetkasem Rd entre les soi 94 et 98).
Lomprayah Cette société propose des forfaits car et ferry entre Hua Hin et les îles de **Ko Tao** (durée 9h, tarif AS 1 050B), **Ko Pha Ngan** (11h, 1 300B) et **Ko Samui** (11h30, 1 400B). Départ à 8h30 et 23h45, sur rés. *Hua Hin Tél. 032 533 739 www.lomprayah.com*

EN TRAIN

Gare SRT de Hua Hin (plan 13, A2) De Bangkok (gare de Hualamphong), 12 trains/j. de 8h à 23h (4-5h de trajet, AS 50-400B), via Phetchaburi (1h, AS 15-45B). De Cha-am, 2-5 trains/j. (30min, AS 6-26B). Vers Prachuap Khiri Khan, 9-12 trains/j. de 2h à 23h (1h-1h30, AS 30-100B). *Extrémité ouest de Damnoenkasem Rd* ***Hua Hin*** *Tél. 1690 www.railway.co.th*

orientation

Hua Hin s'étire le long de la côte, et son centre jouxte la partie nord de la plage. Cette dernière est praticable sur environ 6km, du temple chinois (au niveau de l'hôtel Hilton) jusqu'au mont Khao Takiab, au sud.

se déplacer

En ville, les déplacements s'effectuent aisément à pied. Les *songteo* verts assurent la liaison entre l'aéroport au nord et Khao Takiab au sud via Phetkasem Road et Sra Song Road dans le centre (toutes les 20min de 6h à 21h, trajet 10B). Les *tuk-tuk* facturent environ 100B par kilomètre. À moto-taxi, comptez 40-60B pour un trajet en ville. Tous les hôtels louent des scooters (200-300B/j.).
Thai Rent A Car Une agence de location de voitures sérieuse et bien implantée dans le pays. À partir de 1 100B/j. *218 Phetkasem Rd (Villa Market)* ***Hua Hin*** *Tél. 083 887 5454 www.thairentacar.com*

informations touristiques

Municipal Tourist Center (plan 13, B2) Son personnel, très compétent, fournit une foule d'informations précises en anglais. *114 Phetkasem Rd (Municipality Building)* ***Hua Hin*** *Tél. 032 512 798 ou 032 511 047 www.tourismhuahin.com www.expathuahin.com Ouvert lun.-ven. 9h-19h, sam.-dim. 9h30-17h* **Annexe (plan 13, A1)** *Angle de Phetkasem Rd et de Naeb-Kehardt Rd (près de la tour d'horloge)*

Hua Hin Adventure Tour Cette agence de voyages sérieuse, qui propose de nombreux services, organise des visites guidées de Hua Hin de nuit (*Hua Hin by night*, à partir de 1 500B) ou sous un angle culinaire (*A Taste of Hua Hin*, à partir de 1 500B) ainsi que des excursions dans les environs (visite du Sam Roi Yod National Park, croisières au large). *69/8 Naeb-Kehardt Rd* ***Hua Hin*** *Tél. 032 530 314 www.huahinadventuretour.com*

informations pratiques

Vous n'aurez aucun mal à trouver des banques et des distributeurs de billets en ville. Hua Hin compte également plusieurs pharmacies.

Police touristique (plan 13, B2) *Damnoenkasem Rd (entrée principale de la plage)* ***Hua Hin*** *Tél. 032 515 995 ou 191*

Bangkok Hospital Hua Hin (hors plan 13 par B2) *Phetkasem Rd (sud de la ville, entre les soi 94 et 106)* ***Hua Hin*** *Tél. 032 616 800 www.bangkokhospital.com/huahin*

fêtes et manifestations

Hua Hin Vintage Car Parade Comme pour rappeler les fastes d'antan, une cinquantaine de luxueuses voitures anciennes descendent en cortège de Bangkok, puis défilent dans les rues de Hua Hin avant d'être exposées en grande pompe à l'hôtel Centara Grand. *1 Damnoenkasem Rd* ***Hua Hin*** *Mi-décembre, 2j.*

Hua Hin Jazz Festival Un événement majeur de la scène jazz nationale. Plus de 15 000 mélomanes profitent alors, les pieds dans le sable, de concerts gratuits mettant en vedette des talents locaux et étrangers. ***Hua Hin*** *www.facebook.com/jazzfestivalhuahin Un w.-e. de mai ou juin*

DÉCOUVRIR

☆ **Les essentiels** L'ancien Railway Hotel, la plage de Hua Hin, ses marchés de nuit, le Phra Ratchaniwet Mrigadayavan **Découvrir autrement** Envolez-vous au-dessus des vagues en kitesurf, rencontrez de jeunes artistes au Cicada Market, explorez la région à vélo

Hua Hin

La station balnéaire ne se résume pas aux immeubles de béton dressés le long de la côte. On peut admirer de vénérables *shophouses* et maisons de pêcheurs dans certains quartiers, notamment près de la jetée où il fait bon se perdre dans les *soi* (quadrilatère formé par Dechanuchit Rd au sud, Naresdamri Rd à l'est, Chomsin Rd au nord et Naeb-Kehardt Rd à l'ouest). Aux abords du ***Fishing Pier*** (extrémité nord de Naresdamri Rd), l'activité bat son plein à l'aube, quand les barques colorées y déchargent leur cargaison de poisson. Entre Phetkasem Road et la côte, à 2km au nord du centre, les villas cossues du quartier de Hat Hua Hin Neua, autour du **palais royal de Klai Kangwon** (fermé au public), méritent aussi le coup d'œil. La découverte de

Plan 13 Hua Hin

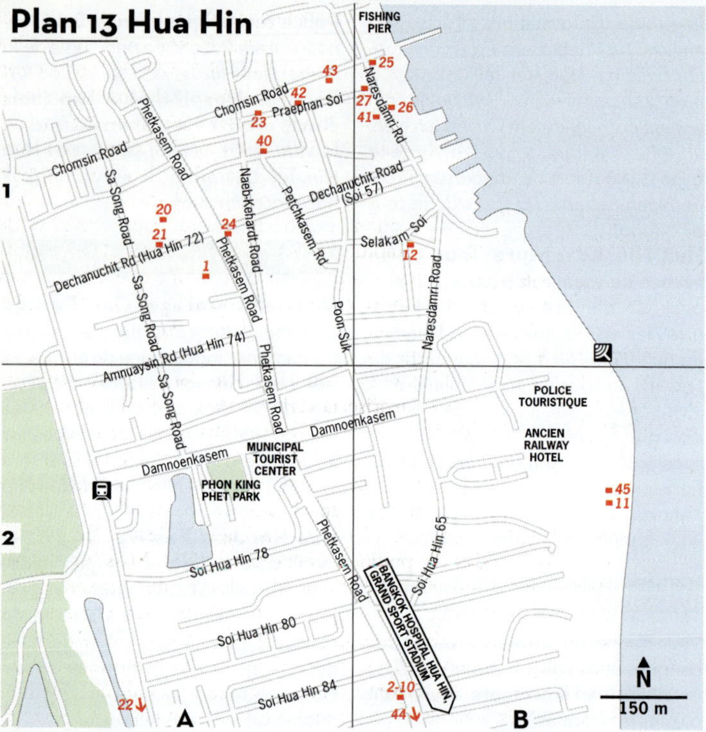

Shopping 1 et 2
- Chatsila Market p.243 — 1 A1
- Khomapastr p.243 — 2 B2

Bars, lieux de sortie 10 à 12
- El Murphys p.245 — 12 B1
- Elephant Bar p.245 — 11 B2
- Hua Hin Hills Bistro p.245 — 10 B2

Restauration 20 à 27
- Baan Khun Por Food Garden p.249 — 22 A2
- Brasserie de Paris p.250 — 26 B1
- Chatchai Market p.244 — 20 A1
- Hua Hin Night Market p.245 — 21 A1
- Koti Restaurant p.249 — 24 A1
- Mamma Mia p.250 — 27 B1
- Pai Yoi Thai Food p.249 — 23 A1
- Sang Thai Seafood Restaurant p.250 — 25 B1

Hébergement 40 à 45
- Baan Bayan p.251 — 44 B2
- Baan Chalelarn Hotel p.250 — 43 A1
- Centara Grand Beach Resort & Villas p.251 — 45 B2
- King's Home p.250 — 42 A1
- Tong-mee House p.249 — 40 A1
- Victor Guesthouse p.249 — 41 B1

Hua Hin serait incomplète sans la visite de ses **marchés** animés : de jour au Chatchai Market, un grande halle bâtie en 1926, et de nuit au fameux Night Market, cf. Où se régaler pour trois fois rien ? (p.244).

Hua Hin Railway Station (plan 13, A2) Magnifiquement préservée et entièrement peinte en rouge et crème, cette gare est un monument à part entière ! À l'architecture victorienne du bâtiment principal (1926) s'oppose le style siamois de la salle d'attente royale. Ce pavillon, qui provient du palais de Sanam Chan à Nakhon Pathon, fut transporté à Hua Hin sous le règne de Rama VI. *Damnoenkasem Rd (extrémité ouest)*

LA CAPITALE SIAMOISE DU KITESURF

Le bal des voiles colorées dans le ciel et les acrobaties des kitesurfeurs au-dessus des vagues fait partie du paysage de Hua Hin. Avec ses kilomètres de plage, son vent régulier de novembre à avril et son eau peu profonde, la station réunit, en effet, les conditions idéales à la pratique de ce spectaculaire sport de glisse. Elle a d'ailleurs accueilli, en 2010 et 2011, les épreuves du championnat du monde de l'IKA.

☆ **Ancien Railway Hotel (plan 13, B2)** L'actuel Centara Grand Beach Resort & Villas (p.251) a été inauguré 1923. Le premier hôtel de la station balnéaire a conservé son style colonial victorien jusque dans ses agrandissements. Ce joyau architectural a servi de décor à plusieurs films, dont *La Déchirure* de Roland Joffé (1984). Si vous n'avez pas la chance d'y séjourner, profitez tout de même de son parc orné de sculptures végétales et de la formidable atmosphère d'un autre temps qui règne au Museum Coffee & Tea Corner comme à l'Elephant Bar (p.245). *1 Damnoenkasem Rd*

☆ **Plage de Hua Hin (plan 13, B1-B2)** Sans surprise, la véritable star de la ville est le ruban de sable blond qui s'étire sur environ 6km. Si quelques somptueuses résidences en teck témoignent encore des débuts fastueux de la station balnéaire, les rideaux de cocotiers cèdent peu à peu la place à des immeubles en béton sans charme. L'eau peu profonde est propice à la baignade et à la pratique du kitesurf (p.245). Mais sur le sable, il ne faut pas s'attendre à beaucoup d'intimité, entre les adeptes de la bronzette, le ballet des vendeurs ambulants et les cavaliers qui galopent sur la grève… Le mercredi cependant, jour de nettoyage de la plage, les chaises longues et les petits commerces y sont prohibés. Pour plus de tranquillité, en semaine comme le week-end, mieux vaut pousser vers le sud. L'extrémité nord de la plage (au-delà du temple chinois, à hauteur de Hua Hin Neua) est, pour sa part, aussi peu accessible qu'engageante. *Accès principal : extrémité est de Damnoenkasem Rd*

Où marchander de l'artisanat local ?

Chatsila Market (plan 13, A1 n°1) Voisin du marché de nuit, il offre un intéressant condensé des produits exposés dans la plupart des boutiques de souvenirs de la ville (peintures figuratives, vanneries, accessoires de mode, vêtements traditionnels, batiks et objets de décoration en bambou et fibres de coco) dans le cadre agréable de deux placettes cernées de maisons traditionnelles en bois. *Angle de Dechanuchit Rd et de Phetkasem Rd (au sud du marché de nuit)* ***Hua Hin*** *Ouvert tlj. 18h-23h*

Où acheter de beaux textiles imprimés ?

Khomapastr (plan 13, B2 n°2) Placée sous le patronage de la famille royale depuis sa fondation, en 1948, cette société de sérigraphie et de production textile édite de jolies cotonnades imprimées de style traditionnel, ou résolument contemporain, aux tons plus acidulés. Ces tissus à motifs géométriques – dont le fameux *pha kiao* doré, jadis réservé aux épouses royales –, végétaux, animaliers ou anthropomorphes peuvent s'acheter au mètre, ou sous la forme de vêtements et d'accessoires de mode, de coussins, de nappes, etc. (à partir de 350B pièce). *218 Phetkasem Rd* ***Hua Hin*** *Tél. 032 511 250 www.khomapastrfabrics.com Ouvert lun.-jeu. 9h-17h, ven.-dim. 9h-19h*

● ☆ Où se régaler pour trois fois rien ?

Chatchai Market (plan 13, A1 n°20) Parmi les étals de produits de la mer frais ou séchés de ce grand marché couvert, vous trouverez de bons petits plats à déguster sur place : mangue et riz gluant, soupes de nouilles, riz au porc grillé (50-100B). Sans oublier les délicieux ananas et autres fruits de saison à acheter au poids. *Angle de Phetkasem Rd et de Dechanuchit Rd* ***Hua Hin*** *Ouvert tlj. lever du soleil-13h*

La Thaïlande des gourmets

Hua Hin Night Market (plan 13, A1 n°21) Un incontournable de la gastronomie nocturne à Hua Hin. Sur près de 500m s'alignent terrasses de restaurants de fruits de mer et stands de restauration rapide, sans oublier les sempiternels vendeurs de souvenirs en tout genre. Selon vos goûts et votre budget, vous pourrez vous y restaurer pour 50B ou plus de 300B. *Dechanuchit Rd (à l'ouest de Phetkasem Rd)* ***Hua Hin*** *Ouvert tlj. 17h-23h*

● Où goûter les vins thaïlandais ?

Hua Hin Hills Bistro (plan 13, B2 n°10) Cette cave de dégustation, au rafraîchissant cadre contemporain, permet de goûter la production des vignobles établis à proximité de Hua Hin (p.247) sans quitter la ville. Si les rouges ne sont pas exceptionnels, les blancs et les pétillants intéresseront les palais curieux. Comptez 200-300B le verre accompagné de quelques tapas, moitié moins lors de la *happy hour* (18h-19h) et à partir de 750B la bouteille. *218 Phetkasem Rd (Villa Market, 2e étage)* ***Hua Hin*** *Tél. 032 511 496 www.facebook.com/huahinhillswinecellar Ouvert tlj. 10h-22h*

● Où siroter un cocktail dans un cadre inoubliable ?

☺ **Elephant Bar (plan 13, B2 n°11)** L'occasion d'apprécier le luxe de l'ex-Railway Hotel sans vous ruiner. Le décor délicieusement suranné de ce bar très *British* vous transportera rapidement hors du temps, à moins que ce ne soit l'effet conjugué de l'alcool (250B le cocktail, accompagné de délicieuses bouchées maison) et de la musique : des concerts intimes y sont donnés le soir, du lundi au samedi. *Centara Grand 1 Damnoenkasem Rd* ***Hua Hin*** *Tél. 032 512 021 Ouvert tlj. 10h-1h*

● Où boire une bonne bière en écoutant un concert ?

El Murphys (plan 13, B1 n°12) Comme son nom le sous-entend, ce pub irlandais sert des plats mexicains en sus de pantagruéliques *Irish breakfasts* et de steaks, mais c'est surtout sa sélection de bières pression, dont la Smithwick's et la Guinness (90B), et son atmosphère qui nous ont plu. Bons concerts de rock et de blues tous les soirs. *25 S oi Selakam* ***Hua Hin*** *Tél. 032 511 525 Ouvert tlj. 7h-2h*

● Voler au-dessus des vagues

Kiteboarding Asia (hors plan 13 par B2) Vous pouvez faire confiance à cette école affiliée à KBA (4 succursales à Hua Hin et une dizaine dans le pays, instructeurs certifiés, anglophones, voire francophones) pour vous initier au kitesurf, un sport de glisse – et de sensations fortes ! – plus facile à maîtriser que la planche à voile. Après 3 jours de cours (11 000B), la plupart des débutants sont en mesure de se débrouiller seuls sur l'eau. Si vous hésitez à vous lancer, faites une journée d'essai (4 000B). Bon à savoir : les conditions sont idéales pour les novices en mars-avril (peu de vagues, vent faible et constant) et plus corsées de novembre à février. Location-vente de matériel sur place. *Soi 83* ***Hua Hin*** *Tél. 091 009 3553 www.huahinkitesurfing.com*

● Huit bonnes raisons de jouer au golf

SabaiSabai Golf (plan 13, A1) Cette agence vous aidera à faire votre choix parmi les 8 parcours proches de Hua Hin, s'occupera de la réservation (au plus tard la veille), de la location du matériel requis (500B) et vous conduira à pied d'œuvre, le tout à des prix compétitifs. Aménagé en 2007 dans un somptueux cadre de verdure, le 18-trous par 72 de Black Mountain (www.blackmountainhuahin.com) est l'un des plus réputés de Thaïlande. Le Royal Hua Hin, inauguré en 1924, a l'avantage d'être situé à courte distance du centre-ville (à l'ouest de la gare). Comptez selon les parcours de 2 600 à 4 200B pour 1 pers. et de 2 300 à 3 900B pour 2 joueurs. *Angle de Sa Song Rd et d'Amnuaysin Rd (Soi 74)* ***Hua Hin*** *Tél. 090 436 7227 www.sabaisabaigolf.com*

● Apprendre à cuisiner les classiques thaïlandais

Hua Hin Thai Cooking Academy (plan 13, A1) *Tom yum goong, pad thai,* curry vert ou *massaman* n'auront plus de secret pour vous après ces 4h de cours (en anglais) données par un chef thaïlandais. Les sept cours différents passent en revue les incontournables de la gastronomie nationale. Le forfait (1 300B) comprend une visite du Chatchai Market et, bien sûr, la dégustation des plats concoctés. Sur rés. (au plus tard la veille). *17 Dechanuchit Rd* ***Hua Hin*** *Tél. 092 962 6076 www.huahinthaicookingacademy.com Ouvert lun.-sam. 8h45-12h45 et 13h-19h*

● Assister à un match de boxe thaïe

Grand Sport Stadium (hors plan 13 par B2) Le plus réputé des trois stades de la ville présente 5 ou 6 combats de *muay thai* par soir le vendredi, le samedi et le dimanche. Mieux vaut réserver son billet (à partir de 800B) quelques jours avant. *222/2 soi Grand Hotel* ***Hua Hin*** *Tél. 087 331 4576 www.facebook.com/GrandThaiboxingGym Ouvert ven.-dim. 21h*

Les environs de Hua Hin

Les spectaculaires chutes de Pala-U, sises dans le sud du parc national de Kaeng Krachan (p.234), peuvent faire l'objet d'une excursion à la journée (comptez 120km AR).

Khao Takiab Le "mont des Baguettes-Chinoises" (272m) marque l'extrémité sud de la plage de Hua Hin. Un bouddha doré de 20m de hauteur érigé à la base du promontoire rocheux assure sa protection... mais ne parvient pas toujours à tenir les hordes de singes en respect. Il faut gravir d'abrupts escaliers pour atteindre le sommet et son temple sino-thaï. Un effort récompensé par une vue spectaculaire sur l'interminable plage de Hua Hin. *À 5km au sud de Hua Hin, au bout de la plage*

Khao Hin Lek Fai Les quatre belvédères qui coiffent cette colline offrent des vues panoramiques sur la ville et la côte. Mieux vaut s'y rendre tôt le matin pour profiter d'une belle lumière. *À 3km à l'ouest de Hua Hin par Soi 70*

☺ **Baan Silapin - Art Village** Une vingtaine d'ateliers et de galeries se partagent cet espace labyrinthique qu'ombrage un grand jardin. Ce collectif d'artistes et autres créateurs réunis autour du peintre Tawee Kasangam depuis 1997 organise de belles expositions de peinture, d'artisanat original (bijoux, déco, vêtements), des ventes d'antiquités et des ateliers où petits ou grands peuvent cultiver leur talent artistique (150B/h). Café-restaurant sur place et concert de jazz le dimanche à 19h. *81 Moo 14, Route 3218 (à 5km à l'ouest de Hua Hin) Tél. 032 534 830 Ouvert mar.-dim. 10h-17h*

Hua Hin Hill Vineyards Au-delà de la simple curiosité, ce vignoble peut faire l'objet d'une excursion agréable. Cernés de collines boisées, ses 200ha occupent une belle vallée sablonneuse qui servait jadis au dressage des pachydermes sauvages. La propriété se visite à dos d'éléphant (300B), à VTT ou en Jeep (15min, départs à 13h et 16h, gratuit). On vous détaillera les expérimentations et techniques mises en œuvre sous ces latitudes pour permettre la vinification des cépages (sauvignon blanc, cabernet, merlot, syrah), vendangés de mi-février à fin mars. Enfin, la dégustation des Monsoon Valley Wines (à partir de 300B, à notre avis les blancs et les pétillants sont plus recommandables que les rouges) peut s'accompagner de celle de délicieuses tapas (120-450B) ou d'un vrai repas (300-1000B) au **Sala Wine Bar & Bistro**, un splendide bâtiment moderne d'inspiration thaïe, dont la terrasse domine le vignoble. ***Baan Khork Chang Patana** (36km à l'ouest de Hua Hin) **Navette** avec le Hua Hin Hills Bistro : départ à 10h30 ou 15h, retour à 14h ou 18h Tarif 300B/pers., sur rés. Tél. 081 701 0222 www.huahinhills.com Ouvert tlj. 8h30-18h30*

☆ **Phra Ratchaniwet Mrigadayavan - Maruekhathaiyawan Palace** Baptisé le palais de l'Amour et de l'Espoir, la résidence d'été de Rama VI fut édifiée en 1923-1924 dans un beau parc paysager donnant sur la mer, qui dépend aujourd'hui d'une base militaire. Le vaste complexe, de style européen, fut dessiné par le souverain en personne, puis réalisé par un architecte italien. Conçu pour profiter de la moindre brise, le palais est entièrement construit en teck, sur pilotis. Ses trois ensembles de pavillons – un pour le roi, un autre réservé à la reine, et le dernier aux affaires officielles, avec son élégante salle d'audience – sont reliés entre eux par un réseau de passerelles couvertes. Deux de ces corridors surélevés desservent les deux pavillons de bain qui dominent la plage. Peint en jaune et bleu pastel et coiffé de tuiles rouges, ce majestueux complexe est parfaitement préservé mais chichement meublé et décoré – et les notices en anglais sont succinctes. Profitez donc des visites guidées. Le magasin de souvenirs propose de belles pièces d'artisanat. **Accès** Mieux vaut s'y rendre à scooter ou en taxi (400-500B AR). Les minibus à destination de Cha-am peuvent vous déposer devant l'entrée de la base militaire, mais il vous faudra faire ensuite 1km à pied jusqu'au palais. *King Rama VI Army Camp 1281 Phetkasem Rd **Cha-am** À 15km au nord de Hua Hin et 10km au sud de Cha-Am Tél. 032 508 444 ou 032 471 005 www.renown-travel.com/palaces/maruekhathaiyawan.html Ouvert jeu.-mar. 8h30-16h30 Tarif 80B Visite guidée gratuite toutes les 30min de 9h à 11h30 et de 13h à 15h30 Tenue correcte exigée (épaules et genoux couverts, prêt de sarong sur place)*

● Où allier shopping, restauration… et divertissement ?

☺ **Cicada Market** Ce marché nocturne ne manque pas d'originalité. S'y côtoient de nombreux stands de cuisine thaïe et internationale, des artisans venus vendre des vêtements, des fripes relookées, des accessoires de mode et autres objets de leur fabrication, des artistes qui exposent leurs œuvres, tandis que d'autres, musiciens et acteurs, se succèdent sur une scène. *Khao Takiab Rd, face à l'hôtel Hyatt Regency* ***Khao Takiab*** *(env. 5km au sud de Hua Hin) www.cicadamarket.com Ouvert ven.-sam. 16h-23h, dim. 16h-22h*

● Découvrir la région à vélo

☺ **Velo Hua Hin** La station balnéaire et sa plage se dévoilent sous un jour nouveau quand on les découvre à vélo en compagnie d'un guide qui en connaît le moindre recoin (durée 4h, 1 600B/pers. ; vélo, snacks et rafraîchissements inclus). L'agence organise également des randos cyclistes à la journée jusqu'à la cascade de Pala-U, dans le parc national de Kaeng Krachan (3 850B), à Cha-am (3 450B), au parc national de Khao Sam Roi Yot (3 850B), etc. *123/51 Hua Tanon Rd* ***Nong Kae*** *(6km au sud du centre de Hua Hin) Tél. 032 900 392 ou 098 830 0471 www.velothailand.com*

● Glisser, s'éclabousser et s'amuser en famille

Vana Nava Les petits – et les plus grands – adoreront ce gigantesque parc aquatique. Ils pourront barboter dans l'immense piscine à vagues et jouer sur sa plage et, s'ils mesurent plus de 1,22m, dévaler de vertigineux toboggans à 50km/h, apprendre à surfer ou à escalader des parois verticales. Restaurants, boutiques et animations (DJ le w.-e.) complètent la panoplie des services, dans un décor de jungle tropicale reconstituée. *129/99 Soi Moo Baan Nong Kae (à 5km du centre de Hua Hin)* ***Nong Kae*** *Tél. 032 909 606 www.vananavahuahin.com Ouvert dim.-jeu. 10h-21h, ven.-sam. 10h-23h Entrée 1 000B, réduit 600B Comptez 150-400B par attraction*

● Profiter de plages (relativement) tranquilles

Hat Khao Tao et Hat Sai Noi À une dizaine de kilomètres au sud de Hua Hin, ces deux belles plages sont plus paisibles que celle de la station balnéaire. **Hat Khao Tao**, la plus grande, est bordée de filaos. À proximité s'étendent un village et ses quelques restaurants, un petit plan d'eau et un adorable port de pêche au pied d'une colline coiffée d'un temple. La minuscule **Hat Sai Noi** (300m de longueur) est nichée dans une jolie baie, 4km plus au sud. S'il lui arrive d'être bondée le week-end, elle reste assez peu fréquentée en semaine, sinon par les clients de l'hôtel Sanae Beach Club (son beau jardin, ses confortables transats, son bar et sa piscine sont accessibles de 10h à 17h ; tarif 200B, incluant le transport AR à partir de Hua Hin, Tél. 032 900 971, www.sanaebeachclub.com). Attention, les méduses ne sont pas rares dans ces parages. ***Khao Tao*** *Via Phetchkasem Rd puis le soi 101 à scooter ou en taxi (comptez 400B AS)*

CARNET D'ADRESSES

Restauration, hébergement

Les hôtels bon marché sont regroupés dans la partie nord de la station, tandis que les établissements plus luxueux se partagent le front de mer. Vous pourrez vous restaurer sur les marchés de Hua Hin, de jour comme de nuit, cf. Où se régaler pour trois fois rien ? (p.244).

très petits prix

Baan Khun Por Food Garden (plan 13, A2 n°22) Cette gigantesque aire de restauration attire les gens de Hua Hin comme les *farang* qui veulent s'éloigner des quartiers touristiques. La quarantaine de stands déployés autour des tables en plein air offre un vaste choix de spécialités asiatiques, que l'on peut même accompagner d'un cocktail. Animation musicale et ambiance conviviale. Comptez de 50 à 100B. *Soi 88 (200m à l'ouest de la voie ferrée)* ***Hua Hin*** *Ouvert tlj. 18h-23h*

Pai Yoi Thai Food (plan 13, A1 n°23) Un petit restaurant de quartier que l'on adopterait volontiers comme cantine. Cet endroit tout simple, avec ses fourneaux à l'extérieur et ses quelques tables en salle, sert des classiques thaïs (riz, nouilles et légumes frits, soupe *tom yam*, omelettes...). Une cuisine sans prétention mais délicieuse, plébiscitée par les habitants du quartier. Comptez de 50 à 100B. *Soi Praephan (l'enseigne, en thaï, ne précise que "Thai Food" en anglais)* ***Hua Hin*** *Ouvert tlj. 10h-17h*

petits prix

Koti Restaurant (plan 13, A1 n°24) Si ce restaurant vieillot donnant sur une rue passante ne désemplit pas, c'est parce qu'il sert une généreuse cuisine de la mer. Laissez-vous tenter par les huîtres sautées à la coriandre, les saucisses de crabe ou un poisson entier au gingembre croustillant. Le week-end, il faut souvent attendre qu'une table se libère, ce qui explique le service expéditif. Comptez de 200 à 400B le repas selon la taille des portions. *61/1 Dechanuchit Rd (au coin de Naeb-Kehardt Rd, face au marché de nuit)* ***Hua Hin*** *Tél. 032 511 252 Ouvert tlj. 11h-16h et 18h-22h*

Et aussi...

Marchés de nuit

Bistrots, bars

Tong-mee House (plan 13, A1 n°40) Cet hôtel central, tout en hauteur, est une bonne affaire pour les petits budgets. Très bien tenues, simples mais agréables, les 7 chambres profitent toutes d'un balcon. La plus chère, au dernier étage, dispose d'une grande terrasse offrant une vue imprenable sur la ville. Accueil charmant. Double de 600 à 1 000B. *1 Soi Raumpown, Naeb-Kehardt Rd* ***Hua Hin*** *Tél. 032 530 725 http://tongmeehousehuahin.com*

Victor Guesthouse (plan 13, B1 n°41) Les bonnes raisons de choisir cet établissement ne manquent pas. D'abord sa situation : dans le centre de Hua Hin, mais au calme, à 10min

GAMME DE PRIX	RESTAURATION	HÉBERGEMENT
Très petits prix	moins de 100B	moins de 500B
Petits prix	de 100 à 300B	de 500 à 1 000B
Prix moyens	de 300 à 500B	de 1 000 à 2 200B
Prix élevés	de 500 à 1 000B	de 2 200 à 4 000B
Prix très élevés	plus de 1 000B	plus de 4 000B

à pied de la plage. Ensuite le cadre : les 60 chambres sont réparties dans un dédale de maisons plus ou moins anciennes, en teck pour certaines (les plus charmantes, mais pas toujours bien insonorisées). Compte tenu du choix, vous trouverez sûrement un hébergement à votre goût et adapté à votre budget. Enfin, vous pourrez demander conseil au sympathique propriétaire français pour rendre votre séjour à Hua Hin aussi agréable que possible. Double de 400 à 1 190B. *60 Naresdamri Rd* ***Hua Hin*** *Tél. 032 511 564 http://victorguesthousehuahin.com*

prix moyens

☺ **Sang Thai Seafood Restaurant (plan 13, B1 n°25)** Un incontournable si l'on aime le poisson et les fruits de mer. Sa vaste salle en plein air et son ponton n'ont rien de chic, mais le Sang Thai n'en attire pas moins les Hi-So (la grande bourgeoisie thaïe). Au menu figurent à peu près toutes les créatures marines comestibles, accommodées à toutes les sauces imaginables. Attention, l'addition grimpe vite. Comptez de 300 à 500B le repas, et bien plus avec du crabe de palétuvier (*mud crab*, 1800B le kg) ou de la langouste (3 500B le kg). *Naresdamri Rd (près du Fishing Pier)* ***Hua Hin*** *Tél. 032 512 144 Ouvert tlj. 10h-22h*

King's Home (plan 13, A1 n°42) Cette grande *guesthouse* remplie d'objets chinés dans toute l'Asie a le charme kitsch d'une vieille demeure familiale, l'accueil en prime. Les moins grandes (300-450B) des 9 chambres climatisées partagent une salle de bains, les autres (900-1 200B) disposent de la leur. La petite piscine du jardin permet de se rafraîchir, et la situation, dans un *soi* tranquille, est idéale. Petit déj. 50-100B. Café, thé et eau fraîche à disposition. *9/1 Poonsuk Rd, Soi Praephan* ***Hua Hin*** *Tél. 089 052 0490 ou 089 156 0146 http://huahinkingshome.blogspot.fr*

Baan Chalelarn Hotel (plan 13, A1 n°43) Central et impeccable, cet hôtel loue 12 grandes chambres élégantes et d'un excellent rapport qualité-prix : de 1 200 à 1 400B la double (TV, minibar, wifi et petit déj. inclus). Les plus chères, sur rue, disposent d'un petit balcon. Les clients ont accès à la piscine du Chalelarn Hotel, établissement de gamme supérieure (1 900-2 500B) et tout aussi recommandable, situé à deux pas. *11 Chomsin Rd* ***Hua Hin*** *Tél. 032 531 288 www.chalelarnhotel.com*

prix élevés

Brasserie de Paris (plan 13, B1 n°26) Si la cuisine française vous manque, voilà l'endroit où calmer votre nostalgie. Le cadre est élégant, avec une grande salle et une terrasse couverte donnant sur la plage. Poisson et fruits de mer sont bien sûr à l'honneur (avec notamment, une bouillabaisse au poisson-perroquet), mais les traditionnels chateaubriand, salade de chèvre chaud et aiguillettes de canard ne manquent pas au menu. La carte des vins est succincte, mais inclut de bonnes bouteilles, que vous pouvez aussi commander au bar du rez-de-chaussée. Menus à 795 et 995B, comptez de 800 à 1 400B à la carte. *3 Naresdamri Rd* ***Hua Hin*** *Tél. 032 530 637 ou 061 640 8635 www.brasseriedeparis.net Ouvert tlj. 11h-23h*

Mamma Mia (plan 13, B1 n°27) Mamma Mia se distingue des nombreux restaurants italiens de Hua Hin par la qualité de ses ingrédients et par son four à bois, d'où sortent de croustillantes pizzas (290-330B). La carte se concentre sur les classiques : pâtes (310-420B), risotto (360B), osso-buco (690B), et d'excellentes glaces, italiennes bien sûr ! Le soir, les élégantes tables nappées de blanc, sur la grande terrasse face à la mer, promettent un dîner romantique. *8/4 Naresdamri Rd* ***Hua Hin*** *Tél. 032 512 250 ou 081 852 2136 Ouvert tlj. 11h30-14h30 et 17h-22h30*

prix très élevés

☺ **Baan Bayan (plan 13, B2 n°44)** Face à la plage, un *boutique-hotel* de 21 chambres et suites, dont les prestations justifient amplement les tarifs. Le Baan Bayan occupe une villa en teck centenaire, soigneusement restaurée, et ses ailes modernes affichent le même style colonial raffiné. Piscine, bar, restaurant, massages et cours gratuits de yoga font partie des services proposés... et prodigués avec efficacité et courtoisie. Rien d'étonnant à ce que, pour la haute saison, il faille réserver plusieurs mois d'avance sa chambre donnant sur le mer ou le jardin tropical. Double à partir de 4 000B, suite dans la maison coloniale à partir de 5 200B, petit déj. inclus. *119 Petchkasem Rd* ***Hua Hin*** *Tél. 032 533 540 ou 086 166 4021 www.baanbayanresort.com*

Centara Grand Beach Resort & Villas (plan 13, B2 n°45) Installé en bord de mer, l'ancien Railway Hotel (p.243) demeure le fleuron de l'hôtellerie locale. Même sensiblement agrandi et rénové pour répondre aux normes du luxe contemporain, ce 5-étoiles a conservé une plaisante touche rétro. Les chambres avec balcon (les plus petites mesurent 37m²) et les villas (120m², Jacuzzi et piscine privée) donnant sur la mer ou le jardin bénéficient de hauts plafonds et de mobilier d'époque. Plusieurs bars - cf. Elephant Bar (p.245) - et restaurants de bonne tenue, une bibliothèque, quatre piscines, un spa, de nombreuses activités sportives, dont des cours de *muai thai*, et un personnel aux petits soins. Double à partir de 15 000B. *1 Damnoenkasem Rd* ***Hua Hin*** *Tél. 032 512 021 www.centarahotelsresorts.com*

Dans les environs

prix moyen

Sea Harmony À 5min à pied de la plage, un B&B dont les 5 chambres sont aussi accueillantes que tranquilles, et l'un des rares hébergements de la région à consentir un "geste" écologique : énergie solaire, recyclage des eaux usées, etc. La déco cosy chic du Sea Harmony et son charmant petit café donnant sur un jardin luxuriant ont des vertus apaisantes, et l'on s'y sent vite chez soi. Le village de Takiab plaira à ceux qui souhaitent s'éloigner (mais pas trop) de la trépidante Hua Hin. Double de 1 600 à 2 700B, petit déj. inclus. *8/10 Takiab 6* ***Khao Takiab*** *Tél. 085 109 2680 ou 095 953 8781 www.seaharmonyhuahin.com*

GAMME DE PRIX	RESTAURATION	HÉBERGEMENT
Très petits prix	moins de 100B	moins de 500B
Petits prix	de 100 à 300B	de 500 à 1 000B
Prix moyens	de 300 à 500B	de 1 000 à 2 200B
Prix élevés	de 500 à 1 000B	de 2 200 à 4 000B
Prix très élevés	plus de 1 000B	plus de 4 000B

Mu Ko Ang Thong National Park (p.323).

La restauration de rue (p.45), une institution en Thaïlande !

Reduce Global Warming

Jonque dans la baie de Phang-nga (p.413).

Bangkok, Chinatown (p.127).

THAI MASSAGE
ยา
TEX
THAI CHINESE FOOD
FOOD
CHINESE CUISINE

Ombrelles traditionnelles.

Phetchaburi, Tham Khao Luang (p.230).

Bangkok, détail d'une sculpture du domaine royal (p.99).

Ko Phi Phi Don (p.496).

L'éléphant (p.12) est l'animal emblématique du royaume.

Assortiment de plats à la vapeur, d'influence chinoise.

Ao Phang-nga National Park (p.417).

Adeptes du *muay thai* (p.44) à l'entraînement.

Sur une route du Sud, entre hévéas et palmiers à huile.

Bangkok, barge royale sur le Chao Praya, devant Ko Rattanakosin (p.99).

PRANBURI

Si la ville de Pranburi n'a rien pour retenir les voyageurs, elle n'en bénéficie pas moins de la proximité de deux parcs naturels aux paysages de carte postale et à la faune abondante, et surtout d'un littoral préservé, avec ses longues plages désertes jalonnées d'hôtels de charme, dont certains comptent parmi les plus sélects de Thaïlande. Autant d'atouts qui font du paisible village de pêcheurs de Pak Nam Pran une station balnéaire de plus en plus appréciée.

MODE D'EMPLOI

accès

EN VOITURE

Pranburi se trouve à 25km au sud de Hua Hin (40min par la route 4), et Pak Nam Pran, à 13km à l'est de Pranburi.

EN CAR

De Hua Hin Les bus ordinaires (toutes les 20min entre 7h et 17h, 1h de trajet, tarif AS 20B) partent de Sra Song Road, juste au sud du marché de nuit de Hua Hin, et déposent leurs passagers à l'angle de Phetchakasem Road et de New Rat Bamrung Road, route qui relie Pranburi à Pak Nam Pran.
De Prachuap Khiri Khan Les minibus en provenance du chef-lieu provincial s'arrêtent à 200m au sud de New Rat Bamrung Rd. Départ de Phetchakasem Road, toutes les 20min de 6h à 20h, 1h de trajet, AS 60B.
Jorrakae La compagnie de minibus "Crocodile" assure une liaison directe entre Bangkok (Phahon Yothin Road, à l'est de Victory Monument) et les principaux hôtels de Pak Nam Pran et de Dolphin Bay (toutes les heures de 5h à 20h, de 4h à 19h en sens inverse, 4h de trajet, tarif AS 300B, réservation conseillée). *Tél. 089 171 4844 ou 089 170 4340*

EN TRAIN

Gare SRT de Pranburi Un train/j. en provenance de Bangkok (départ de la gare de Hualamphong à 15h35, arrivée à 20h34, AS 98-421B) et un autre de Thonburi (départ 7h30, arrivée 12h16, AS 45-104B). *4km à l'est de Pranburi, sur la route de Pak Nam Pran Tél. 1690 www.railway.co.th*

orientation

Le village de Pak Nam Pran est établi juste au sud de l'estuaire du Pranburi, d'où sa plage se prolonge sur 7km jusqu'au mont Khao Kalok. Derrière celui-ci se cache Dolphin Bay, autour de laquelle s'étend le parc national de Khao Sam Roi Yot. Une bonne route côtière suit la majeure partie de ce littoral.

se déplacer

Les transports en commun sont inexistants et les attractions touristiques assez éloignées les unes des autres. Le vélo est bien adapté aux agréables (et plates !) portions de route littorales, parfois doublées d'une piste cyclable. Certains hôtels en prêtent, d'autres louent des deux-roues : 100-

200B/j. le vélo, 250-350B/j. le scooter. Un trajet entre Pranburi et Pak Nam Pran revient à 300B en taxi et à 120B à moto-taxi.

informations pratiques

Bangkok Bank L'unique distributeur de billets de Pak Nam Pran. *Pasook Wanich Rd (à côté du poste de police) Pak Nam Pran*

Pranburi Hospital *Route 1020 Pranburi (1km à l'est de la ville) Tél. 032 825 565*

DÉCOUVRIR

☆**Les essentiels** Le parc national de Kui Buri **Découvrir autrement** Remontez le Pranburi en bateau électrique, allez pêcher le calmar au large

Pranburi et Pak Nam Pran

La ville même de Pranburi, traversée par la grand-route 4, n'a pas grand intérêt. La plupart des sites touristiques se trouvent sur la côte.

Pak Nam Pran Le nom de ce bourg (env. 10 000 hab.), "embouchure du fleuve Pran", précise sa situation. Son port s'anime le soir, à l'heure où les bateaux de pêche colorés prennent la mer, et tôt le matin quand ils déchargent leur cargaison de calmars, la spécialité locale. De nuit, vous apercevrez au large les néons verts qui signalent les équipages en action. De jour, l'odeur des calmars qui sèchent au soleil vous guidera jusqu'au port. La **plage** de Pak Nam Pran s'étire sur 7km. Sa portion nord, très étroite, est protégée par une digue en béton. C'est donc tout naturellement dans sa portion sud, plus adaptée au farniente, que se concentrent les établissements touristiques. Faible en semaine, l'affluence augmente sensiblement le week-end, notamment à l'extrémité sud de la plage, à l'ombre du **Khao Kalok**. Un sentier serpente jusqu'au sommet de ce "mont du Crâne " (124m) et à son point de vue.

Pranburi Forest Park Ce parc forestier bordé d'une jolie plage abrite un sentier nature aussi agréable qu'instructif : un ponton sur pilotis traçant à travers la mangrove une boucle de 1km ombragée et ponctuée de panneaux explicatifs. À mi-parcours, on peut embarquer pour une balade sur les canaux (durée 1h, tarif 500B/bateau d'une capacité max. de 8 pers.), l'occasion d'observer de plus près cet écosystème et sa faune. Vous trouverez près de la plage un restaurant (ouvert de 8h à 17h), un terrain de camping (50B/pers., tentes à louer 300B) et des bungalows assez basiques (de 1 500 à 2 000B pour 6-10 pers., réservation au bureau du parc). *Route 3185 (à vol d'oiseau, le parc n'est qu'à 2km de Pak Nam Pran, mais il faut faire un détour de près de 10km pour franchir le cours du Pranburi. De Pak Nam Pran, suivre les panneaux indiquant le parc et, passé le pont, la première à droite. Au bout cette route, bifurquer à gauche sur le sentier au niveau de l'hôtel Lawana Escape) Tél. 032 621 608 ou 061 464 4951 www.dnp.go.th/parkreserve Ouvert tlj. 9h-18h Entrée libre*

GEOPLUS

Une semaine dans le Centre-Sud

Plages paradisiaques, culture, histoire, gastronomie, sport et nature sont les saveurs de cette région. Ingrédients d'un cocktail que l'on dose à son goût, du plus zen au plus festif.

Jour 1

MATIN

Phetchaburi (p.227) Profitez de l'animation matinale du **Central Market** (p.231)avant de monter en funiculaire au **Phra Nakhon Khiri Historical Park – Khao Wang** (p.229) visiter l'ancien palais d'été de Rama IV et admirer la ville en contrebas. Redescendez à pied vers le centre et goûtez aux spécialités salées-sucrés de **JM Cuisine** (p.236). Dégustez sur place ou sur Phetkasem Road un des desserts qui font la réputation de "Phetburi" (p.231).

APRÈS-MIDI

Vous voici plein d'énergie pour pédaler jusqu'au **Tham Khao Luang** (p.230) et explorer ce sanctuaire rupestre. De retour en ville, profitez de la fin d'après-midi pour vous ressourcer au **Wat Yai Suwannaram** (p.230) et au **Wat Mahathat Worawihan** (p.230), deux imposants témoins de la longue histoire de la ville. Après avoir flâné dans les *soi* voisins de Suwanmunee Road, dégustez un cocktail au calme chez **Cucina** (p.229).

SOIRÉE

Dînez chez **Mondee** (p.237) pour profiter de sa terrasse sur le fleuve Phetchaburi et de son animation musicale.

Jour 2

MATIN

Hua Hin (p.239) De Phetchaburi, faites le trajet en train... et une entrée royale dans la magnifique **Hua Hin Railway Station** (p.242). Profitez du reste de la matinée pour flâner dans cette vénérable station balnéaire : appréciez l'animation du **Chatchai Market** (p.244) et admirez les vieilles maisons en bois voisines du **Fishing Pier** avant d'aller vous régaler de fruits de mer au **Sang Thai Seafood Restaurant** (p.250).

APRÈS-MIDI

Après tant d'activité, il est temps d'aller vous prélasser sur la longue **plage de Hua Hin** (p.243). Au programme, bronzette, baignade et balade sur la grève blonde, ou initiation au **kitesurf** cf. Kiteboarding Asia (p.245). Finissez l'après-midi par une promenade dans le parc de l'**ancien Railway Hotel** (p.243), puis un cocktail chic dans le cadre délicieusement rétro de son **Elephant Bar** (p.245).

SOIRÉE

Gourmands et gastronomes ne voudront pas manquer le **Hua Hin**

Night Market (p.245). À faire suivre d'une balade digestive dans les allées du marché artisanal voisin, **Chatsila Market** (p.243).

Jour 3

MATIN
Louez un scooter pour explorer les environs de Hua Hin. Commencez par la visite du **Phra Ratchaniwet Mrigadayavan** (p.247), le beau palais sur pilotis de Rama VI. Puis allez chiner ou découvrez l'exposition du moment au **Baan Silapin – Art Village** (p.246). Un petit restaurant vous permettra de reprendre des forces sur place.

APRÈS-MIDI
Grimpez au sommet de **Khao Takiab** (p.246) pour admirer l'interminable plage de Hua Hin, avant de filer vers le Sud et les rubans de sable plus modestes mais nettement plus tranquilles de **Hat Khao Tao et Hat Sai Noi** (p.248). Sur le chemin du retour, arrêtez-vous au **Hua Hin Hills Bistro** (p.245) pour goûter le(s) vin(s) thaïlandais.

SOIRÉE
Les bons restaurants ne manquent pas dans cette station balnéaire chic. Laissez-vous guider par vos envies : italien au **Mamma Mia** (p.250), ou français à la **Brasserie de Paris** (p.250).

Jour 4

MATIN
Khao Sam Roi Yot National Park (p.283) Pour en découvrir les merveilles, vous pouvez décider de poser votre valise à **Pak Nam Pran** (p.277), à **Dolphin Bay** (p.287) ou dans le parc même, cf. Séjourner à Khao Sam Roi Yot (p.288). Quoi qu'il en soit, un scooter facilitera vos déplacements. Profitez de la fraîcheur matinale pour affronter l'abrupt sentier menant au sommet du **Canal de Khao Daeng** (p.287) et admirer les majestueux pics karstiques qui ont fait la renommée du parc. Dirigez-vous ensuite vers la splendide **Hat Laem Sala** (p.286), une plage accessible en bateau ou à pied, où vous trouverez un petit restaurant.

APRÈS-MIDI
Une fois ragaillardi, grimpez jusqu'au joyau du parc, **Tham Phraya Nakhon** (p.286), une grotte féerique renfermant un petit pavillon royal. Remettez-vous de tous vos efforts sur la plage de Hat Laem Sala, puis reprenez la route vers **Thung Sam Roi Yot** (p.286). Ce gigantesque marais attire des myriades d'oiseaux que l'on observe plus facilement au coucher du soleil.

SOIRÉE
Ce littoral paisible accueille de luxueux hôtels et des tables gastronomiques. Offrez-vous le plaisir de dîner à l'**Aleenta Restaurant** (p.283).

Jour 5

MATIN
Chumphon (p.301) Où que vous ayez dormi, vous passerez une bonne partie de la matinée sur la route qui mène à Chumphon. Profitez-en pour contacter par téléphone l'agence **New Infinity Travel** (p.306) et fixer les détails de votre croisière de l'après-midi. À votre arrivée, prenez le temps d'observer le bal des salanganes dans le ciel, et goûtez à leurs fameux nids au **Chumphon Rang Nok Shop** (p.305).

APRÈS-MIDI

Embarquez pour une minicroisière à la découverte du **Mu Ko Chumphon National Park** (p.304), dont les îles et les fonds coralliens justifient amplement votre étape à Chumphon.

SOIRÉE

Dînez et flânez au **Night Market** (p.306) avant de régler votre réveil pour un départ avant l'aube.

Jour 6

MATIN

Ko Pha Ngan (p.332) En embarquant sur le premier bateau, vous arriverez en milieu de matinée. Prenez le pouls de l'île en faisant une pause-café chez **Nira's Home Bakery** (p.345). Après avoir déposé vos bagages à votre hôtel et loué un scooter, rafraîchissez-vous sur la plage la plus proche. Gagnez **Thong Sala** (p.335) pour déjeuner sur le pouce au **Phantip Food Center et Night Market** (p.345).

APRÈS-MIDI

Avec **Phangan Bicycle Tours** (p.337), partez à vélo à la découverte du cœur verdoyant de l'île en suivant de bucoliques sentiers **OU** offrez-vous une séance de plongée (p.339). Puis allez admirez le coucher du soleil des hauteurs de l'**Amstardam Bar** (p.343).

SOIRÉE

Dîner à **L'Alcôve** (p.348) dans une ambiance jazzy et laissez-vous bercer par le ressac.

Jour 7

MATIN

La grande île de Pha Ngan offre un vaste territoire à explorer. Longez la côte ouest, en profitant de vues sublimes, jusqu'à **Ao Mae Hat** (p.341), une baie paradisiaque ponctuée d'un charmant îlot propice au *snorkeling*. Poursuivez votre route jusqu'au village de pêcheurs de **Chalok Lam** (p.338) et attablez-vous dans l'un de ses restaurants de fruits de mer, tel le **Haithong Seafood** (p.347).

APRÈS-MIDI

Suivez la route qui remonte vers l'intérieur jusqu'au **Jaomae Kuanim** (p.342), un exubérant temple chinois qui jouit de vues imprenables sur la côte nord. Puis allez vous rafraîchir dans les cascades du **Than Sadet-Ko Pha Ngan National Park** (p.342) ou en savourant une glace de **Pha Ngan Home Made Ice Cream** (p.342). Finissez votre *road trip* par un massage au **Wat Pho** (p.337), dans une ambiance on ne peut plus sereine.

SOIRÉE

Après un festin de fruits de mer au **Fisherman's Restaurant** (p.346), allez faire la tournée (d'adieu) des bars de Hat Rin, tels le **Cactus Bar** (p.344) et le **Drop-in Bar** (p.344). Et si votre visite coïncide avec la pleine lune (p.344), oubliez tout ce qui précède, et amusez-vous bien !

● Où goûter des spécialités gourmandes ?

Marché de Pak Nam Pran L'ananas arrive en deuxième place, juste après les calmars, parmi les spécialités locales. Inspectez les étals et les abords de ce petit marché couvert pour acheter ces fruits frais – délicieux saupoudrés de piment – ou confits (*sapparot kwon*). *Pasook Wanich Rd* ***Pak Nam Pran*** *Ouvert tlj. 6h-15h*

● Explorer la mangrove, pêcher le calmar

☺ **Mermaid Cruises** Embarquez sur un bateau électrique et remontez le cours du Pranburi aussi silencieusement que possible pour mieux respecter l'environnement – un effort d'autant plus louable qu'il est rare en Thaïlande. Cette croisière d'une journée (1 950B, prise en charge à l'hôtel et déj. inclus) explore la mangrove du Pranburi Forest Park avant de remonter le fleuve. L'occasion d'observer une nombreuse avifaune (martins-pêcheurs, aigrettes, calaos bicornes, balbuzards...), des singes et des varans, mais aussi les pêcheurs à l'œuvre. Le soir, joignez-vous à eux pour aller chasser au large les fameux calmars, que vous dégusterez grillés à bord (départ à 18h retour à 22h, 1 250B/pers., prise en charge à l'hôtel comprise). *77/5 Moo 1* ***Pak Nam Pran*** *Tél. 032 632 223 ou 084 800 7400 http://huahincruises.com*

● S'adonner au kitesurf

Kiteboarding Asia Avec un terrain de jeu de 7km de long, une plage peu fréquentée et un vent qui, de novembre à avril, permet de jouer dans les vagues les trois quarts du temps, Pak Nam Pran figure parmi les meilleurs spots de kitesurf de Thaïlande. Ce centre affilié à la KBA loue tout le matériel nécessaire et dispense des cours de qualité (à partir de 4 000B les 2 ou 3h). L'hôtel-restaurant connexe, le Beach House (chambres basiques et défraîchies, 700-1 200B, www.beach-housepranburi.com) est, vous vous en doutez, un repaire de kitesurfeurs. *Beach Rd (juste au sud du Palm Beach Resort)* ***Pak Nam Pran*** *Tél. 083 541 1812 ou 089 743 5564 www.kite-thailand.com*

Les environs de Pranburi

☆ **Kui Buri National Park** Avec les monts Tenasserim couverts de forêt tropicale humide comme décor, ce parc de 969km² est réputé pour sa faune abondante et aisément observable. Il abrite, notamment, une centaine de gaurs (*Bos gaurus*), ou buffles sauvages, et quelque 320 éléphants, ce qui en fait le meilleur endroit du pays pour admirer ces majestueux animaux. La meilleure saison pour visiter le parc s'étend de décembre à avril. On ne peut l'explorer que l'après-midi, de 14h au crépuscule, et sous la conduite d'un guide dont on aura loué les services et le véhicule (à partir de 850B/véhicule d'une capacité max. de 6 pers.) à l'accueil. À côté de ce dernier ont été aménagés un terrain de camping (30B l'emplacement, location de tente 320B) et des bungalows convenables (1 800B pour 6 pers., sdb commune). **Bureaux du parc** *Moo 9* ***Baan Yan Sue*** *(55km au sud-ouest de Pranburi par les routes 4 puis 3217) Tél. 032 646 292 www.thainationalparks.com/kui-buri-national-park http://www.dnp.go.th Ouvert tlj. 8h30-18h30 Tarif 200B, enfants 100B*

CARNET D'ADRESSES

Restauration, hébergement

Rappelons que vous pourrez séjourner dans le parc forestier de Pranburi (p.277) et que les hôtels et restaurants de Dolphin Bay (p.287) ne sont qu'à une dizaine de kilomètres au sud de Pak Nam Pran. Peut-être aurez-vous envie de vous offrir l'un des luxueux *resorts* qui profitent de la tranquillité de ce littoral, tel le Sheraton Hua Hin et ses villas avec piscine ou, plus déroutant, le Villa Maroc : une médina presque plus vraie que nature avec ses riads, villas, piscines, hammams et son bar à chicha, transplantée à 4km au sud de Pak Nam Pran. **Sheraton Hua Hin Resort & Spa** À partir de 6 900B. *Tél. 032 708 000 www.sheratonhuahinpranburi.com* **Villa Maroc** À partir de 10 000B la double. *www.villamarocresort.com*

petits prix

Very Good Restaurant Établi au beau milieu de nulle part, le long de la route côtière, ce petit restaurant ouvert à tout vent est plébiscité par les *farang*. Il faut dire qu'il mérite son nom. Au nombre de ses spécialités figurent d'excellents steaks grillés (250 à 500B) et une bonne sélection de fruits de mer préparés à la thaïe, dont les fameux calmars de Pak Nam Pran, mijotés à la vapeur avec un filet de citron vert (150B) ou simplement frits (150B). Pour les petites faims, des salades (100 à 200B), des hamburgers (120B) et des sandwichs (120B). *Beach Rd (2km au sud du village)* ***Pak Nam Pran*** *Tél. 090 989 6670 Ouvert tlj. 10h-21h*

prix moyens

Udom Pochana Restaurant Une de ces grandes cantines de bord de mer, où de longues tablées de Thaïlandais en goguette se régalent de fruits de mer avec le bruit des vagues en fond musical. Au calmar, la spécialité locale servie frite, séchée, cuite à la vapeur ou en cassolette (150-200B), s'ajoutent différents poissons et crustacés parfaitement cuisinés. Terrasse ombragée et service professionnel. Comptez de 300 à 400B le repas. *312/1 Moo 2 (Beach Rd)* ***Pak Nam Pran*** *Tél. 032 631 054 Ouvert tlj. 10h30-22h30*

The Cellar Moins formel que son grand frère installé à l'étage, le bistrot de l'Aleenta Resort & Spa (p.283) n'utilise que des produits locaux et bio pour concocter ses *fish & chips* (320B) et ses raviolis au fromage de chèvre (240B). Comptez de 400 à 700B le repas. *Aleenta Resort 183 Moo 4 (Beach Rd) Sam Roi Yot Tél. 032 618 333 ou 089 918 8125 www.aleenta.com Ouvert tlj. 12h-15h et 18h-21h*

Palm Beach Resort Son enseigne ne rend pas hommage à ce charmant petit hôtel familial, que seule une rue sépare de la plage. L'établissement ne comptant que 10 chambres, il n'y a jamais foule autour de la petite piscine d'eau de mer ni au bar. Les chambres, sobrement rafraîchies en 2014, bénéficient d'un bon confort : réfrigérateur, bouilloire, wifi, sèche-cheveux dans la sdb et petite terrasse. Celles du rez-de-chaussée sont pensées pour les familles (2 ou 3 lits, 3 000B). Comptez 2 000B la double, avec un copieux petit déj. Accueil sympathique en anglais. *494 Moo 2 (Beach Rd)* ***Pak Nam Pran*** *Tél. 085 921 5533 www.palmbeachresort.com*

prix élevés

☺ **Aleenta Restaurant** Ouvert à tous et au vent du large, le restaurant principal de l'Aleenta Resort & Spa (cf. ci-dessous) ne compte que 7 tables. Les heureux convives profitent d'une vue dégagée sur la mer et d'un menu qui défie les frontières (sushis à la mode thaïe 200-240B ; *Mediter-Asian Pizza* 280-320B), sans oublier les classiques thaïs. Le service est, bien sûr, sans faille. Comptez de 500 à 1 000B. *Aleenta Resort 183 Moo 4 (Beach Rd) Sam Roi Yot Tél. 032 618 333 ou 089 918 8125 www.aleenta.com Ouvert tlj. 12h-21h*

prix très élevés

☺ **Aleenta Resort & Spa** Ce complexe de charme aux faux airs méditerranéens et au luxe contemporain se distingue par sa taille (23 chambres spacieuses, des suites et des villas de 2 à 5 chambres) et la qualité de ses deux restaurants. Un dédale d'escaliers qui serpentent entre le blanc éclatant des bâtiments, le vert des palmiers et le turquoise des piscines à débordement le relie à la plage. Un bel endroit pour se faire plaisir. Double à partir de 5 500B avec le petit déj. Bibliothèque, salle de fitness, cours de yoga, spa, boutique et nombreux services. *183 Moo 4 (Beach Rd)* ***Sam Roi Yot*** *Tél. 032 618 333 ou 089 918 8125 www.aleenta.com*

Evason Hua Hin Rafraîchi par des bassins de nénuphars et une grande piscine donnant sur le golfe de Thaïlande, le vaste parc tropical abrite 196 chambres (34m² pour les plus modestes), suites et villas (avec piscine privative) alliant confort dernier cri et élégance contemporaine. Un restaurant de spécialités thaïes, un italien et un troisième utilisant la production du potager bio, un bar et une cave à vins, un centre de remise en forme, un spa Six-Senses, des activités diverses (parties de pêche, randos vélo, cours de yoga et de cuisine, ateliers pour les enfants, etc.) et tous les services que l'on peut attendre d'un 5-étoiles. À partir de 6 900B la chambre double. *9 Moo 5 Au nord de la plage, 1km au sud de* ***Pak Nam Pran*** *Tél. 032 632 111 www.sixsenses.com/evason-resorts*

★ KHAO SAM ROI YOT NATIONAL PARK

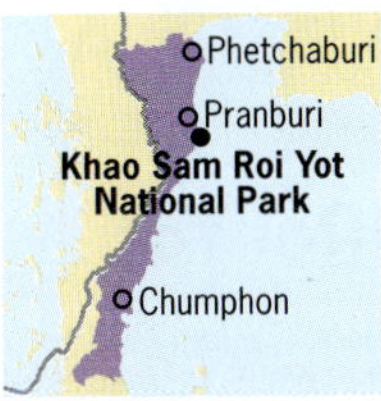

Le premier parc maritime de Thaïlande a été créé en 1966 pour protéger la "montagne aux Trois Cents Pics" (*Khao Sam Roi Yot*) et ses abords, un massif karstique dont les impressionnants éperons calcaires criblés de grottes culminent à 605m d'altitude, dominant un paysage de forêts de palétuviers et de palmiers *Nypa*, de lagunes, de plages désertes et une poignée d'îlots colonisés par les singes. Ce domaine préservé englobe aussi, depuis 1982, le plus grand marais d'eau douce du pays, le Thung Sam Roi Yot.

MODE D'EMPLOI

accès

Le parc est situé à 30km au sud de Pranburi, 55km de Hua Hin et 50km au nord de Prachuap Kiri Khan.

orientation

Le parc national s'étend sur 98km², à l'est de la route 4. Il est traversé du nord au sud par la route 1020, que la 1021 (dans sa partie septentrionale) et la 1026 (dans sa partie méridionale), relient à la route 4. Phu Noi (Dolphin Bay) n'est qu'à quelques kilomètres de la plage de Laem Sala, "porte" nord du parc. L'entrée principale du Khao Sam Roi Yot est située à Khao Daeng, à sa lisière sud.

informations touristiques

Kao Daeng Visitors Centre Installé à l'entrée sud du parc, son QG n'est pas un point de passage obligé, mais ses gardiens anglophones sont de bon conseil. Une autre antenne à Laem Sala et une troisième au bord du Thung Sam Roi Yot (mêmes horaires). *Moo 2,* ***Ban Khao Daeng*** *Tél. 032 821 568 www.dnp.go.th/parkreserve Ouvert tlj. 8h30-16h30*

informations pratiques

Le parc est ouvert tlj. de 8h à 16h30. La meilleure période pour le visiter est janvier-février, lorsque des oiseaux migrateurs viennent grossir l'avifaune résidente. Le droit d'entrée s'élève à 200B et s'acquitte à n'importe point d'accès ou attraction du parc (kiosques ou Visitor Centre). Veillez donc à bien conserver votre ticket.

se déplacer

L'absence de transports publics et la distance qui sépare les différentes attractions du parc ne facilitent pas sa visite. Vous pouvez envisager de louer un vélo pour gagner les sites côtiers si vous séjournez à Dolphin Bay, voire à Hua Hin, cf. Velo Hua Hin (p.248). La location d'un scooter est certainement l'option la plus pratique et la plus économique pour visiter le parc en solo (dans tous les hôtels, 250 à 350B/j.). Sinon, affrétez un *songteo* (min. 1 500B/j.), ou louez les services d'un guide motorisé.

Lamai Tongsuk Ce guide indépendant vous fera partager – en anglais – sa connaissance du secteur et de sa faune. Comptez 300B pour une balade de 1h et 1 500B la demi-journée avec véhicule (max. 4 pers.). *Tél. 089 533 8664*

DÉCOUVRIR

☆ **Les essentiels** La grotte de Tham Phraya Nakhon, le marais de Thung Sam Roi Yot **Découvrir autrement** Débutez la visite par l'ascension du mont Khao Daeng, passez une nuit à Hat Laem Sala

Le parc national de Khao Sam Roi Yot

Même si le parc n'est pas très étendu, la variété de ses écosystèmes humides lui vaut une avifaune particulièrement riche : quelque 300 espèces terrestres et surtout aquatiques (pygargue à ventre blanc, milan sacré, aigrette d'Australasie, tantale indien, talève sultane, pluvier de Péron, chevalier arlequin, etc.), dont une centaine de migrateurs, visibles en janvier-février. Les macaques crabiers qui vivent en clans dans la mangrove se laissent aisément observer, mais il est plus difficile de repérer un chat pêcheur ou viverrin (*Prionailurus viverrinus*), félin aux pattes partiellement palmées qui chasse en solitaire dans les zones humides. Les hauteurs boisées et impénétrables du parc sont le territoire du timide saro de Sumatra (*Capricornis sumatrænsis*, un caprin menacé), du muntjac indien,

Activités sportives côté terre

À vélo

Velo Hua Hin (Hua Hin) — 248
Phangan Bicycle Tours (Ko Pha Ngan) — 337
Eco Island Vehicules (Ko Yao Noi) — 414
Siam Bike Tours (Phuket) — 454
Krabi Eco Cycle (Ao Nang) — 487

À pied

Nam Tok Khlong Chao (Ko Kut) — 214
Kaeng Krachan National Park (Phetchaburi) — 234
Samui Trekking (Ko Samui) — 323
Khao Ra (Ko Pha Ngan) — 342
John Suwan Rock (Ko Tao) — 358
Khao Luang National Park (Nakhon Si Thammarat) — 370
Khao Phra Thaeo Wildlife Sanctuary (Phuket) — 457
Khao Phanom Bancha National Park (Krabi) — 477
Ko Phi Phi Don — 499

Pour la photo

San Chao Phaw Khao Yai (Ko Sichang) — 164
Wat Khao Sukim (Chanthaburi) — 196
Khao Thong Chai (Bang Saphan Yai) — 297
Belvédère de Wua Talap (Ko Samui) — 323
Wat Tham Ta Pan (Phang-nga) — 415
Khao Rang (Phuket) — 436
Big Buddha (Phuket) — 441
Wat Tham Sua (Krabi) — 476
Tup Kaek-Hang Nak Nature Trail (Ao Nang) — 486
Pha To Bu (Ko Tarutao) — 540
Pha Chado (Ko Tarutao) — 541

Sur une paroi rocheuse

The Mountain Shop (Ko Yao Noi) — 420
Presqu'île de Phra Nang (Ao Nang) — 488
Ko Phi Phi Don — 498
Ko Laoliang (Ko Sukorn) — 526

Sur l'eau

Khlongs (Bangkok) — 134
Mermaid Cruises (Pranburi) — 281
Canal de Khao Daeng (Khao Sam Roi Yot) — 287
Lac de Cheow Lan (Khao Lak) — 407
Sealand Camp (Phang-nga) — 417

Sur un green

SabaiSabai Golf (Hua Hin) — 245
Mission Hills Golf Resort (Phuket) — 458
Red Mountain Golf Club (Phuket) — 459
Loch Palm Golf Club (Phuket) — 459

Sur un ring

Fairtex Sports Club (Pattaya) — 175
KYN Muai Thai Gym (Ko Yao Noi) — 421

ou cerf aboyeur, et d'un adorable primate, le semnopithèque obscur. Au large, enfin, il n'est pas rare d'apercevoir des dauphins. *Tél. 032 821 568 www.thainationalparks.com/khao-sam-roi-yot-national-park*

Khao Daeng À proximité du centre d'information et de son petit restaurant ont été aménagés plusieurs sentiers de découverte. Celui qui gravit le **mont Khao Daeng** (1h AR, de préférence tôt le matin pour profiter de la fraîcheur et d'une meilleure visibilité) débute à 400m au nord du centre. L'observatoire aménagé au sommet, à 157m d'altitude, offre une vue d'ensemble du parc, de ses majestueux pics moussus jusqu'aux plages frangées de filaos, avec entre les deux, de part et d'autre de la route 1020, la vaste zone déboisée dans les années 1990 pour laisser place à des élevages de crevettes et de poissons qui menacent l'équilibre écologique du parc. Du village de pêcheurs de Ban Khao Daeng, à 2km au nord du centre d'information, on peut partir en croisière sur les chenaux de la mangrove, cf. Canal de Khao Daeng (p.287).

Hat Sam Phraya Sur cette jolie plage se côtoient un restaurant basique (lun.-ven. 7-21h, jusqu'à 22h le week-end) et un terrain de camping ombragé, cf. Séjourner à Khao Sam Roi Yot (p.288). *5km au nord de Khao Daeng*

Tham Sai Un sentier (280m, 30min AR) escarpé et rocailleux dessert cette vaste grotte au sol inégal et glissant, garnie d'impressionnantes stalactites et stalagmites et d'une fontaine pétrifiée. Vous pourrez louer une lampe à l'entrée (60B)... et faire une pause-repas à Ban Khung Thanod, le tranquille village de pêcheurs installé au pied de la colline, cf. Tumsai Seafood (p.287). ***Ban Khung Thanod*** *(5km au nord de Hat Sam Phraya)*

☺ **Hat Laem Sala** Longue de 1km, verdoyante et cerné de pics majestueux, la plus belle plage du parc convient parfaitement à la baignade des enfants. Du grand parking pourvu de stands de restauration, on peut la rejoindre à pied (500m, 20min de marche, le sentier passe par dessus une colline) ou en barque (400B AR ou 200B AS pour 8 pers. max., 10min de trajet). Point de départ du sentier qui mène au Tham Phraya Nakhon, l'attraction principale du parc, Laem Sala n'en conserve pas moins la quiétude des endroits isolés. Pour en profiter plus longuement, réservez l'un de ses bungalows, cf. Séjourner à Khao Sam Roi Yot (p.288). *8km au nord de Tham Sai*

☆☺ **Tham Phraya Nakhon** Joyau du parc et symbole de la province de Prachuap Khiri Khan, cette immense grotte doit son nom à un seigneur de Nakhon Si Thammarat qui la découvrit par hasard, au XVIIIe siècle, alors qu'il cherchait à s'abriter d'une tempête. La voûte s'est effondrée depuis, sous l'effet de l'érosion pluviale, et une féerique lumière zénithale auréole la doline. Sur son écrin de verdure se détache le Phra Thinang Khuha Kharuhat, un somptueux pavillon construit en 1896 à l'occasion d'une visite de Rama V. L'abrupt sentier qui grimpe jusqu'à la grotte (500m, dénivelé 130m, 30min AS) part de la plage de Laem Sala.

☆ **Thung Sam Roi Yot** Le plus grand marais de Thaïlande, qui s'étend sur près de 30km², au pied occidental du massif, près du village de Rai Kao, est assurément l'un des sites les plus intéressants du parc. Dans ses roselières nichent, en effet, de nombreux oiseaux aquatiques. Un réseau de pontons, long de 1,5km et rythmé par des gloriettes, permet d'observer ses hôtes de plus près – de préférence au coucher du soleil – avec de magnifiques pics karstiques en toile de fond. *À 40km au nord-ouest de Khao Daeng en prenant la route 2026 pour contourner la montagne, puis la route 4 en direction du nord pour bifurquer vers l'est au km 275,6, en suivant le panneau "Nature Study Centre"*

● Explorer la mangrove

Canal de Khao Daeng Embarquez à Ban Khao Deng pour une croisière de 1h (500B/bateau d'une capacité max. de 6 pers.) sur le *klong* Khao Daeng pour naviguer dans la mangrove jusqu'à la mer. Une excursion particulièrement agréable en début ou en fin de journée. *2km au nord de Khao Daeng Ouvert tlj. 8h-18h*

● Observer les oiseaux Avec près de 300 espèces répertoriées, le parc comblera les amateurs d'ornithologie. Les sites Internet www.thainationalparks.com/khao-sam-roi-yot-national-park/wildlife et www.thaibirding.com fournissent la liste détaillée des oiseaux qui résident dans le parc ou le fréquentent et des meilleurs endroits où les observer. Pour une découverte plus approfondie, joignez M. **Lamai Tongsuk** (cf. Mode d'emploi, se déplacer).

Les environs du parc national

Dolphin Bay La majestueuse baie qui déploie son croissant de sable sur 7km au sud du mont Khao Kalok doit son nom aux dauphins de l'Irrawaddy (*Orcælla brevirostris*), une espèce gravement menacée qui fréquente ses eaux. Étroite, voire inexistante à marée haute, dans la partie nord de la baie, la plage de sable fin s'élargit et prend le nom de **Hat Sam Roi Yot** dans sa partie sud. La plupart des hôtels de la baie sont regroupés dans ce secteur, aux abords de **Ban Phu Noi** (5km au sud de Pak Nam Pran). Ce paisible village doté d'un marché de nuit, de quelques restaurants, commerces, distributeurs de billets et loueurs de deux-roues constitue une excellente base pour explorer le parc national de Khao Sam Roi Yot. En kayak (tous les hôtels en prêtent ou en louent autour de 120B/h), vous pourrez aller rendre visite aux macaques crabiers qui se sont approprié la petite **Monkey Island**. *Baan Phu Noi*

CARNET D'ADRESSES

Restauration, hébergement

petits prix

Tumsai Seafood Quelques tables en plastique sous un toit de tôle, voilà à quoi se résume ce bon petit restaurant qui permet de faire une pause agréable à Ban Khung Thanod, le village de pêcheurs voisin de la grotte de Tham Sai. Au menu, crabe nature ou au curry (prix variable), calmars au basilic (150B), crevettes aux nouilles de riz (200B). Comptez de 200 à 400B le repas. *À 50m au sud du kiosque du parc national*

Ban Khung Thanod Tél. 081 194 3440 ou 086 164 1556 Ouvert tlj. 9h-17h

Dans les environs

petits prix

Blue Beach Resort Ses 14 bungalows sont regroupés à 100m de la plage de Dolphin Bay, au fond d'un *soi* tranquille. Simples, mais propres, ils disposent tous d'une terrasse donnant sur un jardin avec piscine. Les plus chers (1 000B pour deux, petit déj. compris) sont bien plus vastes et plus confortables que les bungalows *standard* (850B). Un accueil souriant et des attentions (kayak gratuit) qui font la différence. Petit restaurant de spécialités thaïes (150-300B le repas). *185 Moo 5* ***Dolphin Bay*** *Tél. 032 559 314 ou 083 155 8948 www.bluebeachresort.net*

prix moyens

Dolphin Bay Resort Un point de chute tout indiqué pour les familles. Les bâtiments s'étirent dans un beau jardin ombragé de palmiers, agrémenté de deux piscines et d'une aire de jeux. La plage s'étend juste de l'autre côté de la rue. Aux activités proposées (kayak, vélo, excursions, etc.) s'ajoutent un appréciable service de garderie et un bar-restaurant (vaste choix de spécialités thaïes et internationales ainsi que des plats spéciaux pour les enfants, 150-400B le repas). Les chambres n'ont rien de spectaculaire, mais elles sont vastes et confortables. Celles de l'étage, plus calmes et dotées d'un balcon, sont les plus abordables. Double de 1 700 à 2 800B. Suite de 2 chambres 4 590B et 3 chambres 5 990B. Également des villas de 6 chambres. Petit déj. buffet 100-150B. Service agréable. *227 Moo 4* ***Dolphin Bay Sam Roi Yot*** *Tél. 032 559 333 www.dolphinbayresort.com*

prix élevés

Away Boutique Resort Vous vous sentirez effectivement loin de tout

Séjourner à Khao Sam Roi Yot

Le parc national abrite plusieurs structures d'hébergement, que l'on peut réserver jusqu'à 60j. d'avance (tél. 025 620 760, www.dnp.go.th/parkreserve). La plage de **Laem Sala** est de loin l'endroit le plus séduisant, avec 8 bungalows rustiques mais propres (1 600-2 200B, 4-9 pers., ventilateur, sdb extérieure avec eau froide) et un terrain de camping sous les arbres (30B/tente, location de tente 150-225B, matelas et literie 50B ; réservation facultative). Restaurant sur place (6h à 16h). Un agréable terrain de camping ombragé donne directement sur la plage de **Hat Sam Phraya** (30B l'emplacement, location de tentes 150-225B, literie 50B, restaurant sur place). Les 2 bungalows de 2 chambres (1 200-1 400B, ventilateur, réfrigérateur, sdb avec eau chaude, restaurant sur place) installés près du centre d'information de **Khao Daeng** sont assaillis par les singes. Le terrain de camping (30B l'emplacement, pas de location d'équipement, restaurant sur place) aménagé à proximité du centre d'information du **Thung Sam Roi Yot** est souvent infesté de moustiques.

dans ce complexe isolé face à la plage souvent déserte (mais peu ombragée) du nord de Dolphin Bay. Donnant sur la piscine, le jardin ou la mer, ses 7 villas sont spacieuses et joliment décorées. Certaines, dont la vieille maison traditionnelle en teck, disposent de 2 chambres, voire d'une cuisine équipée. L'ambiance intimiste et le bon restaurant ajoutent au charme de l'endroit. Tarif dégressif. Double de 3 200 à 4 600B, petit déj. inclus. *83 Moo 1* ***Dolphin Bay*** *(1km au sud de Khao Kalok) Tél. 032 825 080 http://awayresorts.com*

☺ PRACHUAP KHIRI KHAN

Le chef-lieu de la province de Prachuap Khiri Khan jouit d'un écrin naturel somptueux : trois baies semées d'îlots, ourlées de magnifiques plages et couronnées de monts verdoyants. En dépit de ce cadre privilégié et de bonnes structures d'accueil, les charmes de cette paisible cité de 27 000 habitants appréciée des vacanciers thaïs pour ses fruits de mer étaient restés un secret relativement bien gardé. Mais Prachuap a récemment décidé de s'ouvrir au tourisme international. Souhaitons-lui de conserver le plus longtemps possible sa délicieuse simplicité.

MODE D'EMPLOI

accès

EN VOITURE

À 95km au sud de Hua Hin, 160km de Phetchaburi et 285km de Bangkok. À 180km au nord de Chumphon.

EN CAR

Pudtan Tour Liaisons directes en car avec la gare routière sud de Bangkok (2 à 4 départs/j. entre 9h et 1h, 5-6h de trajet, 200B AS). *Pitak Chart Rd (au sud de Kong Kiat Rd)* ***Prachuap Khiri Khan*** *Tél. 032 611 411*

Minibus Liaisons fréquentes entre 6h et 18h30 avec Bangkok (gare routière sud : 5-6h de trajet, 200B AS ; Victory Monument : 6h, 220B), Phetchaburi (2h30, 150B), Hua Hin (1h30, 80B), Cha-am (2h, 120B), Pranburi (1h, 60B), Ban Krut (1h, 80B), Ban Saphan Yai (1h30, 100B) et Chumphon (3h, 180B). *Angle de Satri Kan Rd et de Thetsaban Bamrung Rd (au nord du marché de nuit)* ***Prachuap Khiri Khan***

EN TRAIN

Gare SRT De Bangkok, 9 départs quotidiens de la gare de Hualamphong (4h30-6h de trajet, 56-455B AS). Une dizaine de trains/j. en provenance de Phetchaburi (2h-3h de trajet, 31-388B) et de Hua Hin (1h-2h, 19-353B) et jusqu'à 4 liaisons/j. avec Cha-am (2h-2h30, 24B). Pour Ban Krut, 8 trains/j. (30min-1h, 13B). Pour Bang Saphan Yai, 11 trains/j. (1h-1h30, 16B), ces trains continuent vers Chumphon (2h-3h30 de trajet, 34-388B). *Maharat Rd (extrémité ouest de Kong Kiat Rd)* ***Prachuap Khiri Khan*** *Tél. 032 611 175 ou 1690 www.railway.co.th*

orientation

Le centre-ville a pour principaux axes est-ouest Kong Kiat Road, qui relie la jetée à la gare, et Prachuap Khiri Khan Road, qui relie l'hôtel de ville à la route 4. Le mont Khao Chong Krajok s'élève au nord de la ville, la base militaire Wing 5 marque sa limite sud. Entre les deux, une belle promenade, Chaitalae Road, longe le front de mer.

se déplacer

La ville se parcourt aisément à pied. Pour explorer les alentours, vous pourrez louer un vélo (50-100B/j.) ou un scooter (200-300B/j.) dans l'une des nombreuses échoppes de Chaitalae Road, au sud de la jetée. À moto-taxi, un trajet en ville coûte 40B.

informations touristiques

City Tourist Information Center Accueillant, il fournit de bonnes informations en anglais. Postes Internet et accès wifi gratuits. *Chaitalae Rd (juste au sud de Khao Chong Krajok)* ***Prachuap Khiri Khan*** *Tél. 032 611 491 Ouvert tlj. 8h30-16h30*

informations pratiques

Vous trouverez un bureau de poste, des banques et des pharmacies à proximité de l'hôtel de ville.

Police *Kong Kiat Rd (face au marché de nuit) Tél. 1155 ou 032 611 148*

Prachuap Hospital *237 Pitak Chart Rd Tél. 032 602 060*

fêtes et manifestations

Tourism Festival & Red Cross Fair Pendant 10 jours, des concerts en plein air (musique folklorique, pop, électro) ainsi que des compétitions sportives et musicales mettent la ville en émoi. L'incontournable marché propose, en plus des stands habituels, des cours de cuisine et des séances de massage. Un bon moment pour une bonne cause : tous les profits sont reversés à la Croix-Rouge. *Aux abords du Khao Chong Krajok et le long de Chaitalae Rd* ***Prachuap Khiri Khan*** *En février*

DÉCOUVRIR

☆**Les essentiels** La baie d'Ao Prachuap et sa Walking Street, Ao Manao
Découvrir autrement Prenez votre petit déjeuner au marché, gravissez le Khao Lom Muak

Prachuap Khiri Khan

☆**Ao Prachuap** Sans être belle, Prachuap charme par sa douceur de vivre. Faites comme ses habitants, allez vous promener le long de la majestueuse baie d'Ao Prachuap, longue de 8km. Le front de mer est particulièrement animé les vendredi et samedi soir, quand à ses restaurants s'ajoutent les stands de la Walking Street (p.291). La jetée où les pêcheurs accostaient jadis devrait accueillir en 2016 des services et commerces touristiques. La plage en contrebas, qui disparaît à marée haute, ne se prête guère à la baignade.

Lak Muang Au cœur de nombreuses villes thaïlandaises se dresse un pilier sacré symbolisant Chao Pho Lak Muang, divinité garante de leur prospérité.

Celui de Prachuap Khiri Khan est considéré comme le plus beau du pays. Doré et finement sculpté sur toute sa hauteur (env. 2m), il est coiffé de 4 têtes de la divinité, chacune dirigée vers un point cardinal. Inauguré en 1994, le sanctuaire de style hindo-khmer qui l'abrite ne manque pas non plus d'élégance. Toute la journée, des habitants viennent prier la divinité de leur assurer la (bonne) fortune. En fin d'après-midi, le parc aménagé tout autour est le rendez-vous des sportifs. *Salachip Rd Ouvert tlj. 8h-17h*

Khao Chong Krajok Au sommet du "mont Miroir" et de 396 marches vous attendent un petit temple construit en 1922 à l'occasion d'une visite de Rama VI, et surtout un panorama splendide sur la ville et sa baie ainsi que sur celles d'Ao Noi (au nord) et d'Ao Manao (au sud). Par temps clair, la vue porte jusqu'à la frontière birmane, à 11km à l'ouest. Une armée de singes a, hélas, annexé le Khao Chong Krajok : attention aux déjections glissantes et aux rapines. *Extrémité nord de Susuek Rd*

● Où faire un bon petit déjeuner thaï ?

Central Food Market Vous pourrez dénicher des délices matinaux aux abords du marché couvert : congee (bouillie de riz), riz gluant à la banane, poisson grillé, ananas frais ou en beignet... Et même du café fort. *Angle de Susuek Rd et de Mitri Ngam Rd (au sud de la poste)* ***Prachuap Khiri Khan***

● Où boire un café, un smoothie ?

☺ **Grandma's House** Impossible de résister au charme de cette vieille maison en bois ouverte sur la rue et joliment meublée d'antiquités. Cet ancien magasin de vêtements sert maintenant des cafés (30-45B), jus de fruit (35B) et de rafraîchissants smoothies (45B), ainsi que des petits déjeuners (60B), gaufres (39-79B) et autres snacks. Et 3 belles chambres à louer à l'étage (900B, sdb commune). Wifi gratuit. *238 Susuek Rd* ***Prachuap Khiri Khan*** *Tél. 081 743 9737 www.facebook.com/grandmas.house.prachuap Ouvert tlj. 7h30-19h*

● Où prendre un verre face à la mer ?

Jim's Bar Un bar de poche dont l'ambiance chaleureuse, la musique entraînante et les bons cocktails (120-140B) attirent la clientèle dès le début de la soirée. Quand les deux grandes tables communes dressées sur la terrasse du Thur Hostel (p.292) ont été prises d'assaut, il reste toujours de la place de l'autre côté de la rue, sur le parapet qui domine la mer. *58 Chaitalae Rd* ***Prachuap Khiri Khan*** *Tél. 096 047 5622 Ouvert tlj. 18h-0h*

● Où dîner, marchander un cadeau, se faire masser ?

☆ **Walking Street** Grand, gourmand et profitant de la brise du large, ce populaire marché de nuit a de quoi faire pâlir celui de Hua Hin. À ses excellents stands de nourriture s'ajoutent les terrasses que déploient, pour l'occasion, les restaurants de poisson et fruits de mer de la rue. On peut aussi s'offrir un massage thaï en écoutant les groupes locaux qui assurent l'animation du marché ou, comme ailleurs, y acheter des vêtements et accessoires. La ville est connue pour sa production de cotonnades imprimées (*pha khommaphat*), mais mieux vaut les acheter à Hua Hin, cf. Khomapastr (p.243). *Chaitalae Rd (au nord de la jetée)* ***Prachuap Khiri Khan*** *Ouvert ven.-sam. 18h-21h*

Les environs de Prachuap Khiri Khan

Le **parc national de Kui Buri** (p.281) est équidistant de Prachuap Khiri Khan et de Pranburi : environ 55km.

☆ **Ao Manao** Il peut paraître étrange d'aller se prélasser dans l'enceinte d'une base militaire, mais cette villégiature ne se démarque guère de ses voisines sinon par sa propreté. La baie parsemée d'îlots forme un parfait croissant de 3km de long, entre deux collines boisées. Vous y trouverez une foule de commerces et de restaurants, un golf de 9 trous (320B/pers., location d'équipement 300B, tlj. 9h-19h), des attractions pour les enfants, des instituts de massage, un hôtel destiné prioritairement aux militaires, un musée de l'armée et ses vieux avions de chasse, sans oublier les traditionnelles rangées de chaises longues sur le sable blanc. Très populaire le week-end, la plage retrouve son calme en semaine. Au nord de la baie, le **Khao Lom Muak** (275m) abrite une colonie d'adorables semnopithèques obscurs et réserve aux sportifs une ascension exigeante (2h AR, avec franchissement d'abrupts à l'aide de cordes) récompensée par un splendide point de vue. Au sommet de la colline se trouve également un e empreinte de pied du Bouddha (Buddha's Footprint), réalisée sous Rama IV. *Entrée de la base militaire Wing 5 à l'extrémité sud de Salachip Rd, la plage se situe 4km plus au sud Ouvert tlj. 5h-19h Entrée libre, mais registre des visiteurs à signer*

Wat Ao Noi Au nord de la petite plage d'Ao Noi, un impressionnant temple en teck (2003), agrémenté d'un beau jardin paysager, s'adosse à la falaise du **Khao Khan Kradai**. Un escalier grimpe à l'assaut de cette éminence, qui recèle un autre temple, le Tham Phra Naw, orné de deux grands bouddhas couchés. ***Ban Ao Noi*** *À 8km au nord-est de Prachuap Khiri Khan Ouvert tlj. 8h30-16h*

CARNET D'ADRESSES

Restauration, hébergement

Rappelons que vous pouvez prendre un petit déjeuner thaï aux abords du Central Food Market (p.291). Le **marché de nuit** qui s'installe tous les soirs à l'angle de Kong Kiat Rd et de Phi Thak Chat Rd, face au commissariat central, est nettement moins animé que la *Walking Street* du week-end (p.291). Grandma's House (p.291) loue quelques chambres agréables.

très petits prix

Thur Hostel Preuve du développement touristique de la ville, cette auberge de jeunesse a ouvert ses

GAMME DE PRIX	RESTAURATION	HÉBERGEMENT
Très petits prix	moins de 100B	moins de 500B
Petits prix	de 100 à 300B	de 500 à 1 000B
Prix moyens	de 300 à 500B	de 1 000 à 2 200B
Prix élevés	de 500 à 1 000B	de 2 200 à 4 000B
Prix très élevés	plus de 1 000B	plus de 4 000B

portes début 2015, à l'instar d'une poignée d'autres établissements. Propre et chaleureuse, la jolie maison en bois blanc donnant sur la mer conviendra surtout aux petits budgets couche-tard, le sympathique Jim's Bar (p.291) occupant le rez-de-chaussée. Si l'unique dortoir mixte (4 pers., 380B, sdb commune avec eau chaude) est une aubaine, les 4 chambres doubles (700B avec sdb commune, 1 100B avec sdb individuelle) sont agréables mais un peu chères pour la station. Pas de petit déj., mais cuisine à disposition. *58 Chaitalae Rd* ***Prachuap Khiri Khan*** *Tél. 096 047 5622 ou 081 726 0311 www.facebook.com/thurhostelprachuap*

petits prix

Krua Chaiwat Ce petit restaurant ouvert sur la rue est une institution locale. En plus des classiques thaïs (riz frit, nouilles sautées, salades épicées, poisson et fruit de mer), le menu comporte quelques plats occidentaux (steaks, sandwichs, petit déj. américain). Le service peut être lent, mais la qualité est au rendez-vous, le cadre plutôt coquet et les prix sont imbattables : 100 à 200B/pers. Les propriétaires louent de charmantes et confortables chambres dans une maison en bois du tranquille *soi* voisin (600-750B avec sdb privée ou partagée, petit déj. compris). *143/1 Salachip Rd* ***Prachuap Khiri Khan*** *Tél. 032 604 534 Ouvert lun.-sam. 9h-20h*

Pizza Khiri Khan Les meilleures pizzas (180-215B) de la ville se dégustent dans ce minuscule restaurant coloré, tenu par un charmant couple franco-thaï. L'ambiance décontractée et la vue sur la mer donnent envie de s'attarder en sirotant un mojito ou un pastis (80B) tout en profitant de la brise du soir. *94 Chaitalae Rd* ***Prachuap Khiri Khan*** *Tél. 081 199 0861 www.facebook.com/pizzakhirikhan Ouvert tlj. 16h-22h*

☺ **House 73** La façade en verre, acier et béton de cette haute maison contemporaine ne passe pas inaperçue dans le centre de Prachuap. Elle doit sa décoration intérieure à ses propriétaires, deux artistes peintres qui ont installé leur atelier au rez-de-chaussée. Écrin noir, blanc et gris perle, bonbon acidulé ou ciel d'été en trompe-l'œil... chacune des 5 grandes chambres avec sdb et clim. a sa personnalité. Notre préférée, la "*Good morning*", fait face à la mer. La terrasse sur le toit, avec ses chaises longues et sa vue panoramique sur la baie, invite à la détente. Accueil chaleureux et réservation conseillée. Double 800B, petit déj. léger inclus. *73 Susuek Rd* ***Prachuap Khiri Khan*** *Tél. 086 046 3923 www.facebook.com/house73prachuab*

Prachuap Beach Hotel Un hôtel calme et accueillant qui, malgré son nom, n'offre qu'une vue limitée sur la baie. Les 36 chambres avec sdb distribuées sur 4 étages sont sans grand charme, mais vastes, lumineuses, propres et climatisées. Double de 700 à 1 000B. Le café attenant sert des petits déj. (à partir de 50B). *23 Susuek Rd* ***Prachuap Khiri Khan*** *Tél. 032 601 288 www.prachuapbeach.com*

prix moyens

Lungmuk L'un des bons restaurants de fruits de mer de la promenade de Prachuap, un établissement sans prétention dont les tables sont installées sur le trottoir. Faites votre choix parmi la pêche du jour exposée dans des bacs remplis de glace, avant d'en préciser la cuisson : frit, à la vapeur ou au gril, cette dernière étant très réussie. Comptez 200-500B. *Chaitalae Rd (100m au sud du Thur Hostel ; pas d'enseigne en anglais mais n° de tél. indiqué)* ***Prachuap Khiri Khan*** *Tél. 081 943 6860 Ouvert tlj. 10h-22h*

La Vite Produits de qualité et de première fraîcheur au menu de ce restaurant italien. Comme les *bruschette* (50-95B) et les pizzas (200-330B), les délicieuses pâtes fraîches sont de confection maison, et l'escalope milanaise (220B), moelleuse. La bonne cuisine réclamant du temps, le service n'est pas toujours rapide, mais le cadre chaleureux et le spectacle qu'offre l'agréable terrasse sur la rue aident à patienter. Comptez 250-500B. *342 Salachip Rd* ***Prachuap Khiri Khan*** *Tél. 087 154 5943 www.lavite.asia Ouvert mar.-dim. 10h-22h*

☺ **Sun Beach Guesthouse** Face à la baie, ce bâtiment ocre et blanc de style colonial abrite 10 chambres agréables (sdb, clim.) avec balcon donnant sur la piscine et sur la mer pour les plus chères. Ajoutez à cela un service attentif et une propreté toute germanique (comme le propriétaire, qui a édicté un règlement intérieur assez drastique) et un excellent rapport qualité-prix, et vous comprendrez qu'il est préférable de réserver. Double de 800 à 1 100B. Petit déj. à partir de 60B. *160 Chaitalae Rd* ***Prachuap Khiri Khan*** *Tél. 032 604 770 ou 089 260 3378 www.sunbeach-guesthouse.com*

Dans les environs

petits prix

Ao Noi Sea-View Isolé sur la belle plage déserte d'Ao Noi, cet hôtel aurait besoin d'être rafraîchi, mais sa tranquillité compense la décoration un peu datée. Les 10 chambres, vastes et sobres, bénéficient toutes d'un balcon sur la mer. L'adresse plaira aux voyageurs en quête de solitude, qui disposent d'un moyen de transport – mais l'hôtel loue des vélos (100B) et des scooters (300B). Restaurants et commerces à 10min de marche. Double 900B, petit déj. léger inclus. *202/3 Moo 2* ***Ban Ao Noi*** *(4km au nord-est de Prachuap) Tél. 089 615 9012 ou 032 604 440 aownoiseaview@hotmail.com*

prix moyens

Ta Mong Lai La balade à vélo ou scooter qui y mène est aussi plaisante que ce restaurant tout simple, installé à l'extrémité nord de la baie de Prachuap. De ses petites paillotes individuelles, la vue sur la ville et les bateaux de pêche du village voisin met en appétit. Car les spécialités maison proviennent de la mer : curry de crabe (100B), crevettes aux noix de cajou (120B), poisson vapeur sauce citron (300B), calmars farcis (100). Une bonne adresse si l'on veut découvrir les environs proches de Prachuap. ***Ban Ao Noi*** *(5km au nord-est de Prachuap) Tél. 081 986 7646 Ouvert tlj. 8h30-21h*

GAMME DE PRIX	RESTAURATION	HÉBERGEMENT
Très petits prix	moins de 100B	moins de 500B
Petits prix	de 100 à 300B	de 500 à 1 000B
Prix moyens	de 300 à 500B	de 1 000 à 2 200B
Prix élevés	de 500 à 1 000B	de 2 200 à 4 000B
Prix très élevés	plus de 1 000B	plus de 4 000B

BAN KRUT ET BANG SAPHAN YAI

Bien desservies, les deux petites stations balnéaires de Ban Krut et de Bang Saphan Yai possèdent de longues plages idylliques, à peine dénaturées par quelques hôtels et restaurants et surtout fréquentées, le week-end, par des touristes thaïs. En semaine, les villages de pêcheurs voisins retrouvent leur tranquille rythme de vie. À vous de choisir entre la paisible Bang Saphan Yai et ses robinsonnades, et la plus chic Ban Krut, aux week-ends festifs.

MODE D'EMPLOI

accès

EN VOITURE

Ban Krut est situé à 65km au sud de Prachuap Khiri Khan (routes 4, puis 1029), et Bang Saphan Yai, à 30km au sud de Ban Krut.

EN MINIBUS, EN CAR

Minibus Fréquents entre Prachuap Khiri Khan, Ban Krut (1h de trajet, 80B, arrêt dans le village ou sur la route 4) et Bang Saphan Yai (1h30 de trajet, 100B). Pour vous rendre de Ban Krut à Chumphon, vous devrez prendre un des minibus qui circulent sur la route 4 (service fréquent, 2h de route, 180B). Un minibus direct quitte tlj. la plage de Suan Luang à 8h30 (1h30 de trajet, 150B) et permet d'arriver à temps pour le dernier ferry à destination de l'archipel de Ko Samui.

Bang Saphan Tour Cette compagnie de cars relie la gare routière sud de Bangkok à Ban Krut et Bang Saphan Yai 10 fois/j. de 7h30 à 0h (durée 6h, 300B). Seul le car de 12h30 fait un détour par le village de Ban Krut (arrêt 500m au sud de la gare), les autres s'arrêtent sur la route 4 (à 12km de la plage, 100B à moto-taxi) avant de continuer vers Bang Saphan (arrêt dans le centre, 200m au sud de la gare). Les retours s'effectuent de 6h à 23h30, avec un passage dans le centre de Ban Krut à 10h, 14h et 0h. *Tél. 081 829 7752 ou 032 691 267*

EN TRAIN

Le moyen de transport le plus pratique.

Gare SRT de Ban Krut De 8h à 23h, elle accueille 7 trains/j. en provenance de la gare centrale de Bangkok (5h-6h de trajet, 67-475B AS), via Hua Hin (2h-3h, 31-380B) et Prachuap Khiri Khan (30min à 1h30, 13-339B). Vers Ban Saphan Yai, 8 trains/j. de 1h à 22h30 (15min, 3-318B) qui continuent vers Chumphon (1h30-2h30, 23-363B). *Dans le village, à 1km de la plage* ***Ban Krut*** *Tél. 1690 www.railway.co.th*

Gare SRT de Bang Saphan Yai De 8h à 23h, elle accueille 11 trains/j. en provenance de Bangkok (5h-6h de trajet, 69-480B AS), via Hua Hin et Prachuap Khiri Khan. À destination de Chumphon, 13 trains/j. de 1h à 23h30 (1h30-2h, 20-355B). *Dans le centre-ville, à 7km de la plage de Suan Luang* ***Bang Saphan***

orientation

Un kilomètre sépare le village de **Ban Krut** de la côte où, sur une bande de 2km, des hôtels s'alignent face à la mer. La bourgade de **Bang Saphan Yai** (à ne pas confondre avec Bang Saphan Noi, 18km plus au sud) se trouve à 7km de la plage de Suan Luang et de ses complexes balnéaires.

informations touristiques

Plans précis des deux localités et informations en anglais sur :
www.bankrutinfo.com
www.bangsaphanguide.com

informations pratiques

Pas de banque à **Ban Krut**, mais quelques distributeurs de billets le long de la route qui relie la gare à la plage. Vous trouverez plusieurs banques avec distributeur et une pharmacie aux abords du marché de **Bang Saphan Yai**.
Bang Saphan Hospital *Route 3169 (1km au nord-ouest du village de Bang Saphan Yai)* ***Bang Saphan*** *Tél. 032 691 133 ou 032 691 290*

se déplacer

Pour vous rendre d'une station à l'autre, si vous ne disposez pas d'un scooter – les routes sont agréables –, vous devrez prendre le train, affréter une moto-taxi (side-car, 250B/pers, max 3-4pers.) ou un taxi (500B/pers.). Le vélo est idéal pour longer la belle route côtière de **Ban Krut** ; tous les hôtels en prêtent ou en louent (100B/j., scooters 250-300B/j.). Un trajet en side-car de la gare à la plage coûte 20-30B, et 100B de la route 4 à la plage. Louer un scooter à **Bang Saphan Yai** vous permettra de découvrir les environs de la station. Comptez 100B pour vous rendre de la gare à la plage à moto-taxi, le double en voiture (sur rés. auprès de votre hôtel).
Nok Massage Loue des scooters 250B/j. *Face au Coral Hotel* ***Suan Luang*** *Tél. 089 873 6877*

fêtes et manifestations

Songkran Festival Le Nouvel An bouddhique est particulièrement fêté sur la plage de Ban Krut. Aux traditionnelles batailles d'eau s'ajoutent un tournoi de football, des concerts folkloriques, des stands culinaires et autres animations pour petits et grands. À cette période, la fréquentation touristique et les prix augmentent considérablement dans la région. ***Ban Krut*** *13-17 avril*

DÉCOUVRIR

☆**Les essentiels** Le Khao Thong Chai **Découvrir autrement** Parcourez la route côtière à vélo, partez à la pêche, séjournez à Ko Talu

Ban Krut et ses environs

Ban Krut voit affluer les touristes thaïs aisés le week-end. Ses hôtels, bars et restaurants prennent alors des allures festives, mais le calme règne le reste de la semaine. Le paisible petit village blotti autour de la gare abrite bien quelques commerces, mais l'activité se concentre le long de la plage.

Hat Ban Krut Cette plage frangée de filaos et de cocotiers s'étire sur 10km. Regroupés dans sa partie nord, à proximité de quelques maisons de pêcheurs éparses, des restaurants modestes et des hôtels de taille raisonnable s'alignent sur 2km, le long d'une route littorale qu'il est très agréable de parcourir à vélo.

☆ **Khao Thong Chai** Face à la mer, ce promontoire boisé et agréablement fleuri offre un superbe point de vue sur le littoral. Au sommet trône l'impressionnant **Phra Mahathat Chedi Phakdi Prakat** (ouvert tlj. 8h30-17h), un temple coloré édifié en l'an 2000 pour célébrer le cinquantième anniversaire du couronnement de Rama IX. Outre neuf 9 *chedi* dorés, ce sanctuaire moderne possède de très beaux vitraux relatant des scènes de la vie du Bouddha. Au flanc de la colline s'accrochent deux autres monuments sacrés : le **Phra Phu Takitti Siri Chai**, un bouddha en méditation haut de 14m, et le Kromluang Chumpon Ket-Udomsak, un pavillon célébrant le prince Abhakara Kiartivongse (1880-1923), fils de Rama V et “père” de la marine royale. *À 1km au nord de Ban Krut*

Wat Tham Khiri Won En pleine campagne, ce monastère cerné d'arbres majestueux et gardé par une meute de chiens et de chats possède un très joli temple et une grotte sacrée abritant de nombreuses statues du Bouddha, dont la plus grande le représente en position couchée. *À 4km au nord ouest du Khao Thong Chai (signalé) Ouvert tlj. 8h-18h*

Hat Sai Keo Par-delà le Khao Tong Chai, cette plage dont les quelques hôtels se dissimulent derrière un rideau de cocotiers est moins fréquentée et plus attirante que celle de Ban Krut.

Ko Lamra Cet îlot ancré à 500m du rivage possède des fonds intéressants, mais fragiles, observables avec des palmes et un masque. On peut s'y rendre à la nage à marée basse ou affréter une barque par l'entremise de son hôtel (env. 1 000B pour 3-4h), susceptible de fournir l'équipement nécessaire (100B/j.). *Au large de Hat Sai Keo (5km au nord du Khao Tong Chai)*

● **Faire son marché** Vous pourrez acheter des fruits frais sur le marché qui bat son plein de 6h à 9h30 près de la gare de Ban Krut, et acquérir des souvenirs et/ou vous restaurer sur le grand marché de nuit du samedi qui se tient, de 16h à 21h, près du *wat* Donyang, dans le sud-ouest du village.

Bang Saphan Yai et ses environs

Bang Saphan Yai Cette tranquille bourgade est dotée de tous les services, mais n'a rien de touristique.

Hat Suan Luang C'est la station balnéaire de Bang Saphan Yai. Cette plage n'est certes ni aussi étendue, ni aussi photogénique que celles de Ban Krut, mais elle est plus paisible encore. Seule une dizaine d'hôtels se partagent cette bande de sable blond d'environ 4km. Baignade – l'eau est d'une profondeur et d'une limpidité idéales –, balade sur la grève et sieste à l'ombre des filaos rythment les journées de leurs clients, pour la plupart occidentaux. *7km au sud de Bang Saphan Yai*

Ko Talu Cette île privée de 2,5km², montagneuse et couverte de jungle, possède de belles plages baignées par une mer cristalline. Sa barrière récifale, qui a beaucoup souffert de la pêche à la dynamite, est protégée depuis les années 1980 et se régénère peu à peu. Elle attire une faune variée – dont des raies et des fusiliers, qui doivent maintenant faire face à l'afflux touristique. Pour pouvoir poser le pied sur l'île, le mieux est de séjourner dans son unique hôtel, le Koh Talu Island Resort (p.300) – ce qui permet de l'avoir presque pour soi quand les bateaux d'excursion sont repartis. On peut aussi se joindre à l'une des visites à la journée qu'organise cet établissement (tlj. 10h à 15h, départ du Banmaprew Resort, à 9km au sud de Bang Saphan Yai, 1 300B/pers., repas sur place compris, sur rés.), ou se contenter de l'admirer du large en prenant part à une sortie en mer (cf. ci-dessous). Quelle que soit votre option, évitez les week-ends et jours fériés. *À 6km de la côte (30min de traversée)*

● Plonger, pêcher, naviguer, profiter de la mer

Suchart Boat Tours Cette société emmène tlj. (9h-13h, 350B/pers, rés. recommandée) des adeptes du *snorkeling* aux abords de Ko Talu, mais ses vieux bateaux de pêche sont souvent bondés. ***Bang Saphan Noi*** *Tél. 081 759 4997*

Coral Hotel Cet hôtel (p.300) se double d'un centre nautique, qui loue des planches à voile, dériveurs, kayaks de mer (165B/h, 265B/j.), dispense des cours de plongée (certification PADI à partir de 12 000B) et organise des randonnées palmées en petit groupe (durée 1/2 j., prise en charge à l'hôtel, 930B/pers., mini. 4) autour de Ko Talu, avec la possibilité d'aller d'admirer les fonds poissonneux de Ko Sing et de Ko Sang (1 030B/pers.). Le Coral Hotel emmène aussi les plongeurs sur les fonds spectaculaires de Ko Lan Ped, où croisent parfois des requins-baleines (à partir de 2 480B les 2 plongées, meilleure période de déc. à mars), anime des parties de pêche en mer (1/2j. 1 085B, min. 4 pers.) et des croisières (1j., 2 300B/pers., min. 4 pers.) à la découverte des baies environnantes et de leurs îlots. *171 Moo 9 (au centre de la plage)* ***Suan Luang*** *Tél. 032 817 121 www.coral-hotel.com*

● Où boire un verre les pieds dans l'eau ?

Why Not Bar Un incontournable de Suan Luang. La paillote et son comptoir ouverts sur la plage et les tables plantées dans le sable sont aussi attirants pour une glace l'après-midi que pour une bière ou un cocktail (100-120B) en soirée, qui peuvent s'accompagner de bons petits plats (*pad thai* 50B, poisson à la mangue 208B, curry vert 80-100B). Le soir, la musique se mêle au bruit des vagues (concerts de standards thaïs et anglo-saxons mer. et sam.). *Dans la partie centrale de la plage* ***Suan Luang*** *Tél. 086 758 0770 Ouvert ven.-mer. 12h-23h*

CARNET D'ADRESSES

Restauration, hébergement

Ban Krut

petits prix

Proud Thai Beach Resort Simples, mais propres et confortables, les 8 bungalows tenus par un charmant couple thaï sont d'un bon rapport qualité-prix : 1 000B (pas de petit déj. sur place). Le réfrigérateur et la terrasse donnant sur le terrain boisé invitent à prolonger le séjour d'autant que, malgré la proximité du cœur battant de la station, on est au calme. *176/7 Moo 3 (un peu à l'écart de Beach Rd)* ***Ban Krut*** *Tél. 089 682 4484 ou 032 695 354 www.proudthairesort.com/webeng/*

prix moyens

Pramong Seafood Restaurant Installé à l'extrémité nord de la plage, ce grand restaurant ne paie pas de mine, mais c'est l'un des rares à donner directement sur la grève, et le crabe frit accompagné de nouilles de riz (*fried crab with glass noodles*, 300B) nous a laissé un souvenir impérissable. Comptez 200-500B. *Beach Rd (en face du Bankrut Resort)* ***Ban Krut*** *Tél. 032 695 197 Ouvert tlj. 9h-23h*

Bankrut Resort Situé à l'extrémité nord de la plage, cet hôtel jouit d'une grande tranquillité, même le week-end. Les chambres, impeccables mais au décor un peu daté, entourent un beau jardin avec piscine. Toutes sont bien équipées (réfrigérateur, cafetière, balcon), et certaines adaptées aux familles nombreuses. Plus récents, les 3 bungalows qui font face à la mer séduiront les romantiques. Accueil chaleureux et prêt de vélos. Double 1 300-1 800B, bungalow 2 000-2 200B, avec un copieux petit déj. *212 Moo 2 (Beach Rd)* ***Ban Krut*** *Tél. 081 421 1186 www.bankrutresort.com*

prix élevés

☺ **Sunshine Paradise Resort** Le fin du fin pour profiter de la belle plage déserte de Hat Sai Kaew. Les 6 villas orientées vers le large allient design et luxe (1 à 3 chambres, cuisine équipée, Jacuzzi, piscine privée). Plus abordables mais dans le même style contemporain, les 11 cottages bénéficient d'un confort optimal, et un jardin tropical leur assure une belle intimité. La dizaine de chambres *standard* sont plus fonctionnelles, mais profitent de tous des services de cet établissement chic (piscine, restaurant, prêt de kayaks pour aller explorer Ko Lamra, à 800m au large). Il faudra disposer d'un moyen de transport si l'on veut découvrir les environs. Double 1 400B, cottage de 2 300 à 2 800B, villa à partir de 5 800B, petit déj. inclus. *95 Moo 9, Ang Thong,* ***Thap Sakae*** *(6km au nord du Khao Thong Chai) Tél. 081 829 8123 ou 098 830 8123 www.sunshineparadise-resort.com*

Bang Saphan Yai

Rappelons que le **Why Not Bar** (p.298) sert des plats thaïs. Si vous souhaitez vous éloigner de la plage de Suan Luang, rendez-vous sur les **marchés** de Bang Saphan Yai. Celui du matin, au cœur de la bourgade, déborde d'activité et vous pourrez y commander les mets habituels, tout comme sur le marché de nuit du jeudi (rue principale, 500m à l'est du centre).

petits prix

Baan Love at Sea Les 10 bungalows posés sur la plage arborent une façade rose bonbon, bleu électrique ou vert anis. Meublées simplement, les chambres avec terrasse sont spacieuses, très propres, et louées à un prix avantageux si l'on peut se passer de la clim. (600B sans, 1 300B avec). Ambiance conviviale (karaoké certains soirs !) et service de restauration légère. *99/13 Moo 1 (partie nord de la plage)* ***Suan Luang*** *Tél. 081 808 1615 ou 081 802 7037 www.facebook.com/baanloveatsea*

prix moyens

☺ **Palm Gardens Resort** Des palmiers, une grande piscine, un accueil formidable et un excellent rapport qualité-prix (1 200B la double) pour les 4 chambres sans charme particulier, mais vastes et confortables : réfrigérateur, clim., wifi, TV et terrasse où prendre le petit déjeuner (70-100B). Dans la journée, la cuisinière mitonne quelques plats thaïs ou occidentaux (70-180B) à la demande. Et la plage déserte n'est qu'à 100m. Réservation impérative. *108 Moo 9 (partie sud de la plage)* ***Suan Luang*** *Tél. 084 441 3633 www.bspalmgardens.com*

prix élevés

Coral Hotel Tenu par des Français, le plus grand complexe hôtelier de Suan Luang accueille surtout... des Français. Boiseries peintes, mobilier et textiles de style traditionnel... un certain soin a été apporté à la décoration des 20 chambres, 10 cottages et 12 suites. Ajoutez-y un service professionnel, un bar, 2 restaurants proposant des classiques français et thaïs (200-600B le repas), des jardins et une piscine parfaitement entretenus et la possibilité de pratiquer de nombreuses activités (initiation à la boxe thaïe, massages, cours de cuisine, excursions culturelles et sportives, plongée, voile, fitness, VTT, etc.). Voilà qui justifie les prix : double de 2 600 à 3 300B, familiale (5 pers.) et cottage (4 pers.) 4 000B, petit déj. 295B. *171 Moo 9 (au centre de la plage)* ***Suan Luang*** *Tél. 032 817 121 www.coral-hotel.com*

Ko Talu

prix élevés

Koh Talu Island Resort L'unique hôtel de cette île enchantée (p.298) assure à ses pensionnaires une tranquillité enviable – une fois les excursionnistes à la journée repartis –, à des prix un peu excessifs tout de même. Les 63 chambres, bungalows et villas disséminés dans deux baies sont confortables (clim., belles terrasses) mais mériteraient un rafraîchissement. La protection de l'environnement fait l'objet d'efforts louables, mais les installations solaires qui alimentent le complexe en électricité ne sont pas en mesure d'éviter les deux coupures quotidiennes. Les repas et certaines activités (kayak, *snorkeling*) sont compris dans le forfait. D'autres, comme la plongée, la voile et la pêche au calmar sont payantes. Le service agréable et la sensation de vivre sur une île déserte (ou presque) vous feront oublier ces petits désagréments. Pension complète pour 2 pers. à partir de 6 600B, transfert en bateau 900B/pers. AR. *Tél. 089 744 5639 ou 089 918 3715 www.taluisland.com*

CHUMPHON

Sis aux portes de la Thaïlande méridionale et musulmane, là où la route 4 bifurque vers l'ouest pour rejoindre la côte d'Andaman, le chef-lieu de la province de Chumphon est aussi le principal port d'embarquement pour l'archipel de Samui. Célèbre pour sa soupe de nids d'hirondelles, Chumphon est trop souvent considéré comme une simple ville de transit, alors que les plages des environs et les fonds marins des îles voisines pourraient faire pâlir de jalousie Ko Tao et Ko Pha Ngan. La fréquentation touristique – essentiellement thaïe – se limitant au week-end, les hébergements de la région offrent un excellent rapport qualité-prix. Autant de bonnes raisons pour transformer cette étape obligée en un séjour prolongé axé sur la plongée.

MODE D'EMPLOI

accès

EN VOITURE

À 470km au sud-ouest de Bangkok et 190km au sud de Prachuap Khiri Khan (route 4). À 130km au nord-est de Ranong (route 4) et 190km au nord de Surat Thani (route 41).

EN AVION

Aéroport de Chumphon La compagnie Nok Air (www.nokair.com) assure une ou deux liaisons quotidiennes avec l'aéroport de Don Muang, à Bangkok (1h10 de vol). Transfert vers le centre-ville de Chumphon en minibus (200B). *À 30km au nord de la ville Tél. 081 823 2965 www.chumphonairport.net*

EN CAR, EN MINIBUS

La gare routière principale se trouvant à 14km au nord de Chumphon, sur la route 4, nous vous conseillons plutôt les compagnies dont les cars partent du centre.

Chok Anant Tour Ses cars relient Chumphon à la gare routière sud de Bangkok (6/j. entre 9h et 21h, 8h de route, 600B AS) et à Phuket (6/j. entre 5h et 15h, 5h de route, 450B). *Prachua Uthit Rd (face à l'entrée nord du marché)* **Chumphon** *Tél. 02 894 6300 ou 077 511 480*

Suwanatee Tour Ses cars font également la navette entre Chumphon et la gare routière sud de Bangkok (2-3/j. entre 8h et 15h, 8h de trajet, 600B AS) via Phetchaburi (5/j., 6h de route, 450B). *Nawamin Ruamjai Rd (500 au sud-ouest de la gare)* **Chumphon** *Tél. 02 435 5021 ou 077 511 422*

Minibus Liaisons quotidiennes avec Prachuap Khiri Khan (1/h entre 6h et 18h, 3h de trajet, 180B AS) et avec Surat Thani (départ fréquent entre 6h et 17h30, 2h30 de trajet, 170B). *Soi 4 Krom Luang Rd*

EN TRAIN

Gare SRT de Chumphon De Bangkok (gare de Hualamphong), 11 à 13 trains/j. de 8h à 23h (7-9h de trajet, AS 82-510B), via Hua Hin (3h30-5h, 49-423B) et Prachuap Khiri Khan (3-4h, 34-388B). Ces trains poursuivent leur route vers Surat Thani (2-3h30, 34-388B). *Extrémité ouest de de Krom Luang Rd Tél. 1690 www.railway.co.th*

EN BATEAU

Chumphon est le principal port de liaison avec l'archipel de Samui. Nous vous conseillons d'acheter vos titres de transport à votre hôtel : ils ne vous coûteront pas plus cher qu'ailleurs et une navette de la compagnie maritime, gratuite ou payante, viendra vous chercher pour vous amener à l'embarcadère. En haute saison, pensez à réserver plusieurs jours d'avance. En basse saison et quand la mer est trop forte, certains départs peuvent être annulés.

Lomprayah La compagnie la plus fiable et les liaisons les plus rapides avec l'archipel de Samui. Ses confortables catamarans partent du quai d'Ao Thung Makham Noi, 25km au sud de Chumphon (navette 50B, taxi 150B). Départ à 7h et 13h. Arrivée à Ko Tao à 8h45 et 14h45 (600B AS), à Ko Pha Ngan à 10h45 et 16h10 (1 000B) et à Ko Samui à 11h20 et 16h40 (1 100B). Transport combiné car/bateau de Bangkok (ajoutez 7h de route, Ko Tao AS 1100B, Ko Pha Ngan 1 350B, Ko Samui 1 450B) et de Hua Hin, cf. Lomprayah (p.240). *Nawamin Ruamjai Rd (bureau de vente, à côté de la gare)* ***Chumphon*** *Tél. 02 629 0011 ou 077 558 212 www.lomprayah.com*

Songserm Les ferrys partent de Mattapon (14km au sud de Chumphon, navette gratuite) à 7h30 et arrivent à Ko Tao à 9h30 (AS 500B), à Ko Pha Ngan à 11h30 (900B) et à Ko Samui à 12h20 (1 000B). *Bureau de vente Nawamin Ruamjai Rd (à côté de la gare)* ***Chumphon*** *Tél. 02 280 8073 ou 077 506 205*

Tha Yang Pier L'option la moins chère et la plus lente consiste à embarquer sur un car-ferry à Tha Yang, à 7km de Chumphon (départ lun.-sam. 23h, arrivée à Ko Tao à 5h30, AS 450B avec prise en charge à l'hôtel et couchette à bord). Le dimanche, la liaison est assurée par un simple bateau de pêche transformé pour accueillir des touristes (départ 0h, arrivée à Ko Tao à 6h, 250B, confort sommaire). ***Chumphon*** *Tél. 077 553 0524*

orientation

Krom Luang Road, la rue principale qui accueille le Night Market et nombre de commerces, traverse la ville depuis la gare à l'est jusqu'au Thetsaban Muang Chumphon Park à l'ouest. Au sud-ouest de cette rue, Tha Tapao Road. et ses alentours regroupent la majorité des établissements touristiques.

se déplacer

Le centre-ville est assez étendu mais se prête bien à la marche. Les trajets à moto-taxi coûtent de 20 à 50B. Location de vélos (100B/j.) et de scooters (300B/j.) dans tous les hôtels.

informations touristiques

TAT Chumphon Caché dans une ruelle, le bureau de la Tourism Authority of Thailand est accueillant et de bon conseil. Ce n'est pas le cas du Tourist Information Service (angle des rues Krom Luang et Saladaeng). Le personnel de l'agence de voyages New Infinity Travel (p.306) connaît parfaitement la région, en plus d'être très serviable. *111/11-12 Thaweesinkha Rd* ***Chumphon*** *Tél. 077 501 831 ou 077 502 775 www.tourismthailand.org/Chumphon http://chumphon.sawadee.com Ouvert tlj. 8h30-16h30*

informations pratiques

Nombreuses banques et distributeurs de billets dans le centre, notamment sur les rues Saladaeng et Krom Luang.

Police touristique *Saladaeng Rd (au nord de Krom Luang Rd)* ***Chumphon*** *Tél. 1155*

Chumphon Khet Udomsak Hospital *Phisit Phayaban Rd* **Chumphon** *Tél. 077 503 672*

fêtes et manifestations

Chumphon Sea-World Fair Un festival qui met à l'honneur les attraits touristiques de Chumphon. Excursions (gratuites et payantes) vers les plus beaux sites des environs, représentations culturelles (concert de musique traditionnelle sur la plage) et bien sûr, dégustation des spécialités culinaires locales. *Hat Thung Wua Laen Mi-mars (3j.)*

Chumphon Traditional Boat Race Cette impressionnante régate de *long boats* propulsés à la rame est associée aux cérémonies qui marquent la fin du carême bouddhique. ***Lang Suan*** *(70km au sud de Chumphon, route 41) Fin octobre*

DÉCOUVRIR

☆ **Les essentiels** Hat Sai Ri, Mo Ku Chumphon National Park **Découvrir autrement** Offrez-vous un potage aux nids d'hirondelle

Chumphon et ses environs

Chumphon Le centre-ville est truffé de bâtisses décaties et, hormis une balade dans ses rues commerçantes (Krom Luang Rd, Pracha Uthit Rd) et sur ses marchés animés (p.306), il n'y a pas grand-chose à y faire. Néanmoins, ses bonnes tables et ses hôtels y retiendront ceux qui veulent explorer les environs.

Chumphon National Museum (hors plan 14 par A1) Ce musée moderne (1995), qui retrace l'histoire de la province depuis la préhistoire et présente sa faune et sa flore, intéressera petits et grands. Photos, dioramas, maquettes et films et de bonnes explications en anglais complètent les collections. La section consacrée à Chumphon pendant la Seconde Guerre mondiale et celle

Nids de prix

Chumphon est célèbre pour ses nids comestibles de salanganes, de petits oiseaux migrateurs apparentés aux martinets, mais que l'on confond souvent avec des hirondelles. Le mucus mucilagineux que les salanganes sécrètent pour construire ou solidifier leur nid est un mets délicat, apprécié depuis des millénaires par les Chinois, qui lui prêtent des vertus fortifiantes. Ces nids blanchâtres, dont les prix paraîtront exorbitants à des Occidentaux, sont récoltés de mars à août dans les îles du parc national de Mu Ko Chumphon, où les concessions sont surveillées par des gardes armés. Mais cet "or blanc" est aussi recueilli au cœur même de Chumphon : maints édifices du centre disposent d'un grenier ouvert pour faciliter les allées et venues des oiseaux. De bien précieuses créatures qui, à défaut d'être protégées, ornent de leur effigie les lampadaires de la ville.

qui illustre les ravages perpétrés par le cyclone Gay en 1989 (7 130km² de terres agricoles dévastées, 160 000 sans-abri) sont les plus étoffées. Belle librairie au rez-de-chaussée. *Chumphon Government Center 302 Abpakara Rd (2km au nord du centre)* ***Chumphon*** *Tél. 077 658 358 Ouvert mer.-dim. 9h-16h 100B*

Hat Thung Wua Laen (hors plan 14 par A1) La belle plage de sable du "Taureau qui court" (sur 2km) est particulièrement attirante avec son rideau de palmiers et de filaos et son eau calme et peu profonde. Une dizaine d'établissements hôteliers et autant de restaurants lui font face, de l'autre côté de la rue. Paisible en semaine, la station balnéaire s'anime le week-end. ***Saphli*** *À 16km au nord-est de Chumphon par la route 3180 Compter 30min de trajet et 30B AS en songteo jaune (1 départ/h. entre 7h et 18h de Pracha Uthit Rd à côté de l'entrée du marché)*

☆ **Hat Sai Ri (hors plan 14 par A2-B2)** Une jolie plage de sable blanc de 1,5km de longueur, qui jouit d'un splendide panorama sur plusieurs îlots verdoyants du Mu Ko Chumphon National Park. Ses nombreux stands de fruits de mer et les barques colorées halées sur le sable complètent le tableau. Au nord de la plage, un monument à la gloire du prince-miral Abhakara Kiartivongse (1880-1923), "père de la Marine royale", côtoie un impressionnant croiseur thaï de la Seconde Guerre mondiale exposé sur un terre-plein. À l'extrémité sud de la plage, un sentier permet de gravir en 30min le Khao Chao Muang, belvédère de choix sur les îles voisines. *À 20km au sud-est de Chumphon (route 4119 puis 4098) Compter 40min de trajet et 30B AS en songteo (1 départ/h entre 6h et 18h de l'angle de Phorramin Mankha Rd et de Sahakorn Rd)*

★ **Mu Ko Chumphon National Park (hors plan 14 par A2-B2)** Ce magnifique parc marin justifie à lui seul un séjour à Chumphon. Il s'étend sur 317km², protégeant 41 îles et une portion littorale de mangrove et de plages. Il se visite toute l'année, mais reçoit de fortes pluies en novembre. Son **centre des visiteurs** est installé dans la baie de Thungkha-Sawi. Le ponton long de 1km qui s'avance dans la **mangrove** est jalonné de panneaux en anglais décrivant la flore et la faune, qui comprend des *Oxudercinæ*, poissons de la famille des gobies capables de survivre hors de l'eau. On peut aussi emprunter (gratuitement) un kayak pour observer la forêt inondée de plus près. Le **secteur marin** du parc est sans aucun doute son joyau. Les grottes de ces îles karstiques recèlent des nids de salanganes, mets aussi fin qu'onéreux, qui sont collectés trois fois par an, fin mars-début avril, fin avril et fin août, cf. Nids de prix (p.303). Les eaux poissonneuses et les récifs frangeants des îles les plus éloignées de la côte, notamment Ngam Yai Ngam Noi, Lak Ngam et Mattra, attirent les amateurs de plongée et de *snorkeling*, cf. Explorer la région, s'offrir une partie de pêche, plonger (p.306). Ko Kula, petit paradis couvert de forêt tropicale humide et nanti d'une plage idyllique, combine tous les attraits du parc. Pour y accéder, il faut se joindre à l'une des croisières organisées par les autorités du parc (de quelques heures à 1j., 600-2 600B par bateau d'une capacité max. de 10 pers., en fonction des îles visitées, matériel de *snorkeling* 100B/pers. Rés. au plus tard la veille). *http://www.dnp.go.th Ouvert tlj. 9h-16h Droit d'entrée 200B* **Centre des visiteurs** *1/4 Moo 5, Ban Phong Phang* ***Hat Sairi Muang Chumphon Chum-***

Plan 14 Chumphon

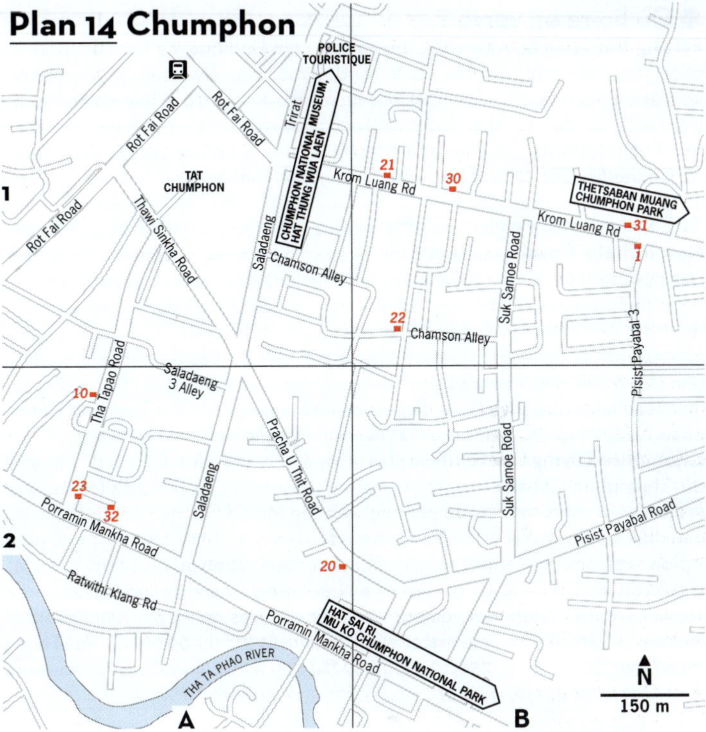

Shopping 1
Chumphon Rang Nok Shop **p.305** ____ **1** B1

Lieux de sortie 10
Farang Bar **p.306** ____ **10** A2

Restauration 20 à 23
Chumphon Fresh Market **p.306** ____ **20** A2
Green Kitchen **p.307** ____ **22** B1
Night Market **p.306** ____ **21** B1
Prikhorm **p.307** ____ **23** A2

Hébergement 30 à 32
A-Te Chumphon Hotel **p.307** ____ **32** A2
Euro Boutique Hotel **p.307** ____ **31** B1
Salsa Hostel **p.307** ____ **30** B1

---

phon *(à 23km au sud-est de Chumphon par les route 4119 et 4017. Il faut louer un scooter, ou gagner Hat Sai Ri en songteo et couvrir les 9 derniers kilomètres à moto-taxi) Tél. 077 558 144 ou 077 551 145 Ouvert tlj. 8h30-16h*

● Où acheter et goûter des "nids d'hirondelles" ?

Chumphon Rang Nok Shop (plan 14, B1 n°1) L'enseigne en caractères chinois de cette boutique et son intérieur luxueux ne laissent aucun doute sur sa vocation. Les nids d'oiseaux séchés sont présentés dans de beaux emballages cadeau, et leur prix varie considérablement (de 1 700 à plus de 10 000B la boîte) selon la quantité et la qualité. Ils se cuisinent de différentes manières, notamment en une délicate soupe froide légèrement gélatineuse et sucrée, que l'on peut goûter sur place (150-300B la portion). *Krom Luang Rd (en face de l'Euro Boutique Hotel)* **Chumphon** *Tél. 077 507 331 Ouvert 9h-19h45*

● Où boire un verre ?

Farang Bar (plan 14, A2 n°10) Comme son nom l'indique, ce bar convivial, au cadre quelque peu suranné est le rendez-vous des étrangers à Chumphon. L'occasion d'échanger ses impressions de voyage autour d'une bière bien fraîche (60-100B) ou d'un cocktail (100-150B) accompagné d'amuse-gueule, voire d'un plat thaï (60-200B/plat). Agréable terrasse sous les arbres. *69/36 Tha Tapao Rd* ***Chumphon*** *Tél. 077 501 003 www.farangbarchumphon.com Ouvert tlj. 11h-0h*

● Explorer la région, s'offrir une partie de pêche, plonger

New Infinity Travel (plan 14, A2) Cette agence dispense une multitude de services pratiques pour les voyageurs : informations touristiques, réservations de titres de transport et d'hébergements, organisation d'excursions dans la région, dont des croisières de *snorkeling* dans le parc national de Mu Ko Chumphon (900B/pers. la demi-journée, min. 4 pers.), et des parties de pêche au calmar (18h-22h, 800B, min. 4 pers.). Le service (en anglais) est admirable et vous pourrez même acheter quelques livres d'occasion en français. *68/2 Tha Tapao Rd* ***Chumphon*** *Tél. 077 570 176 ou 089 687 1825 new_infinity@hotmail.com Ouvert tlj. 8h-20h*

Chumphon Diving Center (hors plan 14 par A1) Très sérieux, le club de plongée du Chumphon Cabana Resort permet aux plongeurs certifiés d'aller admirer les fabuleux fonds marins du parc national de Mu Ko Chumphon, notamment ceux de Ko Ngam Yai et de Ko Ngam Noi (de 9h à 15h30, 2 300B/pers. pour 2 plongées, équipement et repas inclus, sur réservation au plus tard la veille). Ces croisières sont aussi destinées aux adeptes du *snorkeling* (900B/pers., repas compris). Ceux qui veulent explorer d'autres spots par leurs propres moyens pourront y louer le matériel nécessaire (350B/j.). *69 Moo 8* ***Hat Thung Wua Laen*** *Saphli Tél. 077 560-245 ou 089 724 9319 www.chumphoncabanaresort.com Ouvert début fév.-fin oct.*

CARNET D'ADRESSES

Restauration, hébergement

Le Farang Bar (p.306) propose aussi quelques plats thaïs.

très petits prix

Chumphon Fresh Market (plan 14, A2 n°20) Vaste et animé, il vaut le coup d'œil. Curry, soupes, poisson frit, fruits frais et bien d'autres mets alléchants embaument l'atmosphère. Des tables permettent de se restaurer sur place. Vous trouverez aussi de nombreux petits stands de restauration dans les rues avoisinantes. Comptez de 30 à 80B le repas. *Entre Pracha Uthit Rd et Porramin Mankha Rd* ***Chumphon*** *Ouvert tlj. 6h-15h*

☺ **Night Market (plan 14, B1 n°21)** C'est là qu'il faut dîner si vous ne passez qu'une soirée en ville. Ses étals culinaires s'installent tous les soirs de part et d'autre de la rue principale. Comme des tables encombrent les trottoirs et que bien des clients commandent leur repas sans descendre de leur scooter ou de leur voiture, la visite gourmande se transforme parfois en un périlleux gymkhana. En revanche, la qualité et le choix sont au rendez-vous. Comptez de 80 à 100B le repas.

Krom Luang Rd (entre Sook Samea Rd et Saladaeng Rd) ***Chumphon*** *Ouvert tlj. 17h-23h*

petits prix

Green Kitchen (plan 14, B1 n°22) Ce restaurant sert des classiques vietnamiens aussi parfumés que légers – rouleaux de printemps aux crevettes (70-100B), crêpes de riz au porc haché (60-100B) et soupe *pho* (60B) – ainsi que quelques plats thaïs et occidentaux (coq au vin 150B). Le décor est agréable, malgré le poste de TV allumé et une clim. un peu trop puissante. Tâchez de vous installer en terrasse. Comptez de 100 à 300B le repas. *110/32 Sooksamea soi 9 (pas de panneau en anglais, en face du Nanaburi Hotel)* ***Chumphon*** *Tél. 077 571 731 ou 081 691 3231 Ouvert ven.-mer. 11h-21h*

☺ **Salsa Hostel (plan 14, B1 n°30)** Pratique et bien placée, cette pimpante auberge de jeunesse propose un hébergement en dortoir (300B/pers., avec le petit déj.) ou dans de grandes chambres doubles (750B avec sdb, 650B sans). On peut profiter du dortoir dans la journée (150B les 6h) ou se contenter de prendre une douche (30B). Sanitaires modernes, machines à laver en libre-service, agence de voyages et café Internet complètent les prestations. *25/42 Krom Luang Rd* ***Chumphon*** *Tél. 077 505 005 www.salsachumphon.com*

Euro Boutique Hotel (plan 14, B1 n°31) L'enseigne est trompeuse – l'Euro n'a rien d'un hôtel de charme –, mais cet immeuble récent a d'autres atouts : une situation centrale mais calme, un excellent service et un bon rapport qualité-prix. Les 44 chambres sont quelconques, mais offrent un confort rare dans cette gamme (wifi, clim., réfrigérateur, balcon). L'agence de voyages attenante loue des scooters (300B/j.) et des vélos (100B/j.), propose des excursions dans les environs et peut réserver des billets de transport. Double de 650 à 750B, petit déj. inclus. *73/3 Krom Luang Rd* ***Chumphon*** *Tél. 077 502 300 ou 082 619 6145 www.euroboutique-hotel.com*

prix moyens

Prikhorm (plan 14, A2 n°23) Une institution à Chumphon, où l'on va festoyer en famille. Le soir, une chanteuse de variété thaïe vient (ré) chauffer la vaste et élégante salle, climatisée à l'excès. Le menu offre un bon choix de poisson et de fruits de mer (mérou sauce ail et citron 380B) en faisant quelques concessions aux carnivores (curry vert au porc 120B). Service professionnel. Comptez de 250 à 600B le repas. *32 Tha Tapao Rd* ***Chumphon*** *Tél. 077 570 707 Ouvert tlj. 11h-23h*

prix élevés

A-Te Chumphon Hotel (plan 14, A2 n°32) Central, l'hôtel chic de la ville assure un confort 4 étoiles à ses clients (excellente literie dans les chambres, bar-café, piscine, agence de voyages, salle de sport). Les 56 chambres donnent sur une cour intérieure. Résolument moderne, la décoration n'en est pas moins chaleureuse. Bon service. Double de 2 000 à 2 800B. *36 Tha Tapao Rd* ***Chumphon*** *Tél. 077 503 222 www.atechumphon.com*

Dans les environs

très petits prix

Albatross Guesthouse Une adresse de choix pour les petits budgets et un bon endroit pour rencontrer de jeunes vacanciers thaïs. Sans fioritures mais confortables (sdb avec eau chaude) et d'une propreté irréprochable, les 18 grandes chambres sont louées 350B avec ventilateur, 550B avec clim. et réfrigérateur. Petit déj. 50-80B. Accueil souriant. Seul inconvénient, l'imposant bâtiment est posé au bord de la route (peu fréquentée en semaine), à 200m de la plage. *14/7 Thung Wua Laen Rd* ***Hat Thung Wua Laen*** *(16km au nord-est de Chumphon) Tél. 077 622 939 ou 086 473 4140 www.albatrossguesthousechumphon.com*

petits prix

Krua Thon Palm Au bord de la route, face à la plage, ces quelques tables abritées sous un toit de tôle et offertes à la brise du large sont le rendez-vous de prédilection des expatriés du coin. Au menu, tous les classiques thaïs ou presque : *tom yam* aux fruits de mer (120-150B), curry *massaman* au poulet (100B), *pad thai* (80B), etc. En prime, quelques recettes sucrées, dont de délicieuses crêpes à la banane (50B), qui égaient le petit déjeuner. *Env. 100m au nord du Nana Beach Resort* ***Hat Thung Wua Laen*** *(16km au nord-est de Chumphon) Tél. 087 279 7019 Ouvert tlj. 9h-21h*

Parc National de Mu Ko Chumphon Près du centre des visiteurs de la baie de Thungkha Sawi est installé un restaurant bon marché (ouvert de 9h à 15h). Le bâtiment juché sur le mont Pong Pang voisin abrite 14 chambres confortables (ventilateur ou clim., réfrigérateur, bouilloire, TV, sdb avec eau chaude et serviette de bain). Double 700B, sur rés. *1/4 Moo 5* ***Ban Phong Phang*** *(à 23km au sud-est de Chumphon par les routes 4119 et 4017) Tél. 025 620 760*

prix moyens

☺ **Clean Wave Resort** Un hôtel-restaurant simple mais plaisant, avec ses 20 bungalows en dur, spacieux, fonctionnels et disséminés dans un grand jardin, avec juste la rue à traverser pour accéder à la plage. Nous avons surtout apprécié l'accueil adorable, la bonne cuisine thaïe du restaurant donnant sur la mer (150-300B le repas) et la propreté irréprochable de la propriété (même la plage est nettoyée !), qui ne fait pas mentir son nom. Bungalow pour deux 1 000-1 600B, pour quatre 2 500B. Petit déj. à partir de 60B. *54 moo 8* ***Hat Thung Wua Laen*** *(16km au nord-est de Chumphon) Tél. 077 560 151 ou 077 622 824 www.cleanwaveresort.com*

☺ **Nana Beach Hotel** Les 15 bungalows spacieux et climatisés, aux murs en béton ciré et toit de palme, sont installés dans un parc paysager, de part et d'autre d'une belle piscine. Plus économiques mais tout aussi confortables, les 32 chambres avec balcon se partagent un bâtiment à un étage. Le bar-restaurant (cuisine thaïe et occidentale, 200-400B le repas), de l'autre côté de la rue, donne directement sur la plage. Chambre double 1 300-1 800B, bungalow pour deux 1 800-2 500B, petit déj. inclus. *Au nord de* ***Hat Thung Wua Laen*** *(16km au nord-est de Chumphon) Tél. 077 622 999 ou 080 530 6674 www.nanaburihotel.com*

GEOREGION

LE SUD DU GOLFE DE THAÏLANDE

V

Plan 15 Le sud du golfe de Thaïlande

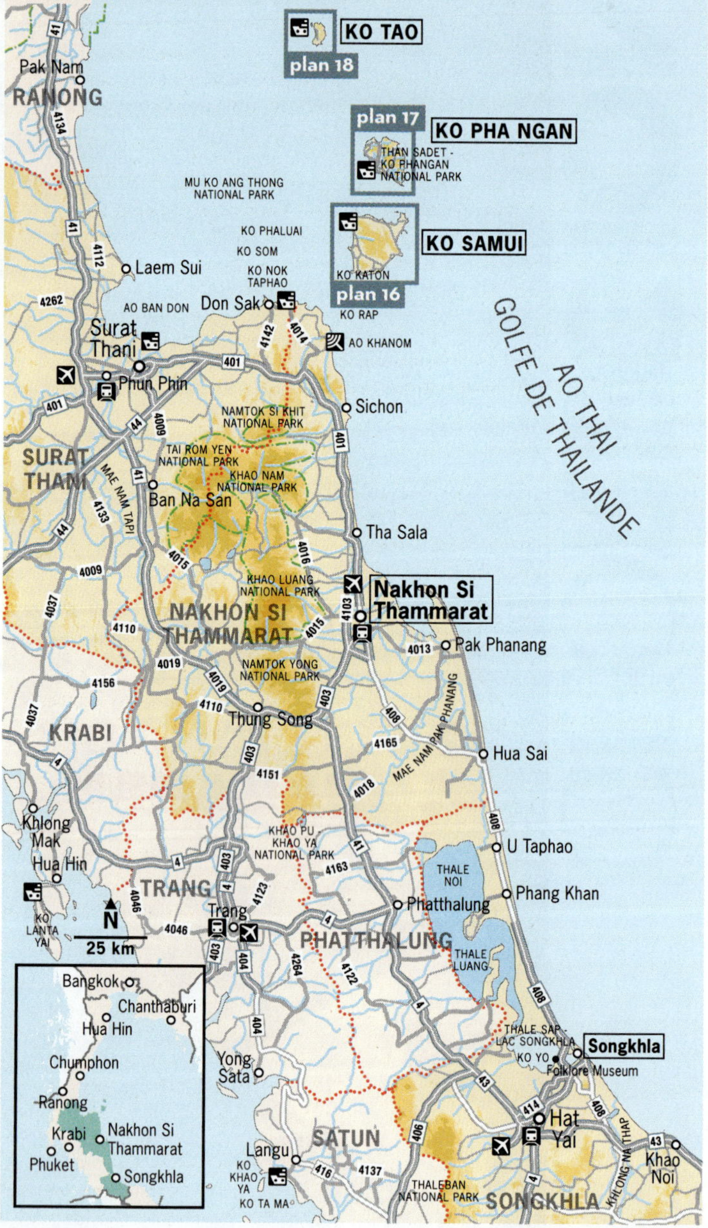

KO SAMUI

Troisième île de Thaïlande derrière Phuket et Ko Chang, Ko Samui (229km^2, 63 000hab.) est la plus grande d'un archipel qui en compte 80, pour la plupart inhabitées. Ses millions de cocotiers, dont les fruits sont appréciés dans tout le royaume, lui ont valu d'être baptisée Coconut Island. Mais les revenus tirés de cette culture comme de la pêche sont désormais largement distancés par ceux que génère le tourisme. Son aura de petit paradis tropical vaut, en effet, à Samui plus d'un million de visiteurs chaque année, toutes générations confondues. Les embouteillages qui affectent la côte nord-est, et le béton qui a pris d'assaut ses baies les plus pittoresques depuis les années 1990 ont quelque peu terni son image. Fort heureusement, les côtes sud et sud-ouest de Samui sont un peu mieux préservées, et son cœur aussi vallonné que luxuriant échappe aux appétits des promoteurs.

DE COCONUT ISLAND À DESTINATION TENDANCE Il semble loin le temps où, pour gagner Samui, d'intrépides voyageurs embarquaient à Surat Thani sur des caboteurs servant au transport des noix de coco. On était alors à l'aube des années 1970, et cette île paradisiaque, colonisée au XIXe siècle par des Chinois originaires de Hainan, ne disposait encore d'aucune route asphaltée ni de l'électricité. Dix ans plus tard, on vit les premiers bungalows sortir de terre sur la plage de Lamai. Au début des années 1990, Samui figurait en bonne place sur la carte touristique de la Thaïlande. Elle a, depuis, fait son entrée au palmarès mondial des destinations de vacances en tablant de plus en plus sur un tourisme haut de gamme, aujourd'hui essentiellement russe et asiatique. Sur les côtes nord et est, villas somptueuses, tables gastronomiques et terrains de golf ont supplanté les hôtels et restaurants bon marché, et ses luxueux centres de remise en forme ont fait de l'île une destination bien-être. Un tel développement n'est pas, on s'en doute, sans effets pervers. Les singes jadis dressés pour aller cueillir les noix de coco sont devenus de misérables bêtes de foire. Béton et internationalisation font parfois oublier que l'on se trouve sur une île, voire en Thaïlande, et de graves pénuries d'eau affectent désormais Samui à la saison sèche.

MODE D'EMPLOI

accès

EN AVION

Aéroport international de Ko Samui (plan 16, B1) Il accueille plus d'un million de passagers par an, ce qui implique d'acheter ses billets longtemps d'avance pour la haute saison. Si votre hôtel n'envoie pas un véhicule vous chercher, rendez-vous au bureau des transports du hall d'arrivée pour affréter un taxi à prix fixe (de 400 à

800B la course pour le nord et l'est de l'île) ou obtenir une place dans un minibus collectif (100-200B/pers.). Comptoirs d'agences de location de voitures (p.313). 99 *Moo 4* ***Bo Phut*** *www.samuiairportonline.com*

Bangkok Airways La compagnie assure des liaisons directes entre Samui et Bangkok-Suvarnabhumi (15-20 vols/j. de 1h5, à partir de 4 000B AS), Krabi (1 vol/j., 55min, 3 000-4 000B), Phuket (4 vols/j., 1h, 3 000-4 000B), Chiang Mai (1 vol/j., 1h50, à partir de 6 000B), Hong Kong (2 vols/j., 3h20, à partir de 10 000B), Kuala Lumpur (2 vols/j. 1h35, env. 8 000B) et Singapour (2 vols/j., 1h45, autour de 9 000B), notamment. *99 Moo 4* ***Bo Phut*** *Tél. 1771 ou 077 428 555 www.bangkokair.com*

Thai Airways La compagnie nationale relie 2 fois/j. Samui à l'aéroport international Suvarnabhumi de Bangkok, ce qui peut être pratique pour les correspondances. Les tarifs sont cependant légèrement plus élevés que ceux de Bangkok Airways. *Tél. 02 356 1111 www.thaiairways.com*

EN BATEAU

Principal port de Ko Samui, Nathon (plan 16, A1), sur la côte nord-ouest, bénéficie de liaisons régulières avec Donsak, Surat Thani, Ko Pha Ngan et Ko Tao. Les embarcadères de Mae Nam, Bo Phut, Big Buddha et Bangrak, sur la côte nord, accueillent des bateaux de passagers en provenance de Ko Pha Ngan, Ko Tao et Chumphon, tandis que les car-ferrys qui arrivent de Donsak accostent à Thong Yang, dans le sud-ouest de l'île. Compte tenu du prix des taxis insulaires, mieux vaut vous faire déposer à votre hôtel par la navette de la compagnie maritime (100-200B/pers.).

Lomprayah Cette compagnie très fiable relie Ko Samui à Chumphon, via Ko Pha Ngan (20min, 300B) et Ko Tao (1h30, 600B), en catamaran rapide. Départ de Mae Nam à 8h et 12h30, 3h45 de traversée, AS 1 100B, avec prolongation possible en car vers Bangkok ou le Sud. Du port de Nathon, départ pour Ko Pha Ngan à 11h15, 13h30 et 17h (300B), pour Ko Tao à 11h15 et 17h (700B), pour Donsak à 8h, 12h45 et 15h30 (1h, 600B, transfert jusqu'à Surat Thani inclus) avec prolongation possible en car vers le Sud et la côte d'Andaman. *Tél. 077 427 765 ou 077 427 0121 www.lomprayah.com*

Seatran Discovery Gros ferrys confortables à destination de Ko Pha Ngan (départ à 8h, 13h et 16h30, 30min de traversée, 300B) et Ko Tao (2h, 600B). Pour Donsak, départ à 9h et 11h30 (1h30, 350B) avec prolongation possible en car vers la côte d'Andaman. *Bangrak Pier* ***Bo Phut*** *Tél. 077 246 086 www.seatrandiscovery.com*

Songserm Ses ferrys, plus économiques mais plus lents, desservent Donsak (départ à 14h, 2h de traversée, 200B), Ko Pha Ngan (départ à 9h, 11h et 17h, 1h de trajet, 200B) et Ko Tao (départ à 9h et 11h, 3h de route, 500B). ***Nathon*** *Tél. 077 421 316*

Raja Ferry Car-ferrys pour Donsak (départ toutes les heures entre 5h et 18h, 1h30 de trajet, AS 130B). ***Thong Yang*** *Tél. 077 372 800 www.rajaferryport.com*

Bateaux de nuit Liaison directe entre Ko Samui et le centre-ville de Surat Thani (couchettes sommaires, départ à 21h, arrivée à 3h ; 23h-5h dans l'autre sens, 200B AS). Pas de réservation possible, il faut se présenter au port au moins 1 ou 2h avant l'embarquement. ***Nathon***

Haad Rin Queen Ferry Pratique, ce petit ferry dessert la station balnéaire de Hat Rin (p.336), à Ko Pha Ngan. Quatre départs quotidiens dans chaque sens entre 10h30 et 18h30 (durée 50min, 200B AS). *Big Buddha Pier* ***Bo Phut*** *Tél. 077 375 113*

orientation

Cette grande île, dont la forme rappelle celle de l'Espagne, mesure 23km du nord au sud et 16km d'est en ouest. Environ 100km de très bonnes routes asphaltées (4169 et 4170) font le tour de Samui. La population se concentre sur les côtes, celles du Nord et de l'Est étant nettement plus développées que les deux autres. Le centre, montagneux et densément boisé, est difficilement accessible.

se déplacer

Ko Samui dispose d'un très bon réseau routier. La circulation est très dense sur la route 4169 (qui s'élargit par endroits en 4-voies), et les bouchons sont fréquents dans le nord-est de l'île. Hormis celles qui s'aventurent au cœur de l'île, les routes secondaires sont elles aussi en bon état. Revers de la médaille, on ne prête pas beaucoup d'attention aux piétons à Samui...

EN TAXI, À MOTO-TAXI

Les taxis sont nombreux, mais leurs tarifs prohibitifs. Les chauffeurs rechignent souvent à mettre leur compteur en marche, préférant marchander le prix de la course avec leurs clients. À titre indicatif, comptez 400-500B de Mae Nam à Chaweng et au moins 500-600B de Chaweng à Nathon. Plus raisonnables et tout aussi nombreux, les motos-taxis vous transportent pour environ 20-30B/km. À votre arrivée comme lorsque vous quitterez l'île, mieux vaut prendre la navette allouée par votre compagnie maritime ou votre hôtel, qui facturent généralement ce service 100-200B/pers.

EN *SONGTEO*

En journée, ces *pick-up* de couleur brune font la navette entre Nathon, Mae Nam, Chaweng et Lamai en suivant la route 4169. Ils n'ont pas d'arrêt fixe mais leur destination est affichée en lettres latines sur le pare-brise, et il suffit de les héler. En principe, le trajet de Nathon à Mae Nam ou de Bo Phut à Chaweng revient à 50-70B, mais en tant que *farang*, prévoyez de payer 100B. Les *songteo* peuvent aussi faire office de taxi, mais il faut alors négocier le prix de la course au préalable.

EN VOITURE, À SCOOTER

Les accidents de la route étant monnaie courante à Ko Samui, il convient d'être particulièrement prudent : roulez lentement et, à scooter, portez toujours un casque (sous peine d'encourir une amende de 500B). Mieux vaut louer un scooter (200-250B/j.) ou une voiture (de 800 à 2 000B/j. selon le modèle) par l'entremise de votre hôtel, si vous voulez minimiser les risques d'escroquerie. Quoi qu'il en soit, avant d'en prendre possession, dressez un état minutieux du véhicule, photos à l'appui, et vérifiez les prix et conditions des réparations.

Budget Pour louer une voiture en toute confiance et à un prix raisonnable dès votre arrivée à l'aéroport. À partir de 800B/j. *Aéroport international de Ko Samui 99 Moo 4* **Bo Phut** *Tél. 077 961 502 www.budget.co.th*

informations touristiques

De nombreux sites Internet, tels www.kosamui.com et www.samui-thailande.com (en français), donnent des informations à jour sur l'île.

Tourism Authority of Thailand (plan 16, A1) Distribue des cartes et une masse de documentation sur les prestataires locaux. *Nathon Rd (une rue au nord du Nathon Pier)* **Nathon** *Tél. 077 420 504 Ouvert tlj. 8h30-16h30*

Samui's International Tourism Office (plan 16, B1) Cette agence de voyages francophone fournit une foule de services et d'informations touristiques sur l'île. *126/13 Moo 1* ***Bo Phut*** *Tél. 077 427 400 www.samuiandkoh.com Ouvert tlj. 9h-18h*

Samui Evasion (plan 16, B1) Cette agence de voyages sérieuse, qui connaît tous les recoins de Ko Samui, pourra vous concocter un séjour sur mesures. *Soi Colibri* ***Chaweng*** *Tél. 077 230 159 www.samuievasion.com*

informations pratiques

Vous trouverez des banques et distributeurs de billets (ATM) dans toute l'île, des pharmacies et des cliniques à Bo Phut et Chaweng, notamment.

Police touristique (plan 16, A1) *Route 4169 (au niveau de la rue du port)* ***Nathon*** *Tél. 1155 ou 077 421 281*

Agence consulaire de France (plan 16, B1) *141/3 Moo 6* ***Bo Phut*** *Tél. 077 270 720 ou 087 086 4372 Ouvert mar. et jeu. 13h-15h Et sur rdv*

Immigration Office (plan 16, A1) Si vous devez proroger votre visa, présentez-vous à ces bureaux muni de votre passeport, d'une photo d'identité, de votre billet d'avion retour et du prix du visa en liquide (1 900B pour une extension de 30j.). Mieux vaut toutefois vous assurer au préalable des conditions et documents nécessaires. Le visa est en principe délivré le jour même, mais comptez 1 ou 2h pour venir à bout des formalités. *Route 4169 (2km au sud de la ville)* ***Nathon*** *Tél. 077 421 069 Ouvert lun.-ven. 8h-12h et 13h-16h30*

Hyperbaric Services of Thailand (plan 16, B1) Le seul caisson hyperbare de tout l'archipel pour traiter les accidents de plongée. Service 24h/24. *34/8 Moo 4* ***Bo Phut*** *Tél. 077 427 427 ou 081 081 9555 www.sssnetwork.com*

Ko Samui Government Hospital (plan 16, A1) *61 Moo 1* ***Nathon*** *Tél. 077 913 200 ou 077 420 552 www.samuihospital.go.th*

fêtes et manifestations

Combats de buffles Interdits dans le reste du pays, ils sont très populaires à Ko Samui. Les animaux suivent un entraînement et un régime alimentaire particulier pendant les 30 jours précédant l'affrontement, et ils reçoivent une bénédiction juste avant. Le combat, qui ne dure parfois que quelques minutes et n'occasionne que rarement des blessures, se termine quand l'un des deux protagonistes prend la fuite ou qu'il est contraint par son adversaire à rester plus de 5min à terre. Plusieurs villages de l'île disposent d'une arène, et les amateurs n'hésitent pas à parier de petites fortunes sur leur champion. Renseignez-vous à la réception de votre hôtel pour connaître les dates et lieux de ces combats, qui se déroulent généralement les jours de fête.

DÉCOUVRIR Ko Samui

☆ **Les essentiels** Mae Nam, Thong Ta Khian, Taling Ngam, Mu Ko Ang Thong National Park **Découvrir autrement** Assistez à un combat de buffles (cf. mode d'emploi), allez vous faire dorloter dans un spa de luxe, octroyez-vous une escapade sur la petite Ko Tan

Nathon et la côte nord

Nathon (plan 16, A1) Le chef-lieu administratif de l'île accueille la plupart des bateaux en provenance du continent. L'intense activité qui règne sur ses quais vaut un certain charme à cette bourgade commerçante, tout comme les vieilles *shophouses* (ou "compartiments chinois", superposant locaux commerciaux et habitation) alignent leurs façades en teck dans la rue parallèle à celle du front de mer. *Sur la côte nord-ouest*

Laem Yai (plan 16, A1) Cette baie isolée à la pointe nord-ouest de l'île accueille des complexes hôteliers huppés au bord de sa belle plage de sable fin frangée de cocotiers. *À 5km au nord de Nathon*

☆**Mae Nam (plan 16, A1-B1)** La plage, longue de 5km, qui ourle cette baie septentrionale, est l'une de nos préférées à Ko Samui, avec son rideau de palmiers et sa splendide vue sur la verte Ko Pha Ngan. Si le village établi le long de la route 4169 offre de nombreuses commodités, dont d'intéressants marchés, la station balnéaire reste assez tranquille, car on y trouve des hôtels et des restaurants à tous les prix, mais peu de bars et boîtes de nuit. *À 13km au nord-est de Nathon et 10km à l'ouest de l'aéroport*

Bo Phut (plan 16, B1) Ban Bo Phut s'est considérablement développé, profitant du succès de son ***Fisherman's Village***, une rangée de vénérables *shophouses* chinoises soigneusement restaurées, qui abritent des boutiques, hôtels de charme et bonnes tables. Très touristique, cette élégante promenade a l'avantage de ne pas être embouteillée. La plage, elle aussi bordée d'hôtels et de restaurants, n'est agréable que dans sa partie ouest (entre la pointe de Mae Nam et le Fisherman's Village) car ailleurs, le trafic maritime et la turbidité de l'eau n'incitent guère à la baignade. *À 17km au nord-est de Nathon et 6km à l'ouest de l'aéroport*

Hat Bangrak / Big Buddha Beach (plan 16, B1) Prolongeant celle de Bo Phut, cette plage, vaseuse à marée basse, pâtit de la proximité de l'aéroport et du va-et-vient des bateaux qui accostent à son débarcadère. Hat Bangrak doit son surnom de *Big Buddha Beach* à la statue haute de 12m qui trône depuis 1972 sur les hauteurs de Ko Fan – îlot relié à Samui par une digue –, dans l'enceinte du **Wat Phra Yai**. La terrasse sur laquelle est assis ce bouddha doré offre de beaux points de vue sur la mer. Le temple accueille deux autres intéressantes effigies du Bouddha ainsi qu'une pléthore de stands d'amulettes, de souvenirs et de restauration. *À 22km au nord-est de Nathon et 2,5km au nord de l'aéroport*

***SO FRESH*!**
Juste au bas des escaliers du *Big Buddha*, ce petit comptoir vous fera vite oublier la chaleur avec ses délicieuses glaces et sorbets maison : mangue, litchi, *piña colada*, etc. De 50 à 70B la boule. **Leonardo Ice Cream (plan 16, B1 n°10)** *Wat Phra Yai Bo Phut Tél. 092 847 7385 Ouvert tlj. 9h-19h*

Wat Plai Laem (plan 16, B1) Ce vaste monastère bouddhique achevé en 2004 possède un *bot* délicatement ouvragé de style traditionnel et deux statues de style chinois aussi bariolées

Plan 16 Ko Samui

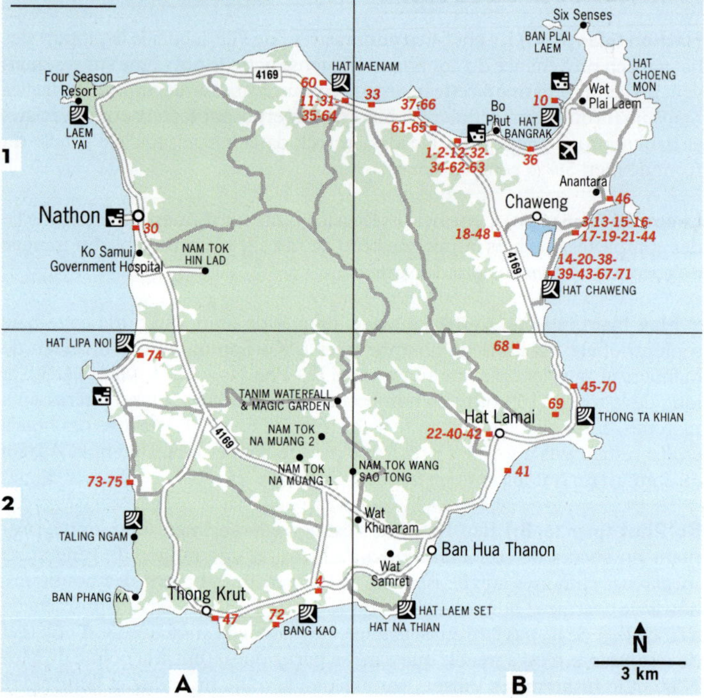

Shopping ■ 1 à 4

- Central Festival Samui **p.319** — **3 B1**
- Koh Samui Rum **p.322** — **4 A2**
- Saona Collection **p.317** — **1 B1**
- Siri **p.317** — **2 B1**

Cafés, glaciers, lieux de sortie ■ 10 à 22

- About Café **p.317** — **11 A1**
- Ark Bar **p.324** — **16 B1**
- Chaweng Boxing Stadium **p.325** — **21 B1**
- Drink Gallery **p.324** — **14 B1**
- Green Mango **p.324** — **17 B1**
- Lamai Thai Boxing **p.325** — **22 B2**
- Leonardo Ice Cream **p.315** — **10 B1**
- Major Cineplex Lotus Samui **p.324** — **18 B1**
- Paris Follies **p.325** — **19 B1**
- Phetch Buncha Stadium **p.325** — **20 B1**
- Q Bar **p.324** — **12 B1**
- Solo Bar **p.324** — **15 B1**
- Tropical Murphy's **p.324** — **13 B1**

Restauration ■ 30 à 48

- Arun @ Samui **p.326** — **31 A1**
- Bamboo Restaurant **p.329** — **41 B2**
- Bistrot Évasion **p.330** — **43 B1**
- Duomo **p.330** — **44 B1**
- Kob Thai Restaurant **p.329** — **42 B2**
- Kobori **p.327** — **35 A1**
- Koh Tan Cuisine **p.331** — **47 A2**
- Krua Bophut **p.326** — **34 B1**
- La Fabrique **p.329** — **40 B2**
- La Fabrique **p.329** — **48 B1**
- Laem Din Market **p.328** — **38 B1**
- Nathon Food Market **p.325** — **30 A1**
- Ninja Crepes **p.328** — **39 B1**
- Ocean 11 **p.327** — **36 B1**
- The Cliff **p.330** — **45 B2**
- The Hut Café **p.326** — **32 B1**
- Tree Tops **p.331** — **46 B1**
- Zazen Restaurant **p.327** — **37 B1**
- Zenzibar **p.326** — **33 B1**

Hébergement ■ 60 à 75

- Am Samui Resort **p.331** — **73 A2**
- Cactus Bungalows **p.327** — **61 B1**
- Cheeky Monkey's Samui **p.329** — **67 B1**
- Crystal Bay Beach Resort **p.330** — **70 B2**
- Eden Beach Bungalows **p.328** — **65 B1**
- Eden Bungalows **p.327** — **63 B1**
- Hacienda Beach **p.327** — **64 A1**
- Lipa Lodge **p.332** — **74 A2**
- Sallamai Resort **p.330** — **69 B2**
- Samahita Retreat **p.331** — **72 A2**
- Shangri-La Bungalow **p.326** — **60 A1**
- Smile House **p.327** — **62 B1**
- The Jungle Club **p.330** — **68 B2**
- The Library **p.331** — **71 B1**
- The Sunset Beach Resort & Spa **p.332** — **75 A2**
- Zazen Boutique Resort and Spa **p.328** — **66 B1**

qu'imposantes. La plus surprenante représente Guanyin, la déesse de la Compassion et de la Miséricorde, pourvue de 18 bras. Dominant un grand bassin rempli de poissons – un gage de prospérité –, le bodhisattva de la Compassion est assis sur un trône coloré, gardé par un dragon, et flanqué de deux pavillons ornés de fresques bouddhiques. Le second colosse est un bouddha rieur et bedonnant haut de 30m, censé apporter santé, prospérité et longévité aux fidèles. *Route 4171 (à 1km à l'est de Ko Fan)* ***Bo Phut*** *Ouvert tlj. 8h-19h*

● Où étancher sa soif de shopping ? Ses élégantes boutiques installées dans de vieilles maisons en bois font assurément du *Fisherman's Village* l'enclave commerçante la plus agréable de Ko Samui. Nos adresses préférées :
Saona Collection (plan 16, B1 n°1) Bel assortiment de maillots de bain, de robes, de bijoux et de chapeaux. ***Bo Phut*** *www.facebook.com/SaonaCollection Ouvert tlj. 10h-22h Pas de tél.*
Siri (plan 16, B1 n°2) Avec ses accessoires, vêtements et objets décoratifs en provenance de toute l'Asie, cette boutique regorge d'idées cadeaux. ***Bo Phut*** *Tél. 077 427 540 Ouvert tlj. 16h-22h*

● Où faire une pause-café ?

About Café (plan 16, A1 n°11) En plus de vendre toute une ribambelle de bibelots colorés, ce lieu attachant de Mae Nam sert de bons cafés (25-60B), des jus frais et frappés (40-70B) et toute une panoplie de petits déjeuners et de sandwichs (60-150B). *160/1 Moo 1* ***Mae Nam*** *Tél. 077 427 376 www.aboutcafesamui.com Ouvert tlj. 7h-17h*

● Conduire de petits bolides en famille

Easy Kart (plan 16, B1) Avec deux pistes, des karts pour enfants (à partir de 7 ans) et pour adultes (1 ou 2 places, jusqu'à 270cc), et un système informatisé pour suivre ses performances, ce circuit de conduite sportive invite toute la famille à faire la course. À partir de 600B les 8min. Bar et restaurant attenants. *3/196 Moo 2 Chaweng Lake* ***Bo Phut*** *Tél. 084 752 5753 http://easykart.net Ouvert tlj. 10h-1h*

● Apprendre le thaï

Mind Your Language (plan 16, B1) Cette école de langue réputée dispense des cours particuliers ou collectifs de thaï, de quelques heures à plusieurs mois. À partir de 8 000B les 30h. *142/7 Moo 1 The Old Monkey Theatre Rd* ***Bo Phut*** *Tél. 077 962 088*

● Aller pêcher en mer

Mr. Tu (plan 16, B1) Embarquez sur l'un des petits chalutiers de Mister Tu, de jour (9h-16h, 1 500B/pers.) ou de nuit (18h-1h, 1 800B/pers.). Le forfait comprend la prise en charge à l'hôtel, le matériel (cannes, appâts), les boissons et le repas - dont un barbecue préparé avec vos prises. Vous pouvez aussi affréter un bateau pour aller pêcher le gros (à partir de 20 000B pour 6 pers.). *20/1 Moo 5 Big Buddha Pier* ***Bo Phut*** *Tél. 081 538 8823 www.mrtufishing.com*

● Jouer au golf

Bophut Hills Golf Club (plan 16, B1) Avec ses bunkers et ses plans d'eau, ce *Pitch & Putt* (9 trous par 3) aussi vallonné que verdoyant présente tout de même de beaux défis à relever. Comptez 1 700B/pers. le forfait, transfert compris – réductions pour les réservations sur Internet. *166/13 Moo 1* ***Bo Phut*** *Tél. 077 430 811 http://bophuthillsgolf.com Ouvert tlj. 9h-18h*

● Lâcher prise

Six Senses Spa (plan 16, B1) Aux soins (gommage au sel marin, enveloppement d'algues, "masque" corporel au beurre de cacahuètes 1 000-6 000B) prodigués dans ce centre de bien-être luxueux s'ajoutent des séances de *reiki*, des massages dispensés dans un confortable *sala* ouvert à la brise du large et des cours de Pilates et de yoga sur la plage. *9/10 Moo 5* ***Ban Plai Laem*** *Tél. 077 245 678 www.sixsenses.com Ouvert tlj. 10h-22h*

Tamarind Springs (plan 16, B1) Ce spa niché au cœur de la forêt tropicale depuis la fin des années 1990 a aménagé ses piscines au pied d'éboulis granitiques et installé son sauna dans des grottes. Féerique ! On peut y passer la journée en panachant massage (thaï, aux pierres chaudes, aux huiles, crânien, plantaire) et soin "vapeur et gommage". Forfaits de 1 500 à 8 500B. Également des cours et stages de yoga (hébergement sur place), sans oublier le café, ouvert tlj. de 9h30 à 18h30, qui sert une cuisine diététique aussi bio que possible. *205/7 Thong Ta Khian* ***Lamai*** *Tél. 077 424 221 www.tamarindsprings.com Ouvert tlj. 10h-20h*

La côte est

Hat Choeng Mon (plan 16, B1) Profitant de la proximité de Chaweng, certains des complexes hôteliers les plus prestigieux de Samui se blottissent dans cette petite baie verdoyante, ourlée de sable blanc, à la pointe nord-est de l'île. *À 25km au nord-est de Na Thon et 7km au nord de Chaweng*

Hat Chaweng (plan 16, B1) La plus longue plage de Ko Samui (5km) est, assez logiquement, la plus urbanisée. Là, le béton, les néons criards et les embouteillages laissent peu de place aux images paradisiaques des dépliants touristiques. Les boîtes de nuit et les bars plus ou moins bien fréquentés de sa partie nord en font l'endroit le plus festif de l'île. Sa portion méridionale, Ban Chaweng Noi, est nettement plus calme. Sable immaculé, palmiers et eau turquoise assurent à cette plage son aura tropicale... Du moins en tout début de matinée, avant que se fassent entendre les premiers scooters des mers. *À 23km à l'est de Nathon*

☆ **Thong Ta Khian (plan 16, B2)** Aussi appelée Silver Beach et Crystal Bay (noms qu'elle doit à des hôtels), cette splendide petite baie, nettement plus tranquille que celles de Chaweng et de Lamai, n'accueille qu'une poignée d'établissements touristiques. On se prélasse à l'ombre de ses palmiers, et les rochers de sa partie nord réservent de belles séances de *snorkeling*. *À 6km au sud de Chaweng*

Hat Lamai (plan 16, B2) La deuxième station balnéaire de l'île est nettement moins étendue et un peu plus calme que Chaweng. S'y côtoient des touristes de tous âges, et un certain nombre d'hébergements de catégorie moyenne ou bon marché sont regroupés dans sa partie sud. La plage centrale est envahie par les chaises longues, mais la partie nord de la baie, abritée par de vertes collines, est plus tranquille. Méfiez-vous tout de même des vagues, qui peuvent être violentes par grand vent. L'extrémité sud de Hat Lamai est célèbre pour ses deux rochers aux formes suggestives : celle qui se dresse virilement a reçu le nom de **Hin Ta** (rocher du Grand-Père) et la fente éclaboussée par les vagues celui de **Hin Yai** (rocher de la Grand-Mère). *À 9km au sud de Chaweng*

Ban Hua Thanon (plan 16, B2) Fondé par des descendants de nomades de la mer originaires de Malaisie, cf. Les nomades de la mer (p.397), l'unique village musulman de Samui est certainement l'endroit le moins formaté pour les touristes, avec ses étals de poisson séché, ses pêcheurs qui ramendent leurs filets et ses grandes barques colorées – la plus importante concentration de l'île. *À 14km au sud-ouest de Chaweng*

● Où faire du shopping ?

Central Festival Samui (plan 16, B1 n°3) Le plus grand centre commercial de l'île regroupe quelque 200 enseignes : une cinquantaine de boutiques de grandes marques de prêt-à-porter, de cosmétiques, d'optique, de sports (Adidas, Bata, Uniqlo, Yves Rocher, etc.), des échoppes d'artisanat et de souvenirs, une librairie, un *food court*, un supermarché, des restaurants et des cafés, sans oublier des espaces de jeux pour petits et grands et des animations ponctuelles. Les prix, relativement élevés, s'adressent à une clientèle essentiellement *farang... Entre Chaweng Beach Rd et le lac Tél. 077 962 777 Ouvert tlj. 11h-23h*

● S'amuser en famille

Samui Football Golf (plan 16, B1) Jouer au golf avec un ballon de foot, voici le concept de ce sport accessible à tous et qui promet de belles parties de plaisir. Le parcours 18 trous, dessiné dans une splendide cocoteraie, s'effectue en 1h30 environ. Tarif 750B/adulte et 350B/enfant. *63/240 Moo 5* ***Hat Choeng Mon*** *Tél. 077 426 600 www.samuifootballgolf.com Ouvert tlj. 9h-18h*

Aquapark Samui (plan 16, B1) Toute la famille adorera ces énormes bouées gonflables qu'il s'agit d'escalader pour faire du trampoline, glisser ou sauter en toute sécurité dans l'eau turquoise de Hat Chaweng (gilet de sauvetage fourni). Ancrées à une centaine de mètres de la plage, elles permettent aussi aux parents de se relaxer tout en admirant les pirouettes de leur progéniture. Tarif 300B/h, 500B les 4h, 700B/j. *Chaweng Beach Rd* ***Chaweng*** *Tél. 094 582 0313 www.aquaparkchaweng.com Ouvert tlj. 9h-18h (fermé en cas de mauvais temps)*

● Cuisiner thaï

Smiley Cook (plan 16, B2) Après avoir fait les courses au marché de Chaweng, vous concocterez 4 classiques thaïs de votre choix, plus un délicieux dessert à la mangue à base de riz gluant, et vous dégusterez le tout dans l'agréable demeure de vos hôtes, un sympathique couple franco-thaïlandais. Le cours revient à 1900B/pers. (4 max.), prise en charge à l'hôtel comprise. Réservez au moins 2 j. avant. ***Lamai*** *Tél. 094 354 5034 ou 082 285 2519 www.smileycooksamui.com Ouvert tlj. 9h-13h et 16h-20h*

● S'envoler en kitesurf

Kiteboarding Asia Ko Samui (plan 16, B2) Avec deux centres à Samui pour assurer les meilleures conditions de glisse tout au long de l'année (nov.-mars à Hua Thanon et mai-oct. à Na Thon), cette école d'envergure nationale est à même de répondre aux besoins des débutants comme des kitesurfeurs confirmés. L'initiation de 4h revient à 4 000B et le stage de 3 jours à 11 000B, matériel fourni. *Samui Orchid Resort 33/2 Moo 2 Ban Harn Beach (1km au sud de Hua Thanon) Tél. 083 643 1627 www.kitesurfing-samui.com*

L'arrière-pays

Wat Samret (plan 16, B2) Le "temple du Succès" attire une foule de dévots venant prier pour l'heureux accomplissement de leurs projets. Le *bot* abrite un inhabituel bouddha assis en marbre blanc de style Mandalay et un pavillon annexe un grand bouddha couché entouré de dizaines de statues plus petites. *À 2km à l'ouest de Hua Thanon en quittant la route 4169 pour suivre les panneaux indiquant White Jade Buddha Temple*

Wat Khunaram (plan 16, B2) Né à Samui en 1894, Dang Piyasilo éleva six enfants avant de se retirer au monastère sous le nom de Phra Khru Samathakittikhun pour se consacrer à l'étude du canon bouddhique et à l'ascèse. En 1973, une semaine avant sa mort, il cessa de s'alimenter et se figea en posture de méditation. Sa dépouille, qui s'est inexplicablement momifiée, est exposée depuis dans un cercueil de verre et fait l'objet d'une grande vénération. Par respect, on a caché ses orbites creuses derrière des lunettes de soleil. *À 3km au nord-ouest de Hua Thanon sur la route 4169*

Nam Tok Wang Sao Tong (plan 16, B2) Un petit sentier mène à cette belle cascade perdue dans la forêt, où l'on peut se rafraîchir. *À 2km au nord du wat Khunaram (prendre la route face au temple)*

Tanim Waterfall & Magic Garden (plan 16, A2) La belle route (praticable à scooter) qui grimpe à travers la jungle à l'assaut des collines du centre de Samui, offrant de splendides points de vue, est peut-être plus impressionnante que le "jardin Magique" (ex-Secret Buddha Garden) lui-même. Ce site réunit plusieurs dizaines de petites statues anthropomorphes et animalières en pierre et béton, réalisées par un fermier local et illustrant des scènes de la vie du Bouddha. Sa visite vous permettra surtout de profiter de la fraîcheur de la forêt et de la rivière, ponctuée d'une petite cascade, qui traverse la propriété, comme de son charmant café. *À 5km au nord du wat Khunaram (poursuivre la route de Nam Tok Wang Sao Tong) Tél. 081 737 8886 Ouvert tlj. 8h-18h30 Tarif 80B (gratuit pour les moins de 12 ans)*

Nam Tok Na Muang 2 (plan 16, A2) Il faut contourner les installations du Na Muang Safari Park et suivre sur 1km un sentier par endroits abrupt pour découvrir ces cascades de 80m de dénivelé en pleine jungle. Elles sont moins spectaculaires que celles de Na Muang 1 (voir ci-après), mais leurs vasques rafraîchissantes sont tout aussi fréquentées. *À 2,7km au nord-ouest du Wat Khunaram (embranchement indiqué sur la route 4169, à 1,5km à l'ouest du temple)*

Nam Tok Na Muang 1 (plan 16, A2) Hautes d'une trentaine de mètres, ces chutes valent surtout le coup d'œil après de fortes pluies. Elles s'épanchent dans un grand bassin naturel, qui attire les foules les jours de canicule. Gare aux rochers cachés sous la surface. *À 2,7km au nord-ouest du Wat Khunaram (embranchement indiqué sur la route 4169, 200m après celui vers Na Muang 2)*

Se promener à dos d'éléphant

Namuang Jungle Trip (plan 16, A2) Dans ce campement, les pachydermes sont traités convenablement, ce qui est loin d'être le cas partout. Vous pourrez assister à leur repas après avoir effectué sur leur dos une promenade à travers les cocoteraies ou en forêt jusqu'aux chutes de Nam Tok Na Muang 1. N'oubliez pas votre maillot de bain ! À partir de 700B les 30min, prise en charge à l'hôtel comprise. *Sur la route de Nam Tok Na Muang 1* ***Na Muang*** *Tél. 077 424 729 http://samui-elephant-trekking.blogspot.com Ouvert tlj. 9h-17h*

Voler d'arbre en arbre

Secret Fall Canopy Adventure (plan 16, A1) Bien harnaché à des câbles tendus entre les arbres, glissez au niveau de la canopée d'une plateforme à l'autre (21 en tout sur 2km). Une belle occasion de découvrir la jungle insulaire, tout en faisant le plein d'adrénaline. À partir de 7 ans ; 2 950B/adulte et 2 500B/enfant de moins de 11 ans, transfert compris. Réservation impérative sur Internet (promotions), par téléphone ou via votre hôtel. *Soi 5* ***Mae Nam*** *Tél. 077 300 340 ou 087 046 7307 http://canopyadventuresthailand.com*

Les côtes sud et ouest

Hat Laem Set et Hat Na Thian (plan 16, B2) À la pointe sud-est de l'île, la petite plage de Na Thian (au nord) et sa voisine Laem Set sont particulièrement paisibles et agréables : sable fin, palmiers… et peu d'hôtels pour gâcher le paysage. La faible profondeur de l'eau convient bien à la baignade des enfants. Le récif, éloigné d'une centaine de mètres du rivage, se prête au *snorkeling*. *À 18km au sud-est de Na Thon*

Bang Kao (plan 16, A1) Comme celle des plages précédentes, son eau manque un peu de fond. On profite en revanche d'une agréable solitude en admirant les bateaux de pêche colorés halés sur le sable ivoire. À l'extrémité ouest de la baie, le **Wat Laem Saw** possède un vieux stupa de style Srivijaya. *À 5,5km à l'ouest de Laem Set*

Thong Krut (plan 16, A2) Le charme de ce village de pêcheurs tient à son cadre paisible et aux restaurants de poisson qui font sa réputation. Seuls quelques mètres séparent les *long-tail boats*, d'où est débarquée la pêche du jour, des *sala* installés face à la plage (rocailleuse et peu propice à la baignade) où, en attendant sa grillade, on profite de la brise du large et de la vue sur Ko Tan, cf. Embarquer pour Ko Tan (p.322). *À 3,5km à l'ouest de Bang Kao*

Ban Phang Ka (plan 16, A2) La colline boisée qui forme une presqu'île, à la pointe sud-ouest de Samui, et la jolie baie en contrebas accueillent une dizaine de complexes hôteliers qui profitent d'une quiétude absolue. Sa partie méridionale, la plus profonde, est la plus propice à la baignade. *À 3km à l'ouest de Thong Krut et 15km au sud de Nathon*

☆ **Taling Ngam (plan 16, A2)** Souvent appelée *The Virgin Coast*, la côte sud-ouest de Samui est l'une des plus attrayantes de l'île. Sa pointe sud, montagneuse, reste sauvage car peu accessible. Seules des pistes, souvent trop escarpées pour les scooters, en desservent les plages, littéralement désertes. On retrouve trace de vie humaine aux abords de Ban Taling Ngam. Un monumental arc soutenu par deux éléphants de pierre marque l'entrée de ce pittoresque village, qui recèle quelques vénérables maisons en bois. La longue plage bordée de cocotiers et jalonnée de gros rochers est fréquentée autant par les pêcheurs et les buffles que par les vacanciers... et particulièrement pittoresque en fin de journée, quand le soleil se couche derrière les Five Islands. *À 11km au sud de Nathon*

Hat Lipa Noi (plan 16, A2) Séparé de Taling Nam par une presqu'île qu'occupe une base militaire, la plage de Lipa Noi s'arque sur 2km en un magnifique croissant ponctué de quelques hôtels et villas. Étroite à marée haute, elle est gratifiée d'un sable ivoire d'une extrême finesse et baignée par une eau peu profonde. *À 6km au sud de Nathon*

Nam Tok Hin Lad (plan 16, A1) Cette petite chute au cadre luxuriant n'est pas la plus spectaculaire de l'île, mais elle est peu fréquentée en semaine, et ses bassins d'eau fraîche sont absolument irrésistibles après la grimpette qui y mène (30min, prévoyez de bonnes chaussures). À l'orée du sentier se dresse le **Wat Nam Tok Hin Lad**. Ce joli temple à demi enfoui sous la végétation est très fréquenté le week-end, les insulaires venant s'y recueillir avant d'aller pique-niquer auprès de la cascade. Vous pourrez, comme eux, profiter des étals de restauration installés pour l'occasion aux abords du sanctuaire. *À 3,5km au sud-est de Nathon*

● Où goûter le rhum local ?

Koh Samui Rum (plan 16, A2 n°4) Avec de la canne à sucre en provenance de la province de Surat Thani et deux alambics fabriqués en France, cette petite distillerie artisanale produit 25 000 bouteilles de rhum agricole par an. Vous en apprendrez plus en goûtant cet alcool nature ou sa version fruitée (100B), dégustation qui peut s'accompagner de petits plats. À moins que vous préfériez profiter du restaurant de spécialités françaises et thaïes (250-600B le repas). Les bouteilles (680-880B) peuvent faire des cadeaux originaux. Dommage que l'accueil ne soit pas plus cordial. *44/5 Moo 3* ***Na Muang*** *Route 4170, 200m à l'est du croisement avec la route 4173 Tél. 091 816 7416 http://rum-distillery.com Ouvert tlj. 9h-18h Restaurant 11h à 21h*

● Embarquer pour Ko Tan À 15min de bateau de Thong Krut, la verdoyante **Ko Tan**, où ne vivent qu'une vingtaine de personnes, est une destination tout indiquée pour une journée loin des foules. Au programme, balade à pied dans une nature préservée, *snorkeling* dans le lagon et baignade sur une plage déserte. **Samui Evasion** Cette agence francophone (p.314) entretient une relation privilégiée avec l'île, où elle a construit un restaurant. Différentes formules permettent de passer quelques heures à Ko Tan : *Samui by Boat* (1 950B/pers. pour 1 j. de croisière autour de Samui avec baignade et déjeuner dans l'île), *Lunch on Ko Tan* (à partir de 1 200B/pers., de 10h à 15h30, repas et transport compris). *Tél. 077 230 159 www.samuievasion.com*

Koh Tan Cuisine Comme la plupart des pêcheurs et commerçants de Thong Krut, les propriétaires de ce restaurant (p.331) peuvent vous emmener en *long-tail boat* passer la demi-journée à Ko Tan. Comptez 1500 à 2000B pour un bateau de 4 pers., matériel de *snorkeling* compris. ***Thong Krut*** *Tél. 081 978 6159 www.facebook.com/pancakerestaurant*

● Découvrir Ko Samui à pied

Samui Trekking Tombée amoureuse de Ko Samui, Laurence a quitté la France pour s'y établir. Elle organise des randonnées en pleine nature, le long des plages et à travers les villages, qui permettent de découvrir l'île sous un angle moins touristique. Six parcours à même de satisfaire les sportifs (trek en montagne de 4-5h) comme les contemplatifs (balade sur la plage de 3h). Départs à 7h ou 8h selon le parcours, 1 500B/pers., 2 pers. min., réservation au plus tard la veille. *Tél. 087 384 4657 http://samuitrekking.com*

Les environs de Ko Samui

☆**Mu Ko Ang Thong National Park** Ce parc national de 102km^2 protège 42 îlots karstiques, dont certains dominent la mer de 400m de hauteur. Avant son classement, en 1980, la zone était le domaine réservé de l'armée, ce qui explique qu'elle soit déserte et sa nature intacte. Ses plages de sable immaculé, ses eaux limpides et ses pics aux formes fantastiques font partie des paysages qui ont inspiré à Alex Garland son best-seller *La Plage* (1996), adapté par Danny Boyle au cinéma. **Ko Wua Talap**, l'île de la Vache-Endormie – la plus grande – abrite le centre d'accueil des visiteurs et un point de vue panoramique exceptionnel (cf. ci-dessous), et Ko Mae Ko, la "Mère des îles", un lac intérieur d'une surprenante couleur émeraude, **Thale Nai** (à 20min de marche de la plage, baignade interdite). En l'absence d'un service de liaisons inter-îles, il faut se joindre à une excursion organisée pour pouvoir se rendre dans le parc national. Les circuits se valent tous : visite des incontournables, arrêt sur une plage "de rêve" avec possibilité d'aller explorer quelques grottes en kayak ou la barrière récifale – peu développée en raison de la faible profondeur de l'eau – avec un masque et un tuba. *À 28km à l'ouest de Ko Samui et 32km au sud-ouest de Ko Pha Ngan Tél. 077 286 025 http://www.dnp.go.th Fermé début nov.-mi-déc.*
Accès Tous les hôtels et agences de Ko Samui proposent des circuits à la journée dans le parc national : à partir de 1 800B/pers. sur un gros bateau qui effectue la traversée en 1h30 ; à partir de 2 200B/pers. sur un *speedboat* qui l'assure en 1h. Le forfait comprend généralement le droit d'entrée du parc et un repas.
Meilleure saison De février à avril, mais il y a alors affluence ! La mousson du sud-ouest apporte des précipitations intermittentes de juin à octobre.
Hébergement À Ko Wua Talap, près du QG du parc, 5 bungalows avec ventilateur et eau froide, d'une capacité de 1 à 8 pers., sont mis à la disposition des visiteurs (500-1 400B, rés. sur le site Internet du parc).

● Ang Thong vu du ciel

☺ **Belvédère de Wua Talap** Il est nécessaire d'être bien chaussé pour emprunter le sentier qui s'élève du centre des visiteurs vers les hauteurs de

Wua Talap, car la montée est rude et la roche, friable par endroits, coupante. Il faut 45min à 1h de grimpette, en s'aidant parfois de cordes, pour atteindre le belvédère, à 240m d'altitude, et apprécier la vue à 360° sur l'archipel. Le tableau qu'offrent ces verdoyantes formations calcaires au relief tourmenté et leurs eaux cristallines est l'un des plus somptueux de Thaïlande.

CARNET D'ADRESSES

Lieux de sortie

Bars, clubs

Q Bar (plan 16, B1 n°12) Ce bar contemporain et raffiné, posté sur les hauteurs de Bo Phut, sert d'excellents cocktails et martinis (320B) dans une ambiance musicale éclectique allant du jazz à la house en passant par le funk. En prime, un splendide panorama sur la mer. *47/57 Moo 2* ***Bo Phut*** *Tél. 077 962 420 Ouvert tlj. 17h-2h*

Tropical Murphy's (plan 16, B1 n°13) Un pub irlandais plus vrai que nature qui sert des pintes de Guinness et de Kilkenny à la pression (290B), des *fish & chips* (320B) et des sandwichs (145-185B). Retransmission de rencontres sportives sur écran géant et concerts certains soirs. *Happy hour* 17h-19h. *14/40 Chaweng Rd* ***Chaweng*** *Tél. 077 413 614 www.tropicalmurphys.com Ouvert tlj. 9h-2h*

Drink Gallery (plan 16, B1 n°14) Le bar chic de l'ultracontemporain hôtel The Library (p.331) se distingue par son cadre épuré. On prend place au comptoir ou à la longue table commune et l'on s'en remet aux bons soins du mixologue maison (cocktails à partir de 300B). Avant, après ou pendant, les petits plats proposés par le chef valent aussi votre attention. Pour une atmosphère plus intime, rendez-vous au Beach Bar. *14/1 Moo 2* ***Chaweng*** *Tél. 077 422 767 www.thelibrary.co.th Ouvert tlj. 16h-1h*

Solo Bar (plan 16, B1 n°15) Un bar-boîte futuriste, façon *Blade Runner*, grand ouvert sur la très passante rue principale de Chaweng. DJ internationaux, bons cocktails et foule un peu plus âgée qu'à l'Ark Bar. L'endroit idéal où commencer la soirée. *166/5 Moo 2* ***Chaweng*** *Tél. 077 414 012 http://barsolosamui.com Ouvert tlj. 14h-3h*

Ark Bar (plan 16, B1 n°16) Cet énorme bar de plage est l'un des lieux phares des folles soirées de Chaweng. Spectacles pyrotechniques, DJ house et techno et boissons à des prix raisonnables : bière 90B, *bucket* (seau contenant une bouteille d'alcool et des canettes de soda) 500-700B. *159/89 Moo 2* ***Chaweng*** *Tél. 077 961 333 www.ark-bar.com Ouvert tlj. 7h-3h*

Green Mango (plan 16, B1 n°17) Un club immense, en partie découvert, et si célèbre qu'il a donné son nom au quartier chaud qui l'abrite. Dans un décor de cabane bambou, plusieurs bars et deux pistes de danse avec écrans géants. Mais il faut attendre minuit pour que l'ambiance décolle. Bière à partir de 120B, *bucket* 600-800B. *Soi Green Mango* ***Chaweng*** *www.thegreenmangoclub.com Ouvert tlj. 20h-3h*

Cinéma, cabaret

Major Cineplex Lotus Samui (plan 16, B1 n°18) L'unique cinéma de l'île (3 salles) présente des films thaïs généralement sous-titrés en anglais et des blockbusters hollywoodiens, le plus souvent en VO. N'oubliez pas de vous lever pour l'hymne national, diffusé au début de la séance. *Au 1er étage du Tesco Lotus 1/7 Moo 6* **Bo Phut** *Tél. 077 427 299 www.majorcineplex.com*

Paris Follies (plan 16, B1 n°19) L'un des spectacles de *ladyboys* qui enchantent les soirées de Samui avec leurs costumes extravagants et leurs amusantes parodies. Entrée libre, mais consommation obligatoire (à partir de 400B). *166/92 Moo 2* **Chaweng** *Tél. 087 201 895 www.facebook.com/parisfolliescabaret Ouvert tlj. 20h-0h*

Muay thai

Les combats de *muay thai* attirent autant les touristes que les insulaires, et des matchs sont organisés pratiquement chaque soir, sur l'un ou l'autre des rings de l'île.

Phetch Buncha Stadium (plan 16, B1 n°20) Le stade le plus professionnel de Samui accueille 6 à 8 combats les lundis, mercredis et samedis soir (21h). Les billets se vendent entre 1 200 et 2 000B. *À côté du Laem Din Market* **Chaweng** *Tél. 084 772 6739*

Chaweng Boxing Stadium (plan 16, B1 n°21) Combats les mardis et vendredis soir. Les prix varient entre 1000 et 1500B. *Soi Reggae* **Chaweng** *Tél. 077 413 504*

Lamai Thai Boxing (plan 16, B2 n°22) Combats amateurs en plein air sur une place de Lamai le samedi soir. Le ring est cerné de bars à hôtesses aux noms évocateurs... Accès libre. ***Lamai***

Restauration, hébergement

Les Night Markets et autres Walking Streets abondent à Ko Samui, et presque chaque soir (17h-22h) on peut profiter d'appétissants stands culinaires dans un endroit ou l'autre de l'île. En matière d'hôtellerie, la concurrence est rude et les prestations sont plutôt meilleures qu'ailleurs, mais souvent facturées au prix fort.

Nathon et la côte nord

Dans le nord de l'île, les marchés de nuit les plus intéressants se tiennent au *Fisherman's Village* de Bophut (ven.), à Maenam (Soi 4, jeu.) et à Nathon (sur les quais, sam.). Ceux qui recherchent un cadre d'exception séjourneront dans un 5-étoiles de Laem Yaï, à la pointe nord-ouest de l'île, tel le Four Seasons Resort, dont les villas avec piscine sont aussi impressionnantes que le panorama dont elles jouissent. **Four Seasons Resort Koh Samui** À partir de 36 000B la double. *www.fourseasons.com/kohsamui/*

très petits prix

Nathon Food Market (plan 16, A1 n°30) Tous les soirs, des dizaines de stands de nourriture envahissent les

GAMME DE PRIX	RESTAURATION	HÉBERGEMENT
Très petits prix	moins de 100B	moins de 500B
Petits prix	de 100 à 300B	de 500 à 1 000B
Prix moyens	de 300 à 500B	de 1 000 à 2 200B
Prix élevés	de 500 à 1 000B	de 2 200 à 4 000B
Prix très élevés	plus de 1 000B	plus de 4 000B

quais de Nathon. Le choix est vaste et la qualité des plats bien au-dessus de la moyenne de l'île. Comptez 40-100B le plat. *Nathon Ouvert tlj. 16h-23h*

petits prix

Arun @ Samui (plan 16, A1 n°31) Originaire du nord de la Thaïlande, Sue a ouvert ce petit restaurant après une longue carrière en Australie. On y déguste d'excellents plats thaïs à des prix modiques, dans un décor banal mais convivial, avec ses deux grandes tables communes. Comptez 150-350B le repas. La charmante Sue dispense aussi des cours de cuisine les mar. et jeu. à 12h sur rés. (1 200B/pers., 2-6 participants). *248/10 route 3169 100m à l'ouest des feux de circulation* ***Mae Nam*** *Tél. 089 421 4378 http://arunatsamui.weebly.com Ouvert jeu.-mar. 16h-22h*

Shangri-La Bungalow (plan 16, A1 n°60) Cet hôtel-restaurant loue une quarantaine de bungalows en béton, fonctionnels et propres avec terrasse, dont les plus économiques n'ont ni la clim. ni l'eau chaude. Un point de chute sans grand charme, mais bon marché et bien placé : il donne directement sur l'une des plus belles portions de la plage de Mae Nam, ici particulièrement large et ombragée. Double de 500 à 2 800B, petit déj. à partir de 60B. *1/2 Moo 4* ***Mae Nam*** *Tél. 077 425 189*

The Hut Café (plan 16, B1 n°32) Encore un petit restaurant thaï qui ne paie pas de mine mais qui sert une bonne cuisine locale dans une ambiance conviviale. Laissez-vous tenter par un curry (100-120B - le *panaeng* est un délice) ou par un poisson grillé (300B) et par une banane au lait de coco (70B) en dessert. *Extrémité est du Fisherman's Village* ***Bo Phut*** *Tél. 087 278 1536 Ouvert tlj. 13h-22h*

prix moyens

Zenzibar (plan 16, B1 n°33) Le chemin cahoteux qui mène à ce restaurant n'est pas évident à trouver, aussi vaut-il mieux passer par la plage. Quelques tables en plastique sur la terrasse, une autre sur la plage : l'endroit est sans chichis, mais son isolement fait tout son charme et le personnel est avenant. On y déguste une honnête cuisine thaïe ainsi que du poissons et des fruits de mer de qualité... Après avoir savouré un cocktail (160B) et la vue sur Ko Pha Ngan au coucher du soleil, avec l'impression d'être (presque) seul au monde ! Comptez de 250 à 500B le repas. *18/33 Moo 1* ***Mae Nam*** *(par la route : suivre le sentier vers la plage juste à l'est du poste de police ; par la plage : 600m à l'est de la Walking Street) Tél. 086 268 8178 www.zenzibarsamui.com Ouvert tlj. 11h-23h*

Hacienda Beach (plan 16, A1 n°64) Un *resort* intime et agréable, face à la splendide plage de Maenam. Assez simples mais rehaussés de quelques touches de déco colorée, les 13 bungalows avec terrasse sont bien tenus et confortables : clim., eau chaude, TV, minibar, wifi. Accueil cordial en français et restaurant face à la plage, mais ouvert seulement le midi. Double de 1 800 à 3 800B selon l'emplacement. Également une villa avec piscine (2 chambres, 6 000B). Pas de petit déj. *82/2 Moo 1* ***Mae Nam*** *Tél. 077 427 036 http://samui-haciendabeach.com*

☺ **Krua Bophut (plan 16, B1 n°34)** Une des tables les plus romantiques du *Fisherman's Village*, avec ses nappes blanches, ses bougies et son service "à l'ancienne". Prenez place sous les belles boiseries de la maison traditionnelle, sur sa terrasse plus intime, ou sur la plage pour savourer les classiques thaïs. La préparation des fruits de mer et du poisson est remarquable. De 300 à 700B le repas. *16/16 Moo 1 Fisherman's Village* ***Bo Phut*** *Tél. 077 430 030 Ouvert tlj. 13h-23h30*

Cactus Bungalows (plan 16, B1 n°61) Sans prétention mais bien placés et d'un bon rapport qualité-prix, ces 14 bungalows avec terrasse ne manquent ni de confort (clim., eau chaude, TV) ni d'originalité avec leurs banquettes et estrades de lit en béton ciré et leurs fresques à thème : fleurs de cerisier, nénuphars, apsaras ou dragon ondulant. Les plus chers offrent une belle superficie et une vue sur la mer. Au bout de l'allée fleurie, un bar-restaurant – qui sert essentiellement des pizzas – et la plage. Double de 800 à 2 300B, petit déj. à partir de 60B. *175/7 Moo 1* ***Bo Phut*** *Tél. 077 245 565 www.cactus-bungalow.com*

Smile House (plan 16, B1 n°62) Cette Maison du sourire offre un excellent rapport qualité-prix. Dans un vaste écrin de verdure tropicale, 54 bungalows spacieux, confortables (clim., TV, minibar, sèche-cheveux dans la sdb, terrasse) et plutôt de bon goût. Les plus luxueuses (3 500B) bénéficient d'un spa et toutes d'un grand calme et de deux piscines. La plage, en revanche, n'est pas très attirante. Double 1 700-2 800B, bungalow familial (2 ou 3 chambres) 3 200-7 200B, petit déj. inclus. *95 Moo 1 Fisherman's Village* ***Bo Phut*** *Tél. 077 425 361 www.samuismilehouse.com*

Eden Bungalows (plan 16, B1 n°63) Au cœur du *Fisherman's Village*, un petit hôtel familial tenu par des Français : 15 chambres et bungalows avec terrasse donnant sur un calme et rafraîchissant jardin tropical et sa petite piscine. La déco "exotique" date un peu mais les chambres "de luxe" bénéficient d'une douche extérieure. La joyeuse animation du *Fisherman's village* est un plus, mais la plage n'est guère propice à la baignade. Double de 2 000 à 2 500B, familiale (4 pers.) de 3 200 à 4 000B, petit déj. inclus. Bon restaurant de spécialités thaïes (200-300B le repas). *Fisherman's Village* ***Bo Phut*** *Tél. 077 427 645 www.edenbungalows.com*

prix élevés

Kobori (plan 16, A1 n°35) La fraîcheur des ingrédients et la délicatesse des présentations rendent absolument irrésistibles les sushis et sashimis de cet adorable petit restaurant japonais, qui propose aussi des *teppanyaki* (grillades de viande et de poisson). Décor, serveuses en kimono et chef aux allures de samouraï assurent un dépaysant voyage culinaire au pays du Soleil Levant. Bon choix de sakés. De 500 à 1 000B le repas. *Soi 4 (Walking Street)* ***Mae Nam*** *Tél. 083 174 6530 www.samuikobori.com Ouvert tlj. 17h-23h*

☺ **Ocean 11 (plan 16, B1 n°36)** L'un des meilleurs restaurants de l'île, tenu par Bernd Schillig, un Allemand qui a officié dans plusieurs 5-étoiles d'Asie avant de s'établir à Samui en 2007. Pour un dîner romantique, tâchez d'obtenir une table sur la terrasse face à la plage de Bangrak. Le menu lorgne plutôt l'Europe : crevettes et mangue sauce sésame, escargots au vin, confit de canard, fondant au chocolat, tiramisu... De 600 à 1 400B le repas. Tenue correcte exigée. Rés. impérative en haute saison (25 couverts uniquement). *23 Moo 4 (Bangrak Beach)* ***Bo Phut*** *Tél. 077 245 134 www.o11s.com Ouvert tlj. 14h-22h*

☺ **Zazen Restaurant (plan 16, B1 n°37)** Outre d'excellents plats thaïs, le restaurant du Zazen Hotel sert, le soir, de délicieux classiques français revisités : escalope de foie gras maison et mangues confites au vinaigre de framboise (700B), tartare de thon et Saint-Jacques au citron vert, filets de canard au caramel d'épices (620B)... Pour un dîner aux chandelles face à la plage de Bo Phut. La formule du midi permet de profiter du cadre et d'une addition plus légère (env. 600B). Réservation recommandée. Comptez 1 000B le repas. *177 Moo 1* ***Bo Phut***

Eden Beach Bungalows (plan 16, B1 n°65) Plus chic que son grand frère, l'Eden Bungalows du *Fisherman's Village*, cet établissement donne sur la portion la plus agréable de la plage de Bo Phut. Nichés dans un jardin exubérant, ses 20 bungalows avec terrasse sont spacieux (25-38m²), coquets et tout confort. Le coin piscine-bar-restaurant, avec son ambiance musicale *lounge*, se donne des airs balinais et aimante la clientèle, majoritairement francophone. Double de 3 500 à 4 100B, familiale 6 200B. petit déj. à partir de 100B. *180/5 Moo 1* ***Bo Phut*** *Tél. 077 425 300 www.edenbeachbungalows-samui.com*

prix très élevés

Zazen Boutique Resort and Spa (plan 16, B1 n°66) Les 26 villas de style thaï contemporain, qui peuvent accueillir de 2 à 5 personnes (45-65m²), doivent leur intimité à leur splendide cadre de verdure. Salon marocain, sdb de style balinais et tout le confort d'un 5-étoiles : table de billard en pleine nature, spa ultraluxueux, cours de cuisine, activités à la carte et des délices servis toute la journée au Zazen Restaurant (p.327), comme au salon de thé. La piscine et l'accès direct à la partie la plus agréable de la plage de Bo Phut ne gâchent rien. Villa de 8 000 à 11 000B, petit déj. inclus. Promotions sur le site Internet. *177 Moo 1* ***Bo Phut*** *Tél. 077 425 085 www.samuizazen.com*

La côte est

Vous trouverez des marchés de nuit à Chaweng (près de la rue principale, dans le sud de la ville, lun., mar., jeu. et sam.) et à Lamai (route principale, dim.). La pointe nord de l'île abrite certains des *resorts* les plus sélects de Samui, tel le Six Senses Samui, dont les villas de charme et le spa (p.318) se fondent à merveille dans leur environnement, ou l'Anantara Lawana, qui a installé son restaurant, Tree Tops, au niveau de la cime des arbres (p.331).
Six Senses Samui À partir de 14 000B la double. *http://www.sixsenses.com*
Anantara Lawana Resort & Spa À partir de 8 500B la double. *http://lawana-chaweng.anantara.com*

très petits prix

Laem Din Market (plan 16, B1 n°38) Pour changer des menus (et des prix) touristiques de Chaweng, allez vous perdre dans les allées de ce grand marché coloré ouvert de l'aube à la tombée de la nuit pour faire le plein de fruits frais et de mets traditionnels. Le soir venu, vous trouverez encore plus de choix aux stands de la rue mitoyenne, du simple bol de nouilles aux brochettes de crocodile. Comptez de 50 à 150B le plat. *Soi 3 (100m à l'ouest du poste de police)* ***Chaweng***

petits prix

Ninja Crepes (plan 16, B1 n°39) Cette grande cantine aux allures de hangar, avec cuisine ouverte sur la salle, est un incontournable de Chaweng, et il faut souvent patienter pour obtenir une table. On y sert de bons petits plats sans prétention (plus de 200 choix de soupes, nouilles, salades de papaye, currys, fruits de mer...) et des crêpes gourmandes (mangue, banana, 65-115B). Comptez de 150 à 300B le repas. *160/11 Moo 4* ***Chaweng*** *Tél. 081 553 6573 Ouvert tlj. 12h30-23h*

La Fabrique (plan 16, B2 n°40) Envie d'un croissant (35B) ou d'un sandwich à la française (130-155B) à emporter sur la plage ou en balade ? Vous pouvez aussi profiter du salon de thé pour déjeuner d'une pizza (250-280B), d'une salade (150-200B) ou d'un gratin maison (180-200B). *105/1 Moo 6* ***Lamai*** *Tél. 077 961 507 www.facebook.com/lafabriquesamui Ouvert tlj. 7h-20h* **La Fabrique (plan 16, B1 n°48)** *89/1 Moo 6 Route 4169, 400m au sud du Thai International Hospital* ***Chaweng***

Cheeky Monkey's Samui (plan 16, B1 n°67) Bien que l'établissement se définisse comme une auberge de jeunesse, point de dortoir ici, mais une cinquantaine de petites chambres simples et bien équipées (clim., réfrigérateur, TV, sdb, et balcon pour un supplément minime), installées dans les étages d'un immeuble récent. L'emplacement est idéal pour profiter de l'animation de Chaweng, tout en séjournant au calme. Cerise sur le gâteau, une petite piscine et un bar animé vous attendent sur le toit-terrasse. Double 800-900B, petit déj. 50B. *46/14 Moo 3 (Soi Colibri)* ***Chaweng*** *Tél. 077 413 052 http://cheekymonkeyskohsamui.com*

prix moyens

Bamboo Restaurant (plan 16, B2 n°41) Ce restaurant de plage se démarque de ses nombreux concurrents de Lamai par l'amabilité de ses serveurs et la fraîcheur de ses produits. La carte est encyclopédique, mais vous pouvez commander les yeux fermés les spécialités de la maison et les grillades au barbecue (50-250B les 100g). Comptez de 150 à 500B le repas. *Lamai Beach* ***Lamai*** *Tél. 080 524 9400 Ouvert tlj. 8h-0h*

Kob Thai Restaurant (plan 16, B2 n°42) Un jardin donnant sur une paisible rue de Lamai, une piscine pour les enfants et des tables installées sous des paillotes. Voilà pour le décor de ce restaurant tenu par un Français. Dans l'assiette, des mets typiquement thaïs (soupes, currys, riz frit...), avec une bonne note supplémentaire pour les desserts (beignets à la glace, riz gluant à la mangue...). Service attentionné. Comptez de 200 à 500B le repas. *101/18 Moo 3 (au nord du pont, sur Lamai Beach Rd, prendre la 1re rue vers l'ouest puis à droite à la fourche)* ***Lamai*** *Tél. 082 534 9325 www.facebook.com/KobThaiRestaurant Ouvert tlj. 12h-23h*

Sallamai Resort (plan 16, B2 n°69) Un petit hôtel isolé au pied des collines de Lamai, dont les bâtiments ocre donnent sur un jardin luxuriant avec piscine. Les 10 chambres sont vastes, plutôt élégantes et confortables (grand lit sur estrade en béton,

GAMME DE PRIX	RESTAURATION	HÉBERGEMENT
Très petits prix	moins de 100B	moins de 500B
Petits prix	de 100 à 300B	de 500 à 1 000B
Prix moyens	de 300 à 500B	de 1 000 à 2 200B
Prix élevés	de 500 à 1 000B	de 2 200 à 4 000B
Prix très élevés	plus de 1 000B	plus de 4 000B

minibar, wifi, TV, sdb design avec douche à l'italienne, terrasse aménagée), et deux d'entre elles bénéficient d'une vue sur la mer et d'un Jacuzzi. Accueil en français. Double 1 800 à 2 900B, bon petit déj. inclus. La plage est à 5min à scooter (service de location : 300B/j.). Réductions sur le site Internet. *206/34 Moo 4* ***Lamai*** *Tél. 084 441 2149 www.sallamai-resort.com*

☺ **The Jungle Club (plan 16, B2 n°68)** Ce *resort* juché sur les hauteurs de Chaweng jouit d'une vue fantastique sur la baie, et son splendide isolement compense l'éloignement de la plage (navettes gratuites à heures fixes). De la simple hutte au toit de palme (ventilateur, eau froide, 800B) à la luxueuse villa avec piscine (12 000B pour 4 pers.) en passant par le bungalow simple mais élégant (eau chaude, réfrigérateur, TV, lecteur DVD, 1 800B), l'ensemble s'inscrit harmonieusement dans un vaste jardin tropical nanti d'une piscine à débordement qui, comme le bon restaurant de spécialités thaïes (comptez 200-400B le repas), offre une vue féerique à la tombée de la nuit. *Soi Panyadee School* ***Ban Chaweng Noi*** *Tél. 081 894 2327 www.jungleclubsamui.com*

prix élevés

Bistrot Évasion (plan 16, B1 n°43) Caché au fond d'un soi tranquille, ce chaleureux petit restaurant sert des spécialités françaises (bœuf tartare et son gratin dauphinois 480B), méditerranéennes (carpaccio de barracuda 320B) et thaïlandaises (curry de poulet à la citronnelle 300B) soigneusement présentées. Le décor de ce bistrot est inspiré des voyages du propriétaire, qui en assure l'animation musicale (concerts certains soirs). Comptez de 400 à 700B et ajoutez 150B pour le verre de vin. *46/25 Moo 3 (Soi Colibri)* ***Chaweng*** *Tél. 089 873 2895 www.facebook.com/BistrotEvasion Ouvert jeu.-mar. 17h-22h30*

Duomo (plan 16, B1 n°44) Outre un grand choix de plats de pâtes et de pizzas (correctes, mais sans plus), ce restaurant sert quelques classiques italiens parfaitement préparés : *scaloppine al limone* 340B, *filetto di branzino alla livornese* 380B. La coquette salle climatisée ne compte qu'une dizaine de tables nappées de blanc. Une poignée d'autres garnissent la terrasse donnant sur un *soi* tranquille, en plein cœur de Chaweng. Comptez de 500 à 800B le repas. Réservation conseillée. *60/33 Moo 2* ***Chaweng*** *Tél. 077 300 504 Ouvert jeu.-mar. 11h-23h*

The Cliff (plan 16, B2 n°45) Pour la vue qu'offre la terrasse (réservez) autant que pour la carte, d'inspiration italienne : minestrone, melon et jambon de Parme, pâtes fraîches, poulet *al limone*... Les légumes sont bio, le poisson et les fruits de mer d'une extrême fraîcheur, et le bœuf vient d'Australie. Service professionnel et agréable ambiance *lounge*. Comptez de 600 à 1 500B le repas. *124/2 Moo 4* ***Maret*** *Tél. 077 448 508 www.thecliffsamui.com Ouvert tlj. 11h-22h*

Crystal Bay Beach Resort (plan 16, B2 n°70) L'un des rares établissements qui profitent de la belle plage de Thong Ta Khian. Toutes climatisées, les chambres sont plus fonctionnelles que stylées, mais qui voudrait rester enfermé à deux pas d'une baie de carte postale ? Précisons tout de même que les moins chères ne bénéficient ni d'un balcon, ni de la vue sur la mer. Les installations comprennent une piscine et un restaurant. Service sympathique. Double de 1 400 à 6 000B, petit déj. inclus. *205 Moo 4* ***Thong Ta Khian*** *Tél. 093 832 7229 http://crystalbaybeachresort.com*

prix très élevés

Tree Tops (plan 16, B1 n°46) Insolites, et tout indiquées pour un dîner de tourtereaux, les huit tables éclairées à la bougie sont perchées sur des plateformes frôlant la cime des arbres. La cuisine atteint elle aussi de savoureuses hauteurs : noix de Saint-Jacques poêlées avec émulsion de lavande (690B), bœuf *Wagyu* sauce à la truffe (2 050B). Vous pourrez demander conseil au *Salt Guru* pour assaisonner votre plat, et suivre les suggestions de l'œnologue. Ajoutez le service stylé et la vue époustouflante, et vous aurez tous les ingrédients d'une soirée réussie. De 1 600 à 3 000B, menu dégustation à 4 000B. Réservation impérative (services à 18h et 21h). *Anantara Lawana Resort 92 / 1 Moo 2* ***North Chaweng Beach*** *Tél. 077 960 333 http://lawana-chaweng.anantara.com*

☺ **The Library (plan 16, B1 n°71)** Ce *boutique hotel*, qui donne sur la plage de Chaweng, séduira les amateurs de design. De la réception à la piscine à débordement écarlate, chaque détail a été pensé pour satisfaire les regards les plus exigeants. Mobilier contemporain, équipements multimédias sophistiqués et œuvres d'art garnissent ces immenses chambres (la plus petite mesure 67m²) à la sobre élégance, comprenant un salon-terrasse largement ouvert sur l'extérieur. À disposition, une excellente bibliothèque (livres, DVD), deux bars (p.324) et un restaurant (cuisine fusion et internationale, 600-2 500B le repas) dont le style et le nom, The Page, résument le concept de The Library. Double 11 000-13 000B, petit déj. inclus. *14/1 Moo 2* ***Chaweng*** *Tél. 7742 2767 www.thelibrary.co.th*

Les côtes sud et ouest

petits prix

Koh Tan Cuisine (plan 16, A2 n°47) Comme les autres restaurants de fortune de la plage de Thong Krut, le Koh Tan sert des fruits de mer et du poisson pêchés du jour. Signe de fraîcheur, la préparation peut être un peu longue ! Comptez de 150 à 400B le repas. Location de kayaks et service de *long-tail boats* pour Ko Tan. *75 Moo 5* ***Thong Krut*** *Tél. 081 978 6159 www.facebook.com/pancakerestaurant Ouvert tlj. 10h-21h*

prix moyens

Samahita Retreat (plan 16, A2 n°72) On va là pour suivre un stage de yoga, une cure de santé ou tout simplement se ressourcer loin de l'agitation du monde – et du reste de l'île. Nourriture (pension complète obligatoire) et hébergement (3 j. min., en chambre simple ou double) sont en parfaite symbiose avec le concept : bio, simples, naturels et respectueux de l'environnement. Jardin de méditation, piscine, plage et jardin d'enfants complètent les services. À partir de 5 800B/pers. pour 3 j. de yoga. *55/20-24 Moo 4* ***Na Muang*** *Tél. 077 920 090 www.samahitaretreat.com*

Am Samui Resort (plan 16, A2 n°73) Sur la paisible plage de Taling Ngam, à proximité du village, 25 bungalows bien isolés les uns des autres, aux grandes fenêtres ouvertes sur le jardin ou sur la mer. L'ensemble est bien tenu, simple mais de bon goût et confortable (clim., minibar, wifi,

TV, terrasse). Piscine, bar et restaurant de cuisine thaïe et de fruits de mer. Réservation conseillée. Double de 1 600 à 3 500B, petit déj. inclus. *39 Moo 3* ***Taling Ngam*** *Tél. 077 235 165*

prix élevés

Lipa Lodge (plan 16, A2 n°74) La tranquillité est assurée dans ce splendide établissement dont le jardin tropical prolonge la plage de Lipa Noi. Les 15 chambres, installées dans des villas au toit de palme, jouissent d'un confort classique (clim., wifi, minibar, mobilier en teck) et d'une agréable terrasse sur la mer. Le restaurant, où il fait bon siroter un cocktail au coucher du soleil, sert d'excellents fruits de mer à la mode thaïe (190B les gambas au barbecue) et autres spécialités asiatiques comme le *Gengis Khan Special* (viande marinée dans un bouillon au whisky et au vin, puis cuite sur votre table à la coréenne, 380B). Une piscine à débordement et un service soigné complètent les prestations, pour un séjour loin de toute agitation. Double 3 900-5 300B, petit déj. inclus. *75/4 Moo 3* ***Lipa Noi*** *Tél. 077 485 617 www.lipalodgeresort.com*

prix très élevés

The Sunset Beach Resort & Spa (plan 16, A2 n°75) Ce 4-étoiles de taille modeste jouit d'une situation de rêve, sur la plage de Taling Ngam, face aux Five Sisters Islands. Les 11 chambres, vastes, sobres et modernes, offrent un grand confort : Jacuzzi, terrasse et vue splendide au coucher du soleil (à partir de 6 000B, petit déj. compris). Pour plus d'intimité, optez pour l'une des 10 villas avec jardin et petite piscine privés (à partir de 10 000B). Un bon restaurant, une grande piscine, un personnel hors pair et toute une panoplie d'activités et de services complètent l'offre. Sans oublier le spa luxueux : forfait hébergement 2 nuits avec petit déj. et cure (5 soins) à partir de 33 000B pour deux. *126/9 Moo 3* ***Taling Ngam*** *Tél. 077 428 200 www.thesunsetbeachresort.com*

★ KO PHA NGAN

Située à 70km du continent, à mi-chemin de la petite Ko Tao et de la grande Ko Samui, Ko Pha Ngan a également une taille médiane. Ses 167km² sont dominés par des montagnes granitiques densément boisées, et près de la moitié de l'île est protégée par un parc national. Comme la plupart de ses 14 000 habitants, pêcheurs et agriculteurs de tradition, les infrastructures touristiques sont regroupées sur sa côte sud-ouest, la façade nord-est étant plus montagneuse et bien plus sauvage. Destination balnéaire comme ses sœurs, Ko Pha Ngan accueille depuis les années 1990 des *Full-Moon Parties* de réputation mondiale. Ces célébrations en l'honneur du dieu des rythmes technos attirent jusqu'à 30 000 noctambules sur la plage de Hat Rin, à la pointe sud-est de l'île, les soirs de pleine lune. Mais tout ce bruit et cette publicité ne sauraient, heureusement, troubler la paix qui règne dans le reste de l'île. La nature sauvage et la sérénité de Ko Pha

Ngan, qui séduisirent plusieurs rois de Thaïlande, drainent d'ailleurs une clientèle moins jeune et plus huppée dans ses centres de méditation. Mais nul besoin de poursuivre une quête spirituelle pour succomber aux charmes de Ko Pha Ngan, et bien des vacanciers y ont posé définitivement leurs valises.

MODE D'EMPLOI

accès

EN BATEAU

Si vous comptez circuler entre Ko Tao et Ko Pha Ngan aux alentours de la pleine lune, réservez vos billets le plus tôt possible. Le *Full-Moon Party Boat* relie Hat Rin à Ko Tao les soirs de pleine lune (p.351). Pour les bateaux en provenance de Chumphon, cf. En bateau (p.302). Quand la mer est mauvaise (surtout en oct.-déc.), des liaisons peuvent être annulées.

Lomprayah Très fiable, cette compagnie maritime relie le port de Thong Sala, à Ko Pha Ngan, à celui de Chumphon via Ko Tao en catamaran rapide (départ à 8h30 et 13h, 3h30 de traversée, 1 000B AS ; Ko Pha Ngan-Ko Tao : 1h de trajet, 500B). Prolongation possible en car vers Bangkok ou le Sud. Liaisons avec Ko Samui (départ à 11h et 16h20 pour Maenam, à 7h15, 12h et 14h30 pour Nathom, 20-30min de traversée, 300B). Les bateaux qui desservent Nathom continuent jusqu'à Donsak (3h de trajet, 550B, transfert à Surat Thani inclus). Le billet peut inclure le transport en car vers le Sud et la côte d'Andaman. ***Thong Sala*** *Tél. 077 238 411 www.lomprayah.com*

Seatran Discovery Ferrys confortables à destination de Ko Tao (départ à 8h30, 13h30 et 17h, 1h30 de trajet, 430B) et de Bangrak, à Ko Samui (départ à 8h30, 10h30 et 16h30, 30min de traversée, 300B). Les 2 ferrys du matin continuent jusqu'à Donsak (2h30 de voyage, 450B) avec prolongation possible en car jusqu'à la côte d'Andaman. ***Thong Sala*** *Tél. 077 238 679 www.seatrandiscovery.com*

Songserm Plus économiques mais plus lents, ces ferrys desservent Ko Tao (départ à 12h30, 1h30 de trajet, 350B) et continuent vers Chumphon (5h, 900B). En direction du Sud, 2 liaisons quotidiennes avec Samui (départ à 7h et 12h30, 1h de traversée, 200B) et Donsak (3h30, 350B). ***Thong Sala*** *Tél. 077 377 704*

Raja Ferry Ces ferrys assurent 5 liaisons quotidiennes entre Ko Pha Ngan et Donsak (2h30 de trajet, 210B) et embarquent vélos, motos et voitures. ***Thong Sala*** *Tél. 077 372 800 www.rajaferryport.com*

Bateaux de nuit Liaison directe entre Ko Pha Ngan et le centre-ville de Surat Thani (couchettes sommaires, départ à 22h, arrivée à 4h ; 23h/6h dans l'autre sens, 350B AS). Pas de réservation possible, il faut se présenter sur les quais au moins 1 ou 2h avant le départ. ***Thong Sala***

Haad Rin Queen Ferry Pratique, ce petit ferry assure une liaison entre Hat Rin (Sunset Pier) et Ko Samui (Big Buddha Beach). Quatre départs quotidiens dans chaque sens entre 9h30 et 18h30 (50min de traversée, 200B AS). ***Hat Rin*** *Tél. 077 375 113*

EN AVION

L'aéroport en construction dans le nord-est de l'île devrait accueillir des vols en provenance de Bangkok à partir de 2016. **www.kohphanganairport.com**

orientation

Ko Pha Ngan, qui mesure env. 12km d'est en ouest et 14km du nord au sud, dispose de bonnes routes. La plus fréquentée suit le littoral de Chalok Lam, sur la façade nord, à Hat Rin, à la pointe sud-est, en passant par Thong Sala, au sud-ouest. Deux autres grands axes traversent l'île du nord au sud : l'un relie directement Chalok Lam à Thong Sala, l'autre part de Ban Thong Nai Pan (nord-est) et descend jusqu'à Ban Khai.

se déplacer

EN TAXI ET *SONGTEO*

Des *songteo* sillonnent les grands axes. De Thong Sala, comptez 100B/pers. pour Hat Rin, 200B pour Chalok Lam ou Hat Salad, 300B pour Thong Nai Pan. Ces mêmes fourgonnettes bâchées font office de taxis, facturant alors la course plus de 300B.

EN BATEAU-TAXI

De la plage de Chalok Lam, il faut compter 150B/pers. (min. 4 pers.) pour se rendre en *long-tail boat* à Bottle Beach, 300B pour Thong Nai Pan et 400B pour Hat Than Sadet. De Hat Rin (Sunrise Beach) à Hat Yuan ou Hat Tien, comptez 200B/pers. (min. 3-4 pers.).

À SCOOTER, EN VOITURE

Avant de louer un véhicule, dressez un état des lieux minutieux en prenant des photos, vérifiez le prix des réparations, exigez un casque et portez-le. Le bon état des routes n'évite pas les accidents, bien au contraire : la vitesse et des réflexes amoindris par l'alcool et autres psychotropes forment un dangereux cocktail dont beaucoup de touristes abusent.

Shadow Une agence de location sérieuse, à proximité du débarcadère principal. Voitures à partir de 1 000B/j. et scooters 200B/j. Vous devrez laisser votre passeport en caution. *Taladkao Rd (10m à l'est du port)* ***Thong Sala*** *Tél. 089 586 8893 ou 081 747 9193 Ouvert tlj. 7h-19h*

informations touristiques

www.phangan.info Un site Internet bien documenté et un miniguide gratuit, distribué dans les hôtels et commerces de l'île, qui contient des cartes et plans précis.

Backpackers Information Centre Cette bonne agence, qui peut gérer tous vos déplacements et réservations et vous organiser des excursions de quelques heures à plusieurs jours dans tout le pays, vous donnera de précieux conseils pour explorer Ko Pha Ngan. Connexion Internet 50B/h. *Rue principale (au sud-est du village)* ***Hat Rin*** *Tél. 077 375 535 www.backpackersthailand.com Ouvert tlj. 11h30-20h30*

informations pratiques

Vous trouverez des banques, distributeurs de billets et commerces divers à Thong Sala, Hat Rin et Hat Yao (ouest). L'hôpital et les cliniques de l'île envoient les cas graves à Ko Samui.

SÉCURITÉ

Si vous comptez participer à une *Full-Moon Party*, laissez tous vos objets de valeur en lieu sûr, allez-y et revenez-en à plusieurs. Rappelons que la consommation de drogue est rigoureusement interdite à Ko Pha Ngan comme dans le reste du pays et sévèrement punie, et que les revendeurs sont souvent de mèche avec la police. Méfiez-vous des bouteilles d'alcool frelaté et des boissons dans lesquelles on aurait pu verser quoi que ce soit à votre insu. Et ne dansez pas nu-pieds sur la plage si vous voulez éviter coupures, brûlures de cigarette... et tétanos.

Police touristique (plan 17, A2) Deuxième poste à Hat Rin (route principale, à l'entrée du village) durant les *Full-Moon Parties. Taladkao Rd (à l'est de l'embarcadère)* ***Thong Sala*** *Tél. 1155*

SANTÉ

Ko Pha Ngan Hospital (plan 17, A2) *Moo 4 (Middle Rd, 3km au nord de Thong Sala)* ***Thong Sala*** *Tél. 077 377 034*

fêtes et manifestations

Full-Moon Party Tous les soirs de pleine lune, cette *rave party* connue dans le monde entier attire des milliers de noctambules à Sunrise Beach (p.344). Notez que depuis avril 2015, tous les autres grands rassemblements festifs de l'île (*Half Moon, Dark Moon, Jungle Experience* et autres) sont interdits. ***Hat Rin***

DÉCOUVRIR

☆**Les essentiels** Hat Khuat, Ao Mae Hat, Than Sadet - Ko Pha Ngan National Park **Découvrir autrement** Explorez à vélo les petites routes de l'île, grimpez jusqu'au sommet du Khao Ra, faites-vous masser dans un temple

Ko Pha Ngan

La côte sud-ouest

Thong Sala (plan 17, A2) Le chef-lieu et port principal de Ko Pha Ngan n'est pas la bourgade la plus attirante de l'île, mais on y trouve de nombreux services, de bons restaurants et un petit marché (Soi Phupattana) qui regorge de poisson et de fruits frais.

Wat Phu Khao Noi (plan 17, A2) Le temple "de la Petite Montagne" aurait été fondé au XVe siècle, ce qui en fait le plus ancien de l'île. Il renferme plusieurs sanctuaires fort bien entretenus, dont un beau *chedi* blanc. Ce lieu particulièrement paisible et propice au recueillement réserve de somptueuses vues de l'île. Il faudra vous y rendre en début de matinée ou de soirée si vous voulez croiser ses moines. Une tenue décente et le silence sont demandés aux visiteurs et il leur est interdit de poser pour la photo devant les effigies du Bouddha. ***Thong Sala*** *(à 3,5km au nord de la bourgade, à côté de l'hôpital) Ouvert tlj. 8h-18h*

Ban Tai et Ban Khai (plan 17, B2) Les restaurants, hôtels et boutiques qui se sont multipliés sur la côte sud, de part et d'autre de Ban Tai et de Ban Khai, forment désormais une longue bande urbanisée, pratiquement ininterrompue, entre Thong Sala et Hat Rin. La plage qui s'étire en contrebas, sur 9km, n'est pourtant pas la plus séduisante de Ko Pha Ngan, mais ce secteur conviendra aux oiseaux de nuit qui cherchent un nid douillet pas trop loin du centre festif de l'île. À mi-chemin entre les deux villages, sur la route de Thong Nai Pan, s'élèvent le **Wat Pho**, un temple sino-thaï réputé pour son centre de massages et son sauna (p.337) et, 100m plus loin, le plus grand arbre de l'île, un *Dipterocarpus alatus* haut d'une trentaine de mètres.

Plan 17 Ko Pha Ngan

Glaciers, bars, lieux de sortie ■ 1 à 7

- Amstardam Bar p.343 — 2 A2
- Cactus Bar p.344 — 4 B2
- Drop-in Bar p.344 — 5 B2
- Flip Flop Pharmacy p.344 — 7 B1
- Kobra p.343 — 3 A2
- Lost Dog p.344 — 6 A1
- Pha Ngan Home Made Ice Cream p.342 — 1 A2

Restauration ■ 20 à 32

- Boskow Night Light p.347 — 27 A1
- Crave p.348 — 28 A1
- Fellini p.348 — 29 A1
- Fisherman's Restaurant p.346 — 25 B2
- Haithong Seafood p.347 — 26 A1
- L'Alcôve p.348 — 31 A1
- Ladino p.345 — 23 B2
- Lucky Crab p.346 — 24 B2
- Nira's Home Bakery p.345 — 22 A2
- Nira's Home Bakery p.345 — 32 B2
- Phantip Food Center et Night Market p.345 — 20 A2
- Salad Hut Bar & Restaurant p.348 — 30 A1
- Walking Street p.345 — 21 A2

Hébergement ■ 40 à 52

- Benjamin's Hut p.348 — 47 A1
- Blue Ocean Garden p.348 — 48 A1
- Coco Garden Resort p.346 — 40 A2
- Cookies's Salad Resort p.349 — 50 A1
- Haad Khuad Resort p.347 — 45 B1
- Le Divine Comedie p.347 — 44 B2
- Loyfa Natural Resort p.349 — 51 A1
- Neptune's Villa p.346 — 42 B2
- Phangan Bayshore Resort p.347 — 43 B2
- Phangan Pearl Villa p.346 — 41 B2
- Phuwadee Resort p.348 — 46 B1
- Salad Hut p.349 — 52 A1
- Tantawan Bungalows p.349 — 49 A1

Hat Rin (plan 17, B2) La pointe sud-est de l'île est désormais connue dans le monde entier pour ses *Full-Moon Parties*. En dépit d'une forte concentration d'hôtels, de restaurants et – bien sûr – de bars, l'endroit vaut le coup d'œil de jour comme de nuit. La presqu'île est couronnée de jolis monts boisés ; sur son flanc oriental s'incurve Sunrise Beach, et sur son flanc occidental s'étire Sunset Beach, l'une des plus belles plages de l'île. Entre les deux, le village étend son lacis de ruelles et de commerces à même de satisfaire les

PHA NGAN EN UNE JOURNÉE
Ce prestataire organise de courts circuits de découverte de l'île (à partir de 900B/pers. la demi-journée, 1 000B/j. avec déjeuner et prise en charge à l'hôtel). Au programme, *snorkeling*, baignade au pied de cascades, visite de temples... Déclinez, en revanche, la balade à dos d'éléphant qui figure souvent au programme, les pachydermes n'étant pas toujours traités avec le soin approprié.
Eco Nature Tour *Tél. 087 280 7595 ou 077 377 844 Réservation auprès des hôtels et agences*

jeunes fêtards. Le soir, même en dehors de la *Full-Moon Party*, c'est sur **Sunrise Beach** (Hat Rin Nok) qu'il faut se montrer. Dans la journée, son eau profonde et toujours très propre attire irrésistiblement les baigneurs. **Sunset Beach** (Hat Rin Nai) est beaucoup plus calme... et bien moins attirante, d'autant que des bateaux accostent régulièrement à son extrémité méridionale. En revanche, mieux vaut séjourner de ce côté-ci du village si vous escomptez fermer l'œil. À 300m au sud s'étend la tranquille **Leela Beach** (Hat Seekantang), ombragée de palmiers et de filaos. *À 11km au sud-est de Thong Sala*

● Découvrir Ko Pha Ngan à vélo

☺ **Phangan Bicycle Tours (plan 17, A2)** Pédalez derrière un guide sur les petites routes et les sentiers de Ko Pha Ngan, à travers la forêt et les villages, en vous arrêtant pour visiter temples et marchés et goûter l'art de vivre insulaire. Une balade d'une demi-journée bien remplie, que l'on peut accomplir en famille : moins de 20km, sans trop de dénivelés. Deux circuits par jour : 9-13h et 14-18h. Tarif 1 150B/pers., min. 2 pers., avec prise en charge à l'hôtel. *99/121 Moo 1* ***Thong Sala*** *Tél. 089 593 9732 ou 087 904 3923 www.phangannicycletours.com Ouvert tlj. 9h-19h*

● S'initier au kitesurf

KBA (plan 17, B2) Voilà une école de kitesurf sérieuse, dont l'antenne de Ko Pha Ngan est gérée par un Français depuis 2006. Ce sport se pratique toute l'année sur les plages de l'île, de préférence de décembre à avril. Hat Ban Tai, longue de 5km, et son lagon se prêtent particulièrement bien à une initiation (4 000B/j., 11 000B le stage de 3j., équipement inclus). Location et vente de matériel sur place. *101/7 Moo 1* ***Ban Tai*** *Tél. 080 600 0573 www.kiteboardingasia.com*

● Se relaxer

Wat Pho (plan 17, B2) Spartiate, le centre de massage du Wat Pho n'en est pas moins réputé. L'endroit tout indiqué si vous voulez reprendre des forces après une nuit de danse effrénée ou prévenir les courbatures au soir d'une journée de sport intense. Tous les profits sont reversés à la communauté monastique. Sauna 100B, massage 300B/h. *Route de Thong Nai Pan (500m au nord de la route littorale)* ***Ban Tai*** *Tél. 085 125 5886 Ouvert tlj. 13h-19h*

La côte est

La façade orientale de Ko Pha Ngan est aussi montagneuse que sauvage, et ses quelques plages se lovent dans des baies plus ou moins abritées des tempêtes de mousson. Les rares voies qui relient la route de Thong Nai Pan à cette côte n'étant pas toujours praticables, il est plus facile de gagner en bateau-taxi ses idylliques croissants de sable couronnés par d'altiers sommets volcaniques.

Hat Yuan, Hat Thian et Hat Wai Nam (plan 17, B2) Ces trois petites plages, distantes de 500m chacune, sur lesquelles se sont construits quelques hôtels, ne sont qu'à une dizaine de minutes de bateau de Hat Rin. Un sentier accidenté, réservé aux bons marcheurs, les relie également à la station balnéaire (5km, comptez 2h jusqu'à Hat Yuan, la plus méridionale des trois).

Hat Yao East (plan 17, B2) À 3km au nord de Hat Yuan (et env. 8km de marche de Hat Rin), sous la garde du cap Nokrong, cette jolie plage (à ne pas confondre avec son homonyme de la côte ouest) est baignée par une eau peu profonde, sans danger pour de jeunes enfants. **Hat Yang**, un peu plus au nord, est sans doute la plage la plus isolée de l'île.

Hat Sadet et Ao Thong Reng (plan 17, B2) Hat Sadet, à l'embouchure du Kglong Than Sadet, est desservie par une bonne route qui s'embranche sur l'axe Ban Tai-Ban Thong Nai Pan à hauteur de Ban Thong Nang et passe près des chutes de Than Sadet. Un petit promontoire rocheux sépare cette anse de sa voisine, Ao Thong Reng, moins propice à la baignade, et donc encore moins fréquentée.

Thong Nai Pan (plan 17, B1) La pointe nord-est de l'île est appelée à devenir son principal pôle touristique, notamment grâce à la construction d'un aéroport. Ses deux baies accolées, **Ao Thong Nai Pan Noi** au nord et la longue **Ao Thong Nai Pan Yai** au sud, sont ourlées de fort belles plages, où l'on peut se baigner en toute saison. Outre de nombreux services, on trouve des bungalows bon marché sur la première et les *resorts* les plus luxueux de Ko Pha Ngan sur la seconde... Toutes les conditions sont réunies pour un séjour en quasi-autarcie ! *À 12km au nord-est de Ban Tai par une route en lacet bien entretenue*

● S'offrir une retraite zen

The Sanctuary (plan 17, B2) Profitez de l'environnement paradisiaque de ce *resort* niché entre jungle et plage déserte pour entretenir votre forme. Cours de *hatha yoga* (350B/h ou 15 000B le stage intensif de 5 jours), cure "détox" (à partir de 3 000B/j.), massages (à partir de 550B) et autres soins du corps et du visage. Les possibilités d'hébergement vont du dortoir (250B) à la villa haut de gamme (7 000B). *Hat Thian Tél. 081 271 3614 www.thesanctuarythailand.com*

La côte nord

Chalok Lam (plan 17, A1) Deuxième port de l'île, ce village du littoral nord-ouest, qui vit essentiellement de la pêche au calmar, est un peu l'"anti-Hat Rin". Sa grande baie, envahie par les barques multicolores et dominée par de verdoyantes collines, ne possède pas vraiment de plage. Aussi y règne-il une appréciable tranquillité. Il fait bon se promener dans la rue principale de Chalok Lam, bordée d'échoppes pittoresques et de restaurants de fruits de mer, comme sur la jetée où accostent les bateaux-taxis, pour assister, tôt le matin, au retour de pêche. *À 10km au nord de Thong Sala par la route de l'intérieur et 17km par la route côtière*

Hat Khom (plan 17, A1) Les *long-tail boats* et une bonne route praticable à deux roues desservent cette jolie plage ombragée, qui s'incurve à l'extrémité orientale de la baie de Chalok Lam. De mars à novembre, il faut attendre la marée haute pour pouvoir s'y baigner et "palmer" jusqu'à sa barrière récifale. *À 2km au nord-est de Chalok Lam*

☆**Hat Khuat / Bottle Beach (plan 17, B1)** Cette plage idyllique, qui vient ourler une jungle montagneuse de son sable fin, fait le bonheur des photographes. Hat Khuat, qui n'est pas d'un accès facile, possède elle aussi de

Plonger autour de Pha Ngan

Ko Pha Ngan abrite une dizaine de centres de plongée agréés. Ceux-ci proposent des sorties sur les récifs qui frangent les côtes nord et ouest de l'île, notamment à Hat Khuat, Hat Salad, Hat Yao, Ao Mae Hat et surtout Ko Ma. On pourra facilement louer sur place, en boutique ou à son hôtel, l'équipement nécessaire au *snorkeling* et gagner ces sites à partir du rivage. Mais le spot à ne pas manquer est celui de **Sail Rock** (Hin Bai), un îlot granitique ancré à une trentaine de kilomètres au nord de Pha Ngan. Considérée comme l'un des trésors du golfe de Thaïlande, sa partie immergée forme un a-pic qui s'enfonce jusqu'à 33m sous l'eau. Le clou de l'expédition est une cheminée dont l'une des entrées se situe à 19m de profondeur et l'une des sorties à 6m de la surface.

France Plongée (plan 17, A1) Une bonne adresse pour les francophones qui veulent s'offrir un baptême (à partir de 1 700B) ou suivre une formation plus poussée (*Open Water* en groupe de 4 pers. 10 500B). Le centre emmène les plongeurs expérimentés explorer les fonds les plus beaux de l'île (1 200-1 500B la plongée) et il organise des expéditions à Sail Rock à l'intention des adeptes du *snorkeling* (1 000B/pers., équipement 300B) comme des plongeurs (2 600B la demi-journée, avec 2 plongées et un en-cas). *Haad Salad Villa 64/16 Moo 8* ***Hat Salad*** *Tél. 077 349 323 www.franceplongee.com*

Lotus Diving (plan 17, A1) Une autre école sérieuse, dotée d'instructeurs francophones et d'hébergements bon marché pour les plongeurs (double 400-500B). Vous pourrez tester vos aptitudes dans la piscine avant de vous inscrire à une formation (baptême à partir de 2 700B, *Open Water* en groupe de 4 pers. 11 800B). Embarquez sur leur spacieux bateau pour plonger à Sail Rock ou dans le Mu Ko Ang Thong National Marine Park (2 550-3 250B pour 2 plongées ; 900-1 200B en *snorkeling*, équipement et repas inclus). *57/6 Moo 7* ***Chalok Lam*** *Tél. 089 469 4719 ou 077 374 142 www.lotusdiving.com*

beaux fonds marins, et en fin de journée, quand les bateaux d'excursion sont tous repartis, ses hébergements sommaires se transforment en robinsonnades. *Accès en long-tail boat de Chalok Lam ou de Thong Nai Pan (env. 150B/pers.), quand le temps le permet. Un sentier accidenté de 2,5km relie également cette plage à Hat Khom*

● Filer sur l'eau

Wake up ! (plan 17, A1) Bien protégée, la baie de Chalok Lam se prête particulièrement au ski nautique et au wakeboard. À partir de 1 200B les 15min (après initiation technique pour les débutants). Réservation au plus tard la veille. *71/3 Moo 7 Route principale (500m à l'ouest du village)* ***Chalok Lam*** *Tél. 087 283 6755 www.wakeupwakeboarding.com Ouvert tlj. 9h-18h*

● Faire de la voile... et une bonne action

Koh Phangan Youth Sailing (plan 17, A1) La baie de Chalok Lam offre d'excellentes conditions de navigation, et cette association fondée par un ancien skippeur professionnel britannique s'est donné pour mission d'y initier gratuitement les enfants de Ko Pha Ngan à la voile. Lorsque les jeunes élèves ne s'entraînent pas, on peut emprunter ses dériveurs (Optimist, 420, Laser) bien entretenus. Donation bienvenue. *Moo 7 (près du quai)* ***Chalok Lam*** *Tél. 089 061 4467 http://kohphanganyouthsailing.com Ouvert lun.-ven. 9h-17h*

La côte ouest

Cette côte paisible, bien desservie et festonnée de plages particulièrement pittoresques au coucher du soleil offre également d'excellents points de chute et de bons restaurants.

Ao Plaaylaem et Ao Wok Tum (plan 17, A2) Proches de Thong Sala, ces deux longues plages, baignées par une eau peu profonde, ne se prêtent guère à la baignade de mai à octobre... La première est ponctuée de pittoresques éboulis granitiques, la seconde frangée de palétuviers. *Thong Sala*

Sri Thanu (plan 17, A1) À proximité de ce hameau, devenu une agréable station balnéaire, s'étendent **Ao Hin Kong**, **Ao Sri Thanu** et Ao Chao Phao. Ces trois baies rocailleuses, frangées de palmiers et ourlées de sable fin se prêtent bien à la baignade et au *snorkeling*. Les expatriés apprécient particulièrement cette portion tranquille du littoral où plusieurs centres de yoga se sont établis. *À 6,5km au nord-ouest de Thong Sala*

Hat Yao West (plan 17, A1) La plus bétonnée du littoral occidental, cette plage ombragée longue de 1km accueille une dizaine de complexes touristiques et quelques commerces. La barrière récifale, éloignée de 200 à 400m de la côte, se laisse admirer avec des palmes et un tuba. *À 11km au nord-ouest de Thong Sala*

Hat Salad (plan 17, A1) Agréable lieu de séjour, cette anse discrète, jadis fréquentée par les pirates, est située à mi-chemin d'Ao Mae Hat et de Hat Yao. Il fait bon s'y baigner de novembre à avril, et la barrière récifale n'est qu'à 150m du rivage.

☆ **Ao Mae Hat (plan 17, A1)** Cette baie septentrionale abrite la ravissante **Ko Ma**, qu'un cordon de sable relie à marée basse à sa grande sœur. Fréquentée par les tortues de mer, la petite "île du Cheval" est désormais protégée, et son récif corallien passe pour le plus beau de Pha Ngan. *À 13km au nord de Thong Sala*

Activités sportives côté mer

Les plus belles plages

Ao Phutsa et Ao Nuan (Ko Samet) — 184
Hua Hin (Hua Hin) — 243
Hat Laem Sala (Sam Roi Yot) — 286
Ao Manao (Prachuap Khiri Khan) — 292
Hat Sai Ri (Chumphon) — 304
Mae Nam (Ko Samui) — 315
Thong Ta Khian (Ko Samui) — 318
Hat Khuat (Ko Pha Ngan) — 339
Ao Mae Hat (Ko Pha Ngan) — 341
Hat Sai Nuan (Ko Tao) — 358
Ao Thian Og (Ko Tao) — 358
Ko Nang Yuan (Ko Tao) — 360
Pakweep Beach (Khao Lak) — 404
Patong Beach (Phuket) — 447
Hat Tham Phra Nang (Ao Nang) — 488
Loh Moo Dee (Ko Phi Phi) — 497
Maya Bay (Ko Phi Phi) — 500
Ko Muk (Ko Muk) — 524
Ko Tarutao (Ko Tarutao) — 540
Ko Rawi (Ko Tarutao) — 541
Pansand Beach (Ko Tarutao) — 544

Plongée

Ko Sak (Pattaya) — 177
Ko Man Wichai (Pattaya) — 177
Épave du HTMS Chang 712 (Ko Chang) — 206
Ko Rang (Ko Rang) — 214
Mu Ko Chumphon National Park (Chumphon) — 304
Sail Rock (Ko Pha Ngan) — 339
Ko Ma (Ko Pha Ngan) — 341
Chumphon Pinnacle (Ko Tao) — 356
Ao Muang (Ko Tao) — 360
Richelieu Rock (Khura Buri) — 397
Fantasea Reef (Khao Lak) — 408
Ko Racha et Ko Dok Mai (Phuket) — 444
Shark Point et Anemone Reef (Ko Phi Phi) — 500
8 Mile Rock et Ko Sarang (Ko Tarutao) — 543

Surf

Hua Hin — 245
Pranburi — 281
Ko Samui — 319
Ko Pha Ngan — 337
Khao Lak — 405
Phuket — 451

Autres activités nautiques

Hat Sai Kaew (Ko Samet) — 183
Croisière au Mu Ko Ang Thong National Park (Ko Samui) — 323
Wake up ! (Ko Pha Ngan) — 340
Island Cruises (Ko Tao) — 354
John Gray's Sea Canoe (Phang-nga) — 419
Sea Canoe Thailand (Phang-nga) — 419
Ao Chalong Yacht Club (Phuket) — 443
Sea Kayak Krabi (Krabi) — 478
Thung Yee Peng Community Center (Ko Lanta) — 510
Kayak autour de Ko Bulon Leh (Ko Bulon Leh) — 544

Pêche au gros

Mr. Tu (Ko Samui) — 317
Fishing Koh Tao (Ko Tao) — 354

● Méditer, faire du yoga

Orion Healing Centre (plan 17, A1) Axé sur la méditation, les exercices corporels et les cures de "détox", Orion propose aussi bien des retraites de 5 à 30 jours (avec ou sans hébergement, à partir de 13 500B) que de simples cours d'*ashtanga*, de *hata yoga* ou de *reiki* (à 7h30, 9h30 et 16h30 tlj., durée 1h30, 300B/pers., pas de rés.), dans un cadre enchanteur au bord de l'eau. Buvette végétarienne. *15/2 Moo 8* ***Ban Srithanu*** *Tél. 089 048 0020 www.orionhealing.com Ouvert tlj.*

L'intérieur

Jaomae Kuanim / Guan Yin Temple (plan 17, A1) Guanyin, la déesse de la Miséricorde (le bodhisatva de la Compassion pour les Indiens, particulièrement révéré des Chinois, qui l'ont féminisé), serait apparue en rêve à une pieuse bouddhiste de Bangkok, lui enjoignant de construire un phare sur les hauteurs de Ko Pha Ngan à l'intention des pêcheurs. La nouvelle se répandit comme une traînée de poudre et les donations affluèrent, tant et si bien que la dame et le moine qui lui prêtait assistance décidèrent d'ériger plutôt un sanctuaire. C'est ainsi que ce *Chinese Temple* coloré trône sur les hauteurs de l'île depuis 1992, offrant une vue panoramique sur la baie de Chalok Lam, qu'il semble protéger. Le pavillon principal abrite une belle *Guanyin*, et un imposant bouddha doré médite devant son entrée. *À 3km au sud de Chalok Lam (en suivant les panneaux "Goddess of Mercy Shrine") Ouvert tlj. 6h-18h Tarif 40B Tenue correcte exigée*

LES MEILLEURES GLACES DE PHA NGAN

Voici une autre excellente raison de vous éloigner des plages de l'île. Installez-vous sous un grand *sala*, dans une clairière à bonne distance de la route, pour déguster de délicieuses glaces et sorbets artisanaux (35B la boule). Testez la vanille, le chocolat, la noix de coco ou laissez-vous séduire par des parfums plus exotiques : jaque, mangue, durian, taro...

☺ **Pha Ngan Home Made Ice Cream (plan 17, A2 n°1)** *Pha Ngan Place, Route de Chalok Lam* ***Ban Nai Suan*** *(2km au nord de Thong Sala) Tél. 077 238 681 ou 081 607 9994 Ouvert tlj. 10h-22h*

☆ **Than Sadet-Ko Pha Ngan National Park (plan 17, A2-B2)** Ce parc de 65km² protège les hauteurs boisées de Ko Pha Ngan et des petites îles qui s'étendent au nord, telles Ko Ma et Hin Bai. Ces forêts abriteraient, notamment, des primates comme le semnopithèque obscur (*Trachypithecus obscurus*) et le loris paresseux (*Nycticebus coucang*), des cervidés comme le sambar (*Cervus unicolor*), des aigles pêcheurs d'Asie, des reptiles marins (tortues vertes et tortues imbriquées) et terrestres (cobras, pythons). À Ko Pha Ngan, le parc englobe plusieurs cascades, généralement à sec de mars à juin, et le mont **Khao Ra** (627m), point culminant de l'île. De l'accueil, un sentier escarpé grimpe à travers la jungle jusqu'aux piscines naturelles de la cascade **Than Phaeng** et à plusieurs points de vue. La boucle mesure 1km. *Entrée libre* **Accueil** *108, Moo 3* ***Ban Madueawan*** *(à 4,5km au nord-est de Thong Sala, sur la route de Chalok Lam) Tél. 077 238 275 ou 077 238 215 http://www.dnp.go.th Ouvert tlj. 8h-17h*

Khao Ra (plan 17, B1) Le toit de Ko Pha Ngan offre un époustouflant panorama qui, par temps clair, englobe Ko Tao et le continent. Cet extraordinaire point de vue se mérite : 2h d'une rude montée à travers la jungle, sur un sentier relativement bien balisé, que l'on prend au niveau des Khao Ra Bungalows, à env. 2km au nord du centre des visiteurs. Comptez 1h30 pour la descente. Partez avec de bonnes chaussures, une lotion antimoustique, au moins 2-3l d'eau par personne et de quoi vous restaurer. Si vous préférez vous assurer le concours d'un guide local (env. 500B la demi-journée), adressez-vous au centre des visiteurs.

Than Sadet (plan 17, B1) Ces chutes, les plus spectaculaires de l'île, rythment le cours du Khlong Than Sadet, ou "fleuve royal", sur plus de 2km, pratiquement jusqu'à son embouchure. Comme leur nom l'indique, elles ont reçu la visite de plusieurs souverains thaïlandais – Rama V serait venu à 14 reprises se baigner dans les cascades –, et ceux-ci ont laissé leur signature sur des rochers tout au long du parcours. L'eau du *khlong*, désormais sacrée, est utilisée lors de différentes cérémonies royales. *À 9km au nord-est de Ban Tai, sur la piste qui relie Ban Thong Nang à Hat Sadet*

Than Prawet (plan 17, B1) De la baie de Thong Nai Pan Noi, un sentier conduit à ces chutes, dans lesquelles on peut se baigner et que l'on peut remonter sur 2km. *À 1km au sud-ouest de la plage de Thong Nai Pan Noi*

Les environs de Ko Pha Ngan

● Explorer le parc national de Mu Ko Ang Thong

Orion (plan 17, A2) Cette société vous emmène à bord d'un bateau de 22m découvrir les trésors terrestres et marins du parc national de Mu Ko Ang Thong (p.323), à 1h de navigation de Ko Pha Ngan. N'emportez que votre maillot de bain, de la crème solaire et de solides chaussures de marche, Orion s'occupe du reste (repas, boissons, matériel de *snorkeling*, serviette de bain). Comptez 1700B la journée, 1900B avec une balade en kayak, entrée du parc et prise en charge à l'hôtel incluses. *Moo 1* ***Thong Sala*** *Tél. 081 894 5076 ou 081 999 2000 www.phanganboattrips.com*

CARNET D'ADRESSES

Lieux de sortie

Bars

Amstardam Bar (plan 17, A2 n°2) Ce bar haut perché sur une colline, au sommet d'une volée de marches, est très fréquenté au coucher de soleil : la vue sur tout le sud de l'île se savoure avec une bière (80-100B) ou un cocktail (200B). DJ et musique électro au rdc, atmosphère *lounge* à l'étage. *route de la Côte* ***Thong Sala*** *(2km au nord-ouest de la localité) Tél. 077 238 447 www.amstardambar.com Ouvert tlj. 11h-0h*

Kobra (plan 17, A2 n°3) Le plus grand stade de *muay thai* de l'île accueille régulièrement des matchs. Les dates sont affichées un peu partout en ville. Réservez votre place auprès de votre hôtel ou arrivez tôt (à partir de 650B/pers.). D'autres rings sont installés à Hat Rin et autour de Thong Sala. *112/22 Moo 1* ***Thong Sala*** *Tél. 085 099 3142 www.kobramuaythai.com*

Cactus Bar (plan 17, B2 n°4) L'un des bars les plus en vue de Sunrise Beach, dont les rythmes *dance* et *R'n'B* font chalouper les foules, quelle que soit la phase de la lune. Plusieurs étages pleins à craquer et *buckets* d'alcool à partir de 200B. ***Hat Rin*** *Ouvert tlj. 12h-6h*

Drop-in Bar (plan 17, B2 n°5) Un autre incontournable de Sunrise Beach, avec spectacles pyrotechniques pour les yeux, musique électro et *dance* plein les oreilles. ***Hat Rin*** *Tél. 077 377 539 www.facebook.com/dropinbar Ouvert tlj. 12h-6h*

Lost Dog (plan 17, A1 n°6) Les soirées de Chalok Lam ne sont pas aussi délurées que celles de Hat Rin, mais on passe toujours un agréable moment dans ce petit bar dont la terrasse *arty* domine la plage. Bières (60-80B), cocktails (120-300B), pastis (120B) et restauration rapide (tacos 40B, hamburger 160B). Billard à disposition. *86/2 Moo 7* ***Chalok Lam*** *Tél. 087 036 4802 Ouvert tlj. 15h-2h*

Flip Flop Pharmacy (plan 17, B1 n°7) Cette conviviale petite terrasse couverte est l'endroit de Thong Nai Pan tout indiqué pour siroter une bière

Les nuits de pleine lune

Bien des touristes ne se rendent à Ko Pha Ngan que pour participer à cette fiesta mensuelle, dont la première édition remonterait à 1987. En décembre-janvier, la pleine lune la plus proche du Nouvel An peut attirer à Hat Rin Nok (Sunrise Beach) jusqu'à 30 000 noctambules vêtus et peinturlurés de fluo, contre 5 000 en moyenne le reste de l'année. La fête commence au crépuscule, transformant peu à peu la plage en une interminable piste de danse qu'animent jongleurs, cracheurs de feu et autres bateleurs. Électro, *trance*, techno, dance, reggae... à chaque bar de plage son DJ et ses rythmes, et les danseurs passent de l'un à l'autre au gré de leur inspiration et de leur forme. Une baisse de régime, la déshydratation guettent ? Il est temps d'aller faire une pause au bord de l'eau pour grignoter une brochette ou acheter un *bucket* – un seau contenant une bouteille d'alcool et des canettes de soda (200B). Faute d'avoir pu mettre un terme à ces “F-M” de plus en plus touristiques – et profitables à l'économie insulaire –, les autorités s'efforcent d'endiguer la consommation des stupéfiants qui a contribué à leur notoriété... et la criminalité qui l'accompagne. Des policiers en civil ou en uniforme patrouillent sur Sunrise Beach tout le temps de la fête, qui ne s'achèvera que bien après le lever du soleil. Une expérience à coup sûr mémorable, à condition de prendre quelques précautions, cf. Sécurité (p.334). ***Hat Rin*** *http://fullmoonparty-thailand.com Soir de la pleine lune, ou le lendemain si la date correspond à une fête bouddhique Il faut acquitter un droit d'accès de 100B/pers., somme qui contribuera au nettoyage de la plage* bien fraîche (60B) ou un cocktail (à partir de 120B) tout en profitant de la vue sur la baie. ***Thong Nai Pan Yai*** *Tél. 087 977 776 Ouvert tlj. 11h-2h*

Restauration, hébergement

La plupart des hôtels de Ko Pha Ngan - hormis les moins chers - disposent d'un service de navettes gratuit ou payant. Attention, au moment de la pleine lune, les prix flambent et la plupart des établissements exigent un séjour minimal de 3 à 5 nuitées. Il faut alors réserver son gîte. L'île n'a rien d'un paradis gastronomique - les fast-foods sont particulièrement nombreux à Hat Rin -, mais au moins peut-on s'y sustenter à des prix raisonnables.

Sur la côte sud

très petits prix

Phantip Food Center et Night Market (plan 17, A2 n°20) Les comptoirs de restauration du grand marché couvert de Thong Sala proposent d'alléchantes spécialités thaïes et des classiques occidentaux (steaks grillés, pizzas, kebabs, beignets, café, etc.). Tous les soirs, des dizaines de stands colorés se déploient sur la placette voisine (grillades, fritures et fruits frais). Comptez 40-150B le plat. *Taladmai Rd* ***Thong Sala*** *Ouvert tlj. 13h-23h*

Walking Street (plan 17, A2 n°21) Fermée à la circulation automobile le samedi soir, la rue principale de Thong Sala attire des foules d'insulaires et de *farang* de toute l'île. Sur 500m se mêlent échoppes de vêtements, de bijoux et d'artisanat et stands culinaires (30-80B le plat). Quelques musiciens thaïs assurent l'animation. *Taladkao Rd (au niveau de la poste)* ***Thong Sala*** *Ouvert sam. 16h-22h*

petits prix

☺ **Nira's Home Bakery (plan 17, A2 n°22)** Incontournable si l'on veut prendre un café et le pouls de l'île juste en débarquant du ferry. Le pain frais et d'irrésistibles viennoiseries, sucrées ou salées (50-85B), embaument la salle lumineuse. Les nuits blanches de Ko Pha Ngan obligent, les petits déjeuners (65-185B) sont servis toute la journée, tout comme les sandwichs et quiches (80-200B). Terrasse accueillante, service sympathique et wifi à volonté. *Lebchaitalay Rd (20m à l'est de l'accès aux quais)* ***Thong Sala*** *Tél. 077 377 523 ou 090 863 3191 Ouvert tlj. 7h-19h* **Nira's Home Bakery (plan 17, B2 n°32)** *Rue principale côté Sunrise, au cœur de* ***Hat Rin***

Coco Garden Resort (plan 17, A2 n°40) Les 25 bungalows dans la verdure, au bord de l'eau, satisferont les petits budgets. Simples (murs en béton et toit de tôle), mais propres et agréables, ils disposent d'une petite véranda où il fait bon lézarder dans un hamac. Un restaurant et un bar de

GAMME DE PRIX	RESTAURATION	HÉBERGEMENT
Très petits prix	moins de 100B	moins de 500B
Petits prix	de 100 à 300B	de 500 à 1 000B
Prix moyens	de 300 à 500B	de 1 000 à 2 200B
Prix élevés	de 500 à 1 000B	de 2 200 à 4 000B
Prix très élevés	plus de 1 000B	plus de 4 000B

plage. Nombreux services : échange de livres, location de scooters (250B/j.) et de kayaks (100B/h). Double 550B (avec ventilateur) et 1000-1250B (avec clim.), petit déj. à partir de 50B. *100/7 Moo 1* ***Thong Sala*** *Tél. 077 377 721 ou 086 073 1147 www.cocogardens.com*

Ladino (plan 17, B2 n°23) Un petit restaurant aussi simple que bon, en plein centre de Hat Hin. La carte fait un peu le tour du monde (petit déj. israélien, nouilles japonaises, hamburgers, etc.), mais mieux vaut privilégier les classiques thaïs : *pad thai* (69B), poulet au curry *massaman* (89B), *tom yam* aux crevettes (140B). La salle ouverte sur la rue est d'une sobriété un peu clinique, mais le service vraiment attentif. *Rue transversale (est-ouest), 200m à l'ouest de Sunrise Beach* ***Hat Rin*** *Tél. 086 375 8819 Ouvert tlj. 10h-22h*

Phangan Pearl Villa (plan 17, B2 n°41) Une chic auberge de jeunesse, installée depuis 2014 non loin de la plage de Sunset, mais au calme. Sur trois niveaux, des dortoirs mixtes ou réservés aux filles, très bien conçus (casier individuel, clim., eau chaude, serviette et sèche-cheveux dans la sdb) et impeccables à 600B/pers., ainsi qu'une trentaine de lumineuses chambres doubles ou quadruples, avec réfrigérateur, bouilloire, sdb et terrasse (1 200B pour deux). Un bon rapport qualité-prix, mais sans cuisine commune, ni petit déj. *Full-Moon Party* : dortoir 1 000B/pers., chambre double 2 800B (5 nuitées min.). Wifi gratuit. *110/21, Moo 6* ***Hat Rin Nai*** *Tél. 077 375 428 ou 088 762 3195 www.phanganpearlvilla.com*

prix moyens

Lucky Crab (plan 17, B2 n°24) Il faudrait vraiment être difficile pour ne pas trouver son bonheur dans l'interminable menu qui fait le grand écart entre sushis, pizzas, pâtes, plats mexicains, mais s'attarde tout de même sur les fruits de mer. L'intérieur, de style chalet suisse, est plus élégant que la moyenne des restaurants de Hat Rin (nappes blanches !). Comptez de 250 à 400B le repas. *98/18, Moo 6* ***Hat Rin*** *Tél. 077 375 128 www.facebook.com/luckycrabrestaurant Ouvert tlj. 8h-23h*

Neptune's Villa (plan 17, B2 n°42) Au cœur de Hat Rin, mais côté Sunset Beach et donc relativement au calme, ce grand établissement loue des bungalows avec terrasse, des chambres de différents niveaux de confort (de 1 600 à 3 000B la double, petit déj. inclus) et des lits en dortoir de 10 (sdb partagée avec eau chaude, 800B/pers.), neutres mais très propres. Un splendide jardin exotique et une piscine viennent rafraîchir ce complexe labyrinthique. Accueil agréable. *Full-Moon Party* : majoration de 50%, 5 nuitées min. *110/1, Moo 6* ***Hat Rin Nai*** *Tél. 077 375 251 ou 088 762 3180 www.neptune-villa.com*

Fisherman's Restaurant (plan 17, B2 n°25) Les patrons sont pêcheurs, et les produits, d'une fraîcheur irréprochable, sont cuisinés à la perfection à la mode thaïe ou occidentale : crabe au curry jaune, moules au vin blanc, calmar grillé et poisson entier cuit dans une feuille de bananier. Intéressante carte des vins (120-200B le verre, bouteille à partir de 900B), douce musique *lounge*, meubles en bambou, élégante terrasse donnant sur la plage et service attentionné. Mieux vaut réserver en haute saison. De 200 à 500B le repas. *62/1 Moo 1 (juste à l'est du quai)* ***Ban Tai*** *Tél. 084 454 7240 www.facebook.com/fishermansrestaurant Ouvert tlj. 13h-22h*

prix élevés

Phangan Bayshore Resort (plan 17, B2 n°43) Pour être au cœur de l'action, directement sur Sunrise Beach, mais sans hypothéquer ses (courtes) nuits : une centaine de chambres distribuées dans deux bâtiments donnant sur une belle piscine à débordement et sur la mer ou dans des bungalows, un peu plus calmes car campés dans l'agréable jardin de derrière. L'espace, la terrasse privative, la propreté et le service souriant font oublier la décoration, minimaliste. Restaurant et bar. Double 2 300-3 500B (*Full-Moon Party* : majoration de 30 à 40%, 5 nuitées min.), petit déj. inclus. *141, Moo 6* ***Hat Rin Nok*** *Tél. 077 375 224 http://phangan bayshore.com*

Le Divine Comedie (plan 17, B2 n°44) Un hôtel de charme au futurisme décalé, avec ses 15 chambres rose poudré, vert amande et ocre aux angles arrondis et aux lits posés sur une estrade de béton. La plupart d'entre elles bénéficient d'une terrasse, et l'allée qui les dessert débouche sur un couloir de nage... et la plage. L'établissement s'adresse principalement aux couples (les moins de 12 ans ne sont pas admis). Réservation conseillée. Double de 2 700 à 4 500B, petit déj. servi toute la journée (à partir de 80B). Restaurant de spécialités birmanes. *14/8 Moo 1* ***Ban Tai*** *Tél. 080 885 8789 www.le divinecomedie.com*

Les côtes nord et est

petits prix

Haithong Seafood (plan 17, A1 n°26) La dizaine de restaurants de la rue principale de Chalok Lam affichent des cartes similaires et tous disposent d'une terrasse arrière donnant sur la plage. Accueil souriant et fraîcheur garantie dans celui-ci, tenu par trois sœurs. Aux produits de la mer, vendus au kilo (crevettes 1 000B, crabe 800B, calmar 500B) pour être grillés, frits ou accommodés à la sauce de votre choix, s'ajoutent de nombreuses autres spécialités thaïes. Agréable terrasse ombragée par des parasols. De 150 à 300B le repas. *Moo 7* ***Chalok Lam*** *Tél. 089 725 8340 Ouvert tlj. 10h-22h30*

Boskow Night Light (plan 17, A1 n°27) Plus connu sous le nom de "Caffè della Moka", cette petite *trattoria* aux couleurs de la mer respire la bonne humeur. Vous pourrez déguster votre pizza (180-220B) ou des pâtes fraîches (200-250B, notre recette préférée, la *frutti di mare*) en salle, ou mieux, les pieds dans le sable. À faire suivre d'un tiramisu maison (80B) accompagné d'un bon expresso. Accueil formidable. *86/3 Moo 7* ***Chalok Lam*** *Tél. 081 594 5682 Ouvert jeu.-mar. 17h-22h*

prix moyens

Haad Khuad Resort (plan 17, B1 n°45) Si vous recherchez l'isolement, cet établissement posé sur la belle Bottle Beach devrait vous convenir. Aux chambres sobres mais tout confort (double 1 800-2 200, avec clim., minibar, TV et petit déj.) s'ajoutent des bungalows en matériaux naturels plus spartiates, avec ventilateur et eau froide, dressés face au large (1 100-1 200B, max 4 pers.) ou dans le jardin (encore plus sommaires, 700B). Bon restaurant (150-300B le repas), jeux de plage, cours de cuisine, projections de films, change, navette et autres services. *154/1, Moo 1* ***Hat Khuat*** *Tél. 081 849 6716 ou 077 445 153 www. haadkhuadresort.com*

Phuwadee Resort (plan 17, B1 n°46) Sur la belle et paisible plage de Thong Nai Pan Noi, une cinquantaine de petits bungalows en béton, sans grand charme mais bien équipés (terrasse, réfrigérateur), une piscine et un restaurant de spécialités thaïes. De 1 000B la double sans clim. ni petit déj. à 1 500-3 000B avec. Une bonne adresse pour les petits budgets. *22/6 Moo 5* ***Thong Nai Pan Noi*** *http://phuwadeeresortphangan.blogspot.com*

La côte ouest

petits prix

Crave (plan 17, A1 n°28) Pour un hamburger de qualité (13 recettes), une assiette de saumon fumé, une salade ou un bon cocktail (160B), histoire de profiter plus longtemps de l'ambiance *lounge* de cette grande salle aérée et de son billard (gratuit). Service souriant. Comptez 300B le repas. *56/7 Moo 8 (à l'étage)* ***Ban Hat Yao*** *Tél. 089 211 6923 ou 092 329 2980 www.cravekohphangan.com Ouvert mer.-lun. 17h-23h*

prix moyens

Fellini (plan 17, A1 n°29) L'enseigne et les affiches de cinéma qui tapissent les murs de ce restaurant ne laissent aucun doute sur la passion de son chef et propriétaire italien. Pizzas à pâte fine (180-290B), spaghettis au pesto maison (200B) et carpaccio de thon (350B) se dégustent dans la salle climatisée ou sur l'agréable terrasse donnant sur la rue. Les portions sont généreuses, mais gardez une petite place pour les glaces maison (50B la boule). *30/5 Moo 8* ***Ban Srithanu*** *Tél. 077 349 020 ou 089 594 8229 www.ristorantefellini.net Ouvert tlj. 11h30-23h*

L'Alcôve (plan 17, A1 n°31) Ambiance feutrée et fond musical jazzy pour ce bistrot et bar à vins tenu par deux Françaises. On s'abandonne dans les fauteuils en teck de style rétro ou sur les canapés tendus de rouge de cette jolie paillote posée à même le sable, ou sur une des chaises longues dépliées sur la plage pour admirer le coucher de soleil tout en dégustant un cocktail ou un verre de vin (130-200B, bouteille à partir de 1 000B) accompagné d'une planche de charcuterie et de fromages, d'un confit de canard ou d'un tartare de thon. Comptez de 300 à 600B le repas. *15/1 Moo 6 Ao Hin Kong* ***Ban Srithanu*** *Tél. 094 579 3769 www.alcovephangan.com Ouvert mar.-dim. 18h-0h*

☺ **Benjamin's Hut (plan 17, A1 n°47)** Un hébergement d'un excellent rapport qualité-prix, tenu par une sympathique famille thaïe. Fonctionnelles mais confortables, les 19 chambres avec terrasse se partagent une enfilade de petits bungalows en béton récents (2012), le long d'un beau jardin qui descend de la route à la plage. Le restaurant de spécialités thaïes, qui donne sur le large, est calme et séduisant (comptez 150-300B le repas). Double 1 200B (avec ventilateur), 1 590B (avec clim.), petit déj. à partir de 80B. *84/38 Moo 8 Hat Chao Phao* ***Ban Srithanu*** *Tél. 077 349 286 ou 089 529 3828 bkbenjaminhut992@gmail.com*

Blue Ocean Garden (plan 17, A1 n°48) Le grand et beau jardin tropical est un havre de paix qui ferait presque délaisser la plage voisine. Il abrite 13 chambres doubles (à partir de 1 500B avec terrasse et petit déj.) et bungalows d'un style thaï sobrement revisité (2 500-2 800B avec grande terrasse et vue sur mer). Un engageant bar-restaurant et de nombreux services (kayaks à disposition, massages). Les jeunes enfants ne sont pas admis. *51/11 Moo 8 (Hat Chao Phao)* ***Ban Srithanu*** *Tél. 087 086 2697 www.blueoceangarden.com*

Tantawan Bungalows (plan 17, A1 n°49) Un seul inconvénient, l'établissement est séparé de la plage par une route et une volée de marches. L'avantage, les 11 bungalows perchés à flanc de colline bénéficient d'une vue exceptionnelle. Les plus simples, d'une sobriété toute contemporaine, sont loués 900B (2 000B pour 3-4 pers.), les plus confortables, entièrement lambrissés dans la tradition locale, 2 400-2 700B pour 2-4 pers. Le restaurant profite lui aussi d'une vue panoramique et sert quelques classiques thaïs (currys 110-160B, *pad thai* 80-145B, *tom yam* 100-130B) et internationaux. Agréable piscine. Petit déj. à partir de 60B. *51/8 Moo 8* ***Hat Yao*** *Tél. 077 349 108 www.tantawanbungalow.com*

Salad Hut Bar & Restaurant (plan 17, A1 n°30) Le restaurant du Salad Hut (p.349) profite d'une vue dégagée sur la mer et d'un cadre décontracté chic : lambris, mobilier en teck et rotin, un billard et une grande bibliothèque. Au menu, des spécialités thaïes comme le canard rôti au curry rouge (220B) et les fruits de mer au lait de coco (280B) voisinent avec des sandwichs, salades, pâtes et pizzas. Bon service et *happy hour* de 16h à 18h pour mieux profiter du coucher du soleil. Comptez de 200 à 500B le repas. *61/3 Moo 8* ***Hat Salad*** *Tél. 077 349 246 ou 081 173 4992 www.saladhut.com Ouvert tlj. 8h-22h*

☺ **Cookies's Salad Resort (plan 17, A1 n°50)** Douze chambres (1 500B) et 28 bungalows (3 500B) étagés au flanc d'une colline boisée dominant le bel et tranquille croissant de sable de Hat Salad. Des hébergements spacieux, au confort irréprochable, qui allient une jolie vue sur la mer et une architecture combinant les styles thaï et balinais, avec des murs en béton ciré pour la touche de modernité. Piscine, accès direct à la plage (location de kayaks et de planches à rame, 100B/h) et restaurant en terrasse assurent un séjour aussi calme que satisfaisant. Petit déj. inclus. *Au sud de la plage* ***Hat Salad*** *Tél. 077 349 125 ou 083 181 7125 www.cookies-phangan.com*

prix élevés

Loyfa Natural Resort (plan 17, A1 n°51) Tranquillité assurée pour ces 47 bungalows situés sur une presqu'île boisée. De facture classique mais décorés avec soin, ils sont spacieux et profitent d'une grande terrasse donnant sur le jardin exotique ou la mer. Deux piscines, une belle plage privée (kayaks gratuits), où le restaurant propose chaque soir des grillades de viande et de poisson. Double de 3 000 à 4 200B, bungalow pour 4 pers. 7 000-8 000B, petit déj. inclus. *14/1 Moo 8 Ao Srithanu* ***Ban Srithanu*** *Tél. 077 377 319 ou 077 349 022 www.loyfanaturalresort.com*

Salad Hut (plan 17, A1 n°52) À deux pas de la plage de Hat Salad, 17 confortables bungalows avec terrasse, plus ou moins spacieux mais pour la plupart adaptés aux familles. Ajoutez une piscine, un agréable bar-restaurant, cf. Salad Hut Bar & Restaurant (p.348), et l'accueil chaleureux des propriétaires thaïs. Double de 2 200B (ventilateur) à 2 500B, quadruple de 2 500B (ventilateur) à 5 000, petit déj. inclus. *61/3 Moo 8* ***Hat Salad*** *Tél. 077 349 246 ou 081 173 4992 www.saladhut.com*

KO TAO

La petite "île de la Tortue" doit, dit-on, son nom aux nombreuses tortues marines qui venaient jadis pondre sur ses plages, mais certains y voient un hommage à sa morphologie. Carapace verdoyante émergeant d'eaux turquoise, l'île la plus septentrionale de l'archipel de Samui figure parmi les sites de plongée les plus réputés au monde. Si son eau cristalline, ses coraux colorés et sa foisonnante faune marine attirent quelque 300 000 touristes chaque année, il n'en a pas toujours été ainsi. Propriété royale, Ko Tao n'abrita guère qu'un pénitencier jusqu'à la Seconde Guerre mondiale. Puis, à partir de 1947, des pionniers y aménagèrent des cocoteraies et des rizières et vécurent presque en autarcie de la pêche et de l'agriculture plusieurs décennies durant. Ce petit paradis de 21km² et 1 500 habitants accueillit ses premiers visiteurs occidentaux vers 1980, et son premier hôtel sortit de terre quatre ans plus tard. Le succès touristique de Ko Tao ne s'est pas démenti depuis, au point que la petite île est aujourd'hui menacée de surfréquentation et de pénurie d'eau. Elle ne s'est pas pour autant départie de son ambiance détendue, et l'on peut profiter de ses plages dans la journée, quand les hordes de plongeurs masqués ont pris le large, ou escalader ses falaises. Car les appas de Ko Tao ne se limitent pas à ses fabuleux fonds marins.

MODE D'EMPLOI

accès

EN BATEAU

Pour les bateaux en provenance de Chumphon, cf. En bateau (p.302). Si vous prévoyez d'arriver de Ko Pha Ngan juste après une *Full-Moon Party*, réservez vos billets assez longtemps avant. Au moment de quitter Ko Tao, présentez-vous au guichet de la compagnie maritime au moins 30min avant l'heure de départ annoncée. Si vous le pouvez, achetez votre billet à votre hôtel : pour le même prix, vous profiterez d'un transport gratuit jusqu'au port. Quand la mer est mauvaise (surtout en oct.-déc.), des liaisons peuvent être annulées.

Lomprayah La compagnie maritime la plus fiable relie Ko Tao à Chumphon en catamaran rapide (départ à 10h15 et 14h45, 1h30 de traversée, 600B AS). Prolongation possible en car vers Bangkok ou le Sud. Également des bateaux de Ko Tao à à Ko Pha Ngan (départ à 6h, 600B ; départs à 9h30 et 15h, 500B ; 1h15 de traversée), Ko Samui (départ à 6h, 700B ; départs à 9h30 et 15h, 600B ; 2h de trajet) et Donsak (départ à 6h, arrivée à 8h45, 800B ; départ à 9h30, arrivée à 13h30, 700B) avec transports en car possible vers la côte d'Andaman. *Lomprayah Pier Mae Haad* ***Ko Tao*** *Tél. 082 418 0738 ou 077 951 129*

Songserm Ferrys à destination de Chumphon (départ 14h30, arrivée 17h30, 500B AS). Départ à 10h pour Ko Pha Ngan (1h30, 350B), Ko

Samui (3h, 500B) et Donsak (5h, 600B). *Main Pier Mae Haad* ***Ko Tao*** *Tél. 077 456 274*

Seatran Discovery Ses ferrys confortables lèvent l'ancre à 6h30, 9h30 et 15h à destination de Ko Pha Ngan (1h30 de traversée, 430B AS), Ko Samui (2h, 600B). Les deux premiers de la journée continuent vers Donsak (3h30, 800B), où l'on peut prendre le car pour le Sud et la côte d'Andaman. *Seatran Pier Mae Haad* ***Ko Tao*** *Tél. 077 456 907*

Bateaux de nuit Des car-ferrys (couchettes sommaires à bord) relient Ko Tao à Surat Thani (départ à 21h, arrivée à 5h30, 600B AS) et à Chumphon (23h-5h30, 450B). *Main Pier Mae Haad* ***Ko Tao*** *Tél. 077 457 106 ou 081 916 2191*

Full-Moon Party Boat Les soirs de pleine lune, liaison directe et festive (bar à bord) avec la plage de Hat Rin, à Ko Pha Ngan (départ 18h, arrivée 20h ; retour le lendemain 9h-11h, 650B AS). *Main Pier Mae Haad* ***Ko Tao*** *Tél. 077 456 697*

orientation

L'île ne mesure que 3km d'est en ouest et 7km du nord au sud. L'axe principal, goudronné, longe toute la côte ouest, la plus urbanisée. Les routes secondaires qui traversent les montagnes centrales pour desservir les plages orientales accusent de forts dénivelés et, quand elles sont revêtues, sont moins souvent asphaltées que gravillonnées... ce qui les rend périlleuses à deux-roues.

se déplacer

L'île se prête à la marche et à la randonnée – et bien des endroits ne sont pas accessibles autrement. Beach Road, une jolie promenade piétonne hélas souvent empruntée par les scooters, longe la plage de Mae Haad à Sairee (20-30min à pied). Les piétons doivent se montrer prudents sur les routes carrossables, étroites, où les véhicules roulent souvent trop vite.

EN TAXI, À MOTO-TAXI

De nombreux 4x4 et pick-up attendent l'arrivée des bateaux. Les tarifs sont prohibitifs, mais vous pouvez tenter de négocier. Comptez 200-300B pour 1-2 pers. (100B/pers. suppl.) de Mae Haad à Sairee Beach (3km) ou Chalok Ban Kao, et jusqu'à 500-600B pour 1-2 pers. si vous voulez gagner la côte est. Les moto-taxis qui sillonnent la grand-route demandent 50B pour le trajet Mae Haad-Sairee Beach.

EN BATEAU-TAXI

À Sairee Beach, Mae Haad et Chalok Ban Kao, vous trouverez aisément un *long-tail boat* pour gagner les baies les plus reculées. De Sairee Beach, comptez 150B/pers. le trajet jusqu'à Ko Nang Yuan, 400B jusqu'à Mango Bay et 600B pour Shark Bay. Si vous souhaitez affréter un bateau complet, il vous en coûtera 2 500B la demi-journée.

À DEUX ROUES

Compte tenu de son relief et de l'état de ses axes secondaires, Ko Tao ne se prête pas au vélo, et ce n'est pas non plus l'endroit idéal pour s'initier à la conduite d'un scooter. Les accidents sont fréquents et souvent graves. De plus, les loueurs surfacturent la moindre éraflure, profitant du fait que les touristes leur ont laissé leur passeport en caution. Il en va de même pour les quads, motos tout-terrain à 4 roues, surpuissantes et donc dangereuses. Si vous voulez louer une moto ou un scooter coûte que coûte, dressez un état des lieux minutieux, photos à l'appui, vérifiez le prix des réparations (il figure en général au dos du contrat de location), exigez un casque et portez-le. Roulez doucement et jamais sous l'emprise de l'alcool.

RPM Rental (plan 18, A2) Une agence sérieuse, qui loue des scooters (200-250B/j.) et des motos (450-650B/j.) en bon état, un peu plus cher que la moyenne, mais avec l'assurance de ne pas vous faire escroquer au moment de rendre le véhicule. Comme partout, il faut laisser son passeport en caution. *Mae Haad (à 200m du quai Songserm, dans la rue en pente qui le prolonge) Tél. 086 278 5272 Ouvert tlj. 8h-18h*

informations touristiques

Faute de trouver un office de tourisme sur place, vous pourrez consulter ces trois sites Internet bien actualisés : **www.kohtaozone.com** (en français), **www.kohtaoinfo.tv** et **www.kosamui.com/koh-tao.htm** (en anglais).

informations pratiques

Nombreux services, banques et distributeurs de billets à Sairee Beach et Mae Haad.

SÉCURITÉ

Ces dernières années, plusieurs touristes ont trouvé la mort à Ko Tao, victimes d'un accident ou d'un crime. Il convient donc d'être prudent et de ne pas s'attarder sur les plages le soir.

Police (plan 18, A2) L'unique poste de police donne sur Beach Road. *Mae Haad Tél. 077 456 631 ou 1155*

SANTÉ

Les hôpitaux les plus proches sont ceux de Chumphon et de Ko Samui, mais on trouve à Ko Tao des pharmacies et de nombreuses cliniques privées, dont les prestations ne sont pas toujours à la hauteur des prix qu'elles affichent. Signalons aux plongeurs que le caisson de décompression le plus proche se trouve à Ko Samui – en cas d'urgence, joignez SSS Network au 081 081 9555. La dengue sévit à Ko Tao : protégez-vous des piqûres de moustique de jour comme de nuit.

fêtes et manifestations

Nombreux sont les fêtards qui programment un séjour à Ko Tao juste avant ou juste après les fameuses *Full-Moon Parties* de Ko Pha Ngan. Les bateaux, hôtels et sites de plongée de l'île de la Tortue sont alors pris d'assaut. Évitez ces périodes ou pensez à réserver à temps transports, chambre et sorties en mer.

Festival Experience Autour du Nouvel An, quatre jours de musique électronique non-stop au sommet d'une colline. *Magic Garden (entre Mae Haad et Chalok Ban Kao) http://theexperience-kohtao.com Fin décembre-début janvier*

Underwater World Festival Pendant 2 jours, les participants débarrassent les plages et les fonds marins de leurs déchets avant de faire la fête le soir. *Sairee Beach Mars ou avril*

DÉCOUVRIR

☆ **Les essentiels** John Suwan Rock, Ao Thian Og, Ao Muang, Ko Nang Yuan **Découvrir autrement** Escaladez les falaises de l'île, faites-en le tour à la voile, initiez-vous à la plongée libre

Ko Tao

La côte ouest

Ban Mae Haad (plan 18, A2) Niché au fond de la baie de Mae Haad, le chef-lieu de l'île vit au rythme des bateaux qui débarquent et embarquent les touristes par centaines sur ses quais. Ses embouteillages de taxis et le ballet des ferrys dans la baie n'en font pas le lieu de séjour le plus calme de Ko Tao. Mais ses petits commerces traditionnels assurent à Ban Mae Haad une authenticité que l'on peine à retrouver dans le reste de l'île. Les plages de la baie ne sont pas très agréables – seules les plus méridionales échappent au bruit et à la pollution engendrés par le trafic maritime. À 500m au sud d'Ao Ban Mae Haad se cache Jansom Bay, la jolie petite plage privée du Charm Churee Villa (accès 200B/pers. ; chemin bien indiqué de la route principale au sud du village de Mae Haad), un beau site de snorkeling (palmes interdites), même à marée basse. *Sur la côte sud-ouest*

Sairee Beach (plan 18, A1-A2) La plus longue plage de l'île (2km) est aussi la plus fréquentée. Le long de Beach Road, l'agréable promenade piétonne qui longe le littoral de Mae Haad à Sairee, se succèdent écoles de plongée, hôtels, bars et restaurants. La plage, assez étroite à marée haute et calme dans la journée, s'anime à la nuit tombée au niveau du village, **Ban Hat Sairee**, dont les nombreux bars et restaurants ne désemplissent pas de la soirée. Le nord de la plage est un peu plus paisible. En suivant la route principale vers la pointe nord de l'île, on atteint **Nang Yuan Terrace** (accès libre par le Dusit Buncha Resort), un joli point de vue sur l'îlot de Ko Nang Yuan. *À 3km au nord de Mae Haad par la route principale*

● Où boire une bière bien fraîche ?

Choppers Bar & Grill (plan 18, A1 n°1) Dans la pure tradition des pubs australiens, deux étages où la bière coule à flots (140B la pinte), des tables de billard (gratuit), des écrans de télévision accrochés à chaque mur pour ne rien perdre des matchs, des concerts de rock du lundi au vendredi soir et une *happy hour* de 17h à 20h. Menu international (hamburgers 200-300B, *fish & chips* 240B). *Hin Wong Bay Rd (200m à l'est de* ***Sairee Beach****) Tél. 077 456 641 www.choppers-kohtao.com Ouvert tlj. 9h-2h*

● Où déguster un cocktail sur la plage ?

Fizz Beach Lounge (plan 18, A1 n°2) Le soir venu, les bars et restaurants envahissent la plage de Sairee, faisant assaut de décibels et de spectacle pyrotechniques. Plus calme, Fizz étale ses confortables coussins à quelques mètres des vagues et distille sa musique électro en sourdine (DJ certains soirs). Bons cocktails (140-200B) et intéressante carte de restauration thaïe et occidentale (250-600B le repas). ***Sairee Beach*** *Tél. 087 887 9495 www.facebook.com/fizz.beachlounge Ouvert tlj. 12h-2h*

● Où applaudir des *ladyboys* ?

The Queen's Cabaret (plan 18, A1 n°3) Les *ladyboys* de Ko Tao offrent un spectacle sexy et haut en couleur. Parodies, chorégraphies et chansons au programme, dans la bonne humeur générale. Entrée libre, mais consommation obligatoire... et pas donnée (150-200B la bière). *Beach Rd* ***Sairee Beach*** *Tél. 087 677 6168 Ouvert tlj. 22h-0h*

● Croiser au large de Ko Tao

Des **kayaks** se louent dans la plupart des hôtels de plage. Comptez 100B/h et 400B/j. De nombreuses agences organisent des **tours de l'île en bateau**, avec possibilité d'admirer ses fonds marins en *snorkeling* (prestations et prix similaires 700-800B/pers.). Si vous préférez éviter les foules et les bateaux surchargés, affrétez un *long-tail boat* pour la journée (p.351).

☺ **Island Cruises (plan 18, A2)** Ko Tao et ses environs paraissent encore plus beaux quand on les découvre à la voile. Cette société sérieuse propose des croisières adaptées aux plongeurs, de quelques heures pour admirer le coucher du soleil, à plusieurs jours dans le Mu Ko Ang Thong National Marine Park. Les tarifs sont élevés (à partir de 14 000B la demi-journée sur un bateau pour 6 pers., 19 000B/j.), mais des remises de dernière minute sont consenties lorsqu'il s'agit de compléter un groupe, notamment pour les croisières au long cours (à partir de 24 000B/pers. les 4 j. tout compris). Cours de voile à partir de 900B/h, location d'un dériveur 500B/h, d'un Hobie Cat 1 000B/h. *Pier Rd, à l'angle du soi central* ***Ban Mae Haad*** *Tél. 093 645 2826 ou 087 887 0723 www.island-cruises.org*

Fishing Koh Tao (plan 18, A2) Si vous êtes fan de pêche au gros, embarquez sur ce petit chalutier rouge pour aller ferrer le marlin et la coryphène (de 6h à 14h, 5 000B/bateau max. 2 pers., matériel et appâts fournis, boissons et repas non compris). Marc, le propriétaire britannique, se veut respectueux de l'environnement (les prises sont relâchées quand c'est possible). Réservations uniquement par courriel. *Seatram Pier* ***Ban Mae Haad*** *http://fishingkohtao.com*

● Se dépenser au grand air... ou sous l'eau

Goodtime Adventure (plan 18, A2 ?) Cette agence vous propose d'escalader les plus belles parois de l'île (à partir de 2 200B les 4h, transport et équipement compris), de vous initier au trapèze acrobatique (950B les 90min), de filer sur l'eau à skis nautiques ou sur un wakeboard (à partir de 1 300B les 20min)... ou d'accumuler les sensations fortes au cours d'une journée bien remplie (randonnée, varappe, *snorkeling*... 3 500B, min. 2 pers.) qui se terminera autour d'une bière sur la plage de Sairee. Réservation la veille. *Beach Rd Partie sud de* ***Sairee Beach*** *Tél. 087 275 3604 www.gtadventures.com*

● Se relaxer

Kayo Healing Massage (plan 18, A1 ?) Dans une grande maison en bois bien aérée, face à la plage de Sairee, avec le bruit des vagues en fond sonore, laissez des mains professionnelles délivrer votre corps de toute tension (massage thaï

Plan 18 Ko Tao

Bars, lieux de sortie 1 à 5

Babaloo Bar **p.358**	**4** A2
Beach Bar **p.359**	**5** A2
Choppers Bar & Grill **p.353**	**1** A1
Fizz Beach Lounge **p.353**	**2** A1
The Queen's Cabaret **p.354**	**3** A1

Restauration 10 à 17

995 Roasted Duck **p.361**	**11** B1
Barracuda **p.363**	**15** A1
Café del Sol **p.361**	**12** A2
Shalimar **p.362**	**13** A1
Tukta Thai Food **p.363**	**16** A2
Whitening **p.362**	**14** A2
Zest Bakery and Coffee **p.361**	**10** A2
Zest Bakery and Coffee **p.361**	**17** A1

Hébergement 20 à 28

Aow Leuk II **p.364**	**27** B2
Ban's Diving Resort **p.362**	**21** A2
Bubble Bungalow **p.363**	**25** A2
Crystal Dive Resort **p.361**	**20** A2
Montalay Beach Resort **p.364**	**28** B2
Palm Leaf Resort **p.363**	**24** A1
Sairee Cottage Diving Koh Tao **p.362**	**22** A1
Sensi Paradise **p.363**	**23** A2
View Point Resort **p.364**	**26** A2

300B/h, massage des pieds 300B/h) ou s'appliquer à le faire beau (épilation 300-800B, pédicurie 300B). *Beach Rd* ***Sairee Beach*** *Tél. 077 456 295 Ouvert tlj. 9h-22h*

Majestic Spa (plan 18, A1) Des soins professionnels dans un cadre raffiné (et climatisé), des huiles de massage de qualité, une intimité appréciable et d'agréables attentions (thé et fruits frais...), voilà qui justifie amplement les prix, plus élevés que la moyenne : massage thaï 400B/h, massage des pieds 400B/h, traitement spa 1000-2 250B les 2h, sauna et Jacuzzi 650B les 45min. *Beach Rd (au nord du carrefour principal) Partie nord de* ***Sairee Beach*** *Tél. 091 309 8839 ou 084 356 4421 www.majesticspakohtao.com Ouvert tlj. 10h-0h*

GEOPLUS

Plonger à Ko Tao

Des eaux calmes et limpides et des fonds marins aussi riches qu'accessibles ont fait de Ko Tao l'un des meilleurs endroits de la planète où s'offrir un baptême de plongée. La petite île compte pas moins d'une cinquantaine d'écoles, dont certaines font partie des plus fréquentées au monde. Revers de la médaille, ce paradis des plongeurs souffre parfois d'une trop grande affluence, sous l'eau comme sur terre.

CARNET PRATIQUE

Meilleure saison De fév. à sept (ou à mai, si l'on veut éviter les pics de fréquentation de juin à août). La plongée avec bouteilles se pratique toute l'année, mais d'octobre à janvier, la visibilité est réduite et la pluie peut être gênante. Rappelez-vous que les jours qui précèdent et suivent les *Full-Moon Parties* de Ko Pha Ngan, les centres de plongée sont pris d'assaut.

Coûts Les formations les plus courues sont celles de 3-4 jours qui permettent aux débutants, gratifiés du certificat *Open Water*, de plonger en binôme jusqu'à 18m. Elles sont facturées en moyenne 9 000-9 800B/pers., avec l'équipement et, souvent, l'hébergement (à prix réduit quand il n'est pas gratuit). Une plongée coûte de 700 à 1 000B aux plongeurs diplômés.

Bon à savoir Méfiez-vous des écoles qui proposent des formations à bas prix. Vérifiez la taille des groupes (max. 4-6 pers./instructeur), la qualité de l'équipement (combinaison indispensable) et de l'hébergement (gratuité ou réduction, niveau de confort), et tâchez de bénéficier d'un instructeur francophone. Sachez aussi que tous les centres vous demanderont un certificat médical et que la formation, intense, ne vous laissera guère de temps libre. On peut en principe s'inscrire à un cours la veille, et l'équipement vendu sur place revient souvent moins cher qu'en Europe.

Bonnes adresses Le choix est délicat, les écoles offrant toutes des services similaires. Parmi les plus réputées figurent Scuba Junction (formation en groupe de 4 pers. max., mais l'hébergement n'est pas compris), French Kiss Divers (solide formation en français en petit groupe), Big Blue Diving (l'un des plus gros centres de l'île), Ban's Diving Resort (plus de 100 000 certifications PADI octroyées depuis 1993), Sairee Cottage Diving et Crystal Dive.

Scuba Junction **(plan 18, A1)** 10/4 Moo 1 *Sairee Beach* Tél. 077 456 013 www.scuba-junction.com

French Kiss Divers (plan 18, A1 ?) Hin Wong Bay Rd (à 50m au nord de la rue principale) *Ban Sairee*

Autre centre (plan 18, A2) *Chalok Ban Kao Tél. 087 072 7764 www.frenchkissdivers.com*

Big Blue Diving (plan 18, A1) 17/18 Moo 1 *Sairee Beach* Tél. 077 456 050 www.bigbluediving.com

Ban's Diving Resort (plan 18, A1) 3/1 Moo 1 *Sairee Beach*

Tél. 077 456 466 ou 081 979 8025 www.bansdivingresort.com
Sairee Cottage Diving Koh Tao (plan 18, A1) Sairee Cottage 10/1 Beach Rd *Sairee Beach* Tél. 077 456 374 www.saireecottagediving.com
Crystal Dive (plan 18, A2) 7/1 Moo 2 *Mae Haad* Tél. 077 456 106 www.crystaldive.fr

LES MEILLEURS SPOTS

Il faudra séjourner longtemps à Ko Tao si l'on veut visiter tous ses sites de plongée, accessibles en quelques coups de palmes ou quelques minutes de bateau. En règle générale, la visibilité est excellente, même par 30m de fond, et le milieu marin ne souffre pas trop de pollution. Les centres de plongée les plus sérieux organisent des plongées de nettoyage et travaillent à la conservation des coraux. Ces fonds foisonnants offrent de bonnes chances de pouvoir admirer des tortues imbriquées, des mérous marbrés, des barracudas, des murènes-léopards et autres poissons récifaux aux livrées éclatantes.
Twins Concombres de mer, anémones et nombreux poissons cohabitent sur ce site proche de Ko Nang Yuan et accessible aux débutants (profondeur 9-21m).
White Rock Ses coraux durs et mous abritent une multitude de poissons de récif. Un site de plongée nocturne. Tous niveaux (profondeur 15-24m).
Shark Island Au sud de Ko Tao, les fonds de cet îlot en forme d'aileron de requin recèlent un chatoyant jardin de corail juste sous la surface de l'eau, et quelques requins dans leurs profondeurs. Tous niveaux (profondeur 15-28m).
Chumphon Pinnacle Ce massif rocheux, à une dizaine de kilomètres à l'ouest de Ko Tao, est l'un des spots les plus impressionnants de Ko Tao. Tapissé d'anémones, il attire nombre de gros poissons (thons, mérous, carangues, requins-marteaux et requins-bouledogues), voire de très gros : des requins-baleines croisent dans ces parages en mars-avril et août-septembre. Plongeurs confirmés (profondeur 16-36m).
Sail Rock Ce site, considéré comme le meilleur du golfe de Thaïlande, tant pour sa flore que pour sa faune, est plus accessible de Ko Pha Ngan. Tous niveaux (profondeur 18-33m).

PLONGER AUTREMENT

Snorkeling Très répandue à Ko Tao, la randonnée palmée est une activité facile et économique. Toutes les écoles et la plupart des hôtels vendent des palmes, masques et tubas ou en louent (150-200B/j.). Compte tenu de la diversité des sites, on peut facilement organiser ses sorties soi-même... ou se joindre à une croisière, cf. Croiser au large de Ko Tao (p.354). Nos spots préférés : Ao Leuk (p.360), Ao Hin Wong (p.360) et Ao Muang (p.360).
Photo et vidéo sous-marine Les plongeurs expérimentés peuvent se former à la prise de vues sous-marine avec Crystal Dive (à partir de 5 900B le cours + 2 plongées) et Ace Marine Image, un leader dans le domaine (à partir de 4 500B le cours + 1 plongée).
Plongée libre La plongée en apnée requiert un apprentissage de la respiration et de la relaxation, qui permettra aux débutants de plonger rapidement à 20m de profondeur. Apnea Total propose des formations sérieuses (2 500B pour une initiation, 5 500B les 2 j. de cours).
Ace Marine Image (plan 18, B1) P.O. Box 64 Sairee Beach Tél. 077 457 054 www.acemarineimages.com
Apnea Total (plan 18, A1) 9/5 Moo 1 Sairee Beach Tél. 081 956 5720 ou 081 956 5430 www.apneatotal.com

Shambhala Yoga (plan 18, A1) Allez tonifier votre énergie, vider votre esprit ou tout simplement vous relaxer à l'occasion d'un cours de *hatha yoga* dans un beau *sala* largement ouvert sur la nature, dans un quartier calme de Sairee. Les débutants sont acceptés et il suffit de se présenter 10min avant le début du cours (300B les 2h). *Blue Wind Resort Partie nord de* ***Sairee Beach*** *Tél. 084 440 6755 www.shambhalayogakohtao.com Ouvert mar.-mer. et sam. 10h-12h et 17h-18h30, lun. et jeu.-ven. 10h-12h et 19h-20h30*

La côte sud

Hat Sai Nuan (plan 18, A2) À la pointe sud-ouest de l'île se cache une petite plage de carte postale : eau turquoise regorgeant de poissons multicolores, cocotiers, sable ivoire, au fond d'une anse cernée d'impressionnants rochers. Un paradis minuscule de surcroît peu fréquenté car moins accessible que les autres plages de l'île. *Au bout d'une route déconseillée aux deux-roues Mieux vaut prendre un bateau taxi (200-300B de Mae Haad) ou suivre le sentier côtier qui part de Jansom Bay (15min)*

Ao Chalok Ban Kao (plan 18, A2) Une jolie petite baie peu profonde et bien abritée, bordée de commerces et d'infrastructures touristiques, mais bien plus calme que Sairee Beach. Ses petites plages ombragées, **Saan Jao** à l'ouest et **Freedom** à l'est, sont de bons spots de *snorkeling*. *À 2km au sud-est de Mae Haad par la route principale*

☆ **John Suwan Rock (plan 18, A2)** Les hauteurs de la presqu'île montagneuse qui forme la pointe sud de Ko Tao offrent un splendide panorama sur l'île : les monts centraux, la profonde baie d'Ao Chalok Ban Kao à l'est et celle, plus évasée, d'Ao Thian Ok à l'ouest. Le sentier (20-30min AS) qui grimpe jusqu'au point de vue, part du Freedom Beach Resort et traverse une jungle épaisse, constellée d'énormes rochers. *Accès par la route principale, 1km au sud-est de Chalok Ban Kao*

☆ **Ao Thian Og (plan 18, A2-B2)** Inoffensifs, les requins à pointes noires qui fréquentent sa barrière récifale ont valu à cette jolie baie d'être baptisée Shark Bay. Il faut traverser le luxueux Haad Tien Resort – l'occasion de profiter de son Beach Bar (p.359) – pour accéder à sla paisible plage de sable blanc, bien ombragée et toujours propre. L'endroit est aussi propice à la détente qu'au *snorkeling* – le tombant sur lequel vous pourrez admirer les requins se trouve à 250m du rivage. La tranquille plage de **Sai Daeng,** face à Shark Island, convient également au *snorkeling*, mais à marée haute seulement. Située à l'extrémité orientale de la baie, elle est desservie par une autre route, bitumée mais abrupte. *1,5km à l'est de Chalok Ban Kao. Suivre la route de Sai Daeng (intersection bien indiquée, à env. 700m au nord de la plage), puis tourner à droite en direction du Haad Tien Resort (fléché)*

● Où boire un verre ?

Babaloo Bar (plan 18, A2 n°4) Une paillote sous les cocotiers de la plage, entourée de hamacs et de sculptures indéfinissables. On se laisse bercer par la musique relaxante en sirotant une bière ou un cocktail (100-150B) ou en fumant le narguilé. *Dans la partie ouest de la plage* ***Chalok Ban Kao*** *Tél. 087 271 5664 www.facebook.com/babaloo.tao Ouvert tlj. 12h-2h*

Beach Bar (plan 18, A2 n°5) Le bar de plage du très chic Haad Tien Resort ne dénature nullement la belle baie de Thian Og : une simple paillote et une dizaine de tables en bois posées sur le sable. On y déguste d'excellents cocktails (150-300B) et jus de fruits frais (80-150B) dans une atmosphère simple et élégante à la fois. *Happy hour* de 17h à 19h. *Haad Tien Resort* ***Ao Thian Og*** *(Shark Bay) Tél. 077 456 580 http://www.haadtien.com Ouvert tlj. 11h-23h*

● Faire le tour du monde sur un minigolf

Leisure Park (plan 18, A2) Dans un beau jardin ombragé aux essences variées, les 18 mini-parcours de golf (180B, valable 1j.) vous invitent à passer par Stonehenge et le Golden Gate avant d'aller rendre visite aux fauves de la jungle. Vous pourrez aussi jouer à la pétanque (20B/h) et au billard (60B/h)... et célébrer votre victoire

En amoureux

sur la terrasse du bar-restaurant. *Route principale, entre Mae Haad et Chalok Ban Kao, au sud de la bifurcation vers Ao Leuk* **Chalok Ban Kao** *Tél. 077 456 6316 www.facebook.com/kohtaoleisurepark Ouvert mar.-dim. 11h30-23h30*

La côte est

Les plages de la côte orientale sont moins belles et plus difficiles d'accès que celle de la côte ouest. En contrepartie, elles sont relativement plus tranquilles et leurs infrastructures d'hébergement meilleur marché. Si vous comptez y séjourner, vous devrez louer un véhicule.

Ao Leuk (plan 18, B2) Cernée de collines verdoyantes, cette plage semi-privée (accès libre de 8h à 17h, mais pique-nique interdit) profite d'une jolie vue sur Shark Island. Si le sable est un peu grossier et l'ombre trop rare pour y étendre sa serviette, la profondeur de la petite baie permet d'y nager avec des palmes même à marée basse et de partir à la découverte des beaux récifs qui l'encadrent. *À 2,5km au sud-est de Mae Haad, en suivant la route de Tanote Bay (qui s'embranche sur la route principale au sud-est de Mae Haad), puis une mauvaise piste sur la droite (fléchée)*

Ao Tanote (plan 18, B2) La plus urbanisée des plages de la côte orientale reste assez paisible. Les collines boisées qui la dominent et les "tas de pois" de sa baie la rendent pittoresque. Si son ruban de sable est peu ombragé, ses fonds sont en revanche très poissonneux. *À 4km à l'est de Mae Haad, au bas du mauvais chemin abrupt qui prolonge la route de Tanote Bay Des taxis collectifs assurent plusieurs liaisons quotidiennes entre Ao Tanote et Mae Haad (100B/pers. AS)*

Ao Hin Wong (plan 18, B1) Dépourvue de plage, cette vaste anse frangée de gros rochers est baignée par une eau translucide, et sa magnifique barrière récifale la rend incontournable pour les amateurs de *snorkeling*. *À 2,5km à l'est de Sairee, au bout d'une route goudronnée mais très pentue sur son dernier tronçon*

La côte nord

☆**Ao Muang (plan 18, B1)** Si seule une minuscule plage se cache entre ses rochers, cette jolie baie possède des fonds magnifiques. Aussi Ao Muang, plus connue sous le nom de Mango Bay, est-elle l'un des spots de plongée et de *snorkeling* les plus courus de Ko Tao. Mais tous les bateaux de croisière qui effectuent le tour de l'île viennent mouiller dans son eau turquoise, et l'affluence est parfois gênante. La baie peut faire l'objet d'une agréable balade à pied ou en *long-tail boat*, mais nous vous déconseillons vivement de vous y rendre à moto. *À 4km au nord-est de Sairee, en suivant la route de Hin Wong (qui s'embranche sur la route principale au cœur du village), puis à gauche (indiqué) une mauvaise piste abrupte*

★**Ko Nang Yuan (plan 18, A1)** Ancrés à 700m de la côte nord-ouest de Ko Tao, ces trois îlots verdoyants reliés, à marée basse, par de minces langues de sable ivoire composent un tableau idyllique. Les fonds de ce petit archipel privé sont tout aussi exceptionnels, ce qui lui vaut de nombreux admirateurs, particulièrement entre 11h et 14h, quand y débarquent les excursionnistes en provenance de Ko Samui et Ko Pha Ngan. Un sentier permet d'atteindre un joli point de vue sur les hauteurs de l'îlot méridional. On peut déjeuner au Nangyuan Island Dive Resort, l'unique complexe hôtelier de l'archipel, et admirer les poissons multicolores qui fréquentent, notamment, la petite baie au nord du débarcadère, mais l'usage des palmes est interdit à Ko Nang Yuan – tout comme celui des bouteilles en plastique. *Des bateaux-taxis assurent la liaison entre Sairee Beach et Ko Nang Yuan (300B AR) Convenez d'une heure pour le retour L'archipel est accessible de 9h à 17h moyennant 150B/pers.*

CARNET D'ADRESSES

Restauration, hébergement

La plupart des hôtels vont chercher leurs clients au débarcadère de Mae Haad à leur arrivée sur l'île.

Sur la côte ouest

petits prix

Zest Bakery and Coffee (plan 18, A2 n°10) L'endroit où bien commencer la journée avec un petit déjeuner continental ou plus roboratif (50-140B) accompagné d'un bon café (35-95B). On peut aussi venir relever son courriel (wifi gratuit) dans cette salle toute simple en dégustant un jus de fruits frais (65B), des viennoiseries (30-40B), un sandwich au pain maison (55-175B) ou une salade à composer soi-même (150-220B). *Pier Rd* ***Mae Haad*** *Tél. 077 456 178 Ouvert tlj. 6h-18h* **Zest Bakery and Coffee (plan 18, A1 n°17)** *Rue piétonne* ***Sairee Beach*** *Tél. 077 456 177 Ouvert tlj. 6h-18h*

995 Roasted Duck (plan 18, B1 n°11) Ne manquez pas l'une des rares bonnes cantines de Ko Tao, surtout si vous appréciez le canard. Le cadre se résume à une petite salle sans âme, aux tables et chaises en plastique, et la carte à une vingtaine de plats. Mention spéciale à la soupe de nouilles au canard (70B) et au canard laqué et son riz (70B), tout aussi délicieux. *Hin Wong Bay Rd* ***Sairee Beach*** *Ouvert tlj. 9h-21h*

Crystal Dive Resort (plan 18, A2 n°20) Un établissement réservé aux plongeurs, auxquels il dispense une formation PADI sérieuse, en français s'ils le souhaitent. Installé sur la plage de Mae Haad, le complexe est plus fonctionnel que luxueux (la piscine sert d'abord aux cours), mais son atmosphère est conviviale. Les chambres, basiques (eau froide, ventilateur), sont gratuites pour les stagiaires et louées 600B la double à ceux qui souhaitent prolonger le séjour. Pour plus de confort, vous pouvez opter pour les chambres sans grand caractère, mais agréables (balcon, clim., TV, piscine) du **Koh Tao Regal Resort** (double 1 000B pour les stagiaires). Le restaurant de cuisine thaïe et internationale (150-300B le repas) et le bar donnent sur la plage. ***Mae Haad*** *Tél. 077 456 106*

prix moyens

☺ **Café del Sol (plan 18, A2 n°12)** Une bonne adresse pour les nostalgiques de la cuisine européenne. La salle est pleine de couleurs ensoleillées et le personnel, attentionné, saura vous conseiller entre les pâtes fraîches maison (180-260B), les pizzas légères

(180-290B) et la copieuse bavette à l'échalote (360B). Les sandwichs (100-150B) sont confectionnés avec du pain maison, et les salades (120-200) avec les légumes bio du potager. Les deux chambres (1 500B, sdb, clim.) sont agréables, mais donnent, comme le café, sur une rue passante. En revanche, il n'y a qu'un étage à descendre pour profiter d'un des meilleurs petit déj. de la ville (70-200B). *Sur la Plaza* ***Mae Haad*** *Tél. 077 456 578 ou 087 881 0796 www.cafedelsol.ws Ouvert tlj. 8h-22h30*

Shalimar (plan 18, A1 n°13) À la carte de ce restaurant, des spécialités du nord comme du sud de l'Inde. Poulet tandoori (190B), poisson au curry (210B), agneau Madras (épicé, 250B) et *thali* végétarien (200B) se dégustent au calme, sous les arbres d'une grande cour au décor oriental. Bonne liste de cocktails (120-260B), mais le service laisse un peu à désirer. Comptez de 300 à 400B le repas. *Route principale (en face de la rue piétonne)* ***Sairee Beach*** *Tél. 089 217 7220 Ouvert tlj. 12h-23h*

Ban's Diving Resort (plan 18, A2 n°21) Cet hôtel-club bien rodé, au centre de plongée mondialement connu (p.356), semble surdimensionné pour Ko Tao. Les plongeurs peuvent disposer gratuitement d'une chambre double défraîchie (eau chaude, ventilateur, sans petit déj. ; 700B hors stage) et bénéficient de remises sur les autres types d'hébergement. Chambres *standard* avec clim., sdb et petit déj. (2 000B, 3 000B hors stage), suites (3 000-4 000B) et bungalows (2 000-2 500B) donnant sur la piscine, le beau jardin tropical ou juchés sur une hauteur, pour une vue et un calme appréciables. Deux piscines, plusieurs bars et restaurants, un spa, une supérette et toute une gamme de services pour une clientèle nombreuse. *Dans la partie sud de* ***Sairee Beach*** *Tél. 077 456 466 ou 081 979 8025 www.bansdivingresort.com*

Sairee Cottage Diving Koh Tao (plan 18, A1 n°22) Ce vaste complexe axé sur la plongée offre d'excellentes prestations. Les stagiaires ont le choix entre un lit en dortoir non climatisé (gratuit), un bungalow sommaire (500B avec ventilateur et eau froide) ou plus confortable (1 200-1 500 avec ventilateur ; 1 500-2 500B avec clim.). Si vous ne plongez pas, vous ne pourrez réserver qu'une des luxueuses *white rooms* (2 200-2 500B) donnant sur une petite piscine... ou louer à votre arrivée une chambre moins chère si elle n'a pas été attribuée (n'y comptez pas en haute saison). Au bord de la grande piscine, réservée aux cours dans la journée, s'élève un bar dont la carte propose plus de 50 bières. Le restaurant, un beau *sala* posé sur la plage, sert une cuisine sans grande originalité (pizzas, poisson et viande grillés, env. 200-500B le repas) mais affiche complet au coucher du soleil. *Sairee Cottage 10/1 Beach Rd* ***Sairee Beach*** *Tél. 077 456 123 ou 077 456 374 www.saireecottagediving.com*

prix élevés

Whitening (plan 18, A2 n°14) Tout de blanc revêtu, face aux bateaux ancrés dans la baie de Mae Haad, un des restaurants les plus romantiques de l'île... une fois que le ballet des ferrys et des *long-tail boats* a pris fin. Au menu, salade de tomates et mozzarelle, gambas sauce thaïe, steak grillé. Bons choix de cocktails et service tout en douceur. Comptez de 400 à 700B le repas. *À 100m au nord du débarcadère* ***Mae Haad*** *Tél. 080 985 0999 ou 077 456 199 Ouvert tlj. 13h-1h*

Sensi Paradise (plan 18, A2 n°23) Un complexe assez luxueux et bien intégré dans la nature. Tout en courbes, la piscine à débordement épouse les rochers qui l'entourent, et les 75 bungalows et villas disséminés dans le vaste parc ou donnant sur la mer mêlent pierre et essences locales. Les plus économiques sont un peu trop rustiques pour le prix demandé. La plage de l'hôtel est propre, mais, seul bémol, la proximité de l'embarcadère de Mae Haad n'offre pas l'environnement le plus paisible de l'île. Le restaurant en terrasse invite à un dîner romantique face à la baie. Double de 2 900 à 5 500B, chambre familiale (3-4 pers.) de 4 500 à 9 000B, petit déj. inclus. *Au sud de la plage **Mae Haad** Tél. 077 456 244 www.sensiparadiseresort.com*

☺ **Barracuda (plan 18, A1 n°15)** Ce restaurant de cuisine "fusion" est considéré comme l'un des meilleurs de Ko Tao : filet de barracuda façon méditerranéenne (avec jambon de Parme, tomates et feta) ou à la thaïe (en feuille de bananier, avec moules et crevettes), poulet tandoori, steak de thon au sésame et son couscous... Également des salades et falafels végétariens et un copieux "plateau de la mer" à partager à deux avec vivaneau entier, filet de barracuda, crevettes à l'ail, moules gratinées et calmars à la vapeur pour 495B/pers. La présentation, le service et la carte des vins (140-180B au verre, bouteilles à partir de 850B) sont à la hauteur. Préférez la salle, à l'élégance décontractée, à la terrasse, qui donne sur une rue piétonne très fréquentée. Comptez de 400 à 800B. Réservation conseillée. *9/9 Moo 1 **Sairee Beach** Tél. 080 146 3267 www.barracudakohtao.com Ouvert tlj. 16h-23h*

Palm Leaf Resort (plan 18, A1 n°24) Un bon point de chute pour ceux qui recherchent le calme, à 500m du centre de Sairee. Les 35 bungalows avec terrasse, tout en matériaux naturels, donnent sur le beau jardin ou sur la plage ombragée de palmiers, comme le bar-restaurant. Pour un cadre plus luxueux, optez pour les chambres logées dans les villas d'un étage. Service agréable et propreté irréprochable. Double de 2 000 à 4 500B, petit déj. inclus. *Partie nord de **Sairee Beach** Tél. 081 644 4040 ou 090 165 4992 www.kohtaopalmleaf.com*

Sur la côte sud

petits prix

☺ **Tukta Thai Food (plan 18, A2 n°16)** Un incontournable de Ko Tao, où vous serez accueilli par d'appétissants effluves émanant de la cuisine. Installez-vous dans le jardin ou sous le toit de tôle d'un des *sala* et choisissez votre plat thaï préféré : soupe *tom yam* aux fruits de mer (100B), *pad thai* (50-70B), ou l'un des excellents currys (vert, rouge, *massaman*, *panang*, 60-90B). Une adresse sans prétention, appréciée des insulaires comme des *farang*. *Route principale (500m au nord de la plage, dans le tournant) **Chalok Ban Kao** Tél. 077 456 109 Ouvert tlj. 10h30-22h30*

☺ **Bubble Bungalow (plan 18, A2 n°25)** Une trentaine de bungalows avec terrasse accrochés au flanc d'une colline boisée dominant la plage de Chalok Ban Kao. Les plus simples (ventilateur, eau froide, cloisons végétales, 600B) sont exigus, mais gratuits pour les stagiaires de la Big Bubble Dive School. Pour un petit supplément, vous aurez droit à un peu plus d'espace et à des murs chaulés de blanc (900B la double avec ventilateur, 1 400B avec clim). Restaurant (menu thaï et international, petit déj.

à partir de 50B, 200-300 le repas) et bar de plage à l'école de plongée, de l'autre côté de la route. ***Chalok Ban Kao*** *Tél. 088 260 0599 ou 077 456 669 http://bigbubble.info*

prix très élevés

☺ **View Point Resort (plan 18, A2 n°26)** Le luxe dans la verdure tropicale, loin des foules, à la pointe sud-ouest de la baie de Chalok Ban Kao. L'établissement, à flanc de colline, tout en escaliers, jouit d'un panorama splendide. Les 11 cottages (double 2 500 à 2 800B ; 3 900B avec vue sur la mer, petit déj. à partir de 100B) sont spacieux, d'une sobre élégance (parquet en teck, murs de pierre, toit de palme, sdb en béton ciré) et prolongés par une grande terrasse sur la luxuriante nature qui les entoure. Les 7 villas avec piscine privée et une étonnante sdb en partie découverte (à partir de 10 000B, 1 ou 2 chambres, petit déj. inclus) offrent un excellent standing. Le restaurant installé près de la plage de l'hôtel sert une cuisine thaïe et internationale un peu plus recherchée que la moyenne (400-1 400B le repas). Nul besoin d'être pensionnaire pour profiter de son cadre idyllique. ***Chalok Ban Kao*** *Accès par une route accidentée en provenance de Mae Haad, ou à pied par la plage Tél. 077 456 444 www.kohtaoviewpoint.com*

Sur la côte est

prix moyens

Aow Leuk II (plan 18, B2 n°27) Un excellent point de chute si vous ne plongez pas ou que vous avez décidé de prendre quelques jours de récupération après votre stage. Perchés sur la falaise, les 10 bungalows en bois et béton, avec balcon et hamac, bénéficient d'une vue incomparable sur la mer et d'une agréable ventilation naturelle. Le restaurant de bonnes spécialités thaïes (100-200B le repas) et son bar *lounge* indépendants occupent une accueillante paillote posée sur les rochers, au-dessus de la plage. Bungalow double de 1 300 à 1 500B (eau froide), petit déj. à partir de 50B. ***Ao Leuk*** *Tél. 096 892 7658 ou 077 456 779 www.aowleuk2.com*

Montalay Beach Resort (plan 18, B2 n°28) Une bonne adresse si l'on veut s'adonner à la plongée tout en profitant de la sérénité de Tanote Bay. Outre des certifications PADI et des plongées à la journée, ce complexe propose des chambres spacieuses de style contemporain (1 800B avec ventilateur, 2 500B avec clim., petit déj. compris) et des bungalows plus traditionnels disséminés dans la verdure, à flanc de colline. Gratuits pour les stagiaires, les plus sommaires (sdb partagée avec eau chaude, sans petit déj.) reviennent à 900B. Les plus confortables sont loués 1 800B avec ventilateur, 2 500B avec clim, petit déj. compris. Le bungalow pour 4 coûte de 2 200 à 4 800B. Le service est agréable, tout comme le bar, le restaurant, le spa et la jolie petite piscine donnant sur la plage. *P.O. Box 8* ***Ao Tanote*** *Tél. 077 456 488 www.montalayresort-kohtao.com*

☆ NAKHON SI THAMMARAT

Nakhon, comme l'appellent les Thaïlandais, est l'une des plus anciennes villes du pays. Bien que ses origines ne soient pas formellement établies, ce port (l'envasement a depuis éloigné la ville de la côte) est mentionné comme capitale de la principauté de Tambralinga vers le VIe siècle, avant d'être inféodé à l'empire de Srivijaya au VIIIe siècle, puis annexé au premier royaume thaï de Sukhothai au XIIIe. Les échanges commerciaux avec le sud de l'Inde et le Sri Lanka, attestés dès le Ve siècle, se doublent d'apports technologiques et culturels. C'est ainsi que le roi Ram Khamhaeng aurait invité des moines de Nakhon à venir prêcher la doctrine theravada à Sukhotai à la fin du XIIIe siècle. Ses musées et ses temples font aujourd'hui tout le charme de cette capitale provinciale animée.

MODE D'EMPLOI

accès

EN VOITURE

À 800km au sud de Bangkok (routes 4, 41, puis 401), 140km au sud-est de Surat Thani (route 401), 180km au nord de Songkhla (route 408) et 160km à l'est de Krabi (routes 4156 et 4015).

EN AVION

Aéroport de Nakhon Si Thammarat Les compagnies Air Asia (www.airasia.com) et Nok Air (www.nokair.com) assurent en tout une dizaine de liaisons quotidiennes avec l'aéroport de Don Muang à Bangkok (1h de vol). Comptez 300B pour vous rendre en taxi de l'aéroport au centre-ville. *À 15km au nord de la ville Tél. 075 369 541*

Aéroport de Surat Thani Pratique pour gagner rapidement l'archipel de Samui quand les vols directs Bangkok-Samui sont pleins. Cet aéroport accueille une quinzaine de vols quotidiens en provenance de Bangkok, vols assurés par Nok Air (www.nokair.com), Lion Air (www.lionairthai.com), Thai Smile Airways (www.thaismileair.com) et Air Asia (www.airasia.com), qui propose aussi des liaisons directes avec Kuala Lumpur et Chiang Mai. Les cars de Phantip Travel (p.366) relient l'aéroport de Surat Thani au centre-ville (100B), mais aussi à l'archipel de Samui

Tableau kilométrique

	Nakhon Si Thammarat	Surat Thani	Songkhla	Satun	Trang	Krabi
Surat Thani	140					
Songkhla	180	325				
Satun	240	360	125			
Trang	130	212	175	150		
Krabi	160	160	305	276	127	
Chumphon	326	190	507	521	375	320

(les horaires correspondent aux arrivées des vols et aux départs des ferrys, Ko Samui à partir de 400B AS, Ko Pha Ngan 500B, Ko Tao 900B). *À 21km à l'ouest de Surat Thani Tél. 077 441 466*

EN CAR, EN MINIBUS

Gare routière de Nakhon Si Thammarat Les cars pour Bangkok (12h de route, à partir de 600B AS) partent le matin (7-9h) et en fin d'après-midi (17-19h). Nombreuses liaisons en car et en minibus avec Songkhla de 4h à 16h (3-4h, 85-160B), avec Surat Thani de 6h à 17h (2-3h, 170B) et avec Khanom de 6h à 16h (1h30, 80B). *Karom Rd (1,5km au sud-ouest du centre) Tél. 075 341 125*

Phantip Travel À Surat Thani, adressez-vous à cette excellente agence pour faciliter vos transports vers l'archipel de Samui ou toute autre destination du pays. Bureaux à l'aéroport de Surat Thani et à proximité des deux gares routières du centre-ville (avec salle d'attente équipée du wifi). Tarifs avantageux pour les achats effectués sur le site Internet. Liaisons quotidiennes avec Krabi (3h30, AS 150B), Phuket (3-4h, 250B), Ko Phi Phi (5-6h, 550B) et Trang (3-4h, 250B). Départs fréquents de 6h à 17h en minibus pour Khanom (1h30, 150B) et Nakhon Si Thammarat (2-3h, 170B). À noter que les cars à destination de Bangkok partent d'une gare routière située à 7km au sud de la ville (8-10h, 600B). De ou vers Ko Samui, optez plutôt pour un forfait car et ferry (à partir de 800B). *293/6-8 Talamai Rd Tél. 077 272 230 www.phantiptravel.com*

EN TRAIN

Gare SRT de Nakhon Si Thammarat De Bangkok, 2 trains/j. (départ à 17h35 et 19h30, arrivée le lendemain à 9h55 et 10h55, 460-1 470B AS), via Surat Thani (4h de trajet, 135-950B), Chumphon (7h de route, 255-1 100B). En direction du Sud, deux autres trains desservent Hat Yai (départs à 6h et 9h58, durée 4h, 55-106B) puis continuent vers la frontière avec la Malaisie. *Yomarat Rd (à distance de marche du centre) Tél. 1690 www.railway.co.th*

Gare SRT de Surat Thani Les liaisons sont plus fréquentes entre cette gare et le reste du pays. De Bangkok, 11 trains/j. de 8h à 23h (9-12h de trajet, AS 358-1 179B) via Hua Hin (7-8h, 300-1 150B), Prachuap Khiri Khan (6-7h, 290-1 083B) et Chumphon (3h, 128-458B). En direction du Sud, 2 trains/j. pour Trang (départ à 4h24 et 6h23, 4h, 139-954B) et 7 trains pour Hat Yai de 0h30 à 9h30 (5-7h, 253-1 073B), qui poursuivent leur route vers la Malaisie. Voir ci-dessus pour les liaisons avec Nakhon Si Thammarat. Transferts fréquents vers le centre-ville en minibus (100B) ou en bus (25B). Vous pouvez vous adresser à l'agence Phantip Travel (p.366) pour vous rendre de la gare dans l'archipel de Samui (à partir de AS 250B pour Ko Samui), à Krabi (1 ou 2 départs/j., durée 2h, 200B) ou Phuket (1 ou 2 départs/j., 3h30, 250B). ***Phunphin** (à 16km à l'ouest de Surat Thani) Tél. 1690 www.railway.co.th*

EN BATEAU

La plupart des ferrys qui desservent l'archipel de Samui (p.312) partent de Donsak (à 65km au nord-est de Surat Thani), port que des bus relient aux principales localités de la côte d'Andaman et du Sud (dont Nakhon Si Thammarat). Seuls les bateaux de nuit à destination de Ko Samui (p.312), Ko Pha Ngan (p.333) et Ko Tao (p.351) accostent à Surat Thani.

orientation

Nakhon Si Thammarat s'étend sur environ 5km du nord au sud, de part et d'autre de Ratchadamnoen Road. La plupart des curiosités touristiques sont regroupées dans le nord de la ville.

se déplacer

Le centre se parcourt aisément à pied. Des *songteo* bleus (10B) sillonnent Ratchadamnoen Rd. À moto-taxi, comptez de 20 à 50B la course en ville.

informations pratiques

Tant à Nakhon Si Thammarat qu'à Surat Thani et Khanom, vous trouverez des banques avec distributeur de billets.

Police *Ratchadamnoen Rd (à 150m au nord du parc de la ville)* ***Nakhon Si Thammarat*** *Tél. 1155 ou 075 356 500*

Bureau de poste *Ratchadamnoen Rd (en face du commissariat)* ***Nakhon Si Thammarat*** *Ouvert lun.-ven. 8h30-16h30, sam. 9h-12h*

Nakharin Hospital Un hôpital privé, moderne et bien équipé. *Route 4012 (au nord du centre ville)* ***Nakhon Si Thammarat*** *Tél. 075 312 800*

informations touristiques

TAT Nakhon Si Thammarat Accueillant, bien documenté et de bon conseil sur toute la région, ce bureau est de surcroît installé dans un beau bâtiment colonial. *Ratchadamnoen Rd, Sanam Na Mueang (à l'angle nord-ouest du parc de la ville) Tél. 075 346 515 Ouvert tlj. 8h-16h*

Municipality Tourist Office Distribue de bonnes cartes et plans de la ville. *Municipality Building, Ratchadamnoen Rd Tél. 075 342 880 Ouvert lun.-sam. 8h30-16h30*

fêtes et manifestations

Prapheni Duean Sip Le "Festival de la Dixième Lune" est l'un des plus importants du Sud. Les trois derniers jours du dixième mois lunaire, afin d'honorer leurs ancêtres, les familles préparent de somptueux plats de nourriture qu'elles offrent aux moines au cours de cérémonies, notamment au Wat Phra Mahathat, tandis que des chars allégoriques défilent sur Ratchadamnoen Road. ***Nakhon Si Thammarat*** *Fin septembre ou début octobre*

Hae Pha Khuen That Grande fête bouddhique au cours de laquelle on porte en procession au Wat Phra Mahathat une longue bande de tissu ornée de scènes de la vie du Bouddha pour en ceindre la base du Phra Boroma That. Ces cérémonies, qui durent trois jours, ont lieu deux fois par an : à la pleine lune du troisième mois lunaire (fin février ou début mars) et celle du sixième mois lunaire (fin juillet ou début août). *Wat Phra Mahathat* ***Nakhon Si Thammarat***

DÉCOUVRIR

☆ **Les essentiels** Wat Phra Mahathat Woramahawihan, Nakhon Si Thammarat National Museum, Ao Khanom **Découvrir autrement** Assistez à une représentation de Nang Talung, partez observer les dauphins roses

Nakhon Si Thammarat

★ **Wat Phra Mahathat Woramahawihan** L'un des temples bouddhiques les plus vénérés du sud de la Thaïlande, et certainement l'un des plus fascinants. À l'origine un sanctuaire mahayana, le monastère aurait été fondé au VIIIe siècle. Au centre trône le Phra Boroma That, un imposant stupa blanc du XIIIe siècle, couronné d'une flèche dorée à la feuille et incrustée de pierres précieuses. Symbole de la ville, ce monument haut de 56m abriterait un *chedi* plus petit recelant une dent du Bouddha rapportée du Sri Lanka au IVe siècle. Un impressionnant escalier gardé par de colossales statues de *yaksa* (génies) permet d'accéder à la plateforme en marbre du Phra Borommathat Chedi. Elle est ceinte de 158 petits *chedi* et d'un cloître (Wihan Phra Daan) abritant 173 statues du Bouddha, dont la plus ancienne date de l'ère de Sukhothai (XIIIe s.). Le bot (Wiham Luang), au sud du cloître, remonte au XVe-XVIe siècle, comme le suggèrent ses colonnes inclinées vers l'intérieur, et renferme un grand bouddha doré. Un autre bâtiment du complexe abrite un riche musée d'art sacré. Au sortir du monastère, allez faire un tour sur le petit marché installé juste au sud de l'enceinte du temple, où sont vendus des amulettes, des objets artisanaux et des sucreries locales, comme le *kanom la*. *Ratchadamnoen Rd (à 2km au sud du bureau du TAT) Ouvert tlj. 8h-16h Tenue correcte exigée (épaules et genoux couverts, prêt de sarongs sur place)*

Suchart Subsin Nang Talung Museum Ce petit musée dédié au théâtre d'ombres *Nang Talung* (p.369) est installé dans la demeure du plus célèbre marionnettiste de Nakhon, Suchart Subsin (né en 1938). Après avoir survolé l'histoire de cet art et ses variantes régionales à travers une collection de marionnettes et d'instruments de musique vieux de plusieurs siècles pour certains, admirez le travail des artisans qui confectionnent les effigies, et la façon dont ils découpent le cuir en une fine dentelle pour que les détails caractéristiques de chaque personnage soient reconnaissables du public. On peut acheter ces véritables œuvres d'art (de 200B pour celles de petit format, à 2 000-3 000B pour les plus grandes) et assister à de courtes représentations (50B/pers., min. 5 pers., réservation recommandée). *110/18 Si Thammasok Rd, Soi 3 Tél. 075 346 394 ou 083 521 3658 Ouvert tlj. 9h-16h30 Entrée libre mais dons bienvenus*

☆ **Nakhon Si Thammarat National Museum** Ce musée, le plus important de Thaïlande méridionale, retrace l'histoire de la région à travers une riche collection d'art et d'artisanat – bien mise en valeur, avec des cartels en anglais. La section d'art indien, particulièrement fournie, comprend un

Nakhon Si Thammarat, haut lieu du niellage

Nakhon est réputée pour le talent de ses orfèvres spécialisés, depuis le XIIe siècle au moins, dans la production d'objets niellés. Cette technique, probablement importée de Chine, consiste à appliquer sur un objet métallique finement ciselé (bol, boîte, vase, plateau, etc.) un alliage à base de sulfure d'argent et de borax, parfois enrichi de cuivre et de plomb. Après passage au feu et polissage, ce "fond" noir vient rehausser la délicatesse de la gravure. On sait qu'en 1687 le roi Narai envoya un bol niellé à Louis XIV. De nos jours, le monarque thaïlandais offre des objets niellés aux chefs d'État étrangers qui lui rendent visite.

magnifique *Vishnou* de style Pallava (VIIIe-IXe s.). Parmi les autres pièces maîtresses de la collection figurent deux tambours en bronze de Dong Son (Ier millénaire avant notre ère), une statue du Bouddha de l'ère Dvaravati (VIIe s.) et un somptueux trône niellé. La section ethnographique apporte un intéressant éclairage sur le folklore et l'évolution du mode de vie des populations locales. *Ratchadamnoen Rd (1km au sud du Wat Phra Mahathat) Tél. 075 341 075 Ouvert mer.-dim. 9h-16h Tarif 150B*

● Où trouver de l'artisanat local ? À Nakhon, vous aurez l'occasion de dénicher quelques cadeaux originaux dans les boutiques de souvenirs de Tha Chang Road (juste à l'ouest du bureau du TAT). Les **objets niellés** reviennent assez cher, tout comme les splendides ***yan lipao***, délicatement tressés avec les tiges d'une liane locale (à partir de 3 000B). Les sacs et autres accessoires en jonc tressé, ou ***kajood***, sont nettement plus accessibles (à partir de 100B). Parmi les productions régionales figure également le ***pha yok***, un textile rehaussé de fils d'or ou d'argent aux motifs complexes. Enfin, les **marionnettes du *Nang Talung***, produites en différentes tailles (à partir de 200B), se glissent facilement dans une valise.

Sip-Song Naksat C'est surtout la vieille maison de bois qu'elle occupe qui distingue cette échoppe de souvenirs de ses concurrents de Tha Chang Road. On y trouve tout l'éventail de la production artisanale du Sud, mais mieux vaut comparer les prix. *895 Tha Chang Rd Tél. 075 310 344 Ouvert tlj. 8h-18h*

Les environs de Nakhon Si Thammarat

Surat Thani Plus qu'un haut lieu du tourisme, cette ville de 130 000 habitants, chef-lieu de la province de Surat Thani, est surtout une étape pour

Le *nang talung*

Ce théâtre d'ombres proche du *wayang kulit* indonésien est très populaire dans le sud de la Thaïlande. Hautes de 15 à 50cm environ, les marionnettes plates sont découpées dans une feuille de cuir, peintes de couleurs vives et pourvues de bras articulés.
Le *nang talung* emprunte ses intrigues au *Ramakien*, aux *jataka*, à la littérature moderne voire au cinéma, mettant généralement en scène un héros et une héroïne, un ermite, le dieu Shiva et d'autres divinités positives, mais aussi des démons et un ou plusieurs personnages comiques, qui donnent tout son sel au spectacle.
La troupe comprend une dizaine de personnes : le maître marionnettiste et récitant, qui manipule pratiquement toutes les figurines en changeant de voix pour "coller" à chaque rôle, un assistant et un petit orchestre. Un écran blanc, éclairé par-derrière, les sépare de l'assistance. Le *nang talung*, qui conserve une dimension rituelle, accompagne encore certaines fêtes de temple dans les provinces de Nakhon Si Thammarat, Patthalung, Trang et Songkhla.

de nombreux voyageurs en transit entre l'archipel de Samui et la côte d'Andaman ou le sud de la péninsule. Elle dispose, en effet, d'un aéroport, d'une gare, d'un port, cf. Mode d'emploi (p.365), et d'hébergements d'un bon rapport qualité-prix, cf. Carnet d'adresses (p.371).

☆ **Ao Khanom** Avec ses longues plages verdoyantes et peu fréquentées – mais dont la propreté laisse parfois à désirer –, cette baie offre une agréable alternative au très touristique archipel de Samui, sauf en novembre-décembre, quand elle est très ventée. On y croise surtout des Thaïlandais le week-end et des touristes scandinaves en haute saison. À 2km du village de Khanom et de ses commerces, la petite station balnéaire de Hat Khanom compte une vingtaine d'hôtels-restaurants. Les hébergements bon marché sont regroupés au nord, au bord de la longue plage de Nadan. Au sud de Hat Nadan, le beau croissant de sable blanc de Nai Phlao (2km), adossé à de vertes collines, offre un cadre encore plus tranquille et des infrastructures d'accueil haut de gamme. Il faudra louer un scooter (200-300B, dans tous les hôtels) si l'on veut aller se baigner dans les **cascades de Samet Choon** (2km au sud-ouest de la plage de Nadan) ou pousser au sud jusqu'à l'adorable baie de **Thong Yee** (petit restaurant sur place). Mais les véritables stars de Khanom sont les dauphins roses qui croisent au large, cf. Aller saluer les dauphins roses de Khanom (p.371). Seule ombre à ce tableau idyllique : une raffinerie de pétrole est installée à quelques kilomètres au nord de ces plages, et les supertankers qui vont s'y ravitailler ne passent pas inaperçus ! *À 100km au nord de Nakhon Si Thammarat et 74km à l'est de Surat Thani (comptez 50-80B le trajet à moto-taxi de l'arrêt de bus aux plages, et le double en taxi)*

Khao Luang National Park Ce parc national (570km^2) protège le mont Khao Luang, point culminant de la Thaïlande méridionale (1 835m), et les sommets environnants. La forêt tropicale humide qui couvre le massif recèle plus 300 espèces d'orchidées, endémique pour certaines. Elle abriterait également des tapirs et quelques léopards, mais vous aurez plus de chances de pouvoir y observer des oiseaux, avec plus de 200 espèces répertoriées, dont le calao coiffé (*Berenicornis comatus*) et le faisan noble (*Lophura ignita*). Une quinzaine de cours d'eau prenant leur source dans ces montagnes, le parc est réputé pour ses chutes. Celle de Karom se divise en 19 cascades, mais la plus impressionnante est celle de Krung Ching (100m de dénivelé). Des sentiers bien balisés permettent d'explorer facilement les parties les moins accidentées du parc. De janvier à juillet, on peut faire l'ascension du mont Khao Luang en 3 jours AR à partir du village de Khiri Wong, sous la conduite d'un guide agréé (rés. aux bureaux du parc). Des bungalows et aires de camping sont à disposition en différents endroits, cf. Carnet d'adresses, Khao Luang National Park (p.373). Les *songteo* rouges à destination de Lan Saka (départ en face du Municipality Building de Nakhon) peuvent vous déposer à Khiri Wong (50B) et près de la cascade de Karom (60B). Pour gagner celle de Krung Ching (à 70km au nord-ouest de Nakhon par les routes 4016 et 4188), comptez AS 600B en taxi. **Bureaux du parc** *Moo 4, Ban Ron (à 35km à l'ouest de Nakhon Si Thammarat par les routes 4016 puis 4015) Tél. 075 300 494 ou 075 391 218 ou 075 391 240 www.dnp.go.th/parkreserve*

● Aller saluer les dauphins roses de Khanom

Khanom Fishing & Tour Des dauphins à bosse de l'Indo-Pacifique (*Sousa chinensis*, cétacés dont l'épiderme s'éclaircit avec l'âge en prenant des nuances rosâtres) évoluent au large de la baie de Khanom. Ils fréquentent surtout celles de Taled et de Thong Nien, situées à 15km au nord de Hat Khanom. Pour vous y rendre (de préférence tôt le matin), faites affaire avec un pêcheur (comptez 1 000B/bateau d'une capacité max. de 6 pers., durée 2h) ou adressez-vous à cette agence, engagée dans la restauration de la barrière récifale (1 200B/pers., min. 6 pers., avec commentaires en anglais ou dans le cadre d'une excursion à la journée avec pique-nique et *snorkeling* 1 800B). *40/23 Moo 2 (500m à l'ouest de Ko Khao Beach, à l'extrémité nord de la plage de Nadan)* ***Ao Khanom*** *Tél. 075 326 573 www.khanomtour.com*

CARNET D'ADRESSES

Restauration, hébergement

Les hôtels et restaurants de Nakhon offrent de bons services à petits prix, mais n'y cherchez pas le grand luxe. Pour goûter des spécialités culinaires comme le *kanom la tod* (une pâte sucrée présentée sous forme de petites bouchées croustillantes) et les *rotis* (galettes de pain préparées par la communauté musulmane), parcourez le **Khua Khwang Market** (grand marché de jour, Phak Nakorn Rd) et le **Lang Down Market** (marché de nuit de Pak Nakhon Rd, près de la gare).

très petits prix

Kanom Jeen Muang Nakhon Cette grande cantine toute simple (chaises et tables en plastique) a pour spécialité le *kanom jeen* : un excellent et rafraîchissant plat de nouilles de riz froides accompagné d'un curry au choix (poisson épicé, porc doux, sucré...) et d'une montagne de salade et d'herbes aromatiques fraîches. Le comptoir où l'on choisit sa garniture présente aussi tout un assortiment de douceurs locales. Comptez de 50 à 100B le repas. *Soi Phan Yom (500m au nord-est du Wat Phra Mahathat)* ***Nakhon Si Thammarat*** *Tél. 075 342 615 Ouvert tlj. 8h-15h*

Thai Hotel Cet hôtel un peu vieillot mais central loue une centaine de chambres spacieuses et propres, à défaut d'être coquettes. Certains des étages élevés profitent d'une belle vue et d'une plus grande tranquillité. Double de 350 (ventilateur, sdb avec eau froide) à 550B (clim., eau chaude), petit déj. à partir de 40B *1375 Ratchadamnoen Rd* ***Nakhon Si Thammarat*** *Tél. 075 341 509 www.thaihotel-nakorn.com*

GAMME DE PRIX	RESTAURATION	HÉBERGEMENT
Très petits prix	moins de 100B	moins de 500B
Petits prix	de 100 à 300B	de 500 à 1 000B
Prix moyens	de 300 à 500B	de 1 000 à 2 200B
Prix élevés	de 500 à 1 000B	de 2 200 à 4 000B
Prix très élevés	plus de 1 000B	plus de 4 000B

petits prix

Hao Coffee Un adorable petit café niché au fond d'une allée commerçante. Avec ses tables de machine à coudre recyclées et ses vieilles horloges aux murs, on se croirait chez un antiquaire. Au menu, une grande variété de petits déjeuners à la mode locale ou occidentale (25-70B) et des plats thaïs à base de riz ou de nouilles (40-140B). Mais on peut se contenter d'y prendre un bon café, agrémenté d'une pâtisserie ou d'une viennoiserie de la Ligor Home Bakery, la boulangerie voisine, qui propose la même carte, mais dans un cadre plus fonctionnel. *Bovorn Bazaar, Ratchadamnoen Rd (100m au sud du croisement de Phaknakorn Rd)* ***Nakhon Si Thammarat*** *Tél. 081 091 4864 Ouvert tlj. 7h-16h30*

☺ **Kopi** Installée depuis 1942 dans une splendide demeure coloniale décorée d'antiquités, cette *coffee house* est une institution ! Attablez-vous sous les arcades de la terrasse ou dans la belle salle où trône un vieux percolateur pour commander un café, un thé (20-50B) ou une spécialité locale (menu en thaï uniquement) : *rotis* (galettes de blé), *khao niau benjaron* (assortiment de riz gluant aromatisé), beignets nature ou soupe au porc et champignons. L'endroit tout indiqué où prendre un petit déjeuner prolongé ! Comptez de 50 à 200B le repas. *Nang Ngam Rd (au nord du Provincial Hall) Tél. 075 340 160 Ouvert tlj. 6h30-23h* **Autre adresse** *89/201 Pattanakarn Khukwang Rd* ***Nakhon Si Thammarat*** *Tél. 075 317 574 Ouvert tlj. 6h30-16h30*

Grand Park Hotel Si cet énorme hôtel d'affaires manque un peu d'âme, ses 164 chambres sont spacieuses, bien équipées (TV, clim.), propres et d'un bon rapport qualité-prix. Les chambres des étages supérieurs profitent d'une belle vue sur la ville. Service professionnel et emplacement pratique. Double de 700 à 1700B, petit déj. à partir de 60B. *1204/79 Phaknakorn Rd (1,5km de la gare)* ***Nakhon Si Thammarat*** *Tél. 075 317 666 www.grandparknakhon.com*

prix moyens

Krua Nai Nung Ce restaurant thaï sert essentiellement des fruits de mer et des currys, que vous pourrez sélectionner sur photo, la carte n'étant pas traduite. Tous les soirs, de 19h à minuit, y sont données plusieurs séries de représentations de *nang talung* (p.369), qui amusent la clientèle locale et étrangère, même si le narrateur ne parle que le thaï. Dommage que l'établissement donne sur une rue aussi passante ! Comptez de 150 à 400B le repas. *175/2 Pattanakarn Khukwang Rd* ***Nakhon Si Thammarat*** *Tél. 081 893 5625 Ouvert tlj. 10h-4h*

@24 Boutique Hotel Proche du centre, mais caché au fond d'un *soi* paisible, cet hôtel inauguré en 2013 loue 38 chambres design, colorées et confortables (bonne literie, clim.). Double de 900 à 1 200B, petit déj. inclus. Une affaire ! *19/25 Soi 24, Pattanakarn Khukwang Rd* ***Nakhon Si Thammarat*** *Tél. 075 340 910 http://at24hotel.com*

Twin Lotus Hotel À défaut de vous éblouir, l'hôtel le plus chic de la ville ne vous fera pas faire des dépenses somptuaires ! Un peu excentré (mieux vaut être motorisé), cet imposant bloc de 17 étages, au *lobby* monumental, abrite 400 chambres spacieuses et fonctionnelles, mais dont certaines auraient besoin d'être rafraîchies.

Piscine, salle de sports, spa, restaurants, bars et karaoké à disposition. Double de 1 500 à 3 000B, petit déj. inclus. *97/8 Pattanakarn Khukwang Rd (à 5km au sud du centre-ville)* ***Nakhon Si Thammarat*** *Tél. 075 323 777 www.twinlotushotel.net*

Dans les environs

très petits prix

Night Market de Surat Thani Un bon endroit où dîner et faire des provisions avant de prendre le bateau de nuit pour les îles. La petite rue regorge de stands de mets sucrés et salés. *Talad San Jao Rd (entre Namuang Rd et les quais)* ***Surat Thani*** *Ouvert tlj. 16h-22h*

My Place Cet hôtel sans prétention a plus d'un atout : la proximité du port et de la gare routière, la gentillesse du personnel (de bon conseil pour qui veut explorer la ville), et la modicité du prix des chambres, certes simples et vieillottes, mais bien tenues. Les chambres avec sdb partagée et ventilateur ne coûtent que 200-290B, les autres 490-550B avec clim., 320-360B sans. Au rdc, un agréable café où prendre son petit déjeuner (30-80B). *247/5 Namuang Rd* ***Surat Thani*** *Tél. 077 272 288 www.myplacesurat.com*

petits prix

Reun Sabiang À l'entrée sud du village de Khanom, ce restaurant sert d'excellents fruits de mer et plusieurs spécialités régionales, dont une soupe de poisson délicieusement épicée (*gang som*, 150B). Le rafraîchissant jardin tropical compense l'éloignement de la mer. Service efficace. De 150 à 350B le repas. *Rue principale (50m au nord du commissariat)* ***Khanom*** *Tél. 088 761 4359 Ouvert lun.-sam. 11h-22h*

Khao Luang National Park Le parc national (p.370) abrite deux aires de restauration et d'hébergement totalisant une dizaine de bungalows sommaires (ventilateur, eau chaude – voire un réfrigérateur) : la première à proximité de la chute de Karom et des bureaux du parc, la seconde près de la chute de Krung Ching. Le bungalow revient à 600B pour 2, de 900 à 1 800B pour 3-6 pers. À condition de disposer de tout le matériel nécessaire, on peut camper sur le site de Krung Ching et aux abords du sentier qui mène au sommet du Khao Luang (40B/pers.). Rés. jusqu'à 60 j. avant par Internet ou par téléphone. ***Khao Kaeo*** *Tél. 025 620 760 http://www.dnp.go.th*

CBD Hotel Une adresse centrale et d'un excellent rapport qualité-prix, dont la décoration ne passe pas inaperçue à Surat Thani. Les 60 chambres et suites sont propres, spacieuses et confortables (TV, wifi, réfrigérateur) et se veulent contemporaines – avec le bouquet de fleurs en plastique pour la petite touche locale ! Double de 700 à 1 200B. Pas de petit déj. *428/8 Chonkasem Rd (angle Namuang Rd)* ***Surat Thani*** *Tél. 077 281 999*

GAMME DE PRIX	RESTAURATION	HÉBERGEMENT
Très petits prix	moins de 100B	moins de 500B
Petits prix	de 100 à 300B	de 500 à 1 000B
Prix moyens	de 300 à 500B	de 1 000 à 2 200B
Prix élevés	de 500 à 1 000B	de 2 200 à 4 000B
Prix très élevés	plus de 1 000B	plus de 4 000B

prix moyens

Ciao Bella Comme son nom l'indique, ce restaurant installé à l'extrémité nord de la plage de Khanom sert des pâtes (180-300B), des pizzas (100-280B) et d'autres spécialités (250-500B) d'Italie, pays d'origine du chef et propriétaire. Les tables posées à même le sable, sous un toit de palmes, sont plus agréables que la salle. *52 Moo 2, Ko Khao Beach* ***Ao Khanom*** *Tél. 080 535 6024 Ouvert tlj. 10h-22h*

Lucky Restaurant Pour qui aime le poisson et les fruits de mer cuisinés à la thaïe, voilà une valeur sûre dans le centre de Surat Thani – d'autant plus appréciable que la salle est climatisée. Demandez à goûter la spécialité maison, le *Seafood Hot Pot* (bouillon dans lequel on cuit soi-même fruits de mer et légumes, 500B). Comptez de 200 à 500B le repas. *452/84 Talat Mai Rd (200m au nord-est des gares routières)* ***Surat Thani*** *Tél. 077 273 267 Ouvert tlj. 10h-21h30*

Leelo Paradise Dans un grand jardin, au milieu d'une cocoteraie, à 500m de la plage de Nadan, cinq bungalows de style traditionnel, aussi confortables (terrasse, sdb, wifi, TV, minibar, bouilloire) que coquets. Le mobilier, les objets artisanaux et toiles contemporaines qui les décorent ont été chinés aux quatre coins du royaume par les propriétaires français. On profite de la tranquillité du jardin et de sa petite piscine, comme des services proposés : restaurant, location de scooter (300B), massages, salle de remise en forme. Double de 1700B (ventilateur) à 2000B (clim.), quadruple avec ventilateur 2300B-2700B, petit déj. inclus. *Soi Napranee Ban Prat Ampoer* ***Ao Khanom*** *Tél. 084 542 2974 www.leelooparadise.com*

prix élevés

☺ **Khanom Hill Resort** Voilà l'une des meilleures adresses de la plage de Nai Plao. Aux deux bungalows en dur campés face à la plage se sont ajoutés neuf autres, plus spacieux et plus modernes de l'autre côté de la route peu passante. On profite de plusieurs petites piscines et d'un très beau jardin qui descend vers une crique peu fréquentée. Le restaurant propose de bonnes spécialités thaïes et des classiques internationaux (200-400B) sous un beau *sala* donnant sur la mer. L'accueil est chaleureux et la propreté des lieux méticuleuse. Double 2 900B, quadruple 3 500-3 900B, petit déj. inclus. *60/1 Moo 8* ***Ao Khanom*** *Tél. 075 300 222 ou 081 956 3101 http://khanom.de/en/*

SONGKHLA

Établi sur la langue de terre qui sépare l'immense lac Songkhla du golfe de Thaïlande, ce port naturel du royaume hindo-bouddhiste de Lankasuka constitua l'un des avant-postes commerciaux de l'empire maritime de Srivijaya du VIIIe au XIIIe siècle. Au début du XVIIe siècle, il devint le siège du petit sultanat de Singora, "Cité des lions" fondée par un Persan et anéantie

par les troupes du roi de Siam en 1680. Au XVIIIe siècle, les mines d'étain de la région y attirèrent de nombreux immigrants chinois, dont la plus riche famille allait connaître une brillante carrière politique sous le nom de Na Songkhla. C'est à ces derniers que la ville doit le développement de son trafic maritime, et son réaménagement dans les années 1830. Si la "Belle Cité des deux mers" reste l'un des principaux ports de pêche de la péninsule, son port de commerce, trop peu profond pour accueillir de gros cargos, n'a cessé de décliner au XXe siècle, et cette paisible capitale provinciale, qui compte aujourd'hui 75 000 habitants, a perdu sa prépondérance économique au profit de Hat Yai.

LE CONFLIT DANS LE SUD DE LA THAÏLANDE Les provinces méridionales de Pattani, de Narathiwat, de Yala et, dans une moindre mesure, celle de Songkhla sont en proie à des troubles graves depuis plusieurs décennies. La politique d'assimilation à la Thaïlande bouddhiste imposée par le gouvernement central à une population de langue et de culture malaises a, en effet, favorisé la formation de mouvements autonomistes, puis séparatistes réclamant la restauration du sultanat de Patani, cf. Les troubles dans l'extrême Sud (p.21). Les attentats et autres actes de violence ont déjà fait des milliers de morts. L'instabilité politique thaïlandaise et la radicalisation des insurgés musulmans augurent mal d'une solution prochaine à ce conflit. Nous vous déconseillons donc vivement de vous risquer dans ces provinces.

MODE D'EMPLOI

accès

EN VOITURE

À 180km au sud-est de Nakhon Si Thammarat et 30km au nord-est de Hat Yai (45min de route).

EN AVION

Aéroport international de Hat Yai Desservi par de nombreuses compagnies aériennes régionales, telles Nok Air, Thai Airways International et Air Asia, cet important aéroport bénéficie d'une vingtaine de liaisons quotidiennes avec Bangkok (1h30 de vol, à partir de 1 200B AS). Il faut prendre un taxi (coupon en vente au comptoir au niveau des arrivées, 250-300B) ou un des minibus qui stationnent devant le hall des arrivées (100B) jusqu'à la gare routière de Hat Yai, puis un car ou un minibus pour Songkhla. *À 14km au sud-ouest de Hat Yai et 41km au sud-ouest de Songkhla Tél. 074 227 131 http://hatyaiairportthai.com*

Nok Air La compagnie assure 6 liaisons quotidiennes entre Bangkok (aéroport de Don Muang) et Hat Yai. *Tél. 1318 (call center) ou 00 662 900 9955 (de l'étranger) www.nokair.com*

Thai Airways Relie 5 fois/j. Bangkok (aéroport Suvarnabhumi) à Hat Yai. *Tél. 00 662 545 1000 (de l'étranger) ou 074 230 445 (aéroport de Hat Yai) www.thaiairways.com*

Air Asia Propose 8 vols quotidiens de Bangkok (aéroport de Don Muang) à Hat Yai et des liaisons directes entre Hat Yai et Chiang Mai (1 vol/j., durée 2h) ou Kuala Lumpur (2 vols/j., 1h10). *Tél. 2515 9999 www.airasia.com*

EN CAR

Gare routière de Songkhla Liaisons directes en car avec Sai Thai Mai, la gare routière sud de Bangkok (4 départs/j. dans chaque sens, 12-14h de trajet, 580-1 200B AS). Nombreuses liaisons en car et en minibus entre 5h et 16h avec Nakhon Si Thammarat (3-4h, 85-160B), Surat Thani (5-6h, 125-180B) et Hat Yai (45min-1h, 20-30B). Pour cette dernière destination, d'autres minibus partent de Ramvithi Road, dans le centre-ville (fréquents entre 6h et 18h, 30B). *Songkhla Plaza Alley (à environ 1,5km au sud-ouest du centre-ville) Tél. 091 982 6609*

Gare routière de Hat Yai Principale gare routière de la ville, elle accueille les cars en provenance de Bangkok (fréquent, durée 12h, AS 600-1 100B) et de la majorité des villes du sud du royaume. Les cars et minibus à destination de Songkhla (fréquent entre 6h et 19h, durée 1h, AS 20-30B) passent aussi dans le centre sur Phetkasem Rd (au niveau de la tour de l'horloge). *Chotevittaykul 1 Rd (2,5km au sud-est de la gare ferroviaire)* ***Hat Yai*** *Tél. 074 232 789*

EN TRAIN

Gare SRT de Hat Yai La gare de Hat Yai accueille 5 ou 6 trains/j. en provenance de Bangkok (14-17h de trajet, 455-1 594B AS) via Hua Hin (10-12h, 226-1 427B), Chumphon (8-12h, 189-1 215B) et Surat Thani (5-6h, 105-1 073B). Deux de ces trains poursuivent leur route vers la Malaisie (départ à 7h et 16h de Hat Yai). *Rotfai Rd (centre-ville) Tél. 1690 www.railway.co.th*

se déplacer

En ville, les trajets à moto-taxi et en *tuk-tuk* coûtent entre 30 et 60B. Comptez le double en taxi. Les *songteo* rouges relient le centre-ville (Nakhonnai Rd, face à la poste) à l'île de Ko Yo (20B, fréquents, 30min de trajet).

orientation

Songkhla est établie sur une presqu'île de 5km de long sur 1,5km de large, baignée à l'est et au nord par la mer de Chine méridionale, et à l'ouest par le lac Songkhla. Saiburi Road est le principal axe nord-sud de la ville.

informations touristiques

Singora Tram Tour Un circuit gratuit de 45min (commenté en thaï) en trolley-bus vous fera découvrir tous les sites remarquables de Songkhla, notamment la vieille ville et la plage de Samila. Six départs quotidiens entre 9h et 15h du Phat Thammarong Museum, où un petit bureau touristique distribue des plans de la ville. *Angle de Chana Rd et Saiburi Rd Tél. 074 311 015*

informations pratiques

Nombreuses banques avec distributeur de billets dans le centre-ville de Songkhla.

Songklanagarind Hospital Cet hôpital universitaire est considéré comme le meilleur de la région. *Kanjanavanich Rd* ***Hat Yai*** *(à 28km au sud-ouest de Songkhla) Tél. 074 455 000*

Police *Hlang Phra Ram Rd (à 500m au nord-ouest de Khao Tang)* ***Songkhla*** *Tél. 1155 ou 074 311 011*

Poste *Nakhonnai Rd (en face du marché)* ***Songkhla*** *Ouvert lun.-ven. 8h30-16h30, sam. 9h-12h*

fêtes et manifestations

Lak Phra et Tak Bat Thewo Ces festivités bouddhistes se déroulent sur deux jours lors du 11e mois lunaire (généralement début octobre) autour du mont Khao Tang Kuan. Elles débutent au Phrathat Chedi, ceint d'un long tissu pour l'occasion, d'où les moines descendent pour recevoir des aumônes. Procession de bateaux décorés, joutes sportives et animations culturelles ponctuent la seconde journée. ***Songkhla***

DÉCOUVRIR

☆**Les essentiels** Vieille ville, Songkhla National Museum, Southern Folklore Museum de Ko Yo **Découvrir autrement** Faites le tour de Songkhla en tramway, séjournez sur le lac de Songkhla

Songkhla

☆**Vieille ville** Les influences chinoises sont notables dans le centre historique de Songkhla. Des *shophouses* centenaires y côtoient des temples aux toits incurvés en ailes de faisan et aux colonnes écarlates. Sur Nang Ngan Road, le sanctuaire qui abrite le *lak muang*, pilier sacré de la ville, est lui aussi de style chinois. Poussez la promenade dans les paisibles ruelles de la vieille ville, dont les petits commerces vendent d'appétissantes sucreries, jusqu'aux quais du port de pêche, où accostent de nombreux chalutiers. *Quadrilatère formé du lac à l'ouest, de Saiburi Rd à l'est, de Phattalung Rd au sud et de Songkhlaburi Rd au nord*

Wat Matchimawat (Wat Klang) Plus connu sous son ancien nom de Wat Klang, ce temple est l'un des plus vastes et des plus fréquentés de Songkhla. Il aurait été bâti au XVIIe siècle et a conservé plusieurs bâtiments de style sino-portugais, dont le "pavillon Chinois" où résident les moines. Son grand *bot*, typiquement thaï, remonte sous sa forme actuelle au XIXe siècle, et ses peintures murales illustrent la vie du port à cette époque. Le petit musée (mer.-dim. 13h-16h, entrée libre) installé dans l'une des chapelles présente une collection d'objets sacrés et de céramiques anciennes. Le jardin qui occupe toute la moitié ouest du complexe forme un havre de paix en pleine ville. *Saiburi Rd (entre Raman Rd et Matchimavithi Rd) Tél. 074 231 055 Ouvert tlj. 7h-17h*

☆**Songkhla National Museum** Le Musée national relate l'histoire de la ville et de ses environs : collection de bronzes et de bijoux préhistoriques, porcelaines de la dynastie Tang (VIIe-Xe s.) témoignant de fructueux échanges commerciaux à la période de Srivijaya, art sacré, objets du quotidien... ainsi que du mobilier du XIXe siècle ayant appartenu aux Na Songkhla. Vous remarquerez face au musée (Chana Rd) les vestiges des fortifications érigées dans les années 1830-1840. *Vichianchom Rd (angle Chana Rd) Tél. 074 311 728 Ouvert mer.-dim. 9h-16h sf j. fér. Tarif 200B*

Khao Tang Kuan Cette éminence verdoyante porte le Sala Phra Vihan Daeng, un imposant pavillon remontant au règne de Rama V (1868-1910) et un *chedi* de style cinghalais abritant des reliques du Bouddha. Du haut de ses 200m s'offrent un splendide panorama sur le lac, la ville et la mer. On y accède en gravissant un escalier de 305 marches à partir de Ratchadamnoen Rd, sur le flanc nord-ouest de la colline, ou en prenant le funiculaire sur Sukhum Road (AR 30B, tlj. 8h30-18h30)... Méfiez-vous des singes ! *À 1km au nord du centre-ville*

Hat Samila Cette plage frangée de pins s'étire sur 2km tout au nord de la ville, au bout de la langue de terre qui sépare le lac Songkhla de la mer. On y croise surtout des touristes malaisiens et des gens des environs venus pique-niquer, se balader ou disputer des concours de cerfs-volants plutôt que se baigner, traditions musulmanes obligent. Sur un rocher, au sud de la plage (à hauteur du BP Samila Beach Hotel), trône une sirène en bronze doré, héroïne d'un long poème épique de Sunthorn Phu (1786-1855), devenue l'emblème de la ville.

● Où faire son marché ?

Sapsin Market Ce grand marché alimentaire, qui occupe plusieurs édifices du centre-ville, vous donnera l'occasion de goûter des spécialités locales comme les noix de cajou grillées et les chips de poisson ou de crevettes. On peut s'y restaurer à toute heure du jour (p.380). *Entre Nakhonnai Rd et Saiburi Rd (à l'arrière du supermarché du même nom situé face à la poste) Ouvert tlj. 6h-18h*

● Où s'octroyer une pause-café ?

☺ **The Secret Garden** Bien caché dans une ruelle de la vieille ville, ce charmant café porte bien son nom. Installez-vous sur la paisible terrasse ombragée ou dans la confortable salle climatisée pour déguster un café, un thé (chaud ou glacé), un smoothie ou un jus de fruits frais (55-115B). À la carte figurent également des pâtes, hamburgers, sandwichs et salades (100-260B) ainsi que d'excellents desserts maison comme la tarte au chocolat, cerises et sésame (110B). Bon service et wifi à volonté. *87 Raman Rd (à 250m au nord-ouest du Wat Klang) Tél. 083 512 5020 ou 074 892 504 www.facebook.com/TheSecretGardenSongkhla Ouvert tlj. 11h-21h*

Les environs de Songkhla

Thale Sap / lac Songkhla Le plus grand lac naturel du royaume (1 040km^2) est en fait constitué de trois lagunes communicantes, séparées du golfe de Thaïlande par un cordon littoral long de 75km, probablement formé d'anciennes îles. Au nord, dans la province de Phatthalung, le Thale Noi ("Petit Lac", 28km^2) est le plus petit plan d'eau de l'ensemble. Bordé de mangrove, il accueille une importante faune aviaire. Au centre, le Thale Luang ("Grand Lac", 782km^2) abrite une petite population de dauphins de l'Irrawaddy, malheureusement menacée par la pollution et la surpêche. Un chenal long de 6km le relie au Thale Sap Songkhla (230km^2), le lac méridional, dont la passe, large de 380m, est située juste au nord de Songkhla. Ce plan d'eau, le plus saumâtre des trois, est également une importante zone de pêche.

Ko Yo Cette île montagneuse et boisée de 14km^2 s'élève dans la partie sud du Tale Sap Songkhla. Elle est reliée à la terre par les deux sections (nord et sud) du grand pont Tinsulanonda, dont la circulation gâche la sérénité de sa côte est. Réputée pour ses cotonnades, cf. ci-dessous, Où acheter les cotonnades de Ko Yo ?, l'île s'est largement investie dans l'aquaculture, comme en témoignent les villages de pêcheurs de ses côtes sud et ouest. À son extrémité sud-est, le **Wat Phrahorn Laemphor** mérite le détour pour son gigantesque bouddha couché, entièrement doré. Accès en *songteo,* cf. se déplacer (p.376). *À 15km à l'ouest de Songkhla*

☆ **Folklore Museum - Institute for Southern Thai Studies** Ce passionnant musée couvre tous les aspects de l'évolution culturelle et artistique de la région depuis la préhistoire, témoignant de l'influence des civilisations malaise et indonésienne. La collection, qui comprendrait près de 50 000 objets, se déploie dans une trentaine de salles : dioramas mettant en scène la société villageoise, artisanat, marionnettes et leur petit théâtre, chatoyants costumes de danse... Mention spéciale aux bijoux anciens, aux kriss (poignards malais à la lame sinueuse) et aux grattoirs à noix de coco aux formes suggestives, voire osées. Le musée dispose d'un restaurant, et sa boutique propose un bon choix d'artisanat régional, dont les cotonnades de Ko Yo. Juché sur une éminence, il offre, de surcroît, de magnifiques vues sur le lac et ses maisons sur pilotis. *À la pointe nord de l'île* ***Ko Yo*** *Tél. 074 591 611 Ouvert mer.-lun. 8h30-17h Tarif 100B*

Hat Yai Le pôle commerçant et industriel de la province de Songkhla bourdonne de monde et d'activité. Visitée majoritairement par des Malaisiens séduits par sa vie nocturne et les prix attractifs des biens de consommation vendus dans ses centres commerciaux, cette grosse ville bruyante et embouteillée a peu d'attractions culturelles à offrir au visiteur occidental. Et elle n'est pas à l'abri de risques d'attentats – celui du 31 mars 2012 a fait 3 morts et 400 blessés. Les curieux en transit pourront toutefois y visiter le **Wat Hat Yai Nai** et son grand bouddha couché (1,5km à l'ouest de la gare). Le **marché flottant de Klong Hae** (5km au nord de la gare, ven.-dim. 15h-21h), très touristique, n'a en revanche pas grand intérêt. *À 30km au sud-ouest de Songkhla et 60km au nord de la frontière malaisienne*

● Où acheter les cotonnades de Ko Yo ?

Marché de Ko Yo La dizaine de boutiques posées au bord de la grand-route de Ko Yo proposent toute une gamme de cotonnades unies, rayées/à motifs écossais ou fleuris, tissées et imprimées artisanalement sur place. Ces étoffes sont vendues au mètre (150B) ou sous forme de vêtements et d'accessoires (sacs, écharpes). La boutique du Southern Folklore Museum en propose également, à des prix légèrement plus élevés. *Route 408 (au sud-est de l'île)* ***Ko Yo*** *Ouvert tlj. 9h-18h*

● Séjourner et pêcher sur le Tale Sap Songkhla

☺ **Ms. Won "Homestay"** Plusieurs familles de pêcheurs de l'île de Ko Yo louent de belles maisons sur pilotis. Accessibles en barque, celles-ci sont généralement annexées aux bassins d'élevage aquacole dispersés dans cette calme baie. Installez-vous sur la terrasse pour pêcher tranquillement (matériel fourni), puis grillez vos prises au barbecue tout en contemplant la vie qui s'écoule paisiblement sur le lac. Les maisons, très propres et accueillantes, sont constituées d'une chambre assez spartiate (matelas à même le sol, ventilateur), d'une sdb avec eau froide et d'une cuisine équipée (apportez vos provisions). Si la dizaine de gîtes fait le bonheur des familles et groupes d'amis thaïlandais le week-end, l'endroit est très tranquille le reste de la semaine. Comptez env. 1 000B/j. pour une maison d'une capacité de 10 pers. *Village de Ko Yo (au nord-ouest de l'île, en contrebas du Southern Folklore Museum) Tél. 086 291 9655 ou 089 659 6061*

CARNET D'ADRESSES

Restauration, hébergement

Un important et très populaire ***night market*** transforme Chana Road (centre-ville) en une allée piétonne les vendredis et samedis soir. Tous les soirs de la semaine, quelques marchands ambulants de poisson et de fruits de mer se postent sur **Chalathat Road** (au sud du BP Samila Beach Hotel), mais l'endroit manque de lumière et de tables. **Nang Ngam Road**, dans la vieille ville, regorge de maisons de thé qui servent des sucreries, des glaces et quelques petits plats thaïs ou chinois (nouilles, riz frit, *dim-sum*). À noter que les hébergements à Songkhla ne brillent pas par leur qualité.

très petits prix

Sapsin Market Au cœur de ce grand marché alimentaire vous attendent stands culinaires et tables communes. De l'aube à la mi-journée, on peut y déguster une soupe, un curry, un plat de poisson et tout un assortiment de spécialités régionales... généralement assez relevées. Papilles sensibles s'abstenir ! Comptez de 40 à 80B le repas. *Entre Nakhonnai Rd et Saiburi Rd (à l'arrière du supermarché du même nom situé face à la poste)* ***Songkhla*** *Ouvert tlj. 6h-18h*

Queen Hotel L'un des hôtels bon marché de Songkhla : 22 chambres défraîchies et d'une propreté relative mais climatisées et nanties d'une sdb avec eau chaude. Pas de petit déj. mais une situation centrale. Double de 330 à 550B. *20 Saiburi Rd* ***Songkhla*** *(20m au nord de Chana Rd) Tél. 074 311 138*

petits prix

Tae Hieng Iew Ce restaurant chinois dont l'agréable salle donne sur une rue bordée de maisons de thé sert, notamment, de délicieuses soupes de poisson à l'aigre-doux et des salades de crabe épicées. De 80 à 150B le repas. *85 Nang Ngam Rd* ***Songkhla*** *Tél. 074 311 505 Ouvert tlj. 11h30-14h et 17h-20h*

Khao Noy Cette cantine de quartier propose différentes recettes régionales de currys (vert, rouge, au poisson, au porc, aux fruits de

GAMME DE PRIX	RESTAURATION	HÉBERGEMENT
Très petits prix	moins de 100B	moins de 500B
Petits prix	de 100 à 300B	de 500 à 1 000B
Prix moyens	de 300 à 500B	de 1 000 à 2 200B
Prix élevés	de 500 à 1 000B	de 2 200 à 4 000B
Prix très élevés	plus de 1 000B	plus de 4 000B

mer, aux légumes, etc.). On fait son choix dans la vitrine et on se sert une copieuse portion de riz blanc pour tenter d'apaiser le feu des épices. De 60 à 150B le repas. *14/22 Vichianchom Rd (300m au nord du Musée national)* ***Songkhla*** *Tél. 074 311 805 Ouvert jeu.-mar. 5h-17h*

prix moyens

Whitechair Un bar-restaurant apprécié de la jeunesse locale. La salle, tout en noir et blanc, est un peu glaciale, mais l'atmosphère se réchauffe nettement sur la grande terrasse, surtout le soir quand un groupe local se produit sur le podium extérieur (concert tlj. 19-23h). La carte de classiques thaïs fait la part belle aux fruits de mer et au poisson. Comptez 150-400B le repas, mais vous pouvez vous contenter d'y boire un verre (150-200B le cocktail). Présentation soignée et service attentif en anglais. *Sadao Rd (500m au sud est de Khao Tang)* ***Songkhla*** *Tél. 074 312 722 Ouvert tlj. 17h-1h*

Buzz Stop Ce pub chaleureux est le rendez-vous des expatriés anglo-saxons avec son *English breakfast* (90-150B), ses hamburgers (100-180B), *son fish & chips* (180B) et ses bons steaks (350-950B). Guinness et Kilkenny à la pression (100B). La rue compte de nombreux autres bars. *24 Srisuda Rd* ***Songkhla*** *Tél. 089 462 0251 ou 074 440 231 Ouvert tlj. 8h30-23h*

Viva Hotel Ce grand hôtel d'affaires proche de la vieille ville et de la gare routière loue 80 chambres, dont la moitié, rénovées en 2014, présentent l'un des meilleurs rapports qualité-prix de la ville : 1200B la double climatisée avec une belle sdb, une bonne literie et un poste de TV à écran plat. Les autres sont vieillottes, mais propres et disposent aussi de la clim. (750B). Restaurant (petit déj. à partir de 60B) et service souriant, mais en thaï seulement. *547/2 Nakonnauk Rd (angle Saiburi Rd)* ***Songkhla*** *Tél. 074 321 034 ou 074 437 576*

Dans les environs

petits prix

Red Planet Hat Yai Central et voisin de la gare, cet hôtel de chaîne loue quelque 150 grandes chambres plutôt design et confortables (clim., TV à écran plat, belle sdb). Pratique pour une escale à Hat Yai. Double de 800 à 1000B, pas de petit déj. *152-156 Niphat Uthit 2 Rd* ***Hat Yai*** *Tél. 2613 5888 www.redplanethotels.com*

prix moyens

Sirada Restaurant L'île de Ko Yo est réputée pour ses fruits de mer, mets dont ce grand restaurant populaire s'est fait la spécialité. Le menu, rédigé en thaï mais avec photos, propose du poisson, du crabe, des crevettes, du calmar et des coquillages d'une belle fraîcheur, apprêtés de mille et une façons. Pour ne rien gâcher, les tables sont dressées sur des terrasses sur pilotis, offrant une vue magnifique sur le lac. Comptez de 200 à 500B le repas. *Route 408 (1km au sud du Southern Folklore Museum)* ***Ko Yo*** *Tél. 074 450 235 www.facebook.com/sirada.restaurant Ouvert tlj. 10h30-21h*

Ko Samui, Wat Plai Laem (p.315).

LE NORD DE LA CÔTE D'ANDAMAN

V

Plan 19 Le nord de la côte d'Andaman

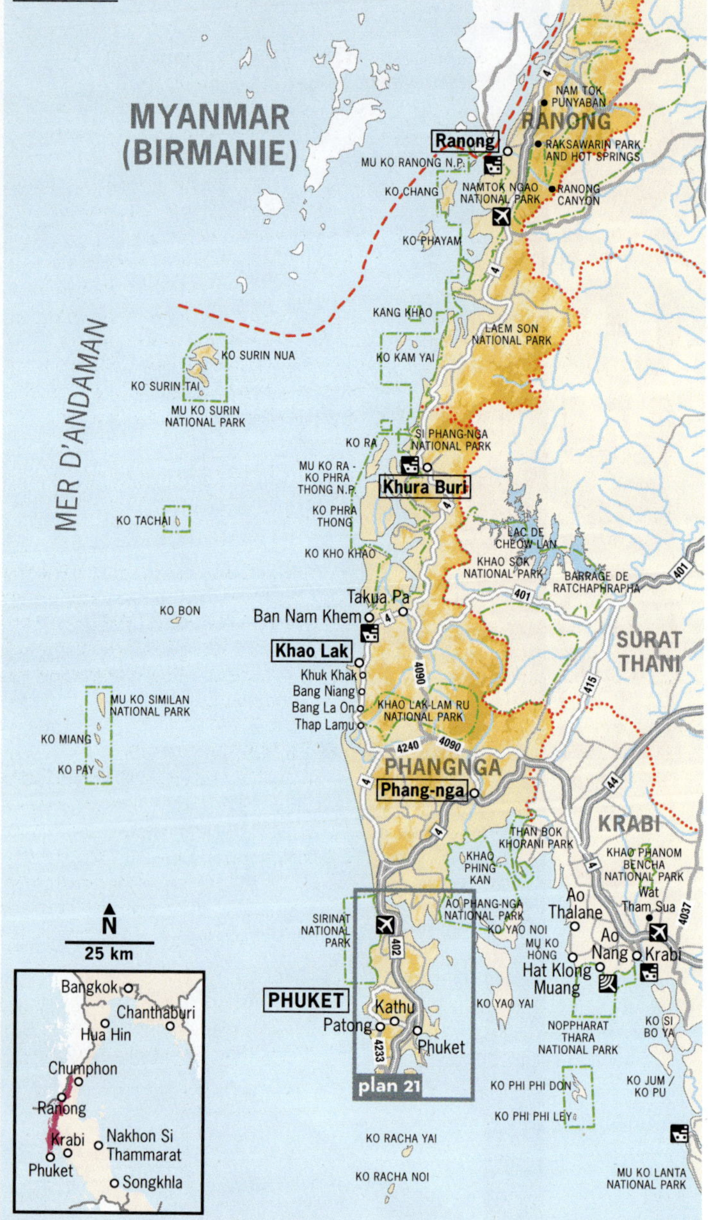

RANONG

Posée sur la rive orientale du fleuve Kraburi, frontière naturelle entre la Thaïlande et le Myanmar, la province de Ranong est l'une des plus humides du pays. Elle se caractérise de ce fait par ses mangroves côtières et ses montagnes couvertes d'une épaisse forêt tropicale trouée de cascades. Réputée pour ses sources chaudes, la petite capitale provinciale (16 000 hab.) est aussi le point de départ de nombreuses excursions de plongée vers les îles Surin au sud et les Burma Banks à l'ouest. Depuis quelques années, en effet, la stabilité politique du Myanmar voisin contribue au développement de cette agglomération où se mêlent Birmans, Thaïs et descendants d'immigrés chinois. Au large s'éparpillent près d'une soixantaine d'îles, en grande partie protégées par deux parcs nationaux, parmi lesquelles Ko Chang et Ko Phayam font figure de havres de paix.

MODE D'EMPLOI

accès

La ville de Ranong est située à 122km au sud-ouest de Chumphon et à 115km au nord-est de Khura Buri.

EN AVION

Aéroport de Ranong Ouvert toute l'année, le petit aéroport de Ranong n'est desservi que par une seule compagnie aérienne. Comptez environ 200B pour gagner le centre-ville ou l'embarcadère pour Ko Chang et Ko Phayam. *91 Moo 3* ***Ratchakut*** *(à 22km au sud de Ranong)*

Nok Air Cette compagnie aérienne assure deux liaisons quotidiennes entre Ranong et l'aéroport Don Muang de Bangkok (1h30 de vol, 1 950-2 800B). *Tél./fax 077 862 229 www.nokair.com*

EN CAR, EN MINIBUS

Ranong Provincial Bus Station Cette gare routière accueille tlj. 13 cars en provenance de Bangkok (7-8h, 550-750B), 10 de Phuket (5h, 300B) et 10 autres de Krabi via Phang-nga (6-7h, 300B). Les cars venant de Phuket et de Krabi desservent en chemin les

Tableau kilométrique

	Ranong	Khura Buri	Khao Lak	Phang Nga	Phuket-ville	Chumphon
Khura Buri	115					
Khao Lak	203	92				
Phang Nga	230	120	66			
Phuket-ville	302	195	100	87		
Chumphon	122	231	313	303	387	
Krabi	350	192	187	79	163	323

villes de Khao Lak, Takua Pa et Khura Buri. De plus, des minibus assurent toutes les heures une liaison entre la gare routière de Ranong et la gare de Chumphon (de 6h à 18h, 2-3h, 100B). *Phet Kasem Rd*

orientation

La nationale 4, sur laquelle se trouve la gare routière, contourne l'agglomération de Ranong par l'est, la séparant ainsi du **parc Raksawarin**. Le centre-ville s'organise autour de **Ruangrat Road**, grand axe nord-sud sur lequel donne le grand marché municipal ainsi que la plupart des hôtels et de restaurants du chef-lieu. Les banques sont regroupées un peu plus au sud, sur **Thamuang Road**, axe est-ouest qu'un boulevard, **Chaloem Phrakiat Road**, prolonge vers l'ouest jusqu'au port de Saphan Pla.

se déplacer

EN *SONGTEO*

Plusieurs lignes de *songteo*, différenciées par leur couleur et leur numéro, sillonnent la ville et la région : les lignes 3 et 6 relient respectivement le marché central et la gare routière au port de Saphan Pla, tandis que les bordeaux desservent le parc Raksawarin. Comptez 20B le billet. Enfin, un *songteo* bleu à destination du Namtok Ngao National Park part toutes les heures de la gare routière. Il poursuit sa route jusqu'à Bang Ben, village qui marque l'entrée du parc national de Laem Son (45min-1h, 40B).

À DEUX-ROUES

De nombreuses motos-taxis, reconnaissables aux gilets colorés et numérotés de leurs conducteurs, sillonnent **Ranong**. Comptez de 30 à 50B pour une course dans le centre-ville et environ 100B pour le port de Saphan Pla. Vous pourrez louer un scoooter aux abords de la gare routière mais mieux vaut vous adresser à la réception de votre hôtel ou à Pon's Place (p.387). À **Ko Phayam**, le deux-roues est le seul moyen de transport rapide. Au port, des motos-taxis proposent leurs services pour des prix fixes allant de 50 à 120B et plusieurs boutiques louent des scooters (250-300B/j.). Notez qu'en l'absence de station-service, le carburant s'achète en bouteille d'un litre (40-50B) au bord de la route.

EN BATEAU

Saphan Pla Pier Le port de Ranong et ses entrepôts occupent une presque'île desservie par Chaloem Phrakiat Rd. *Bang Rin (à 6km à l'est de la gare routière)*

Vers le Myanmar Signalé par une station-service, le service de l'immigration est installé à proximité de l'embarcadère pour le Myanmar et Kaw Thaung, aussi appelé Ko Song ou Victoria Point (30min de traversée en *long-tail boat*, 100-300B selon votre capacité à marchander). Il vous faudra verser 10$US au poste de douane côté birman.

Ko Chang et Ko Phayam Face au *checkpoint*, une petite route vers l'est mène à l'embarcadère pour ces deux îles : en plus de 2 ou 3 grands *long-tail boats* quotidiens (1h30-2h, 200B), 7 ou 8 *speedboats* desservent Ko Phayam tlj. en haute saison, dont 5 via Ko Chang (30min, 350B).

Andaman Club Ce *resort* cinq étoiles (avec spa, golf et casino) de l'île de Thahtay Kyun, côté Myanmar, dispose d'un embarcadère privé au nord de Ranong. En partenariat avec les agences de voyages de la ville, il propose des *visa runs* avec transport en *speedboat* climatisé (1000B, pas besoin d'être client de l'hôtel).

Embarcadère à 10km au nord-ouest de la gare routière

informations touristiques

En dehors d'un tout petit bureau, situé à la sortie du parking de la gare routière, qui distribue (presque à contre-cœur) un plan de la ville, la Tourism Authority of Thailand (TAT) n'est pas représentée à Ranong. Cependant, les hôtels et agences de voyages du centre-ville fournissent volontiers cartes et renseignements.

Pon's Place Véritable institution du centre-ville de Ranong, cette agence de voyages doublée d'un petit restaurant organise des *visa runs* via les ports de Saphan Pla et Andaman Club (850-1 000B, transport et visa inclus), sert de centrale de réservation pour les hébergements de Ko Chang et de Ko Phayam. Son comptoir à l'aéroport gère les transferts en taxi (200B environ). On peut aussi y louer des scooters (250-300B/j.). *129 Ruangrat Rd Tél. 077 823 344 ou 081 597 4549 www.ponplace-ranong.com Ouvert tlj. 7h30-20h*

informations pratiques

Vous n'aurez aucun mal à trouver un distributeur automatique de billets dans le centre de Ranong et à proximité du port de Saphan Pla. En revanche, vous n'en trouverez ni à Ko Chang ou Ko Phayam ni à proximité du Laem Son National Park. Le bureau de poste central de Ranong est situé sur Chon Ra-U Rd.

SANTÉ

Ranong Hospital *11 Kamlang Sap Rd Tél. 077 811 575*

SÉCURITÉ

Commissariat de police *Soi Dupkadee Tél. 077 821 681*

IMMIGRATION ET *VISA RUN*

Avec le Myanmar de l'autre côté du fleuve, Ranong a longtemps été la destination de prédilection de nombreuses agences de Phuket et de la côte proposant des *visa runs*, ces excursions à la journée qui permettent de renouveler son visa en ne quittant le territoire thaïlandais que pour quelques heures (1700B environ, transport, frais et repas inclus). Mais depuis la révision des règlements migratoires en 2014 et leur application plus stricte, cf. Visa et passeport p.87, l'entrée en Thaïlande par voie terrestre ne donne plus droit qu'à un séjour de 15 jours sans visa, non renouvelable (contre 30 jours avec une arrivée en avion) et il est désormais possible d'obtenir une extension de visa de 30 jours dans n'importe quel bureau provincial de l'immigration. De ce fait, le marché du *visa run* n'attire plus guère que les détenteurs d'un visa de 90 jours ou plus.

Ranong Immigration Office En plus du bureau principal, les services de l'immigration de Ranong disposent de postes de contrôle sur le port de Saphan Pla et à l'embarcadère de l'Andaman Club (ouvert tlj. 6h30-0h). *71/10 Chaleom Phrakiat Rd* ***Bang Rin*** *(à 5km à l'ouest de la gare routière) Tél. 077 822 331 Tél./fax 077 821 216 Ouvert lun.-ven. 8h30-16h30*

fêtes et manifestations

Walking Street Fermée à la circulation, la rue accueille des stands de nourriture et de souvenirs ainsi que des concerts. *Ruangrat Rd* ***Ranong*** *Chaque dim. 17h-21h30 de nov. à avr.*

Cashew Nut Festival En l'honneur de la savoureuse amande de l'anacardier, production principale de l'île, événements sportifs, élection de "Miss Noix de cajou" et stands de vente. ***Ko Phayam*** *2j. en fév.-mars*

DÉCOUVRIR

☆ **Les essentiels** Mu Ko Ranong National Park **Découvrir autrement** Profitez des sources chaudes des environs de Ranong, surfez sur les rouleaux de Ko Phayam, partez à la découverte des fonds marins du parc national

Ranong

La fondation de la ville thaïlandaise la plus septentrionale de la côte d'Andaman remonterait au XVIIIe siècle avec l'arrivée d'immigrants chinois attirés par les riches filons d'étain dont regorgeait alors la région. Ruangrat Road, la rue principale du centre-ville, en témoigne avec ses *shophouses*, ces maisons accolées dont le rez-de-chaussée à arcade servait de boutique. Les fleurons de cette architecture sino-coloniale, indissociable des communautés chinoises de la côte d'Andaman, se trouvent aujourd'hui dans le vieux centre de Phuket-ville (p.430). À l'est de Ruangrat Road se dresse une réplique à taille réduite du palais Rattanarangsan, construit à l'occasion d'une visite de Rama V en 1890. Avant de quitter la ville, ne manquez pas d'aller flâner parmi les étals de ses pittoresques marchés couverts, accessibles de la rue principale et dont l'activité donne un aperçu des plus authentiques de la vie thaïlandaise.

● Explorer les fonds marins

The Smiling Seahorse Tenue par un couple de Français, cette petite école de plongée du centre-ville propose des formations PADI *Open Water* (9 000-12 000B) ainsi que des croisières de 4 jours aux îles Surin (22 000B) et de 6 à 8 jours en Birmanie (à partir de 32 000B). *170 Ruangrat Rd Tél. 086 011 0614 ou 084 452 4413 www.thesmilingseahorse.com*

Les environs de Ranong

Raksawarin Park & Hot Springs Du centre-ville, suivez Chon Ra-u Road vers l'est jusqu'à une gorge verdoyante, au fond de laquelle coule un fleuve côtier et bordée de bassins fumants au nord. Rendues célèbres par la visite de Rama V en 1890, ces sources chaudes (65°C), qui se déversent dans trois grandes piscines naturelles, attirent de nombreux Thaïlandais venus profiter de leurs vertus curatives. Vous y croiserez donc des baigneurs en serviette et tongs au petit matin ou quelques dormeurs allongés sous une grande halle surélevée, dont la dalle naturellement chaude ferait des merveilles pour le dos. Un peu plus loin, face au Wat Tapo Taram, plusieurs passerelles suspendues au-dessus du fleuve mènent à un arboretum luxuriant et à un massif bouddha doré, qui trône au sommet d'un escalier. *Chon Ra-u Rd* ***Khao Niwet*** *(à 2km à l'est de Ranong) Ouvert tlj. 5h-21h* ***Accueil*** *Ouvert tlj. 8h-21h Bonne carte gratuite de la région Entrée libre*

Ranong Canyon À l'est des sources de Raksawarin, une jolie route de campagne vallonnée mène à cette mine à ciel ouvert, désormais désaffectée, que les eaux de pluie ont transformée en un paisible lac artificiel au pied de falaises reconquises par une végétation luxuriante. Plusieurs pontons relient la rive du lac à de petites cabanes sur pilotis, idéales pour un pique-nique au-dessus d'une eau émeraude. *À 10km à l'est de* ***Ranong***

Namtok Ngao National Park On repère de loin l'impressionnante cascade qui a donné son nom à ce vaste parc montagneux. Le Namtok Ngao National Park culmine à près de 1 100m d'altitude et ses forêts vierges abritent pythons, éléphants sauvages et calaos. Du poste des gardes forestiers, un sentier à travers bois remonte le cours d'eau jusqu'à un belvédère aménagé au sommet des chutes (300m) ; on y a découverte une espèce endémique de crabe d'eau douce blanc et violet baptisée crabe-panda. D'octobre à décembre, le sentier est bordé d'odorantes orchidées blanches, l'un des symboles de la province. Le parc abrite 4 bungalows perchés au milieu des arbres, qui offrent une superbe vue sur le littoral (600-800B avec ou sans clim.). *À 13km au sud-est de* ***Ranong*** *Tél. 077 848 181 ou 076 595 045 www.dnp.go.th Ouvert tlj. 6h-18h Tarif 100B, réduit 50B Billet valable aux Porn Rang Hot Springs* ***Hébergement*** *Rés. obligatoire sur Internet*

☺ **Porn Rang Hot Springs** Placées sous la protection du Namtok Ngao National Park, ces sources chaudes particulièrement apprécié des Thaïs se déversent dans une douzaine de bassins naturels ou artificiels, tous à différentes températures. Nettement plus calme que le parc de Raksawarin, le site dispose d'une dizaine de charmants bungalows blancs dispersés dans un jardin fleuri dominant le cours d'eau (700-900B avec ou sans clim.). ***Ban Porn Rang*** *(à 9km au sud de Ranong) Tél. 077 862 103 ou 089 288 9153 Ouvert tlj. 6h-18h Tarif 100B, réduit 50B Billet valable au Namtok Ngao National Park*

Laem Son National Park Créé en 1983, ce parc maritime qui s'étire sur près de 60km de littoral est l'un des plus vastes du pays (315km^2). Il protège d'épaisses mangroves, aux nombreux chenaux, et une quinzaine d'îles aux plages désertes, que lèche une eau turquoise rendue laiteuse par les alluvions. Cette zone protégée abrite une faune considérable, riche de plus de 130 espèces d'oiseaux et plusieurs mammifères arboricoles, comme le macaque crabier, l'écureuil géant oriental, le binturong ou le pangolin de Malaisie. À côté des bureaux du parc, établis sur la longue grève de **Bang Ben**, un embarcadère permet de gagner l'île de **Khang Khao** et l'archipel de **Ko Kam**, aux plages immaculées. Les amateurs de *snorkeling* se rendront sur la plage de **Hat Praphat**, où ils pourront embarquer pour **Ko Khai Yai**, dotée des plus beaux récifs du parc. **Bureaux du parc** *36/6 Moo 4* ***Muang Kluang*** *(45km au sud de Ranong, bifurquer vers l'ouest en direction de Ban Bang Ben et continuer sur 10km)* ***Hat Praphat*** *À 57km au sud de Ban Bang Ben* ***Accès*** *En songteo de Ranong (1h, 50B) ou en car (dir. Phuket ou Krabi) en indiquant la destination au chauffeur Tél. 077 861 431 www.dnp.go.th Ouvert tlj. 8h30-16h30 Tarif 200B, réduit 100B* ***Location de long-tail boats*** *Pour les îles à partir de 2 500B* ***Hébergement*** *Bungalows climatisés (800-1 000B), location de tente 300B*

● Prendre soin de soi

Siam Hot Spa Installé face au parc Raksawarin, ce centre de remise en forme qui utilise les eaux bienfaisantes des sources chaudes voisines propose saunas,

Jacuzzi (200-600B), massages (300-750B) et différents soins (550-1 000B). *73/3 Moo 2, Chon Ra-u Rd* ***Bang Rin*** *Tél. 077 813 551 www.siamhotsparanong.com Ouvert tlj. 10h-20h*

● Se baigner au sommet d'une cascade

Namtok Punyaban Située à proximité de la nationale 4, cette grande cascade, qui alimente plusieurs bassins, en eau toute l'année et assez profonds pour autoriser la baignade, est l'une des plus célèbres de la région. Au sommet d'un long escalier de 170 marches inégales, qui grimpe à travers une végétation luxuriante, une vaste piscine naturelle dominant les environs vient récompenser les marcheurs éreintés. À moins que vous ne préfériez boire un café dans l'une des petites boutiques installées à proximité ! *À 16km au nord de* ***Ranong*** *Ouvert tlj. 8h-18h Tarif 100B, réduit 50B*

☆☺ Mu Ko Ranong National Park

Tout comme le parc de Laem Son, son voisin méridional, Mu Ko Ranong National Park couvre une importante portion de mangroves et une quinzaine d'îles voisines de l'embouchure du Kraburi. Deux d'entre elles, Ko Chang – à ne pas confondre avec son homonyme de la province de Trat (p.200) – et sa petite sœur, Ko Phayam, abritent une petite communauté de Thaïs et de Birmans vivant de la pêche, de la récolte du latex et de la culture des noix de coco et des noix de cajou. L'existence de ces ermitages luxuriants, longtemps gardée secrète par quelques voyageurs jaloux de leur tranquillité, s'est cependant ébruitée, et leur fréquentation, même si elle demeure modérée, est en hausse depuis plusieurs années.

Ko Chang Censée ressembler à un éléphant (*chang*, en thaï), cette petite île de $18km^2$ ne possède ni voitures, ni électricité, ni Internet. Un paradis où une poignée de voyageurs fidèles et quelques "expats" allemands, italiens et scandinaves viennent couler des jours paisibles à la saison sèche. Ko Chang doit, en effet, son charme non pas à ses plages, loin d'égaler celles des îles Surin, mais à son imperturbable sérénité, à son rythme de vie on ne peut plus lent et à la bonne humeur communicative de ses habitants. La plupart des *resorts* se concentrent sur sa côte occidentale, au bord de **Long Beach**, que des sentiers à travers la jungle relient au hameau de la côte orientale et à son embarcadère, desservi par les *speedboats* à destination de Ko Phayam. *Accès en long-tail boat et en speedboat du port de Saphan Pla Moto-taxi sur rés. auprès des resorts*

Ko Phayam Plus petite que Ko Chang, mais bien plus développée, Ko Phayam parvient à conjuguer une certaine tranquillité et une ambiance jeune et festive grâce à ses bars de plage bon enfant, à ses salons de tatouage et à ses occasionnelles *Full-Moon Parties*. Depuis quelques années, l'île connaît aujourd'hui une fréquentation grandissante, ce qui n'est pas sans poser problème en matière d'approvisionnement en eau et de gestion des déchets. Du village principal, sur la côte est, plusieurs routes étroites se fraient un chemin à travers les plantations d'anacardiers jusqu'aux trois plages principales de la côte ouest : **Ao Yai** au sud, **Ao Khao Kwai** au centre et **Ao Kwang Peeb** au nord. Plongée, surf, randonnée pédestre et observation des oiseaux s'ajoutent à l'activité principale des voyageurs tombés amoureux de ce bout du monde : le farniente. *Accès en long-tail boat et en speedboat du port de Saphan Pla*

● **Surfer** Même si la Thaïlande ne figure pas sur le podium des destinations surf du Sud-Est asiatique, de petites communautés d'amateurs de rouleaux et de *longboards* se sont développées ces dernières années le long de la côte d'Andaman, notamment à Ko Phayam. Il faut attendre la mousson (d'avril à octobre) pour profiter des meilleures vagues, peu impressionnantes à la saison sèche.
South Star Surf Bar Premier du genre sur l'île, ce bar de plage a ouvert en 2011 une boutique de location-vente de matériel de surf (à partir de 100B). *Ao Yai* ***Ko Phayam*** *Tél. 082 285 5285 www.surfkohphayam.com Ouvert tlj. 9h-0h*

● **Explorer les fonds marins**
Aladdin Dive Safari Disposant de trois boutiques – sur le port de Saphan Pla, à côté du Cashew Resort à Ko Chang et près de la plage d'Ao Yai à Ko Phayam –, cette école de plongée propose des formations PADI *Open Water* à partir de 7 900B, des excursions à la journée aux îles Surin (4 900-6 500B) ainsi que des croisières de 2 à 14 jours sur toute la côte d'Andaman et vers l'archipel de Myeik en Birmanie (de 11 900 à 63 500B). ***Ko Phayam*** *Tél. 087 274 7601 www.aladdindivesafari.com Ouvert mi-déc.-mi-avr.*

CARNET D'ADRESSES

Restauration, hébergement

Ranong

très petits prix

Tout au long de **Rongruat Road**, les rez-de-chaussée d'une myriade de *shophouses* abritent des gargotes anonymes proposant une savoureuse cuisine à prix modique. Des soupes de nouilles aux currys très épicés, en passant par les légumes sautés, les traditions culinaires thaïe, chinoise et birmane se mêlent pour un résultat des plus authentiques. Notez cependant qu'en dehors des bars-restaurants au nord de la rue, dont l'activité se prolonge jusqu'aux environs de minuit, la plupart des établissements ferment leurs portes entre 20h et 21h.

Ranong Municipality Market Parmi les différents marchés que compte le chef-lieu, cette grande halle qui donne sur Ruangrat Road accueille de nombreux stands de nourriture qui exhalent d'alléchantes odeurs jusque dans la rue. Entre les étals appétissants et les fourneaux fumants, déambulez donc dans les allées pour y déguster sur le pouce brochettes de poulet à la sauce *satay*, beignets de poisson (*tod mun pla*) et fruits frais ou installez-vous à l'une des grandes tables en compagnie des gens du cru et commandez des nouilles sautées ou un curry à la mode birmane, le tout pour moins de 100B. *Ruangrat Rd* ***Ranong*** *Ouvert tlj. 5h-19h*

petits prix

Voir aussi **Namtok Ngao National Park** (p.389) et **Porn Rang Hot Springs** (p.389).

Kun Lin Coffee & Restaurant Faites abstraction de l'énorme robot qui garde l'entrée de ce café-restaurant, situé face au parc Raksawarin. On repère facilement le Kun Lin Coffee & Restaurant à son enseigne rouge, jaune et verte : l'intérêt de cette table ne réside pas dans son décor, kitsch à souhait, mais dans son menu, qui compte plusieurs spécialités régionales, aussi délicieuses qu'introuvables ailleurs. Ne manquez pas le curry de crabe en mue (*soft-shell crab*), ni les crevettes d'eau douce à la sauce au tamarin. Plats de 60 à 250B. *1/17 Chon Ra-u Rd* ***Khao Niwet*** *Tél. 077 822 863 Ouvert tlj. 7h30-22h*

The House of Happinez À un jet de pierre des sources chaudes de Raksawarin, cette petite pension-restaurant au toit de chaume tenue par une sympathique Néerlandaise propose 4 chambrettes colorées sur jardin, dont le décor un tantinet kitsch – entre bas-reliefs bariolés et pierres apparentes – et la vue sur les environs font tout le charme. Toutes peintes selon des thèmes différents (jungle, océan, île déserte...), elles disposent de leur propre sdb. Côté cuisine, le chef propose un choix de plats thaïs et internationaux bien faits ainsi qu'une petite sélection de mets végétariens. Double 590-620B, petit déj. en sus servi face à la cascade voisine (150B). *129/6 Soi Jansom* ***Bang Rin*** *Tél. 087 274 7601 www.happinez.asia Ouvert tlj. 9h-21h Restaurant ouvert toute l'année*

prix moyens

The B Ranong Impossible de manquer ce grand navire de béton aux balcons bigarrés en plein centre-ville ! Son vaste bar sur rue, sa salle de billard et son toit-terrasse avec restaurant, qui attirent une clientèle jeune et locale, en font le lieu le plus branché de Ranong. L'hôtel loue 23 chambres confortables, très design, dont les nuances de gris du béton ciré sont rehaussées d'une couleur propre à chacune. Les hôtes pourront profiter du coucher de soleil autour de la piscine installée sur le toit. Double 1 100-1 800B, petit déj., wifi, eau chaude et clim. inclus. *295/2 Ruangrat Rd* ***Ranong*** *Tél. 077 823 111 ou 081 326 2366 www.thebranong.com Ouvert toute l'année*

The Hidden Resort Ce *resort* à l'ambiance zen se cache dans un jardin touffu le long d'un cours d'eau, à l'écart du centre-ville. Il propose 14 chambres (1 450B) et villas lumineuses (2 350B) au décor très soigné, tout en nuances de blanc et de gris pâle, dont les grandes baies vitrées donnent sur la montagne. L'établissement dispose d'une piscine et d'un restaurant sous véranda qui mitonne de très bons plats occidentaux joliment présentés. Vélos disponibles à

GAMME DE PRIX	RESTAURATION	HÉBERGEMENT
Très petits prix	moins de 100B	moins de 500B
Petits prix	de 100 à 300B	de 500 à 1 000B
Prix moyens	de 300 à 500B	de 1 000 à 2 200B
Prix élevés	de 500 à 1 000B	de 2 200 à 4 000B
Prix très élevés	plus de 1 000B	plus de 4 000B

la réception pour ceux qui veulent explorer les environs. TV, réfrigérateur et clim. inclus, petit déj. en sus (150B). *145/94 Moo 4, Soi Rong Hat* **Bang Non** *(à 2,5km au nord-est de la gare routière) Tél. 077 821 900 Ouvert toute l'année*

Ko Chang

Rustiques et fort marché, les hébergements de Ko Chang raviront les voyageurs en quête d'une véritable robinsonnade (électricité en soirée seulement, ni clim. ni eau chaude, Internet rare et réseau téléphonique selon le sens du vent…). Lampe-torche indispensable !

très petits prix

Cashew Resort Le doyen des *resorts* de Ko Chang compte une quarantaine de bungalows dépareillés en bois ou en bambou parmi les plus confortables de l'île. Installés à l'ombre des anacardiers, ils sont spacieux et bien tenus, et possèdent tous leur propre sdb ainsi qu'un porche meublé donnant sur la forêt ou la mer. L'hôtel, qui accueille l'un des bureaux de l'école de plongée Aladdin Dive Safari (p.391), propose également des cours de yoga et des séances de massage, et loue des canoës-kayaks pour explorer la côte. Double 300-500B avec moustiquaire. *Ao Yai / Long Beach* **Ko Chang** *Tél. 081 485 6002 ou 089 926 6291 Ouvert oct.-mi-avr.*

Ta Dang Bay Resort Son ancien propriétaire, le grand-père (*ta*, en thaï) Dang, lui a laissé son nom. Ce tout petit *resort* propose 9 bungalows en dur, perchés sur pilotis et peints de couleur vive, allant du bord de plage jusqu'aux pentes boisées derrière le restaurant (300-700B selon l'emplacement). Leur petit porche, agrémenté d'un hamac, prolonge une chambre carrelée et décorée avec goût, pourvue d'un lit *king size* avec moustiquaire et d'une sdb simple, mais fonctionnelle. Avec l'installation de panneaux solaires en 2015, tous disposent désormais de l'électricité 24h/24. Au dire des habitués, son restaurant ouvert sur le large cuisine le poisson et les fruits de mer les plus savoureux de tout Ko Chang. Pas de CB. *Ao Yai / Long Beach* **Ko Chang** *Tél. 080 890 7715 Ouvert nov.-avr.*

☺ **Crocodile Rock Bungalows** Offrant une vue imprenable sur la plage d'Ao Yai, ce petit hôtel à l'accueil des plus chaleureux compte une dizaine de bungalows de bambou avec sdb privatives, simples mais bien entretenus (450B avec hamac et moustiquaire), qui se répartissent sur les pentes boisées dominant le sud de la baie. Un peu en retrait, l'un d'entre eux peut accueillir une famille de 4 personnes (900B). Le restaurant en contrebas, dont les tables occupent de larges plateformes de bois, sert une bonne cuisine thaïe et internationale… et le meilleur café de l'île. Pas de CB, électricité en soirée uniquement. *Ao Yai / Long Beach* **Ko Chang** *Tél. 080 533 4138 www.kohchangandaman.webs.com Ouvert nov.-avr.*

Ko Phayam

petits prix

Phuree Hut Ouvert en 2014, ce petit *resort* perché au sommet d'une colline dominant la plage d'Ao Yai offre sans conteste l'un des plus incroyables panoramas de l'île. Ses 7 charmants bungalows, entièrement réalisés en cannes de bambou, disposent tous de leur propre sdb et d'un petit balcon duquel regarder le soleil se coucher sur les îles birmanes voisines. Le restaurant propose une bonne sélection de poisson et de fruits de mer (250-350B), ainsi qu'une cuisine thaïe traditionnelle et internationale (80-150B). Double 1 000B avec ventilateur, wifi, petit déj. et électricité 24h/24. *Ao Yai* ***Ko Phayam*** *Tél. 098 671 7003 www.phureehut.com Ouvert toute l'année*

prix moyens

☺ **Kwang Peep Bay Resort** Seul à profiter de la plage la plus septentrionale de l'île, baptisée Monkey Bay en raison de son abondante faune arboricole, ce *resort* compte une vingtaine de bungalows en bois et chaume, étagés au flanc d'une colline luxuriante. De la cabane en hauteur avec vue sur le large au cottage en bord de mer (900-2 000B, ventilateur et moustiquaire inclus), tous possèdent un grand balcon donnant sur de vastes chambres aux murs vert amande et parquets patinés avec sdb en plein air. Le restaurant prépare du poisson et des fruits de mer excellents à des prix très raisonnables (100-250B). *Ao Kwang Peeb* ***Ko Phayam*** *Tél. 092 363 3027 Ouvert toute l'année*

prix élevés

CEDE Boutique Beach Resort Voici probablement l'établissement le plus branché et design de l'île, dont l'offre hôtelière consiste principalement en de rustiques bungalows traditionnels. Ici, point de bambou ni de chaume, mais une petite dizaine de villas carrées en béton, aux façades revêtues de bois. Sises face à la plage, toutes sont dotées d'une large terrasse meublée de transats en osier, tandis que les chambres aux lignes épurées se distinguent par leur grand confort (TV, eau chaude, clim.). Double 2 400B sans petit déj., pas de CB. *60/5 Moo 1 Ao Yai* ***Ko Phayam*** *Tél. 081 622 6464 Ouvert toute l'année*

Laem Son National Park

Voir également **Laem Son National Park** (p.389).

très petits prix

Wasana Resort Perdu en pleine campagne, Ce *resort* accueille chaque année une poignée de fidèles conquis par sa sérénité, la proximité du parc national de Laem Son et l'accueil chaleureux de ses propriétaires, un expatrié néerlandais et son épouse. Installés dans un joli jardin, une dizaine de bungalows blancs aux toits bleus se répartissent autour du bâtiment principal, mi-réception mi-restaurant. Rideaux et draps fleuris aux couleurs pastel et bois de lit en bambou apportent leur touche de charme aux chambres blanches et carrelées, toutes nanties d'une sdb impeccable. Double 450-650B avec ventilateur ou clim., familiale 750B/4 pers. *36/9* ***Bang Ben*** *Tél. 077 861 434 www.wasanaresort.org Ouvert toute l'année*

petits prix

Saeng Thong Andaman Resort Cet hôtel, ouvert en 2015, a implanté ses 9 longues maisons aux murs jaunes et aux toits en tuiles rouges face à la magnifique plage de Bang Ben. Chacune d'entre elles se compose de 4 impeccables chambres de plain-pied avec véranda. Toutes sont équipées de TV, eau chaude, wifi et clim. Un restaurant, en projet lors de notre passage au printemps 2015, devrait compléter l'offre. Double 600B sans petit déj. ***Bang Ben Beach*** *(à 2km au nord de l'entrée du parc) Ouvert toute l'année*

KHURA BURI ET LES ÎLES SURIN

Somme toute assez banale, la petite ville de Khura Buri voit pourtant transiter de nombreux voyageurs en mal de calme et de verdure venus visiter les trois parc nationaux – Mu Ko Surin, Mu Ko Ra-Ko Phra Thong et Si Phang-nga – qu'abrite le district dont elle est le chef-lieu. De paradisiaques îles désertes, de riches écosystèmes encore intacts et des sites de plongée de réputation mondiale constituent les atouts de cette région encore peu développée, mais appelée à devenir une destination écotouristique de premier plan.

MODE D'EMPLOI

accès

Également appelé Khura, le petit chef-lieu du district de Khura Buri est situéà 115km au sud de Ranong, à 210km à l'ouest de Surat Thani et à 120km au nord de Phang-nga.

EN CAR

Khura Buri Bus Terminal De cette gare routière installée en plein centre-ville, 8 cars partent quotidiennement de 8h à 19h30 pour Phuket (3h de trajet, 160B) via Takua Pa (1h, 70B) et 9 autres de 9h à 21h45 pour Ranong (2h, 100B), dont 4 prolongent leur route jusqu'à Chumphon (5h, 200B). Comptez également 6 départs/j. vers Bangkok (10-12h, 700-1000B) ainsi que 10 ou 11 liaisons journalières avec Phang-nga (2h30-3h, 100-150B).

se déplacer

EN BATEAU

Khura Buri Pier Le port de liaison avec le parc national des îles Surin, dont les bureaux sont installés à côté de la jetée, est installé à plusieurs kilomètres de Khura Buri. Seules des compagnies privées assurent une liaison quotidienne avec les îles (AR 1 700B, transfert vers le port inclus), le départ s'effectuant à 9h à l'aller et à 14h au retour. À une centaine de mètres plus à l'ouest, une seconde jetée, appelée Saplan Phla Pier, accueille les *long-tail boats* qui desservent Ko Ra et Ko Phra Thong (750-1 000B). *À 8km au nord-ouest de la gare routière*

Sabina Tours Établie face aux bureaux du parc, cette compagnie vend des billets secs pour les îles, ainsi que des excursions incluant transport, hébergement sous tente, repas et boissons (de 1 à 4j., 2 700-6 700B). *140/66 Moo 3* ***Khura*** *Tél. 076 472 216 ou 081 082 0660 www.sabinatour.com Ouvert nov.-avr. : tlj. 6h-18h*

Kuraburi Greenview Travel L'agence de voyages du Kuraburi Greenview Resort (p.400) dispose d'un bureau sur le port qui propose des excursions à la journée (2 900B) ou des séjours tout compris de une ou deux nuits (5 000-6 000B).

140/89 Moo 3 ***Khura*** *Tél. 076 472 070 ou 086 268 6888 www.toursurinislands.com Ouvert nov.-avr. : tlj. 7h30-21h*

Tom & Am Tour À la fois auberge (bungalows sommaires à 300B), restaurant, cybercafé, loueur de matériel de camping, de *snorkeling* et de scooters, cette agence située face à la gare routière, de l'autre côté de la nationale 4, vend également des billets pour les îles Surin et Ko Phra Thong. *298/3 Moo 1* ***Khura*** *Tél. 076 491 385*

informations pratiques

Les installations des îles Surin se résumant au strict nécessaire (électricité de 18h à 22h uniquement), il vous faudra notamment penser à retirer de l'argent à l'un des distributeurs automatiques (ATM) de Khura avant d'embarquer. Vous trouverez un petit bureau de poste à une centaine de mètres à l'est de l'agence Tom & Am, sur le même trottoir.

SÉCURITÉ

Poste de police *84 Moo 1 (à 500m au sud-est de la gare routière)* ***Khura*** *Tél. 076 491 275*

SANTÉ

Kuraburi Chaipat Hospital *374 Moo 1 (à 800m au sud-est de la gare routière)* ***Khura*** *Tél. 076 491 711 www.kuraburichaipathospital.com*

informations touristiques

L'antenne de la TAT la plus proche de Khura Buri se trouve dans la ville de Phang-nga (p.414), capitale de la province du même nom, dont fait partie le district de Khura Buri.

fêtes et manifestations

Watermelon Festival Grande foire à la pastèque devant les bureaux de l'administration du district. Concerts et manifestations sportives. ***Khura*** *10j. entre jan. et fév.*

Loi Ruea Festival Cérémonie organisée par les Chao Ley en l'honneur de leurs esprits ancestraux, danses et musiques traditionnelles. ***Ko Surin Tai*** *3j. en avr.*

DÉCOUVRIR

☆**Les essentiels** Mu Ko Surin National Park, Mu Ko Ra-Ko Phra Thong National Park **Découvrir autrement** Évadez-vous sur la déserte Ko Surin Nua, visitez la savane de Ko Phra Thong, observez l'abondante faune aviaire du Si Phang-nga National Park

Khura Buri

Khura Traversée par la nationale 4, cette bourgade sans grand intérêt sert toutefois de porte d'entrée au parc national des îles Surin, dont le quartier général occupe le port. La plupart des voyageurs indépendants n'ayant pas réservé de séjour tout compris au départ de Khao Lak, Phuket ou Phang-nga s'y arrêtent donc pour la nuit avant de prendre le bateau du matin. Outre une poignée d'hôtels bon marché et de restaurants modestes, le village compte une pharmacie, plusieurs banques et une supérette 7/11 pour les courses de dernière minute.

Dans les environs

★ **Mu Ko Surin National Park** Longtemps fréquenté par les seuls Chao Ley, ou nomades de la mer, l'archipel des Surin, composé de cinq îles pratiquement vierges ancrées à environ 60km des côtes, a été élevé au rang de parc national en 1981. Ses forêts luxuriantes peuplées d'écureuils volants abritent, en effet, plus de quatre-vingt-dix espèces d'oiseaux, dont une cinquantaine endémiques, tandis que des tortues vertes et imbriquées viennent pondre sur ses plages immaculées. En 2010, une élévation de la température des eaux de surface – anomalie comparable au phénomène El Niño dans le Pacifique Sud – a décimé près de 70% du récif corallien de l'archipel, au grand dam des adeptes de la plongée et du *snorkeling*. Aujourd'hui en rémission, les eaux littorales accueillent une faune abondante, notamment autour de **Richelieu Rock**, un piton immergé bien connu des plongeurs pour ses occasionnels requins-baleines et ses raies mantas. Seuls deux de ces

Les nomades de la mer

En l'absence de toute tradition écrite, l'histoire des populations semi-nomades naviguant le long des côtes du Sud-Est asiatique, du Myanmar à Bornéo, demeure incertaine. La plupart des études scientifiques rattachent leurs dialectes aux langues indo-malaisiennes, mais on constate des divergences tant linguistiques qu'ethniques entre les trois clans présents en Thaïlande : les Moken – les plus fidèles à leurs traditions ancestrales –, les Moklen et les Urak Lawoi – les plus nombreux : environ 3 000 sur une population totale qui ne dépasse pas 5 000 personnes. Appelées Chao Ley ("peuple de la Mer") ou Thai Mai ("Nouveaux Thaïs"), ces communautés de chasseurs-cueilleurs, longtemps autonomes, calquaient jadis leur mode de vie sur les cycles saisonniers, voguant d'île en île à la saison sèche et passant la période des moussons à terre. Mais, la création de parcs nationaux ayant limité leurs zones de chasse sous-marine, la motorisation de leurs embarcations impliquant l'achat de carburant et vu les ravages causés par le tsunami de 2004, certaines familles de Chao Ley se sont sédentarisées afin de bénéficier d'une aide financière et médicale de l'État et de pouvoir scolariser leurs enfants. Cette transformation de leur quotidien s'accompagne parfois d'un abandon de leurs traditions animistes au profit du bouddhisme, voire du christianisme au contact des missionnaires dépêchés dans la région au moment de la catastrophe. Toutefois, plusieurs villages traditionnels subsistent sur la côte d'Andaman, comme à Phuket, Ko Phi Phi, Ko Lanta et aux Surin, îles dont ces nomades de la mer furent bien souvent les premiers habitants. Des tours-opérateurs peu scrupuleux organisent parfois la visite de ces "campements", une sorte de safari ethnique peu respectueux de ces populations démunies.

îlots tropicaux sont habités : **Ko Surin Nua**, où l'administration du parc a établi deux campements, reliés par un sentier d'interprétation (2km), et **Ko Surin Tai**, qui abrite l'une des plus importantes communautés de Chao Ley de la mer d'Andaman. **Ko Khai** (ou Ko Torinla) au sud, **Ko Mungkon** (ou Ko Pachumba), à l'ouest, et **Ko Ree** (ou Ko Satok), au nord, sont toutes trois dotées de fonds particulièrement foisonnants. *Speedboats quotidiens (9h) du port de Khura Buri Tél. 076 472 145 ou 076 472 146 www.dnp.go.th Ouvert mi-oct.-mi-mai Tarif 400B, réduit 200B (entrée valable 5j.)* ***Excursions de snorkeling*** *À la demi-journée 150B/pers., matériel 40B* ***Location de long-tail boats*** *1 500B/demi-journée*

☆**Mu Ko Ra-Ko Phra Thong National Park** Créé en 2001 pour freiner les appétits des promoteurs de Khao Lak, le dernier-né des parcs nationaux du district de Khura Buri protège, du nord au sud, Ko Ra, Ko Phra Thong et Ko Kho Khao ainsi que leur satellites. Le classement de la zone suscita alors la colère des insulaires, des Thaïs et des Chao Ley de l'ethnie Moken, car il remettait en question le fondement de leur mode de subsistance – la pêche pour les uns, la chasse sous-marine pour les autres. Après moult manifestations, une plainte formelle fut déposée auprès du Royal Forest Department et un bureau temporaire ouvert à Ko Phra Thong dans l'attente de la décision finale. Ce statu quo a considérablement ralenti le développement touristique de la zone, qui reste difficile d'accès en l'absence de transports publics, tandis que les importants dégâts liés au tsunami de 2004 ont contraint de nombreuses familles à déménager sur le continent. Leurs magnifiques plages désertes, d'un blond tirant sur le roux (à l'ouest), leurs vastes mangroves (à l'est) et leurs riches herbiers sous-marins valent à ces trois îles des airs de petits paradis loin de tout, et leur sérénité séduira tous les amoureux de la nature. Elles offrent un refuge à de très nombreux oiseaux, dont le calao pie et le marabout chevelu, et à quelques mammifères rarissimes comme le dugong et le pangolin de Malaisie. ***Accueil*** ***Ko Phra Thong*** *Tél. 076 491 378 www.dnp.go.th* ***Location de long-tail boats*** *Au port de Khura Buri pour Ko Ra et Ko Phra Thong (30min/1h, 750-1 000B)* ***Ferrys*** *Pour Ko Kho Khao, de 7h30 à 18h au départ de la jetée de Nam Khem, à proximité de Takua Pa (15min, 20B)*

Ko Ra, au nord, est la plus escarpée et la plus sauvage des trois îles. Montagneuse et boisée, elle séduit les amateurs de trek, tandis que les îlots environnants offrent de sympathiques spots de *snorkeling*. Le Ko Rah Beach Camp, seul établissement hôtelier de l'île, y organise des séjours tout compris, avec randonnées et excursions en kayak, au départ de Khura Buri et Khao Lak.

Ko Phra Thong, la plus vaste et la plus plate des trois îles, se distingue par sa grande variété d'écosystèmes, dont d'étonnants paysages de savane en son centre, uniques dans tout le Sud-Est asiatique. Des trois villages de l'île, celui de Ban Lions, à la pointe nord, entièrement rebâti après le tsunami de 2004, abrite une petite école de plongée et les locaux de l'ONG Naucrates (www.naucrates.org), engagée dans la conservation de la mangrove et des tortues qui viennent pondre chaque année sur la côte occidentale. Le port de pêche de Ta Pae Yoi, à l'est, fait office de chef-lieu, tandis que Thung Dap, à l'extrémité méridionale, abrite deux orchideraies.

Ko Kho Khao Du fait de sa proximité avec Khao Lak, la plus méridionale des îles du parc est également la plus développée ; elle est particulièrement appréciée par les familles scandinaves et germanophones en quête de solitude. Aussi plate que sa voisine septentrionale, l'île compte trois temples bouddhiques et cinq villages vivant principalement de la culture du palmier et de l'hévéa, ainsi que de la pêche. Sur la côte sud-est, la fouille archéologique du site de Thung Tuk a révélé que l'île servit de port et d'étape sur la route maritime de la soie dès le IX-Xe siècle.

● Explorer les fonds marins

Blue Guru Diving Très engagée dans la protection des richesses sous-marines de Ko Phra Thong et des îles Surin, dont elle est le plus proche centre de plongée, cette petite école récompensée par une PADI *Green Star* propose des sorties à la journée en groupe réduit (4 pers. max) à partir de 1 100B, des séjours 2 j./1 nuit à Richelieu Rock (dès 13 500B) ainsi que des formations *Open Water* (15 400-22 400B). *Golden Buddha Beach Resort* ***Ko Phra Thong*** *Tél. 080 144 0551 www.blue-guru.org*

● Pratiquer le yoga

Golden Buddha Beach Resort Avec un intervenant différent chaque année, ce club de vacances (p.401) propose deux fois par jour des sessions de yoga ouvertes aux non-résidents en groupe de 15 pers. maximum. Comptez 500B la leçon ou de 2 200 à 4 000B pour un forfait de 5 à 10 cours. *131 Moo 2* ***Ko Phra Thong*** *Tél. 081 892 2208 www.goldenbuddharesort.com Ouvert nov.-avr. : tlj. 8h-9h15 et 17h-18h15*

● Se baigner au milieu des carpes et observer les oiseaux

Si Phang-nga National Park Établie en 1988, cette réserve naturelle protège les montagnes couvertes de jungle qui séparent le lac de Cheow Lan, à l'est, de la mer d'Andaman, à l'ouest. Au départ des bureaux de ce parc peu fréquenté, différents sentiers d'interprétation longeant des bras de rivière permettent de rejoindre plusieurs cascades parmi les plus impressionnantes de la région. La plus connue, **Namtok Tamnang** (45m), s'écoule dans un large bassin pullulant de carpes. Les ornithologues amateurs se réjouiront de pouvoir y observer aisément une faune aviaire particulièrement abondante, dont six espèces de calaos et autant de martins-pêcheurs et martins-chasseurs. *À 29km au sud de Khura, bifurquer vers l'est au niveau du kilomètre 756 Tél. 086 952 5246 ou 089 473 5007 www.dnp.go.th Ouvert tlj. 6h-17h Tarif 100B, réduit 50B*

CARNET D'ADRESSES

Restauration, hébergement

Pour Ko Phra Thong, île difficile d'accès, nous vous conseillons de réserver votre hébergement, afin de pouvoir organiser votre transfert avec l'hôtelier.

très petits prix

Marché de nuit Chaque soir, les stands de cuisine traditionnelle bon marché émaillent le bord de la route principale, à quelques centaines de mètres à l'est de la gare routière. Sous le regard curieux des habitants du coin, on s'y régale de brochettes, de currys halal, de crevettes frites et de *roti* – une crêpe indienne garnie de fruits et de lait condensé – à des prix dérisoires (dès 20B). *Phetkasem Rd* ***Khura*** *Ouvert tlj. 17h-22h*

Mu Ko Surin National Park À Ko Surin Nua, les gardes forestiers du parc national gèrent deux zones de camping, baptisées Ao Chong Ka et Ao Mai Ngam, toutes deux dotées d'un restaurant et installées sur la plage (tente 2 places 300B, plus 140B/pers. pour les duvets, matelas, oreillers et l'entretien des sanitaires communs). Au sud, Ao Chong Kha compte une quinzaine de jolis bungalows sur pilotis avec sdb (2 000B avec ventilateur). Si le confort est des plus sommaires (pas d'eau chaude, électricité de 18h à 22h et papier toilette en option), et le personnel parfois maussade, le cadre est exceptionnel. ***Ko Surin Nua*** *Tél. 076 472 145 www.dnp.go.th Ouvert mi-oct.-mi-mai Rés. obligatoire sur Internet pour les bungalows*

petits prix

Kosak Seafood On repère aisément ce petit restaurant, situé à deux pas de l'agence Tom & Am, à son enseigne rose, ses chaises en plastique coloré et sa cuisine installée sous un auvent sur le trottoir. Au menu, une bonne cuisine thaïe, mais surtout du poisson et des fruits de mer de première fraîcheur. Goûtez donc au curry de calmar aux légumes ou aux crevettes frites, deux spécialités locales. Plats à partir de 70B. *Phetkasem Rd* ***Khura*** *Tél. 081 079 9442 Ouvert tlj. 10h-23h30*

Kura Ruen Thai Resort Un peu excentré, ce petit hôtel tranquille, caché dans un jardin luxuriant au fond d'une ruelle, face à l'école municipale, dispose de 9 bungalows légèrement surélevés (600-700B, petit déj. inclus). Derrière leurs balcons ouvragés, ces maisonnettes blanches aux sols carrelés et au mobilier de bois clair se distinguent de la concurrence du centre-ville par leur propreté et la qualité de leurs prestations : clim., TV et eau chaude. Restaurant au milieu d'un joli bosquet. Pas de CB. *220 Moo 3* ***Khura*** *(à 1,5km au sud de la gare routière) Tél. 081 892 2080 ou 086 689 1871 Ouvert toute l'année*

Mr. Chuoi's Beach Huts Avec sa vingtaine de huttes en bambou et en bois couvertes de chaume, le petit hôtel-restaurant tenu par M. Chuoi s'inscrit dans la tradition des hébergements rustiques mais conviviaux qui ont fait la réputation de la région dans les années 1980. D'un confort des plus spartiates – moustiquaire, eau froide et électricité de 18h30 à 23h –, ces cabanes à 5min de la plage peuvent, pour certaines, accueillir jusqu'à 4 pers. (500-1 200B, petit déj. en sus). Excellent restaurant et ambiance joviale garantie. *140 Moo 2* ***Ko Phra Thong*** *Tél. 084 855 9886 ou 087 898 4636 www.mrchuoibarandhut.com Ouverture aléatoire durant la saison des pluies (mai-oct.)*

prix moyens

Kuraburi Greenview Resort Bien qu'éloigné de la ville, ce *resort* écoresponsable, qui fait également agence de voyages (p.395), est une base stratégique pour rayonner sur l'ensemble des parcs de la région. Installé au bord d'un lac, cet hôtel avec piscine propose, dans le bâtiment principal, des chambres supérieures et familiales avec vue (2 300-3 500B avec clim.), de charmants cottages en bambou ou en adobe avec douche extérieure (1 500-2 000B avec ventilateur), ainsi que des bungalows en bois climatisés (1 900-3 000B pour 2 à 4 pers.). Eau chaude et petit déj. inclus. *129 Moo 5* ***Bangwan*** *(à 12km au sud-est de Khura) Tél. 076 401 400 www.kuraburigreenviewresort.com Ouvert toute l'année*

prix élevés

Golden Buddha Beach Resort Le plus réputé des *resorts* écoresponsables de la région est en réalité un petit village de vacances haut de gamme installé au bord de la plage. Éparpillées dans un vaste jardin, ses 28 villas en bois s'inspirent de l'architecture thaïe traditionnelle mais reflètent chacune le goût de leur propriétaire. Elles peuvent accueillir de 2 à 8 pers. (de 2 850 à 9 800B, pas de clim.). L'endroit compte également un *clubhouse* servant une délicieuse cuisine thaïe, un bar de plage et un salon de massage. *131 Moo 2* ***Ko Phra Thong*** *Tél. 081 892 2208 ou 081 895 2242 (bureau de Khura) www.goldenbuddharesort.com Ouvert nov.-avr.*

KHAO LAK

Les quelques cabanes de pêcheurs installées sur la grève de Khao Lak, sublime ruban de sable fin long d'une vingtaine de kilomètres, firent progressivement place à une succession de *resorts* à partir des années 1980. La haute saison battait son plein dans cette interminable station balnéaire, préférée à Phuket par les familles pour sa tranquillité et son atmosphère bon enfant, quand s'abattit sur elle, le 26 décembre 2004, une vague de plus de 11m de hauteur. Le tsunami emporta tout sur son passage sur près de 3km, faisant quelque 4 000 victimes – un des plus lourds bilans du pays –, et portant un coup dévastateur à l'économie locale. Mais depuis, le béton a repris tous ses droits et des hôtels haut de gamme s'alignent à nouveau sur le front de mer. Destination de choix des amateurs de la formule plage-piscine-plage, Khao Lak accueille également de nombreux voyageurs en partance pour les splendides îles Similan, au large, et le majestueux parc national de Khao Sok, au nord.

MODE D'EMPLOI

accès

Le centre de Khao Lak est situé à 73km au nord de l'aéroport de Phuket, à 86km au sud-ouest de Khura Buri et à 55km à l'ouest de Phang Nga.

EN CAR

Il n'existe pas de gare routière à proprement parler le long des quelque 25km de plages que compte la région de Khao Lak. Étirée le long de la nationale 4 (ou Phetkasem Road), la zone

est cependant traversée par un grand nombre de cars, qu'il suffit de héler pour qu'ils s'arrêtent, le billet s'achetant à bord.
Avec environ un passage/h dans les deux sens (de 6h à 19h), ces cars rallient Takua Pa, Khura Buri, Ranong et Bangkok au nord, Phuket au sud, et Krabi via Phang-nga au sud-est, avec correspondance à la gare de Khok Kloi. La minuscule station située derrière la supérette 7/11, au sud du village de Khuk Khak, assure la billetterie des autocars à destination de Bangkok (4/j., 600-900B). Enfin, l'ensemble des *resorts* de Khao Lak travaillent de concert avec les nombreuses compagnies privées de minibus qui desservent toute la région (300-700B).
Takua Pa Bus Terminal Tout comme Khao Lak, cette gare routière voit s'arrêter tous les cars sillonnant l'axe nord-sud qu'est la nationale 4. C'est également là que s'effectuent les correspondances des voyageurs à destination de la côte est et de Surat Thani (5h, 130B), à raison d'un départ/h. En chemin, ces cars marquent l'arrêt à proximité des bureaux du parc national de Khao Sok (1h, 60B). *À 32km au nord-est de Bang La On*

orientation

Le toponyme "Khao Lak", qui ne désignait à l'origine qu'un seul petit village, situé au sud des bureaux du parc national du même nom, s'applique aujourd'hui indifféremment à une succession de villages étirés sur près de 30km le long de la nationale 4, ou Phetkasem Road. Les panneaux kilométriques indiquant les distances à partir de Bangkok servent habituellement de point de repère sur le bord de la route, mais l'urbanisation de la zone a malheureusement tendance à les faire disparaître. La majeure partie des hébergements, restaurants et bars de Khao Lak se concentrent, du nord au sud, dans trois petites agglomérations : **Khuk Khak**, **Bang Niang** et **Bang La On**.

se déplacer

EN *SONGTEO*, EN TAXI ET À MOTO-TAXI

Économiques (environ 30B/pers.), les *songteo* sont relativement peu nombreux à Khao Lak, ils circulent de façon aléatoire et terminent leur service vers 18h. Nettement plus fréquents, les grands taxis rouges constituent, de ce fait, le moyen de transport le plus pratique, mais leurs tarifs sont autrement plus salés, notamment à la nuit tombée. Pour éviter tout malentendu, négociez le prix de la course avant de monter à bord, sachant qu'un aller simple entre Bang La On et Bang Niang coûte 200B env., et que la location à la journée revient à 2 000B env. Des nuées de motos-taxis meilleur marché, identifiables aux gilets colorés et numérotés de leurs conducteurs, parcourent la nationale 4 dans les deux sens.

À SCOOTER

Si votre hôtel ne loue pas de scooters, vous n'aurez aucun mal à trouver un loueur le long de la nationale 4. Comptez 250B/j. env. pour un véhicule automatique.

EN BATEAU

Nam Khem Pier Des *long-tail boats* assurent régulièrement la liaison entre ce petit port et l'île de Ko Kho Khao (p.398) de 7h à 20h, pour 20B/pers., de même qu'un ferry (2 départs/h de 7h à 17h, 40B/pers., voiture 200B, scooter 40B). Pour vous y rendre, demandez au chauffeur de votre car de vous déposer au carrefour situé à 4km du port ou prenez un taxi ou une moto-taxi à la gare routière de Takua Pa (100-200B). *À 11km à l'ouest de la gare routière de Takua Pa*

Thap Lamu Cette petite ville portuaire doublée d'une base navale, marque la limite méridionale de Khao Lak. De Thap Lamu, de nombreuses compagnies organisent des croisières à destination des îles Similan et de Ko Tachai, cf. Faire du *snorkeling* et explorer des îles désertes (p.408). *À 13km au sud de Bang La On*

informations touristiques

La plus proche antenne de la Tourism Authority of Thailand (TAT) se trouve dans la ville de Phang-nga (p.414), chef-lieu de la province du même nom, dont fait partie Khao Lak.

informations pratiques

Les villages de Bang La On et de Bang Niang comptent de nombreux distributeurs automatiques de billets (ATM). L'unique bureau de poste de Khao Lak (ouvert lun.-sam. 10h-18h) est installé à quelques centaines de mètres au nord du marché de Bang Niang.

SANTÉ

Khao Lak ne dispose pas de quelques petites cliniques. En cas de problème sérieux, il vous faudra donc gagner l'un des centres hospitaliers de Takua Pa, de Phang-nga ou de Phuket.

Takua Pa General Hospital *39/2 Moo 1, Phetkasem Rd* ***Takua Pa*** *Tél. 076 442 443 ou 076 421 770*

SÉCURITÉ

Les villages de Khao Lak, Bang Niang et Khuk Khak abritent tous un poste de police, installé le long de la nationale 4. Le commissariat central se trouve dans la ville de Phang-nga.

fêtes et manifestations

Turtle Release Fair Festival célébrant le lâcher de jeunes tortues, rendues à la vie sauvage par les services de conservation du littoral et de la faune de la province. ***Thai Muang Beach*** *Une sem. en mars*

Festival végétarien de Takua Pa Semblable au Festival végétarien de Phuket (p.458), cette célébration issue du taoïsme chinois se déroule chaque année dans la vieille ville de Takua Pa. ***Takua Pa Old Town*** *9j. en oct.-nov.*

DÉCOUVRIR

☆ **Les essentiels** Khao Sok National Park, le lac Cheow Lan, Mu Ko Similan National Park **Découvrir autrement** Prenez la vague le long du littoral, plongez à la découverte des villages engloutis du lac Cheow Lan, galopez sur la plage, allez observer des tortues de mer

Khao Lak

Khuk Khak Situé au nord de la région de Khao Lak, ce petit village abrite plus de magasins d'outillage et de grossistes en tout genre que de restaurants et de *resorts*, hormis l'immense JW Marriott Hotel. Aussi conserve-t-il une atmosphère authentique des plus charmantes. La paisible plage de Khuk Khak, l'une des plus longues de cette côte, est prolongée au nord par **Pakarang Beach** – très appréciée des surfeurs lors de la mousson –, que le cap du même nom sépare de **Pakweep Beach**, au sable immaculé et aux eaux turquoise. Longtemps restée sauvage et secrète, cette dernière est aujourd'hui bordée de plusieurs *resorts* de grand luxe. Enfin, la plage de **Bang Sak**, à 13km au nord de Bang La On et 18km de Takua Pa, attire principalement des Thaïs, qui aiment à pique-niquer le long de sa sympathique promenade.

Bang Niang Après avoir quitté les abords luxuriants de Khuk Khak, puis dépassé le marché journalier et la petite station de bus adjacente, la nationale 4 débouche sur Bang Niang, village dont les rues dégagées et les enseignes en anglais affichent clairement le caractère balnéaire. Les innombrables cahutes massées sur une esplanade en terre battue, au cœur de la localité, s'animent trois jours par semaine lors d'une vaste foire. La rue qui borde la place au nord doit son appellation de "Food Street" à ses restaurants, dont l'alignement s'étire jusqu'à la plage. Depuis la reconstruction post-tsunami, Bang Niang accueille un nombre grandissant de bars et de clubs, volant ainsi peu à peu la vedette à Bang La On en matière de vie nocturne.

Police Boat 813 Ce bateau est exposé à l'est de la nationale 4, face à la foire de Bang Niang, en mémoire du tsunami de 2004. Alors qu'il était à l'ancre dans la baie de Khao Lak, ce navire qui escortait l'un des petits-fils du roi en villégiature sur la côte, fut en effet transporté par la vague jusqu'à son site actuel, à près de 2km à l'intérieur des terres. À une cinquantaine de mètres au nord, l'**International Tsunami Museum** (ouvert tlj. 9h-21h) rassemble photographies et récits illustrant la catastrophe et ses lendemains.

MARCHÉ INTERMITTENT

Trois fois par semaine, au cœur de Bang Niang, les venelles de terre battue qui séparent les rangées de paillotes de ce marché s'animent d'une folle agitation. Dans la fumée des fourneaux et les odeurs alléchantes des étals, on glane de stand en stand de quoi se sustenter sur le pouce pour un prix dérisoire (brochettes, fritures, fruits, currys...) avant d'aller jeter un coup d'œil aux boutiques de souvenirs à l'arrière de l'esplanade. Plats à moins de 100B.
Marché de Bang Niang
Ouvert lun., mer. et sam. 13h-18h

Bang La On Sa concentration de restaurants, de *resorts*, de boutiques de souvenirs, de tailleurs et d'agences de voyages a fait de cette petite station balnéaire animée le pôle touristique de Khao Lak. Bang La On étire son front de mer, envahi par de tentaculaires hôtels, le long de la blonde plage de **Nang Thong**. L'extrémité méridionale de cette dernière dessine une virgule, judicieusement surnommée **Sunset Beach** pour le splendide panorama qu'elle offre au coucher du soleil.

Khao Lak-Lam Ru National Park N'englobant dans un premier temps qu'une partie de la côte de Khao Lak, ce parc national (125km^2) fut étendu en 1991 à la jungle montagneuse de l'arrière-pays, afin de protéger sa faune et sa flore mais aussi les sources du Takua Pa et du Phang-nga, deux fleuves qui alimentent toute la province. Des bureaux du parc, installés sur le cap rocheux séparant Bang La On du village de Ban Khao Lak, un premier sentier d'interprétation suit la côte sur 1,5km jusqu'à une jolie plage déserte, tandis qu'un second mène aux quatre bungalows en dur gérés par le parc, qui offrent une vue imprenable sur le large (800B avec ventilateur, réfrigérateur et eau chaude). L'arrière-pays montagneux, qui culmine à 1 077m, recèle plusieurs cascades, qui peuvent faire l'objet de treks assez physiques en forêt. De la cascade de **Chongfah** à l'est de Bang Niang, on peut gagner le canal de Lamru, qui s'épanche dans une vallée voisine. Cette randonnée de 4km aller ne peut s'effectuer qu'en compagnie d'un garde forestier. *Moo 7 Tél. 076 485 243 www.dnp.go.th Ouvert tlj. 8h-18h Tarif 200B, réduit 100B Rés. obligatoire sur Internet pour l'hébergement*

Ban Khao Lak Le village qui a donné son nom à toute la région est situé au sud du cap et des bureaux du parc national. Outre quelques hébergements et des bâtiments administratifs, Ban Khao Lak possède une plage, dont la partie méridionale est fermée au public en raison de la proximité de la base navale de Thap Lamu.

● **Surfer** Comme l'ont découvert les amateurs de surf thaïlandais, il y a toujours une bonne vague à prendre quelque part sur le littoral de Khao Lak, long de 25km ! Dotée d'innombrables spots, cette côte encore relativement peu fréquentée rivalise en effet avec Phuket, première destination de surf de la mer d'Andaman, et offre, tout comme elle, les meilleures conditions à cette pratique en période de mousson (mai-oct.).
Pakarang Surf Shop Installée à côté d'un des plus sympathiques bars de tout Khao Lak, cette boutique loue des planches à l'heure (200B), à la journée (500B) ou à la semaine (3 000B), et propose également des cours (à partir de 1 000-1 500B avec ou sans prise en charge à l'hôtel, matériel compris). *Memories Beach Bar Pakarang Beach* ***Khuk Khak*** *(à 10km au nord de Bang La On) Tél. 089 729 2251 www.pakarangsurfshop.com*

● Explorer les fonds marins

Wicked Diving En plus de participer aux nombreux projets de conservation des récifs de la région, cette petite école, fondée en 2006 par un Américain, verse une partie de ses bénéfices à l'un des orphelinats de la zone. Elle propose des formations PADI *Open Water* (17 500B), des croisières de 3 à 6 jours aux îles Surin et Similan (20 500-35 000B) ainsi qu'une très originale découverte des villages immergés du lac Cheow Lan (p.407) pour 8 000B (transport, nuit sur place et repas inclus). *4/17 Moo 7* ***Bang La On*** *Tél. 076 485 868 ou 085 795 2221 Ouvert oct.-avr. : tlj. 7h-21h ; mai-sept. : 10h-17h*

● Galoper sur la plage

Khaolak Horse Club Ouvert en 2013 non loin de la cascade de Chongfah, ce club d'équitation propose des cours d'initiation aux plus de 13 ans (1 500B/h ou 5 000B/5h sur 3j.) et organise des randonnées équestres dans les collines boisées de l'arrière-pays (2 000-3 000B) ainsi que des balades sur la plage (2 000B). *Soi Namtok Chongfah* ***Bang Niang*** *Tél. 093 727 1552 www.dianitacampillo.wix.com/khaolakhorseclub Ouverture en fonction de la météo durant la mousson (mai-oct.)*

Observer orchidées et papillons

Orchid Garden & Butterfly Farm Khaolak Tenue par un Norvégien, cette orchideraie a rouvert ses portes en 2006, après avoir subi de plein fouet le tsunami. Elle rassemble près de 300 espèces différentes d'orchidées, dont les graines sont en vente à la boutique de l'entrée. Une ferme aux papillons présente aussi les cycles de vie de ce fragile animal. ***Khuk Khak*** *En face de la station-service PTT Tél. 089 988 5422 www.orchidgarden-khaolak.com Ouvert nov.-avr. : tlj. 9h-17h Tarif orchideraie 100B, ferme aux papillons 150B*

Les environs de Khao Lak

Au sud

Thap Lamu Au sud de Ban Khao Lak, la longue route qui bifurque vers l'ouest pour contourner la base navale de Thap Lamu débouche sur le port du même nom, principal embarcadère pour le parc national des Îles Similan, dont il abrite le QG. *À 13km au sud de Bang La On*

Voir de près des tortues de mer

Sea Turtle Conservation Center Gérée par la base navale de Thap Lamu, cette nurserie - l'une des plus importante de la côte d'Andaman - élève les jeunes tortues marines dont les œufs ont été collectés principalement sur les plages des îles Similan. Celles qui sont assez grandes pour résister à leurs prédateurs sont relâchées sur les plages voisines à l'occasion d'un festival annuel (p.403). Six grands pavillons renferment les bassins où s'ébattent des tortues vertes, imbriquées, olivâtres et (plus rarement) luths dans l'attente de leur retour à la nature. Très fréquenté par des cars de touristes chinois et russes, le centre pèche malheureusement par un manque d'informations sur les reptiles qu'il protège. *À 1,2km du carrefour avec la nationale 4, suivre la direction du Tap Lamu Navy Golf, puis emprunter la 4e route à gauche Ouvert tlj. 8h-16h Tarif 30B Pièce d'identité à déposer à l'entrée de la base navale*

MARCHÉ DOMINICAL

Somnolente en semaine, la vieille ville de Takua Pa se remplit tous les dimanches de cuisines mobiles et d'étals de nourriture : recettes traditionnelles thaïes (beignets de poisson, brochettes de poulet...), d'influence indo-malaisienne (curry *massaman*, riz safrané...) et chinoise (*khanom jeen*, pilons de canard frits...) se mêlent en une explosion de couleurs et de saveurs dans le cadre pittoresque des vieilles rues sino-coloniales. Plats de 20 à 100B. **Takua Pa Sunday Market** *Ouvert dim. 15h-21h*

Au nord

Takua Pa Passage obligé des touristes voulant gagner le parc national de Khao Sok, la petite ville fluviale de Takua Pa servit de centre opérationnel aux équipes de secours dépêchées à Khao Lak lors du tsunami de 2004. À quelques kilomètres à l'ouest, le village de pêcheurs de **Ban Nam Khem** abrite un grand mémorial sur lequel sont inscrits les noms des 4 000 victimes, thaïes et étrangères, dénombrées dans la région. Ces événements récents ont presque éclipsé l'histoire, pourtant fort ancienne, de Takua Pa, port fluvial fréquenté jusque dans les années 1930 par des négociants indiens, arabes et occidentaux venus s'y procurer de l'étain. À 7km au sud de la gare routière, la Vieille Ville de Takua Pa, ou **Old Town**, présente une charmante variante rurale du style sino-colonial cher aux cités minières de jadis. Sous les arcades de ses *shophouses* aux couleurs fanées, le temps semble s'écouler au ralenti, mais la ville s'ébroue chaque dimanche, fermant ses rues à la circulation pour installer un petit marché sous des lampions rouges. *À 26km au nord-est de Khuk Khak*

★ **Khao Sok National Park** Ce territoire au relief calcaire dentelé (739km²) recèle l'une des plus anciennes forêts tropicales humides du Sud-Est asiatique. Curieusement, c'est la destruction d'une partie de ce parc national – l'un des plus vastes et des plus populaires du sud du pays – qui a donné naissance à son attraction majeure, le lac de Cheow Lan. En effet, en 1980, y fut mis en chantier le barrage hydroélectrique de Rachaphrapha. Une vaste campagne de sauvetage permit de préserver une faune locale particulièrement abondante – tigres, éléphants, ours, léopards, gibbons, calao, tapirs… –, et la retenue d'eau, achevée cinq ans plus tard, qui a pourtant englouti près d'un quart de la superficie du parc, offre désormais de spectaculaires panoramas avec d'immenses pitons rocheux couverts de jungle, souvent comparés à ceux du parc national d'Ao Phang-nga, plus au sud (p.417), ou de la baie d'Halong au Vietnam. Des bureaux du parc, installés dans le village de Khlong Sok, partent plusieurs sentiers de randonnée (obligatoirement guidée sur certaines portions) qui s'enfoncent dans les forêts du sud-ouest, trouées de nombreuses cascades et où pousse la *Rafflesia kerrii*, une fleur parasitaire et pestilentielle qui peut atteindre 80cm de diamètre et ne s'épanouit que de décembre à mars. L'accès au lac de retenue est situé à à 65km à l'est des bureaux du parc. *Moo 6* ***Khlong Sok*** *Sur la route 401 reliant Takua Pa à Surat Thani, bifurquer vers le nord au km 109 et continuer sur 2km* ***Bus et minibus*** *Départ toutes les heures (6h30-18h30) du carrefour de la route 401 vers Surat Thani et Phuket via Takua Pa et Khao Lak Tél. 077 395 154 www.dnp.go.th Ouvert tlj. 8h-17h Tarif 300B, réduit 150B Billet valable 24h et à l'embarcadère du lac* ***Guide de randonnée*** *Rés. aux bureaux du parc ou dans les resorts de Khlong Sok Tarif demi-journée 500B*

FOG ON THE WATER
Si vous choisissez de dormir sur le lac, embarquez au petit matin pour une croisière en *long-tail boat*. Dans un silence absolu, on glisse sur ses eaux encore enveloppées d'une épaisse brume, d'où jaillissent les silhouettes fantomatiques de quelques arbres immergés. Une balade irréelle à ne surtout pas manquer !

☆ ☺ **Cheow Lan Lake / Rachaphrapha Dam** Le barrage de Rachaphrapha a été aménagé dans la partie sud-est du parc. Les *resorts* de Khlong Sok organisent des croisières en *long-tail boat* sur les eaux paisibles de son lac de retenue, d'où jaillissent d'incroyables rochers moussus. Au cours de votre minicroisière, vous ne manquerez pas d'apercevoir au détour d'une falaise l'un des quinze villages flottants, en partie gérés par les gardes forestiers, dans lesquels on peut passer la nuit, cf. Séjourner dans un village flottant (p.411). La rive du lac compte une petite dizaine de sentiers de randonnée de niveaux variés, dont certains débouchent sur des grottes. La plus connue d'entre elles, **Nam Talu Cave**, traversée par une rivière qui la remplit entièrement en période de mousson, comblera les attentes des amateurs de canyoning souterrain. Les amoureux de la faune sauvage pourront, quant à eux, demander une autorisation spéciale (600B/pers.) pour accéder au **Khlong Saeng Wildlife Sanctuary**, en espérant pouvoir y observer les nombreuses espèces menacées que protège le parc. Enfin, plusieurs écoles de plongée de Khao Lak, dont Wicked Diving (p.405), proposent d'explorer les profondeurs du lac, où reposent plusieurs petits villages et temples engloutis. *Sur la route 401, bifurquer vers le nord au km 53 et continuer sur 14km Tarif 300B, réduit 150B Billet valable 24h et aux bureaux du parc* ***Location de long-tail boats*** *à partir de 1 500B la demi-journée (6 pers. max.)*

● ☺ Faire du *snorkeling* et explorer des îles désertes

Similancharter & Tour En sus des incontournables croisières à la journée à destination des Similan et des Surin (p.397), cette compagnie est la seule de la région à organiser des excursions (3 500B/pers., demi-tarif pour les enfants) à Ko Kham Khaw, dans le parc national de Laem Son (p.389), à partir du port de Ban Nam Khem. Elle propose également une journée comprenant un arrêt matinal à Ko Tachai – pour une session *snorkeling* avant l'arrivée des foules – et la découverte des étonnantes savanes de Ko Phra Thong (p.398). *13 Moo 3 Bang Muang Tél. 076 490 961 www.similanstour.com*

Au large

☆ **Mu Ko Similan National Park** Plages d'une blancheur éblouissante, eaux turquoise et cristallines, et forêts vierges à la faune bigarrée : ce chapelet d'îles granitiques à 70km du continent a tout d'un paradis terrestre. Au nombre

Les meilleurs sites de plongée et de *snorkeling*

Avec près de 25 spots différents, les Similan et leurs environs sont l'une des destinations favorites des écoles de plongée, venues de toute la côte d'Andaman pour de courtes excursions ou des croisières de plusieurs jours. Du côté de Ko Similan (n°8), **Fantasea Reef**, l'un des plus sites les célèbres, est doté de nombreux canyons et d'un fond sablonneux descendant en pente douce (40m), où évolue une faune aquatique d'une richesse étourdissante.
Les nombreux tunnels tapissés d'anémones d'**Elephant Head** (ou Hin Pousar) servent de refuge à des tortues, des requins et des raies. Non loin de Ko Bangu (n°9), **Christmas Point** se distingue par sa visibilité exceptionnelle, et ses paysages sous-marins regorgent de coraux durs et mous.
Plus au nord, les fonds de la petite **Ko Bon** sont l'un des rares spots de la région à posséder une paroi verticale plongeant à plus de 40m, et l'on peut y croiser des requins-léopards et des raies mantas, tandis que ceux des **Ko Tachai** recèlent des coraux colorés et des éponges de mer.

de neuf (*similan*, en malais), ces îlots sauvages, où de nombreuses tortues de mer viennent pondre chaque année, ont été classés en 1982 et le parc national s'est étendu à deux autres îles, **Ko Bon** et **Ko Tachai**, en 1998. Réputées pour leurs fonds poissonneux et leurs exceptionnels récifs coralliens, les Similan attirent des foules d'excursionnistes et de plongeurs, même si un réchauffement soudain des eaux de surface, en 2010, a entraîné la disparition de plus de 70% des coraux. Les *speedboats* de compagnies privées qui desservent le parc font généralement escale à **Ko Similan** (ou n°8) et à **Ko Miang** (ou n°4). Chacune de ces deux îles abrite des hébergements et un poste de gardes forestier, que des sentiers de randonnée (bonnes chaussures nécessaires) relient à de sublimes points de vue. **Accueil** 93 Moo 5 *Thap Lamu Speedboats quotidiens au départ de Thap Lamu Tél. 076 453 272 www.dnp.go.th Ouvert nov.-mi-mai Tarif 500B, réduit 300B* **Long-tail boats** *2/j. entre les îles n°4 et n°8 Tarif AS 200B* **Excursion de snorkeling***de l'île n°4 Tarif 200-300B/demi-journée*

Faire une croisière pas comme les autres

Fantastic Similan Travel Pour animer ses excursions vers les îles Similan (3 500-4 300B, réduit 2 500-3 200B) et Ko Tachai (3 700-4 600B, réduit 2 600-3 500B), cette compagnie n'emploie que... des *ladyboys* ! Mi-croisière, mi-spectacle, la journée, ponctuée d'arrêts *snorkeling*, se déroule dans une bonne humeur communicative sous la houlette de ces guides polyglottes (ils parlent jusqu'à 5 langues, dont le français, une rareté en Thaïlande !). Prix négociables incluant le repas, l'entrée au parc et le transfert en minivan de Khao Lak, Krabi ou Phuket. *40/9 Moo 6* ***Khuk Khak*** *Tél. 076 485 998 ou 083 175 7444 www.fantasticsimilan.com*

CARNET D'ADRESSES

Restauration, hébergement

Khao Lak

très petits prix

Voir également le **Marché de Bang Niang** (p.404).

Mr Aek Thana Mongkon Restaurant Véritable institution de Khao Lak, cette cantine sans chichis dresse ses tables au bord de la nationale 4, à quelques centaines de mètres au sud du marché de Bang Niang. Hormis ses nappes à carreaux rouges criardes, l'endroit ne paie pas de mine, mais sa savoureuse cuisine thaïe, mitonnée à la demande, compense par son authenticité le manque de charme du lieu. Goûtez donc à l'une des vingt spécialités de poisson et de crevettes, dont les prix sont aussi doux que les plats sont relevés (80-120B). *Phetkasem Rd* ***Bang Niang*** *Tél. 083 280 3886 Ouvert tlj. 17h-5h*

petits prix

Voir également **Khao Lak-Lam Ru National Park** (p.404).

Chonthicha Hot Pot BBQ Installée en retrait de la nationale 4, à l'entrée de Khuk Khak, cette grande halle garnie d'une myriade de chaises colorées en plastique propose de goûter au *mookata*, une cuisine au barbecue typiquement thaïe très appréciée des autochtones. La formule est simple : à l'énorme buffet central, remplissez votre assiette de légumes, viande marinée, sauces et autres accompagnements, que vous ferez ensuite griller sur le pot de terre rempli de braises trônant sur chacune des tables où mijote de la soupe. Ambiance enjouée garantie ! Formule à volonté 130B/pers. *Phetkasem Rd* ***Khuk Khak*** *(à 2,8km au nord du marché de Bang Niang) Tél. 087 277 1231 ou 082 417 3331 Ouvert tlj. 17h-23h*

Poseidon Bungalows Occupant une portion pratiquement privée de la plage de Ban Khao Lak, ce *resort* tenu par un couple suédo-thaï compte une quinzaine de bungalows dispersés dans la jungle de leur jardin avec piscine. De la rustique cabane en bois coiffée d'un toit de chaume (950B) au cottage familial perché sur des piliers de béton (1 450-1 650B pour 2 à 4 pers.), tous sont équipés de confortables lits, de ventilateurs et d'eau chaude. Le restaurant, qui sert une excellente cuisine thaïe, occupe, pour sa part, une vaste terrasse couverte en teck face à la mer, et les propriétaires peuvent se targuer de plus de vingt ans d'expérience dans l'organisation d'excursions *snorkeling* aux îles Similan. Petit déj. en sus (120B). *1/6* ***Khao Lak*** *Tél. 087 895 9204 www.similantours.com Ouvert toute l'année*

prix moyens

Hill Tribe Restaurant Sous cette halle de bois aux deux frontons sculptés dressée à l'entrée de Bang Niang, on peut soit s'attabler soit s'installer sur des banquettes autour de petites tables basses, à la manière des Thaïlandais du Nord. Ce restaurant, ouvert en 2008 par un natif de Chiang Rai, proprose en effet des spécialités du Nord, comme le curry de porc à la birmane ou le *nam prik ong*, un émincé de porc à la tomate et au piment, accompagné de riz et de légumes. L'endroit s'est aussi taillé une belle réputation pour ses recettes à base de poisson et de fruits de mer. Plats de 130 à 400B, pas de CB. *13/22 Phetkasem Rd* ***Bang Niang*** *Tél. 093 648 3860 www.hilltribe-restaurant.com Ouvert tlj. 13h-22h*

Asiana House À 10min à pied de la plage de Bang Niang, cette sympathique maison d'hôtes réunit 8 maisonnettes climatisées dans un paisible petit jardin, le long d'une jolie allée fleurie. Du porche garni de bancs, on accède à une spacieuse chambre carrelée, éclairée par de grandes baies vitrées et dotée d'un dressing et d'une impeccable sdb avec eau chaude. Ajoutez à cela l'accueil charmant de la propriétaire (et épatante cuisinière), Gem, et vous obtenez l'un des meilleurs rapports qualité-prix de Khao Lak. Double 1 500B avec TV, wifi et petit déj. *26/156 Soi Thaimai* ***Bang Niang*** *Tél. 081 577 1921 ou 089 938 7242 Ouvert toute l'année*

Khao Lak Green Beach Resort Installé au nord de Nang Thong Beach, ce pittoresque *resort* du bord de mer compte 43 bungalows aux murs parés de bambou tressé. D'une grande variété de confort, et loués à des prix très abordables pour la région, tous jouissent d'une situation imprenable (1 600-2 600B avec ventilateur, clim. et réfrigérateur). Répartis autour d'un étang, ils disposent d'une jolie sdb avec eau chaude et d'une chambre sobrement décorée, avec parquet en teck et grandes baies à persiennes. L'hôtel possède un restaurant et un salon de massages. *13/51 Moo 7 Nang Thong Beach* ***Khuk Khak*** *Tél. 076 485 845 www.khaolakgreenbeachresort.com Ouvert toute l'année*

Baan Krating Khao Lak Resort Étagées à flanc de colline, au milieu de la jungle, au nord du parc national de Khao Lak-Lamru, les 32 villas climatisées de ce *resort* de charme offrent toutes un panorama imprenable sur la côte. Déclinées en version *deluxe* ou *deluxe pavilion* (2 000-2 600B), ces maisonnettes sur pilotis affichent un intérieur aux tons jaunes rehaussé de belles boiseries sombres, et elles sont toutes équipées d'une TV et d'un réfrigérateur. L'hôtel possède une belle piscine à débordement. L'un de ses deux restaurants thaïs sert des spécialités du Nord, l'autres des plats traditionnels du Sud. *26/28 Moo 7* ***Khuk Khak*** *Tél. 076 485 188 www.baankrating.com Ouvert toute l'année*

Khao Sok National Park

petits prix

Art's Riverview Lodge & Travel Établi dans un coude boisé de la Sok, que fréquentent de turbulentes bandes de singes, cet hôtel a installé sa réception en contrehaut d'une piscine naturelle creusée par le cours d'eau. De jolis vitraux colorés et de grandes fenêtres (attention aux primates chapardeurs) inondent de lumière ses 31 bungalows en brique

☺ Séjourner dans un village flottant

Les bungalows flottants du lac Cheow Lan sont aussi emblématiques de Khao Sok que les *treehouses* éparpillées autour des bureaux du parc national. Les visiteurs réservent généralement leur séjour dans l'un des *resorts* établis à l'entrée ouest du parc, qui proposent des forfaits comprenant le transport, les repas et des excursions à la carte. En s'adressant au bureau de réservation voisin de l'embarcadère de Ratchaphrapha, les voyageurs indépendants peuvent choisir un bungalow dans l'un des seize villages sur l'eau que compte le parc. De la simple paillote de bambou au chalet climatisé en passant par la maisonnette familiale, le panel des possibilités devrait satisfaire toutes les envies. Comptez au moins 600B par personne et par nuit, repas compris, et ajoutez le transfert AR en *long-tail boat* (à partir de 2 500B, selon la distance).

Khao Sok Lake Cette branche locale d'Andaman Discoveries – sans doute le meilleur organisateur de voyages écoresponsables de la région – propose d'excellentes excursions sur le lac. C'est aussi l'un des rares prestataires à proposer la réservation sur Internet de ses bungalows flottants (de 1 000B à 6 500B/pers., transport AR à partir de 2 400B), en hébergement seul ou formule tout compris. *32/15 Nanaplaza B10, B11 Surat Thani-Takua Pa Rd (route 402)* ***Khao Wong*** *Tél. 085 786 3810 www.khaosoklake.com*

et *treehouses* en bois. Ventilés, tous ces hébergements disposent d'une sdb avec eau froide, parfois à ciel ouvert. Le restaurant attenant à l'accueil sert une excellente cuisine thaïe élaborée avec les fruits et légumes du jardin. Double 650-1 500B, petit déj.-buffet 200B. *54/3 Moo 6* ***Khlong Sok*** *Tél. 090 167 6818 Fax 077 395 015 Ouvert toute l'année*

Our Jungle House Installé sur un terrain aussi vaste que luxuriant, ce *resort* se distingue par son respect de l'environnement : cuisine bio, recyclage des déchets et 21 hébergements construits et meublés avec les matériaux naturels à disposition (teck, bambou, palmes), dans lesquels les ventilateurs remplacent les climatiseurs gourmands en énergie. La dizaine de bungalows (950-2 500B) offrent une vue sur la jungle ou le cours d'eau voisin, tandis que les *treehouses* perchées dans la canopée (2 200-3 500B pour 2 à 4 pers.) donnent sur des falaises de karst. Toutes les unités disposent d'une sdb carrelée avec eau chaude et de moustiquaires. Petit déj. en sus (80-200B). *183 Moo 6* ***Khlong Sok*** *Tél. 081 417 0546 www.khaosokaccommodation.com Ouvert toute l'année*

prix moyens

Khao Sok Good View Resort Ce petit *resort* a troqué les rustiques cabanes dans les arbres typiques de Khao Sok contre cinq impeccables maisonnettes en dur, nichées au cœur d'une belle palmeraie à l'est de Khlong Sok. Toutes climatisées, leurs vastes chambres blanches au sol carrelé s'ouvrent sur un large balcon avec vue sur les montagnes voisines. L'hôtel sert une excellente cuisine thaïe et dispose d'une supérette, tandis que M. Bao, le chaleureux propriétaire, organise de très bonnes visites du parc national. Double 1 500B, familiale 2 900B (4-5 pers.), eau chaude, petit déj. et wifi inclus. *73/1 Moo 6* ***Khlong Sok*** *Tél. 086 283 9933 www.khaosokresortgoodview.com Ouvert toute l'année*

Au large

prix moyens

Mu Ko Similan National Park Outre les deux terrains de camping (tente 570B avec matelas et duvet) aménagés sur les îles n°8 et n°4, l'administration du parc national gère plusieurs logements en dur sur cette dernière. Si vous aimez votre confort, laissez de côté les trois *longhouses* voisines du restaurant, chacune divisée en cinq chambres qui mériteraient d'être rafraîchies (1 000B avec ventilateur), et optez plutôt pour l'un des vingt bungalows sur pilotis du nord-est de l'île (2 000B). Leurs grandes chambres parquetées sont, en feet, toutes dotées de sommiers fermes, d'un balcon avec vue sur le large, de la clim. et de l'eau chaude. *Tél. 076 453 272 www.dnp.go.th/parkreserve/reservation.asp Ouvert nov.-mi-mai Rés. obligatoire sur le site Internet, dès 60 jours avant*

☆ BAIE DE PHANG-NGA AO PHANG-NGA

La baie de Phang-nga est souvent comparée à celle d'Halong, au Vietnam, pour ses formations karstiques, ces plateaux calcaires que plusieurs millions d'années d'érosion et de mouvements tectoniques ont sculptés en autant de falaises et d'îlots aux formes insolites. Ajoutez-y une végétation luxuriante, saupoudrez le tout d'une faune abondante, et vous obtiendrez l'un des sites les plus somptueux de Thaïlande. La moitié nord-est de la baie, élevée au rang de parc national, attire des voyageurs de tout poil, de l'hédoniste un peu curieux au passionné d'ornithologie. Cerise sur le gâteau, la baie abrite deux des îles les plus pittoresques de la région, Ko Yao Yai et Ko Yao Noi, étonnamment épargnées par le tourisme de masse malgré la proximité de la tapageuse Phuket.

MODE D'EMPLOI

accès

Phang-nga se trouve à 84km au nord de Phuket, à 80km au nord-ouest de Krabi et à 56km au sud-est de Khao Lak.

EN CAR

Gare routière de Phang-nga Plus parking informel que véritable terminal, la gare routière se trouve en plein centre-ville de Phang-nga et connaît un important trafic du fait de sa position stratégique sur la route 4 (Phet Kasem Rd). De **Phuket**, comptez un départ toutes les 20min de 5h à 23h (1h30 de trajet, 80-100B). De **Krabi**, 2 car/h. de 6h50 à 17h (2h, 70B). Enfin, les cars reliant **Surat Thani** (7/j.) et **Trang** (8/j.) à Phuket s'arrêtent à Phang-nga. *Phet Kasem Rd* ***Phang-nga***

EN BATEAU

Dans la province de Phang-nga, c'est de Tha Dan et de Kasom (Surakun) que partent la plupart des croisières à la journée à destination du parc national. À Phuket, les bateaux d'excursion appareillent d'Ao Po (p.426), où l'on peut aussi affréter un *long-tail boat*.

L'accès aux îles **Ko Yao** se fait surtout à partir de Bang Rong, à Phuket (p.425) et d'Ao Thalane, dans la province de Krabi (p.471) – il n'y a qu'une seule liaison/j. entre ces îles et Tha Dan. Les ferrys se remplissant vite, prévoyez d'arriver au moins 20min avant l'heure du départ. Des *long-tail boats* assurent en journée une navette régulière entre Yao Noi et Yao Yai (10min, tarif 20B, suppl. deux-roues 30B). Carte gratuite des deux îles avec horaires détaillés des liaisons maritimes disponible aux embarcadères.

Tha Dan Deux embarcadères accessibles en *songteo* de la gare routière (env. 20B). Le moins fréquenté se trouve près des bureaux du parc national, sur la gauche avant le village, et l'autre quelques centaines de mètres plus loin, face au centre d'information du parc. On peut y affréter des *long-tail boats* à la journée : de 1 500B (1-5 pers.) à 3 500B (15-20 pers.). Un ferry/j. pour Ko Yao Noi (lun.-sam. 13h, 150B). *À 8km au sud de Phang-nga*

Kasom Pier L'embarcadère d'élection des agences de voyages : grand parking, boutiques et stands de restauration rapide. L'affrètement d'un *long-tail boat* à la journée coûte de 1 500 à 3 500B selon la taille. *À 14km au sud-ouest de Phang-nga*

se déplacer

Hormis le *songteo* pour Tha Dan et quelques motos-taxis dans le centre-ville, il faudra compter sur vos propres moyens pour explorer la région de Phang-nga.

À DEUX-ROUES

La plupart des hôtels de Phang-nga et des îles Ko Yao louent des scooters (200-300B/j.). À Ko Yao Noi, petite île au relief peu prononcé et où les voitures sont rares, le vélo est le moyen de transport idéal.

Eco Island Vehicules Location de vélos (adulte, enfant, électrique, tandem) à partir de 200B/j. ou 1 100B/sem. ***Ko Yao Noi*** *À 300m à l'est du carrefour du village principal Tél. 081 416 6343 ecoislandvehicles@yahoo.com Ouvert lun.-sam. 8h-17h*

informations touristiques

TAT Phang-nga *2/27 Thetsaban Rd (3km au sud du centre-ville, à côté du Public Health Office) Tél. 076 481 900 tatphangnga@tat.or.th Ouvert tlj. 8h30-16h30*

informations pratiques

Le bureau de poste de Phang-nga se situe au centre-ville sur Petch Kasem Road, juste à côté du commissariat. Vous n'aurez aucun mal à trouver banques et distributeurs dnas cette ville, mais les embarcadères de Tha Dan et Kasom n'en disposaient pas lors de notre passage. Faites provision de liquidités pour régler le bateau et l'entrée du parc.

Commissariat de Phang-nga *Phet Khasem Rd (à côté du Big C Market) Tél. 076 412 073*

Hôpital général de Phang-nga *436 Phet Kasem Rd Tél. 076 411 618*

Hôpital de Ko Yao *Ko Yao Noi Tél. 076 597 109*

fêtes et manifestations

Festival végétarien de Phang-nga Nombreuses cérémonies dans les temples chinois et processions en habits blancs menées à grand renfort de pétards. *9j. en sept.-oct.*

DÉCOUVRIR

☆ **Les essentiels** Wat Tham Ta Pan, Wat Tham Suwan Khuha, Ao Phang-nga National Park, Khao Phing Kan et Ko Tapu, les îles Ko Yao **Découvrir autrement** Profitez de la quiétude de Ko Yao Noi pour pratiquer le yoga... ou vous initier au *muay thai*

☺ Phang-nga et ses environs

De sa fondation présumée sous le règne de Rama Ier (1782-1809) à la fin du XIXe siècle, Phang-nga n'est qu'un petit bourg sans histoire, éclipsé par Takua Pa au nord, qui contrôle alors le commerce de l'étain. Le rapport de force s'inverse

ÉLÉVATION SPIRITUELLE
Installés à flanc de montagne, le *chedi* (stupa) du Wat Tham Ta Pan et celui, voisin, de Khao Lang Bart offrent tous deux un splendide point de vue sur la vallée et son relief karstique si particulier. Si l'ascension de leurs escaliers vous a asséché le gosier, continuez vers le nord sur quelques centaines de mètres jusqu'au Balcony Hill Café & Restaurant (p.421).

après le krach de 1929, avec la création d'une province unifiée en 1931. Bien souvent boudé par les voyageurs, ce chef-lieu somme toute assez banal distille pourtant le charme subtil d'une Thaïlande ordinaire où le temps s'écoule paisiblement. La ville forme deux entités distinctes le long de la nationale 4 : le centre-ville autour de la gare routière et du marché couvert, et le quartier administratif à plusieurs kilomètres au sud. Phang-nga n'en constitue pas moins un agréable point de chute pour explorer la région !

☆ **Wat Tham Ta Pan / grotte du Paradis et de l'Enfer** Attention, âmes sensibles s'abstenir ! Dans ce temple pas comme les autres, de macabres saynètes sculptées illustrent de façon édifiante les inconfortables conséquences d'un mauvais karma. Après être descendu dans la gueule d'un énorme dragon, on découvre un enfer peuplé de pécheurs suppliciés et de tortionnaires pour le moins inspirés. Puis on rejoint le paradis, ses paisibles ascètes et ses souriantes divinités empruntées à l'hindouisme. *Soi Thamtapan (à 2km au sud-ouest du centre-ville) Ouvert tlj. 8h-18h*

Phang-nga Provincial Museum Derrière sa façade jaune d'or, l'ancien hôtel de ville de Phang-Nga (1930) consacre six de ses salles à l'histoire de la province, son patrimoine et ses habitants. Malgré une présentation moderne et traduite en anglais, ce petit musée reste peu fréquenté. N'hésitez donc pas à vous adresser au bureau à l'entrée si vous voulez qu'on éclaire ses salles ! *Phet Kasem Rd* ***Phang-nga*** *(à 3km au sud-ouest du centre-ville, face à la Phang-nga Provincial Court) Ouvert lun.-ven. 8h30-16h30 Entrée libre*

Suan Somdet Phra Srinagarindra Baptisé en l'honneur de la mère du roi Rama IX, ce jardin public faisait jadis partie du parc national d'Ao Phang-nga. La promenade à laquelle invitent son lac tranquille et ses frondaisons vous mènera à Tham Ruesi Sawan et Tham Luk Suea, deux belles grottes reliées par un pont gardé par des singes – surveillez vos affaires ! *Phet Kasem Rd* ***Phang-nga*** *(à 3,5km au sud du centre-ville, face à l'hôtel de ville) Ouvert tlj. 6h-18h*

☆ **Wat Tham Suwan Khuha** L'une des grottes sanctuaires de ce monastère installé à proximité immédiate d'un grand piton karstique abrite un bouddha couché de près de 15m. La plupart des excursions organisées en route pour le parc national y font un arrêt pour photographier la colonie de singes, voraces mais inoffensifs, en faction devant l'entrée du temple – et qui a valu à ce dernier d'être baptisé "Monkey Temple". *Moo 2* ***Krasom*** *(à 10km au sud-ouest du centre de Phang-nga) Tarif 20B*

Ton Pariwat Wildlife Sanctuary Sur les hauteurs de la vallée de Song Phraek, cette réserve naturelle est l'un des rares sites de Thaïlande où l'on peut observer des spécimens de *Rafflesia kerrii*, une plante parasite dont l'énorme (et pestilentielle !) fleur peut mesurer jusqu'à 90cm de diamètre, mais ne vit qu'une semaine. Mieux vaut demander à l'un des gardes forestiers – par l'entremise de votre hôtel, car ils ne parlent pas l'anglais – de vous guider dans la forêt si vous vous voulez avoir toutes les chances d'en approcher une. La réserve protège également plusieurs espèces animales menacées comme le martin-pêcheur à large bande et le gibbon à mains blanches. *À 19km au nord du centre-ville Tél. 084 847 2107 (thaï uniquement) Ouvert tlj. 8h-17h Entrée libre*

● Pique-niquer, se baigner et randonner en forêt

Sa Nang Manora Forest Park De la nationale 4, une jolie route ondule entre plantations d'hévéas, bananeraies et palmeraies jusqu'à l'entrée du parc et sa cascade, en eau toute l'année. Cette dernière n'a rien d'impressionnant, mais nombreux sont les Thaïs qui, séduits par le calme de ses bassins ombragés, cernés d'une nature luxuriante, viennent s'y rafraîchir et y pique-niquer. En guise de balade digestive, on peut suivre le sentier d'interprétation, ponctué d'une dizaine de stations explicatives sur la flore et les formations géologiques, qui serpente entre torrent et falaise (4km AR, 1h30 environ). *À 8,5km au nord du centre de Phang-nga Ouvert tlj. 6h-18h Entrée libre*

● Faire du rafting Bien que la saison des pluies, de juin à novembre, soit la plus propice à la pratique de ce sport, un barrage assure la mise en eau des rapides du Song Phraek tout au long de l'année. Une dizaine de sociétés, qui ont installé leur camp en aval du Ton Pariwat Wildlife Sanctuary (p.415), proposent de vous faire descendre ces rapides en radeau pneumatique. Le "forfait" peut inclure un parcours de tyrolienne, une balade en quad (pas vraiment respectueuse de la nature) ou à dos d'éléphant (à boycotter compte tenu des conditions de captivité et de dressage des pachydermes).

Sanctuaires oubliés

Comme l'ont bien compris les moines thaïlandais, les nombreuses grottes et abris-sous-roche creusés dans le calcaire de la région sont propices au recueillement et à la méditation. Toutefois, après la disparition de leur "découvreur", ces ermitages cachés sont bien souvent restés inoccupés, et leur décor est aujourd'hui voué à disparaître. Ne manquez pas d'aller admirer, face à un petit lac, à l'est du centre-ville de Phang-nga, la grotte de **Tham Sam** et ses scènes bucoliques et personnages en offrande aux couleurs un peu fanées. Plus au sud, derrière le grand bouddha doré de **Tham Khao Tao** (sur la gauche), se cache une longue galerie peuplée de curieuses figurines en bambou et argile, appelées *rup pan*. Lors de votre visite, faites bien attention à ne pas endommager ces lieux insolites, mais fragiles. **Tham Sam Rock Art** *Route 3065 (du centre-ville, suivre Rongrua Rd vers l'est sur 1km et prendre la 2e à gauche après le fleuve)* **Tham Khao Tao** *Bang Toei (au carrefour du parc Somdej Phra Srinagarinda, suivre la route 415 vers l'est sur 7km)*

Sealand Camp Forte de vingt ans d'expérience, cette entreprise familiale propose des descentes en raft avec prise en charge de Phuket, Krabi ou Khao Lak. Tarif 2 300B, réduit 1 800B. *Tél. 076 222 900 www.sealandcamp.com*

★ Ao Phang-nga National Park

Deuxième au classement des réserves marines thaïlandaises par la superficie (400km²), le parc national d'Ao Phang-nga protège depuis 1981 la plus importante mangrove primaire du pays. Les tourelles et pitons karstiques surgis des flots de la baie, auxquels s'arrime cette forêt de palétuviers, possèdent un fort pouvoir d'attraction touristique, pour le plus grand bonheur des agences de voyages de la région. Ces dernières organisent des croisières tout compris, mais si l'on veut éviter les foules et s'écarter des sentiers battus, on pourra affréter un bateau à Tha Dan ou Kasom, cf. accès (p.413), de préférence avant 10h et l'arrivée des minibus. *Tarif 200B, réduit 100B (le billet s'achète à Khao Phing Kan)* **Bureaux du parc** *80 Moo 1, Ban Ta Dan* **Ko Panyi** *Tél. 025 620 760 ou 076 481 188 (rés.) www.dnp.go.th Ouvert tlj. 8h-18h*

Khao Khian À environ 6km au sud du port de Tha Dan, un abri-sous-roche, à plusieurs mètres au-dessus de l'eau, présente un ensemble de peintures pariétales à motifs animaliers et humains vieilles de 3 000 ans, visibles du large.

Ko Panyi Le dôme doré d'une mosquée signale de loin ce petit village sur pilotis bien protégé des vents. Fondé au XVIIIe siècle par trois familles de pêcheurs indonésiens, qui y plantèrent leur drapeau (*panyi* en thaï), cette communauté musulmane compte aujourd'hui près de 1 700 membres, qui subsistent grâce à la pêche, aux aides gouvernementales, et depuis le début des années 2000, au tourisme. Derrière les boutiques de souvenirs et les cantines flambant neuves du front de mer, prises d'assaut à l'heure du déjeuner, se cache un dédale de ruelles et de passerelles moins reluisantes, mais bien plus vivantes. De l'autre côté de l'île, vous pourrez visiter l'école, son “aquarium” présentant la faune marine de la baie, ainsi que le terrain de football flottant du Ko Panyee FC, l'un des meilleurs clubs juniors du sud de la Thaïlande.

UNE NUIT À PANYI Après 17h et le départ des derniers excursionnistes, les habitants de Ko Panyi se réapproprient peu à peu leur île, dont les rues ne tardent pas à résonner des voix des enfants sortis de l'école... Rien ne vaut une nuit au village pour le découvrir sous son vrai jour ! Seule maison d'hôtes de l'île, le Jamesbond Bungalow loue toute l'année une demi-douzaine de chambres roses, simples et propres, avec vue sur la baie. Double 1 600B, dîner et petit déj. inclus. **Jamesbond Bungalow** *Tél. 086 270 1015*

Ko Talu Nok À mi-chemin entre Ko Panyi et James Bond Island, cette spectaculaire tourelle karstique à laquelle s'accrochent des palétuviers est percée d'un tunnel navigable, au plafond garni de stalactites. Plusieurs péniches amarrées à proximité organisent des circuits guidés en canoë autour de l'île, l'occasion d'explorer la mangrove et de s'approcher au plus près de formations karstiques creusées de minuscules grottes à ciel ouvert, ou *hong* (attention à la tête). **Muteara Sea Canoe** *Tél. 089 289 6461 Ouvert tlj. 9h-18h 300B pour 2 pers.*

☆**Khao Phing Kan et Ko Tapu / James Bond Islands** Plusieurs milliers d'années d'érosion ont fini par séparer l'"île aux Collines adossées" de l'"Île-Clou", creusant une faille béante dans la première et sculptant la seconde en une aiguille haute de 20m, à la base effilée, qui semble défier la gravité. Leur apparition dans *L'Homme au pistolet d'or* (1974) leur a valu d'être qualifiées de James Bond Islands… et un afflux de touristes. Propulsés au rang d'icônes du parc et reproduits *ad nauseam*, ces caprices de calcaire ont quelque peu perdu de leur superbe. Des échoppes de colifichets s'entassent sur la minuscule plage de Khao Phing Kan et une foule compacte se presse pour prendre la pose devant Ko Tapu… et rembarquer aussitôt après. Si admirer ce site, malgré tout étonnant, du pont de votre bateau vous laisse sur votre faim, attendez le calme (relatif) et la lumière de la fin de journée pour y accoster.

AVENTURE AU BOUT DU *HONG*

En thaï, le mot *hong* ("chambre") désigne les plateformes et cavités creusées au pied des falaises karstiques par les vagues, et qui forment de tranquilles lagons que flore et faune ne tardent pas à coloniser. Pour rejoindre ces paradis perdus, il faut emprunter d'étroites galeries immergées, accessibles en canoë-kayak, à pied ou à la nage selon la marée. Prévoyez une lampe frontale.

Ko Hong Ceinte de hauts murs calcaires criblés de grottes et de tunnels, le vaste lagon de cette île est un *hong* de grandes dimensions que l'érosion et le temps ont pratiquement transformé en une baie. De nombreux bateaux en provenance de Phuket y font escale sur le chemin des James Bond Islands, mais Ko Hong est surtout une destination appréciée des canoéistes.

☆**Ko Phanak** Tout comme Ko Hong, le véritable gruyère qu'est Ko Phanak a la faveur des kayakistes. Des neuf grottes et *hong* dont cette île est percée, trois méritent particulièrement le coup d'œil : Tham Pa Chai Len (Mangrove Cave), au lagon semé de palétuviers, Tham Pet (Diamond Cave), qui renferme de très belles stalagmites, et Tham Khang Khao (Bat Cave), qui abrite une colonie de chauves-souris et dont le *hong* est peuplé de macaques crabiers. Ajoutez-y de charmantes petites plages accessibles à marée basse, et Ko Phanak suffit à remplir une journée d'exploration.

Ko Lawa Yai La plus méridionale des îles du parc se distingue de ses consœurs par un relief peu marqué, mais elle possède de belles plages de sable blanc, protégées par une barrière récifale. L'endroit tout indiqué pour un après-midi de farniente et de *snorkeling*.

● Explorer la baie en canoë-kayak Au-delà même des limites du parc, les dizaines d'îles disséminées dans la baie sont autant d'invitations à l'exploration, le canoë-kayak étant sans conteste le meilleur mode de transport pour en visiter tous les recoins. Notez toutefois que toutes les sociétés qui organisent des randos dans la baie sont établies à Phuket et qu'elles lancent leurs excursions de la jetée d'Ao Po, au nord-est de l'île.

John Gray's Sea Canoe Fervent défenseur de l'environnement et passionné d'histoire naturelle, le truculent John Gray est l'un des premiers à avoir quadrillé la baie de Phang-nga à la force de la pagaie, et sa compagnie a placé la barre très haut en matière de tourisme écoresponsable. Sont proposées plusieurs formules, de l'après-midi autour de Ko Phanak et Ko Hong (3 950B/pers.) à l'expédition de deux ou trois jours avec camping sur la plage (de 12 750 à 26 750B/pers.). Il est aussi possible de privatiser un bateau pour une journée et de choisir son propre itinéraire (29 000B/1-4pers.). *86 Soi 2/3, Yaowarat Rd.* ***Phuket*** *Tél. 076 254 5056 www.johngray-seacanoe.com*

Sea Canoe Thailand Sea Canoe est l'une des rares compagnies à louer des kayaks biplaces (900B/j.) et monoplaces (de 3 900B les 3 j. à 18 000B/mois). Cette option n'est cependant conseillée qu'aux plus aguerris des pagayeurs, compte tenu de la force des courants marins qui agitent la baie. *125/461 Moo 5 Tambon Rassada* ***Phuket*** *Tél. 076 528 839 www.seacanoe.et*

☆ Les îles Ko Yao

Selon la tradition orale, un dragon qui voulait rejoindre sa promise à Krabi aurait, dans sa course impétueuse, séparé Ko Yao en deux. Aujourd'hui jumelles, les deux îles sont les plus grandes de la baie de Phang-nga, et seule leur pointe nord fait partie du parc national. Souvent comparées au Phuket d'avant les années 1980, Ko Yao Noi et Ko Yao Yai en ont effectivement gardé le meilleur : une nature encore sauvage, de jolies plages désertes, une atmosphère rurale des plus chaleureuses… Soit 140km^2 d'une authentique campagne thaïlandaise ! De vrais petits paradis que leurs habitants – des agriculteurs et pêcheurs majoritairement musulmans – entendent bien préserver des effets nocifs d'un tourisme effréné en modérant son développement au profit des démarches écoresponsables.

Ko Yao Noi Entre les rizières bordées de palétuviers de la côte ouest, où paissent d'occasionnels buffles d'eau, et les plages ombragées de la côte est, qui réunissent la plupart des *resort*s, forêt tropicale et plantations d'hévéas couvrent le reste de l'île, semé d'une poignée de hameaux. Le relief gagne en dénivelé et les bois en épaisseur à mesure que l'on se dirige vers la pointe nord. Seuls quelques banques et bâtiments administratifs, un bureau de poste et un unique supermarché, rassemblés dans le village principal, rappellent qu'il existe un monde au dehors… À pied, à moto, à vélo ou en kayak, l'île tout entière est une invitation à la promenade. À ses trois plages principales – Pasai, Klong Jark et Ao Tha Khao – s'ajoutent les petites bandes de sable de la côte nord, accessibles uniquement en bateau. La plus septentrionale, **Ao Kian**, abrite notamment un arbre tricentenaire. Au large de cette dernière, la baie et le *hong* des îlots peu fréquentés de **Ko Kudu** et de **Ko Roi** méritent aussi le coup d'œil.

Ko Yao Yai Partagée entre plantations d'hévéas, rizières et cocoteraies, la "Grande Île longue" distille elle aussi un charme tranquille, que la mangrove parcourue de *khlong* tortueux, au nord, mâtine d'accents plus sauvages. Moins développée que sa petite sœur, Ko Yao Yai abrite encore quelques petits villages de maisons traditionnelles sur pilotis, et ses rares aménagements touristiques font la part belle aux *resorts* haut de gamme perdus dans une nature luxuriante. Ses plages, plus nombreuses que celles de Yao Noi, sont aussi plus vastes et plus agréables pour qui souhaite dorer au soleil. S'étirant sur près de 30km, l'île et ses nombreux sentiers combleront les amateurs de randonnée en quête de plages secrètes. Sur sa côte nord, les sables blancs de **Laem Hat** se déploient en direction de l'île voisine, alors qu'à l'ouest de hauts filaos projettent leur ombre sur les baies de **Ti Kut** et **Khlong Son**. Au sud-ouest, les plages de **Loh Pared** et de **Loh Jark**, immaculées et bordées de cocotiers, sont les plus fréquentées de l'île. Au large, le petit archipel de **Ko Khai** attire les adeptes de la plongée.

● S'adonner à l'escalade Plus confidentielles que celles de la presqu'île de Phra Nang (p.488), les parois de Ko Yao Noi n'ont pourtant rien à leur envier ! Peu fréquentées du fait de leur difficulté d'accès – en *long-tail boat* ou à pied à travers la forêt –, les quelque 150 voies du nord de l'île sont parmi les plus belles de Thaïlande. L'endroit est aussi un éden pour les amateurs de psicobloc, ou *deep-water soloing*, mais il faut impérativement se renseigner sur les parois à éviter pour ne pas s'attirer les foudres (et le plomb…) d'un cueilleur de nids d'hirondelles protégeant son gagne-pain.

The Mountain Shop Installés depuis 2004 à Ko Yao Noi, Mark et Heather sont parmi les premiers à avoir exploré, équipé et entretenu ses voies d'escalade, cf. varappe (p.80). Ils connaissent donc l'île comme leur poche (à magnésie) et ont compilé le seul guide complet à l'usage des grimpeurs solitaires (30$ en téléchargement). Excursions à la demi-journée et à la journée (2 500-4 000B/pers.) et location de matériel. *4/2 Moo 4 Ban Tha Khao (face à la jetée de Tha Khao, sur la côte est)* ***Ko Yao Noi*** *Tél. 061 226 6486 www.themountainshop.org Ouvert sam.-jeu. 9h-coucher du soleil*

● Découvrir les fonds marins De Phuket à l'ouest, Krabi à l'ouest et Ko Phi Phi au sud, les îles Ko Yao offrent la possibilité au plongeur aspirant ou confirmé de rayonner vers la plupart des sites les plus réputés de la région.

Ko Yao Diver Le credo de cette petite école tenue par des Thaïlandais : vous faire découvrir les fonds méconnus de Ko Yao Noi et ses alentours en compagnie d'instructeurs locaux. Trois formules à la journée, avec 2 plongées, de 4 000 à 6 600B (Ko Yao Noi, Krabi et Ko Phi Phi) et 16 700B la certification PADI *Open Water. Lom'Lae Beach Resort* ***Ko Yao Noi*** *À 6km à l'est de la jetée de Manoh Tél. 076 597 406 www.kohyaodiver.com*

Elixir Divers Outre la certification PADI *Open Water* (15 900B) et plusieurs formules à la journée avec 2 plongées (2 900-4 900B/pers.), cette très bonne école propose des croisières de 4 jours aux îles Similan (14 plongées, 22 900B/pers.) et à Ko Phi Phi (15 plongées, 17 900B/pers.). *99 Moo 3 Ban Prunai* ***Ko Yao Yai*** *Tél. 087 897 0076 ou 090 721 3879 www.elixirdivers.com Ouvert mi-oct.-mars*

● Se ressourcer

Island Yoga Difficile d'imaginer meilleur endroit que la paisible Ko Yao Noi pour pratiquer le yoga et méditer. Depuis 2005, David et les membres de son équipe apportent chacun leur touche personnelle aux deux sessions journalières qui rythment des stages de 3 à 7 jours, hébergement et petit déj. inclus. Les structures d'hébergement vont du simple dortoir au bungalow privatif et climatisé. À partir de 4 500B/pers. *Ulmar's Nature Lodge Ban Tha Khao* ***Ko Yao Noi*** *Tél. 087 387 9475 www.thailandyogaretreats.com Ouvert mi-oct.-début sept. Rés. obligatoire*

● S'initier au *muay thai*

KYN Muay Thai Gym Des instructeurs chevronnés et attentifs menés par Hlukhin, ancien champion du monde WMC, un entraînement rigoureux ouvert aux novices comme aux adeptes en quête de perfectionnement, le cadre exceptionnel de son impeccable salle de boxe en bord de mer... autant d'atouts qui font la réputation de ce gymnase discret, doté d'une belle piscine. À raison de deux (intenses) séances par jour, cette école met l'accent sur la technique et l'accompagnement individuel grâce à des classes réduites. Journée d'initiation 600B/pers. et stages en demi-pension à partir de 11 000B/sem. et 33 000/mois. *Lam Sai Village Hotel* ***Ko Yao Noi*** *(à 5km à l'est de la jetée de Manoh) Tél. 082 289 4276 www.phuket-krabi-muaythai.com*

CARNET D'ADRESSES

Restauration, hébergement

Phang-nga

très petits prix

Marché couvert Comme les habitants de Phang-nga, vous pourrez faire vos courses mais aussi prendre votre petit déjeuner au marché couvert qui fait face au Muang Thong Hotel, en retrait de Phet Kasem Road. Currys halal, fruits frais, brochettes de poulet, bananes frites, *roti* (crêpe frite au sucre et au lait concentré) et douceurs au lait de coco : les prix sont modiques (moins de 50B), le choix est pléthorique et l'effervescence captivante. *Prachumongkon Rd. Ouvert tlj. 6h-10h*

petits prix

Balcony Hill Café & Restaurant La meilleure terrasse de la ville ! Le rez-de-chaussée climatisé de cette modeste maison verte au toit de tôle joue la carte du *coffee shop* new-yorkais avec béton ciré au sol et briques apparentes aux murs, tandis que la terrasse de l'étage se partage entre un espace *lounge* et les belles tablées du restaurant. Du goûter au dîner, la carte bien fournie satisfait toutes les envies : bon café, savoureuses gaufres (50B), pizzas de bonne tenue (165B)... Et des recettes thaïlandaises

GAMME DE PRIX	RESTAURATION	HÉBERGEMENT
Très petits prix	moins de 100B	moins de 500B
Petits prix	de 100 à 300B	de 500 à 1 000B
Prix moyens	de 300 à 500B	de 1 000 à 2 200B
Prix élevés	de 500 à 1 000B	de 2 200 à 4 000B
Prix très élevés	plus de 1 000B	plus de 4 000B

habilement revisitées (70-150B) – les portions étant un peu petites, n'hésitez pas à en commander plusieurs. *12/50 Montri Rd (à 500m de la gare routière)* ***Phang-nga*** *Tél. 081 968 5208 Ouvert tlj. 11h-22h*

Baan Phangnga À 5min à pied de la gare routière, ce petit hôtel à la façade brune et à l'enseigne rose fuchsia offre l'un des meilleurs rapports qualité-prix du centre-ville. Réparties sur deux étages, les 10 grandes chambres (650B avec eau chaude, clim. et wifi) colorées sont rehaussées de discrètes touches décoratives terriblement rétro. Au milieu du fouillis du rez-de-chaussée, la carte du restaurant **Sweet Wonders** propose, outre une sélection de plats occidentaux bien maîtrisés (de 85 à 160B), des recettes japonaises sous influence thaïlandaise (mention spéciale pour le porc *tonkatsu* au curry rouge !). Pas de CB. *100/2 Phet Kasem Rd* ***Phang-nga*** *Tél. 076 413 276*

☺ **Phangnga Cottage** Centrales, calmes, décorées dans des tons de vert amande et de teck, ces 4 chambres d'hôtes lumineuses et confortables se partagent deux bâtiments mitoyens. Trois d'entre elles sont installées sous les toits, la dernière occupe un rez-de-chaussée en pierres apparentes, et toutes disposent d'un jolie sdb en mosaïque à ciel ouvert ! Double 900B, eau chaude, clim., wifi et petit-déj. compris. Pas de CB. *10-12 Soi Klangmuang* ***Phang-nga*** *Tél. 081 788 9974 ou 094 020 1817*

Parc national d'Ao Phang-nga Pris d'assaut en haute saison, les 4 bungalows du parc national compensent leur manque de charme par une position imbattable, à un jet de pierre des deux embarcadères de Tha Dan. Idéal pour qui veut entamer sa visite au chant du coq ! Particularité notable, toutes les chambres disposent de la clim. Double 1000B sans petit déj. Pas de CB. *Tél. 025 620 760 (Rés.) www.dnp.go.th/parkreserve/reservation.asp*

prix moyens

Palms Hill Resort Avec sa piscine et son spa, cet hôtel noyé dans la végétation, non loin du centre-ville, offre le confort d'un *resort* luxueux, mais à des prix raisonnables. Très lumineuses, les 6 *deluxe* en bungalow marient les nuances gris et ocre de murs en béton ciré aux tonalités brun-roux de leur charpente. Les 7 *standard* immaculées, qui donnent sur la piscine, ne manquent pas non plus de charme. Le petit déjeuner avec vue est servi dans la tour aux airs de château d'eau qui trône au milieu de la cour ! Double 1200-1800B avec petit déj., réfrigérateur, TV et clim. *98 Moo 3* ***Phang-nga*** *Tél. 082 412 2881 ou 080 533 0519*

Îles Ko Yao

En dehors de ceux des *resorts*, pour la plupart de bonne tenue, les restaurants sont rares sur la grande Yao comme sur la petite.

petits prix

Pasai Cottage Idéalement campé face à Pasai Beach, ce *resort* a été rafraîchi en 2014 : les murs en bambou tressé de ses 10 bungalows sobres et fonctionnels sont désormais égayés de chatoyantes couleurs. Chacune de ces maisonnettes sur pilotis, au toit de palme et parquet en teck, dispose d'un balcon et d'une petite sdb impeccable. Sympathique bar-restaurant donnant sur la plage. Double 800B avec ventilateur et moustiquaire. *Plage de Pasai* ***Ko Yao Noi*** *Tél. 089 240 8326 ou 087 299 3522 http://pasaicottage.blogspot.fr*

prix moyens

Hill House Accueil hyper-convivial et point de vue imprenable font le charme de cet hôtel familial, installé à flanc de colline, au-dessus de la plage d'Ao Tha Khao. Nichés dans un paisible jardin planté d'hévéas, de bananiers et de palmiers, les 6 bungalows en teck et matériaux recyclés (trois tailles différentes, avec ventilateur, lit *king size* et douche chaude) possèdent tous une vaste terrasse où il fait bon admirer le lever de soleil ou paresser dans un hamac aux heures les plus chaudes de la journée. Double 1 100-1 300B, petit déj. inclus. *Plage d'Ao Tha Khao* ***Ko Yao Noi*** *Tél. 089 593 9523 www.hillhouse-kohyaonoi.com Ouvert sept.-juil.*

prix élevés

Lom'Lae Beach Resort Cet accueillant resort du sud-est de l'île – l'un des premiers de Ko Yao Noi – bénéficie d'une plage privée et d'un panorama superbe sur la baie. La dizaine de bungalows au toit de palme sont disséminés dans une cocoteraie dont seul le chant des oiseaux vient troubler la quiétude. Tout de bois et de bambou vêtus, ils jouent la carte de la simplicité rustique sans rien sacrifier au confort (ventilateur, moustiquaire, réfrigérateur et eau chaude). Club de plongée – cf. Ko Yao Diver (p.420) – et nombreuses activités. Double 3 000-3 500B, avec wifi et petit déj. *46/6 Moo 5* ***Ko Yao Noi*** *(à 6km à l'est de la jetée de Manoh) Tél. 076 597 486 www.lomlae.com Ouvert nov.-avr.*

prix très élevés

Santhiya Resort & Spa Un immense bassin à cascade, une salle de fitness, une bibliothèque, deux restaurants... L'un des plus luxueux *resorts* de Ko Yao Yai domine le ruban de sable de Loh Pared de toute sa hauteur. Romantiques à souhait (le somptueux coucher du soleil n'y est pas pour rien...), ses 30 villas avec piscine et ses 60 chambres lambrissées de teck ouvragé sont également bien conçues pour les familles. Chambre *deluxe* 10 000-15 000B, villa 25 000-36 000B. *Plage de Loh Pared* ***Ko Yao Yai*** *Tél. 076 592 888 www.santhiya.com*

PHUKET

Véritable Mecque du tourisme balnéaire, la plus grande des îles thaïlandaises (536 km²) est, au dire de tout bon voyagiste, synonyme de plages paradisiaques. Immaculées, léchées par une eau turquoise, celles-ci tiendraient presque du rêve éveillé... pour peu que l'on fasse abstraction des 11 millions de touristes qui, chaque année, luttent pied à pied pour leur carré de sable. L'apparition de la "Perle du Sud" sur les radars des voyageurs, dans les années 1980, a ouvert la porte à plus de trente années d'excès en tout genre, notamment dans l'aménagement urbain, dont la sulfureuse plage de Patong est le plus parfait exemple. Phuket a beau être surpeuplée, survoltée, et surfaite selon ses détracteurs, son succès ne semble pas s'essouffler. L'île a même commencé à se racheter une vertu en

réhabilitant le patrimoine architectural de son chef-lieu, jadis un port de commerce florissant, rappelant que ses richesses naturelles ont attiré les Occidentaux bien avant l'invention de la crème solaire.

COSMOPOLITE UN JOUR, COSMOPOLITE TOUJOURS Si l'ouest de l'île a révélé une occupation préhistorique, il faut attendre le XIVe siècle pour qu'un village apparaisse sur une carte de Ko Thalang – l'ancien nom de Phuket. Attestée dès 1526, l'exploitation des riches filons d'étain insulaires conduit à la création d'un comptoir commercial portugais un demi-siècle plus tard. Pendant près de 150 ans, Hollandais, Français et Britanniques se disputent le monopole commercial sur cette île qu'ils appellent "Jungceylon", dérivé du toponyme signifiant "presqu'île des nomades de la mer" en malais. Avec l'essor de l'industrie minière, dans le courant du XIXe siècle, une main-d'œuvre débarquée de Chine vient parachever le socle ethnique et culturel de Phuket : nomades de la mer (animistes), Siamois (bouddhistes) et Malais (musulmans). Ce sont ces Chinois, appelés Baba ou Peranakan, qui contrôlent les échanges commerciaux au début du XXe siècle et contribuent au développement de l'île, avec l'aménagement des premières routes et l'importation d'hévéas. Depuis, le cours de l'étain s'est effondré et les dernières mines ont fermé en 1992, alors même que le tourisme connaissait une croissance fulgurante, rejoignant la production de la noix de coco et du caoutchouc parmi les principales sources de revenu insulaires. Le dynamisme de Phuket attire aujourd'hui des travailleurs malaisiens, indiens et birmans en quête d'une petite place au soleil, et sa population sédentaire se composerait de près d'un quart d'expatriés, dont de nombreux Occidentaux.

MODE D'EMPLOI

accès

EN AVION

Phuket International Airport (plan 21, A1-A2) Accueillant plus de 11 millions de voyageurs par an, soit le double du trafic prévu à son inauguration, en 1976, le 3e aéroport du pays fait l'objet d'un vaste chantier de rénovation et d'extension, qui devrait s'achever à l'été de 2016. Au total, près d'une cinquantaine de compagnies nationales et étrangères assurent des vols, saisonniers ou pérennes, à destination de Phuket. *Tél. 076 327 230 www.phuketairportthai.com*

Accès Deux lignes de bus desservent l'aéroport situé au nord de l'île : des navettes orange (*www.airportbusphuket.com*) le relient avec Phuket-ville (1/h, 8h-20h30 vers la ville, 6h-18h30 vers l'aéroport, 100B), et des bus blanc et bleu (www.phuketairportbusexpress.com) à Patong (9/j., 8h15-20h45 vers Patong, 8h-19h vers l'aéroport, 120B). Un projet de navette gratuite à destination de Patong, de Karon et de Phuket-ville est à l'étude. Des minibus collectifs de 10 places desservent les autres stations balnéaires de l'île (150-200B/pers.). En taxi rouge et jaune, comptez 450-650B la course (vérifiez bien que le taximètre fonctionne), et ajoutez 100B pour la taxe d'aéroport.

Thai Airways La compagnie nationale assure une dizaine de liaisons quotidiennes entre Phuket et l'aéroport

Suvarnabhumi de Bangkok (1h25 de vol, 3 000-3 250B). *Tél. 076 327 144 www.thaiairways.com*
Thai Smile La filiale *low-cost* de Thai Airways opère 3 liaisons journalières entre Phuket et les deux aéroports de Bangkok (1h25, dès 1 500B), et une autre entre Phuket et Chiang Mai (1h55, dès 3 600B). *Tél. 021 188 888 www.thaismileair.com*
Air Asia Cette compagnie relie Phuket à Bangkok (aéroport de Don Muang, 14 vols/j., 1h20, dès 800B), Kuala Lumpur (4 vols/j., 25min, dès 1 400B), Chiang Mai (3 vols/j., 2h, dès 1 900B), Udon Thani (1/j., 1h50, dès 1 300B), Singapour (1/j., 40min, dès 2 000B) et Hong Kong (1/j., 2h30, dès 2 500B). *Tél. 076 351 337 www.airasia.com*
Bangkok Airways Relie Phuket à l'aéroport Suvarnabhumi de Bangkok (8 vols/j., 1h25, dès 2 200B), à Ko Samui (4 ou 5 vols/j., 1h, 3 100B), Chiang Mai (1/j., 2h5, dès 2 900B) et Pattaya (1/j., 1h40, dès 2 650B). *Tél. 076 205 401 www.bangkokair.com*
Nok Air Quatre ou cinq liaisons quotidiennes entre Phuket et l'aéroport Don Muang de Bangkok (1h20, dès 1 150B). *Tél. 076 351 465 www.nokair.com*

EN CAR
Phuket Bus Terminal 2 (plan 21, B3) La gare routière accueille les cars en provenance de Bangkok (28/j. de 6h20 à 20h30, 13h de trajet, 700-1050B AS), de Krabi via Phang-nga (2/h de 6h30 à 17h, 3h, 140B), de Ranong (3/j. de 6h30 à 16h, 5h30, 295B), de Hat Yai (8/j. de 8h à 21h30, 7h30, 405B) via Trang (5h15, 300B), 7/j. de Surat-Thani (7/j. de 7h à 15h30, 4h, 280B). *Thepkasattri Rd (à 5km au nord de Phuket-ville)*
Phuket Bus Terminal 1 (plan 20, D3) La vieille gare routière du centre-ville accueille les compagnies de minibus et sert de terminus aux bus orange qui desservent l'aéroport et à ceux qui arrivent après 22h. Près de 90 minibus partent chaque jour pour Krabi, Ko Lanta, Nakhon Si Thammarat, Hat Yai, Surat Thani et Takua Pa, pour environ le double du prix d'un billet d'autocar. *2-4 Soi 5, Phang-nga Rd Phuket-ville*

EN BATEAU
Rassada Pier (plan 21, B3) Plusieurs compagnies relient le port principal de Phuket à Ko Phi Phi (4/j. de Phuket, 3/j. de Ko Phi Phi, AS 600-800B), Ko Lanta (3/j. en haute saison, 1/j. en basse saison, AS 700-900B), ainsi qu'aux ports de Noppharat Thara et de Railay West à Ao Nang (1/j. en haute saison, 3/sem. en basse saison, AS 700B). *Moo 1 Tambon Rassada (à 4km à l'est de Phuket-ville)*
Bang Rong Pier (plan 21, B2) C'est l'embarcadère principal pour les îles Ko Yao (p.419). De là, 3 ferrys assurent une navette quotidienne entre Phuket et cet archipel dans les deux sens (1h, 120B), tout comme de nombreux *speedboats* (35min, 200B) : 12/j. de 7h30 à 17h30 vers les îles, 10/j. de 6h30 à 16h40 vers Phuket. ***Pa Khlok** (à 10km du rond-point des Héroïnes, tourner à droite à hauteur de la mosquée de Ban Bang Rong)*

orientation

Longue de 50km et large de 20km, la plus grande île de Thaïlande est reliée au continent par deux ponts construits à sa pointe nord, Sarasin Bridge et Thepkasattri Bridge. De là part l'axe principal de l'île, la route 402 ou Thepkasattri Road, qui, après avoir contourné l'aéroport, file vers le sud à travers le district de **Thalang** jusqu'à Phuket-ville, le chef-lieu, installé dans le sud-est de l'île. Aux deux tiers du trajet, au rond-point des Héroïnes, la 402 croise l'axe reliant les jetées de **Bang Rong** et **d'Ao Po**, au nord-est, aux plages de **Bang Tao** et de **Surin**, sur la côte ouest. Peu avant **Phuket-ville**, la route 402 bifurque, sa branche orientale menant au Bus Terminal 2 et au centre-ville, et l'occidentale à **Kathu**, passage obligé vers **Patong**. Plusieurs routes rayonnent de la capitale vers le sud de l'île : la 4023 aboutit au cap Panwa, les 4021 et 4024 longent la baie de **Chalong** jusqu'à **Rawai**, et la 4028 dessert les anses de **Kata** et de **Karon**, sur la côte ouest.

se déplacer

EN *SONGTEO*

Il en existe deux types à Phuket. Ne circulant que dans Phuket-ville et ses environs (toutes les 15 à 30min entre 6h30 et 20h30, 15B), les ***songteo* roses** suivent 4 lignes : deux d'entre elles relient les deux gares routières de l'île, une autre dessert le port de Rassada et la dernière les grands centres commerciaux au nord de la ville. Les ***songteo* bleus**, eux, partent du marché couvert de Phuket-ville, sur Ranong Road, vers le reste de l'île (toutes les 30min entre 6/8h et 16/18h selon les lignes, 20-40B) et gagnent les jetées de Bang Rong et d'Ao Po ainsi que les côtes sud et ouest. Les connexions interplages ne sont cependant pas assurées en dehors des trajets établis (Kata-Karon, Chalong Circle-Rawai-Naiharn, Kamala-Surin-Bang Tao, et Patong).

EN *TUK-TUK*, EN TAXI

Les lacunes des transports publics de l'île font les affaires des transporteurs privés (*tuk-tuk*, taxis, motos-taxis et minibus), souvent qualifiés de véritable mafia tant les tarifs qu'ils pratiquent sont prohibitifs. La TAT publie une grille tarifaire indicative (de 200 à 700B la course), mais il vous faudra négocier ferme pour obtenir un prix approchant, notamment de nuit, lorsque les *songteo* ne circulent plus. Les voyageurs connectés pourront, quant à eux, utiliser l'application Uber en haute saison.

À DEUX-ROUES

Avec un accident mortel tous les trois jours, la prudence est de mise sur les routes de Phuket, peut-être plus encore qu'ailleurs, notamment entre 18h et 22h, heure de pointe. Cela étant, le scooter reste le moyen de transport le plus économique, le plus pratique et le plus agréable pour découvrir l'île. Comptez 250 à 300B/j., casque compris, de préférence jet ou intégral si le loueur en dispose.

EN BATEAU

Ao Po Pier (plan 21, B2) Location de *long-tail boats* pour les îles Naka, l'archipel de Ko Khai (p.419) et les îles du parc national d'Ao Phang-nga (p.417), de 1 500 à 4 500B pour 6 pers. max. *À 15km au nord-est du rond-point des Héroïnes*

Laem Hin Pier (plan 21, B3) Des *long-tail boats* assurent une navette régulière entre cet embarcadère et Ko Maphrao (20B) et louent leurs services pour gagner Ko Rang (1 000B). *À 10km au nord de Phuket-ville*

Chalong Pier (plan 21, A4) Port d'attache de nombreuses écoles de plongée, la jetée d'Ao Chalong permet aussi de rejoindre les petites îles au large : Ko Lone (1 500-2 500B pour 8 pers. en *long-tail boat*), Ko He (700B AS en *speedboat*, départ à 9h), et Ko Racha (600-800B AS en *speedboat*, départ à 9h). *À 10km au sud-ouest de Phuket-ville*

Rawai Pier (plan 21, A4) Location de *long-tail boats* pour Ko Bon (1 200B) et Ko He (1 500B). *À 15km au sud-ouest de Phuket-ville*

informations touristiques

Les terminaux de l'aéroport regorgent de présentoirs proposant des cartes de l'île et de ses plages, gratuites mais de qualité inégale (vérifiez bien leur date de parution). Signalons la *Phuket Treasure Map*, éditée par Serendipity Designs (www.artandcultureasia.com), bien utile pour la visite de Phuket-ville.

TAT Phuket-ville (plan 20, C3) L'accueil est un peu indolent, mais le personnel fournit des renseignements utiles pour peu qu'on insiste. Sur demande, très bonne carte officielle de la province et dépliants avec horaires et tarifs des transports en commun terrestres et maritimes. *191 Thalang Rd Tél. 076 212 213 ou 076 211 036 Ouvert tlj. 8h30-16h30*

informations pratiques

Les distributeurs automatiques de billets (ATM) et bureaux de change sont légion dans l'île, et ce dès la descente de l'avion. En plus du bureau de poste principal, situé au 158 Montri Rd à Phuket-ville, chaque localité de l'île possède une agence postale, ouverte du lundi au vendredi de 8h30 à 16h30 et le samedi de 9h à midi.

MÉDIAS

Phuket abrite une communauté d'expatriés francophone très active, principalement concentrée autour d'Ao Chalong et de Rawai. Deux mensuels en français – une rareté en Thaïlande ! – sont distribués gratuitement à travers l'île, notamment aux bureaux de la TAT, et consultables en ligne : *Le Paris Phuket* (www.leparisphuket.com) et *Phuket francophone* (www.franco-media.com).

SÉCURITÉ

Phuket Tourist Police *327 Yaowarat Rd* **Phuket** *Tél. 1155 (n° d'urgence) ou 076 223 891 www.phukettouristpolice.go.th* **Antenne de Patong** *Thawewong Rd* **Patong** *À côté de l'Immigration Office*

SANTÉ

Avec trois hôpitaux publics et quatre privés, tous d'excellente qualité, Phuket rassemble les meilleurs établissements hospitaliers de la région. L'île est même devenue une destination de choix pour le tourisme médical.

Bangkok Hospital Phuket Ce grand hôpital privé est le plus renommé de l'île. Interprètes français sur demande. *2/1 Hongyok Rd Tél. 1719 (urgences) ou 076 254 425 www.phukethospital.com*

Phuket International Hospital Également réputée, cette clinique dispose d'un caisson hyperbare, utilisé en cas d'accident de plongée. Interprètes français sur demande. *44 Chalermprakiat Ror 9 Rd* **Phuket** *(à côté du centre commercial Big C) Tél. 076 210 935 (urgences) ou 076 361 888 www.phuketinternationalhospital.com*

Patong Hospital Cet hôpital public dispose d'un bon service d'urgences, à l'expérience éprouvée par les nombreux débordements et accidents de la station balnéaire la plus agitée de l'île. *57 Sainamyen Rd* **Patong** *Tél. 1669 (urgences) ou 076 342 633 www.patonghospital.go.th*

VISA

Phuket Port Immigration Office *482 Phuket Rd* **Phuket** *Tél. 076 221 905 Ouvert lun.-ven. 8h30-12h et 13h-16h30*

Patong Immigration Office *Thawewong Rd* **Patong** *Tél. 076 340 477 Ouvert lun.-ven. 10h-12h et 13h-15h*

REPRÉSENTATIONS DIPLOMATIQUES

Consulat de France *96/15 Moo 1, Chalermprakiat Rama 9 Rd* **Kathu** *(à 100m* *au nord du Tesco Lotus, au Royal Place) Tél. 076 304 050 www.agenceconsulairephuket.fr Ouvert lun.-ven. 10h-11h30*

Consulat de Suisse *Patong Beach Hotel 124 Thawewong Rd* ***Patong*** *Tél. 076 295 455 ou 081 891 5987 Sur rdv uniquement*

DIVERS

Alliance française Bibliothèque et médiathèque francophones et service de traduction français-thaï agréé. *3 Pattana Soi 1* ***Phuket*** *Tél./fax 076 222 988 www.afthailande.org Ouvert lun. 14h30-18h30 ; mar.-ven. 9h30-12h30 et 14h30-18h30 ; sam. 9h30-12h*

fêtes et manifestations

Phuket International Marine Expo On peut y visiter une soixantaine de yachts, comptant parmi les plus luxueux au monde. *Royal Phuket Marina* ***Kohkaew*** *www.phuketboatshow.com 4j. en jan.*

Wat Chalong Fair Célébrant à l'origine la fin des moissons, cette grande foire installée face au monastère de Wat Chalong est aujourd'hui couplée au Nouvel An chinois. ***Chalong*** *1 sem. entre fin jan. et fin fév.*

Thao Thepkasattri-Thao Sri Suntorn Festival Commémoration de la victoire de 1785 sur les troupes birmanes par les deux héroïnes de l'île, culminant par un opéra en plein air qui rassemble quelque 300 acteurs sur 3 jours. Des rencontres sportives sont organisées dans tout le district de Thalang. ***Sri Suntorn*** *2 sem. en mars*

Phuket Pride Festival L'association LBGT de Patong organise chaque année une Gay Pride avec parades, concerts et événements sportifs et culturels. ***Patong*** *www.phuket-pride.org 1 sem. en avr.*

Phuket Bike Week Foire internationale de motos avec concerts, concours de tatouages et bécanes chromées à gogo. ***Patong*** *1 sem. en avr.*

Sea Turtle Release Ceremony Sur plusieurs plages de l'île, lâchers de tortues marines coordonnés par la Mai Khao Marine Turtle Foundation (p.454). *Le 13 avr. (durant les fêtes de Songkran)*

Baba Wedding Festival Grande cérémonie de mariage collectif dans la tradition des premiers immigrés chinois de Phuket : parades et illuminations sur Thalang Rd, demeures sino-portugaises en visite libre. ***Phuket*** *www.phuketbaba.com 2j. en juin*

Kathu Festival Processions costumées, concerts de musique traditionnelle et expositions célébrant le passé minier de Kathu. ***Kathu*** *3j. en juil.*

Festival végétarien Nombreuses cérémonies, dont quelques rituels légèrement macabres, dans les 40 temples chinois de l'île, cf. Le Festival végétarien (p.458). Attention aux pétards ! *www.phuketvegetarian.com 9j. en oct.*

Laguna Phuket Triathlon Créé en 1994, le premier triathlon du Sud-Est asiatique attire chaque année plusieurs milliers de participants venus du monde entier. ***Bang Thao*** *www.challengelagunaphuket.com 1j. en nov.*

King's Cup Regatta Depuis 1987, la plus grande régate de Thaïlande. ***Kata*** *www.kingscup.com 1 sem. en déc.*

DÉCOUVRIR
Phuket-ville et ses environs

☆**Les essentiels** Old Town, Soi Romanee, Thai Hua Museum, Baan Chinpracha **Découvrir autrement** Suivez une visite guidée du centre ancien, découvrez les traditions culinaires locales, apprenez comment sont fabriquées les perles de culture

☆ Phuket-ville

Le chef-lieu de l'île est longtemps resté en marge des circuits touristiques, mais depuis la fin des années 1990 la revalorisation de son centre historique – parfois dénommé Chinatown – lui a donné un coup de fouet. De jolies

L'architecture sino-coloniale

Les immigrants chinois arrivés en simples coolies au début du XIXe siècle prirent une part grandissante dans les flux commerciaux du Sud-Est asiatique, formant ainsi une classe bourgeoise mâtinant les cultures thaïlandaise, malaisienne et indonésienne, connue sous les noms de Baba, ou Peranakan. Pour construire ses maisons, la communauté Baba de Phuket s'inspira des traditions architecturales de sa jumelle de Penang – alors une colonie britannique – en parant d'une décoration d'inspiration occidentale une structure typiquement asiatique, en brique pour l'isolation, et orientée selon les principes du feng shui.
En témoignent les rangées de *shophouses* de Thalang Road, ces maisons mitoyennes dont le rez-de-chaussée à arcades supporte un ou deux étages. Derrière leurs étroites façades, parées de stucs néo-Renaissance et néoclassiques (guirlandes, angelots, pilastres cannelés...), et l'espace commercial du rez-de-chaussée, la maison s'étire en une enfilade de pièces à vivre, comprenant en général une cour avec puits et accès aux chambres du niveau supérieur, une cuisine et un jardin.
À son âge d'or, sous Rama V (1868-1910) et Rama VI (1910-1925), les familles Baba les plus aisées déclinèrent cette architecture en de grandes villas, appelées *angmor lao*, organisées autour d'un ou de plusieurs patios.
Les spécialistes tendent aujourd'hui à substituer au terme "sino-portugais", longtemps employé pour qualifier ce style, celui de "sino-colonial", qui traduirait mieux ses origines métissées.
Phuket Heritage Trails Deux Thaïlandaises passionnées par l'histoire de Phuket animent en anglais d'excellentes visites guidées de la vieille ville (1 500B/pers., réduit 800B) et de l'île (2 400B/pers., réduit 1 300B). *Tél. 085 158 9788 www.phuketheritagetours.net Rés. sur le site Internet*

LE NORD DE LA CÔTE D'ANDAMAN

boutiques colonisent désormais les élégantes *guesthouses* de ses rues centenaires, et l'ouverture à l'horizon 2020 d'une ligne de tramway devrait achever d'embourgeoiser cette fourmillante cité où se côtoient Thaïs, Chinois, Indiens et Malaisiens. Malgré un tourisme galopant, Phuket-ville a su garder son âme, contrairement à Patong et ses délires balnéaires.

★ **Old Town / Vieille Ville (plan 20)** Le centre historique s'inscrit peu ou prou dans le quadrilatère formé par Dibuk Road, Thepkasattri Road, Rassada Road et Yaowarat Road. C'est là que s'établirent, au milieu du XIXe siècle, des Chinois chassés du Fujian par la misère et venus travailler dans les mines d'étain insulaires. L'épuisement des gisements les plus proches transforma peu à peu le village minier en un bourg marchand, avec ses *shophouses* et ses grandes villas de riches négociants, cf. L'architecture sino-coloniale (p.429). Axe principal du quartier, **Thalang Road** concentra la majeure partie de l'activité commerciale tant que les jonques purent remonter le canal percé à son extrémité orientale (et aujourd'hui presque à sec) pour y débarquer leurs marchandises. Depuis les années 1990, la municipalité remet à l'honneur le patrimoine et les traditions de la ville, et elle devrait prochainement inaugurer dans l'ancienne Standard Chartered Bank (à l'angle de Phang-nga et de Thepkasattri Rd) le Phuket Baba Museum, consacré à la culture des élites sino-thaïes à l'aube du XXe siècle.

DIMANCHE SOIR À CHINATOWN

Le dimanche soir, Thalang Road se vide de ses voitures et se remplit d'une cohorte de Mobylettes bricolées et de tables sur tréteaux. Dans la fumée des currys halal, des brochettes de poulet, des calmars grillés et du poisson frit, des artisans et vendeurs de souvenirs installent leurs stands sur le pavé, en musique. **Walking Street (plan 20, C3 n°20)** *Thalang Rd Ouvert dim. 17h-22h*

☆ **Soi Romanee (plan 20, C2-C3)** Avec ses charmantes façades pastel aux balcons fleuris, admirablement restaurées au début des années 2000, cette ruelle reliant Thalang Road à Dibuk Road est devenue la vitrine du passé colonial de Phuket. Ne vous laissez pas tromper par sa quiétude : vous vous trouvez, en effet, dans l'ancien quartier des plaisirs de la ville, où les mineurs harassés venaient flamber leur maigre salaire au jeu, dans l'opium ou dans les bras de prostituées chinoises, ce qui valut au quartier d'être baptisé Soi Macau. Ces années de débauche sont désormais révolues, mais la plupart des *shophouses* appartiennent toujours aux mêmes familles, qui les ont converties en boutiques et en auberges. Soi Romanee est aujourd'hui l'un des lieux de prédilection des jeunes mariés thaïlandais, qui viennent se faire photographier devant ses anciennes maisons de prostitution...

☆ **Thai Hua Museum (plan 20, B2)** Inauguré en 2008, ce musée occupe la plus vieille école chinoise de l'île, fondée en 1917 et reconstruite une quinzaine d'années plus tard dans un élégant style sino-colonial. Les treize salles distribuées sur deux niveaux, autour d'une petite cour, abordent en autant de thèmes l'histoire de la communauté chinoise de Phuket, de ses origines à ses plus célèbres représentants, en passant par ses traditions religieuses, architecturales et son rôle prépondérant dans l'exploitation des mines d'étain.

CAFÉ CACHÉ
À droite du Taihua Museum, derrière une petite porte, se cache le jardin tout en longueur de ce café et ses quelques tables installées sous des auvents. Parfait pour grignoter sucré ou salé (90B) et prendre un café au calme (45B). **Café'in (plan 20, B2 n°13)** *24 Krabi Rd Tél. 081 367 9180 Ouvert tlj. 9h-19h*

28 Krabi Rd Tél. 076 211 224 Ouvert tlj. 9h-17h30 Tarif 200B, réduit 100B ***Visites guidées*** *en anglais (1h) à 9h30, 11h, 13h30 et 15h30*

☆ ☺ **Baan Chinpracha (plan 20, B2)** Le temps semble avoir suspendu son vol dans cette luxueuse demeure sino-portugaise, construite en 1903 par Phra Pitak Chinpracha en cadeau de mariage pour sa jeune épouse. La maison est habitée par les descendants de ce riche marchand d'origine chinoise, et seul son rez-de-chaussée se visite. Elle est orientée au sud, comme le veut la tradition chinoise, et son puits de lumière central servait à en améliorer l'aération, tandis que les carrelages en provenance d'Italie et le mobilier incrusté de nacre importé de Chine illustrent le commerce intense auquel participait jadis Phuket, et les goûts hétéroclites des élites locales. Tout comme sa belle voisine, aujourd'hui occupée par le restaurant Blue Elephant (p.462), cette maison séduit par son ambiance surannée de nombreux couples, qui viennent y faire leurs photos de mariage, comme en témoignent les albums empilés sur la table de l'entrée. *98 Krabi Rd Tél. 076 211 281 Ouvert tlj. 9h-16h Tarif 150B*

Put Jaw Temple (plan 20, A3-B3) Moins théâtral que le sanctuaire voisin, Jui Tui, encore plus rutilant, ce temple – de 1908 dans son état présent – fut fondé il y a plus de deux siècles en l'honneur de Guanyin, ou Kwan Im, féminisation chinoise du bodhisattva de la Compassion, que les taoïstes comptent parmi leurs Immortels. Nombre de fidèles visitent sa petite chapelle pour interroger la déesse de la Miséricorde sur leur avenir, selon un rituel appelé *chien tung*, ou *qiantong*. Agenouillé devant l'autel, le croyant pose sa question à mi-mots tout en agitant un pot rempli de baguettes de bambou numérotées jusqu'à ce que l'une d'entre elles tombe sur le sol. Le numéro de celle-ci correspond à l'un des casiers alignés sur les murs, dont chacun contient une formule sibylline tirée du *Yi jing*, ou *Livre des mutations*, notée en thaï et en chinois sur un papier et censée prodiguer les conseils de conduite relatifs à la question posée. *Soi Phuthorn (à 300m à l'ouest du marché central sur Ranong Rd) Ouvert tlj. 6h30-20h Entrée libre*

Jui Tui Shrine (plan 20, A3-B3) Au début du XXe siècle, un incendie força les habitants de Phuket à déménager ce temple chinois de Soi Romanee sur son emplacement actuel. Maintes fois rénové et agrandi, ce sanctuaire occupe une place prépondérante dans la vie de l'île : des mariages, naissances et anniversaires y sont régulièrement célébrés, et son parvis sert chaque année de point de départ à l'une des plus importantes processions du Festival végétarien (p.458). Sa chapelle abrite l'effigie du dieu Tean Hu Huan Soy, patron des artistes et des danseurs, reconnaissable aux statues de chien et de coq qui l'accompagnent et particulièrement révéré des gens de Phuket. *Soi Phuthorn (à 300m à l'ouest du marché central sur Ranong Rd) Ouvert tlj. 8h-20h30 Entrée libre, dons bienvenus*

Plan 20 Phuket-ville

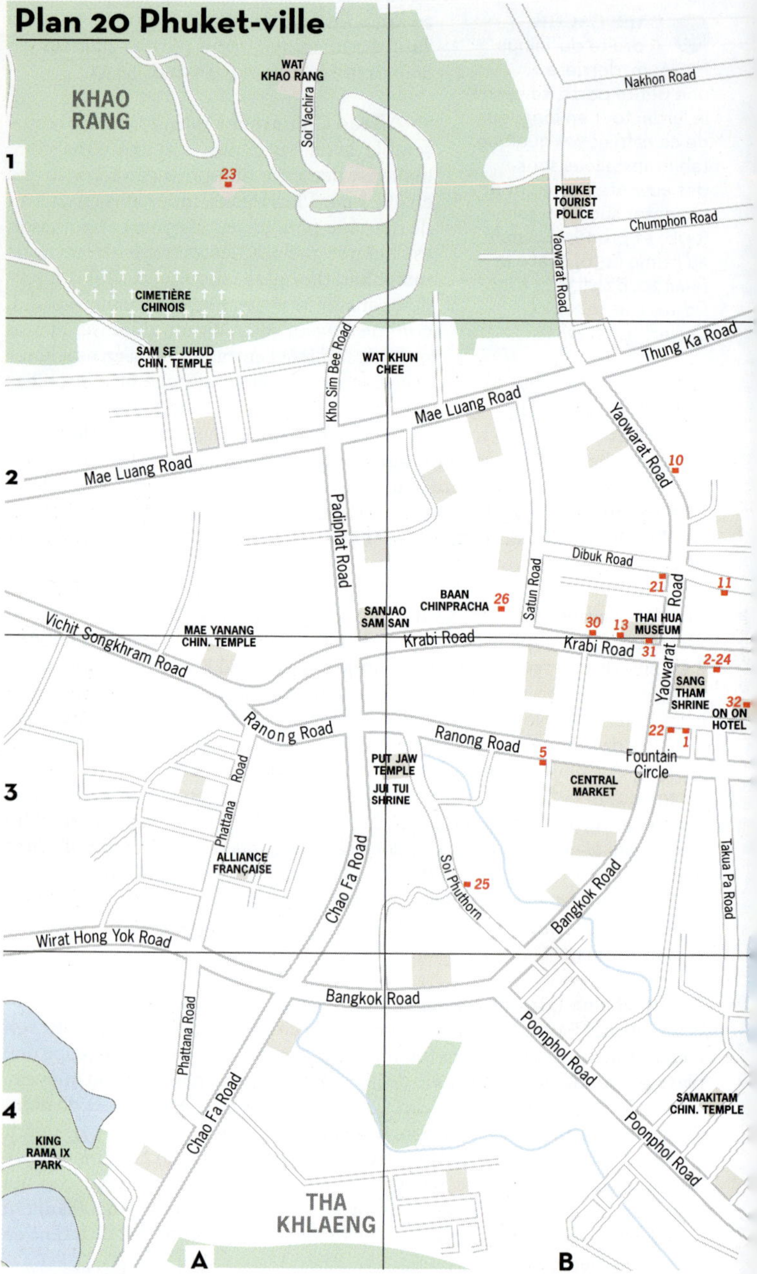

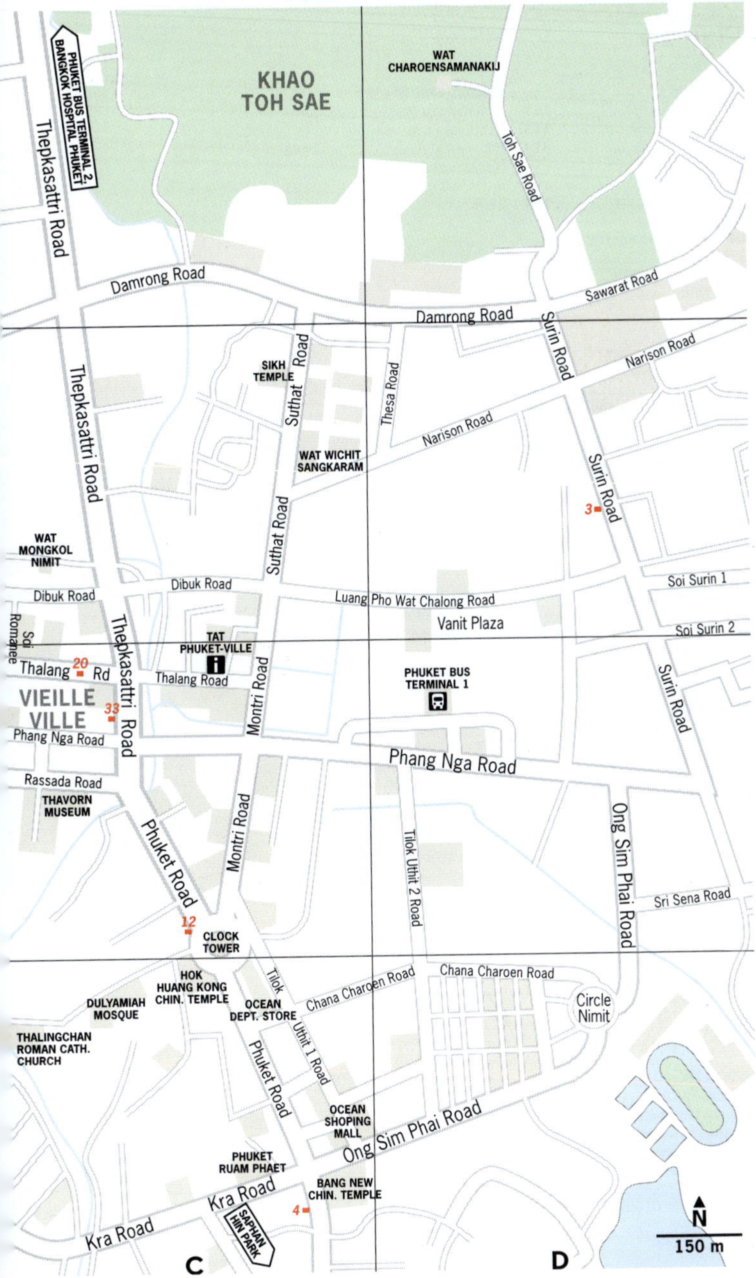
KHAO TOH SAE
WAT CHAROENSAMANAKIJ
PHUKET BUS TERMINAL 2, BANGKOK HOSPITAL PHUKET
Thepkasattri Road
Toh Sae Road
Damrong Road
Sawarat Road
Surin Road
Narison Road
SIKH TEMPLE
Suthat Road
Thesa Road
WAT WICHIT SANGKARAM
WAT MONGKOL NIMIT
Dibuk Road
Luang Pho Wat Chalong Road
Soi Surin 1
Vanit Plaza
Soi Surin 2
Soi Romanee
TAT PHUKET-VILLE
Thalang Rd
Thalang Road
Montri Road
PHUKET BUS TERMINAL 1
VIEILLE VILLE
Phang Nga Road
Rassada Road
THAVORN MUSEUM
Phuket Road
Tilok Uthit 2 Road
Ong Sim Phai Road
Sri Sena Road
CLOCK TOWER
HOK HUANG KONG CHIN. TEMPLE
DULYAMIAH MOSQUE
OCEAN DEPT. STORE
Tilok Uthit 1 Road
Chana Charoen Road
Circle Nimit
THALINGCHAN ROMAN CATH. CHURCH
OCEAN SHOPING MALL
PHUKET RUAM PHAET
BANG NEW CHIN. TEMPLE
Kra Road
SAPHAN HIN PARK
C
D
N
150 m
3
4
12
20
33

◀ Plan 20

Plan 21 ▶

Plan 21 Phuket (péninsule)

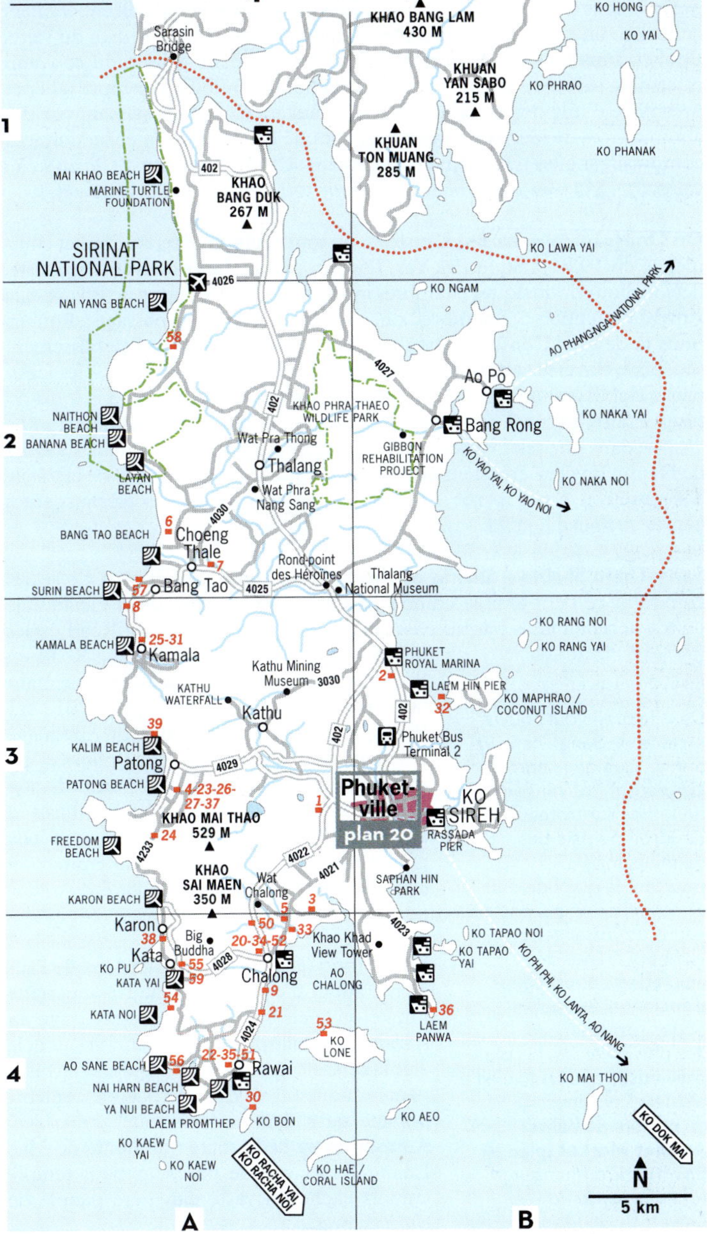

LE NORD DE LA CÔTE D'ANDAMAN

☺ **Thavorn Museum (plan 20, C3)** Depuis qu'il a été inauguré, en 1961, les propriétaires du Thavorn Hotel accumulent dans son grand hall entièrement lambrissé un ensemble hétéroclite évoquant les glorieuses heures du vieux Phuket. Plus cabinet de curiosités que musée, cette galerie du souvenir rassemble les objets les plus divers, de l'anodin bouton de chemise à l'épée présumée d'une des deux héroïnes de Phuket (p.455), en passant par des automates et de lourds coffres-forts, comme l'aurait fait un collectionneur compulsif, si bien que même la poussière semble d'époque. *74 Rassada Rd Tél. 076 211 333 www.thavornhotel.com Tarif 30B (si le guichetier est éveillé)*

On On Hotel (plan 20, B3) L'histoire du tout premier hôtel de Phuket commence en 1929 lorsque Pak Yok Tew, un coolie chinois devenu grossiste, décide d'ouvrir quelques chambres au-dessus de sa boutique de Phang-nga Road à l'intention des nombreux négociants étrangers de passage à Phuket. Sous la devise "Confort et bonheur" (*Un Un* en chinois), l'établissement prospère, traverse sans dommages la Seconde Guerre mondiale – les Japonais y établissent un club d'officiers – et compte cinquante lits à la mort du propriétaire, en 1967. Durement éprouvé par la concurrence, l'hôtel tombe ensuite dans une relative décrépitude, portée sur grand écran dans *La Plage* de Danny Boyle. Rénové en 2012, ce monument emblématique de la Vieille Ville a retrouvé sa superbe, et sa façade sino-portugaise ses élégants stucs blancs. *19 Phang-nga Rd*

Sang Tham Shrine / Shrine of the Serene Light (plan 20, B3) Le secret entourant ce petit temple chinois bâti en 1889 au cœur de la Vieille Ville – on y accédait jadis par un passage anonyme sur Phang-nga Road ou les toilettes d'un restaurant de Thalang Road – a fait long feu. Impossible aujourd'hui de manquer le chatoyant portique érigé en 2013 sur Phang-nga Road, dans la foulée du ripolinage en règle de sa minuscule cour plantée. Le sanctuaire n'a cependant rien perdu de son charme ni de sa sérénité, et les peintures et bas-reliefs de la chapelle affichent une jolie patine. *Phang-nga Rd (à 50m du croisement avec Yaowarat Rd) Ouvert tlj. 8h-18h Entrée libre, dons bienvenus*

Khao Rang (plan 20, A1) Au nord-est de l'agglomération, la colline de Khao Rang domine Phuket-ville et sa baie. Le parc aménagé au sommet accueille plusieurs restaurants, dont le Tunk-ka Café (p.460), ainsi qu'une terrasse panoramique où s'élève une pagode contemporaine, qui s'illumine dès le coucher du soleil. Au tout début de la route qui monte de Mae Luang Road vers le parc, un petit temple chinois cache un vaste cimetière peuplé de *chedi* colorés.

TRAFIC DE TALISMANS

Dans la ruelle qui s'ouvre en face de Sang Tham Shrine, quelques hommes inspectent une rangée de tables sur tréteaux. L'endroit ne paie pas de mine, mais c'est pourtant là que fidèles et collectionneurs, parfois venus de l'étranger, viennent chiner des amulettes bouddhiques d'ancienneté variable et des provenances les plus diverses, les plus précieuses pouvant valoir plusieurs dizaines de milliers de bahts. **Amulet Market (plan 20, B3 n°1)** *Entre Phang-nga Rd et Rassada Rd Ouvert tlj. 8h-18h sauf j. fér.*

Wat Khao Rang (plan 20, A1) L'immense bouddha assis qui trône au milieu de ce monastère est bien plus ancien que celui de Chalong (p.441), mais la réputation de son fondateur, Luang Pu Supha, a complètement éclipsé celle de ce tour de force architectural. Au cours de ses 118 années d'existence, sous cinq rois différents, le plus célèbre moine de Phuket a consacré tout son temps à la construction et à la rénovation de près d'une quarantaine de temples bouddhiques à travers le pays. *Soi Vachira Ouvert tlj. 9h-17h Entrée libre*

Saphan Hin Park (plan 21, B3) Cette promenade, qui longe ce qui était jadis l'unique plage de l'agglomération, est indissociable de l'histoire portuaire de Phuket-ville et chère au cœur de ses habitants. À l'orée du parc aménagé à l'extrémité de Phuket Road, le "Tin Monument" rappelle le passé minier de l'île, et le commerce maritime de l'étain qui permit son développement. Du côté du front de mer, les processions du Festival végétarien s'achèvent chaque année devant le temple chinois de Kiew Tien Keng.

● ☺ Où faire un shopping gourmand ? Si Phuket-ville possède un intéressant patrimoine architectural, sa visite est aussi un régal pour les papilles. Précisons que la boutique du rez-de-chaussée de l'hôtel **The Rom-Manee Classic** (p.461) offre une large sélection d'ustensiles de cuisine en bois et métal émaillé (dont de très belles *tiffin boxes*, ces cantines faites de plusieurs boîtes superposées, ici peintes à la main), tandis que la **Blue Elephant Cooking School** (p.438) dispose d'un petit magasin d'art culinaire.

Nguan Choon Tong (plan 20, B3 n°2) Voilà plus d'un siècle que cette herboristerie de la Vieille Ville fournit les insulaires en herbes aromatiques, épices et décoctions médicinales, savamment pesées et préparées sous les yeux des clients. Que l'on vienne pour soulager un mal de tête, des douleurs articulaires ou pour acheter un simple mélange de thés (à partir de 100B), on regarde avec fascination la 4e génération de cette famille d'apothicaires piocher de mystérieux ingrédients dans l'un des innombrables tiroirs parcheminés de cette boutique sans âge. *16 Thalang Rd Ouvert lun.-sam. 8h-18h ; dim. 8h-11h*

Methee Cashew Nut Factory (plan 20, D2 n°3) Dans la partie droite de cette usine de traitement des noix de cajou, un petit atelier de décorticage offre une présentation sommaire des différentes étapes de la préparation de l'amande de l'anacardier. Mais comme une dégustation vaut tous les mots, rendez-vous plutôt sous la grande halle mitoyenne pour découvrir que cette noix, que l'on consomme grillée et salée en Occident, peut aussi s'accommoder au curry, au miel ou, plus surprenant, au chocolat ! Boîtes de 200g à partir de 120B et assortiments de 240 à 500B. *26/3 Surin Rd Tél. 076 233 555 Ouvert tlj. 8h-19h*

Keng-Tin (plan 20, C4 n°4) Cette pâtisserie renommée confectionne depuis 1942 des spécialités locales comme le *tao sor*, une sorte de chou à la pâte de haricot mungo, le *kong tung*, un sablé roulé à la cacahuète, et le feuilleté au sésame et au taro. Souvent très sucrés, ces petits gâteaux accompagnent généralement un thé ou un café. Boîtes et assortiments à partir de 100B. *344 Phuket Rd Tél. 076 212 185 ou 087 282 2054 Ouvert lun.-sam. 7h30-19h*

Hock Hoe Lee (plan 20, B3 n°5) Arrivé de Chine dans les années 1950, Tan Cheng Long n'apporta avec lui que son savoir-faire de torréfacteur, mais celui-ci lui valut rapidement le titre de "Roi du café" auprès des mineurs de Phuket qui faisaient la queue devant son échoppe. L'entreprise familiale s'est diversifiée sous la houlette de son fils et de sa petite-fille, et elle propose désormais une gamme variée de cafés, produits à 100% en Thaïlande (de 180 à 355B le paquet), et de thés (180-360B), également disponibles dans le *coffee shop* de Rawai (p.443). *183 Ranong Rd Tél. 076 211 228 www.hockhoelee.com Ouvert lun.-sam. 7h30-16h30 ; dim. 7h30-11h30*

● Où boire un café, prendre un verre ?

Timber Hut (plan 20, B2 n°10) Derrière la façade en brique de cette institution, une volumineuse salle boisée avec balcon, éclairée à l'économie par quelques spots colorés, accueille chaque soir un concert depuis près de trente ans. Plutôt calme en début de soirée, l'ambiance s'électrise dès 23h quand les musiciens font assaut de riffs de guitare devant un public d'habitués et de curieux de passage. Bière 100-200B, cocktails 170-220B et petite restauration à la carte à partir de 80B. *118/1 Yaowarat Rd Tél. 076 211 839 Ouvert tlj. 18h-2h*

Mirror Mirror (plan 20, B2 n°11) À l'étage de cette *shophouse* transformée en restaurant franco-thaï chic (bon mais très cher), un petit bar *lounge* distille une ambiance feutrée. Avec ses lambris sombres, ses fauteuils club et son papier peint fleuri, la salle, où se produit occasionnellement un orchestre de jazz, évoque les *speakeasies* américains du temps de la prohibition. Quelque tables en rotin occupent la petite véranda donnant sur la rue. Excellents cocktails (180-220B). *31 Dibuk Rd Tél. 076 355 914 ou 089 796 9956 www.mirrormirrorphuket.com Ouvert lun.-ven. 17h-23h ; sam. 10h-23h*

Cue Bar (plan 20, C3 n°12) Entre retransmissions de matchs de foot et *DJ sets* réguliers, ce pub sportif est devenu le rendez-vous de la jeunesse active de Phuket-ville. Dans le prolongement de sa terrasse, à un jet de pierre du Clock Tower Circle, la vaste salle aux murs de briques abrite tables de billard et canapés Chesterfield. Outre l'habituelle bière Chang (50-70B), la carte propose plusieurs bonnes mousses belges (190-250B) et des cocktails à prix doux (150B). *Clock Tower Circle 206/1 Phuket Rd Tél. 081 403 3870 www.cuebarphuket.com Ouvert tlj. 11h-0h*

● Apprendre à cuisiner thaï

Blue Elephant Cooking School (plan 20, B2) Installé dans l'ancienne villa de style sino-colonial du gouverneur de Phuket, l'un des restaurants les plus chics de l'île propose des cours de cuisine de haute volée (préférez celui du matin, avec visite du marché). À chaque jour son menu de 4 plats, à déguster dans un cadre somptueux. Pour 2 800B, l'apprenti chef repart avec son livre de recettes, un tablier et un set d'ingrédients estampillés Blue Elephant, également disponibles à la boutique. *96 Krabi Rd Tél. 076 354 355 www.blueelephant.com*

Les environs de Phuket-ville

Ko Sireh (plan 21, B3) Un grand pont jeté à travers la mangrove dessert cette île ancrée à la pointe sud-est de Phuket. Une longue route longe son littoral, que de vastes *resorts* tentent de coloniser. L'un des plus grands villages de nomades de la mer (Chao Ley) de la province en occupe la partie sud, face au port de Rassada, mais le décalage entre les visites safaris des touristes, appareil-photo au poing, et le dénuement de ses habitants suscite le malaise. Au sommet de l'île, le Wat Ko Sireh et son grand bouddha couché offrent un superbe point de vue sur les alentours. *À 4km à l'est de Phuket-ville*

Ko Maphrao / Coconut Island (plan 21, B3) Franchir le bras de mer qui sépare la trépidante Phuket de la bucolique Ko Maphrao revient à remonter le temps. La petite communauté insulaire consacre ses journées à la pêche et, vous l'aurez deviné, à la culture de la noix de coco. Les rares *resorts* de l'île n'entachent en rien son authenticité, et seuls quelques touristes viennent passer la journée sur la plage de sa côte est, la plus agréable des trois. Le bras de mer entre les îles est semé de cahutes flottantes appartenant à des fermes piscicoles. Celles qui font office de restaurant sont très appréciées des insulaires. *À 10min en bateau de la jetée de Laem Hin*

CANTINE FLOTTANTE
Entre Phuket et Ko Maphrao, de grandes plateformes de bois semées de paillotes servent le poisson et les fruits de mer élevés dans les viviers environnants. On paie au poids. Une expérience à tenter ! **Kruvit Raft Seafood (plan 21, B3 n°32)** *Ko Maphrao Navette gratuite avec la jetée de Laem Hin Ouvert tlj. 11h-22h*

Royal Phuket Marina (plan 21, B3) De Thepkasattri Road, une longue allée bordée de haies mène à ce luxueux quartier résidentiel, dont les demeures cossues s'alignent le long des canaux débouchant sur le port. Les visiteurs occasionnels n'ont accès qu'à sa promenade, entre yachts rutilants, boutiques chics et restaurants huppés. Les plus curieux devront se faire furtifs s'ils veulent échapper à l'attention d'un service de sécurité particulièrement diligent. *68 Moo 2, Thepkasattri Rd* ***Kohkaew*** *(à 11km au nord de Phuket-ville) www.royalphuketmarina.com*

Où faire du lèche-vitrines et aller au cinéma ?

Central Festival Phuket (plan 21, A3 n°1) Tout ce dont vous rêviez et plus encore ! Outre 120 magasins répartis sur 4 niveaux, dont de nombreuses enseignes occidentales, le plus grand centre commercial de Phuket rassemble une ribambelle de restaurants - des spécialités locales au bœuf bourguignon bien français - et un cinéma de six salles. *74-75 Wichitsongkran Rd* ***Phuket*** *(à 4km à l'ouest de Phuket-ville) Tél. 076 291 111 www.centralfestivalphuket.com Ouvert tlj. 10h30-22h*

Découvrir les secrets de la cuisine thaïe

Phuket Thai Cookery School (plan 21, B3) Installée en bord de mer, à la périphérie de Ko Sireh, cette école de cuisine assure un cours par jour, du jeudi au mardi, avec prise en charge à l'hôtel, visite du marché local et don d'un livre de recettes (2 900B/pers.). À chaque journée correspond un menu de cinq plats, dont le chef cuisinier fait la démonstration dans une sorte de petit amphithéâtre avant d'emmener ses apprentis aux fourneaux. *39/4 Thepatan Rd* ***Ko Sireh*** *Tél. 076 252 354 www.phuketthaicookery.com Ouvert jeu.-mar. 8h-15h*

Visiter une ferme perlière

Phuket Pearl (plan 21, B3 n°2) L'activité du leader de la perliculture à Phuket est séparée en deux pôles. D'une part, l'usine de Thepkasattri Road, qui dispose d'une boutique et d'un petit centre d'interprétation (entrée libre) illustrant les différentes étapes de l'industrie perlière. D'autre part, sa ferme ostréicole, où sont élevées les perles, mouille au large du Laem Hin Pier, sur la côte est de l'île. L'entreprise organise une visite des deux sites en commençant par la boutique (900B/pers.). *58/2 Moo 1, Thepkasattri Rd (à 8km au nord de Phuket-ville) Tél. 076 238 002 ou 093 575 2653 www.phuket-pearl.com Navette gratuite jusqu'à la boutique, rés. par tél. ou sur Internet*

● Mettre ses sens à l'épreuve

Baan Teelanka / Upside Down House (plan 21, B3) Construire une maison renversée, voilà une idée bien saugrenue ! On entre donc par le grenier dans cette étrange demeure où la gravité semble ne plus avoir cours, et l'on remonte (ou redescend ?) les deux étages menant jusqu'au garage. Déroutante expérience que de voir le mobilier agrippé au plafond ! Le jardin à l'arrière, quant à lui, a été transformé en immense labyrinthe de 1 000m². *51/11 Moo 5, Bypass Rd* ***Kohkaew*** *(à 11km au nord-ouest de Phuket) Tél. 084 456 5279 www.upsidedownhouse-phuket.com Ouvert 10h-18h Tarif Baan Teelanka 290B, réduit 170B ; Labyrinthe 150B, réduit 100B*

La côte méridionale

☆**Les essentiels** Wat Chalong, Big Buddha, Laem Promthep, les îles au large **Découvrir autrement** Goûtez le rhum local dans une distillerie médaillée, initiez-vous à la plongée, faites-vous bichonner dans un spa

Laem Panwa (plan 21, B4) Entre Phuket-ville et la baie de Chalong, ce joli cap a échappé jusqu'à présent aux aménagements touristiques inconsidérés qu'a subis la majeure partie de l'île. Entre sa poignée de *resorts* haut de gamme et son imperturbable communauté musulmane, cette langue de terre semée d'hévéas et de cocotiers respire la sérénité, à peine perturbée par les touristes de passage venus visiter son aquarium (p.442). À l'ouest s'étend une plage publique très correcte pour la baignade. *À 6km au sud de* ***Phuket-ville***

Khao Khad View Tower (plan 21, B4) Au point culminant du cap, une tour solitaire peu fréquentée offre un point de vue imprenable sur Phuket-ville et sa campagne à l'est, et sur Ao Chalong avec son *Big Buddha* en arrière-plan à l'ouest. Quel dommage que ses tables d'interprétation soient dégradées ! *Ouvert tlj. 6h-18h30*

Ao Chalong (plan 21, A4) À la différence des marinas chics de la côte est, la grande anse de Chalong est le repaire des vieux loups de mer qui viennent y amarrer leurs voiliers, et des écoles de plongée qui l'utilisent comme port d'attache. Sur la route reliant Phuket-ville à Rawai, le cacophonique rond-point de Chalong Circle, toujours embouteillé aux heures de pointe, est relié à l'immense jetée en béton, construite en 2001, par une artère bordée de bars et de restaurants. *À 10km au sud-ouest de Phuket-ville*

☆ **Wat Chalong (plan 21, A3)** On date de 1837 la création de ce monastère bouddhique, aujourd'hui le plus grand et le plus visité de l'île, mais de récents travaux auraient révélé les traces de structures plus anciennes encore. Le Wat Chaitararam, son véritable nom, doit sa renommée à l'intervention de ses moines lors de la révolte des mineurs de Phuket de 1876, au cours de laquelle ils assurèrent à la fois un rôle de médiateurs et de guérisseurs. Le temple central renferme les statues de trois d'entre eux, sur lesquelles les fidèles viennent coller de petites feuilles d'or en guise d'offrande. En 1999, le Sri Lanka fit cadeau au monastère d'un fragment d'os du Bouddha, dont le reliquaire, un immense *chedi* blanc et or haut de 60m, fut inauguré trois ans plus tard. À l'intérieur, un cycle de peintures figurant l'histoire et les vies antérieures du Bouddha décore les murs, et un escalier permet de monter jusqu'à la relique, offrant une belle vue sur l'ensemble du monastère. Chaque année, le domaine s'anime d'une foire populaire au moment du Nouvel An chinois, cf. fêtes et manifestations (p.428). ***Chalong*** *(à 3,5km au nord de Chalong Circle sur la route 4021) Ouvert tlj. 7h-17h Entrée libre*

☆ **Big Buddha (plan 21, A4)** Perché au sommet des collines entre Chalong et Kata, le petit frère du bouddha assis du Wat Khao Rang (p.437) contemple un somptueux panorama à 360° sur le sud de Phuket. L'énorme chantier de sa construction, lancé en 2007, n'a pris fin qu'en 2015. ***Chalong*** *(à 6,5km à l'ouest de Chalong Circle) www.mingmongkolphuket.com Ouvert tlj. 6h-19h Entrée libre, dons bienvenus*

Hat Rawai (plan 21, A4) Avant même l'arrivée des touristes étrangers, les habitants de Phuket se rendaient le week-end à Rawai pour profiter de sa superbe plage, souvent comparée à celle de Patong (p.447). Mais les eaux peu profondes de Rawai, impropres à la baignade, l'ont relativement préservée de la frénésie des promoteurs, contrairement à sa concurrente. En plus du village de Chao Ley installé à l'extrémité nord de la plage, la station balnéaire accueille une importante communauté d'expatriés occidentaux, notamment francophones, séduits par sa faible fréquentation touristique et la sympathique animation qui règne sur sa promenade. Des *long-tail boats* appareillent de la plage pour des excursions à la journée vers les îles des environs. *À 15km au sud-ouest de Phuket-ville*

Phuket Seashell Museum (plan 21, A4) Mi-boutique, mi-musée, cette galerie expose une exceptionnelle collection de plus de 2 000 coquillages venus du monde entier, patiemment rassemblés sur près de quatre décennies. Au sous-sol, l'exposition richement documentée présente plusieurs spécimens rarissimes, dont d'énormes bivalves vieux de 380 millions d'années et une perle dorée de 560 grains. L'immense magasin du rez-de-chaussée teste quant à lui les limites de l'inventivité (et du bon goût) en matière de souvenirs à base de coquilles nacrées. *12/2 Moo 2, Viset Rd* ***Rawai*** *Tél. 076 381 266 www.phuketseashell.com Ouvert tlj. 8h30-17h30 Tarif 200B, réduit 100B*

☆ **Laem Promthep (plan 21, A4)** La terrasse panoramique du cap Promthep, dans l'extrême sud de Phuket, révèle l'une des vues les plus romantiques de l'île : chaque soir, ce "cap de la Pureté divine" grouille d'une foule venue admirer et photographier le coucher du soleil. Dans son petit phare, en accès libre, sont exposées quelques vieilles lanternes. *À 3km à l'ouest de Rawai*

● Où acheter du rhum local ?

☺ **Chalong Bay Rum Distillery (plan 21, A3 n°3)** Démarche exemplaire et produit d'excellence, voilà le credo de l'unique distillerie de Phuket, dont l'excellent rhum blanc artisanal a reçu la médaille d'or 2015 au Salon international des spiritueux de San Francisco. De la récolte de la canne à sucre bio par des producteurs locaux à l'étiquetage à la main des bouteilles, la visite fort instructive de cette petite usine témoigne de la passion de Marine et Thibault, les deux Français à l'origine du projet. Bouteilles de 350 à 680B. *14/2 Moo 2, Soi Palai 2* ***Chalong*** *Tél. 093 575 1119 www.chalongbayrum.com Ouvert lun.-sam. 9h-18h* ***Visite-dégustation de la distillerie*** *1/h dès 14h Tarif 300B* ***Ateliers cocktails*** *Sur rés. (4 pers. min.) Tarif 1 200B*

● Pour en savoir plus sur la faune et la flore

Phuket Aquarium (plan 21, B4) Le Phuket Marine Biological Center du cap Panwa s'est doté en 1983 d'un aquarium qui n'a cessé de s'agrandir depuis. Il compte aujourd'hui 13 sections et une faune tropicale variée, répartie par écosystèmes (eau douce, eau saumâtre, récifs coralliens et haute mer). Les enfants apprécieront particulièrement le bassin tactile de l'entrée, rempli d'étoiles de mer, ainsi que le tunnel vitré traversant le bassin des raies et des requins à pointe noire. Un chemin longe la plage pour relier l'aquarium au centre de recherche, qui sert de nurserie à plusieurs espèces menacées, dont des hippocampes et des tortues marines. *51 Sakdidet Rd* ***Wichit*** *Tél. 076 391 126 www.phuketaquarium.org Ouvert tlj. 8h30-16h30 Tarif 100B, réduit 50B* ***Repas des requins*** *sam.-dim. 11h-11h30*

Phuket Botanic Garden (plan 21, A4) À deux pas du Wat Chalong, cet opulent jardin botanique présente des espèces végétales d'une trentaine de milieux différents, pour la plupart tropicaux : palmiers, arbres fruitiers, enclos de plantes médicinales, pavillon des orchidées et son bassin rempli de nénuphars, enclos japonais, jardin d'hiver climatisé abritant des spécimens de Thaïlande septentrionale, serre de cactées des régions désertiques... L'endroit possède même une ferme à papillons ! *98/99 Moo 4, Soi Chao Fa 48* ***Chalong*** *(à 3,5km au nord de Chalong Circle) Tél./fax 076 367 076 www.phuketbotanicgarden.com Ouvert tlj. 9h-17h*

● Galoper sur la plage

Phuket Riding Club (plan 21, A4) Ce club propose deux randonnées équestres faciles, l'une à travers les cocoteraies et plantations d'hévéas des environs de Rawai (1h, 1 000B/pers.), l'autre le long de la plage (1h30, 1 500B/pers.). Très prévenant, le staff peut aussi programmer des balades sur mesure pour les cavaliers confirmés. Gants, bottes et bombe sont fournis, mais revêtez un pantalon long pour vous protéger du soleil. *95 Viset Rd* ***Rawai*** *(à 1,5km au sud de Chalong Circle) Tél. 076 288 213 ou 081 477 7185 www.phuketridingclub.com Ouvert tlj. 7h-18h30*

● Prendre soin de soi En plus de l'adresse suivante, il existe à Rawai une boutique **Lemongrass House** (p.454), un fabricant de soins pour le corps à base de produits 100% naturels.

Mangosteen Resort and Spa (plan 21, A4) Installé dans l'un des plus chics *resorts* de Rawai, ce spa est le seul de l'île à offrir une riche gamme de traitements basés sur la médecine ayurvédique. Sont ainsi proposés, en plus de traditionnels massages thaïlandais à la carte (de 1 980 à 2 250B/1h) ou en formules (dès 3 400B), un ensemble de séances de relaxation utilisant huiles essentielles, massages énergétiques aux herbes et réflexologie indienne (à partir de 1 500B). *99/4 Moo 7, Soi Mangosteen* ***Rawai*** *Tél. 076 289 399 www.mangosteen-phuket.com Ouvert tlj. 9h-19h*

● S'initier à la voile

Ao Chalong Yacht Club (plan 21, A4) Surtout connu pour les régates qu'il organise, ce club de passionnés de voile a ouvert depuis peu une école nautique, d'abord destinée à la formation de ses membres mais également ouverte aux voyageurs curieux. Sont ainsi proposés des séances d'initiation au pilotage de dériveurs pour adultes et enfants dès 4 ans (1 300-1 500B) et des stages de perfectionnement dès 7 ans (4 demi-journées, 5 200-6 500B). *52/25 Moo 9, Soi Phon Chalong* ***Chalong*** *(à 1,5km au nord-est de Chalong Circle) Tél. 090 705 9466 www.acyc.asia Sur rés. uniquement*

● Plonger

Scuba Diving Fun (plan 21, A4) Tenue par deux sympathiques Français, cette petite école de Rawai propose des excursions à la journée (dès 3 500B) ainsi que de sérieuses formations PADI *Open Water* (14 000B) et CMAS (à partir de 15 500B). Le mot d'ordre : bonne humeur et service personnalisé. Voir aussi Plonger à Phuket p. 444. *60/6 Soi Sayuan* ***Rawai*** *Tél. 095 090 9060 www.scuba-diving-fun.com*

● Où siroter un café, une bière...

Tamarind Bar (plan 21, A4 n°20) Dans ce bar sans chichis de la plage de Chalong, reconnaissable à son auvent en chaume, expatriés, voileux et instructeurs de plongée viennent se délasser autour d'un verre en fin de journée. À la nuit tombée, les guirlandes s'illuminent, la salle se remplit et l'endroit s'anime d'une ambiance chaleureuse et bon enfant. Bières à partir de 50B. ***Chalong*** *Tél. 084 939 4177 Ouvert tlj. 8h-2h*

Hock Hoe Lee Coffee Shop (plan 21, A4 n°21) Avec ce *coffee shop* aux tons bleu nuit et brique d'inspiration new-yorkaise, la petite-fille du "Roi du café" de Phuket et son époux ont donné un nouveau souffle à l'entreprise familiale (p.437). L'occasion de goûter l'un des meilleurs cafés de l'île, fruit de plus de cinquante années d'expérience (à partir de 70B). *28/9 Moo 5, Wiset Rd* ***Rawai*** *Tél. 076 381 975 www.hockhoelee.com Ouvert lun.-sam. 8h-18h ; dim. 8h-17h*

Nikita's (plan 21, A4 n°22) Les années passent mais les expatriés restent, attirés par un emplacement incomparable, en bord de plage, une musique d'ambiance discrète et un staff des plus cordiaux. Étoffée au fil des ans, la carte de ce légendaire bar-restaurant affiche désormais une vaste sélection de bières étrangères, ainsi qu'une cave à vins abordable et une cuisine internationale de bonne tenue (plats de 80 à 450B). *44 Viset Rd* ***Rawai*** *Tél. 076 288 703 www.nikitas-phuket.com Ouvert tlj. 10h-tard*

☆ Au large

Ko Tapao Yai et Ko Tapao Noi (plan 21, B4) En vingt ans, la colonie de calaos de ces deux îles a tellement prospéré qu'on les dénomme désormais les "Hornbill Islands", pour le plus grand plaisir des amateurs d'ornithologie. Il

Y'A (KO) BON !
Dawn, expatriée britannique connue dans tout Rawai, a transporté son restaurant à Ko Bon en 2002, pour le plus grand plaisir des gourmands de passage. Sous une grande paillote en bord de plage, on se délecte de plats typiquement thaïlandais bien préparés, dont d'excellentes crevettes au tamarin (280B). Pas de CB.
Bon Island Restaurant
(plan 21, A4 n°30) *Ko Bon*
Tél. 081 892 1156
Ouvert tlj. 10h-17h

faut toutefois demander une autorisation spéciale pour visiter Ko Tapao Noi, la plus petite, et son phare centenaire. *À 10 et 15min en bateau du cap Panwa*

Ko Lone (plan 21, A4-B4) La plus grande île de la province derrière Phuket est occupée par une communauté musulmane vivant de la pêche et de la culture du caoutchouc. De nombreux touristes viennent de Chalong pour visiter le village, et surtout profiter des belles plages isolées et des quelques sites de *snorkeling*. *À 15min en bateau de Chalong*

Ko Bon (plan 21, A4) L'une des cinq plages de sable blanc qui ourlent cette île – la plus proche de Rawai – a été privatisée par l'Evason Resort. Ko Bon recèle également un excellent restaurant, tenu par une Britannique installée à Rawai depuis 1987. *À 15min de bateau de Rawai*

Plonger à Phuket : conseils et meilleurs sites

Donnant à la fois sur la baie de Phang-nga, Ko Phi et Ko Lanta (à l'est et au sud), et ouverte sur le large et les îles Ko Surin et Ko Similan (à l'ouest et au nord), Phuket occupe une position idéale pour qui veut rayonner vers les plus beaux sites de la mer d'Andaman. La compétition fait rage entre les innombrables écoles de plongée de l'île, qui tirent donc les prix sans pour autant compromettre la qualité de leurs prestations. En règle générale, comptez 3 000B environ pour deux plongées sans équipement, de 13 000 à 15 000B pour une certification PADI *Open Water* et à partir de 18 000B pour une croisière de quatre jours.

Ko Racha Yai (hors plan 2 par A4)
Au sud de Phuket, le récif corallien de cette île grouille d'une vie sous-marine particulièrement abondante (murènes, barracudas, raies...). Ses eaux limpides et peu profondes (18-30m) sont très fréquentées par les apprentis plongeurs.

Ko Racha Noi (plan 21 par A4)
Eux aussi dotés d'une excellente visibilité, les fonds de Racha Noi se composent principalement de coraux mous. Le site le plus profond de la région (60m) attire quelquefois des requins-baleines et des raies mantas, mais les courants parfois forts qui l'agitent en font un spot réservé aux plongeurs expérimentés.

Ko Dok Mai (hors plan 21 par B4)
L'un des sites les plus diversifiés de la région, avec deux grottes explorables sur sa face est (30m), tandis que son côté ouest en escalier, tapissé de superbes coraux, abrite une faune bigarrée comprenant notamment rascasses, nudibranches, homards et hippocampes.

Ko Hae / Coral Island (plan 21, A4-B4) La superbe barrière de corail de cette île en fait une destination idéale pour le *snorkeling*, et ses trois plages, où s'alignent quelques bars et restaurants – Long Beach et Banana Beach au nord, et Freedom Beach, la plus calme, au sud –, attirent de nombreux amateurs de bronzette. *À 25min en bateau de Rawai*

Ko Kaew Yai (plan 21, A4) À proximité du cap Promthep, cette petite île ignorée des touristes abrite un modeste temple bouddhique. Sa grève déserte ravira les amateurs de farniente en quête de solitude. *À 20min de bateau de Rawai*

Ko Racha Yai (hors plan 21 par A4) Dotée de sublimes plages de sable fin léchées par des eaux cristallines, Ko Racha (ou Raya) Yai voit les touristes débarquer par bateaux entiers en haute saison. D'Ao Patok, sa populeuse plage principale, plusieurs routes mènent à d'autres rubans de sable tout aussi charmants mais bien plus paisibles. Plus encore que ses grèves, ce sont ses sites de plongée, classés parmi les meilleurs de la région, qui attirent les excursionnistes. *À 1 ou 2h en bateau de Rawai et Chalong*

La côte ouest

☆ **Les essentiels** Patong, Kamala Beach **Découvrir autrement** allez vous prélasser sur nos plages préférées, découvrez Patong de nuit, initiez-vous au surf

Sable fin et eaux limpides à l'ombre des palmiers… Depuis les années 1980, les millions de touristes attirés par cette image de carte postale ont fait les beaux jours des promoteurs, en partie responsables du développement anarchique qu'a subi cette façade de Phuket. Seuls les panneaux d'évacuation rappellent le tragique tsunami de 2004, dont les décombres ont prestement été déblayés pour permettre une reconstruction hâtive. L'arrivée au pouvoir du gouvernement militaire a cependant sonné le glas des cabanes de plage, aussi illégales que lucratives, que les autorités locales traitaient jusqu'alors avec un laxisme confinant à la résignation. Inspirée par le désir de redorer le blason de l'île, une vaste opération "plages propres" menée au bulldozer a permis à certaines de se racheter une relative virginité, avant de verser rapidement dans l'excès inverse en bannissant chaises longues et parasols. Les "victimes" de ces expulsions manu militari ne se laissent cependant pas faire : certains ont reconstruit dans la foulée, d'autres refusent tout simplement d'obtempérer. Le combat continue…

ATTENTION, COURANTS !
Sauf mention contraire, à la saison sèche, toutes les plages de l'île se prêtent à la baignade. Celle-ci est cependant vivement déconseillée à la saison des pluies, du fait de la puissance des courants marins. Sur chaque plage, des drapeaux vous renseigneront en temps réel. Vert : RAS ; jaune : baignade risquée ; rouge : baignade interdite.

De Nai Harn à Patong

Nai Harn Beach (plan 21, A4) Prise entre la mer et une vaste retenue d'eau, la jolie plage de Nai Harn, relativement calme et familiale, occupe le versant ouest du cap Promthep. En retrait de la grève, sous les palmiers, une ribambelle d'échoppes et de restaurants fait de la résistance face aux pressions du gouvernement. À l'été de 2015, l'administration provinciale a sorti de ses cartons le projet d'un musée du Cinéma, qui devrait normalement s'établir non loin du temple bouddhique qui donne sur le lac. *À 3,5km à l'ouest de Rawai*

Baie de Kata (plan 21, A4) Un promontoire rocheux sépare Kata Noi et Kata Yai, deux étendues de sable immaculé frangées de palmiers, aussi sublimes l'une que l'autre. Une ambiance bon enfant règne sur le village installé le long de Kata Yai, dont les hébergements variés, les nombreux magasins et l'animation nocturne modérée attirent une clientèle essentiellement familiale. À la saison des pluies, la plage devient l'un des spots de surf les plus fréquentés de l'île. *À 9km au nord-ouest de Rawai et 6,5km à l'ouest de Chalong Circle*

Karon Beach (plan 21, A3) Seule une petite colline marque la séparation entre Kata Yai et Karon, deux stations balnéaires jumelles. Troisième plage de l'île par la longueur, Karon se divise en trois zones : le long de la route venant du sud, les hôtels-clubs se succèdent jusqu'à l'intersection avec Luang Poh Chuan Road, artère la plus festive de la baie, tandis que sa moitié nord jusqu'au rond-point du centre-ville, très apprécié des touristes scandinaves, abrite un temple où se tient un marché régulier. Peu ombragée, la belle plage de Karon est cependant particulièrement propice à la baignade et au *snorkeling*. *À 7,5km au nord-ouest de Chalong Circle*

☺ Nos plages préférées

Ya Nui Beach (plan 21, A4) Coincée entre deux caps et longée par la route, cette petite plage de sable fin est populaire mais rarement bondée. À seulement quelques brasses de la grève vous atendent de jolis spots de *snorkeling*. *Entre Laem Promthep et Nai Harn Beach*

Ao Sane Beach (plan 21, A4) Quelques rochers émaillent cette grève encore relativement secrète que seuls occupent deux discrets *resorts*. La plage idéale pour qui veut oublier le tumulte des grandes stations balnéaires. *Au nord-ouest de Nai Harn Beach, emprunter le tunnel qui passe sous le Phuket Yacht Club*

Freedom Beach (plan 21, A3) Du fait de son accès difficile, cette bande de sable immaculé parvient à garder en toute saison une tranquillité paradisiaque. ***En bateau*** *À 10min au sud-ouest de Patong (AR 1 000-1 300B en haute saison uniquement)* ***À pied ou à moto*** *Sur la route reliant Patong à Karon, prendre à droite après le Rasta Baby Bar (parking 100B)*

QUAND RETENTIRA LE GONG
En face du marché couvert de Ban San, près du centre Jungceylon, le plus grand stade de boxe de Patong accueille trois tournois de *muay thai* par semaine, mettant aux prises des champions venus de tout le pays. Ambiance garantie ! **Bangla Boxing Stadium (plan 21, A3 n°23)** *198/4 Sai Kor Rd* **Patong** *Tél. 089 726 1112 www.banglaboxingstadium.com Ouvert mer., ven. et dim. 21h-0h Tarif 1 700-2 500B*

☆**Patong (plan 21, A3)** La station balnéaire thaïlandaise dans toute sa splendeur (ou son horreur). La plus belle et la plus bondée des plages de l'île bouillonne de jour comme de nuit d'une intarissable énergie. Dans les années 1980, la construction d'une route à travers les collines qui l'isolaient du reste de l'île marqua le début d'un aménagement pour le moins anarchique. À la suite du tsunami de 2004, les promoteurs ont de nouveau donné libre cours à leurs audaces architecturales, et la ville ressemble aujourd'hui à une pelote compacte de rues éclairées par les néons criards d'innombrables restaurants et bars plus ou moins bien fréquentés. Car autant qu'à sa plage, Patong doit sa réputation à une vie nocturne aussi délurée que celle de Pattaya et de certains quartiers de Bangkok. Dans le prolongement de Patong, **Kalim Beach** attire les surfeurs en période de mousson. *À 13km à l'ouest de Phuket-ville*

Patong *by night*

Soi Bangla / Bangla Road (plan 21, A3 n°26) Équivalent insulaire de Patpong à Bangkok, le quartier de Bangla Road concentre la plupart des boîtes de nuit et bars à hôtesses de Patong. Sur cette grande artère débouchant sur la plage, les débits de boissons crachent du watt au kilo, les rabatteurs des gogo-bars battent le pavé, tandis que, plus surprenant, des touristes se promènent en famille le nez en l'air. Il faut attendre 23h pour que l'endroit révèle son vrai visage, avec ses serveuses entreprenantes, ses hordes de fêtards et ses étrangers d'un certain âge décomplexés par l'exotisme du pays. Si les établissements de Bangla Road restent somme toute assez fréquentables, les néons rouges des ruelles adjacentes annoncent une ambiance nettement plus licencieuse... Parmi les clubs les plus recommandables de l'avenue, citons le **New Tiger** et son décor félin, l'**Ice Bar** et son comptoir glacé, le **Seduction** et le **Hollywood Disco** pour leurs *DJ sets* (entrée 300B).

Paradise Complex (plan 21, A3 n°27) À deux pas du centre commercial Jungceylon, les ruelles qui s'étendent au pied du Royal Paradise Hotel rassemblent la plupart des bars, boîtes et salons de massage gays de Patong. Désert en journée, l'endroit ne s'éveille qu'à la nuit tombée et se transforme en un minicarnaval de Rio lors de la Gay Pride annuelle. Les spectacles donnés au **Boat Bar**, au **My Way Cabaret** et au **Tangmo Club** font partie des incontournables du quartier. *Royal Paradise Hotel 135/23 Rat-U-Thit 200 Pee Rd* **Patong**

GEOPLUS

Trois jours à Phukhet

Des vénérables ruelles de Phuket-ville aux plages paradisiaques de la côte ouest, des temples centenaires de Thalang aux forêts tropicales de la réserve de Khao Phra Thaeo, partez à la découverte de la Perle du Sud.

Jour 1

Offrez-vous une plongée des plus instructives dans l'histoire, le patrimoine et les traditions culinaires de l'île en visitant son chef-lieu.

MATIN

8h Commencez la journée par un petit déjeuner typique de Phuket en commandant un bol de *khanom jeen*, des nouilles de riz au curry, dans l'une des nombreuses gargotes du centre-ville.

9h Thai Hua Museum (p.430). Cette ancienne école chinoise convertie en musée explique de façon fort interactive la présence de cette communauté à Phuket dès le XIXe siècle et son importance cruciale dans le développement commercial de l'île.

10h30 Vieille Ville (p.430). Flânez sous les arcades des *shophouses* de Thalang Road, encore occupées par une multitude de boutiques, et admirez les façades pastel de **Soi Romanee** (p.430), l'ancien quartier des plaisirs.

CONSEILS Le week-end, ne manquez pas la **Walking Street** (p.430) de Thalang Road à Phuket-ville. Le dimanche soir, elle accueille un marché artisanal des plus charmants.

Déjeuner Goûtez une cuisine familiale au calme de la cour verdoyante du **China Inn** (p.461) **OU** de nouvelles spécialités populaires dans la très populaire cantine du **Lock Tien Food Court** (p.460).

APRÈS-MIDI

13h30 Baan Chinpracha (p.431) Remontez le temps en visitant cette somptueuse demeure sino-coloniale où rien ne semble avoir bougé depuis plus de trois générations. Au passage, poussez la porte de la grandiose villa voisine, désormais occupée par le **Blue Elephant** (p.462), un restaurant huppé.

15h Put Jaw Temple (p.431) et **Jui Tui Shrine** (p.431). Dans le plus vieux temple taoïste et le plus célèbre sanctuaire chinois de Phuket, interrogez Guanyin sur votre avenir.

16h Amulet Market (p.436), **Sang Tham Shrine** (p.436) et **On On Hotel** (p.436). Traversez le discret marché aux talismans afin de profiter du calme du temple chinois le plus secret de la vieille-ville. Le hall du tout premier hôtel de l'île, à deux pas de là, mérite lui aussi le coup d'œil.

18h Khao Rang (p.436). Gravissez l'une des deux collines de Phuket pour aller saluer le plus ancien bouddha géant de la région et, du haut de sa terrasse panoramique, admirez le coucher du soleil sur la baie.

SOIRÉE

Dîner Dirigez vos pas vers l'agréable terrasse voisine du **Tunk-ka Café** (p.460), réputée pour sa cuisine traditionnelle, **OU** prenez la route du **cap Panwa** (p.440) pour goûter les plats exquis de la **Panwa House** (p.463), une romantique villa sino-coloniale du bord de mer.
22h Pour un aperçu de la vie nocturne de Phuket-ville, allez danser sur de la musique live au **Timber Hut** (p.438) ou boire un cocktail dans l'ambiance feutrée du **Mirror Mirror** (p.438).

Jour 2

En route pour le sud de l'île, réputé pour ses panoramas et son collier d'îlots, profitez des plages secrètes du Sud-Ouest.

MATIN

8h30 **Phuket Aquarium** (p.442) **OU Phuket Botanic Garden** (p.442). Découvrez la richesse de la faune et de la flore insulaires.
10h **Wat Chalong** (p.440). Sans conteste le plus fréquenté de l'île, ce vaste monastère abriterait une relique du Bouddha.
11h **Big Buddha** (p.441) Partez à l'assaut des collines séparant Chalong de la baie de Kata. Au sommet vous attendent la plus grande statue du Bouddha de l'île et des vues somptueuses sur la côte méridionale.
Déjeuner Au village de Chao Ley de Rawai, allez faire préparer chez **Gypsy @ Rawai B.B.Q.** (p.463) les fruits de mer et le poisson que vous aurez achetés au marché.

APRÈS-MIDI

14h Visitez la **Chalong Bay Rum Distillery** (p.442) **OU** admirez l'exceptionnelle collection de coquillages du **Phuket Seashell Museum** (p.441).
15h30 **Hock Hoe Lee Coffee Shop** (p.443). Dégustez le meilleur café de Phuket, fruit du travail de trois générations de torréfacteurs.
16h Profitez du calme de **Ya Nui Beach** (p.446) et d'**Ao Sane Beach** (p.446), deux de nos plages préférées.
18h **Laem Promthep** (p.441) Assistez au coucher du soleil du haut du cap le plus méridional de l'île.
Alternative Après déjeuner, embarquez à Chalong ou à Rawai pour aller passer l'après-midi sur l'un des splendides îlots ancrés à quelques milles au large (p.443), et rendez-vous à **Laem Promthep** (p.441) au crépuscule.

SOIRÉE

Dîner Profitez de la vue sur la baie de Karon de la terrasse de l'excellent **On the Rock Restaurant** (p.465) **OU** mêlez-vous aux expatriés qui fréquentent de longue date **Nikita's** (p.443).

Jour 3

Sortez des sentiers battus et visitez les lieux de mémoire de Thalang et de Kathu avant d'aller vous prélasser sur les plus belles plages de la côte ouest.

MATIN

9h **Rond-point des Héroïnes** (p.455) et **Thalang National Museum** (p.456). Découvrez l'un des événements marquants de l'histoire de l'île et le musée inauguré pour son bicentenaire.
10h **Wat Phra Thong** (p.457) et **Wat Phra Nang Sang** (p.456). Visitez les deux temples bouddhiques de Phra Nang,

GEOPLUS

▶ le premier pour son étrange bouddha enterré, le second pour l'exubérance de son décor.
11h30 **Gibbon Rehabilitation Project** (p.457) En compagnie d'un volontaire, apprenez comment cette ONG est parvenue à réintroduire des gibbons dans le **Khao Phra Thaeo Wildlife Sanctuary** (p.457), puis allez piquer une tête au pied de la cascade de Bang Pae.
Déjeuner Rendez-vous à l'embarcadère de **Laem Hin Pier** (p.426) pour gagner en *long-tail boat* le restaurant flottant **Kruvit Raft Seafood** (p.439).

APRÈS-MIDI
14h Cap sur la vieille ville de Kathu et son sanctuaire "miraculeux", **Kathu Shrine** (p.458), berceau du Festival végétarien.
15h Grimpez jusqu'à la canopée de la forêt vierge avec **Flying Hanuman** (p.459)
OU visitez le **Kathu Mining Museum** (p.459), aux surprenants dioramas.
16h Profitez de **Kamala Beach** (p.452) et de son temple serein
OU dérobez-vous au monde à **Banana Beach** (p.453).
ALTERNATIVE En fin de matinée, rendez-vous à **Ao Po Pier** (p.426) pour une expédition en kayak avec **John Gray's Sea Canoe** (p.419), dans l'extraordinaire **parc national d'Ao Phang-nga** (p.417).

SOIRÉE
Dîner Offrez-vous l'une des meilleures tables de la côte ouest, l'élégant **Baan Rim Pa** (p.465)
OU un dîner-spectacle au parc d'attractions **Phuket Fantasea** (p.455).
21h30 Et pour finir en chansons, allez applaudir un show digne de Broadway au **Simon Cabaret** (p.452).

UNE ESCAPADE ÉVENTUELLE Si une soif de nature et de campagne vous tenaille, prenez le ferry à **Bang Rong Pier** (p.425) pour aller passer la journée sur la bucolique **Ko Yao Noi** (p.419) et vous balader à vélo au milieu de ses rizières.

● Où courir les magasins, faire un bowling ?

Jungceylon (plan 21, A3 n°4) Rivalisant en taille avec le Central Festival de Phuket-ville, cet immense centre commercial réunit au cœur de Patong deux grands magasins, le Robinson Department Store et le Big C, d'innombrables boutiques ainsi que des salons de massage on ne peut plus respectables, des bars et des restaurants. Sans oublier un bowling et un cinéma de cinq salles, pour les jours pluvieux. *Rat-U-Thit 200 Pee Road* ***Patong*** *Tél. 076 600 111 www.jungceylon.com Ouvert tlj. 11h-22h*

● Jouer au golf en compagnie de velociraptors

☺ **Dino Park Mini Golf (plan 21, A4)** Si vous avez toujours rêvé de vous aventurer dans Jurassic Park un club de golf à la main, ce kitschissime parc d'attractions est pour vous ! Au milieu d'une nature luxuriante, on guide sa balle tout au long d'un parcours de 18 trous ponctué de cascades, de volcans en éruption et de lacs de lave en fusion sous le regard de dinosaures (presque) aussi vrais que nature. Un demi-tarif est proposé au simple curieux. *47 Karon Rd* ***Karon*** *Tél. 076 330 625 www.dinopark.com Ouvert tlj. 10h-0h Tarif 240B, réduit 180B*

● S'essayer au surf

Depuis quelques années, Phuket s'est taillé une petite réputation parmi les surfeurs. Si ces derniers peuvent y prendre la vague toute l'année, la saison des pluies, de mai à novembre, demeure la période idéale. D'abord concentrée à Kata Beach, l'activité s'est peu à peu étendue au reste de la côte. Parmi les meilleurs spots figurent Nai Harn, Kalim, Kamala et Surin. Les loueurs installés sur ces plages proposent leurs planches à partir de 150B/h. ou 600B/j.

Phuket Surf (plan 21, A4) Cette petite école dispense des leçons privées sur un à cinq jours (1 500-9 000B) et organise des formules groupes pour 2 à 5 pers. à partir de 2 700B. *157 Moo 2, Koktanod Rd* ***Kata*** *(à l'extrémité sud de la plage de Kata) Tél. 087 889 7308 www.phuketsurf.com*

Surf House Phuket (plan 21, A4) Rêve de tout surfeur, ce bar-restaurant établi à l'extrémité sud de Kata Beach s'est doté d'un magasin d'articles de glisse mais surtout d'une énorme machine à vagues aux airs de rampe de skateboard aquatique. Location 800B/h ou 2 000B les 3h, plus frais d'inscription de 200B. *4 Pakbang Rd* ***Kata*** *Tél. 081 979 7737 www.surfhousephuket.com Ouvert tlj. 10h-23h*

Freedom Boardsports (plan 21, A4 n°5) La plus grande boutique de Thaïlande consacrée aux sports de glisse. *39/21-22 Moo 4, Chaofa East Rd* ***Chalong*** *(à 2km au nord-est de Chalong Circle) Tél. 076 374 259 www.freedomboardsports.com Ouvert lun.-sam. 8h30-17h30*

● Lâcher prise

De Flora Spa (plan 21, A3) Repérable à sa façade de couleur jaune, ce spa superbement décoré dans le style sino-colonial propose une vingtaine de soins différents de 30min à 2h à des prix raisonnables : massage thaï à l'huile ou à l'aloe vera (dès 500B), aromathérapie (dès 900B), compresses traditionnelles aux plantes (1 400-2 000B), ou encore sauna (500B). *218 Rat-U-Thid 200 pee Rd* ***Patong*** *Tél. 076 344 555 www.defloraspa.com Ouvert tlj. 10h-0h*

Où applaudir des *ladyboys* ?

Simon Cabaret (plan 21, A3 n°24) Depuis son ouverture, en 1991, sur les hauteurs méridionales de Patong, le succès du plus grand cabaret de *ladyboys* de tout Phuket ne se dément pas. Dans une débauche de plumes et de costumes flamboyants, une kyrielle de performeurs travestis ou transsexuels défilent sur scène pour une heure de vaudeville grandiloquent fort bien exécuté. *8 Sirirat Rd* ***Patong*** *Tél. 076 342 114 www.phuket-simoncabaret.com Représentations tlj. à 18h, 19h45 et 21h30 Tarif 700-800B, réduit 500-600B selon le placement choisi*

LE VENDREDI, C'EST *ROTI*

Le vendredi, un grand marché de nuit s'installe face au parc d'attractions Fantasea. L'occasion de se mêler à la communauté musulmane de Kamala en papillonnant de stands de nouilles et de brochettes en gargotes à *roti* (sorte de crêpes frites au lait concentré), sans oublier les étals d'ananas. Repas complet 100B.
Fantasea Market (plan 21, A3 n°31) *Face à Phuket Fantasea* ***Kamala*** *Ouvert ven. 16h-21h*

De Kamala à Mai Khao

☆**Kamala Beach (plan 21, A3)** Sa communauté musulmane a préservé Kamala des excès de Patong, de ses gogo-bars et autres débits de boissons tonitruants. Les aménagements touristiques de cette paisible plage bordée de filaos ont su se faire relativement discrets, à l'exception de l'inénarrable Fantasea et de la frange méridionale de la baie, qui doit sa dénomination de "Millionaire Mile" à ses résidences réservées aux plus fortunés. Au sud de la plage, le Wat Baan Kamala, temple bouddhique rebâti après 2004, invite à la sérénité. *À 9,5km au nord de Patong et 16km au sud-ouest du rond-point des Héroïnes*

Surin Beach (plan 21, A2) Aussi pittoresque que sélecte, cette plage de sable ivoire qui s'étend au nord de Kamala est léchée par une eau transparente et particulièrement poissonneuse, propice au *snorkeling*. *À 4km au nord de Kamala et 11km à l'est du rond-point des Héroïnes*

Bang Tao Beach (plan 21, A2) Seulement dépassé en taille par la plage de Mai Khao, l'ancien bassin minier de Bang Tao a misé sur le tourisme pour renouer avec la prospérité, et ses petits commerçants et entrepreneurs se disputent âprement la partie sud de la plage. En effet, la moitié nord de la baie est occupée par le labyrinthique complexe hôtelier du groupe Laguna Resorts : pas moins de cinq hôtels, une trentaine de restaurants, un terrain de golf et plusieurs spas. En retrait de la station balnéaire, le village de Choeng Thale s'étire vers l'est, en direction de Thalang. *À 2km au nord-est de Surin et 10km à l'ouest du rond-point des Héroïnes*

Sirinat National Park (plan 21, A1-A2) Les plages qui se succèdent au nord de celles de Bang Tao et de Layan font toutes partie de Sirinat National Park, un domaine protégé de près de 90km^2 où plusieurs espèces menacées de tortues marines viennent pondre de novembre à février et dont la mangrove abrite une importante avifaune (aigles pêcheurs, poules d'eau, martins chasseurs à collier blanc…). Le classement de la zone n'a toutefois nullement empêché son aménagement balnéaire, et plusieurs *resorts* s'y sont installés. *89/1 Moo 1 **Sakhu** Tél. 076 328 226 www.dnp.go.th*

Naithon Beach (plan 21, A2) Cette plage desservie par une jolie route vallonnée et transformée depuis peu en une petite station balnéaire est gentiment animée en haute saison. Un havre de paix pour ceux qui veulent profiter du sable fin loin des foules. *À 11km au nord de Bang Tao et 8km au sud-est de l'aéroport*

Nai Yang Beach (plan 21, A2) C'est au milieu des filaos qui bordent la plage que le parc national de Sirinat a installé ses bureaux, et selon l'humeur des gardiens postés dans une guérite au bord de la route, il vous faudra peut-être acquitter un droit d'entrée (100-200B) pour pouvoir accéder à la plage si vous arrivez du nord et de l'aéroport. En dehors de ce domaine boisé, une petite station balnéaire, animée seulement en haute saison, est sortie de terre dans la partie sud. L'administration du parc envisage d'aménager une piste cyclable entre Nai Yang et Mai Khao, de l'autre côté de l'aéroport. *À 2,5km au sud de l'aéroport*

Mai Khao Beach (plan 21, A1) La plus longue plage de Phuket se mérite, puisqu'il faut contourner l'aéroport qui la sépare du reste du Sirinat National Park pour l'atteindre. La grossièreté du sable de Mai Khao est compensé par une tranquillité absolue, raison pour laquelle elle n'accueille que des *resorts* luxueux, à l'image du tentaculaire JW Marriott Phuket. *Au nord de l'aéroport*

● Où faire un shopping écolo ?

Banyan Tree Gallery (plan 21, A2 n°6) Cette marque de cosmétiques, qui gère de luxueux spas, se distingue par son engagement pour le développement durable. En 2015, l'entreprise a lancé une très originale collection d'accessoires de maroquinerie réalisés avec des feuilles de *tong tung*, une plante endémique du nord de la Thaïlande. Ses sacs, trousses et porte-monnaie joliment nervurés (de 390 à 1350B) sont confectionnés artisanalement et présentent une patine unique dans des tons de vert et de brun. *3/27 Moo 4, Srisoonthorn Road **Choeng Thale** Tél. 076 324 374 Ouvert tlj. 9h-22h*

☺ Nos plages préférées

Banana Beach (plan 21, A2) Sur la route côtière menant de Naithon Beach à Bang Tao Beach, quelques scooters garés sur le bas-côté signalent l'abrupt sentier qui descend à travers les palmiers jusqu'à cette plage déserte... si ce n'est la présence d'un petit bar. Superbe coin pour la baignade et le *snorkeling* pour une journée, un après-midi ou une heure en toute quiétude. *À 2km au sud de Naithon Beach*

Layan Beach (plan 21, A2) Située à l'extrémité septentrionale de Bang Tao Beach, cette grande plage doit sa quiétude aux *resorts* du groupe Laguna qui la cachent à la vue des foules. Depuis l'ouverture d'un club branché sur le front de mer en 2014, le Nikki Beach Club, sa fréquentation est cependant en train de changer. *Après le Banyan Tree Resort, tourner à droite en direction du nord*

☺ **Lemongrass House (plan 21, A2 n°7)** Cette autre marque de cosmétiques lancée à Bangkok en 1996 a déménagé à Phuket son siège social, reconnaissable à ses conteneurs vert et jaune sur la route reliant Bang Tao au rond-point des Héroïnes. Ses crèmes, savons, huiles essentielles et de massage aux parfums envoûtants (de 130 à 380B) sont tous garantis sans parabènes ni sulfates. *10/2 Moo 1 Srisunthorn Rd* ***Choeng Thale*** *Tél. 076 271 233 www.lemongrasshouse.com Ouvert tlj. 9h-20h* **Boutique de Surin (plan 21, A3 n°8)** *106/13 Moo 3, Soi Hat Surin 8* ***Choeng Thale*** **Boutique de Rawai (plan 21, A4 n°9)** *5/46 Moo 5 Viset Rd* ***Rawai*** *Tél. 093 673 4409*

● Pédaler sous les cocotiers

Siam Bike Tours (plan 21, A2) Vous pourrez y louer une bicyclette à la journée (dès 600B) ou à la semaine (à partir de 3 400B) et participer à l'une des randonnées à vélo organisées le mardi et le vendredi dans l'est de l'île (50km, 2 000B). *Boat Avenue 49/4 Bandon-Choeng Thale Rd* ***Choeng Thale*** *Tél. 076 324 211 www.siambiketours.fr Ouvert lun.-sam. 9h-19h*

● Explorer les fonds marins

Merlin Divers (plan 21, A3) Cette école tenue par un Suisse s'est taillé une solide réputation sur la côte en proposant des sorties en petits groupes et en français (4 pers. max./guide) sur des spots proches de Phuket mais peu fréquentés. Sortie à la journée ou à la demi-journée : 3 000-6 200B avec équipement. Formations PADI *Open Water* 13 500B. *74/3 Moo 3, Rim Had Rd* ***Kamala*** *Tél. 089 591 8105 Tél./fax 076 385 518 www.phuket-diving-thailand.net Ouvert tlj. 9h-21h*

● Galoper sur la plage… au coucher du soleil

Phuket International Horse Club (plan 21, A2) Situé à côté de l'entrée sud du Laguna Resort de Bang Tao, ce club d'équitation propose chaque jour des randonnées sur la plage ou dans la jungle de 1 ou 2h (1 000-2 000B/pers.) et des

Tortues en danger

Mai Khao Marine Turtle Foundation (plan 21, A1) Chaque année, des dizaines de tortues viennent pondre sur deux plages de Phuket : Nai Yang et Mai Khao, dans le nord de l'île.
Le JW Marriott Phuket Resort & Spa a décidé de contribuer à la protection de ces reptiles menacés et à une gestion raisonnée du littoral en créant la Mai Khao Marine Turtle Foundation. En partenariat avec l'aquarium de Phuket (p.442), cette dernière collecte les œufs qu'elle place en couvoir, les mettant ainsi à l'abri des prédateurs. Les bébés tortues seront ensuite élevés dans des bassins et relâchés en mer à leur maturité. Organisés lors des fêtes de Songkran, ces lâchers de tortues de mer donnent lieu à un festival qui permet de sensibiliser la population locale et de lever des fonds. *JW Marriott Phuket Resort & Spa 231 Moo 3* ***Mai Khao*** *Tél. 076 338 000 www.maikhaomarineturtlefoundation.org*

balades au coucher du soleil (1h30, 1 500B). Des poneys sont à la disposition des cavaliers en culottes courtes aux mêmes prix. *47 Lagoon Rd* ***Choeng Thale*** *Tél. 076 324 199 www.phukethorseclub.com Ouvert tlj. 8h-18h30*

● Dévaler un toboggan aquatique

Splash Jungle (plan 21, A1) Ce vaste parc aquatique, décoré sur le thème des cinq continents, ravira les enfants en mal de sensations fortes. Toboggans, descentes en bouées et loopings en tout genre agrémentent une piscine à vagues et un pédiluve avec fortin pour les plus petits. L'endroit dispose d'un restaurant, d'un café et d'un bar installé au milieu d'une piscine. *65 Moo 4, Soi Mai Khao* ***Mai Khao*** *Tél. 076 372 018 www.splashjunglewaterpark.com Ouvert tlj. 10h-18h Tarif 1 295B, réduit 650B Transfert inclus à rés. sur Internet*

● Aller au spectacle en famille

Phuket Fantasea (plan 21, A3 n°25) Célébrant une certaine idée de la culture thaïe, faite de tigres, d'éléphants et de stucs dorés à tout-va, ce parc à thème ultratouristique n'ouvre ses portes qu'en fin de journée. Les visiteurs ont alors quelques heures pour profiter de ses restaurants, boutiques et attractions en tout genre avant le début d'un show narrant l'histoire du royaume imaginaire de Kamala à grand renfort de danseurs, d'acrobates et de fauves dressés. *99 Moo 3* ***Kamala*** *Tél. 076 385 000 www.phuket-fantasea.com Ouvert ven.-mer. 17h30-23h30 Tarif avec ou sans buffet 1 800-2 200B, transfert en minibus 300B*

L'intérieur de l'île et la côte est

☆ **Les essentiels** Wat Phra Thong, le rond-point des Héroïnes **Découvrir autrement** Participez à la protection des gibbons, apprenez en vous amusant au Kathu Mining Museum

En dehors de Kathu, l'urbanisme du centre de Phuket se résume aux innombrables bâtiments bordant Thepkasattri Road, dont la portion comprise entre le rond-point des Héroïnes et l'aéroport forme la ville de Thalang, aux limites assez floues. Quant au quart nord-est de l'île, boudé par les touristes du fait de son littoral calcaire dénué de plages, il éveille l'appétit des promoteurs à mesure que les possibilités s'amenuisent sur la côte ouest, déjà largement surexploitée.

Dans le district de Thalang

Thalang (plan 21, A2) Capitale historique de l'île, cette ville fut maintes fois déplacée avant d'occuper son site actuel à partir de 1894. La montée en puissance de Phuket-ville dans la seconde moitié du XIXe siècle la relégua peu à peu au rang de simple chef-lieu de district, et les touristes la traversent sans s'arrêter entre l'aéroport et le sud de l'île.

☆ **Rond-point des Héroïnes / Heroines Monument (plan 21, A2)** Ce monument élevé en 1966 au croisement de Thepkasattri Road et de Srisunthorn Road rappelle l'un des faits marquants de l'histoire de Phuket, cf. Le siège de

Thalang, ci-dessous. Les deux femmes armées d'un sabre qu'il représente sont Chan et Muk, les sœurs qui orchestrèrent la résistance des insulaires à l'invasion birmane de 1785. Un festival commémore chaque année le courage de ces deux héroïnes – cf. fêtes et manifestations (p.428) –, et le petit autel dressé au pied du monument est régulièrement fleuri, témoignant de la vénération que leur voue encore la population de Phuket. *À 13,5km au nord de Phuket-ville*

Thalang National Museum (plan 21, A2-B2) Installé dans une succession de bâtiments inspirés de l'architecture traditionnelle, ce musée un brin vieillot brosse en six salles un portrait de Phuket et de son patrimoine. Après un rapide survol de l'histoire de la Thaïlande et une présentation physique de l'île, l'exposition s'attarde sur la victoire de 1785 face aux Birmans et rappelle que le musée a été inauguré pour le bicentenaire de cet événement marquant. Les galeries suivantes évoquent à travers des dioramas les différentes communautés composant la société de Thaïlande méridionale : l'immigration chinoise et le développement de l'industrie minière au début du XIXe siècle, la présence ancestrale de trois ethnies de nomades de la mer, les Moken, les Moklen et les Urak Lawoi, l'introduction de l'islam au XIVe siècle par des marchands malais, et enfin la tradition bouddhique proprement thaïlandaise. *Moo 3, Sirsoonthorn Rd* ***Si Sunthon*** *(à 100m à l'est du rond-point des Héroïnes) Tél. 076 379 895 Tél./fax 076 379 897 Ouvert mer.-dim. 9h-16h Tarif 100B* ***Visites guidées*** *en anglais sur rés. (5 pers. min.)*

☺ **Wat Phra Nang Sang (plan 21, A2)** Le plus ancien sanctuaire de l'île, qui serait occupé depuis plus de cinq siècles, aurait servi de fortin aux Héroïnes de Phuket lors de l'invasion birmane de 1785, cf. ci-dessous. Entièrement reconstruits depuis, ses temples se trouvent aujourd'hui noyés sous une étonnante débauche de stucs. De statues de moines en méditation en fontaines bucoliques, la promenade longeant le premier temple débouche sur

Le siège de Thalang

L'une des neuf armées birmanes qui envahirent la Thaïlande en 1785, profitant des troubles liés au renversement du roi Taksin, se dirigea vers Phuket. Averties de l'approche ennemie par le capitaine Francis Light, de la Compagnie britannique des Indes orientales, l'épouse du défunt gouverneur de Thalang, dame Chan, prit avec sa sœur la tête de la résistance locale, tant et si bien qu'au bout de cinq semaines les assaillants battirent en retraite. Le nouveau roi, Rama Ier, leur offrit en récompense les titres de Thao Thepkasattri et de Thao Sri Sunthorn - que perpétuent deux des principaux axes routiers de l'île. La nomination d'un nouveau gouverneur, agacé par la popularité des deux sœurs, poussa Chan à quitter Thalang et à s'installer dans le sud de l'île. Ses liens avec le capitaine Light, qui fonda en 1786 la colonie de Penang en Malaisie, contribuèrent grandement au développement du port de commerce appelé à devenir Phuket-ville.

un second bâtiment gardé par de féroces démons armés de fusils d'assaut et de grenades. *Thepkasattri Rd (à 6,5km au nord-ouest du rond-point des Héroïnes) Ouvert tlj. 8h-18h*

☆ **Wat Phra Thong (plan 21, A2)** Ce modeste temple bouddhique doit sa réputation à son bouddha, dont seul le buste dépasse du sol (de 2m tout de même !). La légende veut que quiconque tentera de le déterrer se verra affligé d'une terrible maladie. Selon une explication plus rationnelle, la crue soudaine d'un canal voisin aurait causé son ensevelissement. L'étage supérieur du grand bâtiment qui s'élève à gauche de l'entrée du monastère abrite un musée tout aussi curieux : un invraisemblable bric-à-brac de belle vaisselle en porcelaine, de poignards malais, de vieux transistors et de magnétoscopes, sans oublier des animaux empaillés... autant d'offrandes faites aux moines. *Soi Wat Phra Thong **Thepkasattri** (à 8km au nord-ouest du rond-point des Héroïnes) Ouvert tlj. 8h-18h Entrée libre*

Khao Phra Thaeo Wildlife Sanctuary (plan 21, A2-B2) Créée en 1980, cette réserve naturelle ($22km^2$) aménagée dans les montagnes septentrionales de l'île préserve les derniers vestiges de forêt tropicale primaire de Phuket. Les chasseurs ont exterminé les tigres, les ours et les éléphants sauvages qui s'y ébattaient jadis, et seules quelques espèces très craintives y trouvent encore refuge, dont le loris du Bengale et plusieurs sous-espèces de gibbons réintroduites par le Gibbon Rehabilitation Project (ci-dessous). Le sentier de randonnée (8km), qui dessert ses deux cascades, **Namtok Ton Sai** et **Namtok Bang Pae**, permettra aux curieux les plus chanceux de les observer en compagnie d'un garde forestier. ***Cascade de Ton Sai** Suivre la route qui s'embranche face au Wat Phra Nang Sang sur 3,5km **Cascade de Bang Pae** À 10km au nord-est du rond-point des Héroïnes Tél. 076 311 998 Ouvert tlj. 9h-18h Tarif 200B, réduit 100B*

Ao Po (plan 21, B2) De la jetée d'Ao Po, sur la côte nord-est, partent de nombreux bateaux d'excursion à destination du splendide parc national d'Ao Phang-nga (p.417). Ce petit port de pêche se double désormais d'une vaste marina. ***Pakhlok** (à 15km au nord-est du rond-point des Héroïnes)*

● Voir des gibbons de près

☺ **Gibbon Rehabilitation Project (plan 21, B2)** L'explosion du braconnage dans les années 1980 avait scellé le sort des gibbons de Phuket. Mais depuis 1992, en collaboration avec les forces de l'ordre et la réserve naturelle de Khao Phra Thaeo, cette ONG s'efforce de secourir ces sympathiques créatures arboricoles que nombre d'individus peu scrupuleux exhibent encore dans les rues les plus touristiques, monnayant toute photo en compagnie de ces animaux souvent maltraités. Avant d'être relâchés, tous doivent se réadapter à la vie sauvage et attendre qu'un ou une partenaire se présente, condition indispensable à leur survie dans la nature. Leur chant si particulier vous indiquera le chemin jusqu'au centre de réhabilitation, visitable en solo ou en compagnie des volontaires de l'association. *104/3 Moo 3 **Pakhlok** (derrière le sentier menant à la cascade de Bang Pae) Tél. 076 260 491 ou 076 260 492 www.gibbonproject.org Ouvert ven.-mer. 9h-16h30, jeu. 9h-15h Entrée libre, dons bienvenus*

Jouer au golf

Mission Hills Golf Resort (plan 21, B2) Le seul golf de Phuket qui donne sur la mer ! Niché dans l'extrême nord-est de l'île, entre plantations d'hévéas et forêts de palétuviers, ce parcours relativement plat est jalonné de nombreux bunkers et pièces d'eau, et les vents apportés par l'ouverture maritime mettent à l'épreuve la maîtrise des golfeurs. Ajoutez à cela quelques originalités, dont deux trous se partageant une île (n°2 et n°5), et le double green final du n°18. Greenfee 4 500B, caddie et voiturette obligatoires 1 100B. *195 Moo 4* ***Pakhlok*** *Tél. 076 310 888 www.missionhillsphuket.com*

Dans le district de Kathu

Kathu (plan 21, A3) L'épuisement des gisements d'étain a plongé cet ancien foyer minier, à l'ouest de Phuket-ville, dans une douce léthargie. Mais la bourgade s'éveille bruyamment une fois l'an, à l'occasion du Festival végétarien. Les parcours de golf aménagés à sa périphérie attirent aujourd'hui des amateurs fortunés, qui séjournent dans de grands complexes ultrasécurisés. *À 7,5km au nord-ouest de Phuket-ville*

Kathu Shrine La guérison miraculeuse qui a donné naissance au Festival végétarien de Phuket (p.458) aurait aussi motivé la fondation de ce temple chinois, au milieu du XIXe siècle. Le sanctuaire a été rénové et agrandi en 1993, et c'est toujours à Kathu qu'est donné le coup d'envoi des festivités. La petite pièce que des rideaux jaunes protègent des regards est censée

Le Festival végétarien

Si cette fête est assurément la plus étonnante de Phuket, son origine n'est pas fermement établie et l'on en trouve plusieurs versions et variantes. L'une d'elles veut qu'en 1825, alors que Kathu était en plein boom, une troupe d'opéra chinois fut engagée pour distraire les mineurs. Peu après son arrivée, une mystérieuse épidémie s'abattit sur le campement minier, et les acteurs tombèrent eux aussi malades. Pour tenter d'amadouer les neuf dieux-rois taoïstes qu'ils avaient oublié d'honorer, ceux-ci décidèrent de se racheter en s'abstenant de manger de la viande et de boire de l'alcool. Ce régime végétarien leur réussit, et impressionnés par cette guérison "miraculeuse ", les habitants de Kathu s'empressèrent d'ériger un sanctuaire à ce nouveau culte. Plusieurs reliques y furent par la suite apportées de Chine, et leur accueil en grande pompe donna naissance aux processions qui accompagnent de nos jours le festival. Celui-ci, qui dure neuf jours, débute la 1re nuit du 9e mois du calendrier lunaire chinois. Les rituels sont devenus de plus en plus spectaculaires, et nombreux sont aujourd'hui les "pénitents" qui tentent de marcher sur des braises ou qui se percent les joues avec les objets les plus improbables. L'usage frénétique de pétards au milieu de la foule provoque également de nombreux accidents. Prudence, donc !

abriter le saint patron de la fête, qu'il ne faut déranger sous aucun prétexte ! *Vichitsongkram Rd Ouvert tlj. 8h-18h*

Kathu Waterfall (plan 21, A3) Cette cascade très fréquentée est desservie par un escalier de béton qui grimpe à flanc de montagne à travers la jungle. Malgré un débit limité en dehors de la saison des pluies, l'endroit résonne à toute heure de clameurs d'enfants. Idéal pour un rafraîchissant bain d'eau douce ! *Soi Namtok Kathu (à 12km au nord-ouest de Phuket-ville) Entrée libre*

● Visiter un musée qui cache bien son jeu

☺ **Kathu Mining Museum (plan 21, A3)** Intéresser les enfants à l'industrie minière, mission impossible ? Faux ! La sage façade sino-coloniale de ce musée de l'Étain ne laisse rien deviner de ses excentriques mises en scène, à mi-chemin entre le diorama et le parc d'attractions, qui présentent aussi bien ce minerai que son importance dans l'histoire de Phuket. Un planétarium et une grotte peuplée d'hommes préhistoriques expliquent l'origine des métaux, puis on passe devant des reconstitutions de mines illustrant différentes techniques d'extraction, avant de gagner la cale d'un bateau transportant des mineurs venus de Chine. La visite s'achève sur la restitution réussie d'une rue du Kathu d'antan. Seul bémol : ce sympathique musée, loin de tout, n'est pas d'un accès facile ! *45 Moo 5* ***Kathu*** *(à 14km au nord-ouest de Phuket-ville) Tél. 076 510 115 ou 088 766 0962 Ouvert lun.-sam. 9h-16h Tarif 100B, réduit 50B*

● Se balancer de branche en branche

Flying Hanuman (plan 21, A3) À deux pas de la cascade de Kathu, des tyroliennes et des ponts de singes relient 28 plateformes perchées à la cime des arbres, pour une balade sportive pas comme les autres au milieu d'une luxuriante forêt tropicale. Deux formules sont proposées, avec prise en charge à votre hôtel sur demande : un petit parcours (2 300B) et un long (3 250-3 490B), incluant ou non le repas, servi au restaurant installé, lui, sur la terre ferme. *89/16 Moo 6, Soi Namtok Kathu* ***Kathu*** *(à 11km au nord-ouest de Phuket-ville) Tél. 076 323 264 ou 081 979 233 www.flyinghanuman.com Ouvert tlj.*

● Améliorer son swing

Red Mountain Golf Club (plan 21, A3) Dessiné dans l'ancien bassin minier de Kathu, ce beau parcours s'étend entre la jungle et les falaises rougeâtres qui lui ont valu son nom. Caractérisé par des fairways sinueux semés d'obstacles d'une complexité stimulante (mention spéciale pour le spectaculaire n°17), le Red Mountain, bien qu'assez onéreux, est sans doute l'un des plus beaux golfs de Thaïlande. Greenfee 6 000B, voiturette obligatoire 700B/pers. *119 Moo 4 Vichitsongkram Rd* ***Kathu*** *(sortie nord) Tél. 076 322 000 ou 081 968 8169 www.redmountainphuket.com Ouvert tlj. 6h-19h*

Loch Palm Golf Club (plan 21, A3) La première moitié de ce parcours occupe la rive du Crystal Lake, ancienne mine à ciel ouvert comblée par les eaux de pluie, tandis que la seconde se déroule dans les collines boisées des environs. Ses 18 trous aux étroits fairways bordés d'innombrables palmiers présentent une difficulté modérée convenant à des golfeurs de tout niveau. Greenfee 4 800B, caddie obligatoire 400B. *38 Moo 5, Vichitsongkram Rd* ***Kathu*** *(à l'ouest du précédent) Tél. 076 321 929 ou 081 893 6302 www.lochpalm.com Ouvert tlj. 6h-19h*

CARNET D'ADRESSES

Restauration, hébergement

Phuket-ville

petits prix

Voir également **The Memory at On On Hotel** (p.461).

☺ **Lock Tien Food Court (plan 20, B2 n°21)** Toujours aussi populaire après plus de cinquante ans de service, le premier *food court* de l'île - une demi-douzaine de stands installés sous une halle autour de grandes tables - est l'endroit idéal où découvrir quelques-unes des spécialités de Phuket, d'inspiration chinoise. À vous de choisir entre les *mee hokkien*, des nouilles jaunes sautées au porc et au calmar (40-50B), le *po pia*, un rouleau de printemps nappé de sauce sucrée (30-45B), ou encore un bol de soupe aux travers de porc (25B). Terminez par une coupelle *O-Aew*, mélange de glace pilée et de gelée de banane. Un régal ! *Angle de Dibuk Rd et de Yaowarat Rd* ***Phuket-ville*** *Tél. 087 387 3703 Ouvert tlj. 10h-17h*

☺ **Sin Seng Leong (plan 20, B3 n°22)** À l'angle de Yaowarat Road et de Phang-nga Road, cette longue cantine aux buffets patinés par le temps fait salle comble les soirs de match de football. Ici, le sport confine à la religion, et le propriétaire raconte volontiers que les écharpes suspendues au plafond lui ont été offertes par des supporteurs européens qui ne manquent jamais de revenir. Car, en plus de son accueil charmant, ce restaurant propose midi et soir une petite sélection de plats traditionnels parfaitement maîtrisés (de 60 à 130B), telles les crevettes au tamarin. *17 Yaowarat Rd* ***Phuket-ville*** *Tél. 076 211 139 Ouvert lun.-sam. 7h-14h30 et 18h-0h ; dim. 18h-0h*

Ming Shou Boutique House (plan 20, B2 n°30) Voisines du Taihua Museum, les portes dorées de cette auberge familiale dissimulent l'un des meilleurs rapports qualité-prix de la vieille ville. Grandes et impeccablement tenues, ses 17 chambres simplement décorées, mais à la literie confortable, se répartissent sur trois niveaux (600-750B avec le wifi). Toutes disposent d'une sdb avec eau chaude, de la clim. et d'une TV. Un petit déjeuner léger, servi dans le grand *lobby*, est compris dans le prix. *34 Krabi Rd* ***Phuket-ville*** *Tél. 076 681 109 Ouvert toute l'année*

prix moyens

Tunk-ka Café (plan 20, A1 n°23) Du belvédère de Khao Rang, un escalier en pente douce descend à travers une forêt luxuriante jusqu'à la grande terrasse du Tunk-ka Café, aménagée à flanc de colline. L'endroit est une

GAMME DE PRIX	RESTAURATION	HÉBERGEMENT
Très petits prix	moins de 100B	moins de 500B
Petits prix	de 100 à 300B	de 500 à 1 000B
Prix moyens	de 300 à 500B	de 1 000 à 2 200B
Prix élevés	de 500 à 1 000B	de 2 200 à 4 000B
Prix très élevés	plus de 1 000B	plus de 4 000B

institution à Phuket, pour sa vue sur la ville comme pour sa cuisine. Si vous avez du mal à choisir dans l'interminable menu, goûtez donc le curry de crabe au lait de coco, ou, si vous avez un palais à toute épreuve, le *nam prik gung seab*, des bâtonnets de légumes bouillis à tremper dans une pâte piment-crevettes. La maison prépare également d'excellents jus de fruits frais et, à l'en croire, le meilleur café frappé de l'île. Plats de 100 à 280B. *Kho Sim Bee Rd, Khao Rang* ***Phuket-ville*** *Tél. 076 211 500 ou 082 412 2131 Ouvert tlj. 11h-22h*

China Inn (plan 20, B3 n°24) Difficile de ne pas tomber en arrêt devant l'une des *shophouses* les mieux restaurées de Thalang Road, avec sa façade pourpre, ses enseignes dorées en caractères chinois et ses portes ouvragées. Pionnière du renouveau du centre-ville, l'ancienne boutique accueille désormais un petit magasin côté rue et un café-restaurant côté cour. Sous de calmes arcades bordant un jardin luxuriant, on savoure la cuisine familiale à midi – ne manquez pas les rouleaux de printemps et le curry de canard – et un jus de fruits frais au goûter (40B). Plats 150-250B. *20 Thalang Rd* ***Phuket-ville*** *Ouvert lun.-mer. 11h-18h ; jeu.-sam. 11h-22h*

Tamachart / Natural Restaurant (plan 20, B3 n°25) Non loin du temple chinois de Jui Tui, ce restaurant occupe une étonnante maison en bois débordant de plantes tropicales. Avec ses vieux téléviseurs transformés en aquarium ou ses anciennes machines à coudre muées en tables, le décor de chacun des quatre niveaux cultive une atmosphère joyeusement foutraque. Même exubérance pour le menu, qui réussit l'exploit de rassembler pêle-mêle près de 200 plats locaux et internationaux de bonne tenue (100-300B). Comme vous le dira très certainement le staff, très prévenant, les niveaux supérieurs sont les plus agréables pour profiter au frais de cette bulle de verdure en plein centre-ville. *62/5 Soi Phuthorn* ***Phuket-ville*** *Tél. 076 224 287 www.naturalrestaurantphuket.com Ouvert tlj. 10h30-23h30*

The RomManee Classic (plan 20, B3 n°31) Ancienne *shophouse* d'apothicaire, cette petite auberge en a gardé le traditionnel puits de lumière, agrémenté d'un petit bassin, d'où un escalier grimpe vers les deux étages. Passé l'entrée faussement décatie, le dessin des murs de brique sert de motif récurrent au décor de ses 7 chambres, tout comme le teck au sol (1 200-1 500B avec eau chaude, clim. et wifi). Tendance "loft new-yorkais", motifs sinisants ou poutres apparentes, chacune a cependant une couleur et un thème différent, mais toutes trahissent le goût pour le design des propriétaires. Le hall s'ouvre sur la boutique mitoyenne, qui rassemble une belle collection d'ustensiles de cuisine en métal émaillé. *4-6 Krabi Rd* ***Phuket-ville*** *Tél. 076 355 488 ou 089 728 9871*

The Memory at On On Hotel (plan 20, B3 n°32) Rouvert en 2013, le plus vieil hôtel de Phuket a retrouvé tout son lustre. Au rez-de-chaussée, le décor chiné du vaste *lobby* – vieilles machines à écrire, malles anciennes et comptoir patiné – rappelle son passé glorieux. Quarante-trois chambres avec sdb (eau chaude) se répartissent sur deux niveaux autour de deux courettes. Murs blancs, persiennes bleutées et parquet en teck, toutes affichent un style sobre qu'agrémentent de vieilles photos, des contrevents à vitraux et de jolis carreaux de ciment au sol. Pour les petits budgets, 7 confortables dortoirs climatisés de 4 à 6 lits (500B) occupent l'avant du bâtiment. Double 1 750-2 200B, suite 2 500-3 500B avec TV, wifi, petit déj. et clim. inclus. *19 Phang-nga Rd* ***Phuket-ville*** *Tél. 076 216 161 www.thememoryhotel.com Ouvert toute l'année*

prix élevés

Blue Elephant (plan 20, B2 n°26) Depuis 2010, ce restaurant est l'un des plus cotés de l'île, et ce pour d'excellentes raisons : sa créatrice, l'une des chefs les plus renommées du pays, et son cadre, un somptueux manoir sino-colonial campé au milieu d'un vaste jardin aux banians centenaires. Aux fourneaux, on s'applique autant à ressusciter des saveurs oubliées de la cuisine thaïe qu'à créer des recettes mêlant les saveurs et produits de l'Orient et de l'Occident, comme l'étonnant foie gras au tamarin. Un régal pour les yeux comme pour les papilles ! Plats 500-800B. *96 Krabi Rd* ***Phuket-ville*** *Tél. 076 354 355 www.blueelephant.com Ouvert tlj. 11h30-14h30 et 18h30-22h30 Rés. conseillée*

Casa Blanca (plan 20, C3 n°33) La bien nommée "maison blanche" occupe les trois niveaux immaculés d'un beau bâtiment sino-colonial, à deux pas de Thalang Road. Les deux courettes intérieures de l'hôtel abritent un jardin d'hiver et une piscine. Parmi ses 17 chambres à l'élégante simplicité, que des toiles contemporaines égaient d'une touche de couleur et de modernité, seules les *deluxe* disposent d'un balcon. Toutes sont climatisées, dotées de lits *king size* et d'impeccables sdb. Évitez cependant les chambres sur rue si vous êtes sensible au bruit. Double 2 300B, *deluxe* 2 800B, familiale 5 500B. *26 Phuket Rd* ***Phuket-ville*** *Tél. 076 219 019 www.casablancaphuket.com Ouvert toute l'année*

La côte sud

petits prix

Voir aussi **Nikita's** (p.443).

Mr. India (plan 21, A4 n°33) Faites abstraction du décor somme toute assez fade de ce petit restaurant de bord de route, installé à quelques centaines de mètres de Chalong Circle : l'authentique cuisine indienne que l'on y sert compense amplement son manque de charme. Outre une belle sélection de plats végétariens, il vous offre l'occasion de varier les plaisirs (et les currys) en goûtant un excellent *korma* d'agneau. Plats de 100 à 250B. *9/6 Moo 9, Chaofa West Rd* ***Chalong*** *(à 800m au nord de Chalong Circle) Tél. 076 282 428 Ouvert tlj. 10h-23h*

Shanti Lodge (plan 21, A4 n°50) Petit frère du Shanti Lodge de Bangkok (p.152), ce *resort* compense l'éloignement de la côte par la convivialité de son staff, son ambiance décontractée et sa piscine kitsch, sans oublier le charme rustique de

GAMME DE PRIX	RESTAURATION	HÉBERGEMENT
Très petits prix	moins de 100B	moins de 500B
Petits prix	de 100 à 300B	de 500 à 1 000B
Prix moyens	de 300 à 500B	de 1 000 à 2 200B
Prix élevés	de 500 à 1 000B	de 2 200 à 4 000B
Prix très élevés	plus de 1 000B	plus de 4 000B

ses chambres aux murs tendus de bambou tressé (750-850B avec sdb séparée), désormais une rareté à Phuket. L'hôtel, qui loue également de jolies chambres rose et vert plus modernes avec sdb à ciel ouvert (950-1 500B), propose des formules familiales (à partir de 1 200B pour 4 pers.). Son très bon restaurant décline de nombreux plats végétariens à prix doux (90B environ) et quelques classiques occidentaux de bonne tenue. *1/2 Soi Bangrae* ***Chalong*** *Tél. 076 280 233 www.shantilodge.com Ouvert toute l'année Restaurant ouvert tlj. 6h-21h*

prix moyens

Dickies Lighthouse (plan 21, A4 n°34) On repère aisément le phare blanc qui a donné son nom à ce bar-restaurant proche de l'embarcadère de Chalong. De l'époque où il abritait le Yacht Club de la baie, l'endroit a gardé son ambiance marine et les cuivres rutilants de son comptoir. Navigateurs de passage et expatriés mordus de voile s'y retrouvent pour boire un verre (bière 60-80B, cocktail 150B). On y sert également de copieux plats thaïs et internationaux – steaks, burgers, pâtes (de 120 à 450B). *45/33 Moo 9* ***Chalong*** *Tél. 076 383 045 www.dickieslighthouse.com Ouvert tlj. 9h-0h*

Gypsy @ Rawai B.B.Q. (plan 21, A4 n°35) Cette grande cantine populaire du village chao ley de Rawai présente un concept des plus originaux : allez faire votre choix parmi les étals de poisson, de crustacés et autres fruits de mer du petit marché d'en face et elle vous le cuisinera pour 100B le kg ! Vous aurez peut-être du mal à vous décider devant les centaines de recettes proposées (soupes, grillades, préparations à la vapeur, sautés, fritures...), mais les serveurs prévenants se feront une joie de vous aiguiller. Comptez 200 à 450B le repas. *117/3 Viset Rd* ***Rawai*** *Tél. 081 978 5989 Ouvert tlj. 10h-21h*

Thai Palace Resort (plan 21, A4 n°51) Occupant un joli jardin fleuri qui donne sur la plage de Rawai, ce *resort* idéalement situé loue 24 chambres avec balcon et des bungalows climatisés. Les premières, dont l'éclatante blancheur est rehaussée par le teck du mobilier – et du plancher pour les *deluxe* –, occupent le bâtiment principal (2 000-3 500B, TV, wifi et réfrigérateur inclus). Les seconds, tout aussi impeccables (2 700B), se répartissent dans le jardin autour de la piscine. *52/8 Moo 6, Viset Rd* ***Rawai*** *Tél. 076 288 042 www.thaipalacephuket.com Ouvert toute l'année*

prix élevés

Panwa House (plan 21, B4 n°36) Un petit téléphérique relie la réception du Cape Panwa Hotel à ce romantique restaurant de bord de plage. Il occupe l'ancienne demeure sino-coloniale d'un riche planteur, et son opulent décor de boiseries ouvragées et de mobilier nacré n'a pratiquement pas changé depuis les années 1930. Côté cuisine, la carte mise sur une sélection de plats thaïs traditionnels exécutés de main de maître (à partir de 200B). La carte des vins est bien fournie (à partir de 1 200B la bouteille) et le service raffiné. *27, 27/2 Moo 8, Sakdidej Rd Laem Panwa Tél. 076 391 123 www.capepanwa.com Ouvert mar.-sam. 18h30-23h Rés. conseillée*

Pier 42 Boutique Resort (plan 21, A4 n°52) Construit en 2010, cet hôtel de standing connaît un franc succès auprès des plongeurs qui recherchent le confort et la proximité de l'embarcadère de Chalong. Avec leurs beaux planchers anciens et leurs penderies multicolores en lames de teck laquées, les 25 chambres (TV, clim., wifi) jouent la carte de la récup' chic. Les 4 *deluxe* bénéficient d'un balcon donnant sur le jardin. L'hôtel dispose aussi d'une petite piscine et d'un spa. Double 3 250-3 800B, suite 4 900B (pour 5 pers.), petit déj. inclus. *42 Viset Rd* ***Chalong*** *Tél. 076 384 477 www.pierfortytwo.com Ouvert toute l'année*

prix très élevés

Baan Mai Cottage & Restaurant (plan 21, A4 n°53) Installée sur la plage de Ko Lone, au large de Chalong, cette robinsonnade de luxe réunit 10 bungalows et une villa (de 6 000 à 20 000B) avec vue sur la mer ou le jardin tropical. Teck, sdb extérieure et hamacs de rigueur pour les jolies chambres avec balcon (TV, minibar, baignoire et clim.). À disposition, une piscine d'eau douce, des massages, des cours de cuisine et des excursions, sans oublier des vélos et des canoës-kayaks. *35/1 Moo 3* ***Ko Lone*** *Tél. 076 352 021 www.baanmaiphuket.com Ouvert toute l'année Transferts en bateau entre Chalong et Ko Lone inclus de 7h à 23h*

La côte ouest

très petits prix

Voir également **Fantasea Market** (p.452).

Marché de nuit de Ban San (plan 21, A3 n°37) Dès que la nuit tombe, les trottoirs autour de la grande halle de Banzan grouillent d'une foule locale et étrangère venue lorgner les étals avec gourmandise. Brochettes, nouilles sautées, grillades de poisson, sushis, jus de fruits frais ou insectes frits..., difficile de ne pas trouver son bonheur ! Plats de 30 à 50B. *Banzan Fresh Market Angle de Sai Kor Road et de Soi Banzan* ***Patong*** *Ouvert tlj. 17h30-22h*

prix moyens

Kata Noi Pavilion (plan 21, A4 n°54) Située à deux pas de l'une des plus agréables plages de la côte ouest, cette impeccable petite auberge est d'un bon rapport qualité-prix pour qui recherche la proximité de l'eau et la tranquillité. Impeccables, ses 15 chambres crème et bordeaux (avec sdb, clim. et minibar) se déclinent en taille *standard* ou *deluxe*. N'hésitez pas à en demander une avec balcon sur la mer. Double 1 600-1 800B, sans petit déj. *3/71 Patak Rd* ***Kata Noi Beach*** *Tél. 076 284 346 www.katanoi-pavilion.com Ouvert toute l'année*

Kata Country House (plan 21, A4 n°55) Contrairement à ce que son nom laisse à penser, ce *resort* de 40 chambres à un jet de pierre de la plage de Kata Yai affiche un style thaï traditionnel au charme désuet. Les chambres *standard* sont sans fenêtre et plutôt petites, mais bon marché (1 350B avec clim. et TV).

GAMME DE PRIX	RESTAURATION	HÉBERGEMENT
Très petits prix	moins de 100B	moins de 500B
Petits prix	de 100 à 300B	de 500 à 1 000B
Prix moyens	de 300 à 500B	de 1 000 à 2 200B
Prix élevés	de 500 à 1 000B	de 2 200 à 4 000B
Prix très élevés	plus de 1 000B	plus de 4 000B

Nettement plus cossues, les supérieures et les *deluxe*, avec poutres apparentes pour certaines, disposent d'un balcon donnant le vaste jardin luxuriant et la piscine (2 150-2 350B). L'hôtel loue aussi plusieurs bungalows charmants tout en teck (2 550B), et le petit déjeuner est inclus pour toutes ses offres. Restaurant. *82 Kata Rd* ***Kata Yai*** *Tél. 076 333 210 www.katacountryhouse.com Ouvert toute l'année*

prix élevés

On the Rock Restaurant (plan 21, A4 n°38) Dépendant du Marina Phuket Resort, cet établissement domine le cap qui sépare la plage de Kata de celle de Karon. En plus d'offrir un panorama sur la baie de Karon, particulièrement romantique au coucher du soleil, ce restaurant aux lumières tamisées s'est bâti une solide réputation grâce à sa sélection de poisson et de fruits de mer de première fraîcheur (à partir de 250B). Quelques spécialités italiennes au menu, varié, et une belle carte des vins (à partir de 850B la bouteille). *Marina Phuket Resort 47 Karon Rd* ***Karon*** *Tél. 076 330 625 Ouvert 12h-23h30 Rés. conseillée*

Baan Krating Phuket Resort (plan 21, A4 n°56) Ce bel hôtel étage ses 65 chambres au flanc de la colline boisée qui domine la plage d'Ao Sane - l'une de nos préférées. Pour les bungalows (3 000-3 500B) comme pour les villas (4 000-4 500B), le prix augmente à mesure que l'on s'approche de la grève. Tous arborent un splendide décor traditionnel jouant sur les tons de jaune des panneaux de bambou tressé et les nuances mordorées du plancher en teck, agrémenté de quelques boiseries ouvragées. L'hôtel dispose d'une piscine et d'un restaurant. *11/3 Moo 1, Viset Rd* ***Ao Sane Beach*** *Tél. 076 510 927 www.baankrating.com Ouvert toute l'année*

Bangtao Beach Chalet (plan 21, A2 n°57) Éparpillés dans un jardin tropical à proximité de la plage de Bang Tao, les 10 jolis chalets de ce paisible petit *resort* possèdent le cachet qui fait défaut à de nombreux hôtels de la côte ouest. Soigneusement décoré dans des tons de blanc, de rouge foncé et de gris ardoise, l'intérieur est rehaussé de soieries délicates et de détails en bambou dans les sdb avec baignoire. L'hôtel dispose d'une agréable piscine à cascade. Double climatisée à partir de 3 700-4 200B, avec ou sans petit déj. (TV et wifi inclus). *73/3 Moo 3, Soi Awo Bangtao 2* ***Bang Tao Beach*** *Tél. 076 314 306 www.bangtaochalet-phuket.com Ouvert toute l'année*

Seapines Villa Liberg (plan 21, A2 n°58) À 100m de la plage de Nai Yang, les hauts pignons en bois des maisonnettes de cette charmante *guesthouse* familiale dominent une jolie piscine carrelée d'un côté, un petit étang couvert de nénuphars de l'autre. Construites en brique pour les plus simples, en teck pour les plus cossues, les 9 chambres d'une sobre élégance possèdent toutes une sdb avec eau chaude et un vaste balcon. Un véritable havre de paix respirant l'authenticité ! Double 2 200-3 800B, petit déj. inclus. *111 Moo 5, Soi Bang Malao 2 Nai Yang Beach* ***Sakhu*** *Tél. 080 544 4491 ou 081 814 4883 www.villalibergphuket.com Ouvert toute l'année*

prix très élevés

Baan Rim Pa (plan 21, A3 n°39) Doyen de la côte ouest, ce restaurant maintes fois récompensé est l'une des meilleures tables du cru et offre l'une des plus belles vues de Patong. Sur la terrasse à deux niveaux de cette maison en teck ouvragé, on goûte une cuisine raffinée, inspirée de celle que l'on servait jadis au roi de Siam, tout en se laissant bercer par le ressac et quelques notes de piano. La maison se targue de posséder l'une des caves à vins les plus riches du pays. Plats et garniture à partir de 350B, menus 1 250-1 450B. *223 Prabaramee Rd Kalim Beach* ***Patong*** *Tél. 076 340 789 www.baanrimpa.com Ouvert tlj. 12h-0h Rés. indispensable*

The Baray Villa (plan 21, A4 n°59) Voilà sans doute le plus excentrique des *resorts* de Kata Yai ! À côté de 40 bungalows tout confort (6 400B), mais un peu petits pour ce tarif, le Sawasdee Village compte 14 immenses villas de deux niveaux (14 500B), noyées dans la verdure luxuriante d'un jardin avec spa. Fastueusement décorées dans un style digne des *Mille et Une Nuits* revu à la mode thaïe, elles sont dotées d'un Jacuzzi intérieur offrant un accès privé à la piscine principale et à son bar sous coupole. Plutôt dispendieux durant la *peak season* (déc.-jan.), l'hôtel baisse ses prix de moitié le reste de l'année. *Sawasdee Village Resort 38 Katekwan Rd* ***Kata Yai*** *Tél. 076 330 979 www.phuketsawasdee.com Ouvert toute l'année*

LE SUD DE LA CÔTE D'ANDAMAN

Plan 22 Le sud de la côte d'Andaman

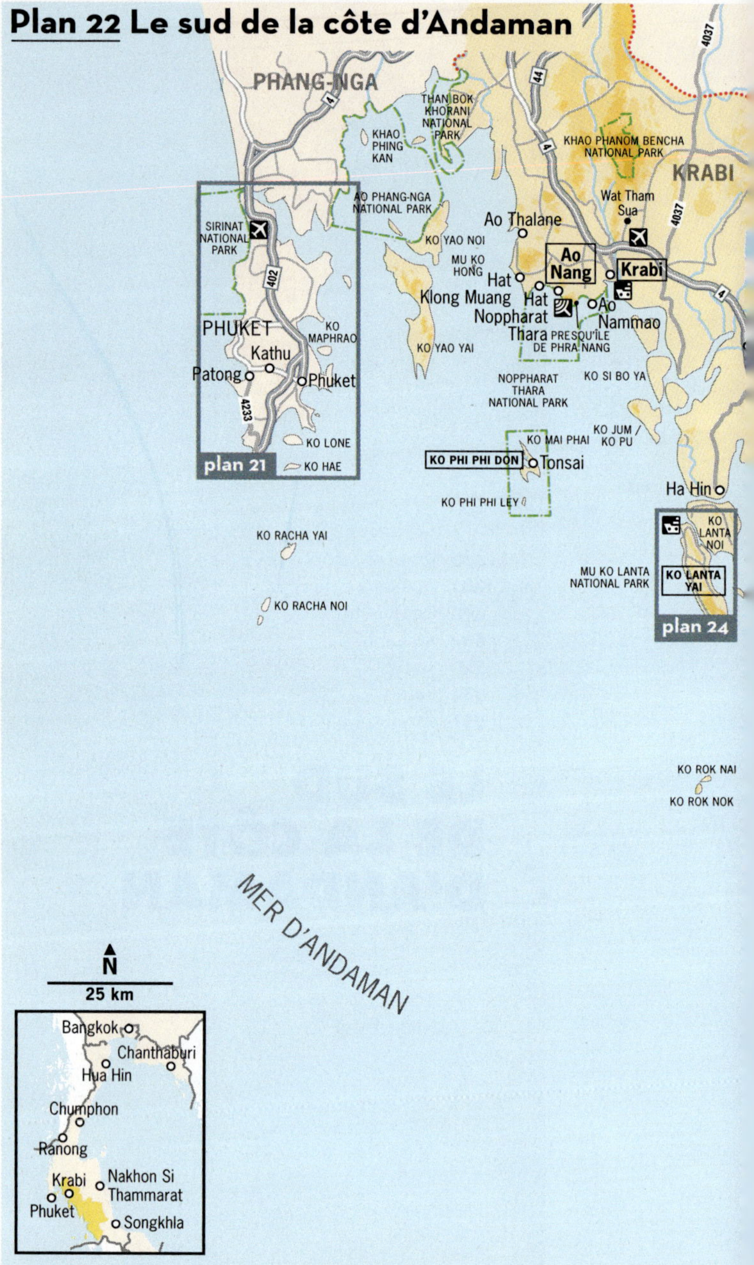

NAKHON SI THAMMARAT
Nakhon Si Thammarat
Pak Phanang
KHLONG SIM PUN
NAMTOK YONG NATIONAL PARK
Thung Song
Kapang
MAE NAM PAK PHANANG
Emerald Pool
Khlong Thom
KHAO PHRA BANG KHRAM (NAT. RESERVE)
Tham Le Khao Kop
KHAO PU-KHAO YA NATIONAL PARK
THALE NOI
THALE LUANG
Wang Wiset
TRANG
Trang
Phatthalung
Chong
PHATTHALUNG
THALE SAP
PAK MENG
PENINSULAR BOTANIC GARDEN
HAT CHAO MAI NATIONAL PARK
CHAO MAI
CHANG LANG
Kantang
KO NGAI
KO MUK
YAO
KO KRADAN
YONG LING
KO LIBONG
Thung Yao
KHLONG LANGU
KO SUKORN
KO PHETRA
SONGKHLA
MU KO PHETRA NATIONAL PARK
Langu
SATUN
KO KHAO YA
Pak Bara
THALEBAN NATIONAL PARK
KO BULON LEH
KO TA MA
TARUTAO NATIONAL MARINE PARK
Chalung
THAM JARAKHE (CROCODILE CAVE)
AO NOLAE
AO SON
KO RA YA TO YAI
KO RAWI
KO TANGA
KO TARUTAO
Satun
KO ADANG
KO BUTONG
KO LIPE
MALAISIE
LANGKAWI
Kangar
4110
4019
4156
4015
4013
4019
4110
403
4165
4151
41
4018
408
4
4163
4123
4046
4046
4264
4122
404
416
43
406
416
4137
416
406

KRABI ET L'ARRIÈRE-PAYS

Profitant d'un cadre de carte postale – reliefs karstiques, eaux limpides et plages de sable fin à faire pâlir Phuket –, les stations balnéaires de la province de Krabi attirent près de deux millions de touristes chaque année. Longtemps relégué au rang de simple zone de transit, Krabi, le discret mais dynamique chef-lieu, a su miser sur le charme de sa théâtrale façade fluviale et sur l'animation de son centre-ville pour sortir peu à peu de l'ombre d'Ao Nang. Il offre désormais un substitut agréable à sa voisine bondée et dispendieuse.

LA PROVINCE DE KRABI Les plus anciennes traces d'une présence humaine remontent à plus de 35 000 ans dans la région, et son peuplement est attesté dès 3000 avant notre ère par les peintures rupestres du district d'Ao Luk. Khlong Thom, dans l'est de la province, aurait établi des liens commerciaux avec l'Inde et le Moyen-Orient dès le début de notre ère. Mais la première ville dont font état les chroniques au VIe siècle est celle de Bantaysamer, qui devient vassale de Ligor (l'actuelle Nakhon Si Thammarat) au début du XIIIe siècle. Conquise par les Thaïs à la fin du XIIIe siècle, sous le règne de Ramkhamheang, la région devint alors l'un des principaux fournisseurs d'éléphants de la capitale siamoise. C'est ainsi que se développèrent les bourgs de Pakasai, Khlong Pon et Pak Lao, réunis sous le nom de Krabi en 1872. La province, qui couvre 4 708km^2, abrite une importante communauté musulmane (plus de 40% de sa population), mais elle ne connaît pas les troubles insurrectionnels qui agitent ses voisines méridionales. Cette tranquillité, alliée à des paysages spectaculaires, favorise le développement du tourisme, activité qui relaie aujourd'hui les ressources agricoles.

MODE D'EMPLOI

accès

La ville de Krabi se trouve à 130km au nord-ouest de Trang, à 165km à l'est de Phuket et à 158km au sud-ouest de Surat Thani.

EN AVION

Aéroport de Krabi Toutes les heures, de 6h30 à 22h, de grande bus blancs font la navette entre l'aéroport, Krabi (gare routière 80B, centre-ville et port de Khlong Jilad 90B) et Ao Nang (150B). *Phetkasem Rd* ***Nuea Khlong*** *(à 13km au nord-est du centre-ville) Tél. 075 701 471*

Bangkok Airways Cette compagnie relie Krabi à l'aéroport Suvarnabhumi de Bangkok (4 vols/j., 1h25, dès 1 500B) et à Ko Samui (1 vol/j., 55min, 3 100B). *Tél. 075 701 608 www.bangkokair.com*

Thai Airways La compagnie nationale assure 3 vols quotidiens entre Krabi et l'aéroport Suvarnabhumi de Bangkok (1h20, dès 1 350B). *Tél. 075 701 591 www.thaiairways.com*

Air Asia Relie Krabi à l'aéroport Don Muang de Bangkok (6-8 vols /j., 1h10, dès 1 200B), et à Chiang Mai (2/j., 2h, dès 1 450B). *www.airasia.com*

Nok Air Trois vols journaliers relient Krabi à l'aéroport Don Muang de Bangkok (1h20, dès 900B). *Tél. 075 636 541 ou 075 636 545 www.nokair.com*

EN CAR, EN MINIBUS

Gare routière de Krabi Elle accueille des cars en provenance de Bangkok (10/j. de 7h10 à 21h, AS 680-1 000B, 11h de trajet) via Ranong (300B, 6-7h), de Phuket (13/j. de 6h à 18h, AS 140B, 2h30) via Phang-nga, de Surat Thani (10-12/j., AS 180B, 3h), de Hat Yai (8/j. de 8h à 21h30, AS 250B, 4-5h) et de Trang (1/h de 7h à 17h, AS 150B, 2h). *À 4km au nord du centre-ville, à l'angle d'Uttarakit Rd et de la nationale 4 (Phetkasem Rd)* ***Pak Nam*** *Tél. 075 611 804*

EN BATEAU

Khlong Jilad Pier (Krabi Passenger Port) Des ferrys relient le nouveau port de Krabi à Ko Phi Phi (5 AR/j. de 9h à 15h, 1h30 de traversée, 400B) et Ko Lanta via Ko Jum (1 AR/j. de nov. à avr., 2h de traversée, 400B). *Khlong Jilad Rd* ***Sai Thai*** *(à 4km au sud du centre de Krabi)*

Ao Thalane Pier Si cet embarcadère est plus proche d'Ao Nang, les seuls *songteo* qui le desservent partent de Krabi (40min, 60B). De 9h à 17h30, 1 ferry/h pour Ko Yao Noi (45min, 120B) ; en sens inverse, 11 ferrys/j. de 7h20 à 16h. Et 1 ou 2 bateaux/j. pour Ko Yao Yai. ***Khao Thong*** *(32km au nord-ouest de Krabi)*

orientation

De l'embouchure du fleuve Krabi, la cité s'étire vers le nord le long de deux axes parallèles, Maharat Road et Uttarakit Road, jusqu'à la gare routière, au bord de la nationale 4 (Phetkasem Rd). Le centre-ville s'étend au sud de ces deux avenues, de Maharat Market à Chao Fa Pier, accueillant la plupart des hébergements, restaurants et bars autour de deux carrefours : celui de Maharat Road et de Maharat Soi 10, et celui de Chao Fa Road et d'Uttarakit Road.

se déplacer

EN *SONGTEO*

Un code couleur permet d'identifier les itinéraires suivis par les *songteo* : les **blancs** relient le centre-ville à Ao Nang et à la plage de Nopparat Thara (50-60B), les **bordeaux** vous conduiront au nord jusqu'au Wat Tham Sua en passant par la gare routière (30B), les **bleus** permettent de gagner Laem Kruat Pier et ses *long-tail boats* pour Ko Jum, et les **bleus à rayures** rouges, jaunes et/ou blanches desservent Ao Luk. Tous circulent de 6h à 22h (prix majorés après 20h) à une fréquence allant de 5 à 15min, et se croisent à l'angle du grand magasin Vogue, sur

Tableau kilométrique

	Krabi	Ao Nang	Ko Lanta	Phuket	Satun	Ranong
Ao Nang	14					
Ko Lanta	84	97				
Phuket	163	175	243			
Satun	276	289	266	435		
Ranong	350	362	430	305	552	
Trang	128	141	117	284	151	416

Maharat Road. De 9h à 12h, au moins 4 *songteo* relient le centre-ville à l'embarcadère d'Ao Thalane en passant par la gare routière (60B).

EN BATEAU

Chao Fa Pier (plan 23, B2) Depuis l'inauguration du port de Khlong Jilad (2012), seuls s'y amarrent les *long-tail boats* à destination de Khao Kanap Nam (400-500B/h) ou de Ko Klang (service de 6h à 21h, 15min de traversée, 50B). *Khong Kha Rd* ***Pak Nam***

Thara Pier (plan 23, B2) Cette minuscule jetée est l'embarcadère le plus pratique pour Ko Klang (5min, 20B, supplément deux roues 10B). *Sur la promenade du parc Thara, à 1km au sud de Chao Fa Pier* ***Pak Nam*** *Ouvert tlj. 6h-21h*

Laem Kruat Pier À la saison les pluies, seuls les bateaux-taxis qui partent de cette jetée desservent Ko Jum (45min, 70B). ***Khlong Khanan*** *(28km au sud de l'aéroport de Krabi par la nationale 4 et la route 4036) Ouvert tlj. 7h-18h Accessible en songteo de Krabi*

À DEUX-ROUES

À Krabi, vous n'aurez aucun mal à trouver une boutique de location de scooters (particularité locale, celles-ci font également laverie) alors qu'à Ko Jum, les *resorts* proposent ce service. Comptez 250-300B/j.

informations pratiques

Le bureau de poste de Krabi est installé sur Uttarakit Road, une centaine de mètres au sud du croisement avec Chao Fa Road. Vous trouverez nombre de DAB (ATM) dans le centre-ville, au port et autour de la gare routière, mais aucun à l'embarcadère de Laem Kruat ni sur l'île de Ko Jum.

Commissariat de Krabi (plan 23, A2) *108 Uttarakit Rd* ***Pak Nam*** *Tél. 075 611 222*

Krabi Hospital (hors plan 23 par A1) Hôpital public disposant d'un petit service d'urgences. *325 Uttarakit Rd Tél. 075 626 700 ou 075 611 212*

Nakharin International Hospital Clinique privée récente (2014) et bien équipée, au personnel anglophone. *1 Soi Pisanpob Tél. 075 626 555 http://www.nakharin.co.th/nakharin/*

Bureau de l'immigration de Krabi Service d'extension des visas touristiques. *382 Moo 7 (à côté de Khlong Jilad Pier) Tél. 075 611 097 Ouvert lun.-ven. 8h30-12h et 13h-16h30*

informations touristiques

TAT Krabi De bon conseil (en anglais), le personnel de ce bureau légèrement excentré distribue gratuitement de bonnes cartes et brochures sur la région. *292 Maharat Rd* ***Pak Nam*** *Tél. 075 622 163 Ouvert tlj. 8h30-16h30*

fêtes et manifestations

Boek Fa Andaman Festival Le festival d'"Ouverture de la mer d'Andaman" marque le début de la saison touristique. Parades, concerts, danses traditionnelles et courses de *long-tail boats. 3 jours à la mi-nov.*

Andaman Art Festival Sous la houlette d'artistes thaïlandais et étrangers, adultes et enfants participent à des ateliers créatifs, et leurs œuvres sont exposées tout le mois. *Andaman Cultural Center Début fév.*

marchés

Culture Market (plan 23, A2) Le long du Historical Wall, petit marché artisanal, stands de plats préparés, danses costumées et concerts. *Chao Fa Rd Jeu. 18h-22h*

Walking Street (plan 23, A1) Grand marché de nuit aux airs de souk :

restauration sur le pouce, souvenirs et artisanat local, spectacle de danse traditionnelle *manohra*. *Entre Maharat Soi 10 et Maharat Soi 8 Ven.-dim. 17h-22h*

DÉCOUVRIR

☆**Les essentiels** Wat Tham Sua, Ao Thalane, Mu Ko Hong **Découvrir autrement** Construisez votre maquette de bateau traditionnel, apprenez l'art du batik, appréciez les richesses du littoral à la rame

Krabi

"*Lively Town, Lovely People*" : on ne saurait trouver devise plus appropriée que celle de Krabi. Centre administratif et carrefour commercial de la province, la ville semble en effet en proie à une perpétuelle agitation, qui n'entame en rien sa joviale bonhomie. La promenade sur berge qui s'étire le long d'Uttarakit Road jusqu'au parc Thara lui apporte un peu de calme et de verdure et fait le bonheur des joggeurs à la tombée du jour. Au pied des bureaux de l'administration provinciale, sur Chao Fa Road, un grand cycle de 28 bas-reliefs, baptisé **Historical Wall**, rappelle les événements marquants de l'histoire provinciale.

Wat Kaew Korawaram (plan 23, A2) Reconstruit dans les années 2000, ce temple bouddhique toise Maharat Road du haut d'un escalier gardé par des *naga* dorés. Sa façade immaculée et ses toits bleus lui donnent un petit air de meringue plutôt rafraîchissant. À l'arrière du temple, des paons se pavanent dans un parc tranquille. *Issara Rd Ouvert tlj. 6h-18h*

Andaman Beads Museum & Cultural Center (plan 23, A1) Les collections de deux musées ont été regroupées dans ce complexe culturel inauguré en 2015. Les œuvres d'art contemporain jadis exposées près du Wat Kaew Korawaram occupent les trois niveaux d'un des bâtiments, et l'exposition met en regard le travail des artistes locaux avec celui de leurs compatriotes de renommée

Faune urbaine

Partout dans Krabi, d'étonnantes sculptures animalières évoquent l'histoire de la province. Des aigles pêcheurs éployés et des éléphants portant à bout de trompe une lanterne ou un sabre (*krabi* en thaï) ornent la plupart des réverbères et plaques de rues du centre-ville. Sur la berge, le long d'Uttarakit Road, un énorme crabe noir et un aigle affrontés marquent le kilomètre zéro de la province. Mais la palme du kitsch revient aux massives colonnes coiffées de statues qui font office de feux tricolores sur Maharat Road : du nord au sud sont ainsi représentés le premier éléphant blanc de l'actuel souverain, capturé à proximité de Krabi, un tigre à dents de sabre et un homme préhistorique. Une autre idée de la guerre du feu...

Plan 23 Krabi

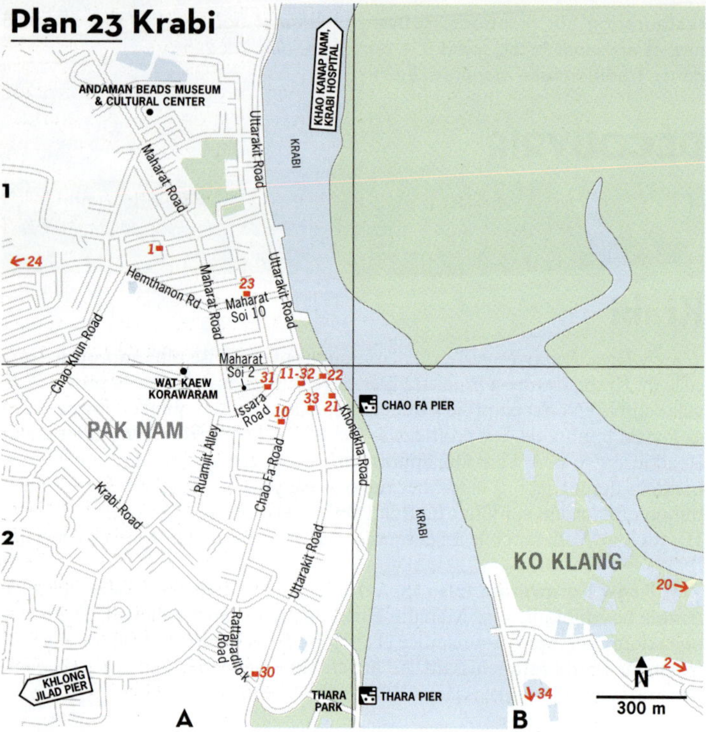

Shopping ■ **1 et 2**
Long-Tailed Fishing Boat Group **p.475** ____ **2** B2
Maharat Market **p.475** ____ **1** A1

Bars ■ **10 et 11**
Chilling Bar **p.476** ____ **10** A2
Top-Up Bar et Playground Bar **p.476** ____ **11** A2

Restauration ■ **20 à 24**
Baan Ma-Yhing **p.480** ____ **20** B2
Kotung Restaurant **p.480** ____ **21** A2
Marché de nuit de Chao Fa Pier **p.479** ____ **22** A2
May & Mark House **p.480** ____ **23** A1
Ruen Mai **p.481** ____ **24** A1

Hébergement ■ **30 à 34**
Dee Andaman Hotel **p.481** ____ **30** A2
Islanda Eco Village Resort **p.481** ____ **34** B2
Krabi City View **p.480** ____ **31** A2
Pak-Up Hostel **p.479** ____ **32** A2
U Residence **p.481** ____ **33** A2

---

internationale. L'édifice voisin abrite un centre d'interprétation de la perle sculptée, doté d'installations multimédias et d'une scénographie ondulante plutôt réussies, qui retrace l'histoire de cet artisanat, dont on a retrouvé maints spécimens dans la région, qui faisaient partie des biens échangés sur la route de la soie. La boutique du centre commercialise des reproductions de perles anciennes provenant d'un petit atelier attenant. *Maharat Rd Tél. 075 620 601 Ouvert tlj. 10h-16h30 Entrée libre*

Khao Kanap Nam Ces deux éperons karstiques jaillis de la mangrove de part et d'autre du fleuve, au nord de Krabi, sont devenus l'un des emblèmes de la province. L'une de ces "montagnes jumelles" abrite une grotte où les archéologues ont retrouvé les restes fossilisés d'hommes du paléolithique vraisemblablement piégés par une crue soudaine. In situ, des dioramas un peu vieillots mettent en scène ces hommes des cavernes et, curieusement, des soldats nippons – les Japonais disposaient d'une base à Krabi pendant la Seconde Guerre mondiale. Au moment de son évacuation, certains d'entre eux se seraient-ils cachés dans la grotte ? C'est, en tout cas, ce qu'affirment certaines sources. *À 15min de Chao Fa Pier en long-tail boat Ouvert tlj. 8h30-16h30 Tarif 30B*

☺ **Ko Klang (plan 23, B2)** Ko Klang, l'"île du Milieu", s'étend face au parc Thara, par-delà le fleuve. Sa petite communauté musulmane vit principalement de la pêche et de la culture du *sang yod*, une variété de riz brun bio très appréciée des Thaïlandais. Pas une seule voiture à l'horizon, seuls des *tuk-tuks*, baptisés *skylabs*, sillonnent ses 26km², partagés entre rizières au sud, mangrove au nord (hérons, milans sacrés, aigrettes de Chine) et cocoteraies à l'est. Les fermes piscicoles de la côte septentrionale proposent une excellente cuisine de la mer. *Comptez 5min de Thara Pier à Tha-Le Pier (côte ouest) et 15min de Chao Fa Pier à Tha-Hin Pier (côte nord) en long-tail boat. Location de skylabs à partir de 300B/h.*

PATRIOTISME MATINAL

Quand le soleil se lève, le plus grand marché couvert de Thaïlande méridionale bat déjà son plein depuis plusieurs heures.
Que ce soit pour glaner d'appétissants fruits exotiques sur les étals bigarrés de ses maraîchers, pour s'offrir un petit déjeuner à la thaïlandaise (riz gluant, soupe de nouilles...) ou simplement pour observer les chalands – en pyjama et pantoufles pour certains –, flâner entre les allées de cette grande halle est une expérience des plus dépaysantes. D'autant que le brouhaha cesse sur les coups de 8h, quand est diffusé l'hymne national. **Maharat Market (plan 23, A1 n°1)** *Maharat Soi 9 Ouvert tlj. 3h-10h*

Apprendre l'art du batik

Patae Textiles Group Cette coopérative fondée en 2002 utilise une technique de batik répandue dans le sud du pays, à la frontière avec la Malaisie. Appelée *patae*, celle-ci consiste à appliquer la cire liquide qui permettra de créer les motifs à l'aide de grands tampons métalliques plutôt que de les dessiner à la main. Dans l'atelier, vous pourrez choisir le motif et la taille du support (30B le mouchoir, 300B le drap) avant de vous lancer dans les différentes étapes de l'impression en réserve et de la teinture, sous l'œil bienveillant d'expertes. Les moins téméraires se contenteront de visiter la petite boutique attenante (foulard 400B). *66 Moo 2* ***Ko Klang*** *(4,5km au sud-est de la jetée de Tha-Le) Tél. 087 264 0347 ou 089 875 0697 Ouvert tlj. 9h-18h*

Construire une maquette de *long-tail boat*

☺ **Long-Tailed Fishing Boat Group (plan 23, B2 n°2)** Tout commence en 2002, lorsque le gouverneur de Krabi, en quête d'un ouvrage symbolisant la province, demande à Madap Manka, charpentier de marine au long cours, de réaliser une maquette de l'emblématique *long-tail boat* (p.133). Se constitue alors un collectif d'artisans, qui entend transmettre et faire connaître son savoir-faire en produisant des modèles réduits de ces bateaux construits selon les techniques traditionnelles de construction navale. Depuis, le fils de Manka, Sombun, a pris le relais et il apprend désormais aux curieux à construire des maquettes, du petit modèle (400B) au bateau de pêche avec cabine (1 700B). *27 Moo 1* **Ko Klang** *(1,5km à l'est de la jetée de Tha-Le) Tél. 092 129 7423 Ouvert tlj. 9h-18h*

● Où boire un verre ? Jadis réputée dans toute la région pour sa scène musicale, Krabi a vu ses cafés-concerts fermer les uns après les autres depuis l'instauration du régime militaire. Le dernier d'entre eux, le Joy Bar (Chao Fa Rd), était sur la sellette lors de notre passage...

Chilling Bar (plan 23, A2 n°10) Billard américain, écrans géants et bière à la pression (100B), ce bar 100% thaïlandais a tout du pub sportif à l'occidentale. L'établissement est bien moins touristique que ses concurrents tonitruants d'Uttarakit Road, et il y règne une ambiance bon enfant. Avec un peu de chance, vous pourrez peut-être participer à l'un de ses quiz musicaux. *12/3 Cha Fa Rd Tél. 089 171 8107 Ouvert tlj. 11h-2h*

Top-Up Bar et Playground Bar (plan 23, A2 n°11) Quelle que soit la saison, vous trouverez toujours de la compagnie dans l'un des deux bars du Pak-Up Hostel (p.479). Commencez donc par aller boire un verre sur le toit, pour profiter de la vue sur le fleuve au crépuscule, puis descendez au sous-sol, nettement plus déluré avec ses jeux à boire de rigueur, pour assister à un concert ou à un *DJ set*. Bière 90-100B, cocktail 150-180B. *87 Uttarakit Rd (angle Chao Fa Rd) Ouvert tlj. 19h-2h*

Au nord de Krabi

★ Wat Tham Sua / Tiger Cave Temple Ce monastère troglodytique, l'un des sites bouddhiques les plus sacrés de Thaïlande méridionale, doit en grande partie sa renommée à son fondateur, Ajahn Jamnian Silasettho, professeur de méditation *vipassana* célèbre dans tout le pays. L'histoire veut qu'en 1975 l'arrivée de bonzes en quête d'un ermitage ait poussé les tigres des environs à abandonner les grottes qui leur servaient de tanières, transformées depuis en sanctuaires. Un grand mirador de béton, gardé par d'imposants félins en stuc au sourire carnassier, marque l'entrée du monastère. Un sentier en pente douce mène à la grotte principale, dans les profondeurs de laquelle des bouddhas dorés méditent sous un plafond orné de stalactites. Plus loin, une bande de singes chapardeurs musarde au pied de l'escalier qui grimpe à la conquête du mont Khaeo. Le panneau annonçant ses 1 237 marches risque fort d'en dissuader certains... En effet, la montée est rude, d'autant que les marches sont inégales, mais l'effort sera amplement récompensé : par temps clair, le panorama sur les eaux scintillantes de la mer d'Andaman et le mont Phanom Bencha est éblouissant – et l'immense bouddha doré assis à 278m d'altitude non moins admirable. De la pagode dédiée à Guanyin, derrière le *bot*, un second escalier – de 135 marches, celui-là – permet d'accéder à une petite vallée encaissée où les moines se retirent parfois pour méditer. Un sentier tortueux dessert ainsi une dizaine d'abris-sous-roche à demi masqués par la végétation et garnis de paisibles statues. *À 8km au nord-est de Krabi, un peu au nord de la nationale 4 Ouvert tlj. 6h-18h Entrée libre*

Khao Phanom Bencha National Park Du haut de ses 1 397m, le mont Phanom Bencha domine les 50km² de jungle du parc national auquel il a donné son nom en 1981. Ses contreforts escarpés et ses hautes futaies offrent un refuge à des mammifères menacés – comme la panthère nébuleuse, le tapir de Malaisie, l'ours noir d'Asie et le macaque à face rouge – et à plus de 200 espèces d'oiseaux, tels que le calao coiffé, le calao à casque rond et la brève de Gurney, que l'on a longtemps crue disparue. Le parc doit aussi sa réputation aux impressionnantes **cascades de Huay To et de Huay Sade**. Celles-ci peuvent faire l'objet d'un trek de 2 ou 3 jours sous la conduite d'un garde forestier. Des bungalows (600-1 200B) ont été aménagés près des bureaux du parc et l'on peut louer des tentes (env. 500B/j.). *170 Moo 4* ***Khao Phanom*** *(à env. 20km au nord de Krabi) Tél. 075 660 716 ou 076 629 013 Ouvert tlj. 8h-18h Tarif 200B, réduit 100B*

☆**Ao Thalane (Ao Thalen)** Ce petit village de pêcheurs, encore méconnu au début des années 2000, voit affluer les visiteurs venus découvrir sa superbe baie, navigable uniquement à marée haute. Ses abruptes parois de karst et ses denses forêts de palétuviers forment un véritable labyrinthe à la faune profuse. De grottes tourmentées en lagons tranquilles, les plus observateurs pourront ainsi entrevoir macaques crabiers, varans, martins-chasseurs à ailes brunes et loutres d'Asie. La jetée du village sert de port d'attache aux ferrys à destination de Ko Yao Noi (p.419). *À 30km au nord-ouest de Krabi en prenant un songteo à la gare routière*

POISSON EXTRA-FRAIS

Depuis 1985, on accourt de toute la région pour goûter le poisson et les fruits de mer de ce restaurant du bout du monde. Sur le vaste ponton couvert, des toiles cirées ternies par l'usage accueillent un défilé ininterrompu de plateaux d'huîtres fraîches, d'assiettes de *hoi chak teen* (bigorneaux à l'ail et au piment), de filets de poisson à la mangue, de calmars frits au miel et autres grillades savoureuses (150-200B). **Laem Sak Seafood** *195/2 Moo 3* ***Ban Laem Sak*** *(à 18km au sud-ouest du carrefour d'Ao Luk, sur la route 4039) Tél. 075 685 198 Ouvert tlj. 9h-21h*

Than Bok Khorani National Park Ce parc national protège, depuis 1998, 104km² de mangrove, de forêt tropicale humide, d'îles (23 au total) et autres formations karstiques disséminées le long de la côte orientale de la baie de Phang-nga. Des bureaux du parc, un sentier d'interprétation mène, à travers la jungle, jusqu'à un beau bassin couleur de jade, alimenté par une rivière souterraine et embaumé par les effluves d'encens du petit sanctuaire voisin. Ce domaine protégé est réputé pour ses grottes littorales, uniquement accessibles à la rame, cf. Pagayer à travers grottes, *hong* et mangrove (p.478). Parmi les plus célèbres figurent **Tham Lot**, un long tunnel navigable hérissé de stalactites et de stalagmites, et **Tham Pi Hua To**, qui recèle près de 300 peintures paléolithiques. *2/2 Moo 2, Ao Luk-Laem Sak Rd* ***Ao Luk Tai Ao Luk*** *(47,5km au nord-ouest de Krabi, en quittant la nationale pour bifurquer sur la 4039 au carrefour d'Ao Luk) Tél. 075 681 071 Tél./fax 075 682 058 www.dnp.go.th Ouvert tlj. 8h-18h Tarif 300B, réduit 150B*

☆**Mu Ko Hong** Disséminées entre Ko Yao Noi (p.419) et la baie d'Ao Thalane, les treize îles de cet archipel occupent le secteur méridional du Than Bok

Khorani National Park. Mer d'azur, plages de sable fin, tranquilles lagons et splendides paysages karstiques font le succès de ces îlots, que de nombreux *long-tail boats* et hors-bord relient à Ao Nang. La plus importante, **Ko Hong (Lao Pile)**, doit son nom à la crique de sa façade nord, ceinte de hautes falaises calcaires, fort appréciée des kayakistes. Sur la côte sud, la belle plage de Lao Bi Le résonne des cris des calaos pies, tandis que ses eaux poissonneuses font le bonheur des plongeurs. Les rivages paisibles de **Ko Phak Bia** et de **Ko Lao Lading**, quelques kilomètres plus au nord, valent également le détour. *Accès en long-tail boat de Khlong Muang (25min de traversée, 1 700-2 000B) et d'Ao Nang (1h, 2 500-2 800B) Droit d'accès 300B, réduit 150B Location de canoës-kayaks 400B*

● Voler d'arbre en arbre

Tree Top Adventure Park Créé en 2007 par une équipe franco-thaïe, ce parcours d'Accrobranche met à profit le relief karstique et la végétation luxuriante de la région pour offrir une cinquantaine de défis suspendus au-dessus du sol, des classiques ponts de singe et autres tyroliennes au plus original "balai volant", en passant par la via ferrata. Deux formules au choix (1 700B/pers. ou 2 100B avec visite du Than Bok Khorani National Park) incluant repas, boisson et transfert en minibus. *5/1 Moo 6* ***Ao Luk*** *(37km au nord-ouest de Krabi) Tél. 084 462 3443 www.treetopadventurepark.com Ouvert tlj. 9h-17h*

● Pagayer à travers grottes, *hong* et mangrove Le littoral des districts d'Ao Luk et de Muang Krabi recèle une multitude de curiosités naturelles que l'on ne peut explorer qu'à la rame, à commencer par les grottes et autres formations géologiques du parc national de Than Bok Khorani (p.477). Les excursions partent de **Ban Bor Thor** (6,5km à l'est des bureaux du parc), de **Ban Laem Sak** (15km plus au sud, au bout de la route 4039), et d'**Ao Thalane** (p.471). Les voyageurs jaloux de leur tranquillité pourront y louer un canoë biplace à partir de 500B, ou 700B avec guide.

☺ **Sea Kayak Krabi** Cette excellente compagnie organise des excursions, à la demi-journée ou à la journée, à destination de Bor Thor (1 000-1 700B/pers.), d'Ao Thalane (900-1 500B/pers.) et de Ko Hong (1 800B/pers.) avec prise en charge à Krabi. *40 Maharat Soi 2* ***Pak Nam Krabi*** *Tél. 075 630 270 ou 089 724 8579 www.seakayak-krabi.blogspot.fr*

Au sud-est de Krabi

Ko Jum / Ko Pu À mi-chemin entre Krabi et Ko Lanta, l'île de Jum est une destination de choix pour les amateurs de farniente et de randonnée en pleine nature. Ses trois villages – Ban Ko Pu au nord, Ban Ting Ray au centre, Ban Ko Jum au sud – rassemblent une sympathique communauté de pêcheurs et d'agriculteurs, de confession musulmane pour la plupart. Il ne vous reste qu'à choisir parmi les six plages de sable blond de sa côte ouest, et à vous abandonner à sa paisible rusticité. Sachez tout de même que, depuis le début des années 2010, sa notoriété croissante a entraîné une spectaculaire explosion du coût de l'hébergement… *Accès en ferry de Krabi et Ko Lanta en haute saison, en long-tail boat de Laem Kruat toute l'année*

● Explorer les fonds marins

Koh Jum Divers Les plongeurs rebutés par les foules de Ko Phi Phi et de Ko Lanta trouveront l'accueil personnalisé et la quiétude qu'ils recherchent à l'unique école de plongée de Ko Jum. Profitant de la position centrale de l'île, la petite équipe de formateurs organise des plongées à la journée sur une douzaine de sites de la région (4 600-7 500B/pers.). Certification PADI *Open Water* 15 900B. *Ko Jum Beach Villas 320/28 Moo 3* **Ko Jum** *Tél. 082 273 7603 www.kohjum-divers.com Ouvert tlj. 8h-18h*

● Prendre un bain relaxant

Emerald Pool Dans le district oriental de Khlong Thom, la réserve naturelle de **Khao Phra Bang Khram** est moins connue pour les oiseaux en grand danger d'extinction qu'elle protège que pour ses sources chaudes. De l'entrée du parc, plusieurs courts sentiers mènent à travers la jungle jusqu'à l'Emerald Pool (ou Crystal Pool), piscine naturelle remplie d'une eau soufrée à 35-42°C, censée soulager les rhumatismes et guérir les maladies de peau. À 600m en amont, le bleu éclatant du Blue Pool (sables mouvants, baignade interdite) ne laisse pas d'étonner. Ces sources chaudes étant très fréquentées le week-end, mieux vaut s'y rendre en semaine, en début de matinée ou peu avant la fermeture. ***Khlong Thom Thai*** *(57km au sud-est de Krabi) Ouvert tlj. 8h30-16h30 Tarif 200B, réduit 100B*

CARNET D'ADRESSES

Restauration, hébergement

À Krabi

très petits prix

Marché de nuit de Chao Fa Pier (plan 23, A2 n°22) À la tombée du jour, le vaste parking de Chao Fa est prestement colonisé par une trentaine d'échoppes roulantes et une myriade de tables en plastique. Ici un scooter s'arrête pour attraper une douzaine de brochettes (20-30B), là une queue se forme devant le stand de glaces à la noix de coco (25B) ; on aperçoit plus loin un bel étal de poissons (à partir de 100B) attendant patiemment de passer au gril... Pour un curry halal ou pour un jus de fruits frais, le plus grand marché de nuit de Krabi comble tous les palais et toutes les envies à prix modique. *Uttarakit Rd* ***Pak Nam*** *Ouvert tlj. 17h-22h*

Pak-Up Hostel (plan 23, A2 n°32) Immanquable bâtisse aux vitres colorées, cette sympathique auberge de jeunesse ne désemplit pas ! Des dix dortoirs de 4 à 10 confortables cou-

GAMME DE PRIX	RESTAURATION	HÉBERGEMENT
Très petits prix	moins de 100B	moins de 500B
Petits prix	de 100 à 300B	de 500 à 1 000B
Prix moyens	de 300 à 500B	de 1 000 à 2 200B
Prix élevés	de 500 à 1 000B	de 2 200 à 4 000B
Prix très élevés	plus de 1 000B	plus de 4 000B

chages (350B, casiers individuels et clim.) aux sdb communes en béton ciré, tout est impeccable. L'ambiance est décontractée et festive. À peine serez-vous installé(e) dans l'un des poufs du vaste hall que votre voisin(e) engagera certainement la conversation. En soirée, l'activité se déplace vers l'un des deux bars de l'établissement, au sous-sol ou sur le toit. *87 Uttarakit Rd (angle Chao Fa Rd)* ***Pak Nam*** *Tél. 075 611 955 www.pakuphostel.com*

petits prix

May & Mark House (plan 23, A1 n°23) À son ouverture, en 1990, quand la région était en plein boom touristique, ce petit hôtel-restaurant ne proposait que quelques plats à base de curry. Ses propriétaires décidèrent donc de mettre à contribution leurs hôtes et, au fil des années, le menu s'est étoffé de recettes du monde entier : petit déjeuner à l'anglaise, soupe à l'oignon, *Schnitzel*, pizza ou encore tandoori (de 60 à 180B le plat). Au restaurant d'origine, situé sur Maharat Soi 2 – quelques tables dans une jolie salle vert et bleu au décor de bric et de broc – s'ajoute désormais un *coffee shop* cosy (même carte) près de la Walking Street. Idéal pour un petit déj. en terrasse ! *Maharat Soi 10* ***Pak Nam*** *Tél. 075 612 562 ou 081 396 6114 Ouvert tlj. 7h-21h*

Kotung Restaurant (plan 23, A2 n°21) Face au marché de nuit de Chao Fa Pier, cette petite cantine climatisée attire une clientèle locale et étrangère friande de cuisine sino-thaïe à prix doux. La salle tout en longueur est bien souvent comble, et un petit mot posé sur la nappe bordeaux prévient qu'il faudra sans doute patienter pour être servi. Convaincu par ce gage de fraîcheur, on salive en regardant passer les currys jaunes de crabe, les soupes *tom yam*, les poulets sautés aux noix de cajou et les poissons grillés. Carte bien fournie (100-150B) et petite sélection de plats végétariens (60B). Pas de CB. *36 Khongkha Rd* ***Pak Nam Krabi*** *Tél. 075 611 522 Ouvert lun.-sam. 11h-22h*

Baan Ma-Yhing (plan 23, B2 n°20) Installée au nord de Ko Klang, à proximité de Tha-Hin Pier, cette ferme piscicole cuisine presque sous vos yeux les poissons qu'elle élève. Faites un petit tour du côté des bassins pour observer les poissons-globes avant de prendre place au restaurant flottant sur le canal, face à la mangrove, et de consulter l'impressionnant menu : coquillages, crabe, loup de mer, vivaneau, perche blanche, mérou ou encore maquereau roi s'accommodent en grillade, en curry ou en soupe (de 150 à 350B). Profitez-en pour goûter le très parfumé riz *sang yot*, cultivé uniquement à Ko Klang. *10 Moo 1* ***Ko Klang*** *Tél. 075 656 166 ou 081 271 6102 Ouvert tlj. 9h-22h*

Krabi City View (plan 23, A2 n°31) Le calme en plein cœur de la ville ! On repère sans peine la façade bleu et blanc de cet hôtel de 3 étages à mi-chemin de Maharat Road et d'Uttarakit Road. Il loue 24 chambres de couleurs différentes, spacieuses et simplement décorées. Celles du 1er étage disposent d'un petit balcon, celles du 3e de grandes baies vitrées. Le vaste hall carrelé se double d'un restaurant, et on peut louer des vélos (une rareté) à la réception. Comptez 800-1 000B pour deux, avec TV, réfrigérateur, eau chaude et wifi. Pas de petit déj., mais bouilloire avec thé et café dans les chambres. *Maharat Soi 2* ***Pak Nam*** *Tél. 075 630 112 http://krabi-city-view-hotel.krabihotelsthailand.com*

prix moyens

Voir également **Laem Sak Seafood** (p.477).

Ruen Mai Restaurant (plan 23, A1 n°24) Une institution en matière de gastronomie régionale, depuis 1987. Le Ruen Mai s'est transporté en 2013 sous un grand chapiteau en bambou et palme, au nord-ouest de la ville, sur la route d'Ao Nang. La carte bien fournie donne l'occasion de redécouvrir des classiques régionaux raffinés, comme le curry Phanaeng et les gambas au tamarin, ou de goûter des spécialités locales hautes en couleur, tel le curry d'abats de poisson (*kaeng tai pla*). Plats 150-350B. *117 Moo 3* ***Sai Thai*** *(3km au nord-ouest du centre-ville sur la route 4034) Tél. 089 288 3232 Ouvert tlj. 10h30-15h et 17h-21h30*

☺ **U Residence (plan 23, A2 n°33)** À deux pas de Chao Fa Pier, impossible de manquer l'élégante salle de restaurant vert amande de ce bel hôtel. Du Gramophone aux vieilles photos ternies, de la douce lueur des lampions prune à l'éclat de la porcelaine lustrée, chaque détail ressuscite le charme suranné d'une demeure chinoise des années 1920. Un grand escalier de métal en colimaçon dessert les 12 chambres au plafond mouluré meublées d'un imposant lit à baldaquin. Chacune dispose d'une salle de douches et d'un balcon (demandez l'une des deux chambres sur rue du 3e étage pour profiter au mieux de la vue sur le fleuve). Ambiance chaleureuse et personnel attentionné. Double 2 000B avec clim., réfrigérateur, wifi et eau chaude. *69 Uttarakit Rd* ***Pak Nam*** *Tél. 075 656 299*

Dee Andaman Hotel (plan 23, A2 n°30) Contrevents aux vitraux colorés, boiseries ajourées et médaillons carmin du carrelage... Le vaste *lobby* de l'hôtel le plus chic de Krabi donne le ton. Le même soin est accordé à chacune des 34 chambres au lit à baldaquin *king size*, dont le balcon donne sur le fleuve et Ko Klang ou sur la piscine à l'arrière. Un peu excentré derrière le parc Thara, l'hôtel met toutes les heures une navette gratuite à la disposition de ses clients. Double supérieure et *deluxe* 2 000-2 300B, familiale 3 300B, petit déj. inclus. *45/19 Rattanadilok Rd* ***Pak Nam*** *Tél. 075 620 779*

prix très élevés

Islanda Eco Village Resort À la pointe sud-est de Ko Klang, Le seul *resort* de l'île déploie ses 30 bungalows sur pilotis le long d'une étroite bande de sable face à Ko Phi Phi. Réparties sur trois rangs autour d'une belle piscine à débordement, ces maisonnettes au design épuré s'inspirent de l'habitat local. Leur balcon en teck, avec baignoire pour les plus luxueuses, prolonge une chambre d'un beau volume tout en dégradé de blanc, de gris et de teck (lit *king size*), et la salle de douches est à ciel ouvert. Bungalow de 4 400 à 6 600B, petit déj. inclus. Restaurant où l'on sert les légumes du potager bio. Location de vélos et de kayaks. *177 Moo 3* ***Ko Klang*** *Tél. 089 614 2333 ou 089 616 2333 www.islandakrabi.com*

À Ko Jum

La fièvre touristique semble s'être emparée de Ko Jum, mais la qualité de l'offre ne justifie pas toujours l'inflation des prix...

petits prix

Ao Si Bungalows Dominant l'extrémité nord de la plage d'Ao Si, ce *resort* bénéficie d'un des plus beaux panoramas de l'île. Du restaurant, au bord de la plage, des sentiers escarpés grimpent au milieu d'une végétation luxuriante – et grouillant de singes – jusqu'aux 9 bungalows (*standard, sea-view* ou familiaux). Tous sont simples, mais disposent d'un ventilateur, d'une moustiquaire et d'une salle d'eau. Double 500-800B, familiale (2 lits doubles) 1 000B. *123 Moo 5 Ao Si Beach* ***Ko Jum*** *Tél. 081 747 2664*

prix moyens

Bonhomie Beach Cottage À deux pas de la plage, une dizaine de bungalows avec moustiquaire et ventilateur cachés sous les frondaisons. Poutres de réemploi pour la structure, murs de galets pour les salles de bains (eau chaude) et mobilier en bambou, des chaises inclinées de la véranda au sommier des grands lits douillets. Bungalow avec vue 1 100B, pied dans l'eau/familial 1 500B. *North Beach* ***Ko Jum*** *Tél. 081 844 9069 ou 086 560 9977 www.bonhomiebeach.com*

prix élevés

Koh Jum Resort Des rambardes noueuses des vastes balcons laqués au décor en pierres apparentes, ces 12 paillotes sur pilotis affichent un style rustique un peu rétro qui ne manque cependant pas de caractère. Contrairement aux cottages en bambou tressé, dont les salles d'eau sont sommaires, les maisonnettes en teck aux murs safran et la villa de bord de mer disposent d'une baignoire avec vue sur la mer, d'une TV et d'un minibar. Toutes sont équipées d'un lit *king size*. Bungalow de 3 000 à 6 000B. Restaurant. *237 Moo 5 Ting Rai Beach* ***Ko Jum*** *Tél. 081 900 3202 ou 086 077 5788 www.kohjumresort.com*

prix très élevés

Ko Jum Lodge Ce *resort* tenu par un couple franco-thaïlandais a tout de la robinsonnade de luxe ! Ses 19 bungalows spacieux sont éparpillés dans une cocoteraie le long du front de mer, alliant le minimalisme de la cabane du bout du monde (murs en bambou tressé, toit de palme, moustiquaire et ventilateur) au confort d'un établissement haut de gamme (lit moelleux, coin salon, sdb avec eau chaude, terrasse). Wifi, restaurant de cuisine thaïe et méditerranéenne, bibliothèque, piscine... Bungalow 6 000-7 500B, petit déj. inclus. *286 Moo 3 Golden Pearl Beach* ***Ko Jum*** *Tél. 075 618 275 ou 089 921 1621 www.kohjumlodge.com Ouvert nov.-avr.*

AO NANG ET LA CÔTE

Indissociables mais diamétralement opposées, Krabi la fluviale et Ao Nang la côtière sont les deux faces d'une même médaille. À l'inverse de la première, cœur administratif de la province, la seconde n'existe essentiellement qu'à travers sa clientèle de voyageurs étrangers, toujours plus nombreux à profiter de ses plages de sable fin qu'émaillent de spectaculaires paysages de karst. Une véritable invasion qui a vu le mode de vie des communautés de pêcheurs, pour la plupart musulmans, sacrifié sur l'autel du tourisme de masse, et leur habitat traditionnel livré à la fièvre des promoteurs immobiliers. Les aménagements balnéaires d'Ao Nang ont depuis fait tache d'huile, si bien que plus aucune grève de la côte n'est dépourvue d'hôtel ou de restaurant.

MODE D'EMPLOI

accès

En avion comme en car, la ville de Krabi, située 18km à l'ouest d'Ao Nang, sert de porte d'entrée à toute la région, cf. accès (p.470). Avec un départ toutes les heures, les grandes navettes blanches affrétées par l'aéroport transitent par la gare routière et le centre-ville de Krabi avant d'atteindre Ao Nang (1h env., 150B). Les voyageurs arrivant par bus peuvent également emprunter les *songteo* blancs ou bordeaux qui parcourent le même itinéraire (50-60B).

EN BATEAU

Noppharat Thara Pier En haute saison, comptez un AR/j. au départ de Phuket (700B, réduit 500B), Ko Phi Phi (450B, réduit 350B) et Ko Lanta (550B, réduit 400B), avec une étape à Railay. Seule la liaison avec Phuket est maintenue en basse saison, avec un départ tous les deux jours. *À l'extrémité ouest de la plage de Noppharat Thara, derrière le Visitor Center du parc national*

orientation

Étiré le long d'Ao Nang Road (route 4201) jusqu'à la plage du même nom, le village d'**Ao Nang** concentre le plus grand nombre de restaurants, bars et hôtels de la côte. L'effervescence touristique s'étiole plus on s'éloigne vers l'ouest en longeant la plage de **Noppharat Thara**, séparée en deux par un estuaire. On accède à sa partie occidentale, bien plus sauvage, par la mer ou de la route menant à **Klong Muang**, une longue et paisible grève principalement occupée par de vastes *resorts* haut de gamme. Au sud-est d'Ao Nang, les plages de **Tonsai**, **Railay West**, **Phra Nang** et **Railay East** se répartissent autour d'une presqu'île accessible uniquement par bateau. Le village encore peu développé d'**Ao Nammao** constitue la limite orientale de cette zone balnéaire.

se déplacer

EN *SONGTEO*

De 6h à 22h, les *songteo* blancs en provenance de Krabi traversent Ao Nang et longent le bord de mer jusqu'à la plage de Noppharat Thara avant de repartir en sens inverse, via Ao Nammao et le Shell Cemetery. Aucune ligne ne dessert cependant la partie ouest de Noppharat Thara et Klong Muang. Comptez 50B-60B pour la course Ao Nang-Krabi, avec un supplément de 10B après 20h.

EN *LONG-TAIL BOAT*

Ces bateaux-taxis, organisés en associations, sont l'unique moyen de gagner Railay et Phranang. Les départs se font selon l'affluence (8 pers. minimum) devant les trois billetteries, situées à chacune des extrémités de la plage d'Ao Nang ainsi qu'à côté des bureaux du parc national de Noppharat-Thara (8h-18h). Il vous en coûtera 100B l'aller simple pour les plages de Tonsai, Railay West et Phranang, et 50B pour le trajet Railay West-Tonsai. À Railay East, d'autres *long-tail boats* rallient Ao Nammao (80B) et Chao Fa Pier, à Krabi (150B). Un supplément s'applique entre 18h et 22h pour chacun de ces trajets.

À DEUX-ROUES

Si votre hôtel ne loue pas de scooter, vous n'aurez aucun mal à en trouver le long de la route principale (250-300B/j.).

Krabi Green Bike Location de vélos électriques de 1 000 à 1 400B/semaine. *409 Moo 4 À 9km au nord* *d'Ao Nang, à l'angle des routes 4204 et 4034 Tél. 091 647 6216 www.krabigreenbike.com Ouvert lun.-ven. 9h-17h ; sam. 10h-16h*

informations touristiques

Aucune antenne officielle de la TAT (Tourism Authority of Thailand) n'est présente à Ao Nang, mais les agences de voyages privées qui jalonnent la route 4203 fournissent cartes, brochures et bons conseils.

informations pratiques

Station balnéaire oblige, les distributeurs automatiques de billets (ATM) sont légion le long de la côte, de Klong Muang à Ao Nammao, en passant par Ao Nang et la presqu'île de Railay. En cas de problème de santé, il vous faudra toutefois gagner l'un des deux hôpitaux de Krabi (p.472).

Ao Nang Tourist Police *Noppharat Thara Rd. Avant le virage entre Ao Nang et Noppharat Thara Tél. 075 637 208*

fêtes et manifestations

Rock & Fire International Contest La plus grande compétition d'escalade de Thaïlande, avec *fire shows* et concerts. *Presqu'île de Railay 3 jours à la mi-avr.*

Krabi Naka Festival Concerts et spectacles (jazz, danses et musiques traditionnelles...), compétitions de VTT et de course nature. *Plage de Klong Muang 3 jours en fév.-mars*

DÉCOUVRIR

☆ **Les essentiels** Mu Ko Poda, Hat Tham Phra Nang **Découvrir autrement** Initiez-vous à la cuisine thaïlandaise, applaudissez un vrai combat de *muay thai*, escaladez les murailles karstiques de Railay

Ao Nang

Il ne subsiste plus grand-chose du village de pêcheurs d'Ao Nang, propulsé au rang de première station balnéaire de la région de Krabi dans les années 1980. Boutiques de breloques, fast-foods, salons de massage et rabatteurs en tout genre se disputent désormais l'artère principale, qui oblique pour longer une plage somme toute correcte, où s'amarrent hélas les innombrables *long-tail boats* qui sillonnent la région. Promenade populeuse la journée, le front de mer et les ruelles adjacentes, où se concentrent la plupart des bars, s'éveillent bruyamment à la nuit tombée.

● **Où boire un verre ?** Les deux "quartiers de la soif" d'Ao Nang racolent les chalands à grand renfort de néons. Face à la plage, le bien nommé **Center Point**, rénové en 2010, réunit des restaurants relativement bon enfant (au rdc) ainsi que des bars à hôtesses et un cabaret – le Blue Dragon (aux 1er et 2e étages). À l'ouest, sur Ao Nang Road, **Soi RCA Entertainement** rassemble une douzaine de comptoirs ouverts sur la ruelle, au pavé battu par des serveuses plus ou moins entreprenantes. Mais n'ayez crainte, le village ne manque aucunement d'établissements plus sages adaptés à une clientèle familiale...

The Last Fisherman Plus exotique que la Thaïlande ? C'est possible ici, dans ce bar installé au sud de la plage d'Ao Nang qui a rehaussé ses cahutes aux toits de chaume et son comptoir en forme de chaloupe de grands tikis polynésiens plantés dans le sable. Face au soleil couchant ou à la lumière des lanternes, on sirote l'un des très bons cocktails (180-220B), bercé par le bruit des vagues et le vent dans les palmiers, auxquels ne manque qu'un petit air d'ukulélé. Bière 70-150B, barbecue de 18h à 22h (carte 50-200B, menu à partir de 500B). *266 Moo 2 Tél. 081 458 0170 Ouvert tlj. 11h30-0h*

● Où assister à un match de *muay thai* ?

Ao Nang Krabi Boxing Stadium Si vous croisez des *pick-up* hurlant la musique de *Rocky* le long d'Ao Nang Road, sautez sur l'occasion, c'est le signal d'un match sans doute épique ! Seule arène de la région, ce stade de 2 000 places organise neuf compétitions annuelles, retransmises pour certaines sur les ondes nationales, au rythme d'une ou deux rencontres hebdomadaires selon la saison. Public local, ambiance survoltée et combats garantis sans chiqué ! *Noppharat Thara Soi 13* ***Ao Nang*** *(à Ao Nang, emprunter la 1re rue à droite après le Cuckoo's Nest) Tél. 081 606 2888 www.aonang-thaiboxing.com Ouvert nov.-avr. : mer. et dim. 21h-tard ; mai-oct. : dim. 21h-tard Tarif 1 000-1 500B*

● Prendre un cours de cuisine thaïe Ceux qui souhaitent découvrir les secrets de la gastronomie nationale se verront proposer de nombreux cours et stages à Ao Nang et dans ses environs.

Profiter des plages immaculées des îles Poda

Malgré le va-et-vient incessant des bateaux, la plage d'Ao Nang a tôt fait d'être envahie par une mosaïque de serviettes-éponges peu engageante. Pour faire trempette et se dorer au soleil dans une paix (relative), préférez-lui les quelques îles au large de la presqu'île de Phra Nang. Pour vous y rendre, empruntez l'un des *long-tail boats* qui font la navette de 8h à 16h (AR 300B) ou louez un bateau pour la journée (1 700-1 800B).

☆ **Mu Ko Poda** Protégé par le Noppharat Thara National Park, cet archipel est particulièrement populaire auprès des agences de voyages de la côte pour ses longues bandes de sable immaculé que viennent lécher des eaux limpides. Typiques du relief karstique de la région, une haute falaise de calcaire domine les plages frangées de cocotiers de **Ko Poda**, alors qu'un piton en forme de tête de poulet a valu à **Ko Kai** d'être baptisée "Chicken Island". Autre particularité de cette dernière, une langue de sable la relie à marée basse aux deux îlots voisins. L'occasion idéale de s'essayer au *snorkeling* sur ses récifs poissonneux.

Thai Charm Cookery School Créée en 2012 par Heng et Yok, cette école de cuisine laisse au marmiton le choix des plats (7 au total) dont il/elle souhaite apprendre la recette. Accueillant 10 apprentis max., les classes se tiennent le matin, l'après-midi ou en début de soirée (1 200B, transfert inclus). *355 Moo 5 Tél. 083 204 8543 http://apichet200981.wix.com/thaicharm*

Smart Cook Thai Cookery School Cette école venue de Chiang Mai dispense des formations à la demi-journée, incluant toutes le livre des recettes auxquelles vous serez initié(e) : formule basique (6 plats, 1 200B), cours avec visite du marché local pour choisir ses ingrédients (7 plats, 1 500B), menus spéciaux (1 600-2 000B). *32/1 Moo 5 (à 500m au nord-est de la jetée de Noppharat Thara) Tél. 086 186 3468 Tél./fax 075 661 147 www.smartcookthailand.com*

Les environs d'Ao Nang

À l'ouest d'Ao Nang

Hat Noppharat Thara Seuls quelques virages et un pont séparent Ao Nang de Noppharat Thara, mais le changement d'ambiance entre les deux plages est frappant ! Face à la mer, petites boutiques de souvenirs et restaurants modestes alternent avec quelques *resorts* cachés par la végétation, se succédant jusqu'au parking attenant aux bureaux du **Noppharat Thara National Park**. Le parc protège une grande partie du littoral, notamment la presqu'île de Phra Nang et l'archipel de Mu Ko Hong, ainsi que les îles Ko Phi Phi (p.495). Le fleuve Khlong Son coupe la plage de Noppharat Thara en deux parties, identiques par leur sable fin et leurs eaux troubles, mais aux atmosphères radicalement différentes. Longée par une route très fréquentée, la partie orientale affiche malgré tout une relative sérénité comparé à Ao Nang, et les gens de la région aiment à pique-niquer à l'ombre de ses filaos. À l'inverse, la portion occidentale, plus difficile d'accès, est presque déserte.

Hat Klong Muang Située à une quinzaine de kilomètres d'Ao Nang, la côte nord-ouest du district s'ouvre timidement au tourisme, et conviendra donc aux voyageurs en quête de tranquillité, de plages désertes et de somptueux paysages karstiques. Du tout petit village de Klong Muang, une route part au sud jusqu'à la grève d'**Ao Si**, que bordent quelques discrets bungalows, et au cap de Hang Nak, occupé par une résidence royale (fermée au public). La sereine plage de sable blond de **Klong Muang**, à peine troublée par le va-et-vient des rares bateaux de pêche, s'anime une fois l'an lors du Krabi Naka Festival (p.484). Une série de *resorts* chics monopolise la majeure partie de la côte nord, de la plage rocheuse de **Ko Kwang** jusqu'à celle de **Tup Kaek**, dont le splendide panorama sur l'archipel de Mu Ko Hong (p.477) est un peu gâché par la présence d'une mine de gypse *offshore*. 155 Moo 2 *Nong Thale*

● Gravir un sommet

Tup Kaek-Hang Nak Nature Trail Marcheurs invétérés et amoureux de panoramas, cette randonnée à l'assaut du 4e sommet de la région par la hauteur devrait vous combler ! Comptez 3h de marche pour gravir et redescendre cette piste (3,7km pour 500m de dénivelé env.) qui traverse une forêt luxuriante, protégée par le Noppharat Thara National Park et peuplée de gibbons. Trois points de vue jalonnent le parcours, d'où l'on peut apercevoir Ko Phi Phi par temps clair... Les campeurs avertis peuvent y planter leur tente pour regarder le soleil se coucher au large. Par ailleurs, la compagnie Krabi Eco Cycle (cf. ci-dessous) organise des randonnées à vélo sur ce sentier (1 500B/pers.). *À l'extrémité nord de la plage de* ***Tup Kaek*** *Entrée libre*

● Explorer la région à vélo

Krabi Eco Cycle Ouverte en 2007, cette compagnie propose de battre la campagne thaïlandaise à la force du mollet, en petits groupes de deux à dix cyclistes. Plusieurs formules à la demi-journée (800-1 350B/pers. avec prise en charge à votre hôtel) permettent ainsi de découvrir, en compagnie d'un guide, les environs de **Hat Noppharat Thara** (p.486) ainsi que les richesses naturelles de la région, des rizières de **Ko Klang** (p.475) aux chutes d'eau de **Khao Phanom Bencha National Park** (p.477). *187/3 Moo 5 En face de la mosquée de* ***Klong Haeng*** *Tél. 075 637 250 ou 075 661 267 www.krabiecocycle.com*

La presqu'île de Phra Nang

Isolée du continent par un imposant massif calcaire, cette langue de terre n'était habitée que par quelques familles de pêcheurs avant que ses plages somptueuses et ses falaises abruptes n'attirent voyageurs et grimpeurs dans les années 1980. Phra Nang est devenue en un rien de temps la destination phare de la côte de Krabi, et les *resorts* plus ou moins luxueux qui ont colonisé ses quatre plages ne désemplissent pas à la saison sèche. Ce développement fulgurant et désordonné pose de nombreux problèmes, à commencer par celui de la gestion des déchets, qui ternissent un peu cette vision de paradis.

Ao Tonsai Séparée d'Ao Nang par une imposante falaise avançant dans la mer, la plus isolée des baies de la presqu'île est, de ce fait, la plus calme et la moins onéreuse. De la forêt s'échappent quelques airs de reggae, annonçant l'ambiance décontractée qui a fait la réputation de ce rendez-vous de grimpeurs à dreadlocks en quête d'hébergement à prix modique. Mais, depuis 2014, sa plage sauvage, rocailleuse à marée basse, a bien triste mine : les établissements du front de mer ont été rasés pour faire place à un vilain mur de chantier annonçant la construction d'un *resort*. L'Ao Tonsai joyeusement foutraque connaît-il ses dernières heures ? *Long-tail boats d'Ao Nang et Railay West* ***À pied*** *Un chemin vallonné à travers bois permet d'arriver jusqu'à Railay East (20-30min), un second plus accidenté le long de la falaise sud mène jusqu'à la plage de Railay West (10min, déconseillé de nuit)*

Railay West / Sunset La deuxième plage de la presqu'île par sa beauté en est aussi le point d'accès principal. Malgré le va-et-vient des bateaux et les nombreux touristes venus lézarder au soleil, l'ambiance détendue qui règne sur cette large étendue de sable fin flanquée de hauts murs karstiques est bien moins étouffante que celle d'Ao Nang. Au milieu des cinq *resorts* cossus du front de mer, une rue commerçante baptisée Walking Street fait office de centre-ville et traverse la forêt jusqu'à Railay East. *Long-tail boats d'Ao Nang, Noppharat Thara et Tonsai*

Railay East / Sunrise Hormis sa minuscule langue de sable méridionale, la "plage" de Railay East se résume à une baie semée de palétuviers, qui se transforme en un vaste marécage rocailleux à marée basse, et que longe un étroit sentier bétonné. Plusieurs *resorts* haut de gamme monopolisent sa partie sud, mais on trouvera des établissements plus abordables dans sa portion nord, en direction d'Ao Tonsai. C'est également là que se rassemblent la plupart des oiseaux de nuit de Railay, venus étancher leur soif à la lumière des *fire shows*. *Long-tail boats d'Ao Nammao et de Krabi* ***À pied*** *Un chemin au sud contourne le Rayavadee Resort jusqu'à la plage de Tham Phra Nang*

À LA POURSUITE DU LAGON VERT
Sur le sentier qui relie la plage de Phra Nang à Railay East, une cordée accrochée à des racines signale le chemin d'une crique nichée au creux des falaises. Le parcours tient plus de l'escalade à mains nues que de la promenade de santé, et il faut compter 45min d'efforts intenses pour atteindre le petit lagon (en eau uniquement à marée haute), non sans profiter en chemin d'un exceptionnel point de vue sur Railay. **Sa Phra Nang** *Bonne condition physique et chaussures adaptées indispensables*

Tham Phra Nang Nai / Diamond Cave En amont de Railay East, le petit local des gardes forestiers du Noppharat Thara National Park marque l'entrée de cette grotte. À travers une succession de cavités théâtralement éclairées, une passerelle conduit vers les scintillantes stalagmites qui ont donné son nom au site. Une visite rafraîchissante par temps de canicule ! *Derrière le Diamond Cave Resort, près du chemin qui mène à Ao Tonsai Ouvert tlj. 9h-17h Entrée 40B, réduit 20B*

★ Hat Tham Phra Nang Classée parmi les plus belles plages du monde, cette sublime étendue de sable fin mérite amplement son titre… et vos innombrables voisins de serviette ne pourront que le confirmer ! Difficile, en effet, de résister à l'attrait de ses eaux transparentes d'où jaillissent de pittoresques reliefs karstiques dentelés. Prenez donc le premier bateau du matin pour la voir sous son meilleur jour, avant l'arrivée des foules. Un unique *resort* – le très chic Rayavadee – se dissimule dans la végétation. Creusées dans la falaise sud, deux grottes abritent un sanctuaire dédié à la "Princesse de la Mer" ; sa forêt d'offrandes aux formes on ne peut plus suggestives (lingams) déclenche tour à tour le rire, la gêne ou la curiosité des visiteurs. Un chemin sur la gauche mène au lagon caché de Sa Phra Nang et à Railay East (10min).

Escalader une falaise karstique Avec un relief découpé aux multiples anfractuosités, la presqu'île de Phra Nang est un spot prisé des adeptes de l'escalade et de la varappe. Au total, ce sont près de 700 voies équipées et balisées, du niveau 5 pour débutants à 8b+ pour les plus aguerris, qui se répartissent principalement en quatre zones : le grand promontoire au nord de d'Ao Tonsai (12 parois, 137 voies), le piton séparant Ao Tonsai de Railay (6 parois, 119 voies), le massif entre le sud de Railay West et la plage de Tham Phra Nang (5 parois, 80 voies), et les falaises du sud de Railay East aux grottes de Phra Nang (11 parois, 121 voies).
King Climbers L'une des plus anciennes écoles de varappe de Railay, et aussi l'une des plus engagées dans l'aménagement et l'entretien des parois de la

presqu'île, cf. varappe (p.80). Son fondateur, répondant à l'humble surnom de King, publie une année sur deux un guide de toutes les voies de la côte d'Andaman (500B), indispensable pour les grimpeurs indépendants. Demi-journée d'initiation (1 000B), journée complète (1 800B), stage de 3 j. (6 000B) et location de matériel. *Walking Street de* ***Railay West*** *Tél. 075 662 096 ou 081 797 8923*

Basecamp Tonsai Cette école créée en 1996, pionnière du psicobloc (*deep-water soloing*) dans la région, n'échappe pas à l'ambiance cool qui règne à Ao Tonsai. En dépit de cette nonchalance de façade, les instructeurs professionnels se montrent très soucieux de la sécurité de leurs élèves. Leur grande boutique est bien fournie (achat et location) et propose un guide d'escalade complet (800B). Formules par niveaux à la demi-journée et à la journée (800-2 800B) et stages de 3 à 5 jours (6 000-9 700B). ***Ao Tonsai*** *Tél. 081 149 9745 www.basecamptonsai.com*

Hot Rock Climbing School Autre école fondatrice de la discipline à Railay, Hot Rock met l'accent sur la convivialité et un accompagnement individualisé (groupes de 3 pers. max.), et propose des cours d'initiation aux enfants. Demi-journées de formation à partir de 1 000B et stages de perfectionnement (3 j., 6 000B). ***Railay East*** *Tél. 075 662 245 www.railayadventure.com*

● Où boire un verre ? À la nuit tombée, l'activité de la presqu'île se concentre autour de la Walking Street de Railay West, des terrasses de Railay East et des estaminets perdus dans la jungle d'Ao Tonsai.

Last Bar Face à un bosquet de palétuviers, sur le sentier qui longe Railay East, ce bar rassemble pêle-mêle, autour d'une grande terrasse, un restaurant, une salle de billard, un ring de boxe thaïe, la plus grande piste de danse de la presqu'île et un salon de tatouage. Plutôt familial en début de soirée, avec son *fire show* quotidien, l'endroit se mue en un club à ciel ouvert à mesure que les décibels augmentent. *Happy hour* de 14h à 21h (100-120B). *633 Moo 2 (au nord du sentier côtier de* ***Tonsai East****) Tél. 075 818 307 www.railaylastbar.com Ouvert tlj. 8h-2h*

Tew Lay Bar Sans doute l'endroit le plus relaxant de toute la presqu'île. Confortablement installé sur une plateforme en bambou perchée au-dessus de l'eau, on sirote un jus de fruits (60B), une bière (80B) ou un cocktail (180-200B) en profitant de la vue sur la baie, bercé par la brise soufflant dans les frondaisons. Un petit auvent attenant accueille deux fois par jour des cours de cuisine en plein air (1 200B). *À l'extrémité nord de la promenade de* ***Railay East*** *Tél. 086 695 0432 Ouvert tlj. 8h-23h*

The Sunset Pirate Jadis installé en bord de plage, ce fortin bariolé, improbable assemblage de bois et de chaume au sol en terre battue, a dû opérer un repli stratégique dans la jungle, mais n'a rien perdu de son âme festive ni de son ambiance "*roots-rock-reggae*". Tandis qu'une paire de grimpeurs se relaxent autour d'un billard, un musicien accorde sa guitare avant le coup d'envoi du concert, inévitablement suivi d'un *fire show* nocturne, le tout orchestré par les sympathiques tenanciers dans une bonne humeur communicative. Bière 60-120B, cocktail 150B. ***Ao Tonsai***

À l'est d'Ao Nang

Ao Nammao Encore relativement épargné par les promoteurs, ce petit village de pêcheurs à l'est de la presqu'île de Phra Nang est surtout connu pour sa jetée, d'où partent des *long-tail boats* à destination de Railay East. La plupart des voyageurs le traversent donc sans s'arrêter, quelques-uns, fuyant le brouhaha d'Ao Nang, choisissent de séjourner dans l'un de ses hôtels familiaux, mais rares sont ceux qui profitent de sa mince plage aux tons jaune-orangé, pourtant charmante. *À 5km à l'est d'Ao Nang via la route 4203*

Susan Hoi - Shell Fossil Cemetery Ce site intéressera surtout les mordus de géologie : une zone marécageuse vieille de 40 à 75 millions d'années selon des études divergentes, que les coquilles accumulées d'innombrables mollusques couvrirent peu à peu d'une "croûte" calcaire de 40cm d'épaisseur. Les mouvements tectoniques qui secouèrent la région ont fait affleurer cette couche compacte de calcaire coquillier, semblable à une vaste étendue de béton craquelé et incrustée de coquillages. Face au parking envahi par les boutiques de souvenirs, un petit musée (libre d'accès, contrairement au site en contrebas) illustre les nombreuses découvertes paléontologiques de la région. *79 Moo 5 (à 3km à l'est d'**Ao Nammao**) Ouvert tlj. 8h-16h30 Tarif 200B, réduit 100B*

● Visiter un aquarium à ciel ouvert

☺ **Krabi Coastal Fisheries Research and Development Centre** Sur la route de Susan Hoi, d'énormes sculptures en forme de poissons-clowns signalent ce centre de recherche qui œuvre pour le maintien de la faune sous-marine locale. À l'ombre d'une grande passerelle couverte, on peut observer des spécimens menacés (requins-léopards, requins à pointe noire, tortues imbriquées, raies...) s'ébattre dans quatre grands bassins d'eau de mer. La halle voisine héberge une foule d'aquariums peuplés d'hippocampes et de poissons-clowns, qui ont valu à ce centre d'être baptisé "*Nemo Farm*". *141 Moo 6 (à 2km à l'est de la jetée d'**Ao Nammao**) Tél. 075 662 059 Ouvert tlj. 9h-16h30*

CARNET D'ADRESSES

Restauration, hébergement

Ao Nang

petits prix

Ideary Café & Bakery Dans sa salle climatisée aux larges baies vitrées, cette boulangerie au logo bigarré propose des sandwichs à composer soi-même (à partir de 90B), ainsi qu'un bel assortiment de pâtisseries (muffins, cookies, etc.). En attendant de déguster son très bon café (70-90B), pourquoi ne pas jeter un œil aux produits artisanaux de la boutique ou vous installer dans un moelleux canapé fleuri pour feuilleter un livre de la petite bibliothèque en libre-service ? Parfait pour un déjeuner léger ou un goûter face à la mer. *Soi Ao Nang 17 (à l'entrée de la promenade piétonne) **Ao Nang** Ouvert tlj. 9h30-18h*

Mini Boxtel Installée à quelques dizaines de mètres de la plage, cette auberge de jeunesse design propose deux dortoirs climatisés, un mixte et l'autre réservé aux femmes. Leurs 24 lits douillets (600B avec casier), séparés en autant de box en bois, ne sont pas sans rappeler les hôtels-capsules japonais, tant par leur style épuré que par l'intimité qu'ils procurent. Chaque chambrée dispose de sa salle de douches en béton ciré, et l'ensemble est impeccablement tenu. Plus appréciable, le petit déj. (inclus) se prend sur le toit-terrasse face à la mer. *247/3 Moo 2* ***Ao Nang*** *Tél. 089 473 1704 www.miniboxtel.com Ouvert toute l'année*

prix moyens

La Luna Italiano Parmi tous les restaurants italiens d'Ao Nang, celui-ci tire vraiment son épingle du jeu : ici, point de rabatteurs étouffants, mais un personnel charmant et discret, prodiguant de bons conseils pour naviguer à travers l'épais menu. Attablé sur l'un des deux niveaux de leur salle aux murs jaunes et piliers de brique, où flotte un petit air de jazz, on s'ouvre l'appétit avec quelques *antipasti* avant se laisser transporter par les appétissantes lasagnes maison (300B) et une grande variété d'excellentes pizzas à pâte fine cuites au feu de bois (210-330B). Le chef, italien bien sûr, les propose à volonté tous les vendredis soir (200B). *183 Moo 2* ***Ao Nang*** *Ouvert tlj. 11h-22h*

Ao Nang Cliff View Resort Difficile de battre ce *resort* "couteau-suisse" : la diversité des options et des services annexes satisfera toutes les bourses, du voyageur économe à la famille nombreuse. Des cabanons avec ventilateur (1 200B) aux cottages en brique climatisés (2 000-3 600B avec TV et réfrigérateur), tous dotés d'irréprochables sdb carrelées avec eau chaude, les 45 bungalows occupent une forêt vallonnée à l'ombre d'une imposante falaise. S'y ajoutent une belle piscine dotée d'un bassin pour les enfants, une salle de sport, un salon de massage ainsi qu'une agence de voyages à la réception. Accueil très avenant. *10/5 Soi Ao Nang 11* ***Ao Nang*** *À 2km de la plage (songteo affrété par l'hôtel) Tél. 075 695 240 www.aonangcliffviewresort.com Ouvert toute l'année*

prix élevés

Lae Lay Grill Agrippées au rocher qui domine Ao Nang, les deux grandes terrasses de ce restaurant offrent un superbe panorama sur la plage de Noppharat Thara. Réputé pour son poisson et ses fruits de mer (plateaux 2 pers. à partir de 1 250B, à la carte 200-350B), le menu présente également un choix de recettes traditionnelles bien maîtrisées à la présentation millimétrée, ainsi qu'une belle carte de vins. La réservation donne droit à un transfert en *tuk-tuk* au départ de votre hôtel. *89 Moo 3* ***Ao Nang*** *Tél. 075 661 588 www.laelaygrill.com Ouvert tlj. 10h-22h*

The Verandah Hotel On ne pouvait faire plus éloigné des traditionnelles villas de teck et de chaume que cet hôtel de charme aux tons pastel : sur trois étages avec ascenseur (une rareté), 37 vastes chambres avec balcon décorées dans un ravissant style néomauresque. Des salles de bains en marbre aux lanternes ajourées complètent cet hommage à l'opulence orientale. Les pensionnaires peuvent profiter de la piscine et du parking appartenant au *resort* voisin. Ne vous fiez pas aux prix (prohibitifs) affichés sur le site Internet et réservez plutôt votre chambre auprès de la réception. Double 2 600B-3 300B, familiale 5 000B, avec réfrigérateur, TV, clim. et petit déj. *191 Moo 2* ***Ao Nang*** *Tél. 075 637 454 www.theverandahaonang.com Ouvert toute l'année*

☺ **Baan Dinlamun Resort** Un petit bijou d'originalité et de charme. Le propriétaire, Pattpoom, a construit seul ces cinq maisonnettes ovoïdes en terre crue (3 000B avec wifi), installées dans un joli jardin fleuri. Au confort de l'intérieur (lit *king size*, TV et clim.), tout en nuances d'ocre, s'ajoute un souci du détail des plus ravissants, notamment dans la sdb, avec son lavabo orné d'une empreinte de coquille spiralée et sa grande baignoire à ciel ouvert cernée d'une rivière de galets. Petit déj. servi sur la terrasse privative. Pas de CB. *171 Moo 3 (à 750m de la plage, avant le Lae Lay Grill)* ***Ao Nang*** *Tél./fax 075 661 383 www.baandinlamun.com Ouvert toute l'année*

À l'ouest d'Ao Nang

petits prix

Cuckoo's Nest On repère aisément ce sympathique bar-restaurant, sis en plein centre de Noppharat Thara, à sa façade jaune, de jour, et à son arbre à lampions, de nuit. Si vous n'êtes pas immédiatement happé par l'un des profonds canapés de la grande terrasse, vous trouverez quelques tabourets au comptoir et un billard dans la salle. Que ce soit pour une sieste à l'ombre, un verre en soirée ou un repas aux chandelles, le personnel se plie en quatre tandis que la patronne s'active aux fourneaux, mitonnant d'excellents plats traditionnels et végétariens aux noms farfelus (90-150B). Bière 70-100B. *116 Moo 3* ***Noppharat Thara East*** *Tél. 084 627 8686 Ouvert tlj. 8h-0h*

Pine Bungalow Havre de paix face à la jolie plage d'Ao Si, au sud de Klong Muang, ce *resort* familial sans chichis compte 33 bungalows en dur séparés par des allées arborées qui descendent en pente douce jusqu'à la grève. Simples et fonctionnelles, les chambres blanches avec sdb carrelée s'ouvrent sur une petite terrasse pourvue d'un hamac. Comptez 500B pour deux avec ventilateur et 1 500B avec clim. et vue sur le large. Bon restaurant en front de mer. Pas de CB. *99 Moo 2* ***Ao Si*** *Tél. 075 644 332 ou 075 600 124 www.pinebungalow.com Ouvert toute l'année*

prix moyens

Isle Beach Resort Seule la route côtière sépare de la plage cet hôtel-restaurant de 25 chambres, sorti de terre en 2014. Des bungalows avec vue (1 800B), répartis autour d'une piscine avec terrasse garnie de transats, et d'autres, plus en retrait (1 500B). Éclairées par de grandes baies vitrées, les chambres blanches ou jaune pâle sont particulièrement bien équipées pour cette gamme de prix, avec réfrigérateur, bouilloire, baignoire avec eau chaude, wifi et clim. *216 Moo 3* ***Hat Klong Muang*** *Tél. 075 600 046 www.islebeachresort.com Ouvert toute l'année*

Longbeach Villa La partie occidentale de Noppharat Thara devrait séduire ceux qu'effraie le tumulte d'Ao Nang. Les 14 bungalows de *resort*, l'un des plus charmants de la

GAMME DE PRIX	RESTAURATION	HÉBERGEMENT
Très petits prix	moins de 100B	moins de 500B
Petits prix	de 100 à 300B	de 500 à 1 000B
Prix moyens	de 300 à 500B	de 1 000 à 2 200B
Prix élevés	de 500 à 1 000B	de 2 200 à 4 000B
Prix très élevés	plus de 1 000B	plus de 4 000B

plage, se partagent entre paillotes rustiques en bambou (900B sans eau chaude) et villas flambant neuves donnant sur la mer (1 800B avec ventilateur, 2 800B avec clim.). Ces dernières, discrètes mais nettement plus chics, sont décorées de fleurs et de paniers en rotin, et elles bénéficient d'une sdb épurée en béton ciré et d'un balcon. Restaurant à disposition. *155 Moo 4* ***Noppharat Thara Ouest (Long Beach)*** *Tél. 082 416 6371 www.longbeachvilla.com Ouvert toute l'année*

Presqu'île de Phra Nang

petits prix

Rapala Rockwood Resort La meilleure option pour les voyageurs au budget serré cherchant la proximité de l'animation nocturne de Railay East. Mis à part une poignée de chambres on ne peut plus frustes avec sdb commune (500B), ce *resort* aligne en rang d'oignons dans un vaste jardin une quarantaine de bungalows plus confortables aux rambardes bariolées garnies de hamacs, en bois (800B avec ventilateur) ou en béton (1 300B avec clim.). À l'entrée, une minuscule piscine jouxte la sympathique terrasse du restaurant de l'hôtel. ***Railay East*** *Tél. 075 622 586 ou 091 318 5321 Ouvert toute l'année*

Mountain View Resort À 10min à pied de la plage d'Ao Tonsai, les 56 bungalows de ce vaste *resort* s'étagent à flanc de colline. Dans un intérieur respirant la propreté, le bois sombre du mobilier contraste avec le vert d'eau des murs, le motif écossais des rideaux et la blancheur de la salle de douches (pas d'eau chaude). Les tarifs varient considérablement en fonction des options – bungalow en bois ou en béton, de plain-pied ou sur pilotis –, de l'humeur du réceptionniste et de la fréquentation de l'hôtel-restaurant. Comptez 650-900B pour un chalet avec ventilateur, et 950-1 100B pour une chambre climatisée. *132/34 Moo 2* ***Ao Tonsai*** *Tél. 075 622 610 www.krabimountainviewresort.com Ouvert toute l'année*

prix moyens

Railay Garden View Resort Du sentier bétonné au nord de Railay East, un escalier raide grimpe jusqu'à la réception de cet opulent jardin semé de 19 charmants bungalows sur pilotis, tout de bambou revêtus. Leurs chambres simples, avec dressing et salles de douches aux murs saumon imprimés de feuillages, ouvrent sur un balcon meublé de rotin donnant sur le jardin ou sur la mer (1 750-1 950B avec ventilateur, moustiquaire et eau chaude). La vue de la vaste paillote où est servi le petit déj. (inclus) vaut, elle aussi, le détour. Pas de CB. *147 Moo 5* ***Railay East*** *Tél. 085 888 5143 www.railaygardenview.com Ouvert toute l'année*

prix élevés

Railay Great View Resort Isolé à la pointe nord-est de la baie de Railay East, ce *resort* romantique n'a pas usurpé son nom ! Chacun de ses 40 pavillons lumineux, perchés sur de hauts pilotis à flanc de colline boisée, offre une réinterprétation luxueuse du traditionnel trio teck-bambou-chaume, avec une somptueuse sdb sous véranda et un petit salon sur la terrasse d'où admirer la vue. Restaurant, piscine, salon de massage et petite plage privée complètent le tableau. Cottage de 3 200 à 4 000B, minibar, TV, et clim. *588 Moo 2* ***Railay East*** *Tél. 075 819 472 www.railaygreatview.com Ouvert toute l'année*

prix très élevés

Dans la presqu'île de Phra Nang, le souvenir des premiers bungalows pour aventuriers hirsutes et autres bourlingueurs désargentés est aujourd'hui bien loin ! On y trouve désormais plusieurs *resorts* parmi les plus luxueux de la région. À leur tête, le **Rayavadee** (www.rayavadee.com), seul à donner accès à la plage de Tham Phra Nang, affiche des tarifs stratosphériques culminant à 180 000B la nuit. Moins prohibitifs, le **Railay Village Resort** (www.railayvillagekrabi.com), le **Bhu Nga Thani Resort** (www.bhungathani.com), le **Railay Bay Resort** (www.krabi-railaybay.com) ou encore le **Sand Sea Resort** (www.krabisandsea.com) proposent des villas dans une fourchette allant tout de même de 5 600 à 18 000B.

À l'est d'Ao Nang

petits prix

Dawn of Happiness Greffe plutôt réussie pour ce petit *resort* de plage des années 1980, qui cultive une ambiance relax digne d'Ao Tonsai dans le cadre plus familial d'Ao Nammao. Ses 12 bungalows en bambou tressé, avec ventilateur (800B) ou clim. (1 200B), offrent un confort simple (pas d'eau chaude) et un calme olympien. Depuis 2013, ces cahutes un tantinet vieillissantes retrouvent l'une après l'autre une seconde jeunesse. Restaurant. Pas de CB. *23 Moo 5* ***Ao Nammao*** *Tél. 075 662 091 www.dawnofhappinesskrabi.wordpress.com Ouvert toute l'année*

prix moyens

Thip Residence Certes, la façade de cet hôtel-restaurant, installé à un jet de pierre d'Ao Nammao Pier, ne paie pas de mine, mais une fois passé le grand hall d'entrée, on découvre un tranquille jardin tropical agrémenté d'une belle piscine avec vue sur la mer. Ses 22 vastes chambres, des *deluxe*, décorées dans des tons de brun et de rouge, aux *superior*, relevées de touches de rose pâle, sont assorties d'un balcon et d'une sdb carrelée avec eau chaude, parfois dotée d'un improbable rideau de douche à motif de canard. Double 1800-2 000B, avec TV, clim. et réfrigérateur. *222/2 Moo 5* ***Ao Nammao*** *Tél./fax 075 662 117 www.krabithipresidence.com Ouvert toute l'année*

☺ Louer un petit coin de paradis

Railei Beach Club En 1985, des amoureux de la région entreprirent d'acquérir, parcelle après parcelle, un terrain correspondant environ à la moitié du front de mer de Railay West pour s'y faire construire de coquets bungalows pour leurs vacances. En l'absence des propriétaires, un "club" assure aujourd'hui la location de la trentaine de pavillons traditionnels, tous uniques en leur genre, installés dans l'un des domaines les plus beaux et les plus tranquilles de Railay. Les tarifs à la nuitée s'échelonnent de 4 000B à 19 500B pour des villas pouvant accueillir de 2 à 8 pers. (séjour de 3 à 7 j. minimum, selon la saison). ***Railay West*** *Tél. 086 685 9359 www.raileibeachclub.com Ouvert toute l'année*

KO PHI PHI

Mises en scène à la toute fin des années 1990 par Danny Boyle dans son film *La Plage*, les impressionnantes falaises calcaires et les plages immaculées de Ko Phi Phi Ley ont immédiatement suscité l'engouement des voyageurs et des promoteurs. Le ravalement au bulldozer de la plage de Maya Bay pour les besoins du tournage n'a été, hélas, que le premier des mauvais traitements infligés à cet éden tropical, pourtant classé parc national. Sa surfréquentation vaut désormais à l'archipel – six îles au total – des difficultés d'approvisionnement en eau potable et de gestion des déchets, et à Ko Phi Phi Don la reconstruction anarchique qui a suivi le tsunami de 2004 n'a fait qu'amplifier le problème. Victime de son succès, ce petit paradis n'est cependant pas perdu pour tout le monde, puisqu'il est devenu l'une des destinations favorites des jeunes fêtards et des amateurs de plongée sous-marine.

MODE D'EMPLOI

accès en bateau

Tonsai Pier Selon la saison, de la jetée principale de Ko Phi Phi Don sont assurées 3 ou 4 liaisons journalières avec Phuket (1h30, 250-300B), 2 à 4 avec Krabi (1h30, 250-300B), 1 à 3 avec Ko Lanta (1-1h30, 250-450B) et 1 avec Ao Nang (1h30-2h, 300-350B). Notez que certaines compagnies prolongent leur parcours jusqu'aux luxueux *resorts* du cap de Laem Thong, dans le nord de l'île. Les *speedboats* (horaires variables) mettent en général moitié moins de temps pour le double du prix. Si elle n'est pas incluse dans le prix de votre billet, vous devrez acquitter une taxe touristique de 20B/pers. à la descente du bateau. *Tonsai*

orientation

Phi Phi Don est l'unique île de tout l'archipel à offrir hébergement et restauration. Couvrant seulement 28km², elle ressemble à un H incliné dont la barre centrale serait faite de deux baies sablonneuses, Ao Loh Dalum au nord et Ao Tonsai au sud. Cette dernière a donné son nom au village principal, qu'encadrent deux massifs karstiques. L'anse méridionale se prolonge à l'est vers Long Beach, tandis que la côte nord-est de l'île est festonnée de plages – Loh Moo Dee, Runtee Beach, Pak Nam Beach, Loh Bakao et Laem Thong Beach – isolées par la forêt et le relief calcaire.

se déplacer

EN *LONG-TAIL BOAT*
Compte tenu du relief accidenté de Ko Phi Phi Don, le bateau-taxi constitue le moyen de transport le plus rapide, à défaut d'être le plus économique, pour accéder à toutes ses plages. À Tonsai et Ao Loh Dalum, de grandes pancartes indiquent les prix fixes des sorties en *long-tail boat* : de 600 à 1 200B pour gagner les plages du Nord-Est, et de

1500 à 3000B pour une demi-journée ou une journée autour de Ko Phi Phi Ley. Gardez toutefois à l'esprit que le trafic dépend des marées et s'amenuise considérablement à partir de 16h, et que les prix grimpent à mesure que le soleil décline.

À PIED

De Tonsai, de très nombreux sentiers permettent d'accéder à l'ensemble des plages de l'île, cf. Randonner à Ko Phi Phi Don (p.499).

informations touristiques

Le plus proche bureau de la TAT se trouve à Krabi, capitale de la province, mais les nombreuses agences de voyages de Tonsai fournissent cartes et conseils aux touristes perdus, parfois même contre leur gré... Les moniteurs de plongée saisonniers qui battent le pavé à longueur de journée sont également très prompts à vous indiquer le chemin.

informations pratiques

Seul le village de Tonsai dispose de guichets de banque avec distributeurs automatiques (ATM) et d'un petit bureau de poste (lun.-ven. 9h-17h, sam. 9h-13h). Notez également que certains *resorts* isolés de la côte est ne sont pas encore raccordés au réseau électrique et qu'ils limitent donc le fonctionnement de leurs générateurs aux heures nocturnes.

SANTÉ

Avec un petit hôpital public, quatre cliniques privées et autant de pharmacies, Ko Phi Phi Don couvre aisément les soins de première nécessité et les besoins basiques en matière de santé. Cependant en cas d'accident grave, notamment de plongée, les patients sont dirigés vers les établissements de Phuket.

Phi Phi Hospital *À 400m à l'ouest de la jetée de Tonsai Tél./fax 075 622 151*

Siam International Clinic *179/9 Moo 7 Tonsai Tél. 075 601 355 www.siaminterclinic.com*

SÉCURITÉ

Poste de police *À 500m à l'est de la jetée de Tonsai Tél. 075 601 061*

DÉCOUVRIR

☆**Les essentiels** Ko Phi Phi Ley **Découvrir autrement** Escaladez une falaise de karst, plongez pour explorer les forêts de coraux

Ko Phi Phi Don

Du film de Danny Boyle, Phi Phi Don – la seule île habitée de l'archipel – n'a gardé que l'ambiance hippie et débauchée : à Tonsai, le chef-lieu, les cahutes des nomades de la mer ont laissé place à un amoncellement confus de *resorts*, de restaurants et d'innombrables bars. Même si elles sont très fréquentées en haute saison, les plages de la côte nord-est sont toutefois moins bétonnées et plus tranquilles.

Tonsai Dire de ce village qu'il ne fait pas honneur à la somptueuse île qui l'héberge tient de l'euphémisme... Difficile, en effet, d'imaginer la tranquille plage paradisiaque qu'était autrefois Ao Tonsai, à voir le trafic incessant des bateaux dans la baie et l'accumulation anarchique de restaurants, de bars, de salons de massage ou de tatouage de ses ruelles populeuses. Plus de dix ans après qu'un tsunami a ravagé le principal bourg de l'archipel, les chantiers de reconstruction vont toujours bon train en dépit d'un manque flagrant d'espace, à l'image du centre commercial démesuré sorti récemment de terre en face du port. Si regrettable que puisse être l'aménagement de Tonsai, les efforts déployés par les autorités locales pour améliorer sa propreté (pavage des rues, meilleure gestion des déchets) commencent à porter leurs fruits. Peuplé de saisonniers venus du monde entier, le village baigne dans une ambiance festive et une effervescence communicative. Depuis quelques années, la foisonnante vie nocturne qui avait fait la réputation de Tonsai s'est déplacée – au soulagement des hôteliers locaux – vers la baie d'**Ao Loh Dalum**, où bars et clubs de plage enchaînent *fire shows*, concerts et *DJ sets* jusqu'au petit matin.

Long Beach À quelques minutes de marche ou de bateau de Tonsai, la seule autre plage du sud de l'île abrite des hôtels familiaux de standing. Son sable fin et ses eaux poissonneuses attirent, dans la journée, les amateurs de farniente et de *snorkeling*.

Loh Moo Dee Tournant le dos à Long Beach, le ruban immaculé de Loh Moo Dee passait encore récemment pour la dernière plage vierge de Ko Phi Phi Don. Cependant, d'inquiétants panneaux "accès interdit" et le plan au sol d'une trentaine de bungalows laissent penser qu'il sera bientôt en partie privatisé, ce qui, du même coup, condamnera peut-être le chemin y donnant accès.

Ao Toko Beach, Runtee Beach & Pak Nam Beach Une demi-douzaine de *resorts*, dont le cadre luxuriant et l'isolement relatif séduisent nombre de voyageurs en quête d'une retraite sereine, se partagent ces trois jolies plages de la côte nord-est. Cachées au creux de petites baies encaissées, elles ne sont, en effet, accessibles qu'en bateau, les chemins accidentés qui traversent la forêt jusqu'au point de vue de Tonsai étant réservés aux adeptes de la randonnée sportive.

Ao Loh Bakao Large, peu profonde et particulièrement calme, Ao Loh Bakao est l'une des plus vastes plages de Ko Phi Phi Don. Un luxueux hôtel, le Phi Phi Island Beach Resort, règne sans partage sur le front de mer, où poussent quelques rares palmiers. De l'extrémité nord du fleuve côtier, une bifurcation mène jusqu'à une petite concentration d'auberges plus modestes et de bars babas cool, et se prolonge vers les baies de Loh Lana et de Nui, à l'ouest.

Laem Thong À l'égal de la baie voisine, Loh Bakao, la plus retirée des plages de Phi Phi Don a réservé son bord de mer à quelques hébergements haut de gamme, au nombre de quatre. Au milieu d'entre eux, un petit village de nomades de la mer rappelle que l'île fut pendant longtemps occupée par ces seuls pêcheurs nomades, cf. Les nomades de la mer (p.397).

Découvrir les fonds marins La concurrence est rude à Tonsai : le village compte pas moins d'une vingtaine d'écoles de plongée. Plus qu'ailleurs, les moniteurs saisonniers, venus de tous les continents et payés à la commission, n'hésitent pas à apostropher gentiment le chaland pour lui proposer leurs services. Les prix et prestations étant sensiblement les mêmes partout, le choix d'une école dépendra surtout de votre contact avec les formateurs, à distinguer des moniteurs, qui n'assurent que l'accompagnement.

Blue View Divers Seule école de l'île récompensée par une Padi Green Star, cette compagnie se distingue par son implication dans la préservation de l'environnement, en partenariat avec plusieurs ONG spécialisées dans la plongée écoresponsable. L'utilisation de *long-tail boats* – moins polluants que les *speedboats* – garantit des plongées en petit comité (4 pers. max) et un accompagnement personnalisé. Sont proposées des formations *Open Water* (13 800B) ainsi que plusieurs formules pour les sorties plongée (1 900-5 500B), dont une de nuit au milieu du plancton phosphorescent. *Viewpoint Resort 107 Moo 7* ***Ao Loh Dalum*** *À côté du Sunflower Beach Bar Tél. 075 819 395 www.blueviewdivers.com*

Escalader une falaise de karst Présentant le même relief calcaire que la presqu'île de Phra Nang (p.487) et Ko Yao Noi (p.419), les îles Phi Phi attirent des grimpeurs de tous horizons depuis que leurs parois ont été balisées en 1988. Avec plus d'une centaine de voies réparties en 11 zones, ces falaises accessibles uniquement en bateau et donc assez peu fréquentées conviennent aussi aux grimpeurs débutants.

Ibex Climbing & Tours Avec trois boutiques disséminées entre Ao Tonsai et Loh Dalum, cette école domine la scène de l'escalade à Ko Phi Phi. Sont proposées des demi-journées et journées complètes d'initiation ou de perfectionnement (1 100-3 200B), des sessions de psicobloc ou *deep water soloing* (1 600B) ainsi que des stages (5 800B les 3 j.). Location de matériel et organisation d'excursions. *125/22 Moo 7* ***Tonsai*** *Tél. 075 601 370 ou 093 732 4804 (français) www.ibexclimbingandtours.com Ouvert tlj. 8h-22h30*

Spider Monkey Climbing L'une des toutes premières écoles de Ko Phi Phi, Spider Monkey organise des initiations à l'escalade à la demi-journée ou à la journée (1 000-2 000B), des cours de perfectionnement (3 500B) et des sorties de psicobloc (1 600B). *Derrière The Rock Backpacker, dans les bâtiments récents face au réservoir* ***Tonsai*** *Tél. 075 601 026 ou 089 728 1608 www.spidermonkeyphiphi.com*

S'initier à la gastronomie thaïe En plus des hôtels haut de gamme dont les restaurants proposent des cours, il existe plusieurs écoles de cuisine à Tonsai et aux alentours.

Pum Cooking School À la manière d'un restaurant, la première école de cuisine de Ko Phi Phi Don propose des cours à la carte, de la miniclasse de 30min pour un plat (500B) à la journée complète passée en compagnie de la chef dont l'école porte le nom (7 500B). En fonction de vos envies, vous pourrez également choisir vos plats parmi une quarantaine de recettes et repartirez avec le livre correspondant. *125/40 Moo 7* ***Tonsai*** *Tél. 075 601 425 ou 081 521 8904 www.pumthaifoodchain.com Ouvert tlj. 11h-21h Rés. sur place uniquement*

● Où boire un verre et danser jusqu'au bout de la nuit ? Avec ses emblématiques *fire shows*, ses fêtes de plage tonitruantes et sa myriade de bars, Ko Phi Phi Don s'est taillé une réputation internationale auprès des jeunes noctambules. Sans atteindre la démesure des *Full-Moon Parties* de Ko Pha Ngan, la vie nocturne de Tonsai et d'Ao Loh Dalum ne fait pas pour autant dans la demi-mesure : la marijuana circule dans de nombreux clubs, aux côtés de l'incontournable *bucket*, "kit de soirée" comprenant une bouteille d'alcool et des *soft drinks* livrés dans un petit seau (à partir de 250B).

Banana Bar Au fond d'une impasse, à deux pas de la plage de Loh Dalum, un escalier en colimaçon tapissé de gazon synthétique – à côté du restaurant mexicain éponyme – grimpe jusqu'à ce débit de boissons installé sur un toit-terrasse. Ce bar rasta au décor détonnant (paillote en bambou, estrades et balcons en bois flotté et néons fluo) se métamorphose en cinéma à ciel ouvert dès la tombée de la nuit, avant que le DJ résident ne fasse chauffer les platines. Les fêtards affamés peuvent aussi goûter aux très bons burgers, tacos et plats thaïs cuisinés au rez-de-chaussée. *Bucket* à partir de 350B. *117/13 Moo 7* ***Ao Loh Dalum*** *Tél. 087 330 6540 Ouvert tlj. 11h-2h*

Sunflower Beach Bar En plus d'offrir l'une des terrasses les plus tranquilles de la baie, ce bar-restaurant au nord-est d'Ao Loh Dalum est l'un des symboles de la reconstruction post-tsunami. Bâtie avec les débris échoués sur la plage, cette bicoque aux allures de navire abrite plusieurs proues de *long-tail boats* transformées en comptoir et banquettes posées sur la plage. Dans une ambiance des plus décontractées, on va y admirer le coucher de soleil tout en sirotant un cocktail (120B) et goûter l'excellente cuisine thaïe, très appréciée des insulaires. *102 Moo 7* ***Ao Loh Dalum*** *Tél. 080 038 3374 Ouvert tlj. 9h-2h*

Ibiza Beach Bar Avec ses impressionnants *fire shows* et ses *beach parties* enfiévrées, voici l'un des clubs les plus courus d'Ao Loh Dalum ! En début de soirée, avant qu'un *DJ set* pointu rameute les fêtards, des curieux viennent applaudir d'habiles jongleurs ou s'exercer au billard dans cette vaste halle éclairée par des néons bleus. Bières et cocktails dès 90B. ***Ao Loh Dalum*** *Tél. 081 968 3640 Ouvert tlj. 15h-6h*

Randonner à Ko Phi Phi Don

Contrairement à ce qu'affirment certains pilotes de *long-tail boat*, il est possible de gagner toutes les plages de Ko Phi Phi Don à la force du mollet. Le sentier qui part du nord de la baie de Loh Dalum débouche sur Loh Bakao et se prolonge vers Laem Tong ; celui qui mène au point de vue à l'est de Tonsai se sépare en autant de pistes à travers la forêt qu'il existe de plages sur la côte nord-est ; un troisième relie Tonsai à Long Beach et à Loh Moodee. Précisons cependant qu'il n'existe actuellement aucune carte de ces sentiers, qu'ils sont souvent mal balisés, aussi tortueux qu'escarpés, et donc impraticables à la nuit tombée. Bien chaussés et armés d'un antimoustique puissant, les randonneurs en bonne condition physique s'en donneront à cœur joie !

Rolling Stoned Bar Cette institution de Ko Phi Phi Don se cache au fond d'une venelle de Tonsai. Depuis les années 2000, son orchestre reprend avec talent, tous les soirs (en haute saison uniquement), des standards de rock, de blues ou de reggae. Ce bar abrite également quelques tables de billard et, comme son nom l'indique, son ambiance est particulièrement détendue ! Bière à partir de 100B. *Moo 7* ***Tonsai*** *Ouvert tlj. 10h-tard*

Les îles au large

☆ **Ko Phi Phi Ley** Joyau du parc national de Noppharat Thara, Ko Phi Phi Ley réussit l'exploit paradoxal d'être surpeuplée tout en étant inhabitée. Rendu célèbre par le film *La Plage* de Danny Boyle, cet éperon karstique et sa magnifique **Maya Bay** figurent au programme d'excursions de toutes les agences de voyages de la région. Après 11h, ses eaux translucides se transforment en un parking à *speedboats* d'où débarque un flot ininterrompu

Les meilleurs sites de plongée

Avec plus d'une trentaine de sites disséminés dans les environs, Ko Phi Phi Don est aujourd'hui l'un des hauts lieux de la plongée sous-marine de la côte d'Andaman.

Ko Bida Nai & Ko Bida Nok Séparés d'une centaine de mètres, ces deux pitons karstiques rencontrent un grand succès auprès des écoles de Ko Phi Phi. Le premier abrite un superbe récif corallien baptisé Fantasea Reef (4-29m), où l'on peut notamment observer des balistes ondulés et des aiguillettes, tandis que le second offre une grande variété d'environnements (5-33m), du tombant sud couvert de coraux et d'anémones à la côte ouest rocailleuse appréciée des tortues et des requins de récif.

Shark Point Situé non loin d'Anemone Reef, le premier sanctuaire maritime de Thaïlande, classé en 1992, est l'un des sites de plongée les plus riches de la région de Phuket et de Ko Phi Phi. En plus des nombreux requins léopards circulant dans la zone, ce récif (de 6 à 25m) abrite une exceptionnelle forêt de coraux durs et mous ainsi qu'une faune pléthorique : éponges géantes, murènes, calmars, tortues, hippocampes... Mais attention aux courants.

Anemone Reef & King Cruiser Wreck Photographes, à vos appareils submersibles ! À mi-chemin entre Ko Phi Phi et Phuket, l'éperon sous-marin aussi appelé Hin Jom doit son nom anglais aux anémones vertes, bleues et mauves qui le couvrent entièrement. De nombreux requins léopards et requins-chabots rôdent également à sa base (28m). En 1997, le navire japonais *King Cruiser* vint le heurter ; son épave, qui gît à proximité, grouille aujourd'hui de murènes et de tortues, mais il est déconseillé aux plongeurs inexpérimentés de s'y aventurer.

de touristes, bien en peine de trouver un coin de sable blanc où poser leur serviette... Notez que son statut de site protégé implique le paiement d'un droit d'accès ! Les minicroisières en *long-tail boat* qui partent de Phi Phi Don incluent généralement un passage rapide devant Viking Cave, dont les peintures rupestres sont fermées au public, et plusieurs séances de *snorkeling* dans de petites baies, pauvres en coraux mais riches en poissons bigarrés. Un conseil : appareillez à l'aube !

Ko Mai Phai / Bamboo Island Point de bambous sur ce petit îlot tout plat situé face à la plage de Laem Thong, mais une forêt de filaos dont la désignation en thaï, mal traduite, explique son nom anglais. Réputée pour sa paisible plage de sable blanc, Bamboo Island l'est également pour la forêt de coraux voisine, baptisée **Hin Klang**, unanimement considérée comme l'un des meilleurs sites de *snorkeling* de la région.

CARNET D'ADRESSES

Restauration, hébergement

Très dispendieux au regard de leur qualité, la plupart des hébergements de Ko Phi Phi Don se concentrent entre Tonsai et Ao Loh Dalum, mais dans la baie ils s'adressent plutôt aux couche-tard et aux dormeurs peu sensibles au bruit ! Bien développées mais plus isolées et donc beaucoup plus tranquilles, les autres plages de l'île abritent des *resorts* de moyen à très haut de gamme, tous dotés de leur(s) propre(s) restaurant(s).

très petits prix

Phi Phi Bakery Installée dans la ruelle principale de Tonsai, cette incontournable boulangerie fournit toute l'île en pains et pâtisseries depuis 1989, et même les Français ne trouvent rien à y redire ! Elle propose également un petit menu du jour composé de sandwichs, de pizzas et de bons plats thaïs à des prix modiques (60-120B). Au-dessus de la salle de restaurant, ouverte sur la rue, s'étend un espace *lounge*, avec poufs, canapés confortables et gazon synthétique. *97 Moo 7* ***Tonsai*** *Tél. 075 601 017 Ouvert tlj. 7h-17h*

petits prix

Côté cuisine, voir également le **Banana Bar** (p.499) et le **Sunflower Beach Bar** (p.499).

Papaya Restaurant Si Phi Phi ne brille pas par sa gastronomie, les voyageurs désireux de goûter à une cuisine thaïe des plus authentiques seront comblés par ce restaurant sans chichis, coincé au fond d'une ruelle. Choix pléthorique et portions roboratives font sa popularité, comme en témoignent les petits mots de clients comblés qui tapissent les murs. Ne manquez pas le délicieux curry *massaman* et le poisson entier frit. Plats de 100 à 200B. *139/9 Moo 7* ***Tonsai*** *Tél. 091 157 2007 Ouvert tlj. 11h-23h*

Sea Shell Hut Installée dans un coin tranquille du village de Tonsai face au bureau de poste, cette coquette auberge aux couleurs pastel offre l'un des meilleurs rapports qualité-prix de Ko Phi Phi Don. Occupant tout le 1er étage, ses 11 petites chambres rose et bleue sont climatisées et équipées de TV, du wifi et de sdb privatives avec eau chaude. Accueil charmant. Double 1 000B, pas de petit déj. *74/1* ***Tonsai*** *Tél. 075 601 382 ou 085 179 7949 Ouvert toute l'année*

prix moyens

Tonsai Seafood À l'est de la baie de Tonsai, cette vaste terrasse partiellement couverte sert le plus grand choix de poisson et fruits de mer de l'île, tous de première fraîcheur, que l'on peut commander grillés, poêlés ou à la vapeur, épicés à en pleurer ou plus adapté à un palais occidental. Les combinaisons d'ingrédients et de saveurs semblent presque infinies, et les chefs de ce très populaire restaurant se plient en quatre pour satisfaire les attentes de leurs hôtes. Plats de 150 à 300B et petite carte de vins étrangers. *129 Moo 7* ***Tonsai*** *Tél. 075 601 023 Ouvert tlj. 12h-15h et 18h-22h*

Paradise Pearl Bungalows Situées au nord de Long Beach, les 35 maisonnettes de ce *resort* familial se répartissent entre plage et jardin. Décorées dans le style *lanna* de la Thaïlande du Nord, leurs chambres aux murs jaune pâle s'ornent de sculptures en bois délicatement ajourées et de meubles en bois sombre qui contrastent avec les sols carrelés de couleur crème et les entrelacs des soieries. L'hôtel dispose également d'un spa. Double avec ventilateur (1 200B) ou clim. (3 000-5 500B), familiale 3 800-6 100B, TV, réfrigérateur, eau chaude, et petit déj. inclus. *138 Moo 7* ***Long Beach*** *Tél. 076 258 474 www.phiphiparadisepearl.com Ouvert toute l'année*

Viking Nature Resort Niché dans la jungle, entre Tonsai et Long Beach, ce *resort* très nature compte une quinzaine de bungalows décorés avec goût, de la traditionnelle hutte de bambou à la cabane perchée au milieu des arbres en passant par le cottage *deluxe* (1 500-3 500B, avec ventilateur). S'ajoutent 20 villas plus luxueuses pouvant accueillir de 2 à 10 pers. (2 500-12 000B). Petit déj. en sus (150B) pour les chambres à moins de 2 000B. *222 Moo 7 Entre* ***Ao Tonsai et Long Beach*** *Tél./fax 075 819 399 www.vikingnaturesresort.com Ouvert toute l'année*

Relax Beach Resort Du large, difficile de rater les hauts toits de chaume aux pignons écarlates de ces 47 bungalows alignés en rang d'oignons le long de Paknam Beach. Posés à flanc de colline, ces petits cottages sur pilotis comprennent tous un porche agrémenté de confortables blanquettes, tandis que les chambres au parquet verni affichent des murs blancs ou tendus de bambou tressé. Toutes sont dotées d'un ventilateur et d'une moustiquaire ainsi que d'une sdb privée au sol revêtu de mosaïque. Bungalow 2 100-3 400B, suite 5 200B, petit déj. en sus (250-280B). *Moo 8* ***Paknam Beach*** *Tél. 075 612 889 ou 081 535 8853 www.phiphirelaxresort.com Ouvert toute l'année*

prix élevés

Phi Phi Arboreal Resort En contrepartie de l'ascension d'une centaine de marches, ce *resort* permet de loger à proximité du village sans pour autant subir le raffut des clubs de plage et, surtout, de profiter d'une superbe vue sur la baie de Loh Dalum. Installé sur une grande terrasse couverte, le restaurant de l'hôtel donne accès à une trentaine de chambres climatisées avec balcon, simples et propres, aux sols tout de blanc carrelés pour les *superior* ou habillés de parquet pour les *deluxe* (2 800-3 000B avec TV et réfrigérateur, petit déj. en sus 300B). *125/148 Moo 7* ***Ao Loh Dalum*** *Tél. 075 601 391 www.phiphiarboreal.com Ouvert toute l'année*

Rantee Cliff Beach Resort Sis dans la moitié méridionale de Rantee Beach, ce sympathique *resort* compense l'aspect peu avenant de son restaurant en béton, un peu massif, par l'élégance de ses 36 cottages, divisés en trois catégories. D'une part, de jolies maisonnettes au long toit de chaume, intégralement parées de bambou, ouvrent leurs larges baies vitrées sur la plage ou le jardin (3 600-4 500B). D'autre part, des villas en bois aux airs de bateau renversé, accrochées à la colline, offrent une vue spectaculaire sur le large (5 500B). Wifi, clim. et petit déj. inclus. *32/1 Moo 7* ***Rantee Beach*** *Tél. 087 474 7770 ou 089 725 4411 www.ranteecliffbeach.com Ouvert toute l'année*

prix très élevés

Phi Phi Island Village Beach Resort Avec quatre restaurants, deux bars, un court de tennis, un spa, une piscine et quelque 140 bungalows et villas, l'ancien Outrigger Resort & Spa, rebaptisé en mars 2015, occupe tout le front de mer de la tranquille baie de Loh Bakao. Derrière leurs murs ocre-rouge coiffés de chaume, ses discrets cottages cachent de confortables chambres blanches au parquet verni, décorées de bambou tressé et de rotin. De 8 400B à 21 900B, avec lit *king size*, TV, réfrigérateur, wifi, clim. et petit déj. *49 Moo 8* ***Ao Loh Bakao*** *Tél. 075 628 900 www.phiphiislandvillage.com Ouvert toute l'année*

Zeavola Resort Voilà l'un des fleurons de l'hôtellerie locale. Noyés dans une végétation luxuriante, ses 52 immenses bungalows et villas (avec piscine privée), aussi discrets qu'élégants avec leurs boiseries de teck, bénéficient de larges baies vitrées donnant sur la plage ou sur la forêt. Doté d'un excellent salon de massage et d'une belle piscine commune, le Zeavola dispose également d'une école de plongée et d'une agence d'excursions. À partir de 10 800B, wifi, TV, clim. et petit déj. inclus. *11 Moo 8* ***Laem Thong Beach*** *Tél. 075 627 000 www.zeavola.com Ouvert toute l'année*

GAMME DE PRIX	RESTAURATION	HÉBERGEMENT
Très petits prix	moins de 100B	moins de 500B
Petits prix	de 100 à 300B	de 500 à 1 000B
Prix moyens	de 300 à 500B	de 1 000 à 2 200B
Prix élevés	de 500 à 1 000B	de 2 200 à 4 000B
Prix très élevés	plus de 1 000B	plus de 4 000B

KO LANTA

L'"île aux Millions d'yeux" n'a jamais aussi bien porté son nom que depuis le lancement, en 2001, d'une émission de téléréalité française mettant des robinsons modernes aux prises avec la vie sauvage dans d'idylliques paysages tropicaux. Derrière cette image cathodique se cache un tranquille archipel de 52 îles montagneuses, aux plages désertes et aux forêts profondes. Seules douze d'entre elles, fréquentées de longue date par les nomades de la mer et peuplées par des pêcheurs malais de confession musulmane au XVIIe siècle, sont aujourd'hui habitées. Ko Lanta, le chef-lieu, est en fait constitué de deux îles que sépare un étroit bras de mer : Lanta Noi, boudée par les touristes, et Lanta Yai, la plus grande de l'archipel et la plus peuplée. Très courue en haute saison pour ses interminables plages et ses remarquables sites de plongée, Ko Lanta baigne cependant dans une atmosphère champêtre et sauvage qui invite à la paresse.

CROISSANCE OU ENVIRONNEMENT ? Avec une économie en pleine expansion, la Thaïlande doit faire face à des besoins croissants en électricité. Des débats se font jour quant à la façon de la produire alors que le pays recherche le juste équilibre entre croissance et enjeux environnementaux. Depuis 2010, le projet de création d'une centrale à charbon dans la province de Krabi rencontre une forte résistance de la part de la population locale et des acteurs du tourisme et de la pêche, secteurs qui rapportent près de 600 millions de bahts par an à la région. Outre l'impact écologique d'une telle implantation, son ravitaillement par voie maritime remettrait aussi en question la pérennité des espaces naturels protégés que constituent les parcs nationaux de Ko Lanta et de Ko Phi Phi. Devant la mobilisation locale, relayée par Greenpeace Asie, le gouvernement s'est engagé à réévaluer le projet, qui devait être mis en chantier en 2015. Affaire à suivre...

MODE D'EMPLOI

accès

EN BATEAU

Saladan Pier (plan 24, A1) En haute saison, trois ferrys relient quotidiennement la jetée de Saladan à Phuket (4h, 600-800B) via Ko Phi Phi (1h-1h30, 250-450B). Une seule liaison journalière est assurée avec Ao Nang via Railay (2h15, 400-550B), Krabi via Ko Jum (2h, 300-400B), et Ko Lipe via Ko Kradan et Ko Mook (5h, 1000-1500B). À la saison des pluies, un seul bateau circule chaque jour dans les deux sens entre Ko Phi Phi et Phuket. *Saladan*

EN MINIBUS ET BAC

Des minivans assurent la liaison entre le centre-ville de Krabi et Ko Lanta, en passant par la gare routière et l'aéroport. Départ toutes les heures de 7h à 17h, et de 6h à 15h dans le sens inverse

(1h30-2h de trajet, 300B). Également 6 départs/j. de Trang, de 9h30 à 16h30, et de 8h à 15h de Ko Lanta (2-2h30, 400B). Pour un surcoût d'environ 100B, ces minibus peuvent venir vous chercher ou vous déposer à votre hôtel si vous réservez votre place à la réception. Enfin, une troisième ligne relie **Phuket** à Klong Dao, avec un départ/h dans les deux sens de 8h à 15h30 (4-5h, 600B). Ces trois lignes fonctionnent toute l'année grâce aux deux bacs qui relient le continent à Lanta Yai via Lanta Noi.

EN VOITURE ET FERRY

Des bacs relient Hua Hin (à 75km au sud-est de Krabi) à Lanta Yai, via Lanta Noi, toute l'année (de 6h à 22h à la saison sèche, et de 7h à 20h30 à la saison des pluies). Comptez 170B l'aller simple pour une voiture et 23B supplémentaire par passager, ou 70B pour un aller-retour à deux-roues (110B avec passager). Le pont qui devait relier les deux Lanta en 2014 accuse déjà deux ans de retard.

orientation

Du débarcadère de Saladan, à la pointe nord de Lanta Yai, partent deux routes : la principale dessert les stations balnéaires de la côte ouest et les bureaux du parc national, à l'extrémité sud, tandis que l'autre longe le littoral oriental, plus champêtre, jusqu'à Lanta Old Town et au village de nomades de la mer (Urak Lawoi) de Sang-Ga-U, cf. Les nomades de la mer (p.397). Deux diagonales – Phra Ae-Thung Yee Pheng et Klong Nin-Lanta Old Town – permettent de passer d'une côte à l'autre.

se déplacer

EN *TUK-TUK*

En l'absence de *songteo*, motos-taxis (side-cars) et *tuk-tuk* blancs sont l'unique moyen de transport public de l'île. Ils stationnent souvent à proximité des supérettes 7/11, le long de la route principale. Précision utile, seuls les conducteurs portant un gilet numéroté possèdent une licence et affichent leurs tarifs. De Saladan, comptez 50 à 500B la course selon la destination, et environ 100B pour vous rendre d'une plage à une autre.

À DEUX-ROUES

Malgré une circulation soutenue aux heures de pointe et des routes diversement entretenues et mal éclairées, le deux-roues motorisé reste le moyen de transport le plus commode de visiter Ko Lanta. Qu'ils en possèdent ou qu'ils aient passé un accord avec une agence locale, tous les hôtels louent des scooters pour 200 ou 300B la journée. En dehors des rares stations-service, l'essence s'achète en bouteille au bord de la route pour 40-50B/l. Certains *resorts* louent également des vélos à partir de 100B/j.

informations touristiques

Le plus proche bureau de la TAT se trouve à Krabi, le chef-lieu de la province.

informations pratiques

Depuis son raccordement au réseau électrique continental en 1996, Ko Lanta s'est rapidement développé, et il n'existe désormais plus de plage sans son distributeur automatique de billets (ATM). On trouve deux bureaux de poste sur l'île : le premier à Phra Ae le long de la route principale (lun.-ven. 8h30-16h30, sam. 9h-12h) et le second, le bureau principal, à Lanta Old Town, derrière le Community Museum (tlj. 8h-12h50 et 13h30-16h30).

SANTÉ
L'hôpital public voisin de Lanta Old Town et une des quatre cliniques privées de la côte ouest assurent un service d'urgences 24h/24. En cas de problème grave ou d'accident de plongée, les blessés sont transférés vers les établissements de Trang, de Krabi ou de Phuket, bien mieux équipés.
Ko Lanta Hospital (plan 24, B2) *Lanta Old Town Tél. 075 697 100*
Siam International Clinic (plan 24, A1) *242/8 Moo 2 Phra Ae Tél. 075 684 747 www.siaminterclinic.com*

SÉCURITÉ
Chaque plage de l'île possède une petite antenne de police, mais les agents maîtrisent mal, voire pas du tout, l'anglais. Mieux vaut se rendre directement au commissariat, qui peut faire appel à des traducteurs compétents.
Commissariat de police (plan 24, A1) *À 500m au sud de Saladan en direction du pont Tél. 075 668 192*

fêtes et manifestations

Laanta Lanta Festival Organisé à Lanta Old Town, ce festival célèbre les différentes cultures de l'île à travers des cérémonies chinoises et *Chao Ley*, des concerts de musique traditionnelle et de nombreux stands de nourriture et d'artisanat. *Lanta Old Town 3 jours en mars*
Loy Rua Durant cette cérémonie *Chao Ley* honorant les esprits des ancêtres et les dieux de la mer, un bateau décoré de sculptures est mis à l'eau lors de la pleine lune. Musiques et danses traditionnelles. *Fin oct.*

DÉCOUVRIR

Découvrir autrement Parcourez la mangrove en *long-tail boat* et explorez les fonds marins riches de splendides coraux

Ko Lanta Yai

Du haut de sa petite échine montagneuse, l'île présente deux visages très différents : la côte occidentale, sablonneuse, le long de laquelle se sont développés des villages balnéaires ; et la côte orientale, plus rocailleuse, formant un tapis presque ininterrompu de rizières, de plantations d'hévéas et de mangrove. Essentiellement peuplée de musulmans, l'île tout entière et sa quinzaine de mosquées résonnent du chant du muezzin à l'heure de la prière. Lanta Yai abrite également deux importants campements de nomades de la mer et une communauté sino-thaïe établie principalement à Lanta Old Town.

La côte ouest

Ban Saladan (plan 24, A1) À l'extrémité septentrionale de Ko Lanta Yai, cet ancien village de pêcheurs, devenu le principal port de l'île, est une agglomération grouillante, où touristes, *tuk-tuk* et Mobylettes vont et viennent dans un ballet incessant. Grand comme un mouchoir de poche, le centre-ville s'étend entre la ruelle menant à l'embarcadère, au nord, et la bretelle d'accès au pont qui doit relier prochainement les deux Lanta, quelques centaines de mètres plus au sud. Très animé le soir, il concentre pêle-mêle auberges bon

Plan 24 Ko Lanta

Shopping 1 et 2
- Bamboo Shop p.509 — 1 B2
- Hammock House p.511 — 2 B2

Bars, lieux de sortie 10 à 12
- Caoutchouc p.511 — 12 B2
- Drunken Sailors p.509 — 11 B2
- Moloko p.509 — 10 A1

Restauration 20 à 26
- Cloud 9 Beach Bar & Restaurant p.513 — 21 A1
- Diamond Cliff Restaurant p.515 — 26 A2
- Nong Cat p.514 — 23 A1
- Not A Toy p.513 — 20 A1
- Same Same But Different p.514 — 25 B2
- The Royal Cuisine p.514 — 24 B2
- Thung Yee Peng Seafood p.513 — 22 B1

Hébergement 30 à 41
- Alama Sea Village Resort p.516 — 40 A2
- Baan Pakgasri Hideaway p.515 — 35 A2
- Baan Phu Lae p.515 — 34 B2
- Long Beach Chalet p.514 — 33 A1
- Narima Bungalow Resort p.516 — 39 A2
- Peacock Hostel p.512 — 30 A1
- Phra Nang Lanta p.516 — 41 A2
- Relax Bay Resort p.515 — 36 A1
- Sincere Guesthouse p.513 — 31 A1
- SriLanta p.515 — 37 A2
- The Old Times p.513 — 32 B2
- Twin Bay Resort p.516 — 38 A1

marché, restaurants sur pilotis, écoles de plongée et deux grands marchés de babioles et de souvenirs. De là, le principal axe de l'île, large comme une autoroute, file vers le sud en longeant les plages de la côte ouest. L'une des premières perpendiculaires vers l'ouest dessert la tranquille baie de **Kaw Kwang**, limite nord de la plage de Klong Dao. À l'est du port de Saladan, un discret ponton en béton traverse le village sur pilotis de **Toh Ba Liew**, fief de nomades de la mer de l'ethnie Urak Lawoi, cf. Les nomades de la mer (p.397).

Klong Dao (plan 24, A1) Difficile de distinguer Ban Saladan de cette station balnéaire – la première à s'être développée dans les années 1980 –, tant les constructions qui bordent la route sont à touche-touche. Derrière ces bâtiments, côté mer, s'étire une longue plage de sable fin, très fréquentée mais familiale. *À 2,5km au sud-ouest de Saladan*

Phra Ae / Long Beach (plan 24, A1) Des rochers séparent Klong Dao de cette plage, la plus grande de l'île. Moins construite dans sa partie centrale, Long Beach accueille, à son extrémité nord, un village compact de cahutes réduites à leur plus simple expression, offrant des hébergements bon marché et une vie nocturne effervescente. Sa portion méridionale, plus familiale, compte plusieurs *resorts* de milieu de gamme et un grand choix de restaurants et de bars. *À 5,5km au sud de Saladan*

Klong Khong (plan 24, A1) La moins développée mais la plus festive des grandes plages de Ko Lanta est connue pour ses bars, dont l'ambiance particulièrement détendue n'est sans doute pas étrangère à une consommation de marijuana un peu plus décomplexée qu'ailleurs. Émaillée de rochers et dotée d'un sable moins fin que celui de ses voisines, elle n'a pour l'instant pas éveillé l'intérêt des promoteurs, et garde de ce fait un aspect assez nature. *À 8,5km au sud de Saladan*

Klong Nin (plan 24, A2) Au sud de Klong Khong, la route principale se sépare en deux, la branche orientale se poursuivant vers Lanta Old Town, la bifurcation vers l'ouest marquant l'entrée de Klong Nin. À la fois plus calme que ses voisins au nord et moins sauvage que ceux au sud, ce village offre un entre-deux des plus agréables, ouvert sur une immense plage de sable fin presque déserte. Dès la sortie de Klong Nin, la route commence à gagner en déclivité et longe la plage assez accidentée de **Klong Hin**, tandis que les constructions cèdent la place à une forêt de plus en plus dense. *À 14km au sud de Saladan*

Ao Kantiang (plan 24, B2) Ultime bourg du sud de l'île, Ao Kantiang est la terre d'élection des hébergements haut de gamme, dont le Pimalai Resort, qui occupe une large portion du front de mer et des collines avoisinantes. Et pour cause : nature intacte, sable fin et eaux turquoise font de cette superbe anse la plus belle plage de l'île. La route côtière, véritable montagne russe dont les virages dévoilent d'impressionnants panoramas, se prolonge au sud vers les plages de **Klong Jak** et **Ao Mai Pai** (ou "Bamboo Bay"), également splendides et plus sauvages encore. *À 19km au sud de Saladan*

Mu Ko Lanta National Park (plan 24, A2-B2) Créé en 1990, ce parc national s'étend sur une vaste zone marine de près de 130km^2 comprenant, en plus du sous-district de Ko Lanta Yai et de Ko Lanta Noi, une quinzaine d'îles, dont Ko Rok, Ko Talabeng, Ko Ha et Ko Ngai (p.524) ainsi que Hin Muang et Hin Daeng, deux très célèbres sites de plongée. De l'entrée du parc, un sentier d'interprétation à travers la forêt (2km) permet de rejoindre le cap où se dresse un pittoresque phare. **Accueil** *Moo 5 (à 24km au sud de Saladan) Tél. 075 660 711 ou 075 660 712 www.dnp.go.th Ouvert tlj. 8h-17h Tarif 200B, réduit 100B Parking 20-30B*

Où trouver de beaux tissages thaïs ?

Bamboo Shop (plan 24, B2 n°1) Cette discrète boutique, perchée derrière une hutte en bambou à la sortie du village, rassemble une belle collection de tissages provenant du nord-est du pays (500B) ainsi que des batiks réalisés dans la région (200B), également employés pour la fabrication de petits animaux en tissu. *129 Moo 5* ***Ao Kantiang*** *Tél. 085 781 2696 Ouvert tlj. 9h-19h*

Où boire un verre ? Certains des restaurants que nous avons sélectionnés, tels **Not A Toy** (p.513), le **Cloud 9 Beach Bar & Restaurant** (p.513) et **Same Same But Different** (p.514) offrent un cadre des plus agréables pour siroter un jus de fruits frais l'après-midi ou un verre en soirée.

Moloko (plan 24, A1 n°10) Ce bar branché a installé ses conteneurs transformés en comptoirs non loin du Relax Bay Resort. Assis à l'une des tables blanches plantées dans le sable sous un parasol en palme, il ne vous reste qu'à commander un cocktail préparé avec talent (220-240B) ou une bière fraîche (80-90B), et vous serez paré pour admirer le coucher du soleil au large. *Fire shows* mer. et ven. *806 Moo 2* ***Phra Ae / Long Beach*** *Tél. 093 846 0280 www.molokolanta.com Ouvert tlj. 12h-22h*

Drunken Sailors (plan 24, B2 n°11) Au cœur du village d'Ao Kantiang, cette maison octogonale aux volets turquoise, à moitié cachée par la végétation, sert d'excellents cafés (40-80B) et de savoureux jus de fruits frais (60-80B) à l'ombre d'une terrasse semée de poufs et de hamacs. La carte, remplie d'anecdotes et de jeux de mots, propose un choix alléchant de burgers (125-185B) et une délicieuse cuisine fusion (de 90 à 110B). *116 Moo 5* ***Ao Kantiang*** *Tél. 075 665 076 Ouvert tlj. 9h-16h et 18h-22h*

S'offrir une séance de yoga On trouve désormais à Ko Lanta Yai des écoles de yoga où suivre des cours ou un stage, et certains hôtels, tel le **Relax Bay Resort** (p.515), organisent quotidiennement des cours (comptez 400B).

Oasis Yoga (plan 24, A1) Installée sur la plage de Klong Dao, cette école propose des séances quotidiennes du lundi au samedi (9h-10h30) sur trois thèmes différents : les flux, les étirements et le renforcement du yin. Comptez 400B la séance et de 1 750 à 3 000B l'abonnement de 5 à 10 cours. *200 Moo 3* ***Klong Dao*** *Tél. 085 115 4067 www.oasisyoga-lanta.com*

Découvrir les fonds marins Les fonds spectaculaires du parc national de Ko Lanta – cf. Les meilleurs sites de plongée et de *snorkeling* (p.511) – font les beaux jours des nombreuses écoles de l'île.

Blue Planet Divers (plan 24, A1) Sa grande boutique au décor marin met tout de suite dans le bain, et cette sympathique école francophone propose des sorties à la journée de 2 plongées (3 300-5 700B), des croisières à partir de 10 400B les 2 jours et des forfaits avec hébergement à partir de 14 350B les 3 jours. Elle dispense également une très sérieuse formation PADI *Open Water* (13 700B). *3 Moo 1* ***Ban Saladan*** *Tél. 075 668 165 ou 085 472 3450 www.blueplanetdivers.net*

S'initier à la cuisine thaïe

Time for Lime (plan 24, A1) Depuis 2003, la toute première école de cuisine de Ko Lanta dispense d'excellents cours d'initiation à la gastronomie thaïe (lun.-

sam. 16h-21h30). Avec un menu différent chaque jour, l'apprenti cuistot découvre et prépare 6 recettes au total, et il peut se faire accompagner d'un "Partenaire paresseux" qui fera office de goûteur (480B). La fondatrice, Junie, a également créé le Lanta Animal Welfare, un refuge associatif pour animaux, auquel sont reversés tous les profits de Time for Lime. Comptez 2 000B le cours et 3 400-9 000B les stages de 2 à 6 jours. *72/2 Moo 3* ***Klong Dao*** *Tél. 075 684 590 ou 089 967 5017 www.timeforlime.net*

Le centre et la côte est

Avec son littoral rocheux bordé de palétuviers, la côte orientale de Lanta Yai donne un aperçu de la vie rurale qui régnait sur l'île avant l'arrivée des premiers touristes scandinaves. La longue route qui la suit dessert le village chao ley de **Sang-Ga-U** (plan 24, B2), dont le petit centre culturel est malheureusement à l'abandon.

Thung Yee Peng (plan 24, B1) Depuis la fin des années 2000, ce petit village de l'est de Lanta Yai est devenu l'une des têtes d'affiche de l'agrotourisme dans la province de Krabi en mettant en avant le mode de vie de ses pêcheurs et agriculteurs et leur grande connaissance de la nature environnante, cf. Explorer la mangrove et pêcher son repas (p.512). *À 7km au sud-est de Saladan*

Green Farm (plan 24, B1) Au sud du village, cette ferme biologique ouvre son orchideraie aux visiteurs, de même que ses plantations d'ananas et son jardin de plantes aromatiques, invitant à la découverte de la flore insulaire. Fruits et thé vert offerts à la fin de la visite. *Tél. 081 787 1040 ou 091 040 8864 Ouvert tlj. 8h-17h Tarif visite guidée 150B, réduit 100B Avec transfert de/vers l'hôtel 600B, réduit 300B*

Lanta Old Town (plan 24, B2) L'ouverture d'une ligne de ferrys entre Saladan et le continent a favorisé le développement urbain du nord de Lanta Yai, mettant sous cloche l'ancienne capitale de la côte est. En effet, rien ne semble avoir bougé depuis les années 1950 dans ce petit bourg endormi, jadis le port principal de l'île. Fondé à la fin du XIXe siècle, il servit longtemps d'escale aux vaisseaux de commerce reliant Phuket à Trang et à la Malaisie, qui venaient s'y ravitailler en charbon. De cette époque demeure la charmante rue principale, Sriraya Road, où s'alignent des maisons basses aux planches disjointes évoquant vaguement une version rurale de la vieille ville de Phuket. En effet, son petit temple taoïste – le seul de l'île –, aux lanternes décorées de sinogrammes, rappelle que de nombreux immigrés chinois s'installèrent à Lanta pour travailler dans les fours à charbon. De nos jours, la ville se pare chaque année de ses plus beaux atours au moment du **Laanta Lanta Festival** (p.506). *À 16km au sud-est de Saladan et 8,5km à l'est de Klong Nin*

Ko Lanta Community Museum (plan 24, B2) Le tsunami de 2004, qui frappa durement la côte nord-est de l'île, eut l'effet d'un coup de fouet sur les insulaires, leur faisant soudainement prendre conscience de leur patrimoine, tant matériel qu'immatériel. Inauguré en 2007, ce petit musée délicieusement désuet présente les différentes communautés locales et leurs traditions – bouddhiques, taoïstes, musulmanes ou animistes – dans l'un des plus vieux bâtiments de l'île, un ancien bureau de poste de style sino-colonial. *Ouvert tlj. 8h30-16h30 Tarif 50B*

Où acheter un hamac artisanal ?

Hammock House (plan 24, B2 n°2) Sous l'impulsion d'un voyageur suisse, des montagnards nomades du nord de la Thaïlande, dont la déforestation avait bouleversé le mode de vie, se lancèrent en 1996 dans la confection de hamacs. Cette initiative équitable a depuis pris de l'ampleur : vous trouverez dans cette boutique une gamme variée de hamacs bigarrés en coton et toile de parachute (de 1 300 à 4 400B). *Sriraya Rd* ***Lanta Old Town*** *Tél. 075 697 098 www.jumbohammock.com Ouvert tlj. 10h-17h*

Où savourer un jus de fruits frais face à la mer ?

Caoutchouc (plan 24, B2 n°12) En arrivant à Lanta Old Town, suivez la côte en direction du sud et vous déboucherez sur un charmant café-restaurant aux volets rouges perché au-dessus de l'eau. Avec l'impression d'être au bout du monde, on se délecte d'un jus de fruits frais (80B), d'un pastis ou d'un Kir (150B), confortablement attablé à la terrasse, qui offre l'une des plus jolies vues de ce côté-ci de l'île. Le propriétaire, français, mitonne également de bons petits plats indiens à l'heure du déjeuner (180-220B, haute saison uniquement). Un vrai petit coin de paradis ! *Sriraya Rd* ***Lanta Old Town*** *Tél. 075 697 060 ou 084 629 0704 Ouvert tlj. 10h-18h*

Faire du canyoning sous terre

Tham Mai Kaew (plan 24, B2) Sur la route reliant Klong Nin à Lanta Old Town, une bifurcation vers le sud-est à travers une plantation d'hévéas permet de gagner l'accueil, d'où partent les excursions guidées dans le réseau de grottes de Mai Kaew. Vous voilà partis pour 2h de canyoning souterrain plutôt physique à travers plusieurs salles et boyaux ornés de belles stalactites, jusqu'à un bassin

Les meilleurs sites de plongée et de *snorkeling*

Ko Ha Connus pour leurs très beaux coraux et pour leur excellente visibilité, les fonds de ces cinq îles offrent une quinzaine de spots adaptés aux plongeurs de tous niveaux (de 3 à 50m). Les trois principaux sont la Cathédrale, une caverne sous-marine composée de trois grottes connectées, le Lagon, dont les eaux grouillent de poissons porcs-épics, et la Cheminée, particulièrement riche en poissons-lions et en nudibranches.

Ko Rok Dotés d'une bonne visibilité et accessibles aux débutants (25m max.), les fonds des Ko Rok doivent leur succès à la faune profuse de leur barrière de corail (dur à l'ouest et mou à l'est), fréquentée par les tortues.

Hin Daeng & Hin Muang Comptant parmi les sites les plus célèbres de Thaïlande, le "rocher Rouge" et le "rocher Pourpre" doivent leur nom à la couleur des coraux qui les ont colonisés. Tous deux sont connus pour leur faune abondante et diverse (murènes, crustacés, barracudas, squales et grands poissons pélagiques, comme le requin-baleine et la raie manta...). Atteignant la profondeur record de 60m, ces sites sont réservés aux plongeurs émérites.

dans lequel vous pourrez vous remettre de vos efforts. Prévoyez de bonnes chaussures, un maillot de bain et des vêtements à toute épreuve. *À 3km à l'est de **Klong Nin** Ouvert tlj. 8h-16h 300B/pers. avec guide*

● Explorer la mangrove et pêcher son repas

Thung Yee Peng Community Center (plan 24, B1) Soucieuse de préserver son mode de vie, la communauté de pêcheurs du petit village de Thung Yee Peng, dans l'est de l'île, s'est constituée en association en 2007 afin de sensibiliser insulaires et touristes au riche et précieux écosystème que constitue la mangrove. Soutenus par le programme de développement local des Nations unies, les habitants proposent donc de partir en *long-tail boat* à la découverte des forêts de palétuviers séparant Lanta Yai de Lanta Noi et des îlots voisins, Ko Talabeng et Ko Aung (1 000B pour 1h30 ou 2 500B la demi-journée, 4 pers. max./bateau). Les plus sportifs pourront également y louer des canoës-kayaks biplaces à partir de 350B/h. Enfin, le centre organise des demi-journées de pêche au crabe ou au filet (1 300-1 500B), dont vous pourrez déguster les fruits au restaurant **Thung Yee Peng Seafood** (p.513). *Thung Yee Peng Ouvert tlj. 8h30-16h*

Les environs de Ko Lanta

Ko Lanta Noi (plan 24, B1) Étonnamment épargnée par les infrastructures touristiques, la "Petite Lanta" sépare sa grande sœur du continent et fait office de passerelle pour les automobilistes souhaitant rejoindre Saladan. Presque entièrement livrée à la jungle et aux plantations d'hévéas, à l'exception de la longue plage déserte de sa côte nord-est – les voyageurs en quête de tranquillité absolue apprécieront –, Ko Lanta Noi est une véritable oasis de verdure dont une route pittoresque fait le tour, bordée çà et là de quelques groupes de maisons. Son imperturbable communauté de pêcheurs et agriculteurs musulmans réserve un accueil chaleureux aux quelques touristes osant la traversée, et ses rares restaurants ont commencé à traduire leur menu en anglais.

CARNET D'ADRESSES

Restauration, hébergement

très petits prix

Peacock Hostel (plan 24, A1 n°30) Installée à deux pas de la jetée de Saladan, l'AJ la plus colorée de Ko Lanta doit son nom aux chatoyantes peintures qui couvrent ses murs, lui donnant un aspect à la fois kitsch et bougrement sympathique. Parcourant toute la longueur de cette maison de bois sur pilotis, un couloir dessert les sdb communes, impeccablement tenues, et deux dortoirs mixtes (350-450B/pers. avec ou sans clim.) avant de déboucher sur le bar, face à la mer, et le restaurant voisin, où vous ne manquerez pas de croiser un voyageur paressant sur un pouf ou dans l'un des filets de pêche tendus au-dessus de l'eau. *34/4 Moo 1 **Ban Saladan** Tél. 081 894 7354 Ouvert toute l'année*

petits prix

Not A Toy (plan 24, A1 n°20) Bienvenue dans le temple de la récup' de Saladan ! Mettant à l'honneur le thème de la pêche, ce petit *coffee shop*, également galerie d'art à ses heures perdues, semble entièrement fait de matériaux recyclés, des vieilles machines à coudre en guise de pied de table aux étagères et poissons en bois flotté, en passant par les filets tendus au plafond. La réputation de son café (50-70B) a fait le tour de l'île, et nombre de voyageurs tombés en arrêt devant sa façade de bric et de broc reviennent le lendemain pour déguster les copieux petits déjeuners (170B). La carte affiche également quelques plats thaïs et occidentaux de bonne facture (80-150B). Pas de CB. *9 Moo 1* ***Ban Saladan*** *(200m à l'ouest de la jetée de Saladan) Ouvert oct.-avr. : tlj. 8h-20h*

Cloud 9 Beach Bar & Restaurant (plan 24, A1 n°21) Carillons en coquillage, énormes lanternes rouges fanées par le soleil, banquettes à l'ombre d'une vaste hutte de bambou, inévitables rythmes de reggae et ambiance ultradécontractée : pas de doute, vous voilà bien dans l'un des bars de plage les plus typiques de la côte. Outre les consommations habituelles (bière 60-80B, cocktail 150B), ce restaurant mitonne une cuisine variée et globalement très bien faite : quelques burgers, des plats thaïs et plusieurs recettes indiennes particulièrement réussies. Pas de CB. *85/1 Moo 2* ***Klong Khong*** *Tél. 088 178 0527 Ouvert tlj. 9h-22h*

Sincere Guesthouse (plan 24, A1 n°31) Occupant une ancienne maison de pêcheurs ouverte sur la mer, ce petit hôtel tout en bois loue 7 petites chambres en rang d'oignons entre le hall et le restaurant éclairé de lampions. Décorées dans un style chinois tout en tonalités rouge-orangé, elles sont proposées avec ventilateur (850B) ou clim. (1 100B), et une seule offre une jolie vue sur le large et la côte de Lanta Noi (1 350B). En revanche, les sdb (avec eau chaude), bien que fonctionnelles, sont minuscules. Une bonne adresse si vous appareillez tôt du port voisin. *150 Moo 1* ***Ban Saladan*** *Tél. 081 828 5163 www.sinceregues thouse.com Ouvert toute l'année*

The Old Times (plan 24, B2 n°32) Le plus charmant *bed & breakfast* du bourg occupe deux rustiques chaumières de part et d'autre de la pittoresque rue principale. Photos en noir et blanc, mobilier ancien et décoration chinée contribuent à l'atmosphère bohème de ces maisons de bois centenaires, aussi attachantes que l'accueil est chaleureux. Les 7 chambres du bâtiment côté mer disposent toutes d'une sdb avec eau chaude (900-1 800B avec clim. et petit déj.), tandis que les 6 autres, côté montagne, en partagent une (450-850B avec ventilateur, rés. via Airbnb uniquement). Bar sympathique et salon de massage en haute saison. *73 Moo 2, Sriraya Rd* ***Lanta Old Town*** *Tél. 075 697 255 ou 098 567 2855 www.theoldtimeslanta.com Ouvert toute l'année*

prix moyens

Thung Yee Peng Seafood (plan 24, B1 n°22) Du centre communautaire de Thung Yee Peng, une passerelle à travers la mangrove mène à ce restaurant sur pilotis, perché au-dessus d'un des nombreux canaux creusant la forêt. Avant de s'attabler sous la petite halle au toit de chaume, on peut choisir son poisson ou son crustacé dans l'un des nombreux bassins flottants où s'ébattent mérous, vivaneaux et homards. On ne saurait faire plus frais ! Comme souvent, les prix se calculent au poids, et vont ici de 550B le kilo de crabe à 350B pour 100g de homard. Pas de CB. *77 Moo 4* ***Ban Thung Yee Peng*** *Tél. 087 418 1050 ou 080 525 4071 Ouvert tlj. 8h-20h*

Nong Cat (plan 24, A1 n°23) Une petite allée éclairée de lampions longeant l'école de plongée Kon-Tiki permet d'accéder à ce joli restaurant, sis dans un jardin fort agréable au cœur de Saladan. Installé à l'une des grandes tablées dressées sous une tonnelle ou dans une des cahutes de bambou, on goûte à d'excellents plats thaïs servis en portions généreuses (120-150B), tandis que la sympathique propriétaire allemande fait le tour des clients. La carte s'essaie également à une cuisine fusion des plus réussies, à l'instar du carpaccio de barracuda (180B) ou de la poitrine de canard sauce à la mangue (400B). *162 Moo 1* ***Ban Saladan*** *Tél. 075 668 254 ou 083 173 5520 Ouvert oct.-juin : tlj. 12h-23h*

The Royal Cuisine (plan 24, B2 n°24) Au nord de la rue principale de Lanta Old Town, ce restaurant fraîchement inauguré (2014) occupe une longue *shophouse* de bois. Après une salle ponctuée de discrètes alcôves, le ponton mène à une halle sur pilotis, perchée au-dessus des flots, où sont dressées les tables. En plus d'une sélection de bières et de bons cocktails (60-160B), le chef accommode avec talent la pêche du jour, en grillade, en poêlée ou à la vapeur. Prix au poids à partir de 150B/100g. *83 Sriraya Rd* ***Lanta Old Town*** *Tél. 081 719 9972 Ouvert tlj. 11h-21h*

Same Same But Different (plan 24, B2 n°25) Juste après le Pimalai Resort, un petit ponton en bois descend à travers la forêt qui borde la plage de Kantiang jusqu'à ce restaurant installé directement sur le sable. De grands chapiteaux de chaume abritent un bar et la salle, où quelques tables et chaises en bambou sont éclairées à la bougie dès la nuit tombée. Mais plus encore que son côté paillote chic, c'est sa cuisine thaïe exécutée avec soin qui attire les habitants du cru (plats de 120 à 280B), de même que ses excellents cocktails (200B), à siroter en écoutant le bruit des vagues. ***Ao Kantiang*** *Tél. 081 787 8670 Ouvert tlj. 10h30-22h*

Long Beach Chalet (plan 24, A1 n°33) La quinzaine de bungalows de ce *resort* familial proposent une réinterprétation design de la traditionnelle cabane de pêcheur sur pilotis. Perchées sur des échasses en béton, de confortables chambres avec balcon affichent un intérieur épuré jouant sur les tonalités ivoire des murs, le brun foncé du parquet et le bambou tressé du plafond. De la piscine de l'hôtel, un sentier mène à travers la cocoteraie voisine jusqu'à la plage de Phra Ae, à quelques minutes de marche. Excellent restaurant thaï, à la clientèle locale (plats de 100 à 200B). Double

GAMME DE PRIX	RESTAURATION	HÉBERGEMENT
Très petits prix	moins de 100B	moins de 500B
Petits prix	de 100 à 300B	de 500 à 1 000B
Prix moyens	de 300 à 500B	de 1 000 à 2 200B
Prix élevés	de 500 à 1 000B	de 2 200 à 4 000B
Prix très élevés	plus de 1 000B	plus de 4 000B

1 500-2 800B, wifi, TV, clim. et petit déj. inclus. *472 Moo 3* ***Phra Ae/Long Beach*** *Tél. 086 267 4744 www.lbclanta.com Ouvert toute l'année*

Baan Phu Lae (plan 24, B2 n°34) Un chemin abrupt descend jusqu'à la petite prairie qu'occupe ce tranquille *resort*, à deux pas de la plage la plus méridionale de l'île. Une dizaine de bungalows jaune poussin se répartissent en deux rangées sur le front de mer (1600-1800B avec ventilateur, 2 400B avec clim. et eau chaude), tandis que six autres, plus vastes et tous climatisés, s'étagent à flanc de colline à l'ombre des arbres (2 000B). Pourvu de transats et donnant sur la baie, leur porche est une véritable invitation à la paresse. Bon bar-restaurant. Pas de CB. *109 Moo 5* ***Ao Mai Pai/Bamboo Bay*** *Tél. 075 665 100 ou 085 474 0265 www.baanphulaeresort.com Ouvert toute l'année*

Baan Pakgasri Hideaway (plan 24, A2 n°35) Derrière le haut pignon du hall, le petit chemin au bout duquel s'étire la longue plage de Klong Nin sépare deux rangées compactes de jolies maisonnettes en bois, neuf en tout. Le balcon où l'on prend son petit déj. (inclus) prolonge de belles chambres climatisées joliment décorées (carrelage crème, panneaux de teck) et dotées d'une sdb avec eau chaude. Les bungalows du front de mer bénéficient d'un Jacuzzi. Double *standard* 1 950B avec wifi, *deluxe* et *seaview* 2 200-2 950B avec TV et réfrigérateur. *214 Moo 6* ***Klong Nin*** *Tél. 075 662 563 ou 087 794 8898 www.baanpakgasri.com Ouvert toute l'année*

Relax Bay Resort (plan 24, A1 n°36) Entre les plages de Phra Ae et de Klong Khong, ce *resort* écoresponsable profite d'un repli du terrain pour dissimuler ses 48 charmants bungalows rouge et ocre et sa piscine, éparpillés à flanc de colline dans un jardin luxuriant face à une petite langue de sable quasi privée. Les toits de chaume apportent une touche d'élégance aux murs de bambou tressé et parquets de teck patiné, et toutes les cabanes disposent d'une sdb avec eau chaude et d'un grand balcon agrémenté de hamacs. De la hutte avec ventilateur (1 600B) à la villa familiale climatisée (4 900B, petit déj. inclus), tous les budgets y trouveront leur compte. *111 Moo 2* ***Phra Ae/Long Beach*** *Tél. 075 684 194 www.relaxbay.com Ouvert toute l'année*

prix élevés

Diamond Cliff Restaurant (plan 24, A2 n°26) Sur la route de Klong Nin à Ao Kantiang, cette grande terrasse couverte accrochée à la falaise offre une vue plongeante sur le large et la petite plage de Nui en contrebas, accessible par un escalier étroit. Outre un vaste choix de rafraîchissements (bières à partir de 60B, cocktails 160B), ce bar-restaurant propose une belle carte de fruits de mer et de poisson – notamment de l'espadon et du requin (350B). Parfait pour une pause déjeuner entre deux séances de *snorkeling* (demandez un masque et des palmes au comptoir !) ou un dîner romantique au coucher du soleil. *166 Moo 5* ***Klong Nin*** *Tél. 087 026 7815 Ouvert tlj. 9h-22h*

SriLanta (plan 24, A2 n°37) Au sud de la plage de Klong Nin, la route côtière partage en deux cet apaisant *resort* de luxe : son spa, sa piscine et son restaurant occupent le front de plage tandis qu'un grand escalier en brique grimpe le long d'un coteau boisé pour desservir les 49 cottages avec vue (3 400-3 800B, avec TV, wifi, clim. et petit déj.). Dans un décor délicat fait de matériaux traditionnels, de belles persiennes en bambou séparent les chambres épurées de leur vaste terrasse en bois sombre, dotée d'un Jacuzzi pour celles de la catégorie supérieure. Le SriLanta loue également une splendide villa sur la plage, divisée en deux appartements familiaux entièrement équipés (9 000 B), et il devrait inaugurer un bâtiment de 17 chambres, baptisé The Myth, fin 2015. *111 Moo 6* ***Klong Nin*** *Tél. 075 662 688 www.srilanta.com Ouvert toute l'année*

Twin Bay Resort (plan 24, A1 n°38) Bénéficiant d'une vue imprenable sur la baie de Klong Dao, ce tranquille hôtel-restaurant offre une belle variété d'hébergements aux murs immaculés, parfois rehaussés de chatoyants motifs floraux. En plus des chambres *standard*, un tantinet dépouillées (2 800B), 8 bungalows familiaux équipés de lits superposés (4 500B) s'éparpillent à l'ombre des cocotiers. Le front de mer accueille, quant à lui, d'autres bungalows (5 000-5 200B) et deux suites (7 000B) aux boiseries plus cossues, dont la rénovation a commencé à l'été 2015. Tous sont climatisés et disposent d'une TV et d'un minibar. Le petit déj. est compris. *333 Moo 1* ***Kaw Kwang Beach*** *Tél. 075 668 010 www.twinbaylanta.com Ouvert toute l'année*

Narima Bungalow Resort (plan 24, A2 n°39) Au sud de Klong Nin Beach, ce *resort* écolo-chic dispose d'une plage privée que domine une belle piscine avec Jacuzzi. Disséminés dans la jungle (gare aux singes !), ses 32 bungalows spacieux présentent les traditionnels murs en panneaux de bambou tressé et un beau parquet en teck, auxquels s'ajoutent d'impeccables sdb carrelées. La vingtaine de chambres qui bénéficient d'un lit simple supplémentaire valent à cet hôtel-restaurant une clientèle essentiellement familiale. Double 2 500-4 000B avec wifi, minibar, clim. et eau chaude. *98 Moo 5* ***Klong Hin*** *Tél. 075 662 668 www.narima-lanta.com Ouvert toute l'année*

prix très élevés

Alama Sea Village Resort (plan 24, A2 n°40) Quelle vue ! Vitrés sur presque 180°, 18 cottages aux allures d'échassiers offrent un impressionnant panorama sur la baie de Kantiang, que l'on peut également admirer de la magnifique piscine installée à flanc de colline. Leur intérieur, moderne, allie subtilement matériaux naturels, bambou blond et parquet roux au gris du béton ciré. Un escalier extérieur donne accès à la petite terrasse aménagée sous chaque chambre. Six de ces bungalows se déclinent en format familial (8 000B pour 4 pers.). Double 4 200B avec lit *king size*, minibar, clim. et petit déj. *333 Moo 5* ***Ao Kantiang*** *Tél. 075 665 151 ou 086 271 0345 www.alamaseavillageresort.com Ouvert toute l'année*

Phra Nang Lanta (plan 24, A2 n°41) Enfin un peu d'originalité ! À des lieues de la sempiternelle formule "teck et bambou", les touches bleues des volets et de la piscine répondent au jaune des murs de ce petit hôtel-restaurant du bord de mer aux faux airs d'hacienda. Chacune des 15 grandes chambres s'est vu attribuer un nom poétique – "Moon Beam", "Flame Tree"..., une couleur pastel et un thème décoratif, tous d'une élégante simplicité. Réparties sur deux niveaux, elles sont nanties de grands balcons face à la mer et de sdb avec baignoire, aux murs revêtus d'une sorte de Tadelakt. Un petit spa avec Jacuzzi, sauna et massage occupe le toit. Double 4 250B, wifi, minibar, clim. et petit déj. inclus. *139 Moo 5* ***Ao Kantiang*** *Tél. 075 665 025 www.vacationvillage.co.th Ouvert toute l'année*

TRANG

Par ses traditions culturelles, culinaires notamment, Trang affiche fièrement son héritage chinois. L'histoire de cette paisible capitale provinciale de 60 000 habitants, qui a vu naître l'ancien Premier ministre Chuan Leekpai en 1938, remonterait au début de notre ère. Sous le nom de Khrung Thani, puis celui de Trangkhapura, la "Cité de l'aube", elle devint un important relais commercial de l'empire de Srivijaya entre le VIIe et le XIIe siècle. Établie à l'embouchure du Trang et régulièrement inondée, la cité fut transférée sur son site actuel en 1916 sur décision de Rama VI. Boudée par la plupart des touristes occidentaux, qui n'ont d'yeux que pour les îles qui s'égrènent au large, elle réserve pourtant d'agréables surprises aux gastronomes et saura retenir les curieux plus d'une journée.

LA PROVINCE DE TRANG Avec plus d'une centaine de kilomètres de côtes, deux parcs nationaux, un archipel d'une quarantaine d'îles karstiques, dont les formes fantastiques émergent des flots émeraude, cette province a de quoi faire rêver les vacanciers. Pourtant, le tourisme est loin d'y avoir la même ampleur que dans la province de Krabi, sa voisine. Ce qui justifie de lui attribuer un bon point supplémentaire. Irriguée par deux fleuves, le Trang et le Palian, cette province de 5 000km^2 tire l'essentiel de ses revenus de l'agriculture et de la pêche. Ce fut d'ailleurs la première du royaume à exploiter, à partir de 1899, les hévéas et leur précieux caoutchouc, matériau dont la Thaïlande est aujourd'hui le premier exportateur mondial. Mais avant même le lancement de cette industrie, les mines d'étain de la région y attirèrent des ouvriers originaires de Chine méridionale. C'est à ces derniers que Trang doit nombre de ses particularismes et spécialités, tel le porc grillé... vanté, entre autres attraits, par l'hymne provincial !

MODE D'EMPLOI

accès

EN VOITURE

Trang se trouve à 150km au nord-ouest de Hat Yai, 140km au nord de Satun, 130km au sud-ouest de Nakhon Si Thammarat et 130km au sud-est de Krabi.

EN AVION

Aéroport de Trang Pour atteindre le centre-ville, vous avez le choix entre le minibus (100B), la moto-taxi (100B), et le *tuk-tuk* (150B pour 2 pers.). *À 7km au sud du centre-ville Tél. 075 572 229*

Air Asia La compagnie relie Trang à l'aéroport Don Muang de Bangkok 2 fois/j. (1h20 de vol, à partir de 1 000B AS). *Tél. 2515 9999 www.airasia.com*

Nok Air La compagnie assure 3 liaisons quotidiennes entre Trang et l'aéroport Don Muang de Bangkok (1h20 de vol, à partir de 1 200B AS). *Tél. 1318 (call center) ou 00 662 900 9955 (de l'étranger) www.nokair.com*

EN TRAIN

Gare SRT de Trang De Bangkok (gare de Hualamphong), 2 trains/j. à destination de Trang (départ à 17h5 et 18h30, arrivée le lendemain à 8h5 et 10h31, 245-1 480B AS), via Surat Thani (4h de trajet, 89-954B) et Chumphon (7h de route, 174-1 110B). De Trang, départ à 13h29 et 17h25 pour Bangkok. *Sathani Rd (extrémité ouest de Phra Ram VI Rd, dans le centre-ville) Tél. 1690 www.railway.co.th*

EN CAR, EN MINIBUS

Gare routière de Trang Moderne et pratique, elle accueille 5 cars/j. en provenance de la gare routière sud de Bangkok (12-15h de route, 650-1 000B AS) et une dizaine en provenance de Phuket (4-5h de trajet, 200-300B). Des cars et des minibus la relient toutes les heures à Hat Yai (3-4h, 80-120B) et à Satun (2h, 120-140B). Des *tuk-tuk* la relient au centre-ville (80B), des minibus à la gare ferroviaire (12B, départs toutes les 30min entre 6h et 19h) et d'autres minibus aux embarcadères pour l'archipel de Trang : Pak Meng (toutes les heures entre 7h et 17h, 1h de trajet, 50B) et Hat Yao Pier (fréquent entre 6h et 18h, 1h de trajet, 80B). Les agences de voyages et hôtels du centre peuvent aussi organiser votre transport vers les centres touristiques de la région, comme Ko Lanta (3h, 300B). *Phetkasem Rd (route 4, à 4km à l'est du centre) Tél. 075 210 455 (cars pour Bangkok) ou 075 214 504*

EN BATEAU

Les agences de voyages et hôtels locaux proposent des forfaits transports terrestres et maritimes de Trang à Ko Sukorn (1/j., durée 2h, 250B AS), Ko Muk (2-3/j., 2h, 350B), Ko Kradan (2/j., 2h, 450B), Ko Ngai (1/j., 2h, 550B) et Ko Lipe (1/j., 4-5h, 750B). Les *speedboats* des compagnies Bundhaya Speedboat (p.538) et Satun Pakbara Speed Boat Club (p.539) assurent des liaisons quotidiennes en haute saison (mi-nov.-fin mars) entre Ko Lanta (Saladan Pier) et Ko Lipe via Ko Kradan, Ko Muk et Ko Ngai. Comptez 1 900B/pers. de Ko Lanta à Ko Lipe, et de 350 à 600B pour vous rendre d'une île à l'autre (cf. Découvrir).

Pak Meng Pier Bateaux pour Ko Ngai et Ko Muk, croisières dans l'archipel de Trang. *À 40km à l'ouest de Trang (route 4046 puis 4162)*

Kuan Tung Ku Pier Le principal port d'embarquement pour Ko Muk et Ko Kradan. *À 44km au sud-ouest de Trang (routes 4008 puis 4162)*

Hat Yao Pier Bateaux pour Ko Libong. *À 53km au sud-ouest de Trang (route 4008)*

Tasae Pier Bateaux pour Ko Sukorn. *À 57km au sud de Trang (route 404 et 4235)*

se déplacer

Le centre-ville se prête à la balade à pied. Les vieux *tuk-tuk* japonais emblématiques de Trang et les mototaxis facturent 30-40B la course dans le centre et 250-300B l'heure d'excursion dans les environs.

orientation

L'activité se concentre autour de Phra Ram VI Road, qui traverse le centre-ville de la gare, à l'ouest, à la mairie, à l'est, en passant par la tour de l'horloge.

informations touristiques

TAT Trang Le personnel souriant et efficace de l'office du tourisme vous fournira en anglais une foule d'informations utiles sur la région. Café, thé et wifi gratuits. *199/2 Wisetkul Rd*

***Trang** Tél. 075 215 867 ou 075 211 085 www.inlovesatuntrang.com Ouvert tlj. 8h30-16h30*

Kanokwan Tour Comme ses voisines, cette agence de voyages établie en face de la gare ferroviaire offre toute une gamme de prestations (transports, croisières, réservation d'hôtels, location de voitures...). Elle propose, notamment, une croisière à la journée dans le parc des îles de Trang, à bord d'un bateau d'une centaine de places, avec arrêt à Ko Muk, Ko Kradan, Ko Ma et Ko Chuak : à partir de 850B/pers., repas, matériel de *snorkeling* et entrée du parc compris. *20 Sathani Rd **Trang** Tél. 075 215 235 ou 081 968 0130*

informations pratiques

Vous trouverez plusieurs pharmacies et de nombreuses banques avec distributeurs de billets (ATM) à Trang, notamment sur Phra Ram VI Rd. Profitez-en pour faire le plein d'espèces (voire de médicaments) avant d'appareiller pour les îles, car ces dernières ne disposent d'aucun service bancaire, et certains établissements hôteliers, notamment à Ko Kradan, ne prennent pas les cartes de paiement. En revanche, les îles qui sont habitées, telles Ko Muk, Ko Libong et Ko Sukorn, bénéficient d'une antenne médicale, et vous pourrez vous procurer des articles de première nécessité dans leurs épiceries. Quelques resorts sont dotés d'une supérette.

Commissariat de police *Phattalung Rd (angle Ruenrom Rd) **Trang** Tél. 075 218 019 ou 1155*

Wattanapat Hospital Grand hôpital privé moderne, au personnel anglophone. *Phetkasem Rd (2km au nord-est du centre-ville) **Trang** Tél. 091 849 9914 www.wattanapat.co.th*

Bureau de poste *Phra Ram VI Rd (angle Kan Tang Rd) **Trang***

fêtes et manifestations

Trang Cake Festival Les fameux gâteaux de Trang sont célébrés le premier dimanche d'août. Fanfares, orchestres et petit défilé accompagnent les dégustations. *Phra Ram VI Rd (autour de la mairie) **Trang***

Trang Roast Pork Festival Cette autre spécialité culinaire de Trang a droit au même traitement de faveur le premier dimanche de septembre. *Phra Ram VI Rd (autour de la mairie) **Trang***

Vegetarian Festival Une version réduite (et plus calme) du fameux festival de Phuket (p.458). Cérémonies, défilés religieux sous une pluie de pétards et nombreux stands de mets végétariens devant les temples chinois de la ville. ***Trang** 9 j. en oct.*

DÉCOUVRIR

☆ **Les essentiels** Ko Muk, Ko Kradan **Découvrir autrement** Prenez le temps de siroter un *kopi* à Trang, explorez les îles moins touristiques de l'archipel de Trang : Ko Libong et Ko Sukorn

Trang

Cette tranquille capitale provinciale ne déborde pas d'attraits touristiques, mais elle passionnera les amateurs de gastronomie et les voyageurs intéressés par la simple observation du quotidien. Empruntez Phra Ram VI Road, où subsistent quelques vénérables *shophouses*, et poursuivez jusqu'à la tour de l'horloge (construite en 1961 dans un style Art déco) qui fait la fierté de la ville, puis déambulez au hasard des petites rues conduisant au marché municipal. Vous aurez, en chemin, maintes occasions de goûter aux spécialités locales.

● Où dénicher les spécialités de Trang ?

Cake Rod Lert Laissez-vous guider par les effluves de pâtisserie qui flottent dans l'air jusqu'à cette boutique spécialisée dans la confection du fameux *Trang Cake* (50-170B). Ce gâteau moelleux, aromatisé au café, à l'orange, à la noix de coco, à la banane ou encore au durian, accompagne à merveille un *kopi*, et se conserve relativement bien. Pour vous mettre en appétit, demandez à visiter l'atelier. *59/3 Sathani Rd (50m au nord de la gare) Tél. 075 219 093 ou 081 090 9524 Ouvert tlj. 6h-21h*

Municipal Market Ce grand marché de produits frais regorge de vie, de couleurs et d'odeurs. Vous y trouverez des étals de porc grillé (*moo yang*, vendu ici au poids et à emporter), dont la viande est servie sur la peau, croustillante à souhait. Une spécialité que l'on retrouve dans la plupart des maisons de café. *Entre Kang Tang Rd et Phetkasem Rd Ouvert tlj. 6h-17h*

Otop Plaza Ce marché artisanal propose différentes productions régionales de qualité, notamment de la vannerie – dont de jolis petits étuis souples, appelés *muk* – et des sacs, ceintures et portefeuilles en galuchat (peau de raie). *Phra Ram VI Rd (50m au nord de la mairie) Tél. 075 218 356 Ouvert tlj. 10h-19h*

● Où devenir accro au *kopi* ? Noir, épais et puissant, le café de Trang a de quoi vous tenir éveillé toute la journée. Ce robusta récolté dans les montagnes de la province est torréfié au feu de bois. Il est servi traditionnellement avec du lait condensé sucré (mais vous pouvez aussi le commander noir : *Kopi Or*) et toujours accompagné d'une théière gratuite de thé au jasmin. Conformément à la tradition des maisons de thé chinoises, les maisons de café de Trang proposent des plats simples : raviolis, bouchées à la vapeur, riz accompagné de légumes et les fameuses spécialités locales que sont le porc grillé (*moo yang*) et le gâteau de Trang, cf. ci-dessus, Cake Rod Lert... Le menu idéal pour un petit déjeuner aussi dépaysant que roboratif !

Kopi La proximité de la gare, l'élégante salle de style coloniale, avec ses meubles patinés, ses colonnes et ses ventilateurs au plafond, et surtout la qualité de la cuisine ont fait le succès de cette maison de café traditionnelle. Outre un *kopi* (20B), commandez des *dim sum* (servis jusqu'à midi) ou plus simplement une soupe chinoise au porc. Un bel endroit d'où observer les passants, tout en relevant son courrier électronique (wifi gratuit). De 80 à 200B le repas. *Sathani Rd (juste au sud de la gare)* ***Trang*** *Tél. 075 214 225 Ouvert tlj. 7h-17h*

Sin Ocha Dans ce bel intérieur de style chinois, le *kopi* (20B) se savoure accompagné d'un *Trang cake* maison (à partir de 50B). Riz frits, currys thaïs et brioches au porc cuites à la vapeur, agrémentent aussi le court menu. Wifi gratuit. Comptez 80-120B le repas. *Phra Ram VI Rd (20m à l'est de l'horloge)* ***Trang*** *Tél. 086 950 2915 ou 084 064 4214 Ouvert tlj. 7h-20h*

L'arrière-pays

Tham Le Khao Kop Ce vaste ensemble de grottes baigné par une rivière souterraine s'explore en barque sur 4km. Les cavités sont tapissées d'impressionnantes concrétions calcaires, fortement éclairées par des projecteurs de couleurs vives et souvent ornées d'objets et de décorations religieuses. Le passage d'un étroit boyau oblige à rester tapi au fond du bateau sur 350m : claustrophobes s'abstenir. Vous trouverez des étals de souvenirs et d'alimentation près de l'entrée. *À 35km au nord de Trang, sur la route 4 Comptez 600-1 000B l'aller-retour en taxi et au moins 1 300B dans le cadre d'une excursion organisée par une agence de Trang Tél. 075 500 088 Ouvert tlj. 8h-17h Entrée gratuite, 300B/bateau capacité max 5-6 pers. (1h)*

Phraya Ratsadanupradit Mahison Phakdi Museum Cette jolie maison en bois fut la résidence de Khaw Simbi Na Ranong (1857-1913), fonctionnaire d'ascendance chinoise promu gouverneur de Trang en 1890 avec le titre de Phraya Ratsadanupradit Mahitsaraphakdi. C'est à cet administrateur éclairé que la province doit sa liaison ferroviaire avec Nakhon Si Thammarat, ainsi que des progrès en matière d'éducation et d'agronomie... et c'est lui qui introduisit la culture de l'hévéa en Thaïlande. Le musée présente des objets personnels du "Seigneur de Trang" dans des intérieurs d'époque. *1 Thanon Khai Phithak **Kantang** (à 24km au sud-ouest de Trang, par la route 403) Tél. 075 251 100 Ouvert mar.-dim. 8h30-16h30 (sf lendemain de j. fér.) Entrée libre Normal 0 false false false MicrosoftInternetExplorer4*

● Déambuler à la cime des arbres

Peninsular Botanic Garden Cette réserve, qui protège 4ha de forêt tropicale humide et de forêt tempérée sempervirente, est plus riche qu'un simple arboretum ! Ses sentiers d'interpétation permettent d'identifier différentes essences

L'industrie du caoutchouc

C'est la sève, ou latex, de l'hévéa, un arbre originaire d'Amazonie, qui produit par transformation le caoutchouc. Le développement de ce matériau correspond à celui de l'industrie du cycle et de l'automobile à la fin du XIXe siècle, et la production thaïlandaise débuta en 1903 à Phuket, à l'initiative de son administrateur, Ratsadanupradit Mahison. Depuis les années 1950, le caoutchouc occupe le 2e rang des exportations thaïlandaises derrière le riz, et le royaume en est devenu le premier exportateur mondial en 1991. La production de latex provient à 95% de petites exploitations familiales. Elle fait vivre 10% de la population nationale, soit 7 millions de personnes, et occupe la majeure partie des terres arables du Sud. Les subventions consenties aux planteurs par l'État thaïlandais pour amortir la chute des cours et la concurrence du caoutchouc synthétique sont devenues un important enjeu politique.

LE SUD DE LA CÔTE D'ANDAMAN

et ses 5 passerelles surélevées (de 10 à 18m du sol) d'observer la canopée... ou, avec un peu de chance, des écureuils volants ! Une excursion à faire de préférence par temps sec, les averses rendant les sentiers boueux et les passerelles glissantes. ***Thung Khai*** *(env. 12km au sud de Trang par la route Route 404 Comptez 500B AR en tuk-tuk, les minibus à destination de Satun peuvent vous y déposer pour env. 30B) Tél. 075 280 166 Ouvert tlj. 8h-17h Entrée libre*

☆ Le littoral et les îles de la province

Hat Chao Mai National Park Le littoral de la province de Trang s'étend sur près de 120km, de Hat Pak Meng à Hat Chao Mai. Les touristes occidentaux ont tendance à bouder ses plages, souvent peu profondes et vaseuses à marée basse, leur préférant celles de l'**archipel de Trang**, dont la quarantaine d'îles et d'îlots karstiques s'égrènent au large, du sud

Tout une histoire

Musées

Temples, grottes sacrées

Palais

de Ko Lanta au nord de la province de Satun. Certaines de ces îles verdoyantes sont habitées par des nomades de la mer désormais sédentarisés, d'autres n'accueillent que des *resorts* de luxe... Depuis 1981, Hat Chao Mai National Park protège près de 94km² de prairies, d'estuaires et de forêts côtières et une aire maritime de 136km² couvrant tout ou partie de certaines îles de l'archipel et leur barrière récifale. Ce parc est le dernier refuge thaïlandais du dugong, mammifère marin dont la province de Trang a fait sa mascotte (p.526). La meilleure saison pour visiter le parc s'étend de décembre à avril. Les agences et les hôtels de Trang proposent des croisières à la journée qui permettent de visiter 4 ou 5 îles de l'archipel, cf. En bateau (p.518). Les *speedboats* qui font la navette entre Ko Lanta et Ko Lipe desservent Ko Ngai, Ko Muk et Ko Kradan, tandis que d'autres bateaux assurent la liaison entre ces îles et le continent. **Bureaux du parc** *Moo 5, **Ban Chang Lang**, Mai Fat Tél. 075 203 308 www.dnp.go.th Tarif 200B (valable 5 jours consécutifs)*

Le littoral

Hat Pak Meng Le week-end, les gens de la région vont pique-niquer en famille sur ce beau ruban de sable long de 5km, frangé de filaos et jalonné de restaurants de fruits de mer. La baignade n'y est possible qu'à marée haute. De **Pak Meng Pier**, à l'extrémité nord de la plage, on peut prendre le bateau pour Ko Ngai ou embarquer pour une croisière à la journée dans l'archipel de Trang en passant par une agence. *Env. 40km à l'ouest de Trang (route 4046 puis 4162)*

Hat Chang Lang Cette plage de sable gris est bien plus tranquille (ni restaurants ni commerces) que Hat Pak Meng. Il faut, en théorie, s'acquitter du droit d'entrée au parc national pour pouvoir y accéder et l'on ne peut s'y baigner qu'à marée haute, car la mer, en se retirant, découvre de grands bancs de sable. Les îlots karstiques qui s'égrènent au large offrent un spectacle inoubliable quand le coucher du soleil les nimbe d'un halo orangé. *À 6km au sud de Pak Meng (via la route 4008 qui longe la côte)*

Hat Chao Mai Voilà l'une des plages les plus plaisantes et les moins fréquentées de la côte. Hat Chao Mai accueille, en effet, le QG du parc, dont les rangers veillent à ce que les visiteurs acquittent le droit d'entrée. On peut s'y baigner à marée haute et profiter de ses structures d'hébergement (terrain de camping et bungalows rustiques). Des bateaux à destination de Ko Muk et de Ko Kradan appareillent de **Kuan Tung Ku Pier**, à 1km au sud du QG du parc. *À 5km au sud de Chang Lang (route 4008)*

Hat Yao et Hat Yong Ling Formant à elles deux un long croissant de 4km de sable blanc bordé de filaos et placé sous la protection du parc, les plages les plus méridionales de la côte ouest se prêtent bien à la baignade, même à marée basse. Une falaise karstique truffée de petites cavités marque la limite nord de Hat Yong Ling et un pic en forme d'aileron de requin domine la partie sud de Hat Yao. De **Hat Yao Pier**, on peut embarquer pour Ko Libong, ancrée juste au sud. *À 18km au sud de Chao Mai (route 4008)*

Les îles

Ko Ngai (Ko Hai) Cette île de la Jarre (4km²), couverte d'une épaisse forêt, dépend de la province de Krabi, mais Pak Meng est son principal port de liaison. Elle fait partie du Mu Ko Lanta National Park (p.508), et la proximité de sa grande sœur lui vaut de voir débarquer par bateaux entiers les excursionnistes désireux d'aller se prélasser sur sa côte est. De fait, son rideau de grands arbres, son sable fin, son eau transparente et les pics karstiques qui se dressent au large composent un tableau enchanteur. À Ko Ngai, l'intrusion de la "civilisation" se limite à la dizaine de *resorts* qui s'égrènent le long de ces 2km de plage et dont la clientèle se contente de couler des journées paisibles en s'adonnant au farniente, au *snorkeling* (beau récif corallien au sud de la jetée), à la plongée – cf. Plonger dans l'archipel de Trang (p.527) –, en faisant le tour de l'île en kayak ou en se joignant à des excursions à Ko Ma et Ko Rok (comptez 500B/pers.). Les voyageurs en quête d'un peu de solitude et de dépaysement passeront tout de même leur chemin. *À 15km au sud-ouest de Pak Meng, 14km au sud-est de Ko Lanta et 8km au nord-ouest de Ko Muk*

Accès En bateau de Ko Lanta et de Pak Meng (p.518). De Pak Meng la traversée en *long-tail boat* revient à env. 1 200B AS pour 1-2 pers. La plupart des bateaux débarquent leurs passagers sur la jetée aménagée au sud de la plage. Mieux vaut gagner son hôtel en bateau (50-100B) que d'emprunter le mauvais sentier reliant la jetée à la plage.

☆ **Ko Muk** Cette île de 10km² (4km du nord au sud et 3km d'est en ouest) est l'une des plus grandes de l'archipel. Seules les falaises et les collines boisées qui couvrent sa partie occidentale sont sous la protection du parc national. Le chef-lieu, Ban Ko Muk, est établi sur la côte est et ses habi-

Tham Morakot, la grotte d'Émeraude

Ce *hong* (grotte à ciel ouvert) caché dans les falaises karstiques de la côte ouest est assurément la principale attraction de Ko Muk. Après avoir remonté à la nage un obscur boyau calcaire long de 80m (lampe frontale indispensable), on découvre une petite plage de sable blanc à ciel ouvert, cernée de hautes falaises calcaires tapissées de végétation. La légende qui veut que ce *hong* ait servi de cachette aux pirates contribue à la magie du lieu. Tham Morakot figurant au programme de toutes les excursions, et sa plage profitant pleinement de la lumière zénithale en milieu de journée, elle est souvent bondée entre 11h et 15h. Nous vous conseillons de vous y rendre avant 8h ou après 16h, en louant un kayak à Hat Farang (100B/h au Charlie Beach Resort, sac étanche inclus, comptez 30-40min aller) et en l'amarrant à l'entrée du *hong*. De 9h à 16h, ceux qui n'ont pas acquitté le droit d'accès au parc national peuvent se voir réclamer 200B par les rangers.

tants, musulmans pour la plupart, arrondissent les revenus qu'ils tirent de la pêche, de l'exploitation des plantations d'hévéas et des cocoteraies en proposant leurs services aux touristes : restauration, hébergement, sorties en bateau. L'île possède deux plages magnifiques : **Hat Sivalai (Ao Kham)**, qui s'effile en une pointe à l'est du village, et **Hat Farang (Charlie's Beach** ou **Hat Sai Yao)**, qui déroule son long ruban de sable fin sous les cocotiers de la côte sud-ouest, à 3km de Ban Ko Muk. Toutes les croisières organisées autour de Ko Muk incluent la visite de Tham Morakot, la grotte d'Émeraude (p.524) – et la découverte en *snorkeling* des récifs coralliens de Ko Ma, Ko Chak et Ko Waen – trois îlots inhabités (à partir de 400B/pers.). *À 5km à l'ouest (15min de long-tail) de Kuan Tung Ku, 7km au nord-est de Ko Kradan et 8km au sud-est de Ko Ngai*

Accès En bateau de Kuan Tung Ku, de Pak Meng et Ko Lanta (p.518). Liaison quotidienne avec Ko Kradan à partir de Farang Beach via Ko Muk Pier (le bateau part à midi de Farang Beach, 350B/pers. AS, durée 30min). En *long-tail boat*, comptez 400-600B/bateau (30-40min) pour Ko Kradan et 1 000B (1h) pour Ko Ngai. Aucune voiture ne circulant dans l'île, ses petites routes se prêtent bien à la marche. Tous les hôtels louent des vélos (150B/j.) et des scooters (250B/j.). Un trajet à moto-taxi (side-car avec banquettes passagers au niveau du pilote) revient à 50B.

☆ **Ko Kradan** Tout en longueur (4km du nord au sud et à peine 1km d'est en ouest) et densément boisée, la petite Kradan n'abrite qu'une poignée de *resorts* le long de sa côte est. Son sable poudreux couleur d'ivoire et le panorama sublime qu'offrent les îlots karstiques qui se détachent au large sur l'azur des flots attirent nombre de visiteurs à la journée. Pour dénicher un petit coin de paradis, il suffit de s'éloigner des complexes hôteliers dont les restaurants de plage accueillent les groupes. Deux sentiers à travers les plantations d'hévéas et la forêt mènent aux petites plages désertes de la côte ouest, telle la paisible Sunset Beach. À Kradan, l'essentiel des activités se résume à de longues balades sur la plage à marée basse, à la pratique du kayak (location dans les hôtels à partir de 200B/h), de la plongée – cf. Plonger dans l'archipel de Trang (p.527) – et du *snorkeling* sur la barrière récifale des côtes nord-est et sud-ouest de l'île (équipement 100-200B ; comptez 800-1 000B/pers. pour une sortie en *long-tail* d'une demi-journée). Hormis ses propriétés privées (hôtels et plantations), les terres de Ko Kradan font partie de Hat Chao Mai National Park. Si vous n'avez pas acquitté de droit d'accès au parc, les rangers (dont le poste est établi dans le sud-est de l'île) sont susceptibles de vous réclamer 200B dès que vous vous éloignerez de la plage principale... même au large. *À 15km à l'ouest de Hat Yao, 7km au sud-ouest de Ko Muk et 13km au nord-ouest de Ko Libong*

Accès De Kuan Tung Ku Pier et de Ko Lanta (p.518). Liaison avec Ko Muk (Farang Beach) tlj. à 9h (350B/pers., durée 30min). Pour vous rendre à Ko Muk en *long-tail boat*, comptez 400-600B/bateau AS (30-40 min).

Ko Libong La plus grande île de l'archipel (40km²) est moins touristique et sans doute plus dépaysante que ses voisines. Là, point de *resort* luxueux, mais de beaux paysages et des routes peu fréquentées sur lesquelles vagabonder. Les 3 500 insulaires, musulmans pour la plupart, sont regroupés sur la façade occidentale de l'île, vivant essentiellement de la pêche ainsi que de la culture de l'hévéa et de différents arbres fruitiers. Les quelques hôtels de Ko Libong se concentrent à **Hat Lang Kao**, une longue plage ombragée de la côte sud-ouest, dont les fonds rocheux découragent la baignade à marée basse. L'intérieur vallonné de l'île, qui culmine à 311m, est couvert d'une forêt dense, tandis que sa façade orientale, à la végétation plus rase, est bordée d'une épaisse mangrove protégée par le **Libong Archipelago Wildlife Reserve**. Les canaux de cette forêt de palétuviers sont, en effet, peuplés d'oiseaux (dont de nombreux migrateurs, telle la barge rousse, en nov.-déc.) et quelque 70 dugongs viendraient s'y nourrir. Si vous comptez vous joindre à une croisière d'observation de ces paisibles mammifères marins, privilégiez le kayak (env. 1 000B/pers., en haute saison seulement), moins perturbant et moins dangereux pour eux que le *long-tail* (env. 1 500B/bateau). Vous aurez aussi des chances d'apercevoir un dugong (à la jumelle) du haut de la tour d'observation dressée au bout de la jetée du pittoresque village de **Batu Bute**. Pour explorer l'île et sa mangrove, vous pourrez louer un scooter (300B/j.), un vélo (100B/j.) ou un kayak (150-200B/h) à votre hôtel.

Accès En bateau de Hat Yao (fréquent entre 7h et 16h, 30min de traversée, AS 50B/pers.). Débarquement à Ban Maphrao, sur la côte nord-est de l'île. En *long-tail boat* privé, il vous en coûtera env. 700B/bateau de Hat Yao à la plage de Hat Lang Kao, et 2 000B pour gagner Ko Kradan ou Ko Muk. Les motos-taxis (side-cars) insulaires facturent 100B la course.

Ko Sukorn Les quelque 3 000 habitants de cette île relativement plate vivent surtout de la pêche, de l'agriculture et de l'élevage. Rizières, plantations d'hévéas, cocoteraies, champs de (savoureuses) pastèques et pâturages où paissent de placides buffles d'eau occupent l'essentiel de ses 12km². Le chef-lieu de Ko Sukorn, **Ban Samai**, est établi sur la côte nord. S'y ajoutent trois

Le dugong, sirénien en danger

Cousin du lamantin et lointain parent de l'éléphant, le dugong (*Dugong dugon*, du malais *duyung*, "noble dame de la mer") vit sur le littoral des mers tropicales, de l'Afrique orientale à l'Australie. Son régime alimentaire, strictement herbivore, lui a valu le surnom de "vache de mer". Il possède un corps massif, qui peut atteindre 4m de longueur et 900kg, et son museau aplati est prolongé par une petite trompe évasée, qui lui sert à filtrer l'eau et les sédiments. Il broute jour et nuit la végétation des mangroves et les herbiers peu profonds, et peut passer 6min sous l'eau avant de remonter respirer à la surface. Longtemps traqué pour sa graisse, son cuir et sa viande, fréquemment blessé par les hélices des bateaux à moteur, le dugong est aussi victime de la pollution marine et de l'urbanisation des côtes au détriment de son habitat naturel. Ce sirénien est aujourd'hui le mammifère marin le plus menacé.

LE SUD DE LA CÔTE D'ANDAMAN

autres villages, aux pittoresques maisons de bois sur pilotis et à l'accueillante population, majoritairement musulmane. Une poignée de tranquilles *resorts* sont installés sur la côte ouest, notamment à **Hat Lo Yai**, une belle plage de sable fin où l'on peut se baigner sans tenir compte de la marée, en admirant les vertes îles karstiques ancrées au large. La route cimentée qui fait le tour de l'île se parcourt aisément à vélo, donnant à voir un mode de vie que le tourisme de masse n'a pas encore perverti. De Sukorn, vous pourrez gagner les magnifiques îles karstiques du Mu Ko Phetra National Park (droit d'accès 200B), encore plus sauvages (comptez 3 000B/bateau pour 1 j. de croisière, max. 4 pers.). **Ko Phetra**, à 12km au sud-ouest de Sukorn, n'est habitée que par des chasseurs de nids d'hirondelles, et ses plages de sable blanc ne sont accessibles qu'à la journée, mais ses fonds marins sont considérablement dégradés. **Ko Laoliang** (15km à l'ouest de Ko Sukorn) est constitué de deux îlots dont les falaises abruptes sont appréciées des grimpeurs. On peut également s'adonner au *snorkeling* et séjourner dans ce petit paradis où vivent quelques pêcheurs. *À 5km au sud de Tasae Pier, 21km au sud-est de Ko Libong et 31km au nord de Ko Bulon Leh*

Accès En bateau de Tasae Pier (57km au sud de Trang, route 404 et 4235). Le plus simple est de profiter des forfaits proposés par les agences et hôtels de Trang (p.518). Comptez 2 000-2 500B (max. 4 pers.) si vous voulez vous rendre en *long-tail boat* de Ko Sukorn à Ko Libong ou Ko Bulon Leh, et 3 500-4 000B pour Ko Muk ou Ko Kradan. Sur place, les motos-taxis (side-cars) font le trajet entre le débarcadère de Ban Samai et les hôtels pour 50B. Les hôteliers de l'île louent des vélos (100B/j.) et des scooters (300B/j.).

● **Plonger dans l'archipel de Trang** Plusieurs centres de plongée peuvent vous emmener à la découverte des fonds marins de l'archipel. Les plus beaux spots de la région (Ko Rok, Hin Daeng et Hin Muang) sont aussi accessibles à partir de Ko Lanta, cf. Les meilleurs sites de plongée et de *snorkeling* (p.511). D'autres spots moins spectaculaires (autour de Ko Muk, Ko Ngai et Ko Kradan) ont l'avantage d'être moins fréquentés.

Rainbow Divers Avec un centre à Ko Ngai (Fantasy Resort) et un autre à Ko Muk (Charlie Beach Resort), cette compagnie propose cours (PADI *Open Water* 13 500B) et plongées (à partir de 1 500B). *Tél. 075 206 962 www.rainbow-diver.com*

Sevenseas Resort Le club attaché à cet hôtel de Ko Kradan propose des baptêmes (1 900B), des formations PADI (*Open Water* 15 000B) et des plongées (à partir de 2 900B les deux). ***Ko Kradan*** *Tél. 081 476 9913 ou 088 451 1101 www.sevenseasresorts.com*

CARNET D'ADRESSES

Restauration, hébergement

Ne manquez pas de goûter aux spécialités locales, comme le *kopi* (p.520), le porc grillé et le *Trang Cake* (p.520).

très petits prix

Night Markets Il n'est guère surprenant que cette ville réputée pour sa cuisine abrite deux intéressants marchés de nuit. Le plus petit occupe tous les soirs Ruenrom Road (juste à l'est de la mairie), mais le Chan Chala Night Market, qui s'installe devant la gare le week-end (ven., sam. et dim. soir), est une attraction incontournable. Ses dizaines de stands proposent une époustouflante variété de mets thaïs et étrangers (notamment des kebabs et des *roti*), au milieu de marchands de vêtements, d'antiquités, de souvenirs... *Sathani Rd et Ruenrom Rd* ***Trang*** *Ouvert tlj. 17h30-21h30*

petits prix

Seefar Un restaurant sino-thaïlandais, élégant et climatisé, pris d'assaut le midi par les employés de bureau du quartier. Le menu comporte d'alléchantes suggestions, tel le poulet enveloppé de feuilles de bétel (120B) et des délices locaux comme la viande de porc à la sauce taro (150B). Bonne sélection de plats végétariens et thé vert glacé à volonté. Service souriant... mais en thaï seulement, tout comme l'enseigne. Comptez 150-350B le repas (pas de CB). *Phattalung Rd (angle Soi 3)* ***Trang*** *Tél. 075 210 139 ou 086 942 9622 Ouvert tlj. 10h30-20h30*

Sri Trang Hotel Un emplacement idéal, face à la gare, un service efficace (bonnes informations touristiques) et une propreté irréprochable font de cet hôtel ouvert depuis 1952 une bonne adresse. Les 20 chambres, refaites en 2009, sont plus fonctionnelles (clim., sdb avec eau chaude) que coquettes, mais les notes colorées et le mobilier rétro des parties communes assurent à l'ensemble un charme certain. Agréable café au rez-de-chaussée (petit déj. à partir de 60B, plats thaïs et internationaux 80-200B). Double 550-950B. *22-26 Sathani Rd (angle Phra Ram VI Rd)* ***Trang*** *Tél. 075 218 122 www.sritrang hotel.com*

prix moyens

Laytrang 2 Restaurant Avec sa grande salle toute blanche – et un peu trop climatisée – et sa grande terrasse, ce restaurant fait le plein d'amateurs de *dim sum* de l'aube au début de l'après-midi. Le soir, le choix de ces bouchées à la vapeur est plus restreint, mais s'y ajoutent des plats de poisson et de fruits de mer à la mode

GAMME DE PRIX	RESTAURATION	HÉBERGEMENT
Très petits prix	moins de 100B	moins de 500B
Petits prix	de 100 à 300B	de 500 à 1 000B
Prix moyens	de 300 à 500B	de 1 000 à 2 200B
Prix élevés	de 500 à 1 000B	de 2 200 à 4 000B
Prix très élevés	plus de 1 000B	plus de 4 000B

thaïe. Service agréable. Comptez 150-400B le repas. *13 Sai Ngam Rd* ***Trang*** *Tél. 075 217 700 Ouvert tlj. 6h-14h et 17h-22h*

Eco Inn Cet hôtel moderne se cache au fond d'une tranquille allée, non loin du centre. Ses 84 chambres de style contemporain sont relativement spacieuses, lumineuses et confortables (clim., bureau, TV à écran plat). Il fait bon se poser au café attenant au *lobby*, aussi coloré qu'aéré, et l'on peut profiter des vélos à disposition pour aller se balader en ville. Double 900-1 100B, petit déj. inclus. *131/9 Huay Yod Rd (1km au nord de la gare)* ***Trang*** *Tél. 075 211 313 www.ecoinnhotelthailand.com*

L'archipel de Trang

Dans l'archipel de Trang, la tranquillité a un prix : les couche-tôt n'y auront, certes, pas à pâtir d'une vie nocturne débridée, surtout dans les îles à majorité musulmane, où la vente d'alcool est strictement réglementée en dehors des hôtels, mais l'hébergement est bien plus onéreux que sur le continent.

Ko Ngai

prix élevés

☺ **Coco Cottage** Au nord de la plage, ce beau complexe adossé à une cocoteraie donne sur un parc et une petite lagune. Les 30 bungalows, en rondins de cocotier et toit de palme, sont agrémentés de lits à baldaquin et moustiquaire et de meubles en bambou, et leurs murs en béton ciré leur apportent une belle touche de modernité. Les tarifs varient en fonction de la taille et de l'éloignement de la plage, mais ils offrent tous le même confort (terrasse, clim. et sdb avec eau chaude, dont certaines en plein air). Un bar, un restaurant et une bibliothèque fournie s'abritent sous un vaste *sala*. De quoi passer un agréable séjour sous le signe de la détente. Petit inconvénient : la plage est inexistante à marée haute et son fond rocheux affleure à marée basse, sans pour autant interdire la baignade. Double 3 300-5 400B, petit déj. inclus. ***Ko Ngai*** *Tél. 089 724 9225 ou 087 898 6522 www.coco-cottage.com Ouvert début oct.-fin mai*

prix très élevés

Thapwarin Resort Juste au nord du Coco Cottage, ce complexe plaira aux couples en quête d'intimité. Le terrain réunit en bord de plage deux villas, avec grande pièce à vivre au rdc et balcon sur la mer d'Andaman à l'étage, et 26 bungalows tout confort (clim., sdb semi-découverte, terrasse équipée, minibar, nécessaire à boissons chaudes) de style traditionnel (toit de palme, murs revêtus de bambou, plancher et mobilier en teck). Le restaurant, le spa et le service attentionné garantissent un séjour sans nuages. Gage supplémentaire de tranquillité, la plage disparaît à marée haute. Double 3 600-7 500B, petit déj. inclus. ***Ko Ngai*** *Tél. 081 719 3633 ou 081 894 3585 www.thapwarin.com Ouvert début oct.-fin mai*

Ko Muk

petits prix

Ban Koh Mook Nurse House En 2014, Mr Bell, qui travaille au dispensaire local, a fait construire cinq petits bungalows tout simples (moustiquaire, ventilateur, eau froide dans la sdb), mais lumineux dans son jardin, à la sortie nord du village de pêcheurs. Le restaurant au bord de l'eau sert des spécialités régionales savoureuses, mais relevées (100-200B le repas). La plage ne se prête, en revanche, guère à la baignade. Accueil chaleureux et ambiance familiale. Pas de CB. Double 700B. *Ao Kham (500m à l'ouest du quai)* ***Ko Muk*** *Tél. 094 315 4114 Ouvert toute l'année*

prix moyens

☺ **Hill Top Restaurant** Installé dans une vaste clairière au milieu de la forêt, ce restaurant tenu par une famille locale est considéré à juste titre comme la meilleure table de l'île. Le menu passe en revue tous les classiques de la gastronomie thaïe, dont un succulent poisson au tamarin. Ambiance conviviale et service souriant, mais n'oubliez pas votre lotion antimoustique ni votre lampe-torche pour le retour, le soir. Comptez 150-400B le repas. Pas de CB. *À 800m de Farang Beach, sur la route en direction des villages* ***Ko Muk*** *Tél. 084 847 9133 Ouvert tlj. 9h-22h*

prix élevés

Charlie Beach Resort Le plus grand *resort* de Farang Beach n'a rien de très luxueux, mais bénéficie d'une ambiance familiale et d'un environnement propre et agréable. Ses 84 unités, aux jardinets bien entretenus, vont de la simple cabane bambou (matelas à même le plancher, moustiquaire, ventilateur, sdb, réfrigérateur, 1 800B, petit déj. compris) au spacieux bungalow en béton (TV, clim., terrasse, réfrigérateur, 3 600-4 200B) avec ou sans vue sur la plage. À disposition, un bar-restaurant (cuisine thaïe, chinoise et internationale, 200-500B le repas), une piscine, un centre de plongée et toute une panoplie de services (location de scooters, de vélos et de kayaks, excursions organisées, transport...), mais une connexion wifi très limitée. *Farang Beach* ***Ko Muk*** *Tél. 075 203 281 ou 075 217 671 Ouvert toute l'année*

prix très élevés

Sivalai Beach Resort Isolées au bout de la presqu'île de Hat Sivalai, à distance respectable du village, les 48 spacieuses villas de style balinais conjuguent matériaux naturels et béton et sont décorées avec goût. Elles bénéficient, pour certaines, d'une vue imprenable sur les flots bleus et le continent. Au confort (clim., TV à écran plat, minibar, bouilloire, transats sur la véranda et produits de toilette dans la sdb) s'ajoutent d'appréciables services (petite piscine, chaises longues et parasols sur la plage, location de kayaks et de vélos). Le cadre romantique du restaurant ne justifie cependant pas ses prix (min. 500B le repas). Le Beach Bar permet de profiter du panorama à moindre coût. Double 5 000-7 000B, familiale 7 500-8 500B, petit déj. inclus. *Hat Sivalai (500m à l'est du quai)* ***Ko Muk*** *Tél. 089 723 3355 ou 088 765 0999 www.komooksivalai.com Ouvert toute l'année*

Ko Kradan

prix moyens

Paradise Lost Le seul hôtel qui ne donne pas directement sur la plage est sans doute la meilleure adresse pour les petits budgets : un dortoir de 5 lits (300B/pers.) et 11 bungalows traditionnels plutôt rustiques (ventilateur, moustiquaire, eau froide) mais proprets, disposés dans une clairière au milieu de la jungle. Les plus économiques (700B) partagent des sanitaires, les plus grands (1 500B) peuvent accueillir une famille. Abrité sous une grande paillote, le restaurant sert de copieux plats thaïs et nord-américains, avec barbecue tous les soirs (petit déj. 80-150B, 200-500B le repas). Seul bémol, le générateur qui fournit l'électricité 24h/24 (et permet de vérifier ses e-mails) est un peu bruyant... Réservation recommandée en haute saison. Pas de CB. *À 300m à l'ouest de la plage principale* ***Ko Kradan*** *Tél. 081 676 6391 ou 089 587 2409 https://kokradan.wordpress.com Ouvert toute l'année*

prix élevés

Reef Resort À première vue, ces bungalows en dur alignés aux abords de la grande plage de Kradan manquent terriblement de charme, mais leurs 18 chambres sont aussi lumineuses que confortables (grand lit, clim., belle sdb découverte, terrasse). L'établissement met à la disposition de ses hôtes un restaurant de spécialités thaïes et italiennes, 250-500B le repas), une petite piscine, une salle de massage et leur prête gratuitement kayaks et matériel de *snorkeling*. Double 3 800-4 200B, petit déj. inclus. ***Ko Kradan*** *Tél. 086 948 8559 www.reefresortkradan.com Ouvert début nov.-fin avr.*

prix très élevés

Coral Garden Resort Dans la tranquille partie nord de la plage principale, 3 chambres face à la mer (4 500B) et 5 grands bungalows en teck (6 000B) à l'ombre de grands arbres. Tous bénéficient de la clim., d'une agréable terrasse et d'intérieurs élégants (beaux parquets, mobilier thaï, déco chaleureuse et sdb moderne). Électricité 24h/24 et petit bar-restaurant, mais le service est parfois un peu brouillon. Petit déj. inclus et réservation nécessaire. ***Ko Kradan*** *Tél. 081 370 1155 www.coralgardenresort.com Ouvert début nov.-fin avr.*

Ko Libong

prix moyens

Libong Beach Resort Le plus ancien *resort* de Ko Libong est à même de satisfaire tous les budgets. De la hutte en bambou avec ventilateur et eau froide côté jardin au grand bungalow en teck climatisé sur la mer, la vingtaine de chambres sont toutes d'une propreté irréprochable et jouissent d'un environnement paisible : grande cocoteraie et hamacs sur la plage. Bon restaurant (spécialités thaïes et internationales, env. 150-300B le repas, petit déj. à partir de 50B) et accueil chaleureux. Double 700-1 500B, familiale (4 pers.) 2 000-2 500B. *Hat Lang Khao* ***Ko Libong*** *Tél. 084 849 0899 ou 089 647 7030 www.libongbeachresort.com Ouvert toute l'année*

Libong Relax Beach Resort Voisin du Libong Beach Resort et semblable en de nombreux points (même type d'hébergement, tarifs similaires), cet établissement est un bon second choix si le premier affiche complet. Double 1 500-2 800B. *Haad Lang Kao* ***Ko Libong*** *Tél. 091 825 4886 ou 094 582 5113 www.libongrelax.com Ouvert toute l'année*

Ko Sukorn

prix moyens

Yataa Spa & Resort Ce vaste complexe – l'ancien Sukorn Beach Bungalow – installé dans une cocoteraie voisine de la plage offre le meilleur confort de l'île. Pour la plupart climatisés, la trentaine de petits bungalows et de villas de style traditionnel posés sur les pelouses, plus ou moins près de la piscine, ne manquent de rien (TV à écran plat, minibar, réfrigérateur, bouilloire, sdb équipée), et des services variés sont proposés à leurs occupants (restauration, bar, massages thaïs, location de vélos, de scooters et de kayak, excursions organisées, etc.), mais à des prix sensiblement supérieurs à la moyenne. Double 1 200-1 500B, familiale (2 chambres) 2 500B, petit déj. inclus. *Hat Lo Yai **Ko Sukorn** Tél. 089 647 5550 ou 095 795 7911 www.yataaresort.com Ouvert toute l'année*

Sukorn Cabana Resort Une vingtaine de chambres réparties entre des bungalows de style traditionnel un peu datés, mais bien entretenus (avec ventilateur ou clim., minibar, grande terrasse) et des "villas" en dur plus récentes (avec clim. TV à écran plat, clim.). Les premiers s'étagent à flanc de coteau face à deux petites plages rocailleuses, tandis que les secondes, regroupées sur les hauteurs de la colline, offrent de belles vues sur le large. La décoration laisse un peu à désirer, mais l'ensemble est confortable et l'ambiance conviviale. Restaurant, location de VTT, de scooters et de kayaks. Comptez 1 500-2 500B pour deux 3 200B pour quatre, petit déj. inclus. *À 400m au nord de Hat Lo Yai **Ko Sukorn** Tél. 089 724 2326 www.sukorncabana.com Ouvert toute l'année*

Laoliang Resort Sur cette petite île déserte et reculée, les infrastructures d'hébergement se résument à ce campement d'une quarantaine de grandes tentes. Le cadre est paradisiaque, mais le confort sommaire (sanitaires de campagne et pas toujours étincelants), la nourriture simple (mais comprise dans le forfait) et le service approximatif. Les falaises de l'île y attirent de nombreux amateurs de varappe le week-end. On y trouve l'équipement nécessaire ainsi que des kayaks et du matériel de *snorkeling*. Forfait 1 500B/pers., repas inclus. Prise en charge à Trang 800B/pers. ***Ko Laoliang** Tél. 084 304 4077 ou 089 815 4571 www.laoliangresort.com Ouvert début nov.-fin avr.*

SATUN

Capitale provinciale d'environ 24 000 habitants, la paisible Satun est nichée dans une luxuriante vallée à quelques kilomètres du littoral et de la frontière avec la Malaisie. Ce vieux carrefour commerçant riverain du Khlong Bambang possède des marchés animés et plus de mosquées que de *wat*. Souvent boudée par les touristes, Satun est pourtant une ville étape aussi agréable que sûre pour qui compte visiter les îles méridionales de la côte d'Andaman.

LA PROVINCE DE SATUN Cette province qui s'étend sur 2 480km^2, aux confins de la Thaïlande bouddhiste et de la Malaisie musulmane, n'a cessé de changer de statut au cours des deux derniers siècles. Partie intégrante du sultanat de Kedah, elle fut annexée par la principauté thaïe de Nakhon Si Thammarat en 1813, et incorporée au "cercle" (*monthon*) de Kedah en 1897. En 1909, quand le Siam dut céder le Kedah aux Britanniques,

Satun se vit rattacher au cercle de Phuket. Ce n'est qu'en 1933 qu'elle acquit le statut de province à part entière. Son nom vient du malais *setul* (*sathon* en thaï, mot désignant le santol, ou faux mangoustanier). Satun ne connaît pas les violents soulèvements qui affectent l'ancien sultanat de Patani, à savoir les provinces actuelles de Pattani, Narathiwat et Yala (p.21). Cette tranquillité vaut au tourisme de jouer désormais un rôle non négligeable dans une économie autrement largement dominée par l'agriculture. Si les terres cultivées n'ont laissé à la jungle que les montagnes du sud-est de la province, Ko Lipe, Ko Bulon Leh et les îles du parc national maritime de Tarutao sont de véritables aimants pour les touristes en quête de plages paradisiaques.

MODE D'EMPLOI

accès

EN VOITURE

À 100km au sud-ouest de Hat Yai et 140km au sud de Trang. Le poste frontière entre la Thaïlande et la Malaisie le plus proche de Satun se trouve à 38km au nord-est, au niveau du parc national de Thale Ban.

EN AVION

Les aéroports les plus proches sont ceux de Trang (p.517) et de Hat Yai (p.375).

EN CAR

Gare routière de Satun La gare routière étant située à l'extrémité sud de la ville et toutes les lignes de bus passant obligatoirement par le centre, le chauffeur du car ou du minibus pourra vous y déposer au passage. Elle bénéficie de liaisons directes avec la gare routière sud de Bangkok (4 départs/j. dans chaque sens, 14h de trajet, 800-1 200B AS). Liaisons fréquentes en car et en minibus avec Hat Yai entre 6h30 et 19h30 (2h, 80B) et Trang entre 6h et 18h (2-3h, 90-110B). Des cars relient quotidiennement Satun à Krabi et Phuket (départ à 9h, 16h et 20h, durée 4h et 7h, 250B et 380B). Pour vous rendre à Pak Bara (embarcadère pour Ko Lipe et les îles du parc national de Tarutao), prenez un bus ou un minibus à destination de La Ngu (entre 5h et 9h si vous ne voulez pas manquer le dernier bateau pour Ko Tarutao, 45min, 60B) puis un *songteo* ou une moto-taxi jusqu'au port (20min, 20-80B). Vous pouvez également réserver par l'entremise de votre hôtel un minibus de Satun à Pak Bara (1h, 200B). *By Pass Rd (2km au sud du centre-ville)*

EN BATEAU

Pour les bateaux à destination de Ko Lipe et des îles du parc national de Tarutao, voir Pak Bara (p.538).

Langkawi Ferry Deux ou trois ferrys de cette compagnie relient quotidiennement le port de Tammalang à l'île malaisienne de Langkawi (départs assurés à 9h30 et 16h30, 1h15 de traversée, 300B AS, pas de réservation possible). Les retours se font à 9h et 17h. Prenez garde au décalage d'une heure entre les deux pays. Notez qu'il n'y a plus de liaison maritime entre Tammalang et Kuala Perlis, mais vous pourrez gagner cette ville de la côte ouest malaisienne en ferry de Langkawi (départs fréquents entre 7h et 19h, 1h15 de traversée, 18RM), ou par voie terrestre de Satun. *Tammalang Pier Sulakanukoon Rd (10km au sud de Satun) Tél. 604-966 9439*

orientation

La ville s'étend sur environ 3km du nord au sud le long de Satun Thani Road.

se déplacer

Le centre se parcourt aisément à pied. Les nombreux motos-taxis facturent 20 à 40B le trajet en ville. Des *songteo* partent du centre (Sulakanukoon Rd) à destination de Tammalang Pier (environ 1h avant l'appareillage des ferrys, 40B).

informations touristiques

En l'absence d'un office de tourisme, adressez-vous à @ On's The Kitchen & Guesthouse (p.536), pension qui dispense de bons conseils sur la région et propose ses services d'agence de voyages.

http://en.inlovesatuntrang.com Un site en anglais qui n'est pas régulièrement mis à jour, mais qui fournit tout de même d'intéressantes informations sur la région.

informations pratiques

Les principales banques nationales ont des succursales dans le centre, sur Buriwanich Road.

Satun General Hospital Grand hôpital public, bien équipé et offrant de bons services. *Hatthakum Suksa Rd Tél. 074 723 500*

Police *Satun Thani Rd (angle Yatra Sawad Rd) Tél. 074 732 502 ou 1155*

Immigration Office Vous pouvez y proroger votre visa touristique (1 900B pour 30 j.), ou choisir de faire un aller-retour en Malaisie en bateau ou en voiture (voir ci-dessus), et ainsi obtenir un nouveau visa de 15 j. (gratuit) aux postes-frontières de Tammalang Pier ou de Thale Ban. *Buriwanich Rd (angle Satun Thani Rd) Tél. 074 711 080 ou 074 722 191 Ouvert lun.-ven. 8h30-16h30*

Poste *Samanta Pradit Rd (angle Satun Thani Rd) Ouvert lun.-ven. 8h30-16h30, sam. 9h-12h*

fêtes et manifestations

International Kite Festival Le ciel se colore de milliers de cerfs-volants lors de ce grand rassemblement auquel participent des ressortissants d'une dizaine de pays. Concours des plus beaux et des plus extravagants cerfs-volants, du vol le plus haut, le plus bruyant… Et au niveau du sol : ateliers de construction de cerfs-volants, animations culturelles et stands culinaires. *Aéroport de Satun (6km au nord du centre)* ***Satun*** *Un week-end, en février ou en mars Rens. au TAT de Trang (Tél. 075 215 867)*

DÉCOUVRIR

☆**Les essentiels** Satun National Museum **Découvrir autrement** Flânez dans les marchés, goûtez aux spécialités locales

Satun

Buriwanich Road La grande artère commerçante du centre-ville tranche par son caractère sur l'architecture d'ensemble de Satun. Ses demeures de style sino-portugais – cf. L'architecture sino-coloniale (p.429) –, qui remonteraient au XIXe siècle, abritent sous leurs arcades des restaurants et des boutiques, dont certaines ont conservé le charme désuet du temps où le commerce des nids d'hirondelles et du poivre noir faisait la prospérité de Satun. Au nord de cette rue se profilent les deux dômes dorés de la blanche **Masjid Mambang Satul** (1979). Cette mosquée de style moderne est l'une des plus grandes de Thaïlande.

☆ **Satun National Museum - Kuden Mansion** La demeure de style colonial vaut à elle seule la visite. Construite au début du XXe siècle pour accueillir Rama V, en voyage officiel dans le Sud, elle n'eut jamais l'honneur de recevoir le souverain, mais elle devint la résidence du gouverneur Phraya Phuminatphakdi, servit de QG à des troupes d'occupation japonaises pendant la Seconde Guerre mondiale, puis de mairie. Une restauration menée de 1997 à 2000 à rendu tout son lustre à ce bâtiment en brique meublé d'antiquités. Le musée présente d'une façon vivante (dioramas, films et belle collection d'objets anciens) l'histoire de la région et le mode de vie des populations de la province, apportant un intéressant éclairage sur la culture musulmane. *Soi 5, Satun Thani Rd Tél. 074 723 140 Ouvert mer.-dim. 9h-16h*

Khao To Phaya Wang Public Park Cet agréable jardin public a reçu la dénomination évocatrice de *Monkey Mountain*. Il s'ordonne autour d'une petite éminence boisée, bloc de calcaire haut d'une cinquantaine de mètres, aux flancs abrupts et creusés de grottes. Un escalier aménagé près d'une cascade artificielle permet d'en atteindre le sommet et une route en fait le tour, longeant à l'ouest un paisible cours d'eau. La colonie de singes qui s'est approprié le site n'hésite pas à quémander de la nourriture, rendant périlleuse toute idée de pique-nique sous l'un de ses kiosques, mais la promenade sous les grands arbres du parc est rafraîchissante. *Kruaprawes Rd (2km au nord-ouest du centre-ville)*

● Où boire un verre en compagnie d'autres voyageurs ?

@ On's Living Room À deux portes de @ On's The Kitchen & Guesthouse (p.536), ce bar-restaurant affiche le même menu dans une ambiance plus cosy. C'est l'endroit idéal où déguster un café, une bière fraîche, en terrasse ou en salle, entouré de livres de voyages et de photos des environs. Guère étonnant, donc, que les touristes de passage en fassent leur QG. Wifi gratuit. *48 Buriwanich Rd* ***Satun*** *Ouvert tlj. 8h-0h*

CARNET D'ADRESSES

Restauration, hébergement

Satun compte plusieurs **marchés de nuit** : tous les soirs, des stands culinaires s'installent sur Satun Thani Road (juste au nord de l'intersection avec Buriwanich Rd), mais le plus important se tient le samedi sur Buriwanich Rd, quand aux cantines ambulantes s'ajoutent des vendeurs de vêtements et de bibelots. Une délicieuse spécialité régionale à ne pas manquer : les *roti*, galettes à la mode indienne préparées par la communauté musulmane, servies principalement au petit déjeuner avec un *daal* (curry de lentilles) ou un œuf frit, et les *satay*, brochettes de viande à la mode malaisienne. Vous en trouverez sur les marchés et dans les petites échoppes de Buriwanich Road (50B).

très petits prix

Satun Municipal Market Le grand marché de produits frais s'est transporté à 500m au sud du centre-ville, sur Pracha Uthit Rd, à l'angle de Sathityutitham Rd, en attendant la rénovation de ses locaux, qui doit prendre fin courant 2016. C'est un excellent endroit, aussi coloré que vivant, où prendre le pouls de la ville. À visiter le ventre vide pour savourer mets indo-malais (*roti, pakora, biryani*, nasi kerabu) et thaïs (soupes, café et beignets pour le petit déj.). Comptez de 30 à 50B le plat. *Samanta Pradit Rd (400m à l'ouest de l'intersection avec Buriwanich Rd)* ***Satun*** *Ouvert tlj. 6h-14h*

petits prix

☺ @ **On's The Kitchen & Guesthouse** Un lieu incontournable pour les voyageurs de passage à Satun. On, la charmante propriétaire, ne tarit pas de bons conseils sur les environs, et sa grande demeure de style colonial est aussi accueillante qu'elle. Au rez-de-chaussée, un restaurant dont la salle est quelconque, mais la terrasse agréable, propose de bons mets thaïs ainsi que des pizzas, sandwichs et steaks. Comptez 150-400B le repas. Les deux étages accueillent un dortoir de 6 lits (250B/pers.) et 6 chambres simplement aménagées mais d'une propreté irréprochable, dont les plus grandes donnent sur la rue (ventilateur 400B, clim. 650B). Les salles de bains sont communes (attention le carrelage est très glissant). Une bonne adresse, centrale et conviviale. *36 Buriwanich Rd* ***Satun*** *Tél. 074 724 133 ou 081 097 9783 Ouvert toute l'année Restaurant ouvert tlj. 8h-21h*

prix moyens

Nong Nee Restaurant Poisson et fruits de mer sont la spécialité de ce restaurant populaire. Le décor se résume à des chaises en plastique et à des tables en fer-blanc installées sur une grande terrasse couverte d'un toit de tôle. La cuisine est nettement plus colorée et intéressante : omelette aux huîtres, bar (*sea bass*) au basilic, crabe au curry jaune, cassolette de fruits de mer au lait de coco font partie des mets qui ont fait la réputation de l'établissement. Comptez de 300 à 500B le repas. *3/3 Sathityutitham Rd (100m au sud de Samanta Pradit Rd)* ***Satun*** *Tél. 081 647 1249 Ouvert tlj. 11h-21h30*

Sinkiat Buri Hotel Cet hôtel inauguré en 2013 est le plus chic de la ville – à ne pas confondre avec son voisin décrépit, le Sinkiat Thani Hotel. Ses 72 chambres fonctionnelles mais sans grand charme ont été conçues pour satisfaire une clientèle d'affaires. Elles sont sobres, claires et confortables (clim., belle sdb, TV à

GAMME DE PRIX	RESTAURATION	HÉBERGEMENT
Très petits prix	moins de 100B	moins de 500B
Petits prix	de 100 à 300B	de 500 à 1 000B
Prix moyens	de 300 à 500B	de 1 000 à 2 200B
Prix élevés	de 500 à 1 000B	de 2 200 à 4 000B
Prix très élevés	plus de 1 000B	plus de 4 000B

écran plat, minibar, wifi), et celles des étages supérieurs offrent de belles vues sur la ville. Service professionnel, mais principalement en thaï. Double 1 200B et suite 2 600B, petit déj. 200B. *20 Aphinuratrumluk Rd (dans le centre, une rue à l'ouest de Buriwanich Rd)* ***Satun*** *Tél. 074 721 055 ext. 1 www.sinkiathotel.com Ouvert toute l'année*

☺ **The Gleam Resort** Ce charmant petit complexe est un havre de paix et de verdure non loin du centre-ville. Dispersés dans un beau jardin agrémenté d'une piscine d'eau de mer, les 10 jolis bungalows, offrent tout le confort moderne (clim., TV, wifi, bonne literie, cafetière) et un cadre apaisant avec leur sobre mobilier en teck et leurs murs enduits à la chaux rehaussés de tableaux colorés. L'accueil chaleureux et les services (vélos à disposition, réservation d'hôtels et billets de transport, petit restaurant) incitent à prolonger le séjour à Satun. Double de 1 400 à 1 600B, petit déj. inclus. *61 Sathityutitham Rd (1km au sud du centre-ville)* ***Satun*** *Tél. 081 899 8565 www.thegleamboutiqueresort.com Ouvert toute l'année*

☆ TARUTAO NATIONAL MARINE PARK

Le parc national maritime de Tarutao protège depuis 1974 les deux archipels de Tarutao et d'Andang-Rawi, à la frontière avec la Malaisie, et leurs fonds marins d'une richesse exceptionnelle. L'éloignement des grands centres touristiques et les difficultés d'accès ont longtemps préservé ce domaine marin de 1 490km² et ses 51 îles luxuriantes d'une trop grande affluence. Mais la situation est en passe de changer avec le boom touristique que connaît depuis 2010 la petite Ko Lipe, la seule île des deux archipels qui échappe à la juridiction du parc et donc à l'interdiction de toute exploitation commerciale. La plupart de ses sœurs ont heureusement conservé le caractère primitif qui leur a valu leur nom, dérivé du malais *pulau tertua*, "île mystérieuse".

UN ANCIEN BAGNE Ko Tarutao, la plus grande île du parc, accueillit en 1938 une colonie pénitentiaire, les crocodiles et les requins qui infestaient ses eaux décourageant toute velléité d'évasion. En 1941, 3 000 prisonniers, pour la plupart des opposants politiques, s'entassaient dans les camps de Taloh Wow et de Thalo Udang. C'est à ces bagnards que l'on doit les routes qui traversent aujourd'hui l'île. Au paludisme et aux mauvais traitements, qui emportèrent un tiers des détenus, s'ajouta bientôt la famine, due aux difficultés d'approvisionnement liées à la guerre. Aussi les survivants, gardiens et prisonniers confondus, se lancèrent-ils dans la piraterie sous la conduite d'un planteur américain ruiné par le conflit. Les pirates coulèrent ainsi quelque 130 navires, massacrant la plupart du temps leur équipage. C'est l'armée britannique qui mit fin aux exactions de cette bande armée en 1946. Le bagne ferma deux ans plus tard, et des pêcheurs et des agriculteurs s'installèrent alors sur l'île. Ils étaient près d'un millier quand le gouvernement thaïlandais décida d'établir le parc, en 1973. Seules y vivent encore une vingtaine de familles.

MODE D'EMPLOI

accès

Principal port de liaison avec le parc national, Pak Bara est situé à 55km au nord-ouest de Satun, à 122km à l'ouest de Hat Yai, à 108km au sud de Trang et à 230km au sud de Krabi.

EN AVION

Les aéroports les plus proches sont ceux de Trang (p.517) et de Hat Yai (p.375).

Nok Air La compagnie propose des billets incluant le vol Bangkok (Don Muang)-Hat Yai, le transport en minibus jusqu'au port de Pak Bara et la traversée en ferry jusqu'à Ko Lipe. Comptez 1 800-2 500B AS et 6-7h de transport. *www.nokair.com*

Air Asia Cette compagnie propose également des billets combinant le vol Bangkok (Don Muang)-Hat Yai, le transport en minibus jusqu'au port de Pak Bara et la traversée en ferry jusqu'à Ko Lipe. Comptez 1 700-2 500B AS. *www.airasia.com*

EN CAR, EN MINIBUS

Gare routière de Pak Bara De l'esplanade du port, cars et minibus assurent des liaisons directes avec Hat Yai (départ toutes les heures de 7h à 18h30, 2h de trajet, 120-150B AS) et Trang (toutes les heures de 8h à 17h, 2h de route, 100-150B). Pour Satun, cf. Gare routière de Satun (p.533). Les nombreuses agences de voyages établies sur la place et le long de la rue principale vendent des billets de transport vers toutes les destinations du pays.

EN BATEAU

À Pak Bara, vous devrez acheter votre billet de transport maritime à l'une des agences de voyages installées près du port. Vous pourrez effectuer la traversée en ferry (lent mais confortable) ou en *speedboat* (hors-bord, mais déconseillé aux personnes fragiles du dos). Vérifiez bien les horaires d'appareillage et présentez-vous au moins 1h avant pour embarquer.

Pour Ko Tarutao et Ko Lipe De fin octobre à fin mai, des bateaux relient tous les jours Pak Bara à Ko Lipe (1h30-2h de traversée, 650B AS) en transitant parfois par Ko Tarutao (450B AS à partir de Pak Bara comme de Ko Lipe). Ils quittent en principe Pak Bara à 9h30, 11h (via Ko Tarutao), 11h30 (ferry), 14h30, et 15h30. Dans l'autre sens, départ de Ko Lipe à 9h (via Ko Tarutao), 9h30 (ferry) et 13h30. Une autre liaison en *speedboat* est assurée de Pak Bara à Ko Tarutao : départ à 11h30, retour à 14h. Hors saison, seul navigue le ferry, qui ne dessert pas Ko Tarutao. L'arrivée à Ko Lipe est chaotique. Faute d'un port, les bateaux s'amarrent à une barge ancrée à une centaine de mètres du rivage de Pattaya Beach, d'où des *long-tail boats* assurent la liaison avec les différentes plages de Lipe au tarif fixe de 70B/pers. (dont 20B de droit d'accès à l'île). Il faut acheter son billet sur la barge puis trouver le bon bateau-taxi, ce qui n'est pas évident au milieu de la cohue, surtout en haute saison.

Bundhaya Speedboat Cette compagnie dont les navires circulent entre Pak Bara et Ko Lipe relie également cette dernière à **Langkawi,** en Malaisie, de mi-oct. à mi-mai (1 ou 2 ferry/j., 1h30 de traversée, 1 000B AS) et à **Ko Lanta** (via **Ko Bulon Leh, Ko Muk et Ko Ngai**) de mi-nov. à fin mars (les *speedboats* quittent Pattaya Beach, à Ko Lipe, à 9h et Saladan Pier, à Ko Lanta, à 10h30 ; la traversée dure 3h et coûte 600-1 900B AS). Réservation au plus tard la veille et enregistrement 45min avant l'appareillage. *Pak Bara Pier Tél. 074 783 111 ou 083 653 8797 www.bundhayaspeedboat.com*

Satun Pakbara Speed Boat Club La compagnie assure elle aussi une liaison entre Ko Lipe et **Ko Lanta** (via **Ko Bulon Leh, Ko Kradan, Ko Muk, Ko Ngai**) de fin oct. à fin mars (les *speedboats* quittent Pattaya Beach, à Ko Lipe, à 9h et Saladan Pier, à Ko Lanta, à 11 ; la traversée dure 3h30 et coûte 600-1 900B AS). *Pak Bara Pier Tél. 074 783 643 ou 082 433 0114 www.tarutaolipeisland.com*

Adang Sea Tour Cette agence de voyages possède sa propre flotte de liaison entre Pak bara et Ko Lipe. Elle peut, comme les autres agences, émettre des billets de transport maritime et terrestre pour tout le pays. *Pak Bara Pier Tél. 074 783 338*

Pour Ko Bulon Leh De Pak Bara, 1 départ/j. à 12h30, retour à 9h30 (30min-1h, AS 450B). Les *speedboats* qui effectuent la liaison entre Ko Lipe et Ko Lanta desservent Ko Bulon Leh à l'aller comme au retour (de Ko Lipe à Ko Bulon Leh, 450B AS, réservation la veille). Les bateaux ne pouvant pas accoster sur l'île, des *long-tail boats* assurent le transbordement de leurs passagers (50B/pers.).

orientation

Le parc protège deux archipels : Tarutao et, à une quarantaine de kilomètres à l'ouest, Adang-Rawi, qui regroupe la plupart des îles, dont Ko Lipe. **Ko Tarutao** est une grande île montagneuse, qui culmine à 708m et s'étend sur 26,5km du nord au sud et 11km d'est en ouest. Seules quelques pistes carrossables et sentiers la traversent. Les bateaux accostent à Ao Pante Maraka, dans le nord-ouest de l'île, où se trouvent le QG et la majeure partie des infrastructures d'hébergement du parc national. **Ko Lipe**, croissant de 3km de long, compte quelques routes praticables à scooter. Une agréable voie semi-piétonne appelée *Walking Street* relie ses deux plages principales, Sunrise et Pattaya, au large de laquelle flotte la barge de transbordement.

informations touristiques

Tarutao National Park Visitor Center Un centre d'accueil où vous pourrez réserver votre hébergement et obtenir quelques informations est installé sur le port de Pak Bara. Le QG du parc se trouve à Ko Tarutao, et il possède une antenne à Ko Adang. *Tél. 074 783 485 ou 074 783 597 tarutaosatun.go@hotmail.com www.dnp.go.th Ouvert début oct.-fin mai : tlj. 8h-17h*

droit d'accès

Le droit d'accès au parc, valable 5 jours consécutifs, se monte à 200B. Les personnes qui séjournent à Ko Lipe en sont exemptées, sauf si elles effectuent une croisière autour de l'île.

meilleure saison

Elle court de fin novembre à avril. Le parc est fermé à la saison des pluies, généralement de mi-mai à début octobre, mais certains établissements de Ko Lipe restent ouverts toute l'année.

informations pratiques

La plupart des infrastructures d'accueil du parc n'acceptent pas les paiements par carte bancaire. N'attendez pas d'arriver à Pak Bara pour retirer de l'argent. Prenez vos précautions à Satun ou La Ngu. Les distributeurs de Ko Lipe devraient vous permettre de subvenir à vos dépenses sur place.

Siam International Clinic Ko Lipe est la seule île de l'archipel qui compte un petit hôpital, une pharmacie et cette clinique privée avec personnel anglophone, qui peut soigner les petites urgences. Tout problème grave nécessite un rapatriement sur le continent. *Walking Street* **Ko Lipe** *Tél. 074 750 771 www.siaminterclinic.com*

Police touristique *À l'extrémité est de Pattaya Beach* **Ko Lipe** *Tél. 1155*

fêtes et manifestations

Boat Floating Ceremony La communauté *Chao Ley* de Ko Lipe se réunit trois jours durant, avant la pleine lune des 6e et 11e mois lunaires, pour construire une maquette de bateau et prédire l'avenir. À la fin des festivités (chants et danses traditionnels), le bateau rempli d'offrande est mis à l'eau. S'il ne revient pas au rivage, la prospérité est assurée. *Hat Chao Le* ***Ko Lipe***

DÉCOUVRIR

☆ **Les essentiels** Ko Tarutao, Ko Adang, Ko Bulon Leh **Découvrir autrement** Séjournez à Ko Tarutao, faites le tour de Ko Bulon Leh en kayak

Tarutao National Marine Park

Pak Bara Principal embarcadère pour le parc national maritime de Tarutao, le port de Pak Bara n'a rien pour retenir les touristes plus que de nécessaire. On y trouve cependant des hôtels, restaurants, distributeurs de billets, agences de voyages et épiceries où compléter ses préparatifs avant de prendre la mer.

★ **Ko Tarutao** Hérissée de crêtes karstiques couvertes de jungle et culminant à 708m, la plus grande île du parc (152km²) reste l'une des plus sauvages du pays. Relativement peu visitée – en semaine, on y recense une quarantaine de touristes en moyenne –, Ko Tarutao est un petit paradis, même si la gestion des déchets n'y est pas toujours optimale. Compte tenu des horaires des bateaux, vous devrez y passer au moins une nuit, mais nous vous conseillons de prolonger votre séjour si vous voulez profiter pleinement de ses trésors naturels. Le débarcadère et le QG du parc s'abritent dans la baie de **Pante Malaka**, au nord-ouest de l'île. Outre des infrastructures d'accueil (bungalows, restaurant, épicerie) et un petit musée (gratuit) présentant l'histoire et les ressources naturelles de l'île, vous pourrez profiter de sa longue plage de sable fin frangée de filaos. De là, un petit sentier grimpe à flanc de falaise jusqu'au belvédère de **Pha To Bu** (20min AS, prévoyez de bonnes chaussures) et ses sublimes vues sur Ko Tarutao et ses voisines. De l'embarcadère, il est possible de remonter en *long-tail boat* ou en kayak le fleuve côtier bordé de mangrove jusqu'à **Crocodile Cave** (Tham Jarakhe), une grotte profonde de 300m et truffée d'impressionnantes concrétions calcaires, qui hébergeait jadis de grands crocodiles de mer. C'est sur la côte ouest que s'étendent les plus belles plages : le joli croissant d'**Ao Molae**, à 4km au sud de Pante Malaka, et 4km plus loin, le ruban de sable fin d'**Ao Son**, long de 3km et souvent désert, où viennent pondre les tortues de mer. De ce littoral, des sentiers forestiers mènent aux petites cascades de **Lu Du** (2h AR) et de **Lo Po** (3h AR). Sur la côte est subsistent les vestiges de la colonie pénitentiaire : le camp d'**Ao Thalo Wow**, qui fait l'objet d'un parcours d'interprétation (12km au sud-est de Pante Malaka), et les quelques ruines d'**Ao Thalo Udang** (12km plus loin, à la pointe sud-est de l'île, près d'une belle plage). *À 22km au sud-ouest de Pak Bara et 40km à l'est de Ko Lipe (cf. Accès)*

Se déplacer On peut louer des vélos dans les campements de Pante Malaka et d'Ao Molae (250B/j.) et, au QG du parc, une voiture avec chauffeur pour se rendre à Ao Son ou à Ao Thalo Wow (600BAR), ou un kayak (200B/h ou 500B/j.). Comptez 3 500B la location d'un *long-tail boat* (capacité max. de 6 pers.) pour faire le tour de l'île en une journée, 1 500B pour le trajet AR d'Ao Thalo Wow à Ao Thalo Udang, et 800B pour la visite de Crocodile Cave.

☆ **Ko Adang** La plus grande île de l'archipel d'Adang-Kawi (30km²) est ancrée à faible distance de Ko Lipe. Aussi montagneuse (690m) que verdoyante et ourlée de plusieurs plages de carte postale, elle doit son nom aux crevettes (*udang* en malais) qui pullulaient jadis dans ses eaux. Dans les années 1940, les pirates de Tarutao venaient y cacher leur butin et guetter les navires de commerce des hauteurs de **Pha Chado**. Un sentier facile qui grimpe à travers une forêt de bambous relie ce point de vue au centre d'accueil de **Laem Son** (40min AS) et à sa plage, hélas régulièrement jonchée de déchets en provenance de Ko Lipe. Autour de ce dernier, sur la côte sud-est, se concentrent les services (hébergement, restaurant), tandis que sur la côte nord-est est installé un hameau de pêcheurs Urak Lawoi. L'île recèle deux cascades. **Pirate Falls**, où l'on peut se tremper dans des piscines naturelles, est la plus impressionnante ; elle se cache dans la jungle à 2km au nord-ouest du centre d'accueil (20min AS). **Ratana Falls**, dont le flot se tarit à la fin de la saison sèche, est plus facilement accessible en *long-tail boat* (AR 200B/pers.). Mais ce sont les fonds marins de l'île qui recèlent ses plus beaux trésors. Les récifs coralliens, hélas souvent dégradés, n'en abritent pas moins une faune aussi abondante que colorée, pour le bonheur des plongeurs, cf. Explorer les fonds marins (p.543). *À 1,5km au nord de Ko Lipe* **Accès** *En long-tail de Ko Lipe (100B/pers.), débarquement près du centre d'accueil. Comptez 1 500B/bateau de 4-6 pers. pour 1 j. de croisière autour de l'île (hors droit d'entrée au parc national)*

Ko Rawi Jumelle de Ko Adang, tant par la taille que par le relief accidenté, Ko Rawi peut s'enorgueillir de posséder les plus belles plages du parc national. Leur sable ivoire léché par une eau limpide et leurs fonds éblouissants attirent des foules en provenance de Ko Lipe. Mais les (trop) nombreux *long-tail boats* se contentent généralement de déposer leurs passagers sur la côte sud de l'île, à l'heure du déjeuner, laissant désertes les petites baies de la côte nord. Du principal poste de *rangers*, installé sur la belle plage de **Hat Sai**

Khao, au sud-est de l'île (petit restaurant, terrain de camping rudimentaire, location de kayaks), plusieurs sentiers balisés permettent de s'aventurer dans la jungle. *À 1km à l'ouest de Ko Adang* **Accès** *En long-tail de Ko Lipe ou de Ko Adang (100-200B/pers. ou 1 000-1 500B/bateau).*

Ko Lipe Bien que située dans la zone protégée par le parc national, l'île "Papier" échappe à sa juridiction. Une situation nébuleuse qui explique qu'elle compte aujourd'hui 700 résidents permanents et une cinquantaine d'hôtels de toutes catégories, qui accueillent plusieurs dizaines de milliers de touristes par an, alors qu'elle n'était connue que de quelques baroudeurs occidentaux dans les années 1990. Le boom de la construction, l'affluence des bateaux et des touristes ne sont évidemment pas sans conséquences sur l'environnement : disparition d'une grande partie de la forêt, pénurie d'eau, accumulation des ordures, d'autant plus que cette île relativement plate ne mesure que 3km d'est en ouest, sur 2km du nord au sud. Plusieurs initiatives, dont le ramassage des déchets par des bénévoles (http://trashhero.org/koh-lipe), s'efforcent désormais de "sauver Lipe". Cette île en forme de croissant conserve néanmoins un caractère certain. Sur ses deux plages principales, **Pattaya Beach** au sud et **Sunrise Beach** à l'est, sable blanc, palmiers et filaos sont au rendez-vous… tout comme des dizaines de *long-tail boats*, qui rendent souvent la baignade périlleuse. Plus tranquille et plus petite, **Sunset Beach** (au nord) fait face à Ko Adang. Au cœur de l'île sont regroupées les modestes demeures de la communauté Urak Lawoi, nomades de la mer sédentarisés à Ko Lipe depuis le début du XXe siècle. La pointe ouest de l'île est le seul secteur qui n'ait pas encore subi les ravages du tourisme de masse. Un sentier à travers la forêt, à l'ouest de Bila Beach, permet de dénicher de petites criques désertes. Le soir venu, des bars et de bons restaurants

La faune terrestre du parc national de Tarutao

La faune terrestre du parc compte quelques vertébrés, dont les cochons sauvages, les macaques crabiers et les semnopithèques obscurs constituent la population la plus nombreuse. Elle comprend également des loutres, des civettes, des chats viverrins, des varans et des serpents (pythons, cobras, vipères…). Un isolement prolongé vaut à ces îles d'abriter des variétés endémiques de rongeurs (essentiellement des écureuils mais aussi des galégopithèques) et de ruminants, comme le petit kanchil de Java (*Tragulus kanchili*). On a recensé dans le parc une centaine d'oiseaux résidents ou de passage : aigrettes, hérons, aigles pêcheurs, frégates, calaos… L'îlot de Rang Nok, à quelques encablures de Tarutao, abrite une colonie de salanganes, ces petits migrateurs aux nids comestibles, cf. Nids de prix (p.303). Trois variétés de tortues marines vont pondre sur les plages du parc entre septembre et avril. En revanche, les crocodiles marins qui hantaient jadis les grottes et la mangrove de certaines îles ne sont plus qu'un souvenir.

valent à Pattaya Beach et à sa **Walking Street** (longue rue commerçante) une joyeuse animation, sans que l'île se transforme pour autant en une boîte de nuit géante : le retour au calme est de rigueur à minuit. Bref, on l'aura compris, Ko Lipe est tristement victime de son succès, mais elle offre un point d'ancrage confortable à qui veut découvrir l'ouest du parc national. Les touristes écoresponsables auront à cœur de ne pas aggraver la situation. *À 40km à l'ouest de Ko Tarutao et 1km au sud de Ko Adang* ***Accès*** *en bateau de Pak Bara, Ko Tarutao, Ko Bulon Leh, Ko Lanta et Langkawi (Malaisie)*
Se déplacer Des motos-taxis (ici une sorte de side-car surélevé, avec banquettes au niveau du pilote : 50-200B pour 2 pers.) encombrent les minuscules routes de l'île. Par respect pour l'environnement, privilégiez la marche ! Vous pourrez plus facilement négocier le prix d'un *long-tail boat* sur les plages les moins fréquentées (comptez 50-100B/pers. pour vous rendre d'une plage de l'île à l'autre, et 1 500B/bateau d'une capacité de 4-6 pers. pour une journée de croisière et de *snorkeling*.(p.538).

● Où oublier la foule ?

☺ **Bila Beach** Installez-vous sur un transat, sous les palmiers, et détendez-vous sur de cette adorable crique tapissée de sable blanc, le temps d'un cocktail (200B) ou tout un après-midi. Le cuisinier prépare à la demande - et à son rythme - de bons petits plats thaïs (200-300B), à déguster dans la cahute en bambou du restaurant ou les pieds dans le sable. Si l'endroit conserve tout le charme du Ko Lipe d'antan, les bungalows ne sont, en revanche, pas à la hauteur du prix affiché. *Bila Beach (300m à l'ouest de Sunset Beach)* ***Ko Lipe*** *Tél. 080 543 1466 ou 087 570 3684 www.bilabeachresort.com Ouvert tlj. 8h30-23h*

● Explorer les fonds marins La faune marine du parc est particulièrement riche, et si une partie de ses récifs coralliens ont souffert du réchauffement climatique, de la pêche à l'explosif et autres atteintes de l'homme, ceux-ci se régénèrent peu à peu. Si seuls les plongeurs avec bouteilles ont des chances d'approcher les espèces les plus impressionnantes - requin-baleine, requin-léopard, rorqual, grand cachalot, raie manta, etc. -, il suffit d'un simple masque pour observer quantité de poissons récifaux, d'autant que le parc en abriterait plus de 90 variétés. La visibilité varie beaucoup en fonction des courants et des phases de la lune (renseignez-vous dans un centre de plongée). Les croisières qui vous conduiront sur les spots de *snorkeling* et de plongée vous permettront d'apprécier le paysage et de saluer des dauphins et, avec un peu de chance, des dugongs. Rappelez-vous que la pêche est interdite dans le parc et refusez toute offre allant à l'encontre de cette directive. ***Snorkeling*** Tous les hôtels de Ko Lipe louent le matériel nécessaire (100-200B/j.), de même que les rangers du parc à Ko Tarutao et Ko Adang (100B/j.), mais celui-ci est souvent de piètre qualité. Il peut être fourni gratuitement si vous effectuez une croisière en *long-tail*, mais vérifiez bien son état. La plupart des sites ne sont accessibles qu'en bateau (comptez 1500B/j. pour 4-6 pers.). Les centres de plongée proposent aussi des croisières de *snorkeling* à la journée (comptez 600B/pers.). Les meilleurs spots se trouvent dans l'archipel d'Adang-Rawi, autour de Ko Adang (côte ouest), Ko Rawi (côte sud), Ko Yang (entre Ko Rawi et Ko Adang) et Ko Hin Ngam (au sud de Ko Yang). À Ko Tarutao, le seul spot intéressant est celui d'Ao Rusi (au nord-est de l'île). **Plongée** Des sites magnifiques et impressionnants attendent les plongeurs, débutants comme expérimentés. On peut citer 8 Mile Rock (massif rocheux sous-marin situé à 8 miles au sud de Ko Lipe où des requins-baleines croisent parfois, profondeur 16-45m), Ko Yang East (beau corail dur et mou, habité par des myriades de poissons multicolores, profondeur max. 24m), Ko Sarang (magnifique tombant, profondeur max. 30m).

Forra Dive Cette entreprise francophone bien implantée à Ko Lipe, avec 3 centres ouverts toute l'année, anime des stages d'initiation à la plongée (1 j. de découverte 2 500B, formation 4 j. PADI *Open Water* 13 500B pour 4 pers. max.) et des sorties à l'intention des plongeurs certifiés (1 500B, équipement inclus). Elle propose un hébergement en bungalow rustique (eau froide, ventilateur, 1 000-1 200B, réservé en priorité aux stagiaires, qui bénéficient de réductions). Forra Drive organise également des croisières de plongée de 2 à 6 j. sur les meilleurs spots de la côte d'Andaman, à bord d'un beau bateau de 27m, avec possibilité de se faire déposer à Ko Phi Phi ou Phuket (16 000-28 000B, 1 500B/j. pour ceux qu ne plongent pas). *Sunrise Beach* ***Ko Lipe*** *Tél. 080 545 5012 ou 084 407 5691 www.forradiving.com*

Adang Sea Divers La sympathique équipe d'encadrement de ce petit centre de plongée propose les mêmes services (1 j. de découverte 2 500B, formation 4 j. PADI *Open Water* 13 500B par groupes de 4 pers. max.) et des spécialisations pour les plongeurs certifiés (photographie sous-marine, étude de la faune...). Hébergement en chambres simples, mais propres (eau chaude, ventilateur, 1 500B, gratuit pour les plongeurs hors saison). Elle participe de surcroît régulièrement au nettoyage des récifs. *Sunrise Beach* ***Ko Lipe*** *Tél. 083 100 6450 www.adangseadivers.com*

● **Se promener en kayak** Voici une excellente manière de découvrir les côtes et les petites plages désertes des îles. Attention, cependant, aux courants, qui peuvent être particulièrement forts à certaines périodes (renseignez-vous bien avant de prendre le large). Location (200B/h ou 500B/j.) dans la plupart des hôtels de Ko Lipe, mais aussi au QG du parc, à Ko Tarutao, et sur la plage de Hat Sai Khao, à Ko Rawi.

Les environs de Tarutao National Park

☆ **Ko Bulon Leh** Cette magnifique petite île (2km d'est en ouest sur 1km du nord au sud) fait partie de Mu Ko Phetra National Park. Y résident une centaine de Chao Ley, majoritairement musulmans, qui vivent principalement de la pêche et du caoutchouc tiré des plantations d'hévéas. Les infrastructures touristiques se résument à une douzaine de petits établissements et la communauté insulaire tient à en limiter le développement afin de préserver son mode de vie et son environnement. Une volonté remarquable qui se traduit aussi par la propreté de l'île comme de ses plages. De bucoliques petits sentiers, sur lesquels on croise de gros varans, des calaos festonnés et des nuées de papillons, permettent de découvrir l'île à pied, dont la moitié ouest est le domaine d'une jungle impénétrable. **Pansand Beach**, la splendide plage principale, étale son sable fin sur près de 800m sur la façade nord-est de l'île. Plus au nord, près de l'unique village, les baies de **Panka Noi** et de **Panka Yai** se prêtent également à la baignade, mais leur sable est plus grossier. Sur la côte sud, la pittoresque

Mango Bay abrite de frêles cabanes de pêcheurs. Une destination tranquille et pleine de charme, mais dont la rusticité ne conviendra pas à tout le monde. **Accès** En bateau de Pak Bara, Ko Lipe et Ko Lanta (p.539). À 23km à l'ouest de Pak Bara, 15km au nord de Ko Tarutao.

● **Découvrir Ko Bulon Leh du large** Faire le tour de Ko Bulon Leh en **kayak** (400B/j. ; location au Bulone Resort, à Pansand Beach) ne prend que quelques heures et permet d'explorer les criques de sa côte ouest, la plus sauvage. Moins physique mais tout aussi plaisante, une **croisière** en *long-tail* (comptez 1 500B la 1/2 j., max. 6 pers., réservation à votre hôtel) permet de prendre un peu le large pour admirer de beaux fonds marins. Le meilleur spot de ***snorkeling***, juste au nord de Pansand Beach, est accessible à la nage à marée basse (matériel en location dans les hôtels 100-150B/j.).

CARNET D'ADRESSES

Restauration, hébergement

Le parc national a aménagé des bungalows et /ou campings à Ko Tarutao, Ko Adang et Ko Rawi. Les réservations s'effectuent sur le site Internet du parc (dès 60 jours avant) ou au centre des visiteurs de Pak Bara. Ko Lipe est l'unique île située dans la zone du parc où l'on trouve des hôtels, tous relativement onéreux. De la mi-décembre à la fin février, les prix flambent, ce qui n'empêche pas les établissements d'afficher complet des mois avant. De même, de novembre à mai, mieux vaut réserver sa chambre. Quelle que soit la période, c'est à Ko Tarutao et Ko Adang que vous trouverez le calme et le meilleur rapport qualité-prix.

très petit prix

Ko Rawi Camping Site Un petit restaurant et un terrain de camping d'une trentaine d'emplacements ombragés, équipé de sanitaires rudimentaires, jouxtent le poste de garde de la plage de Hat Sai Khao. Il convient de joindre au préalable le bureau du parc pour s'assurer des places disponibles, mais il n'est pas possible de réserver un emplacement. Camping 30B/pers., location de tente 275B, literie comprise. ***Ko Rawi*** *Tél. 074 783 485 Ouvert mi-nov.-mi-avr.*

petits prix

Phi Phi Bakery Ses effluves de pain chaud et de viennoiseries embaument Walking Street dès l'aube, et il faudra se lever tôt si l'on veut goûter ses brioches à la cannelle ou à la noix de coco (35-50B) avant qu'elles disparaissent de la vitrine. La boulangerie-salon de thé sert aussi des petits déjeuners thaïs et internationaux (40-100B), des plats simples (soupes, currys, pizzas, salades 100-260B), que l'on peut déguster en terrasse, et des sandwichs (95-120B) à emporter à la plage. *Walking Street (à 10m de Pattaya Beach)* ***Ko Lipe*** *Tél. 075 601 017 Ouvert tlj. 7h-22h*

Nee Papaya Ce petit restaurant familial propose une dizaine de salades de papaye verte différentes... et toutes aussi relevées ! Au menu figurent également des currys et des sautés de viande ou de légumes, que l'on peut faire suivre d'un délicieux riz gluant à la mangue. Le service est un peu lent, mais la chaleur de l'accueil et l'authenticité des plats font défaut à bien des adresses de Ko Lipe. Comptez de 150 à 300B le repas. *Walking Street (500m à l'est de Pattaya Beach)* ***Ko Lipe*** *Tél. 087 714 5519 Ouvert tlj. 9h-22h*

Sunrise Beach Restaurant Ce cabanon de plage ouvert au vent du large propose des petits déjeuners thaïs et occidentaux (40-190B) et, du midi au soir, les incontournables locaux (soupes, salade de papaye verte, *pad thai*, currys et poisson) à des prix raisonnables pour une qualité irréprochable. On peut commander un jus de fruits frais ou frappé, voire un cocktail pour patienter, profiter du wifi, du terrain de pétanque, louer un kayak et un équipement de *snorkeling*. Bref, l'endroit idéal où se poser avec la mer en ligne de mire. Comptez de 150 à 500B le repas. *Sunrise Beach* ***Ko Lipe*** *Tél. 083 657 5719 Ouvert tlj. 7h30-21h*

Ko Tarutao Bungalows & Camping Sites Des hébergements propres et spacieux, avec ventilateur et eau froide, ont été aménagés sur deux sites littoraux. Les plus nombreux sont regroupés sur la côte nord de l'île, à **Ao Pante Malaka**, près du QG du parc et d'une petite épicerie : des chambres doubles ou quadruples, en bungalow, en *longhouse* (4 x 4 places), avec de vrais lits ou de simples couchettes, des sanitaires individuels ou collectifs et, pour les plus confortables, une véranda avec table et bancs. Les dortoirs (de 18 lits chacun) pourront éventuellement dépanner. Une dizaine d'autres bungalows doubles, en dur cette fois, s'élèvent dans la belle anse isolée d'**Ao Molae**, sur la côte ouest, à 4km au sud du QG (service de transport à l'arrivée et au départ 50B/pers.). Sur ces deux sites comme à **Ao Son**, toujours sur la côte ouest (à 8km au sud du QG), on peut camper sous les filaos, en bordure de plage, et profiter de sanitaires comme d'un service de restauration (petit déj. 60-120B, repas thaï 150-200B). Notez que les groupes électrogènes ne procurent de l'électricité que de 18h à 7h et qu'il faut impérativement fermer portes et tentes si l'on veut éviter les incursions ravageuses des singes... Dortoir 200B/pers., double de 500 à 800B, bungalow (2-4 pers.) 1 000-1 200B, camping 30B/pers., location de tente 275B literie incluse. Réservation impérative le week-end et les jours fériés thaïs. ***Ko Turatao*** *Tél. 025 620 760 www.dnp.go.th/parkreserve Ouvert début oct.-mi-mai : tlj.*

Ko Adang Bungalows & Camping Site Sur cette île, on trouve à proximité de l'accueil 18 agréables bungalows pour 2 pers. (véranda, sdb avec eau froide, ventilateur, rés. conseillée), des emplacements de camping (en haute saison, mieux vaut vérifier leur disponibilité en appelant le parc) et une buvette proposant les mêmes plats que celles de Ko Tarutao. Double 600B, camping 30B/pers., location de tente 275B literie incluse. ***Ko Adang*** *Tél. 025 620 760 (réservations) ou*

GAMME DE PRIX	RESTAURATION	HÉBERGEMENT
Très petits prix	moins de 100B	moins de 500B
Petits prix	de 100 à 300B	de 500 à 1 000B
Prix moyens	de 300 à 500B	de 1 000 à 2 200B
Prix élevés	de 500 à 1 000B	de 2 200 à 4 000B
Prix très élevés	plus de 1 000B	plus de 4 000B

074 783 485 (information) www.dnp.go.th/parkreserve Ouvert mi-nov.-mi-avr.

prix moyens

☺ **Elephant** L'un des cafés les plus attachants de l'île, avec son mobilier en bois, son toit végétalisé, son *long-tail boat* recyclé en guise de bar... et sa philosophie : ici, pas de wifi, mais des livres et des jeux à profusion. Outre un excellent expresso, l'Elephant propose un menu résolument international, du petit déj. (müesli, œufs au bacon, 120-260B) à minuit (sandwichs, salades, hamburgers, steak) sans oublier le goûter (muffins, biscuits et gâteaux maison, 80-150B). Bon choix de cocktails (140-330B) et concert tous les soirs. Comptez de 250 à 900B le repas. *Walking Street (à 50m de Pattaya Beach)* **Ko Lipe** *Tél. 088 0468 234 www.facebook.com/ElephantKohLipe Ouvert tlj. 8h-1h*

☺ **Jack's Jungle** La plage ne s'étend pas au bout du jardin, mais ce qui pourrait passer pour un inconvénient assure en fait aux pensionnaires une tranquillité qui se fait rare à Ko Lipe. Les 15 bungalows avec terrasse (lit avec moustiquaire, ventilateur, sdb à demi découverte, véranda) sont bien espacés et cernés par la végétation tropicale. Les plus économiques sont entièrement en bambou. Le bar-restaurant, qui occupe un grand *sala*, sert de bonnes spécialités thaïes. Accueil charmant. Double de 1 600 à 2 000B, petit déj. inclus. *À 120m au sud de Sunset Beach et 300m au nord-ouest de Sunrise Beach* **Ko Lipe** *Tél. 089 655 5651 www.jacksjungle.com Ouvert début nov.-début mai*

Lipe Beach Resort Tout au nord de Sunrise Beach, 41 bungalows disséminés dans un calme et beau jardin tropical, de la simple cabane bambou (ventilateur, eau froide : 1 250B) à l'ombre des grands arbres à l'élégant bungalow en teck donnant directement sur la plage (clim., lit à baldaquin *king size*, minibar, terrasse avec hamac : 5 600B petit déj. inclus) en passant par le bungalow familial en dur. Le bar-restaurant est, comme il se doit installé face à la mer (petit déj. à partir de 50B, repas de 200 à 400B). Massages et cours de yoga sur réservation. *Sunrise Beach* **Ko Lipe** *Tél. 080 5431 466 www.lipebeachresort.com Ouvert début sept.-fin juin*

prix élevés

Castaway Resort Bien situé dans une partie relativement calme de Sunrise Beach, ce *resort* respectueux de l'environnement compte une quarantaine de bungalows tout en matériaux naturels, d'une sobre élégance, inspirés de l'architecture traditionnelle du nord ou du sud de la Thaïlande. Nos préférés superposent une chambre double ventilée par la brise marine et prolongée par un romantique balcon sur la mer et une salle de bains au rdc. Les familles profiteront des *houses* de deux chambres, également sur deux niveaux (et peu adaptés aux jeunes enfants), plus éloignées de la plage mais moins onéreuses (3 700B). Les services comprennent un spa, un centre de plongée et un bon restaurant (cuisine thaïe et internationale, 150-500B le repas). Double de 3 500 à 5 500B, petit déj. à partir de 60B. *Sunrise Beach* **Ko Lipe** *Tél. 083 1387 472 http://kohlipe.castaway-resorts.com Ouvert toute l'année*

prix très élevés

Serendipity Ce *resort* de charme a installé des 12 villas et bungalows à flanc de colline, à l'extrémité méridionale de Sunrise Beach. Si les plus luxueux (avec petite piscine privative) jouxtent la plage, une centaine de marches séparent les plus hauts perchés du restaurant. Tous marient harmonieusement architecture traditionnelle thaïe et confort moderne (clim., toit de palme, bois précieux, antiquités, minibar, vaste terrasse...). Double de 7 800 à 11 000, petit déj. inclus. Mais nul besoin d'être pensionnaire pour pouvoir goûter la cuisine fusion du restaurant "On the Rocks", juché sur un rocher au-dessus des flots (400-800B le repas). Spa attenant et sorties en mer sur réservation. *Sunrise Beach* ***Ko Lipe*** *Tél. 088 395 5158 www.serendipityresort-kohlipe.com Ouvert toute l'année*

Ko Bulon Leh

Les hôtels et restaurants de Ko Bulon Leh ne sont ouverts que de début novembre à début mai. À de rares exceptions près, les groupes électrogènes ne fournissent de l'électricité que de 18h à 23h.

prix moyens

Marina Resort Le long du sentier principal, à une centaine de mètres de la plage la plus fréquentée, ces 15 bungalows sur pilotis au haut toit de chaume et aux cloisons en bambou affichent un irrésistible charme rustique. Sobrement aménagés (ventilateur, eau froide, lit *king size* protégé par une moustiquaire), ils disposent tous d'une vaste véranda. Le restaurant, l'une des valeurs sûres de Ko Bulon Leh, sert du poisson et des classiques thaïs toute la journée sur son agréable terrasse (150-300B le repas). Bon accueil. Double 1 300B, petit déj. à partir de 50B. Rés. par téléphone uniquement. ***Ko Bulon Leh*** *Tél. 081 598 2420 ou 085 078 1552 Ouvert début nov.-fin avr.*

Pansand Resort L'une des établissements les plus confortables de Ko Bulon Leh jouit d'un emplacement exceptionnel, à l'extrémité sud de la plage principale. Confortables sans être luxueux (ventilateur, eau froide), ses bungalows de style colonial sont disposés entre la plage et la forêt, dans un vaste jardin bien entretenu. L'élégant restaurant à aire ouverte sur la plage sert une bonne cuisine thaïe et internationale (comptez 250-500B le repas) et dresse le soir ses tables dans le jardin pour les dîners en tête à tête. Double de 1 600 à 2 100B, petit déj. inclus. Un bon rapport qualité-prix. ***Ko Bulon Leh*** *Tél. 081 693 3667 www.pansand-resort.com Ouvert fin oct.-mi-mai*

GAMME DE PRIX	RESTAURATION	HÉBERGEMENT
Très petits prix	moins de 100B	moins de 500B
Petits prix	de 100 à 300B	de 500 à 1 000B
Prix moyens	de 300 à 500B	de 1 000 à 2 200B
Prix élevés	de 500 à 1 000B	de 2 200 à 4 000B
Prix très élevés	plus de 1 000B	plus de 4 000B

V

EN SAVOIR PLUS

BIBLIOGRAPHIE

généralités

Comprendre la Thaïlande
O. Girard, Ulysse, Montréal, 2014
Réponses à toutes vos questions sur la Thaïlande E. Pervé, Siam Book Planet, Bangkok, 2014
Thaïlande de A à Z (La) J. Bekaert, Éd. André Versailles, Bruxelles, 2010
Thaïlande : histoire, société, culture A. Dubus, La Découverte, Paris, 2011

histoire

Europe et le Siam du XVIe au XVIIIe siècle (L') M. Jacq-Hergoualc'h, L'Harmattan, Paris, 2000
Falcon, l'imposteur de Siam : commerce, politique et religion dans la Thaïlande du XVIIe siècle A. Forest, Les Indes savantes, Paris, 2010
Histoire de la Thaïlande
X. Galland, PUF, Paris, 1998
Histoire(s) du Mékong
F. Chavanon, Éd. Verlhac, Paris, 2013
Louis XIV et le Siam D. Van der Cruysse, Fayard, Paris, 1991
Monseigneur Jean-Baptiste Pallegoix : ami du roi du Siam, imprimeur et écrivain, 1805-1862 S. Somsri Bunarunraksa, L'Harmattan, Paris, 2013
Rêve siamois du Roi-Soleil : récits d'une fièvre exotique à la cour du Très-Chrétien (Le) D. Latti, Cosmopole, Paris, 2004
Siam (Le) M. Jacq-Hergoualc'h, Guide Belles Lettres des civilisations, Paris, 2004
Thailand : A Short History
D. Wyatt, Yale University Press, 2003
Thaïlande contemporaine S. Dovert et J. Ivanoff J. (dir.), Les Indes savantes/Irasec, Paris, 2011
Thaïlande et l'Occident : drames et convergences à travers les siècles (La) H. Fauville, Sudestasie, Paris, 1991

société

Alternatives agricoles en Thaïlande : de la riziculture à la globalisation R. Poupon, Kailash, Paris-Pondichéry, 2010
Bouddhisme (Le) C. B. Levenson, PUF, Paris, 2010
Destin des fils du dragon : l'influence de la communauté chinoise au Viêt Nam et en Thaïlande (Le) A. Leveau, L'Harmattan, Paris, 2003
Dictionnaire insolite de la Thaïlande J. Baffie, Cosmopole, Paris, 2011.
Fêtes et Cérémonies en Thaïlande
P. Guersan, Le Chariot d'or, Saint-Chef, 2004
Inside Thai Religion : Religion, Everyday life, Change N. Mulder, Silkworm Books, Chiang Mai, 2000
Liens qui unissent les Thaïs : coutumes et culture (Les)
P. Senawong, Éditions Gope, Scientrier, 2010
Musulmans de Thaïlande (Les)
M. Gilquin, L'Harmattan, Paris, 2003
Mutations d'une violence sans visage : l'instabilité dans les provinces du sud profond de la Thaïlande (Les) L. Amelot, Le Fantascope, Mons-en-Montois, 2011
No Money, no Honey : économies intimes du tourisme sexuel en Thaïlande S. Roux, La Découverte, Paris, 2011
Thaïlande des Thaïlandais (La)
M. Morello, Liana Levi, 2007
Trois autres Thaïlande : chroniques
E. Rosse, Éditions Gope, Scientrier, 2011
Tsunami, le récit d'un rescapé
R. Dessart, Zagros, Paris, 2005

arts

Art de l'Asie du Sud-Est (L') Coll., Citadelles & Mazenod, Paris, 1994
Cinéma thaïlandais (Le) Éd. Asiexpo association, Lyon, 2007
Dvaravati : aux sources du bouddhisme en Thaïlande RMN-Grand Palais, Paris, 2009
Épopée de l'art indien en Asie du Sud-Est (L') M. Delahoutre, Citadelles & Mazenod, Paris, 2008
Origins of Thai Art B. Gosling, River Books, Bangkok, 2004
Sculpture en Thaïlande (La) J. Boisselier, OL, Fribourg, 1987
Sur les traces de Rama : théâtre d'ombres en Thaïlande C. Dávila, G. Cossu, Éd. Grandir, Nîmes, 2011
Temples d'or de Thaïlande : peintures bouddhiques XVe-XIXe siècle S. Leksukhum et G. Mermet, Imprimerie nationale, Paris, 2001

beaux livres

Jim Thompson, la maison sur le khlong W. Warren, J.-M. Beurdeley, Éd. du Pacifique, Paris, 2004
Ticket to Thailand W. Gaspard, C. Villaume, La Martinière, Paris, 2012

récits de voyages

Au royaume de l'éléphant blanc : quatorze mois au pays et à la cour du roi de Siam C. Bock (1849-1932), Olizane, Genève, 2013
Bangkok, la nuit C. Payen et F. Compain, Éd. Picquier, Arles, 2006
Goût de la Thaïlande (Le) (Anthologie de récits de voyages) Mercure de France, Paris, 2013
Journal du voyage de Siam fait en 1685 et 1686 F.-T. de Choisy, Fayard, Paris, 1995
Voyage dans les royaumes de Siam H. Mouhot (1826-1861), Olizane, Genève, 1999

gastronomie

Bangkok Street Food, Coll., Mango, Paris, 2012
Guide de conversation français-thaï J.-P. Dupuis, Librairie You-Feng, Paris, 2007
Ma cuisine made in Thaïlande : les 30 recettes incontournables et authentiques M. Lizambard, Solar, Paris, 2013
Thaïlande : cuisine intime et gourmande A. Tiaree, La Martinière, Paris, 2013

romans

Botan *Lettres de Thaïlande*, Esprit ouvert, Paris 2002
Garland A. *La Plage*, Le Livre de Poche, Paris 1999
Houellebecq, M. *Plateforme*, J'ai Lu, Paris, 2002
Korbjitti, C. *Chiens fous*, Asphalte, Paris, 2011 ; *La Chute de Fak*, Seuil, Paris, 2003 ; *Une histoire ordinaire*, Éd. Picquier, Arles, 1992
Lapcharoensap, R. *Café Lovely*, Points Seuil, Paris, 2009
Nooteboom, C. *Le Bouddha derrière la palissade : un voyage à Bangkok*, Actes Sud, Arles, 1989
Orengo, J.-N. *La Fleur du capital*, Grasset, Paris, 2015
Saul, J. *Paradis Blues*, Payot-Rivages, Paris, 2001
Sudham, P. *Terre de mousson : roman thaïlandais*, Olizane, Genève, 2013

romans policiers

Burdett, J. *Bangkok 8* (2009), *Bangkok Tatoo* (2009), *Le Pic du Vautour* (2014), Éd. 10/18, Paris

Cotterill, C. *Tué sur un coup de tête*, Prisma, Paris, 2013
Nesbo, J. *Les Cafards*, Gallimard (Folio Policier n°418), Paris, 2012
Villiers, G. de *Le Piège de Bangkok*, Succès du livre, Paris, 2010

littérature jeunesse

Chuuut ! M. Ho, Père Castor-Flammarion, Paris, 2000
Contes et Légendes de Thaïlande M. Coyaud, Files France, Paris, 2009
Histoire de Kati (L') J. Vejjajiva, Gallimard Jeunesse, Paris, 2010
Histoires des Jawi : un peuple de Thaïlande Actes Sud Junior, Arles, 2005
Pays secret (Le) C. Castali, L'Harmattan, Paris, 2001
Petite Princesse qui boudait sans cesse (La) A. Ivanovitch-Lair, A. Caldirac, Tourbillon, Paris, 2007

FILMOGRAPHIE

Anna et le roi de Siam
J. Cromwell, 1946
Cemetary of Splendour
A. Weerasethakul, 2015
Citizen Dog W. Sasanatieng, 2004
Fun Bar Karaoke
P. Ratanaruang, 1997
Homme au pistolet d'or (L')
G. Hamilton, 1974
Impossible (The)
J. A. Bayona, 2012
Larmes du tigre noir (Les)
W. Sasanatieng, 2000
Mary is Happy, Mary is Happy
N. Thamrongrattanarit, 2013
Monrak Transistor
P. Ratanaruang, 2001
Oncle Boonmee (Celui qui se souvient de ses vies antérieures)
A. Weerasethakul, 2010
Ong-bak P. Pinkaew, 2003
Plage (La) D. Boyle, 2000
Pont de la rivière Kwaï (Le)
D. Lean, 1957
Suriyothai C. Yukol, 2001
Tropical Malady
A. Weerasethakul, 2004
Vagues invisibles
P. Ratanaruang, 2006
Yamada, la voie du samouraï
N. Watin, 2010

GEOPLUS

Glossaire

Ao Baie
Apsara Nymphe céleste
Avalokiteshvara Bodhisattva de la Compassion dans le bouddhisme mahayana
Ban Village, bourg
Bodhi (arbre de la) Figuier des pagodes ou pipal (*Ficus religiosa*) sous lequel le Bouddha atteignit l'Éveil, l'état de conscience suprême
Bodhisattva “Être éveillé”, sage du bouddhisme mahayana qui, touché par la douleur humaine, diffère son entrée dans le nirvana, pour servir de guide vers l'Éveil
Bot (ou ubosot) Sanctuaire principal d'un temple ou d'un monastère où ont lieu les ordinations des moines et diverses autres cérémonies
Brahma L'une des trois principales divinités de l'hindouisme, avec Shiva et Vishnou. Maître du ciel et des horizons, il est toujours représenté sous sa forme quadricéphale, chaque visage étant orienté vers l'une des quatre directions de l'Univers
Brahmanisme Forme première de l'hindouisme
Chakra Dans l'hindouisme, disque solaire et arme attribut de Vishnou. Dans le bouddhisme, symbole de la plénitude de la loi (*dharma chakra*)
Chakri Nom de l'actuelle dynastie siamoise, fondée en 1767 par Rama Ier. Chakri est un titre honorifique qui peut être attribué à une haute personnalité civile, religieuse ou militaire. Il signifie “celui qui porte le chakra”, autrement dit, celui qui porte la roue de la Loi
Chao Prince, seigneur
Chedi (ou stupa) Monument reliquaire contenant à l'origine des reliques du Bouddha et par la suite les cendres d'un moine éminent, un document sacré ou des objets religieux
Chula Cerf-volant “mâle” en forme d'étoile
Deva Dieu, déesse ou créature céleste occupant les niveaux les plus bas du paradis bouddhique. Apparaît comme le gardien des monuments importants dans l'iconographie thaïe
Devaraja Roi divin
Dharma Enseignement du Bouddha, loi bouddhique
Doi Montagne
Erawan Éléphant à trois têtes, monture mythique du dieu Indra
Farang Terme dérivé de *farangse*, traduction phonétique de “Français”, les premiers Européens reçus à la cour siamoise. Par extension, *farang* désigne aujourd'hui tous les Occidentaux
Gajasingha Animal mythique doté d'une tête d'éléphant et d'un corps de lion
Ganesh(a) Dieu hindou à tête d'éléphant, fils de Shiva et de Parvati. En Thaïlande, il est considéré comme le protecteur des artistes et des étudiants
Garuda Aigle mythique, monture du dieu Vishnou
Guanyin Forme féminine sous laquelle les bouddhistes chinois révèrent le bodhisattva Avalokiteshvara
Hamsa Oie sacrée et monture du dieu Brahma

GEOPLUS

▶ **Hat** Plage
Hin Pierre, rocher
Ho Hall
Ho trai Bibliothèque de monastère, fréquemment construite sur pilotis, au milieu d'un bassin, pour protéger des insectes les manuscrits qu'elle renferme
Hong Créature mythologique ressemblant à un cygne
Hong yao Long)tail boat ("bateau longue-queue")
Huai Cascade
Indra Dieu védique du Ciel, des Nuages, de la Mousson et gardien de l'Est. Sa monture est l'éléphant à trois têtes Erawan
Jataka Recueil d'histoires populaires sur les vies antérieures du Bouddha (environ 550)
Karma Ensemble des actes et des gestes, positfs et négatifs, dont la somme accumulée au cours des vies successives détermine les conditions de la renaissance
Khao Montagne
Khanom Sucrerie, friandise
Khao niaow Riz gluant. Il s'agit d'une variété de riz ; le terme "gluant" n'a rien à voir avec le mode de cuisson
Khlong Canal, cours d'eau
Khon Danse masquée, jouée à la cour des rois de Siam
Ko (Koh) Île
Krabung Panier à riz
Krathong Coupe miniature colorée faite de papier, de fleurs et de feuilles de bananier, dans laquelle on dépose une bougie
Krung Thep ("Cité des anges") Version abrégée du nom donné à Bangkok par Rama Ier au XVIIIe siècle
Laem Cap
Lakhon Forme théâtrale dérivée du *khon* et donnée hors du palais royal
Lamyai (ou longane) Petit fruit de la forme d'un lichi récolté dans le Nord
Likay Pantomime satirique
Linga(m) Emblème phallique, symbole de Shiva
Lokapala Gardiens du monde et des points cardinaux
Loy Krathong Fête qui, fin octobre/début novembre, célèbre les esprits des eaux. À cette occasion, chacun lance sur l'eau un *krathong* en faisant un vœu
Mae Rivière
Mahayana ("grand véhicule") L'une des deux principales formes du bouddhisme, répandue au Tibet, en Chine, en Corée et au Japon. Alors que le bouddhisme theravada ou hinayana ("petit véhicule") est une philosophie de salut individuel, le bouddhisme mahayana remet le destin de tous les êtres entre les mains de sages, les bodhisattvas
Maison aux esprits Maison miniature généralement juchée sur un poteau à l'entrée de la résidence et dans laquelle les phi (génies tutélaires du lieu) sont supposés habiter
Maitreya Bouddha du futur dans le bouddhisme mahayana
Makara Créature marine écailleuse, mi-crocodile, mi-éléphant
Mandala Schéma ésotérique de méditation se présentant comme une sorte de labyrinthe initiatique, représentation de l'ordre cosmique, et pouvant retracer diverses étapes de la vie du Bouddha. Le mandala le plus connu est le sanctuaire de Borobudur, à Java
Mara Esprit du mal qui, dans le bouddhisme, incarne toutes les formes de tentation terrestre
Menam Fleuve

Mondop Sanctuaire carré abritant une relique, le plus souvent une empreinte de pied du Bouddha
Muang Ville
Mudra Geste de la main et attitude symbolisant, dans l'iconographie bouddhique, une étape de la vie ou une attitude mentale du Bouddha
Naga Divinités aquatiques gardiennes de trésors, représentées sous la forme de serpents à cinq ou sept têtes. Motif récurrent de l'art bouddhique et hindouiste, c'est un naga qui aurait abrité de la pluie le Bouddha durant la méditation qui devait le conduire à l'Éveil
Nakhon, Nakhorn Ville
Nam pla Condiment, sauce élaborée à partir de saumure de poisson
Nandi Taureau blanc, monture et emblème de Shiva
Nang Théâtre d'ombres
Ngao Pignon de toit d'origine khmère
Nirvana La Vérité absolue, l'"extinction des passions", la cessation de la douleur et du désir, la libération des souffrances
Pakpao Cerf-volant "femelle" en forme de diamant
Parinirvana "Extinction complète". Fin du cycle des renaissances
Pha lai-yang Pièce de soie ou de coton imprimée
Phi Génie, esprit gardien que les Thaïs se concilient par des offrandes
Phipat Petit ensemble instrumental
Phra Titre honorifique, signifiant "sacré"
Phrachedi Terme ancien désignant un *chedi*
Phra maha monthien Résidence royale sur plusieurs niveaux
Phra maha prasat Construction de style thaï avec sept étages. Réalisée avec des éléments architecturaux symboliques dans le but de glorifier la divinité du roi
Phra Narai Connu en Inde sous le nom de Vishnou, une des trois divinités majeures de l'hindouisme avec Brahma et Shiva. Vénéré comme le préservateur et le protecteur. Le roi est lié symboliquement à Vishnou, et ce dernier est souvent représenté sur les frontons des monuments royaux importants
Phra thinang Trône à l'entrée de monuments utilisé par les rois ou princes de haut lignage
Prang Tour-sanctuaire thaïe
Prasat Tour-sanctuaire khmère et, par extension, "temple" pour les sites khmers.
Prik Petit piment thaï
Ramakien Version thaï du *Ramayana*
Ramayana L'une des grandes épopées indiennes, écrite au début de l'ère chrétienne, relatant la geste du roi Rama, héros assimilé au dieu Vishnou, très populaire en Asie du Sud-Est
Rishi Terme générique désignant les prophètes et les poètes à qui, les premiers, furent révélés les hymnes des Veda
Sabai Longue pièce d'étoffe large d'une trentaine de centimètres généralement portée autour de la taille et rejetée comme une étole par-dessus l'épaule
Sala Pavillon ouvert servant de lieu de repos
Sala kanprien Dans un temple, salle de réunion à l'usage des laïques
Sanam Champ ou parcelle de terre
Sangha Communauté monastique bouddhique
Sanuk Amusement, recherche du plaisir, joie de vivre
Sarong Terme d'origine indonésienne désignant une étoffe utilisée comme vêtement et enroulée autour du corps

GEOPLUS

Singha Lion gardien (statue)
Soi Ruelle
Songkran Fête de l'Eau et célébration du Nouvel An, selon le calendrier lunaire bouddhiste
Songteo Camionnette bâchée ou minibus bon marché qui circule, selon un itinéraire fixe, en ville ou entre les localités
Suan Jardin
Sutras Textes sacrés conservant les sermons attribués au Bouddha
Takraw Jeu utilisant une balle en rotin creuse volleyée avec tout le corps sauf les mains
Talat Marché
Tantima Oiseau mythique
Thalé Mer ou grand lac
Tham Grotte
Thanon Rue ou route
Theravada ("doctrine des anciens") Une des deux principales formes du bouddhisme, appelée aussi Hinayana ("petit véhicule") en opposition au bouddhisme mahayana. Proche de la doctrine originelle cinghalaise, cette forme orthodoxe est répandue dans la plupart des pays d'Asie du Sud-Est, dont la Thaïlande. Fondée sur les paroles du Bouddha telles qu'elles sont conservées dans les sutras, elle prône le salut individuel, chaque être humain devant trouver sa propre voie vers l'état d'Éveil au travers d'un renoncement aux soucis terrestres
Tripitaka Les "Trois Corbeilles" du canon bouddhique : le Vinaya (règles monastiques), le Suttanta (paroles attribuées au Bouddha) et l'Abhidhamma (traité de métaphysique)
Tuk-tuk Taxi à trois roues
Veda Les quatre livres sacrés de l'hindouisme, révélés par Brahma
Viharn (ou vihara) Lieu de culte où sont souvent regroupés les objets sacrés du *wat*
Viman Pavillon tripartite.
Wai Salut traditionnel thaï
Wang Palais
Wat Terme générique désignant les temples et monastères. Un *wat* peut regrouper dans une même enceinte des lieux de culte, les habitations des moines et leurs dépendances
Yaksa Démon

AIDEZ-NOUS À CONSTRUIRE DES GEOGUIDE QUI RÉPONDENT ENCORE MIEUX À VOS ENVIES !

Merci de nous retourner ce questionnaire à l'adresse suivante :

Questionnaire GEOGUIDE - BP 67 - 59053 Roubaix Cedex 1

VOS VOYAGES

● **Combien de séjours à but touristique effectuez-vous chaque année ?**

En France ❑ 1 ❑ 2 ❑ 3 et +
À l'étranger ❑ 1 ❑ 2 ❑ 3 et +

● **Vous partez pour** (plusieurs réponses possibles, hors visite parents et amis) :

La France ❑ 1 semaine ❑ 2 semaines ❑ 3 semaines et +
L'étranger ❑ 1 semaine ❑ 2 semaines ❑ 3 semaines et +

● **Combien de week-ends à but touristique effectuez-vous chaque année ?**
(hors visite parents et amis)

En France ❑ 1 ❑ 2 ❑ 3 et +
À l'étranger ❑ 1 ❑ 2 ❑ 3 et +

● **Vous partez** (plusieurs réponses possibles) :

	Voyage en France	Voyage à l'étranger	Week-end
Seul	❑	❑	❑
En couple	❑	❑	❑
En famille	❑	❑	❑
Avec des amis	❑	❑	❑
En voyage organisé	❑	❑	❑

VOS GUIDES DE VOYAGE

● **Quand vous partez, combien et quel type de guides achetez-vous ?**

	Voyage en France	Voyage à l'étranger	Week-end
Guides pratiques *	......	......	......
Guides culturels **	......	......	......

*axés sur les informations pratiques et les adresses, contenant plus de texte et de cartes que de photographies
**axés sur l'histoire et la culture, contenant beaucoup de photographies et d'illustrations

● **Combien de temps avant votre départ achetez-vous votre (vos) guide(s) ?**

	Voyage en France	Voyage à l'étranger	Week-end
Entre 3 et 6 mois avant	❑	❑	❑
Dans le mois qui précède	❑	❑	❑
Sur place	❑	❑	❑

● **Avec les guides de quelles collections partez-vous le plus souvent ?** (plusieurs réponses possibles) ....

....

● **Cherchez-vous de l'information sur votre destination ailleurs que dans les guides de voyage ?**

❑ Oui ❑ Non

Si oui, où :
❑ presse magazine
❑ forums de voyageurs
❑ voyagistes en ligne
❑ sites internet des offices de tourisme
❑ offices de tourisme (sur place)
❑ autre : ....

VOTRE GEOGUIDE

● **Si vous avez acheté ce guide vous-même, pourquoi avez-vous choisi GEOGUIDE ?**
(plusieurs réponses possibles) :

- ❑ conseil de votre entourage
- ❑ conseil de votre libraire
- ❑ publicité
- ❑ vous l'avez découvert sur votre lieu d'achat
- ❑ article de presse
- ❑ confiance dans les guides Gallimard
- ❑ confiance dans le magazine GEO

Dans ce dernier cas, qu'est-ce qui a motivé l'achat de ce GEOGUIDE ?

- ❑ format
- ❑ couverture
- ❑ rabat proposant des cartes dépliantes
- ❑ photographies couleur
- ❑ présentation intérieure en couleurs
- ❑ contenu pratique
- ❑ contenu culturel
- ❑ volume d'information
- ❑ prix
- ❑ autre : ....

● **Que pensez-vous de votre GEOGUIDE et de ses différentes rubriques ?**
Concernant les informations culturelles, vous avez trouvé GEOGUIDE :
❑ Très fiable ❑ Fiable ❑ Assez fiable ❑ Pas du tout fiable

Concernant les informations pratiques (horaires, coordonnées...), vous avez trouvé GEOGUIDE :
❑ Très fiable ❑ Fiable ❑ Assez fiable ❑ Pas du tout fiable

Votre opinion sur la sélection d'adresses :

	Qualité des adresses		**Nombre d'adresses**	
	Suffisante	Insuffisante	Suffisant	Insuffisant
Hébergement	❑	❑	❑	❑
Restauration	❑	❑	❑	❑
Monuments, sites	❑	❑	❑	❑
Balades et randonnées	❑	❑	❑	❑
Activités de loisirs	❑	❑	❑	❑
Shopping	❑	❑	❑	❑

● **Avez-vous des remarques et suggestions ?** ....
....
....

● **Repartirez-vous avec un GEOGUIDE ?** ❑ Oui ❑ Non

VOUS

● **Vous êtes :** ❑ un homme ❑ une femme

● **Votre âge :** ❑ - de 25 ans ❑ 25-34 ans ❑ 35-44 ans ❑ 45-64 ans ❑ 65 ans et +

● **Votre profession :**
❑ agriculteur ❑ profession libérale ❑ cadre supérieur ❑ encadrement et technicien
❑ employé ❑ ouvrier ❑ retraité ❑ sans activité professionnelle ❑ étudiant

● **Êtes-vous lecteur du magazine GEO ?** ❑ Oui ❑ Non

Quel est votre magazine préféré ? ....

Merci de nous indiquer votre adresse

Nom : ....

Adresse : ....

Code postal : .... Ville : .... Pays : ....

Acceptez-vous d'être contacté(e) par mail sur les nouveautés GEOGUIDE ? ❑ Oui ❑ Non

Adresse mail : ________________________________

En application de l'article 27 de la loi du 6 janvier 1978, les personnes physiques sont informées qu'elles pourront faire l'objet d'un droit d'accès et de rectification des données nominatives les concernant.

INDEX

A

B

C-D

F-G

H

INDEX

I-J

K

L

M

N

O-P

R

S

LÉGENDES DES CARTES ET DES PLANS

Cartes

- Aaa — Ville ou site étape
- Autoroute et 2x2 voies
- Route principale
- Route secondaire
- Autre route
- Zone urbaine
- Forêt
- Frontière d'État
- Limite administrative
- Parc naturel
- ● Site remarquable
- ▲ Sommet

Altitude
(en mètres)

- De 0 à 100
- De 100 à 200
- De 200 à 500
- De 500 à 1 000
- Plus de 1 000

Plans

- Axe urbain
- Espace vert
- Cimetière
- Voie ferrée
- Office de tourisme
- Aéroport
- Gare ferroviaire
- Gare routière
- Gare maritime
- Plage
- Station de métro
- Hôpital

● **AUTEURS**
GEOPANORAMA Vincent Vichit-Vadakan
GEOPRATIQUE Céline Chabaud, Lucas Thevenaut, Julien Collet
GEOREGION Bangkok, la côte nord-est du golfe de Thaïlande Céline Chabaud, Juliette Tissot
La côte nord-ouest du golfe de Thailande, Le sud du golfe de Thaïlande, Le sud de la côte d'Andaman (Trang, Satun, Ko Tarutao National Park) Rodolphe Lasne
Le nord de la côte d'Andaman, Le sud de la côte d'Andaman (Krabi et l'arrière-pays, Ao Nang et la côte, Ko Phi Phi, Ko Lanta) Lucas Thevenaut
GEOPlus Plonger en Thaïlande : Julien Collet
● **CRÉDITS PHOTOGRAPHIQUES Couverture et 3** © Tull et Bruno Morandi/hemis.fr.
5 © Paisan Chanhirun/Shutterstock. **6** © Reinhard Schmid/Sime/Photononstop. **8** © Jon Arnold/hemis.fr. **50 haut** © Henry Ausloos/hemis.fr. **bas** © Marie Docher/Plainpicture. **156 haut** © Amanaimages/Plainpicture. **bas** © Reinhard Schmid/Sime/Photononstop. **252-253** © Jumnong/Shutterstock. **254-255** Reinhard Schmid/Sime/Photononstop. **256-257** © Jon Arnold/hemis.fr. **258-259** © Sylvain Sonnet/Gettyimages. **260-261** © R. M. Nune/Shutterstock. **262** © Andrew Taylor/Gettyimages. **263** © Chris Hawey/Shutterstock. **264-265** © Fneufphotos/Shutterstock. **266** © Spitta/Hellwig/Plainpicture. **267** © Johner/Plainpicture. **268-269** © Tull et Bruno Morandi/hemis.fr. **270-271** © Andrea Pistolesi/hemis.fr. **272-273** © John Panitan / Fotolia.fr. **274-275** © Anekoko/Shutterstock. **224 haut** © Nancy Brown/Gettyimages. **bas** © Nodff/Shutterstock. **382** © Reinhard Schmid/Sime/Photononstop.
● **CARTOGRAPHIE INFOGRAPHIQUE** Édigraphie.
REMERCIEMENTS Nous remercions tout particulièrement Ernelle Berliet pour sa relecture avisée du contenu culturel de l'ouvrage, Sylvie Tailland, Juliette Tissot, Céline Osterero à la Maison de la Chine ainsi que Clémentine Arlin, Yves Baccon, Olivier Cardon, Daniel Desjardins, Antoine Gasnier, David Knapp, Chrystelle Schery, Isabelle Paquin et Nittaya Saengchay, sans oublier Udom, Mon et Si Si à Krabi.
● **PUBLICITÉ Régie publicitaire** LM la Pub 112 bis, rue Cardinet 75017 Paris.
Responsable de clientèle Laurence Ountzian Tél. 01 44 29 04 66.
● **GALLIMARD LOISIRS** 5, rue Gaston-Gallimard 75328 Paris Cedex 07.
Tél. 01 49 54 42 00 contact@geo-guide.fr www.geo-guide.fr
La collection GEOGuide a été créée en association entre Prisma Presse/GEO et Gallimard Loisirs.

 Dépôt légal Octobre 2015. **Numéro d'édition** 278999. **ISBN** 978-2-74-243914-0.
Photogravure Desk (Laval). **Impression** LEGO (Italie).

Thaïlande : Bangkok et le Sud